EMILE ZOLA
GESAMMELTE NOVELLEN

EMILE ZOLA

GESAMMELTE NOVELLEN

1990
Gustav Kiepenheuer Verlag
Leipzig und Weimar

Aus dem Französischen übertragen von Hans Jacob
Der Abdruck der Novelle ›Wie man heiratet‹, übertragen von Kurt Noch, erfolgt mit freundlicher Genehmigung der Dieterich'schen Verlagsbuchhandlung Leipzig.

ISBN 3-378-00406-1

Vierte Auflage (in einem Band)
Lizenz Nr. 396/265 LSV 7351
Gesamtherstellung: Offizin Andersen Nexö,
Graphischer Großbetrieb Leipzig III/18/38
Schrift: Walbaum
Printed in the German Democratic Republic
Bestell-Nr. 788 250 6

EINLEITUNG

Zola gilt als der gewaltige Romancier, dessen Lebenswerk nicht ein Roman ist, sondern eine einheitlich gestaltete Romanreihe: die Rougon-Macquart. Diese einundzwanzig Romane sind die Geschichte des Zweiten Kaiserreiches und ›naturalistische Romane par excellence‹. Der Roman ist umfassend. Und doch wird das Genie sich nicht damit begnügen, der zu fassenden Wirklichkeit auch mit einer ganzen Gruppe beizukommen wie Balzac, Zola oder Flaubert. Selbst solches Werk wird dem Schöpfer lückenhaft erscheinen, ihm schmerzlicher bewußt als dem Leser: die Brüder Karamasow, wie sie heute vorliegen, sind die Exposition eines gewaltig konzipierten Romans, der selbst nach seiner Vollendung Dostojewski nicht genügt hätte …

Die Novelle ist ein Ausschnitt. Um wieviel mehr bleibt sie gleichsam Fragment – selbst eine ganze Sammlung stellt nur die ›faits divers‹ dar, die Elemente des Romans. Würde man eine genaue Analyse aller Elemente anstellen, in die man Zolas Romane zu zerlegen vermöchte – man käme nicht weiter, als wenn man seine Novellen liest und sie als Bestandteile, organisch gewachsene Vorarbeiten seiner Romane wertet.

Allerlei Themen überschneiden sich. Kein rotes Band, das durch die Gruppen geht, es sei denn Zolas Blick fürs Kleinste: sein soziales Empfinden. Wir spüren überall den Sammler, dessen Beobachtung sein Weltbild ergänzt. Spüren die Bereitwilligkeit eines aufnehmenden, *noch nicht* enttäuschten Herzens – Zolas Novellen sind seine eigene Freude und Erholung, Verlorenheit in frühen Erinnerungen. Er sucht, unbeschwert von Erkenntnis, träumt, unbedrängt vom Geschehenen, und bildet, unbekümmert um Eindruck. Er mußte sich mit Kleinigkeiten plagen, während er hoffte, ›ein Leben für ewig auf die Füße gestellt zu haben‹ – und erlebte, wie alle Träume zersprangen, nur Seifenblasen über einer Welt, deren Grund er suchte.

Aber man spürt schon den Griff, den später für ewig in Granit zu schlagen er einst erträumte. Neben harmlosen Geschichten eröffnet sich die Perspektive eines gewaltig über den Kontinent gespannten Gedankens, zu dessen Formulierung alles Kleine aufgesaugt werden mußte. Leicht die Romantik streifend, ist Zola in seinen Novellen wirklich naturalistisch – seine Romane, um des Zweckes willen, *überspannen* den Begriff des Naturalistischen.

›Heute‹, sagt er in seiner Widmung an Ninon, der Einleitung zu seinem zweiten Novellenbande, ›zucke ich die Achseln. Ich bin ein alter Kämpe, den das Leid hart gemacht hat, aber ich habe meinen Glauben behalten, ja, ich bin noch unleidlicher geworden, glaube ich; aber ich schließe mich ein und arbeite, das genügt mir. Nur auf diese Weise kann man vernünftig diskutieren; denn in der ewigen Diskussion um das Schöne sind Werke nur Argumente‹.

Er kennt das, was er schreibt. Seine Geschichten sind, nach der Rauheit des täglichen Kampfes, Aufatmen und Erinnerung, Spannung in die Zukunft und Kraftschöpfen aus leichterer Vergangenheit. Denn er leidet unter seiner Einsamkeit und sehnt sich nach der Magie der Stimmen von früher. So sind seine Novellen in ihrer Verbindung aus Schwäche und erwachender Stärke die Vorboten eines großen unsterblichen Werkes.

Hans Jacob

ERSTER TEIL

Widmung an Ninon

Hier, meine liebe Freundin, hast Du die Erzählung unserer Jugend, die ich Dir auf den Feldern meiner lieben Provence erzählt habe: Du lauschtest aufmerksam, und weithin verfolgtest Du mit Deinem Blick die großen blauen Linien ferner Hügel.

An den Abenden im Mai, da Himmel und Erde langsam in höchstem Frieden ineinanderfließen, ging ich aus der Stadt hinaus auf die Felder. Oder ich wanderte zu den dürren Hügeln, die nur Brombeeren und Wacholder trugen. Oder ich ging an das Ufer des kleinen Flusses, der im Dezember zum Gießbach wurde und der so verschwiegen über unsere schönen Tage wachte; oder meine Schritte führten mich zu einem verlorenen Winkel der Ebene, der noch warm von der Glut der Mittagssonne war: in weites, braunes und rotes Gelände, auf dem Mandelbäume mit dünnen Zweigen standen und alte graue Oliven und Weinstöcke, deren ineinandergeschlungene Stöcke bis zum Boden reichten.

Armes ausgedörrtes Land, das, grau und nackt, zwischen den fetten Weiden der Durance und den Orangenbäumen der Küste in der Sonne glüht. Ich liebe es um seiner herben Schönheit willen, liebe seine einsamen Felsen, seinen Thymian und Lavendel. In diesem unfruchtbaren Tal weht irgendein Brandwind der Trostlosigkeit, ein seltsamer Sturm der Leidenschaft scheint über diese Gegend dahingegangen zu sein; und dann geschah eine große Müdigkeit, und die noch brennenden Ebenen sind wie eingeschlafen in einem letzten Wunsch. Wenn ich heute inmitten meiner nordischen Wälder in Gedanken jenen Sand und jene Kiesel wiedersehe, so empfinde ich eine tiefe Liebe zu dieser strengen Heimat, die nicht meine Heimat ist. Damals hatten sich das lachende Kind und die alten kummervollen Felsen ineinander verliebt; jetzt ist das Kind zum Mann geworden, verachtet die feuchten Wiesen, das ertränkte Grün und liebt die großen weißen

Wege und verbrannten Berge, in denen seine junge fünfzehnjährige Seele ihre ersten Träume geträumt hat.

Ich ging auf die Felder. Hatte ich mich dort mitten in beakkertes Land oder in die Furchen der Hügel gelagert und mich ganz in jenen Frieden verloren, der aus den Tiefen des Himmels fällt, und wandte ich dann den Kopf, so fand ich Dich: angeschmiegt lagst Du zu meiner Rechten, nachdenklich, das Kinn in der Hand, und blicktest mich mit Deinen großen Augen an. Du warst der Engel meiner Einsamkeit, mein Schutzengel, der immer neben mir war, wo ich auch blieb; Du lasest in meinem Herzen meine geheimen Wünsche, überall saßest du mir zur Seite – Du konntest nur bei mir sein. Heute wenigstens vermag ich mir Deine Anwesenheit an jedem Abend auf diese Weise zu erklären. Damals sah ich Dich niemals kommen, und niemals überraschte es mich, wenn ich unaufhörlich Deinem hellen Blick begegnete: ich wußte, Du bist mir treu, stets in mich versenkt.

Geliebtes Herz, Du milderst die Trauer melancholischer Abende. Du hattest die einsamen Schönheiten jener Hügel, ihre Marmorblässe, die unter den letzten Küssen der Sonne errötete. Irgendein ewiger Gedanke erhob Deine Stirn und erweiterte Deine Augen. Ging dann ein Lächeln über Deine müßigen Lippen, so hätte man in Deiner Jugend und im plötzlichen Glanze Deines Antlitzes den Sonnenstrahl erblikken können, der im Mai alle Blumen und alles Grün aus der zitternden Erde sprießen läßt, Eintagsblüten, die die Junisonne verbrennt. Zwischen Dir und den Horizonten gab es verschwiegene Harmonien: um ihretwillen liebte ich die Steine meiner Pfade. Der kleine Fluß hatte Deine Stimme; gingen die Sterne auf, so blickten sie mit Deinem Blick; alle Dinge um mich herum lächelten Dein Lächeln. Gabst Du dieser Natur Deine Anmut, so umgabst Du Dich mit ihrem leidenschaftlichen Ernst. Ich verwechselte euch miteinander. Sah ich Dich, wurde mir der freie Himmel bewußt – schweiften meine Augen ins Tal, so fand ich Deine schmiegsamen Linien in den Wellen des Geländes. So verglich ich euch miteinander, und so liebte ich euch beide bis zum Wahnsinn; ich wußte nicht, wen ich stärker anbetete: meine geliebte Provence oder meine geliebte Ninon.

Jeden Morgen, meine Freundin, muß ich Dir von neuem für die Tage von einst danken. Es war gut und sanft von Dir, mich zu lieben und in mir zu leben; in jenem Alter, da das Herz unter seiner Einsamkeit leidet, botest Du mir Dein Herz, um meinem alles Leid zu ersparen. Wenn Du wüßtest, wieviel arme Seelen heute vor Einsamkeit zugrunde gehen! Die Zeiten sind schlecht für diese aus Liebe geschaffenen Seelen. Ich kannte dieses Elend nicht. Zu jeder Stunde botest Du mir ein anbetungswürdiges Frauenantlitz dar, Du belebtest meine Einöde, mischtest Dich in mein Blut und warst lebendig in meinen Gedanken. Und ich verlor mich in dieser tiefen Liebe, vergaß, da ich Dich in meinem Wesen fühlte. Das erhabene Glück unserer Vereinigung ließ mich friedlich die rauhe Gegend meiner sechzehn Jahre durchschreiten, wo so viele meiner Freunde ihr Herz zerfetzt haben.

Seltsames Geschöpf, heute, da Du fern von mir bist und ich deutlich in meine Seele sehen kann, empfinde ich bittersüße Freude daran, Stück für Stück unsere Liebe zu studieren. Du warst Weib, warst schön und glühend, und ich liebte Dich als Dein Gemahl. Manchmal aber – ich weiß nicht wie – wurdest Du Schwester und bliebst doch Geliebte; und ich liebte Dich als Geliebter und Bruder, mit der ganzen Keuschheit der Liebe und der Leidenschaft der Begierde. Und manchmal wieder fand ich in Dir einen Kameraden, kraftvolle Männervernunft, und doch bliebst Du Zauberin, Geliebte, deren Antlitz ich mit Küssen bedeckte und deren Hand ich zugleich als alter Kamerad drücken konnte. Im Taumel meiner Zärtlichkeit gab ich Deinen schönen Körper, den ich so liebte, all meinen Liebkosungen hin. Göttlicher Traum, der mich in Dir aus ganzer Kraft, ohne Bewußtsein des Geschlechtes und des Blutes, mit Leib und Seele jedes Geschöpf lieben ließ. Du erfülltest zugleich die Brände meiner Phantasie und die Forderungen meiner Vernunft. So verwirklichtest Du den Traum des alten Griechenland: die zum Mann gewordene Geliebte mit der erlesenen Schönheit der Gestalt und männlichem

Geist, der Wissenschaft und der Weisheit würdig. Ich betete Dich mit meiner ganzen Liebe an; Du erfülltest mein Sein, Deine unsagbare Schönheit berauschte mich in meinem Traum. Fühlte ich Deinen geschmeidigen Körper in mir, Dein sanftes Kinderantlitz, Deinen Gedanken, der aus meinem Gedanken gemacht war, so kostete ich jene unerhörte, im Altertum vergeblich gesuchte Wollust bis zur Neige: ein Geschöpf zu besitzen mit allen Fasern meines Fleisches, aller Zärtlichkeit meines Herzens und allen Fähigkeiten meiner Vernunft.

Ich ging auf die Felder. Ich lag auf dem Boden, mein Kopf fiel auf die Brust: so erzählte ich Dir lange Stunden. Und mein Blick verlor sich in der blauen Unendlichkeit Deiner Augen. Ich sprach mit Dir, unbekümmert um meine Worte, folgte ganz der Laune des Augenblicks. Bisweilen beugte ich mich über Dich, als wollte ich Dich wiegen – dann richtete ich meine Worte an ein einfaches kleines Mädchen, das nicht einschlafen will und das man mit schönen Geschichten, Lehren der Güte und der Weisheit, in den Schlaf wiegt; ein andermal ruhten meine Lippen auf den Deinen, und ich erzählte einer Geliebten von der Liebe der Feen oder von der süßen Zärtlichkeit zweier junger Liebenden; noch häufiger aber waren die Tage, an denen ich unter der dummen Bosheit meiner Kameraden litt, und diese Tage machten die Jahre meiner Jugend aus; an diesen Tagen nahm ich Dich bei der Hand, Ironie lag mir auf den Lippen, Zweifel und Verneinung im Herzen, und ich beklagte mich bei einem Bruder in irgendeinem traurigen Märchen, in tränenerstickter Satire über das Unglück dieser Welt. Und Du, Du fügtest Dich meiner Laune und bliebst doch Weib und Gemahlin, warst einfaches kleines Mädchen oder Geliebte oder tröstender Bruder. Du verstandest jede meiner Sprachen. Niemals gabst Du eine Antwort, Du hörtest mir zu, und ich mußte in Deinen Augen die Erregung, die Heiterkeit oder die Trauer meiner Erzählungen lesen. Schrankenlos öffnete ich Dir meine Seele, nichts sollte Dir verborgen bleiben. Ich behandelte Dich nicht wie irgendeine Geliebte, an denen die Liebhaber ihre Gedanken messen: ich gab mich Dir ganz, ohne jemals auf meine Reden zu achten. Wieviel Geschwätz, wieviel seltsame, traumgeborene Geschichten, wieviel zusammenhanglose Mären, bei denen die Phantasie sich dem Zufall überließ und deren einzig erträgliche Stellen unsere Küsse waren! Hätte irgendein Spaziergänger uns des Abends am Flusse unserer Felsen erspäht, ich weiß nicht, was er für ein Gesicht gemacht hätte, wären meine Worte an sein Ohr gedrungen, hätte er Dein Verständnis bemerkt, Du mein einfaches kleines Mädchen, meine Geliebte und mein brüderlicher Trost.

Ach, diese schönen Abende sind dahin. Eines Tages habe ich euch verlassen müssen, Dich und die Felder der Provence. Erinnerst Du Dich: mein schöner Traum Du, an einem Herbstabend am Ufer des kleinen Flusses nahmen wir Abschied voneinander. Die kahlen Bäume machten den Horizont weiter und düsterer; in dieser vorgerückten Stunde erstreckte sich das von trockenen Blättern bedeckte, regenfeuchte, schwarze Land mit großen gelben Flecken wie ein ungeheuerer Wollteppich zu unseren Füßen aus. Am Himmel verwischten sich die letzten Strahlen, im Westen stieg die Nacht empor, dräuender Nebel voll, eine düstere Nacht, der eine unbekannte Morgenröte folgen sollte. Um mein Leben stand es wie um diesen Herbsthimmel; der Stern meiner Jugend war gerade entschwunden, die Nacht des Alters stieg herauf, meine Zukunft war ungewiß. Ich empfand einen nach Wirklichkeit schreienden Zwang; ich war müde der Träume, müde des Frühlings, ja, auch Deiner war ich müde, geliebtes Herz: Du entflohst meinen Umarmungen, und vor meinen Tränen konntest Du nur traurig lächeln. Unsere göttliche Liebe war dahin; wie jedes Ding hatte sie zu ihrer Zeit gelebt. Damals sah ich, wie Du in mir starbst, und ich ging an das Ufer des kleinen Flusses in die todwunde Ebene und küßte Dich zum Abschied. Welch trauriger Abend voller Liebe! Ich küßte Dich, meine weiße Sterbende, zum letztenmal versuchte ich Dir das gewaltige Leben Deiner schönen Tage einzuhauchen; ich vermochte es nicht, denn ich selbst war Dein

Henker. Du stiegst in mir höher als der Körper empor, höher als das Herz, und Du warst nur eine Erinnerung.

Bald sind es sieben Jahre her, seitdem ich Dich verließ. Seit dem Tag des Abschieds habe ich in Leid und Freud oft Deiner Stimme gelauscht, der zärtlichen Stimme einer Erinnerung, die mich um die Erzählungen unserer Abende in der Provence bat.

Irgendein Echo unserer klangvollen Felsen antwortet meinem Herzen, Du, die ich weit in der Ferne zurückließ, richtest aus Deiner Verbannung so rührende Bitten an mich, daß ich sie im tiefsten Grunde meines Seins zu hören vermeine. Jener süße Schauer, den vergangene Lust uns behalten läßt, zwingt mich, Deinem Wunsch nachzugeben. Armer entschwundener Schatten, soll ich Dich in den Einsamkeiten, darin die teuren Phantome unserer verblaßten Träume leben, mit meinen alten Geschichten trösten, so empfinde ich, wieviel Ruhe ich selbst dabei genießen werde, wenn ich wie einst, in den Tagen unserer Jugend, Dir erzähle.

Ich empfange Deine Bitten, und nacheinander will ich die Erzählungen unserer Liebe wieder aufnehmen, nicht alle, denn es gibt einige, die nicht zum zweitenmal gesagt werden könnten: seit ihrer Geburt hat die Sonne diese zarten Blüten, die für den hellen Tag zu göttlich und zu einfach sind, welken lassen; die aber, die kräftiger sind und die das menschliche Gedächtnis, diese ungefüge Maschine, in der Erinnerung behalten kann, die will ich gern erzählen.

Ich fürchte, ich bereite mir großen Kummer. Vertraue ich unsere Gespräche dem Winde an, der vorüberweht, verletze ich das Geheimnis unserer Zärtlichkeiten, und die geschwätzigen Liebhaber werden auf dieser Welt durch die gleichgültige Kälte ihrer Vertrauten gestraft. Eine einzige Hoffnung bleibt mir; es wird in diesem Lande nicht einen einzigen Menschen geben, der unsere Geschichten lesen möchte. Unser Jahrhundert ist wirklich zu beschäftigt, um sich durch das Geschwätz zweier unbekannter Liebenden aufhalten zu lassen. Meine losen Blätter werden geräuschlos durch die Menge flattern, und noch unberührt werden sie zu Dir gelangen. So kann ich mich nach Herzenslust austoben; wie einst kann ich, unbekümmert um den Weg, auf Abenteuer gehen. Du allein wirst mich lesen, und ich weiß, mit wieviel Nachsicht.

Jetzt ist Dein Wunsch erfüllt, Ninon. Hier hast Du meine Erzählungen. Erhebe nicht mehr Deine Stimme in mir, die Stimme der Erinnerung, die mir Tränen in die Augen zwingt. Laß mein ruhebedürftiges Herz in Frieden, verschone mich in meinen Kampftagen, betrübe mich nicht mehr durch die Erinnerung an unsere müßigen Nächte. Willst Du ein Versprechen, so will ich Dich gerne wieder lieben, später, wenn ich vergeblich auf dieser Welt andere Geliebte gesucht haben und zu meiner ersten Liebe zurückkehren werde. Dann will ich wieder in die Provence kommen, und am Ufer des kleinen Flusses werde ich Dich wiederfinden. Winter wird es sein, süß-trauriger Winter mit hellem Himmel, und die Erde wird von der Hoffnung auf zukünftige Ernte erfüllt sein. Komm, eine ganze Jahreszeit wieder werden wir uns lieben; unsere friedlichen Abende in den geliebten Landen werden wiederkehren; wir werden unsern Traum erfüllen.

Warte auf mich, geliebtes Herz, Du getreue Vision, Geliebte Du des Kindes und des alten Mannes.

1. Oktober 1864

Emile Zola

SIMPLICIUS

I

Es waren einmal – höre gut zu, Ninon, ich habe diese Geschichte von einem alten Hirten –, es waren einmal auf einer Insel, die nun das Meer schon lange verschlungen hat, ein König und eine Königin, die hatten einen Sohn. Der König war ein großer König; sein Pokal war der tiefste im ganzen Reiche und sein Schwert das allerschwerste – er trank und tötete königlich. Die Königin war eine schöne Königin, sie gebrauchte so viel Schminke, daß sie nie älter war als vierzig Jahre. Der Sohn war ein Tropf.

Aber ein Tropf von der allerschlimmsten Art, meinten die Leute, die im Königreich den meisten Geist hatten. Mit sechzehn Jahren schickte ihn der König in den Krieg; es handelte sich darum, ein gewisses Nachbarvolk, welches das Unrecht beging, Land zu besitzen, mit Stumpf und Stiel auszurotten. Simplicius benahm sich wie ein Dummkopf: er rettete zwei Dutzend Frauen und drei und ein halbes Dutzend Kinder aus dem Gemetzel. Er weinte beinahe über jeden Schwertstreich, den er tat. Zuletzt erfüllte ihn der Anblick des blutbesudelten, leichenbesäten Schlachtfeldes derart mit Mitleid, daß er drei Tage lang nichts aß. – Du siehst, Ninon, er war ein arger Dummkopf.

Mit siebzehn Jahren mußte er einem großen Gelage beiwohnen, das sein Vater allen Schlemmern des Königreiches gab. Auch hier beging er Dummheit über Dummheit. Er begnügte sich mit einigen Bissen. Sprach wenig und fluchte gar nicht. Sein Becher hätte stets bis zum Rand gefüllt vor ihm stehenbleiben müssen; um die Würde der Familie zu wahren, sah sich der König gezwungen, ihn selbst von Zeit zu Zeit heimlich zu leeren.

Mit achtzehn Jahren, als der Flaum um sein Kinn sproß, erregte er die Aufmerksamkeit einer Hofdame der Königin. Hofdamen sind schrecklich, Ninon. Diese wollte sich durchaus von dem jungen Prinzen küssen lassen. Der arme Junge dachte gar nicht daran; er zitterte sehr, wenn sie ihn anredete, und suchte das Weite, sobald er nur den Saum ihrer Kleider in den Gärten sah. Sein Vater, der ein guter Vater war, sah alles und lachte in seinen Bart. Als aber die Dame immer toller hinter dem Knaben herlief und der Kuß doch nicht kam, da errötete er über einen solchen Sohn und gab selbst den ersehnten Kuß, alles, um die Würde seiner Rasse zu wahren.

»Ach, der kleine Einfaltspinsel!« sagte dieser große König, der Geist hatte.

II

Mit zwanzig Jahren wurde Simplicius vollkommen schwachsinnig. Er begegnete einem Wald und verliebte sich in ihn.

In jenen alten Zeiten verschönerte man die Bäume noch nicht mit der Schere, und die Sitte, Gras zu säen und die Wege mit Sand zu bestreuen, war noch nicht aufgekommen. Die Zweige wuchsen, wie sie es verstanden, Gott allein übernahm es, das Gestrüpp in Schach zu halten und den Raum für die Wege auszusparen. Der Wald, den Simplicius antraf, war ein unermeßliches Laubnetz, Blätter und immer wieder Blätter, undurchdringliche Hagebuchenhecken und dazwischen majestätische Alleen. Das tautrunkene Moos überließ sich einer wahren Ausschweifung des Wachstums. Die wilden Rosensträucher streckten ihre geschmeidigen Arme aus und suchten einander auf den Lichtungen, um in tollem Reigen die großen Bäume zu umtanzen. Die großen Bäume selber drehten sich heiter und ruhig im Schatten auf ihren Füßen und reckten brausend die Zweige empor, um die Sommersonnenstrahlen zu küssen. Die grünen Kräuter sproßten wie von ungefähr auf den Ästen und auf dem Boden; das Laub umarmte das Holz, Maßlieb und Vergißmeinnicht gingen in ihrer Sehnsucht, alles zu überziehen, oftmals irre: sie erhoben ihre Blütenköpfe auch auf den alten umgestürzten Baumstrünken. Und alle diese Zweige, alle diese Kräuter, alle diese Blumen sangen, alle vermischten sich miteinander, um sich leiser die heimlichen Liebesgeschichten der Blütenkrone zu erzählen. Ein Lebenshauch lief durch das Schattendüster des Dickichts, jedes Mooszweiglein hatte eine Stimme in dem unbeschreiblichen Konzert der Morgenröte und der Dämmerung. Es war das unermeßliche Fest des Laubes.

Die Marienkäferchen, die Würmchen, die Libellen, die Schmetterlinge, sie alle, die in blühende Hecken verliebt waren, gaben sich Stelldichein an allen vier Enden des Waldes. Hier hatten sie ihre kleine Republik gegründet; die Pfade waren ihre Pfade; die Bäche ihre Bäche; der Wald ihr Wald. Sie nisteten sich bequem zu Füßen der Bäume ein, auf niedrigsten Ästen, in trockenen Blättern, und dort lebten sie wie zu Hause, ungestört und mit dem Rechte des Eroberers. Aber die höheren Zweige überließen sie als gutmütiges Volk den Grasmücken und den Nachtigallen.

Der Wald, der schon mit seinen Zweigen, mit seinem Laub, mit seinen Blumen sang, sang nun auch noch mit seinen Käfern und mit seinen Vögeln.

III

Simplicius wurde in wenigen Tagen ein alter Freund des Waldes. Sie schwatzten so närrisch miteinander, daß Simplicius auch das letzte Restchen Vernunft, das er noch besessen hatte, verlor. Mußte er den Wald verlassen, um sich zwischen vier Mauern eingesperrt an einen Tisch zu setzen oder in ein Bett zu legen, blieb er ganz traumbefangen. Eines schönen Morgens schließlich gab er seine Gemächer auf und ging hinaus, um sich unter den geliebten Blättern einzurichten.

Dort erwählte er einen unermeßlichen Palast zu seinem Wohnsitz.

Eine weite runde Lichtung von ungefähr tausend Klaftern Oberfläche wurde sein Wohnraum. Lange Vorhänge in dunkelstem Grün schmückten die Umwandung. Fünfhundert bewegliche Säulen trugen unter der Decke einen Spitzenflor von smaragdgrüner Farbe. Die Decke war eine mächtige Kuppel von blauem, schillerndem Atlas, der mit goldenen Nägeln übersät war.

Als Schlafraum hatte er ein entzückendes kleines Zimmerchen voller Heimlichkeit und Kühle. Die Diele und die Wände waren unter weichen Teppichen von unnachahmlicher Arbeit verborgen. Den Alkoven hatte irgendein Riese in den Fels gesprengt, seine Verkleidung war aus rosa Marmor, sein Fußboden aus Rubinstaub.

Er besaß auch ein Badezimmer, eine Quelle lebendigen Wassers, mit einer Badewanne aus Kristall, die sich unter Blumenbüschen versteckte. Ich will dir nicht von den tausend Galerien sprechen, Ninon, die sich im Palaste kreuzten, auch nicht von den Tanzsälen und dem Theater, nicht einmal von den Gärten. Es war eines jener königlichen Häuser, wie nur Gott sie zu erbauen weiß.

Überdies durfte der Prinz hier nach Herzenslust ein Dummkopf sein. Sein Vater glaubte, er sei in einen Wolf verwandelt worden, und suchte nach einem würdigeren Erben seines Thrones.

IV

In den ersten Tagen nach seinem Einzug war Simplicius sehr beschäftigt. Er knüpfte mit seinen Nachbarn Bekanntschaft an, mit den Käfern im Grase und den Schmetterlingen in der Luft. Es waren alles gute Tiere, und sie hatten fast ebensoviel Geist wie Menschen.

Anfangs bereitete es ihm einige Schwierigkeiten, ihre Sprache zu verstehen, aber bald sah er ein, daß daran nur seine frühere Erziehung schuld sei. Er machte sich die Ausdruckskürze der Käfersprache schnell zu eigen: wie ihnen genügte ihm ein einziger Laut, um je nach Biegung der Stimme oder Klingen des Tones hundert verschiedene Gegenstände zu bezeichnen. Auf diese Weise entwöhnte er sich der Menschensprache, die so arm ist in ihrem Reichtum.

Die Lebensweise seiner neuen Freunde entzückte ihn. Am allermeisten aber wunderte ihn ihre Sitte, Könige zu wählen; sie bestand darin, überhaupt keine zu haben. Schließlich fühlte er sich so unwissend neben ihnen, daß er den Entschluß faßte, in ihre Schulen zu gehen und dort zu lernen.

Um vieles schüchterner waren seine Beziehungen zu den Moosen und Hagedornen. Er wußte die Worte der Hälmchen und der Blüten nicht zu deuten, und dieses Unvermögen trug viel Kälte in ihr Verhältnis.

Alles in allem sah ihn der Wald nicht mit bösen Augen an. Er verstand, daß er einen geistig Einfältigen vor sich habe, der in gutem Einvernehmen mit den Tieren leben würde. Man versteckte sich nicht mehr vor ihm. Oft geschah es ihm, daß er in der Tiefe einer Allee einen Schmetterling überraschte, der zart über die Hülle eines Maßliebchens tastete.

Bald hatte der Hagedorn seine Furchtsamkeit so weit besiegt, daß er dem jungen Prinzen Unterricht erteilte. Ganz verliebt lehrte er ihn die Sprache der Düfte und der Farben. Seitdem begrüßten die purpurnen Blütenkelche Simplicius an jedem Morgen, wenn er aufstand; das grüne Blatt verriet ihm das wilde Treiben der Nacht, die Grille vertraute ihm flüsternd an, daß sie in das Veilchen wahnsinnig verliebt sei.

Simplicius hatte eine goldene Libelle mit schlanken Hüften und zitternden Flügeln zur Freundin. Die liebe Schöne war verzweifelt kokett: sie tändelte um ihn herum, schien ihn zu rufen und entwischte dann eilig seiner Hand. Die großen Bäume, die dieses Treiben mit ansahen, schalten sie recht derb und sagten ganz ernsthaft zueinander, es würde ein schlechtes Ende mit ihr nehmen.

V

Simplicius wurde plötzlich trübsinnig.

Das Marienkäferchen, das zuerst die Traurigkeit des Freundes bemerkte, versuchte, ihn zum Beichten zu bringen. Weinend antwortete er ihm, er sei ja genauso fröhlich wie in den ersten Tagen.

Er stand jetzt schon mit dem Morgenrot auf und schweifte bis zum Abend im Dickicht umher. Er bog alle Zweige behutsam auseinander und durchsuchte jedes Gebüsch. Er hob die Blätter leise auf und starrte in ihren Schatten.

»Was sucht denn nur unser Schüler?« fragte der Hagedorn das Moos.

Die Libelle war ganz erstaunt, daß ihr Liebhaber sie verlassen hatte, und glaubte, er sei wahnsinnig geworden vor lauter Liebe. Sie flog herbei und tändelte um ihn herum. Er sah sie nicht mehr an. Die großen Bäume hatten sie richtig beurteilt: sie tröstete sich rasch mit dem ersten besten Schmetterling am nächsten Kreuzweg.

Die Blätter wurden traurig, sie sahen den jungen Prinzen jedes Grasbüschel durchforschen, sahen ihn die langen Wege mit Blicken absuchen, hörten ihn sich über die Undurchdringlichkeit des Busches bitter beklagen, und sie sagten:

»Simplicius hat Wasserblüte gesehen, das Nixlein in der Quelle.«

VI

Wasserblüte war die Tochter eines Lichtstrahls und eines Tautropfens. Ihre Schönheit war so rein, daß sie an dem Kuß eines Liebhabers sterben mußte, und so süßer Duft entströmte ihr, daß an ihrer Lippe Kuß jeder Liebhaber sterben mußte.

Der Wald wußte das, und der eifersüchtige Wald verbarg sein angebetetes Kind. Er hatte ihr einen von seinen allerdichtesten Zweigen beschatteten Weiher zum Wohnsitz gegeben. Dort im Schatten und in der Stille strahlte Wasserblüte inmitten ihrer Schwestern. Lässig überließ sie sich der Strömung, die Fluten zogen einen Schleier über ihre kleinen Füße, und reine Perlen krönten ihr blondes Haupt. Ihr Lächeln war das Entzücken der weißen Seerosen und der Gladiolen. Sie war die Seele des Waldes.

Sie lebte sorglos und kannte auf Erden nur ihre Mutter, den Tau, und im Himmel nur den Sonnenstrahl, ihren Vater. Sie fühlte sich geliebt von der Flut, auf der sie schaukelte, vom Zweige, der ihr Schatten spendete. Tausend waren in sie verliebt, und keiner durfte sie lieben.

Wasserblüte wußte wohl, daß die Liebe für sie den Tod bedeute; sie gefiel sich in diesem Gedanken und lebte nur in der Hoffnung auf den Tod. Lächelnd erwartete sie den Geliebten. Eines Nachts hatte Simplicius sie an einer Wegbiegung im

Sternenlicht gesehen. Einen ganzen langen Monat hindurch suchte er sie, immer vermeinte er sie hinter jedem Baumstumpf zu finden. Immer schien es ihm, er sehe sie von fern durch die Büsche gleiten; lief er jedoch herzu, so fand er nichts als die großen Schatten der Pappeln, die der Hauch des Himmels bewegte.

VII

Der Wald hüllte sich jetzt in Schweigen, er mißtraute Simplicius. Immer dichter ließ er sein Laub werden und warf seine ganze Nacht auf die Schritte des jungen Prinzen. Die Gefahr, die über Wasserblüte schwebte, machte ihn kummervoll; er hatte keine Schmeicheleien, keine Koseworte mehr.

Und wieder kam das Nixlein auf die Lichtungen, und Simplicius sah sie wieder. Ganz toll vor Verlangen jagte er hinter ihr her. Das Kind hatte sich auf einen Mondstrahl niedergelassen und hörte seine Schritte nicht. Sie schwebte leicht dahin, wie eine Feder im Winde.

Simplicius lief hinter ihr her, ohne sie zu erreichen. Tränen stürzten aus seinen Augen, Verzweiflung war in seiner Seele.

Er lief, und der Wald folgte ängstlich diesem unsinnigen Lauf. Die Sträucher versperrten ihm den Weg. Die Brombeeren hielten ihn mit ihren stacheligen Armen auf. Der ganze Wald verteidigte seinen Liebling.

Er lief, und er fühlte, wie das Moos unter seinen Füßen schlüpfrig wurde. Die Zweige des Gebüsches verstrickten sich eng ineinander und reckten sich ihm starr entgegen wie Drahtnetze. Die trockenen Blätter häuften sich in den Mulden, die Baumstrünke schoben sich über die Pfade, die Felsen rollten von selbst vor den Prinzen. Die Wespe stach ihn in die Ferse; der Schmetterling schlug mit den Flügeln an seine Augenlider, um ihn zu blenden.

Wasserblüte horchte und horchte und sah nichts und entschwebte auf ihrem Mondstrahl. Mit Entsetzen fühlte Simplicius den Augenblick herannahen, mit dem sie verschwinden würde. Und voll Verzweiflung keuchend, lief er und lief und lief.

VIII

Er hörte, wie die alten Eichen ihm voller Zorn zuriefen: »Warum hast du nicht gesagt, daß du ein Mensch seiest? Wir hätten uns vor dir verborgen, hätten dir unsern Unterricht verweigert, damit dein Schattenauge nicht Wasserblüte, die Quellnixe, erblicke. Du bist vor uns getreten mit der Unschuld der Tiere, und heute zeigst du deinen Menschengeist! Sieh doch, du zertrittst die Käfer; du zerreißt unsere Blätter, du zerknickst unsere Zweige. Der Sturm der Selbstsucht reißt dich fort, du willst uns unsere Seele rauben.«

Und der Hagedorn fügte hinzu:

»Simplicius, habe Mitleid, halt ein! Auch die launischen Kinder, wollen sie den Duft meiner Sternblüten einsaugen, lassen sie nicht an den Zweigen, daß sie in Freiheit welken können, sondern sie reißen sie herunter, und nicht einmal eine Stunde spielen sie damit!«

Und das Moos sagte:

»Halt ein, Simplicius, komm, träum auf meinem kühlen Sammetteppich. In der Ferne unter den Bäumen wirst du sehen, was Wasserblüte spielt. Du wirst sehen, wie sie sich in der Quelle badet, wie sie sich die Bänder der feuchten Perlen um den Hals wirft. Du sollst sie mit uns betrachten dürfen: wie uns soll es dir erlaubt sein zu leben, um sie zu sehen.«

Und der ganze Wald rief:

»Halt ein, Simplicius, ein Kuß tötet sie, gib ihr diesen Kuß nicht. Weißt du es denn nicht? Hat dir's der Abendwind, unser Bote, nicht gesagt? Wasserblüte ist die Himmelsblume, deren Duft tötet. Ach, die Unglückliche, ihr Schicksal ist seltsam! Hab Mitleid mit ihr, Simplicius, trink ihr nicht die Seele von den Lippen.«

IX

Wasserblüte wandte sich um und sah Simplicius. Sie lächelte und gab ihm ein Zeichen, näher zu kommen, und zum Walde sagte sie:

»Hier kommt der Geliebte.«

Drei Tage, drei Stunden und drei Minuten hatte der Prinz

das Nixlein verfolgt. Noch grollten die Worte der Eichen hinter ihm her, fast wäre er entflohen.

Schon aber drückte Wasserblüte ihm die Hände. Sie richtete sich auf ihren kleinen Füßchen in die Höhe und spiegelte ihr Lächeln in den Augen des jungen Mannes.

»Spät kommst du«, sagte sie. »Mein Herz wußte, daß du im Walde seiest. Ich bin auf einen Mondstrahl gestiegen und habe dich gesucht, drei Tage, drei Stunden und drei Minuten lang.«

Simplicius schwieg und hielt den Atem an. Sie ließ ihn sich an den Rand des Weihers setzen und liebkoste ihn mit ihren Blicken; und er, er sah sie lange an.

»Erkennst du mich nicht?« fragte sie. »Ich habe dich oft im Traum gesehen. Ich trat zu dir, du nahmst mich bei der Hand, und wir schritten stumm und zitternd dahin. Hast du mich nicht gesehen? Entsinnst du dich deiner Träume nicht?«

Und als er endlich den Mund öffnen wollte:

»Sprich nicht. Ich bin Wasserblüte, und du bist der Geliebte. Wir müssen sterben.«

X

Die großen Bäume beugten sich vor, um das junge Paar besser sehen zu können. Sie zitterten vor Schmerz und sagten es einander von Busch zu Busch, daß ihre Seele sich jetzt zum Fluge anschicke.

Alle Stimmen erstarben. Das Grashälmchen und die Eiche fühlten sich vom gleichen unendlichen Mitleid ergriffen. Nicht einen einzigen Zornschrei hörte man noch im Laub. Simplicius, der Geliebte der Wasserblüte, war auch ein Sohn des alten Waldes.

Sie hatte den Kopf an seine Schulter gelehnt. Sie neigten sich beide über das Wasser und lächelten einander an. Manchmal hoben sie die Stirnen und folgten mit den Blicken dem Goldstaub, der in den letzten Sonnenstrahlen zitterte. Langsam, langsam umschlangen sie sich. Sie warteten auf den ersten Stern, um sich zu vereinigen und auf ewig davonzufliegen.

Kein Wort störte ihre Verzückung. Ihre Seelen stiegen auf ihre Lippen, und sie schenkten sie einander in tiefen Atemzügen.

Der Tag verblich, die Lippen der beiden Liebenden näherten sich einander mehr und mehr. Eine fürchterliche Beklemmung bannte den Wald in Schweigen und Unbeweglichkeit. Große Felsblöcke, aus denen die Quelle kam, warfen weite Schatten über das Paar, das in der wachsenden Nacht erstrahlte.

Und der Stern erschien, und die Lippen vereinigten sich im höchsten Kusse, und die Eichen schluchzten laut auf. Die Lippen vereinigten sich, die Seelen entschwebten.

XI

Ein Mann von Geist verirrte sich in den Wald. Ein Mann der Wissenschaft war sein Begleiter.

Der Mann von Geist machte tiefsinnige Bemerkungen über die schädliche Feuchtigkeit der Gehölze und sprach von schönen Kleefeldern, die hier stehen könnten, schlüge man all diese häßlichen alten Bäume um.

Der Gelehrte träumte davon, sich in seiner Wissenschaft einen Namen zu machen: er wollte irgendeine unbekannte Pflanze entdecken.

Er durchstöberte alle Ecken und fand Brennesseln und Hundszahn.

Als sie an den Rand des Weihers kamen, fanden sie die Leiche des Simplicius. Der Prinz lächelte im Todesschlaf. Seine Füße tauchten in die Flut, sein Kopf ruhte auf dem Rasen des Ufers. An seine für ewig geschlossenen Lippen drückte er zärtlich eine kleine weiße rosige Blume von erlesener Süße und durchdringendem Duft.

»Der Narr«, sagte der Mann von Geist. »Er wird sich einen Strauß haben pflücken wollen, und dabei ist er ertrunken.«

Der Mann der Wissenschaft kümmerte sich wenig um den Toten. Er hatte sich der Blume bemächtigt, tat, als ob er sie untersuchen wolle, und zerrupfte ihren Kelch. Als er sie in Stücke zerlegt hatte, rief er:

»Welch kostbarer Fund! Zum Andenken an diesen armen Tropf will ich diese Blume Anthapheleia limnaia nennen.« Ach, Ninette, Ninette, meine ideale Wasserblüte! Dieser Barbar nannte sie Anthapheleia limnaia!

DIE TANZKARTE

I

Entsinnst du dich noch unseres langen Weges durch die Wälder, Ninon? Der Herbst bestreute schon die Bäume mit gelben und purpurnen Blättern, und die Strahlen der untergehenden Sonne taten noch Gold darauf. Die Kräuter unter unsern Füßen waren heller und lichter als in den ersten Maientagen, und nur noch wenig Käfer lebten im rostigen Moos. Wir verloren uns in der Tiefe des Waldes, der schwermütig tönte, als vernähmen wir die dumpfen Klagen einer Frau, die die ersten Runzeln an ihrer Stirne zu bemerken glaubt. Das Laub, das sich von diesem bleichen, lauen Abend nicht betören ließ, fühlte schon in den kühleren Winden den Winter, und traurig ließ es sich wiegen, in Tränen über sein gerötetes Grün. Lange irrten wir im Dickicht umher und kümmerten uns wenig um die Richtung der Wege, nur recht verschwiegen und dunkel mußten sie sein. Unser fröhliches Lachen scheuchte die Drosseln und Amseln auf, die in den Büschen zwitscherten, und manchmal hörten wir eine Eidechse, die das Geräusch unserer Schritte aus ihrer Beschaulichkeit aufgeschreckt hatte, knisternd und raschelnd durch das niedrige Gestrüpp gleiten. Unser Spaziergang hatte kein Ziel; nach einem wolkenschweren Tage sahen wir am Abend ein Stück lachenden Himmels, und flink brachen wir auf, um diesen letzten Sonnenstrahl zu genießen. – So schritten wir dahin, jagten und haschten einander und gingen langsam mit ineinandergeschlungenen Händen durch den Duft von Salbei und Thymian, der unter unsern Schritten aufstieg. Dann pflückte ich für dich die letzten Blumen oder versuchte, die roten Früchte des Hagedorns zu erreichen, um die du wie ein Kind betteltest. Und du, Ninon, du liefst derweilen blumenbekränzt zur nahen Quelle – du wollest trinken, sagtest du –, aber in Wirklichkeit wolltest du nur deinen Haarschmuck bewundern, du kleine, eitle Faulenzerin!

Plötzlich erscholl durch das leise Waldesgemurmel fernes

Gelächter. Querpfeife und Tamburin erschollen, und der Wind trug den ersterbenden Lärm eines Tanzes zu uns herüber. Wir standen still und lauschten: Wir hätten diese Musik für einen geheimnisvollen Elfenreigen gehalten. Wir glitten von Baum zu Baum, die Töne der Instrumente waren unser Führer; als wir vorsichtig die Zweige der letzten Sträucher auseinandergebogen hatten, bot sich unseren Augen folgendes Schauspiel dar:

In der Mitte einer Lichtung auf einem von Wacholder und wilden Pistazien eingefaßten Rasenplan schritten etwa fünf Bauern und fünf Bäuerinnen in rhythmischer Folge hin und her. Die Weiber waren barhäuptig, in große Umschlagetücher gehüllt und sprangen frisch und fröhlich in der Luft herum und brachen dabei in jenes laute Lachen aus, das wir schon von ferne vernahmen; die Männer hatten, um unbehinderter tanzen zu können, ihre Röcke ausgezogen und sie zu ihrem Arbeitsgerät geworfen, das im Gras glitzerte.

Die guten Leutchen machten sich wenig aus dem Takt. Mit dem Rücken an eine Eiche gelehnt, blies ein eckiger hagerer Mensch auf der Querpfeife, mit der linken Hand schlug er nach provenzalischer Sitte das grelltönende Tamburin. Mit Liebe schien er den schnellen, schrillen Takten zu folgen. Manchmal schweifte sein Blick über die Tänzer; dann zuckte er mitleidig die Achseln. Er war Dorfmusikant in einem größeren Dorf und war hier, als er zufällig vorbeiwanderte, angehalten worden. Und nun konnte er es nicht ohne Zorn mit ansehen, wie diese Hinterwäldler die Gesetze des schönen Tanzes vergewaltigten. Schon während des Reigens hatte ihn ihr bäurisches Stampfen und Springen geärgert; nun aber, als sie gar nach verklungener Melodie, ohne auch nur der Abwesenheit von Pfeife und Tamburin gewahr zu werden, ihre Bocksprünge während fünf langer Minuten fortsetzten, wurde er über und über rot vor Entrüstung.

Sicherlich wäre es entzückend gewesen, die Kobolde des Waldes bei ihren geheimnisvollen Spielen zu überraschen. Aber der allerleiseste Hauch hätte sie verscheucht. Wir hätten kaum einige gebogene Hälmchen als einzige Spuren ihres leichten Trittes auf dem Boden des Ballsaales entdeckt. Es wäre der reine Hohn gewesen: uns mit silbernem Lachen zu ihren Spielen einzuladen und dann davonzulaufen, ehe wir auch nur einen einzigen Tanz mit ihnen hätten teilen können.

Man konnte nicht mit Elfen tanzen, Ninette; aber mit Bauern? Nichts war verlockender.

Wir traten plötzlich aus dem Gebüsch. Unsere lärmenden Tänzer dachten gar nicht daran, zu entschweben. Sie hatten ihre Narrenpossen schon wieder begonnen und bemerkten uns erst viel später. Der Pfeifer, der Miene gemacht hatte, weiterzugehen, hatte sich durch das Blinken einiger Goldmünzen beschwichtigen lassen: er nahm sein Instrument wieder, blies und trommelte weiter und seufzte ob der Schändung seiner Melodie. Ich meinte, den langsamen und kaum faßbaren Takt eines Walzers zu erkennen. Schon umfaßte ich deine Hüften und lauerte auf den Augenblick, dich in meinen Armen mit fortzuwirbeln; du aber rissest dich mit Ungestüm von mir los und jauchztest und sprangest herum, eine braune, kecke Bäuerin. Dem Mann mit dem Tamburin, dem meine kunstgerechten Tanzvorbereitungen ein Trost gewesen waren, blieb nun nichts weiter übrig, als sein Antlitz zu verhüllen und über den Niedergang der Kunst zu seufzen.

Ich weiß nicht, warum, Ninon, aber ich erinnerte mich gerade gestern abend all dieser Torheiten, unseres langen Spazierganges und unserer ungezwungenen heiteren Tänze. Und dann kamen noch tausend andere leise Träumereien zu dieser leisen Erinnerung. Darf ich sie dir erzählen? Ich will mich dem Zufall überlassen, anhalten und fortfahren, wie es mir einfällt, ich kümmere mich wenig um die Menge; meine Erzählungen sind ja doch nur sehr blasse Umrisse: aber du willst sie ja lieben, hast du mir gesagt.

Der Tanz, diese schamhaft-laszive Nymphe, entzückt mich mehr, als sie mich bannt. Ich sehe gerne zu, wie sie über der Welt ihre Schellen schüttelt; glutgeküßt und wollüstig windet sie sich unter den Himmeln Spaniens und Italiens; langverschleiert im blonden Deutschland gleitet sie verliebt wie ein Traum, und verschwiegen gar und geistreich schreitet sie durch die Säle Frankreichs. Überall begegne ich ihr gern: auf dem Moosboden der Wälder und auf kostbaren Teppichen, auf einer Bauernhochzeit und auf blendenden Festen.

Lässig zurückgelehnt, mit feuchten Augen und halboffenen Lippen, ist sie durch die Zeiten geschritten und wand ihre Arme um den blonden Kopf oder ließ sie müde herabgleiten. Vor dem rhythmischen Geräusch ihrer Schritte haben sich alle Türen geöffnet: die der Tempel und die der heimlichen Winkel voller Freude. Dort in Weihrauch gehüllt, hier in weingerötetem Gewande hat sie harmonisch den Boden berührt, und nach vielen, vielen Jahrhunderten kommt sie lächelnd zu uns – und immer noch wahren ihre biegsamen Glieder den Takt der Melodie.

Die Göttin mag getrost kommen. Schon bilden sich Gruppen, die Tänzerinnen recken sich im Arme ihrer Tänzer. Dort steht die Unsterbliche. In hocherhobenen Händen hält sie die Schellentrommel; sie lächelt, dann gibt sie das Zeichen; die Paare schwingen sich, folgen ihren Schritten und ahmen ihre Haltung nach. Und ich, ich sehe mit tiefer Freude diesen leichten Wirbel; ich versuche alle verschwiegenen Blicke aufzufangen, alle Liebesworte, ich bin berauscht vom Rhythmus und danke in meinem verschwiegenen Winkel, in dem ich träume, der Unsterblichen dafür, daß sie mir wenigstens das Gefühl für ihre ausgeglichene Kunst gegeben hat, wenn auch meine Glieder zu linkisch und ungeschickt sind.

Offen gestanden, Ninette, lieber noch hätte ich die blonde Göttin in verliebter Nacktheit, wenn sie ihren weißen Gürtel aufrollt und in der Luft schwenkt. Lieber sähe ich sie diesen Sälen fern, dort, wo sie sich vor jedem profanen Blick sicher glaubt und auf dem Rasen ihre mutwilligsten Tänze tanzt: kaum verschleiert streift sie mit ihren rosigen Füßen die Gräser, tanzt in unschuldiger Nacktheit und findet das Geheimnis der melodischen Bewegung. Dorthin wollte ich schleichen und, im Laub verborgen, ihren schönen Körper bewundern, der so schlank und geschmeidig ist; ich folgte mit dem Blicke den Schattenspielen auf ihren Schultern, je nachdem ihre Laune sie fortführte oder nähertrüge.

Manchmal aber, wenn sie mir in der Erscheinung einer ungelenkigen, lächerlich-sittsamen höheren Tochter entgegentrat, hätte ich sie fast hassen können; hassen, wenn ich sah, wie sie, mit verzogenem Gesicht und Langeweile vortäuschend, blind dem Orchester gehorchte und ihre Schritte tat, als entledige sie sich einer Pflicht. Ja, alles will ich gestehen: noch niemals habe ich die Unsterbliche ohne Bedauern in einem Ballsaal bewundert. Ihre feinen Beine verwickeln sich in den großen Röcken unserer eleganten Frauen. Sie ist zu sehr behindert und will doch nur frei und voller Laune sein; verwirrt paßt sie sich nur schwer unsern albernen Verbeugungen an und verliert stets ihre Grazie, um oft fast lächerlich zu werden.

Ich wünschte, ich hätte die Macht, ihr unsere Türen zu verschließen. Ertrage ich sie aber doch ohne allzu großen Kummer unter unsern Kronleuchtern, so tue ich es um ihrer kleinen Liebestäfelchen willen: um der Tanzkarten willen.

Siehst du das kleine Büchlein in ihrer Hand, Ninon? Sieh es dir an: golden sind Verschluß und Bleistift; niemals noch sahst du zarteres und duftenderes Papier, niemals einen eleganteren Einband! Das ist unsere Opfergabe für die Göttin. Andere schenkten ihr Kranz und Schärpe, wir aber, aus Seelengüte, haben ihr diese Tanzkarte zum Geschenk gemacht.

Sie hatte ja so viel Anbeter, das arme Ding. Man verfolgte sie derartig mit Einladungen, daß sie bald nicht mehr wußte, wo ihr der Kopf stand. Jeder kam und bewunderte sie und bat sie um einen Tanz, und immer sagte die Kokette ja; und sie tanzte und tanzte und verlor ihr Gedächtnis und wurde fast erdrückt von Beschwerden und irrte sich immer wieder; eine ungeheure Verwirrung und unendliche Eifersüchteleien entstanden; mit erlahmten Füßen und vernageltem Gedächtnis zog sie sich zurück. Man bekam Mitleid mit ihr, und man schenkte ihr das kleine, vergoldete Büchlein. Seither gibt es kein Vergessen mehr, keine Verwirrung, keine Begünstigung. Wenn die Verliebten sie bestürmen, hält sie ihnen nur die Tanzkarte hin, und jeder schreibt seinen Namen hinein, die Verliebtesten zuerst. Und wären es hunderte, der leeren Seiten sind so viele. Verlöschen dann die Lichter, und haben nicht alle sie um die schlanke Hüfte gefaßt: ihrer eigenen Lässigkeit haben sie es zuzuschreiben und nicht der Gleichgültigkeit des Kindes.

Das Mittel war ganz einfach, Ninon. Du wunderst dich vielleicht über meine begeisterten Ausrufe wegen einiger Blätter Papier. Aber es sind ganz entzückende Blätter, die den Duft des Liebesspieles ausatmen und süßer Geheimnisse voll sind! Welch lange Liste schöner Verliebter: jeder Name ist eine Huldigung, jede Seite ein ganzer Abend voller Triumph und Anbetung! Welch Zauberbuch: ein Leben voller Zärtlichkeit enthält es, darin der Uneingeweihte nur leere Namen buchstabieren kann, das junge Mädchen aber fließend von ihrer Schönheit liest und der Bewunderung, die sie erregt! Und jeder kommt und unterwirft sich, und jeder setzt seinen Namen unter ihren Liebesbrief. Oder sind es denn nicht in der Tat tausend Unterschriften einer stillschweigenden Selbstverständlichkeit? Sollte man nicht, wollte man aufrichtig sein, auf die erste freie Seite diese ewig-alten, ewig-jungen Gesetze schreiben? Aber das Büchlein ist verschwiegen, es will seine Herrin nicht erröten machen. Sie beide allein wissen von kommenden Träumen.

Ganz offen, ich habe das Büchlein im Verdacht, äußerst listig zu sein. Sieh nur, wie es sich verstellt, wie es unschuldig tut und sich unentbehrlich macht. Was ist es denn auch anderes als nur ein Mittel, dem Gedächtnis nachzuhelfen, ein ganz einfaches Mittel, die Tänze gerecht zu verteilen. Dies Büchlein sollte von Liebe sprechen und die jungen Mädchen betören! Man täuscht sich schwer. Durchblättre es doch einmal, du wirst nicht das geringste: ›Ich liebe dich!‹ darin finden. Es stimmt, nichts ist unschuldiger, unbefangener und unentbehrlicher. Schon die Großeltern sahen die Tanzkarte ohne Furcht in den Händen ihrer Töchter. Während sich das Brieflein, auf dem nur ein einziger Name steht, scheu an der Brust verbirgt, zeigt sich der Brief, der tausend Unterschriften trägt, kühn aller Welt. Am hellen, lichten Tag trifft man ihn, in den Salons und im Kinderzimmer. Ist es nicht überhaupt das allerungefährlichste Buch?

Selbst ihre eigene Herrin täuscht die Tanzkarte. Welche Gefahr könnte ein Gegenstand bringen, der so sehr in aller Hände ist und den schon die Großeltern kannten? Sie durchblättert sie harmlos. Hier könnte man die Tanzkarte wirklich offener Heuchelei zeihen. Was glaubst du wohl, flüstert sie in der Stille ins Ohr des Kindes? Einfache Namen? O nein! Lange und schöne verliebte Gespräche führt sie. Nun sieht sie nicht mehr nach Unentbehrlichkeit und Eigennutz aus. Sie plaudert und schmeichelt; sie brennt und stammelt zärtliche Worte. Das junge Mädchen fühlt sich beklommen, und unter Zittern geht es weiter. Das Fest taucht wieder auf, die Kronleuchter strahlen, die Musik singt schmachtend; plötzlich wird jeder Name zur Gestalt, und der Ball, dessen Königin sie war, beginnt von neuem mit allen seinen Huldigungen, seinen kosenden und schmeichelnden Worten.

O du Schalk von einem Buch. Welch eine Reihe junger Ritter: dieser preßte sie leise an sich und schwärmte von ihren blauen Augen, und ein anderer war verwirrt und zitterte und konnte nur lächeln, und ein dritter sprach, sprach ohne Unterlaß und plapperte tausend galante Dinge, die trotz ihrer Sinnlosigkeit mehr sagen als lange Reden.

Und hat das junge Mädchen sich erst einmal mit ihm eingelassen, so weiß der Schlaukopf ganz genau, daß sie wiederkommt. Als junge Frau überfliegt sie die Blätter, durchsucht sie mit Unruhe, um festzustellen, wieviel neue Verehrer dazugekommen sind. Liest sie manchen Namen, lächelt sie traurig, denn sie findet ihn auf den letzten Seiten nicht wieder; flatterhafte Namen sind es, die zu andern Karten geflogen sind. Die meisten ihrer Untertanen bleiben ihr treu, gleichgültig liest sie darüber hin. Das kleine Buch lacht über all das. Es kennt seine Macht; es muß die Zärtlichkeit eines ganzen Lebens aufnehmen.

Das Alter kommt, die Karte ist nicht vergessen. Verblaßt sind die Vergoldungen, lose die Blätter, aber die Herrin, die mit ihr gealtert ist, scheint sie nur desto inniger zu lieben: oft noch wendet sie die Blätter und berauscht sich am fernen Duft ihrer Jugend.

Spielt die Tanzkarte nicht eine entzückende Rolle, Ninon? Wird sie nicht wie alle Poesie von der Menge mißverstanden und nur von den Eingeweihten leicht entziffert? Eine Vertraute der weiblichen Geheimnisse, begleitet sie wie ein Liebesengel die Frau durch das Leben: mit vollen Händen streut sie Hoffnungen und Erinnerungen aus.

II

Georgette war gerade aus dem Kloster entlassen worden. Sie war noch in dem glücklichen Alter, wo Traum und Wirklichkeit miteinander verschmelzen; süße, vorüberfliehende Zeit, der Geist sieht nur, was er träumt, und träumt nur, was er sieht. Wie alle Mädchen hatte sie sich vom Glanz der ersten Bälle blenden lassen; sie glaubte sich dort in einer höheren Sphäre, inmitten von Halbgöttern, die von den häßlichen Seiten des Lebens verschont blieben. Ihre leicht gebräunten Wangen hatten den Goldschimmer, der auf den Brüsten einer Sizilianerin ruht; ihre langen schwarzen Wimpern verschleierten nur halb das Feuer ihres Blicks. Sie vergaß, daß sie nicht mehr unter der Aufsicht einer Lehrerin stand, und sie verbarg das heiße Leben, das in ihr brannte. Im Salon war sie immer noch junges Mädchen, das verlegen, fast ungeschickt bei jedem Wort errötete und die Augen senkte.

Komm, wir wollen uns hinter den großen Vorhängen verstecken: dann können wir sehen, wie der kleine Faulpelz aufwacht und sich dehnt und die kleinen rosigen Füße unter der Decke hervorstreckt. Nicht eifersüchtig sein, Ninon: meine Küsse gehören nur dir.

Erinnerst du dich? Elf Uhr schlug es, im Zimmer war es noch dunkel. Die Sonne verlor sich in den dichten Fenstervorhängen, nur eine kleine Nachtlampe kämpfte ersterbenden Scheines gegen den Schatten. Dann atmete das Licht der Lampe tiefer auf, tauchte auf dem Bett eine weiße Gestalt auf, eine reine Stirn, ein unter Spitzen verlorener Busen und ganz hinten die zarte Spitze eines kleinen Fußes; über den Rand des Bettes hing mit offener Hand ein Arm aus Schnee.

Zweimal noch dehnte sich der Faulpelz schlafsüchtig in

den Kissen, doch, halb erwacht, schreckte sie das Knacken eines Möbels in die Höhe. Sie strich die Haare, die ihr unordentlich über die Stirn gefallen waren, zurück, rieb ihre schlaftrunkenen Augen, zog alle Decken über ihre nackten Schultern und kreuzte ihre Arme, um sich noch besser einzuhüllen.

Als sie endlich ganz erwacht war, streckte sie die Hand nach einer Klingelschnur aus, die neben ihrem Bett hing, zog sie aber plötzlich wieder zurück und sprang aus dem Bett, um selbst die Vorhänge zurückzuschlagen. Ein lachender Sonnenstrahl erfüllte das Zimmer mit Licht und überraschte das Kind, das sich plötzlich halb nackt und verwirrt in einem Spiegel sah. Ganz erschrocken verkroch sie sich wieder in ihrem Bett, über und über rot und zitternd von dieser großen Heldentat. Ihre Zofe war ein ungeschicktes und neugieriges Ding; dem Geschwätz dieser Frau zog Georgette ihre Träumerei vor. Mein Gott, wie hell es nur war, und wie verräterisch sind Spiegel doch!

Jetzt sah man auf den Stühlen verstreut eine Balltoilette. Halb im Schlaf hatte das junge Mädchen dort ihren seidenen Rock, ihre Schärpe und dahinten ihre kleinen Atlasschuhe ausgezogen. Neben ihr in einer Achatschale blitzten Schmucksachen; ein verwelkter Strauß starb neben einer Tanzkarte.

Die Stirn lag auf ihrem entblößten Arm, und so nahm sie ein Halsband und spielte mit den kleinen Perlen. Dann legte sie es wieder weg, nahm die Tanzkarte und blätterte darin. Das kleine Buch sah gleichgültig und gelangweilt aus. Georgette überschlug es, ohne aufzupassen. Sie schien an ganz etwas anderes zu denken.

Sie drehte die Seiten herum, und plötzlich entdeckte sie den Namen Charles am Kopf jeder Seite – das ärgerte sie schließlich.

›Immer Charles‹, dachte sie. ›Mein Vetter hat eine schöne Handschrift; langgezogene und geneigte Buchstaben – wie ernst sie aussehen. Seine Hand zittert kaum, nicht einmal, wenn sie meine drückt. Mein Vetter ist ein sehr würdiger junger Mann. Er wird eines Tages mein Gatte sein. Auf jedem Ball nimmt er, ohne zu fragen, meine Karte und schreibt seinen Namen für alle ersten Tänze ein. Das ist sicherlich ein Ehemannsrecht. Dieses Recht gefällt mir nicht.‹

Die Tanzkarte wurde kühler und kühler. Georgettes Blick verlor sich ins Weite und schien irgendein schweres Problem zu lösen.

›Ein Mann‹, dachte sie wieder, ›das macht mir Angst. Charles behandelt mich immer wie ein kleines Mädchen; weil er in der Schule acht oder zehn Prämien bekommen hat, hält er sich für verpflichtet, sich wichtig zu tun. Schließlich weiß ich gar nicht, warum er denn durchaus mich heiraten muß; ich habe ihn nicht darum gebeten; und er hat mich auch niemals um Erlaubnis gefragt. Wir haben miteinander gespielt, früher; ich weiß, er war sehr ungezogen. Jetzt ist er sehr höflich; es wäre mir lieber, er wäre wieder ungezogen. Also, ich werde seine Frau werden. Ich habe weiß Gott niemals an so etwas gedacht; seine Frau, warum eigentlich? Charles, immer Charles! Man könnte beinahe sagen, ich gehörte ihm schon. Ich werde ihn bitten, nicht so groß auf meine Karte zu schreiben: sein Name nimmt zuviel Platz weg.‹

Das kleine Buch schien auch des Vetters Charles recht müde, und beinahe wäre es vor lauter Langerweile zugeklappt. Ich vermute, die Tanzkarten hassen alle Ehemänner. Unsere Tanzkarte schlug ihre Blätter um und lenkte Georgettes Auge unversehens auf andere Namen.

»Louis«, murmelte die Kleine. »Der Name erinnert mich an einen merkwürdigen Tänzer. Er kam zu mir, sah mich kaum an und bat mich um eine Quadrille. Bei den ersten Orchesterklängen schleppte er mich an das andere Ende des Saales, warum, weiß ich nicht, als Gegenüber vor eine große blonde Dame, die ihm mit dem Blicke folgte. Bisweilen lächelte er ihr verschwiegen zu und vergaß mich so gründlich, daß ich zweimal selbst meinen Strauß aufheben mußte. Jedesmal, wenn der Tanz sie zusammenführte, tuschelten sie leise miteinander; ich lauschte, verstand aber keine Silbe. Vielleicht war es seine Schwester. Seine Schwester, o nein! Er zitterte, wenn er sie bei der Hand faßte, und hielt er sie erst, riefen die Takte der Musik ihn vergeblich an meine Seite zurück. Ich stand da mit ausgestrecktem Arm wie eine Närrin – scheußlich; alle Figuren mißrieten. Vielleicht war es seine Frau. Ach, wie dumm bin ich. Gewiß, natürlich, seine Frau! Charles spricht niemals mit mir, wenn wir tanzen! Vielleicht war es ...«

Georgette hielt inne, ihre Lippen waren halb geöffnet, sie war ganz versunken, wie ein Kind, das man vor ein unbekanntes Spielzeug stellt; es wagt sich nicht näher heran und macht große Augen, um besser zu sehen. Mechanisch zählte sie mit ihren Fingerspitzen die Knöpfe ihrer Bettdecke, die rechte Hand lag ausgestreckt und offen auf der Tanzkarte. Diese fing plötzlich an lebendig zu werden: sie glitt leise hin und her und hatte den Anschein, sehr wohl zu wissen, wer eigentlich die blonde Dame war. Ich weiß nicht, ob sie dem jungen Mädchen ihr Geheimnis anvertraute. Sie zog die Spitzen über ihre Schulter und zählte gewissenhaft die Knöpfe weiter, endlich sagte sie halblaut:

»Merkwürdig, die schöne Frau war sicher weder die Schwester noch die Frau von Herrn Louis.«

Sie blätterte wieder im Büchlein, bald hielt sie wieder inne.

»Dieser Robert ist ein abscheulicher Mensch«, sagte sie. »Ich hätte niemals geglaubt, daß man mit einer so eleganten Weste eine so schwarze Seele haben kann. Eine ganze Viertelstunde lang hat er mich mit den schönsten Dingen verglichen, mit den Sternen, mit den Blumen, was weiß ich alles! Ich war so geschmeichelt und freute mich dermaßen darüber, daß mir keine Antwort einfiel. Er sprach lange und gut und fließend. Dann brachte er mich an meinen Platz zurück, und fast hätte er geweint, als wir uns trennten. Dann habe ich mich an ein Fenster gesetzt; die Vorhänge fielen hinter mir zusammen und verbargen mich. Ich träumte so ein bißchen, ich glaube, ich dachte auch an meinen geschwätzigen Tänzer, da hörte ich ihn lachen und plaudern. Er unterhielt sich mit einem Freunde und machte sich über eine kleine dumme Liese lustig, die immer errötete, wenn man mit ihr sprach. Er nannte sie eine Klosterfee mit gesenkten Lidern, die durch diese Miene nur häßlich wurde. Sicher sprach er von meiner Freundin Therèse. Therèse hat kleine Augen und einen großen Mund. Sie ist ein famoses Mädchen. Vielleicht sprachen sie über mich. Die jungen Herren lügen also! Dann wäre ich also häßlich. Häßlich! Therèse ist dann sicher viel häßlicher als ich. Bestimmt – sie sprachen von Therèse.«

Georgette lächelte und war versucht, vor den Spiegel zu gehen.

»Dann«, fuhr sie fort, »haben sie sich über Damen lustig gemacht, die auch auf dem Ball waren. Ich hörte immer zu, schließlich verstand ich nichts mehr. Ich glaube, sie sagten böse Worte. Aber ich konnte nicht fortgehen, da habe ich mir tapfer die Ohren zugehalten.«

Die Tanzkarte lachte aus vollem Halse. Sie breitete eine Unmenge Namen vor Georgette aus, um ihr zu beweisen, daß nur Therèse die dumme kleine Liese sei, die durch eine anspruchslose Miene so häßlich würde.

»Paul hat blaue Augen«, sagte die Tanzkarte. »Paul ist sicher kein Lügner, – ich habe gehört, was für liebe Worte er dir sagte.«

»Ja, ja«, wiederholte Georgette, »Herr Paul hat blaue Augen, Herr Paul ist auch kein Lügner. Er hat einen blonden Schnurrbart, den habe ich viel lieber als den von Charles.«

»Sprich mir nicht von Charles«, sagte die Karte; »sein Schnurrbart verdient nicht das geringste Lächeln. Was hältst du von Édouard? Er ist schüchtern und wagt nur mit seinem Blick zu sprechen. Ich weiß nicht, ob du diese Sprache verstehst. Und Jules? Nur du, behauptet er, könntest gut tanzen. Und Lucien, oder Georges, oder Albert? Alle finden dich bezaubernd, und während langer Stunden betteln sie um das Almosen deines Lächelns.«

Georgette zählte wieder die Knöpfe ihrer Decke. Das Geschwätz der Karte beunruhigte sie. Die Karte brannte ihr in den Händen; sie wollte sie schließen und fand doch nicht den Mut dazu.

»Denn du warst die Königin«, fuhr das Teufelchen fort.

»Deine Spitzen wollten deinen nackten Arm nicht mehr verbergen, und die Stirn deiner sechzehn Jahre ließ selbst dein Diadem verblassen. Ach, Georgette, hättest du alles gesehen, du hättest selbst Mitleid empfunden. Die armen Jungen sind gewiß noch alle krank!«

Und es herrschte eine Stille voller Erbarmen. Die Kleine hatte stumm gelauscht, verwirrt, mit einem Lächeln auf den Lippen; da die Karte verstummte, begann sie wieder: »Eine Schleife an meinem Kleid war aufgegangen – das hat mich sicher sehr häßlich gemacht. Die jungen Herren haben sicher gelacht darüber. Diese dummen Schneiderinnen sind zu nachlässig.«

»Hat er nicht mit dir getanzt?« unterbrach die Tanzkarte.

»Wer denn?« fragte Georgette und wurde so rot, daß selbst ihre Schultern sich rosig färbten!

Und endlich flüsterte sie den Namen, der ihr seit einer Viertelstunde unter den Augen und auf dem Herzen brannte, während ihre Lippen von zerrissenen Kleidern schwatzten:

»Herr Edmond war gestern abend traurig, schien mir. Ich sah, wie er mich aus der Ferne anstarrte. Er wagte sich gar nicht an mich heran, da stand ich auf und ging zu ihm. Jetzt mußte er mich schon auffordern.«

»Ich hab den Herrn Edmond sehr gern«, seufzte das kleine Buch.

Georgette tat, als höre sie nicht, und fuhr fort:

»Als ich dann mit ihm tanzte, fühlte ich, wie seine Hand an meiner Hüfte zitterte. Er stammelte einige Worte und klagte über die Hitze. Ich sah, wie gern er die Rosen aus meinem Strauße hätte haben mögen – und da habe ich ihm eine gegeben. Dabei ist doch nichts.«

»Aber gar nichts! O nein, als er die Blume nahm, kamen durch einen reinen Zufall seine Lippen dicht an deine Finger. Und er hat sie ein ganz klein bißchen geküßt.«

»Dabei ist gar nichts«, wiederholte Georgette, die sich seit einer Weile auf ihrem Bett in Qualen wand.

»Aber gar nichts! Ich bin dir sogar böse, daß du ihn auf diesen armseligen Kuß so lange hast warten lassen. Edmond wäre ein entzückender kleiner Ehemann.«

Mehr und mehr in die Enge getrieben, bemerkte das junge Mädchen nicht, daß ihr die Spitzen von der Brust herabgeglitten waren und daß ein Fuß die Decke zurückgeschlagen hatte.

»Ein entzückender kleiner Ehemann«, sprach sie nach.

»Ich, für meine Person, habe ihn sehr gern«, fing der Versucher wieder an. »Wäre ich an deiner Stelle, siehst du, ich würde ihm den Kuß getrost zurückgeben.«

Georgette war empört. Der brave Apostel fuhr fort:

»Nur einen winzigen Kuß, dorthin, auf seinen Namen. Ich werde es ihm wirklich nicht wiedersagen.«

Das junge Mädchen schwur bei allen Göttern, daß sie nichts derartiges täte. Und plötzlich, ich weiß nicht wie, befand sich das Blatt an ihren Lippen. Sie selbst wußte nichts davon. Und ganz gegen ihren Willen küßte sie den Namen noch zweimal.

Dann bemerkte sie ihren Fuß, der in der Sonne grinste. Ganz verwirrt zog sie ihn unter die Decke zurück. Als nun auch noch die Türklinke klang, verlor sie vollständig den Kopf.

Die Tanzkarte glitt unter die Spitzen und verschwand eiligst unter dem Kopfkissen.

Es war die Kammerzofe.

DIE MICH LIEBT

I

Ist die mich liebt, eine große Dame in Seide, Spitzen und Juwelen, die in ihrem Boudoir von unserer Liebe träumt? Marquise oder Herzogin, die, süß und leicht wie ein Traum, die Wellen ihrer weißen Röcke zärtlich über die Teppiche schleifen läßt und ein Mäulchen zieht, das süßer ist als ein Lächeln?

Ist die mich liebt, eine muntere Grisette, die den Rock schürzt, wenn sie über die Gosse springt und mit den Blicken Bewunderung für ihr feines Bein erspäht? Oder ist es eines jener guten Mädchen, das aus allen Gläsern trinkt, heute in Atlas, morgen in grobem Kattun geht und in den Schätzen ihres Herzens für einen jeden ein Gran Liebe findet?

Ist die mich liebt, das blonde Kind, das betend an der Seite seiner Mutter kniet? Die tolle Dirne, die mich abends im Schatten der Gassen anspricht? Ist die mich liebt, das braune Bauernmädchen, die mich anblickt, wenn ich vorübergehe, und das Gedenken an mich zu ihren Kornfeldern und ihren reifen Reben mit hinausnimmt? Die Bettlerin, die mir für mein Almosen dankt? Die Frau eines andern, die ihrem Geliebten oder ihrem Gatten gehört und der ich eines Tages nachging, ohne sie je wiedergesehen zu haben?

Ist die mich liebt, weiß wie der Beginn des Tages, eine Tochter Europas? Eine Tochter Asiens mit gelbem Teint aus Gold vom Sonnenuntergange? Oder eine Tochter der Wüste, schwarz wie eine Gewitternacht?

Ist die mich liebt, nur durch eine dünne Wand von mir getrennt? Ist sie jenseits der Meere? Oder über den Sternen?

Ist die Frau, die mich liebt, noch nicht auf der Welt? Oder ist sie vor hundert Jahren gestorben?

II

Gestern habe ich sie auf einem Jahrmarkt gesucht. In der Vorstadt war ein Fest, und das sonntägliche Volk stieg lärmend durch die Gassen.

Gerade hatte man die Lampen angezündet. In regelmäßigen Abständen war die Straße mit gelben und blauen Pfählen geschmückt, die kleine, farbige Gläschen trugen, in denen qualmende, windverwehte Dochte brannten. In den Bäumen schwankten venetianische Lampions. Leinwandbuden säumten die Bürgersteige, die Fransen ihrer roten Vorhänge lagen in der Gosse. Vergoldetes Steingut, frischgefärbte Bonbons, das ganze Flittergold der ausgestellten Waren spiegelte sich im grellen Licht der Windlichter.

Ein Duft von Pfefferkuchen, Waffeln und Staub lag in der Luft. Die Drehorgeln sangen, die mehlgepuderten Bajazzi lachten und weinten unter einem Hagel von Ohrfeigen und Fußtritten. Eine heiße Wolke lastete auf dieser Lust.

Über dieser Wolke, über allem Lärm der Sommerhimmel in reiner und melancholischer Tiefe. Ein Engel hatte den Azur zu einem göttlichen Fest beleuchtet, zum überragenden, stillen Fest der Unendlichkeit.

In der Menge verloren, empfand ich die Einsamkeit meines Herzens. Ich sah den jungen Mädchen nach, die mich im Vorübergehen anlächelten, und sagte mir: nie wirst du dieses Lächeln wiedersehen. Der Gedanke an so viel zärtliche Lippen, die ich einen Augenblick sah und für immer verlor, ängstigte meine Seele.

So kam ich an eine Straßenecke.

Zur Linken, an eine Ulme gelehnt, stand eine einzelne Bude. Vorn bildeten einige schlecht zusammengefügte Bretter eine Estrade, zwei Laternen beleuchteten die Tür, die aus einem Stück Leinwand bestand, die wie ein Vorhang gerafft war. Als ich stehenblieb, hielt ein Mann, der wie ein Magier angezogen war – er trug ein langes, schwarzes Gewand und einen spitzen, sternenübersäten Hut – eine Rede an das Volk.

»Nur herein«, schrie er, »nur herein, meine schönen Herren, herein, meine schönen Damen! Aus dem tiefsten Indien bin ich herbeigeeilt, um Ihren jungen Herzen Freude zu bereiten. Unter Lebensgefahr habe ich dort den Spiegel der Liebe erobert: ein fürchterlicher Drache bewachte ihn. Meine schönen Herren, meine schönen Damen! Hier gehen alle

Ihre Träume in Erfüllung. Hereinspaziert, treten Sie ein, und Sie sehen die, die Sie liebt! Für einen Groschen, die, die Sie liebt!«

Ein altes, als Bajadere gekleidetes Weib raffte den Vorhang noch höher. Verängstigt betrachtete sie die Menge, dann rief sie mit schwerer Stimme:

»Für einen Groschen sehen Sie die, die Sie liebt, für einen Groschen! Hereinspaziert!«

III

Der Magier trommelte auf einer großen Trommel eine berauschende Phantasie, die Bajadere hängte sich an eine Glocke und begleitete ihn.

Das Volk zögerte. Ein kluger Esel, der Karten spielen kann, ist sehr interessant; einen Herkules, der ein paar hundert Pfund stemmt, muß man gesehen haben; und daß eine halbnackte Riesendame jung und alt auf das angenehmste zu zerstreuen weiß, ist nicht zu leugnen. Aber sich die ansehen, die einen liebt, das ist weiß Gott nicht der Mühe wert. Wozu auch?

Ich hatte inbrünstig der Rede des Mannes im langen Gewande gelauscht. Seine Versprechungen antworteten der Sehnsucht meines Herzens; ich sah eine Vorsehung in dem Zufall, der meine Schritte hierher gelenkt hatte. Dieser Lump wuchs in meinen Augen, weil er meinen geheimen Gedanken gelesen hatte. Es schien mir, als richte er auf mich allein seine flammenden Blicke, während er mit teuflischer Wut auf die große Trommel losschlug und seine Stimme, die zum Eintreten aufforderte, die Glocke übertönte.

Ich setzte meinen Fuß auf die erste Stufe, da fühlte ich mich festgehalten. Ich drehte mich um und erblickte vor der Estrade einen Mann, der mich am Rockschoß zurückhielt. Dieser Mann war groß und mager; seine großen Hände steckten in noch größeren Baumwollhandschuhen, er trug einen rötlich gewordenen Hut, einen an den Ellbogen weiß abgeschabten Rock, dazu Hosen aus feinem Tuch, die fettig und voller Flecke waren. Er klappte zusammen und machte eine tiefe und erlesene Verbeugung, dann hielt er mir mit süß flötender Stimme diese Rede:

»Ich muß aufs tiefste bedauern, mein Herr, daß ein wohlerzogener junger Mann dem Volk so ein schlechtes Beispiel gibt. Es ist ein großer Leichtsinn, diesen Schurken, der unsere niedrigsten Instinkte weckt, in seiner Frechheit zu bestärken; denn ich finde diese laut hinausgeschrienen Worte höchst unmoralisch: sie rufen Mädchen und Burschen zur Ausschweifung in Blick und Gedanken. Ach, mein Herr, das Volk ist so schwach. Wir, die wir durch Bildung stark geworden sind, haben ernste und gebieterische Pflichten. Vergessen Sie das nicht. Wir wollen sträflicher Neugier nicht nachgeben und in allen Dingen Würde zeigen. Die Sittlichkeit der Gesellschaft hängt von uns ab, mein Herr.«

Ich ließ ihn sprechen. Er hatte meinen Rock noch nicht losgelassen und konnte sich nicht dazu entschließen, seiner Verbeugung ein Ende zu machen. Er hielt den Hut in der Hand und sprach so ruhig und freundlich auf mich ein, daß ich ihm nicht böse sein konnte. Als er schwieg, sah ich ihm nur ruhig ins Gesicht, ohne ihm zu antworten. Er faßte mein Schweigen als Frage auf.

»Mein Herr«, sagte er und verbeugte sich abermals, »ich bin ein Freund des Volkes, und meine Mission ist das Glück der Menschheit.«

Er sprach diese Worte mit bescheidenem Stolz aus und richtete sich plötzlich zu seiner ganzen Größe auf. Ich drehte ihm den Rücken und ging die Estrade hinauf. Als ich beim Eintreten die Leinwand hochhob, warf ich noch einen Blick auf ihn. Zärtlich glättete er mit seiner Rechten die Falten in seinem linken Handschuh, der ihm von den Fingern zu fallen drohte.

Dann verschränkte der Freund des Volkes seine Arme über der Brust und betrachtete die Bajadere voller Zärtlichkeit.

IV

Ich ließ den Vorhang fallen und war im Tempel. Es war eine Art langen und schmalen Zimmers ohne Stühle, mit Leinwandwänden, eine einzige Lampe brannte. Ein paar Leute, neugierige Mädchen, lärmende Burschen, waren schon versammelt. Übrigens ging alles sehr dezent zu: eine Schnur, die mitten durch den Raum ging, trennte die Männer von den Frauen.

Der Spiegel der Liebe war nichts als zwei Glasscheiben ohne Spiegelfolie, in jeder Abteilung eine; es waren zwei kleine, runde Fensterchen, durch die man ins Innere der Bude sah. Das versprochene Wunder vollzog sich mit erstaunlicher Einfachheit: man brauchte nur das rechte Auge an die Scheibe zu halten, und dahinter erschien ohne Donnergetöse und Schwefel die Geliebte. Wie hätte man einer so natürlichen Erscheinung den Glauben versagen sollen?

Ich fühlte nicht die Kraft in mir, den Versuch sofort zu wagen. Die Bajadere hatte mich mit einem Blick angesehen, der mir Kälte übers Herz legte. Wußte ich denn, was mich hinter der Scheibe erwartete: vielleicht ein furchtbares Gesicht mit erloschenen Augen und violetten Lippen; eine Hundertjährige vielleicht, die lüstern ist nach jungem Blut, eines jener unförmlichen Geschöpfe, die nachts durch meine bösen Träume ziehen. Ich glaubte nicht mehr an die blonden Gestalten, mit denen ich liebreich meine Einöde bevölkerte. Alle häßlichen Frauen rief ich mir ins Gedächtnis zurück, die mir ein bißchen Zuneigung bewiesen hatten, und voller Bangen fragte ich mich, ob ich nicht eine von ihnen erblicken würde.

Ich zog mich in eine Ecke zurück. Um Mut zu fassen, beobachtete ich die Leute, die, kühner als ich, ohne viel Umstände das Schicksal befragten. Ein eigenes Vergnügen bereitete mir die Beobachtung dieser verschiedenen Gesichter: das rechte Auge war weit aufgerissen, das linke mit zwei Fingern zugedrückt, jedes lächelte, je nachdem die Erscheinung ihm mehr oder weniger gefiel. Da das Fensterchen ziemlich niedrig angebracht war, mußte man sich ein wenig bücken. Nichts Groteskeres konnte ich mir vorstellen als diese Männer, die, einer nach dem andern, durch ein Loch von einigen Zentimetern Umfang ihre Schwesterseele betrachteten.

Zuerst kamen zwei Soldaten: ein von der afrikanischen

Sonne verbrannter Sergeant und ein junger Rekrut, ein Bursche, der noch nach der Feldarbeit roch, seine Arme verloren sich in dem viel zu großen Mantel. Der Sergeant lächelte skeptisch. Der Rekrut blieb lange in gebückter Haltung stehen und schien sich geschmeichelt zu fühlen, eine gute Freundin zu besitzen.

Dann kam ein großer Mann mit einer weißen Jacke, mit rotem gedunsenen Gesicht, der ruhig, ohne Freude und ohne Mißfallen, hineinsah, als fände er es ganz natürlich, daß ihn irgend jemand liebe.

Nach ihm kamen drei Schüler, Jungen von fünfzehn oder sechzehn Jahren mit frechem Gesicht; sie stießen einander an, damit man glaube, sie hätten den Vorzug, betrunken zu sein. Alle drei schwuren, sie erkennten ihre Tanten darin.

So gingen und kamen die Neugierigen vor der Scheibe, und ich kann mich nicht mehr all der verschiedenen Gesichtsausdrücke entsinnen, die mir damals auffielen. O Vision der Geliebten! Wie zwangest du die weit aufgerissenen Augen, die Wahrheit zu sagen! Diese Augen waren die wirklichen Spiegel der Liebe, die Spiegel, darin die Anmut der Frau in trübem Lichte widerstrahlte, darin die Wollust sich in Stumpfheit traf ...

V

Die jungen Mädchen auf der anderen Seite vergnügten sich viel harmloser. Nichts als große Neugier las ich in ihren Gesichtern; keine Lüsternheit, nicht den kleinsten häßlichen Gedanken. Eine nach der andern warf ihren erstaunten Blick durch die enge Öffnung, dann zogen sich die einen träumerisch, die andern närrisch lachend wieder zurück.

Wenn ich aufrichtig sein soll, muß ich gestehen, daß ich nicht weiß, was sie eigentlich dort zu schaffen hatten. Wäre ich eine Frau und noch so häßlich, ich käme nie auf den Einfall, mir den Mann ansehen zu wollen, der mich liebt. Die Tage, an denen mein Herz über seine Einsamkeit weinen würde, diese Tage wären Frühlingstage voller Sonne, ich ginge auf blühenden Wegen und ließe mich von jedem, der vorüberkäme, anbeten. Und abends würde ich reich an Liebe heimkehren.

Allerdings, meine Neugierigen waren nicht alle gleich hübsch. Die Schönen spotteten über die Wissenschaft des Magiers – sie brauchten ihn schon lange nicht mehr. Die Häßlichen dagegen waren noch nie zu solch einem Fest gewesen. Eine, mit dünnem Haar und großem Mund, war da, die konnte sich nicht von dem magischen Spiegel trennen; das fröhliche, herzzerreißende Lächeln des Armen, der nach langer Entbehrung endlich seinen Hunger stillt, blieb auf ihren Lippen haften …

Ich fragte mich, welche Gedanken in diesen närrischen Köpfen erwachten. Das war kein einfaches Problem; sicherlich hatten schon alle im Traum irgendeinen Prinzen zu ihren Füßen gesehen; alle sehnten sich danach, den Geliebten, an den sie sich beim Erwachen nur undeutlich erinnerten, näher kennenzulernen. Und sicher gab es viele Enttäuschungen; die Prinzen werden selten, und die Augen unserer Seele, die sich nachts über einer besseren Welt öffnen, sind ganz andere Augen als die, mit denen wir am Tag sehen. Aber es gab auch große Freude; der Traum nahm Gestalt an, und der Geliebte hatte den feinen Bart und das schwarze Haar wie im Traum.

So lebte jede in einigen Sekunden ein Liebesleben. Kindliche hoffnungsschnelle Romane las ich aus dem Erröten ihrer Wangen und dem verliebten Schauer ihrer Brüste.

Vielleicht waren diese Mädchen einfältig, und vielleicht bin ich es selbst, daß ich so viel Dinge sah, wo es nichts zu sehen gab. Jedenfalls gab mir meine Beobachtung meine Sicherheit zurück. Ich bemerkte, daß Männer und Frauen im allgemeinen von der Erscheinung durchaus befriedigt waren. Der Magier war zweifellos nicht so herzlos, den braven Leuten, die ihm einen Groschen bezahlten, etwas Häßliches vorzuführen.

Ich trat heran, und ohne viel Erregung hielt ich mein rechtes Auge an die Scheibe. Zwischen zwei großen roten Vorhängen sah ich eine Frau, die sich auf die Lehne eines Sessels stützte. Durch Lampen, die ich nicht sehen konnte, war sie voll beleuchtet und hob sich von einer bemalten Leinwand ab, die den Hintergrund bildete; diese Leinwand, die stellenweise Risse aufwies, hatte wohl früher einmal ein Lustwäldchen mit blauen Bäumen vorgestellt.

Die mich liebt – o wohlgestaltete Vision! – trug ein langes weißes Gewand, das über den Hüften ein wenig enger wurde und wie eine Wolke auf dem Fußboden lag. Auf dem Kopf trug sie einen weiten weißen Schleier, auf dem ein Hagedornkranz lag. Der liebe Engel war in diesem Gewande ganz weiß, ganz reine Unschuld.

Kokett lehnte sie sich auf den Sessel und wandte mir ihre großen blauen, zärtlichen Augen zu. Unter dem Schleier schien sie mir ganz entzückend: blonde Flechten, die sich im Musselin verloren, eine reine jungfräuliche Stirn, zarte Lippen und Grübchen, die auf Küsse warteten. Beim ersten Blick hielt ich sie für eine Heilige, beim zweiten fand ich, sie sähe aus wie ein gutes Mädchen, das keine Zierpuppe und sehr gefällig wäre.

Sie legte drei Finger an die Lippen und schenkte mir einen Kuß mit einer Verbeugung, die durchaus nichts Schattenhaftes an sich hatte. Da ich sah, daß sie nicht davonflog, merkte ich mir ihr Gesicht und zog mich zurück.

Als ich hinausging, sah ich den Volksfreund eintreten. Dieser gewichtige Moralist vermied mich sicherlich und beeilte sich, das ›schlechte Beispiel frevelhafter Neugier‹ zu geben. Sein langes Rückgrat war zum Halbkreise gebogen und bebte vor Lust; als er nicht mehr weitergehen konnte, küßte er das Zauberglas.

VI

Ich stieg die drei Stufen hinunter, war wieder inmitten der Menge und beschloß, jetzt, da ich ihr Lächeln kannte, die zu suchen, die mich liebt.

Die Lampions rauchten, der Tumult wuchs, das Volk riß fast die Buden nieder. Das Fest war zu dieser Stunde auf seinem Höhepunkte – man erstickte fast.

Ich sah auf einen Horizont von Leinenmützen und seidenen Hüten. Schritt für Schritt rückte ich vor, stieß die Männer beiseite und ging vorsichtig um die weiten Röcke der Damen herum. Vielleicht war es jenes rosa Hütchen; vielleicht diese Tüllhaube mit den gelben Bändern; vielleicht dieser entzückende Strohhut mit den Straußenfedern. Ach! das Hütchen war sechzig Jahre alt; die Haube entsetzlich häßlich, sie lehnte verliebt an der Schulter eines Pioniers; der Strohhut lachte aus vollem Halse und hatte die schönsten großen Augen, aber ich kannte diese schönen Augen nicht.

Über dem Volkshaufen schwebt irgendeine Beklemmung, irgendeine gewaltige Traurigkeit, als löse sich von der Menge ein Hauch von Schrecken und Mitleid. Niemals noch war ich in einer Volksanhäufung, ohne ein leichtes Unbehagen zu spüren. Es ist mir immer, als bedrohe ein furchtbares Unglück die versammelten Menschen, als genüge ein einziger Blitzstrahl in die Erregtheit ihrer Gesten und ihrer Stimmen, um sie in Unbeweglichkeit und ewiges Schweigen zu bannen.

Ich ging immer langsamer, in den Anblick dieser Freude vertieft, die mir das Herz brach. Am Fuß eines Baumes im vollen gelben Lichte der Lampions stand ein alter Bettler steif mit gelähmtem Körper. Er kehrte den Vorübergehenden sein bleiches Antlitz zu und blinzelte, um Mitleid zu erregen, kläglich mit den Augen. Er ließ seine Glieder wie in plötzlichen Fieberschauern zittern, die ihn wie einen dürren Zweig schüttelten. Und die frischen und errötenden jungen Mädchen gingen lachend an diesem scheußlichen Schauspiel vorüber.

Einige Schritte weiter prügelten sich vor der Tür einer Schenke zwei Handwerker. Sie hatten im Eifer des Gefechtes die Gläser umgestoßen, und wie Blut aus großen Wunden floß der Wein über den Bürgersteig.

Mir verwandelte sich das Gelächter in Schluchzen, die Lichter wurden zu einem weiten Brand, die Menge, schreckgebannt, blieb hinter mir zurück. Ich ging weiter, tieftraurig und fragte alle jungen Gesichter, aber ich konnte die nicht finden, die mich liebt.

VII

Vor einem der Pfähle, die Lämpchen trugen, sah ich einen Mann stehen; er betrachtete den Pfahl tiefsinnig. An seinen unruhigen Blicken sah ich, daß er nach der Lösung irgendeines schwierigen Problems suchte. Dieser Mann war der Volksfreund.

Als er den Kopf wandte, erblickte er mich.

»Mein Herr«, sagte er, »das Öl, das bei solchen Festen verbrannt wird, kostet eine Mark den Liter. Ein Liter macht zwanzig solche Gläser aus, also kostet das Öl für ein Glas einen Fünfer. Nun hat dieser Pfahl sechzehn Reihen und jede Reihe acht Gläser: hundertachtundzwanzig Gläser im ganzen. Außerdem – passen Sie gut auf meine Rechnung auf – habe ich in der Straße sechzig solche Pfähle gezählt, das macht siebentausendsechshundertachtzig Gläser, also siebentausendsechshundertachtzig Fünfer oder dreihundertvierundachtzig Mark.«

Während der Volksfreund so sprach, gestikulierte er mit den Armen, legte den Ton auf die Zahlen und beugte seinen langen Oberkörper vor, als wolle er meinem schwachen Verständnis entgegenkommen. Als er fertig war, warf er sich triumphierend zurück; dann kreuzte er die Arme und sah mir durchdringend ins Gesicht.

»Für dreihundertvierundachtzig Mark Öl«, rief er aus und skandierte jede Silbe, »und das arme Volk braucht Brot, mein Herr! Ich frage Sie, und ich frage Sie mit Tränen in den Augen, wäre es für die Menschheit nicht ehrenvoller, für diese dreihundertvierundachtzig Mark Brot unter die dreitausend Armen der Vorstadt zu verteilen? Eine solche liebreiche Tat würde für jeden ungefähr für zwei Groschen Brot bedeuten. Dieser Gedanke, mein Herr, sollte gefühlvolle Herzen zum Nachdenken zwingen.«

Da er sah, daß ich ihn neugierig betrachtete, fuhr er mit ersterbender Stimme fort und strich seine Handschuhe an den Fingern fest:

»Der Arme soll nicht lachen. Es ist unanständig, wenn er auch nur eine Stunde lang seine Armut vergißt. Wer soll denn über das Unglück des Volkes Tränen vergießen, wenn die Regierung ihm zu oft solche Saturnalien bereitet?«

Er trocknete eine Träne und ging davon. Ich sah ihn in eine Weinstube treten, wo er seine Erregung in fünf bis sechs Gläschen erstickte, die er im Stehen am Büfett trank.

VIII

Das letzte Lämpchen erlosch. Die Menge war heimgegangen. Im schwankenden Licht der Laternen sah ich unter den Bäumen nur noch einige schwarze Gestalten umherirren, verspätete Liebespaare, Betrunkene und Schutzleute, die ihre Melancholie spazierenführten. Grau und stumpf standen die Buden zu beiden Seiten der Straße wie die Zelte eines verlassenen Lagers.

Der Morgenwind, ein taufeuchter Wind, ließ die Blätter der Ulmen erzittern. Die scharfen Ausdünstungen des Abends waren einer köstlichen Frische gewichen. Zärtliches Schweigen, durchsichtiger Schatten der Unendlichkeit, fiel langsam aus den Tiefen des Himmels, und nach dem Fest der Lämpchen kam das Fest der Sterne. Die anständigen Leute gingen heim, sie hatten sich zerstreuen können.

Ich war wieder heiter, die Stunde meiner Freuden war wiedergekommen. Leichten Fußes ging ich dahin, auf und ab in den Alleen, als ich einen grauen Schatten die Häuser entlanggleiten sah. Dieser Schatten kam, scheinbar ohne mich zu sehen, rasch auf mich zu; an der Leichtigkeit des Ganges, am taktmäßigen Rhythmus der Kleider erkannte ich, daß es eine Frau war.

Fast hätte sie mich gestreift, da hob sie instinktiv die Augen. Der Schein einer nahen Laterne fiel auf ihr Antlitz, und da erkannte ich die, die mich liebt: nicht die Unsterbliche in weißer Musselinwolke, sondern ein armes Erdenkind in verschlissenem Kattun. Selbst in ihrer Ärmlichkeit und bleich und müde erschien sie mir entzückend. Es gab keinen Zweifel, das waren die großen Augen, die zärtlichen Lippen der Vision; und aus der Nähe hatte sie weiche Züge, wie sie der Schmerz verleiht.

Sie blieb einen Augenblick stehen, da ergriff ich ihre Hand und küßte sie. Sie hob den Kopf und lächelte verloren, ohne ihre Finger zurückzuziehen. Da sie mich stumm vor sich stehen sah – die Erregung schnürte mir die Kehle zu –, zuckte sie die Achseln und ging rasch weiter.

Ich lief ihr nach, ging neben ihr und legte meinen Arm um ihre Hüften. Sie lächelte still, zitterte und sagte leise:

»Mich friert: wir wollen rasch gehen.«

Armer Engel, sie fror! Unter dem dünnen schwarzen Umschlagetuch zitterten ihre Schultern im kühlen Nachtwinde. Ich küßte sie auf die Stirn und fragte sie sanft:

»Kennst du mich?«

Zum dritten Male hob sie die Augen und sagte, ohne zu zögern:

»Nein.«

Ich weiß nicht, welche Gedanken mir durch den Kopf flogen. Jetzt zitterte ich.

»Wohin gehen wir?« fragte ich wieder.

Sie zuckte sorglos die Achseln und sagte mit ihrer Kinderstimme:

»Aber wohin du willst, zu mir, zu dir, ganz gleich.«

IX

Wir gingen weiter die Straße hinunter.

Auf einer Bank sah ich zwei Soldaten sitzen, der eine sprach ernsthaft und der andere hörte respektvoll zu. Der Sergeant und der Rekrut. Der Sergeant schien mir tief erregt, er grüßte mich spöttisch und murmelte:

»Reiche Leute pumpen bisweilen, mein Herr.«

Der Rekrut, zärtliche kindliche Seele, sagte schmerzlich:

»Ich hatte nur sie, mein Herr: Sie stehlen mir die, die mich liebt.«

Ich ging über den Damm in eine andere Allee.

Drei Bengel kamen mir entgegen, untergehakt und aus vollem Halse gröhlend. Ich erkannte die Schüler. Die armen Jungen brauchten die Betrunkenheit nicht mehr vorzutäuschen. Sie blieben stehen, erstickten fast vor Lachen. Gingen einige Schritte hinter mir her und riefen mit unsicherer Stimme:

»He, mein Herr, das gnädige Fräulein betrügt Sie, das gnädige Fräulein ist die, die mich liebt!«

Ich fühlte kalten Schweiß meine Stirn feuchten. Ich beschleunigte meinen Schritt und wollte entfliehen, an die Frau, die ich mit mir zog, dachte ich nicht mehr. Am Ende der Straße, als ich endlich diese vermaledeite Gegend hinter mir lassen wollte, stieß ich an einen Mann, der bequem im Rinnstein saß. Er stützte seinen Kopf auf die Bordschwelle, sah zum Himmel empor und rechnete eifrig an seinen Fingern. Er wandte den Kopf, ohne sich von seinem Kopfkissen zu erheben:

»Ah, Sie sind's«, sagte er stammelnd. »Sie müssen mir helfen, die Sterne zu zählen. Mehrere Millionen habe ich schon, aber ich fürchte, ich vergesse einen. Von der Statistik allein, mein Herr, hängt das Glück der Menschheit ab.«

Ein Rülpser unterbrach ihn. Dann fuhr er weinerlich fort: »Wissen Sie, wieviel ein Stern kostet? Der liebe Gott hat sich da natürlich eine große Ausgabe gemacht, und das Volk hat kein Brot, mein Herr! Wozu diese Lämpchen? Kann man sie essen? Was für einen praktischen Nutzen haben sie, bitte schön? Als ob wir dieses ewige Fest brauchten. Sehen Sie, der liebe Gott hat nie etwas von sozialer Wissenschaft verstanden.«

Es war ihm gelungen, sich aufzurichten; kopfschüttelnd sah er sich um – da sah er meine Gefährtin. Er zitterte und, roten Gesichtes, streckte er lüstern die Arme aus.

»Haha, da ist ja die, die mich liebt.«

X

»Ja«, sagte sie, »ich bin arm, ich tu, was ich kann, um Essen zu bekommen. Letzten Winter habe ich täglich fünfzehn Stunden über meiner Arbeit gesessen und hatte kaum mein Brot. Im Frühling habe ich meine Nadel aus dem Fenster geworfen, ich hatte eine Beschäftigung gefunden, die mich weniger müde machte und lohnender war.

Jeden Abend ziehe ich mir ein weißes Musselinkleid an. In einer Art Verschlag, auf die Lehne eines Sessels gestützt, muß ich ganz allein von sechs Uhr nachmittags bis Mitternacht lächeln. Ab und zu verbeuge ich mich und werfe eine Kußhand ins Leere. Dafür bekomme ich täglich drei Mark.

Mir gegenüber hinter einer kleinen Scheibe in der Wand sehe ich beständig ein Auge, das mich ansieht. Einmal ist es schwarz, einmal blau. Ohne dieses Auge wäre ich restlos glücklich; es verdirbt mir das Spiel. Sehe ich es immer starr auf mich gerichtet, packt mich manchmal fürchterliche Angst; am liebsten schriee ich laut auf und liefe davon.

Aber man muß arbeiten, um zu leben. Ich lächle, ich grüße, ich werfe eine Kußhand. Um Mitternacht schminke ich mich ab und ziehe mein Kattunkleid an. Mein Gott, wieviel Frauen sind, ohne es nötig zu haben, auf diese Art liebenswürdig vor einer Mauer.«

BLUT

Genug der Sonnenstrahlen, der Blumen und Düfte. Bist du des ewigen Frühlings nicht müde, Ninon? Immer lieben, immer den Traum der sechzehn Jahre singen. Erzähle ich dir abends von den Tändeleien der Rose und der Flatterhaftigkeit der Libelle, so nickst du ein, böses Mädchen, deine großen Augen fallen vor Langerweile zu, ich kann keine Begeisterung mehr aus ihnen trinken, ich stottere und weiß nichts mehr zu sagen.

Ich will Herr werden über deine trägen Lider, Ninon. Heute abend will ich dir eine so schreckliche Geschichte erzählen, daß du sie acht Tage lang nicht schließen wirst. Hör mich an. Der Schrecken ist süß, wenn man zu lange gelächelt hat.

I

Abends nach dem Sieg hatten sich vier Soldaten an einer einsamen Stelle des Schlachtfeldes gelagert. Es war dunkel, und fröhlich schmausten sie inmitten der Toten.

Um einen glühenden Kohlenhaufen herum saßen sie im Gras und rösteten Lammfleischschnitten, die sie noch blutig aßen. Die rote Glut des Feuers beleuchtete sie schwarz und warf ihre riesigen Schatten weit hinaus. Ab und zu liefen fahle Blitze über die Waffen neben ihnen, und dann sah man in der Nacht Menschen, die offenen Auges schliefen.

Die Soldaten lachten laut und sahen nichts von diesen Augen, die sie anblickten. Der Tag war hart gewesen. Sie wußten nicht, was das Morgen ihnen brächte, und so freuten sie sich des Lebendigen und der Ruhe des Augenblicks.

Nacht und Tod schwebten über das Schlachtfeld und schüttelten Schweigen und Entsetzen nieder.

Als die Mahlzeit beendet war, fing Gneuß zu singen an. Seine helle Stimme zerbrach in der dunklen traurigen Luft; das Lied, das auf den Lippen noch fröhlich klang, schluchzte im Widerhall. Verwundert über die Töne, die aus seinem

Munde kamen und die er doch nicht kannte, sang der Soldat lauter, als ein furchtbarer Schrei aus dem Dunkeln den Raum durchschnitt.

Gneuß schwieg. Ihm schwindelte. Er sagte zu Elberg:

»Sieh doch mal nach, was für ein Leichnam da erwacht ist.«

Elberg ergriff einen flammenden Feuerbrand und ging davon. Seine Kameraden konnten ihn einige Minuten lang im Scheine der Fackeln beobachten. Sie sahen, wie er sich bückte, die Toten prüfte und das Gebüsch mit seinem Säbel durchsuchte. Dann verschwand er.

»Clerian«, sagte Gneuß nach einer Weile, »die Wölfe sind heute nacht unterwegs; hol Elberg zurück.«

Und auch Clerian verschwand in der Finsternis.

Gneuß und Flem waren des Wartens müde, und sie wickelten sich in ihre Mäntel und streckten sich am halb erloschenen Feuer aus. Sie wollten gerade ihre Augen schließen, da ertönte wieder derselbe furchtbare Schrei über ihren Köpfen. Flem erhob sich schweigend und ging in das Dunkel hinein, in dem seine beiden Kameraden erloschen waren.

Nun war Gneuß allein. Er hatte Angst, Angst vor diesem schwarzen Schlund, in dem ein Todesröcheln umlief. Er warf trockene Gräser in die Glut; er hoffte, die Helle des Feuers würde seine Furcht vermindern. Die Flamme wuchs blutigrot, in lichtem, großem Kreise wurde der Boden ringsherum hell; in diesem Kreis tanzten die Büsche phantastisch, und die Toten, die in ihrem Schatten schliefen, schienen von unsichtbaren Händen gerüttelt zu werden.

Gneuß hatte Furcht vor dem Licht. Er warf die brennenden Zweige auseinander und trat sie mit seinen Hacken aus. Als das Dunkel schwerer und dichter über ihn fiel, zitterte er davor, den Todesschrei wieder zu hören. Er setzte sich, dann stand er wieder auf, um seine Kameraden zu rufen. Der Schall seiner Stimme erschreckte ihn; er fürchtete, er könne dadurch die Aufmerksamkeit der Leichname auf sich ziehen.

Der Mond ging auf, und mit Entsetzen saß Gneuß einen

bleichen Strahl über das Schlachtfeld gleiten. Jetzt verbarg die Nacht das Furchtbare nicht mehr. Vor seinen Blicken lag unter einem Leichentuch von Licht die verwüstete, mit Trümmern und Toten übersäte Ebene; und dieses Licht, das nicht der Tag war, erleuchtete die Finsternis, ohne ihr das stumme Entsetzen zu nehmen.

Gneuß stand hoch aufgerichtet mit schweißbedeckter Stirne, er wollte den Hügel ersteigen, um die fahle Fackel der Nächte auszulöschen. Er begriff nicht, daß die Toten nicht aufstanden und ihn umringten, da sie ihn jetzt sahen. Ihre Unbeweglichkeit ängstigte ihn; in Erwartung von etwas Furchtbarem schloß er die Augen.

Und plötzlich fühlte er eine feuchte Wärme an der linken Ferse.

Er beugte sich zum Erdboden nieder und erblickte einen kleinen Bach von Blut, der unter seinen Füßen floß. Von Stein zu Stein sprang dieser Bach mit fröhlichem Gemurmel; er kam aus dem Dunkel, wand sich im Mondenschein, dann floh er ins Dunkel zurück gleich einer schwarzschuppigen Schlange, deren Ringe dahingleiten und sich ins Unendliche verfolgen. Gneuß wich zurück, aber er konnte die Augen nicht schließen; ein grauenvoller Krampf hielt sie weit offen, starr auf die blutige Woge gebannt.

Die blutigen Wellen stiegen und erweiterten langsam ihr Bett. Das Bächlein wurde zum Bach, einem friedlichen, langsamen Bach, den ein Kind hätte überspringen können. Der Bach wurde zum Sturzbach, mit dumpfem Brausen donnerte er über den Erdboden und warf rötlichen Schaum über seine Ufer. Und wurde zum Strome, zu einem gewaltigen Strome.

Dieser Strom riß die Toten mit sich; ein grausiges Wunder, daß das Blut in solchen Mengen aus den Wunden floß, daß es die Toten fortspülte.

Gneuß wich von der steigenden Flut immer weiter fort. Seine Blicke erreichten das andere Ufer nicht mehr; das Tal wurde ihm zum See.

Plötzlich stieß er an eine Felsenwand; er konnte nicht weiter fliehen. Er fühlte, wie die Wellen an seine Knie schlugen.

Die Toten, die der Strom an ihm vorübertrug, verhöhnten ihn; jede ihrer Wunden wurde zu einem Munde, der sein Entsetzen verlachte. Das Meer von Blut stieg und stieg; jetzt schluchzte es um seine Lippen. Mit furchtbarer Anstrengung reckte er sich empor und krallte sich in eine Felsenspalte; der Fels zerbrach, er fiel hinunter, und die Flut bedeckte seine Schultern.

Traurig und bleich betrachtete der Mond das Meer, darin seine Strahlen ohne Widerschein erloschen. Das Licht schwamm im Himmel. Die gewaltige Flut aus Dunkel und Aufschrei glich der gähnenden Öffnung eines Abgrundes.

Die Wellen stiegen und stiegen; und röteten mit ihrem Schaum die Lippen des Soldaten.

II

Bei Tagesanbruch kam Elberg und weckte Gneuß; der schlief, den Kopf auf einem Steine, fest und tief.

»Gneuß«, sagte er, »ich hatte mich in den Büschen verirrt. Dann hatte ich mich unter einen Baum gesetzt und bin eingeschlafen, und die Augen meiner Seele sahen seltsame Dinge, die ich auch im Wachen nicht loswerden kann.

Die Welt war in ihrer Kindheit. Der Himmel schien ein gewaltiges Lächeln. Die Erde war noch jungfräulich und erschloß sich in ihrer keuschen Nacktheit den Strahlen des Mais. Höher als unsere höchsten Eichen grünten die Gräser: Die Bäume trugen Laub, das wir nicht kennen. Überströmend floß der Saft in den Adern der Welt, die Pflanzen genügten ihm nicht, er durchrieselte auch die Eingeweide der Felsen und machte sie lebendig.

Still und strahlend wölbte sich der Horizont. Die heilige Natur erwachte; wie ein Kind morgens niederkniet und Gott dankt, daß es hell ist, so sandte sie alle ihre Lieder, all ihre Düfte zum Himmel empor. So überwältigend waren die Düfte, so unsagbar die Lieder, daß meine Sinne sie kaum ertragen konnten – so überirdisch war alles.

Dem Vogel gleich aß der Mensch dankbar vom Tisch der Vorsehung. Er pflückte die Früchte des Baumes, trank das

Wasser der Quelle und legte sich des Abends unter einem Baume schlafen. Seine Lippen verabscheuten das Fleisch; den Geschmack des Blutes kannte er nicht, ihm schmeckte nur, was Tau und Sonne ihm bereiteten.

So blieb er unschuldig, und seine Unschuld weihte ihn zum König über alle anderen Geschöpfe der Erde. Alles war Eintracht. So weiß war die Welt, friedlich in Unendlichkeit. Kein Vogel hob die Flügel zur Flucht; die Wälder hatten keine Schlupfwinkel. Alle Geschöpfe Gottes lebten an der Sonne, waren ein einziges Volk, hatten ein einziges Gesetz: die Güte.

Mitten unter diesen Geschöpfen ging ich umher. Ich fühlte mich stärker und besser werden. Tief sog ich die himmlische Luft ein. Als ich so plötzlich aus unsrer verpesteten Luft in den Windhauch einer reineren Welt trat, fühlte ich die Seligkeit des Bergmanns, der zur Oberwelt zurückkehrt.

Noch immer wiegte der Engel der Träume meinen Schlaf, er trieb meinen Geist in einen Wald und zeigte mir ein neues Bild.

Zwei Männer schritten auf einem schmalen, im Laubwerk versteckten Pfad. Der Jüngere ging voraus. Sorglosigkeit sang von seinen Lippen; sein Blick hatte Zärtlichkeit für jeden Grashalm. Bisweilen wandte er sich zurück, um seinen Kameraden anzulächeln; an einer unsagbaren Zartheit erkannte ich, daß es ein brüderliches Lächeln war.

Die Lippen und die Augen des anderen Mannes blieben stumm und düster. Ein haßerfüllter Blick flammte über den Nacken des Jünglings vor ihm, voller Ungeduld schritt er schneller hinter ihm her. Er schien ein Opfer zu verfolgen, das nicht floh.

Ich sah, wie er einen Baumstamm fällte, den er geschwind zu einer Keule formte. Dann lief er rasch hinter seinem Kameraden her, hielt aber die Waffe hinter seinem Rücken versteckt. Der junge Mann, der sich niedergesetzt hatte, um auf ihn zu warten, erhob sich, ging ihm entgegen und küßte ihn wie nach einer langen Trennung auf die Stirn.

Und sie gingen weiter. Der Tag neigte sich. Der Jüngling ging rascher, da bemerkte er fernhin, zwischen den letzten

Stämmen des Waldes die zarten Linien eines Hügels, den die scheidende Sonne in Gold faßte. Der finstere Mann glaubte, er wolle fliehen. Da hob er die Keule.

Sein junger Bruder drehte sich herum. Ein frohes Wort der Ermutigung stand auf seinen Lippen. Schon aber zerschmetterte ihm die Keule das Gesicht, hoch sprang das Blut.

Der Grashalm, der den ersten Blutstropfen empfing, schüttelte ihn entsetzt auf die Erde. Erschrocken, zitternd trank die Erde diesen Tropfen; ein lauter Schrei des Widerwillens brach aus ihrer Brust, und der Sand des Weges gab den gräßlichen Trank als blutigen Schaum wieder von sich. Beim Schrei des Opfers sah ich die Geschöpfe in einem Sturm des Entsetzens auseinanderstieben. Sie flohen über die Welt und mieden die gebahnten Wege; sie lauerten in den Winkeln, und die Stärkeren überfielen die Schwächeren. Ich sah, wie jeder seine Zähne schärfte und seine Krallen wetzte. Das große Wegelagern der Schöpfung begann.

Und an mir vorbei begann die ewige Flucht. Der Habicht stürzte sich auf die Schwalbe, die Schwalbe ergriff in ihrem Flug die Mücke, die Mücke setzte sich auf den Leichnam. Vom Wurme bis zum Löwen fühlten sich alle Wesen bedroht. Die Welt biß sich in den Schwanz und fraß sich ewig auf.

Die Natur selbst wurde vom Entsetzen erfaßt und fiel in Krämpfe. Die reinen Linien des Horizontes zerbrachen. Die Morgen- und Abenddämmerung zeigten blutiges Gewölk; die Gewässer ergossen sich in ewigem Schluchzen, die Bäume verrenkten ihre Zweige und warfen jedes Jahr verwelkte Blätter zur Erde.«

III

Als Elberg schwieg, erschien Clerian. Er setzte sich zwischen seine beiden Gefährten und sagte:

»Ich weiß nicht, ob ich das geträumt habe, was ich euch jetzt erzählen will, oder ob ich's wirklich erlebt habe, soviel Wirklichkeit hatte der Traum, und so traumhaft erschien mir die Wirklichkeit.

Ich war auf einem Weg, der die Welt durchquerte. Städte

standen an seiner Spur, und die Völker benutzten ihn auf ihren Reisen.

Er war schwarz gepflastert. Meine Füße glitten aus, und ich sah, daß sie schwarz von Blut waren. In seiner ganzen Breite ging der Weg zwei Abhänge hinunter; in der Mitte wälzte ein Fluß rotes und dickes Wasser.

Ich verfolgte diesen Weg, auf dem die Menge sich drängte. Ich ging von Gruppe zu Gruppe und ließ das Leben an mir vorüberziehen.

Hier opferten Väter ihre Töchter, deren Blut sie irgendeinem scheußlichen Gott versprochen hatten. Die blonden Köpfe neigten sich dem Messer und wurden bleich beim Todeskuß.

Dort entleibten sich zitternd stolze Jungfrauen, um schändlichen Umarmungen zu entfliehen, und das Grab war das weiße Gewand ihrer Unschuld.

Und weiterhin starben Liebende unter Küssen. Eine weilte verlassen und starb am Ufer. Sie blickte auf die Wellen, die ihr Herz entführt hatten; eine andere war in den Armen ihres Geliebten ermordet worden und hing an seinem Hals, und in ewiger Umschlingung wurden beide fortgerissen.

Und wieder andere waren müde des Dunkels und der Schmerzen und schickten ihre Seelen aus, um in einer besseren Welt die Freiheit zu finden, die sie hier auf Erden vergeblich gesucht hatten.

Überall hinterließen die Füße der Könige blutige Spuren. Der watete im Blut seines Bruders; der andere im Blut seines Volkes; der dritte im Blut seines Gottes. Ihre roten Fußtapfen im Staub sprachen zum Volk: Hier ist ein König gegangen.

Die Priester erwürgten die Opfer, bückten sich über ihre zitternden Eingeweide und behaupteten, in ihnen die Geheimnisse des Himmels zu entziffern. Sie trugen Schwerter unter ihren Gewändern und predigten im Namen ihres Gottes den Krieg. Die Völker wurden von ihnen aufgerufen, fielen übereinander her und fraßen sich zur Verherrlichung des gemeinsamen Vaters gegenseitig auf.

Die ganze Menschheit war trunken; sie taumelte und

wälzte sich auf dem besudelten Pflaster. Mit geschlossenen Augen hielt sie ein zweischneidiges Schwert in ihren Händen und schlug im Dunkel der Nacht blindlings los und mordete.

Der feuchte Hauch eines Blutbades flog über die Menge und verlor sich weiter in rötlichem Nebel. Von Entsetzen getrieben verstrickte sie sich immer tiefer in diese Orgie und raste immer mehr. Sie trat die Gefallenen mit Füßen und preßte den letzten Blutstropfen aus den Wunden. Sie keuchte vor Wut, fluchte dem Leichnam, wenn sie ihm keinen Schmerzensschrei mehr entreißen konnte.

Die Erde trank, trank gierig; ihre Eingeweide sträubten sich nicht mehr gegen das scharfe Naß. Wie der im Trunk verkommene Mensch überlud sie sich mit dem Gärstoff.

Ich beschleunigte meine Schritte, ich wollte meine Brüder nicht mehr sehen. Der schwarze Weg dehnte sich unter jedem neuen Horizont; der Fluß, dem ich nachging, schien die blutigen Wellen irgendeinem unbekannten Meere zuzuwälzen.

Und als ich weiterging, sah ich die Natur düster und streng werden. Der Schoß der Ebene zerriß. Felsblöcke teilten den Boden in unfruchtbare Hügel und dunkle Täler. Die Hügel wuchsen, und die Täler wurden immer tiefer; der Stein wurde zum Felsen, die Furche zum Abgrund.

Kein Laub, kein Moos; nackte Felsen mit sonnengebleichtem Haupt und schattendunklen Füßen. In Todesschweigen ging der Weg durch das Gebirge.

Dann aber bog er plötzlich um, und ich sah etwas Furchtbares.

Vier Felsen stützten einander und bildeten ein gewaltiges Becken. Ihre steilen Plattenwände erhoben sich wie die Mauern einer Zyklopenstadt und schlossen einen unübersehbaren großen Brunnen ein, dessen Größe den Horizont erfüllte.

Und dieser Brunnen, in den der Fluß mündete, war voll Blut. Das dickflüssige, ruhige Meer stieg langsam. Es schien in seinem Felsenbett zu schlafen. Der Himmel spiegelte es in Purpurwolken wider.

Da begriff ich, daß dies der Ort war, wohin alles gewaltsam vergossene Blut fließt. Vom ersten Morde an hat jede Wunde ihre Tränen in diesen Abgrund hineingeweint, und die Tränen sind so reichlich geflossen, daß der Abgrund gefüllt ist.«

»Ich habe heute Nacht einen solchen Strom gesehen«, sagte Gneuß, »der diesem verfluchten See zufloß.«

»Entsetzt«, fuhr Clerian fort, »näherte ich mich dem Rande und prüfte mit dem Blick die Tiefe der Flut. An ihrem dumpfen Getöse erkannte ich, daß sie bis zum Mittelpunkt der Erde reichte. Und als ich dann zu den umschließenden Felsen emporschaute, sah ich die Flut ihre Gipfel erreichen. Aus der Tiefe rief eine Stimme: ›Die steigende Flut wird immer weitersteigen und die Gipfel überschwemmen. Und sie wird weiter steigen, ein Fluß wird dem furchtbaren Becken entströmen und sich in die Ebenen stürzen. Die Berge werden müde werden und einstürzen. Der ganze See wird sich über die Erde wälzen. So werden die Spätgeborenen im Blut ertränkt werden, das ihre Väter vergossen haben‹.«

»Der Tag ist nahe«, sagte Gneuß. »Die Wellen stiegen hoch heute nacht.«

IV

Die Sonne stieg empor, als Clerian seinen Traum zu Ende erzählt hatte. Ein Trompetenstoß, den der Wind herübertrug, kam von Norden. Es war das Signal für die in der Ebene zerstreuten Soldaten, sich um die Fahne zu sammeln.

Die drei Kameraden standen auf und griffen zu ihren Waffen. Mit einem letzten Blick auf das erloschene Feuer wollten sie fortgehen, als sie Flem durch das hohe Gras auf sich zulaufen sahen. Seine Füße waren weiß von Staub.

»Freunde, ich weiß nicht, woher ich komme, so schnell bin ich gelaufen. Lange Stunden bin ich im Kreis herumgelaufen und die wilde Horde der Bäume hinter mir her. Das Geräusch meiner Schritte wiegte mich ein und schloß meine Lider; ich lief und lief und träumte doch einen seltsamen Traum.

Ich stand auf einem einsamen Hügel. Sonnenglut peitschte die großen Felsen. Der Boden brannte unter meinen Füßen und versengte mir die Sohlen. Ich erstieg, so rasch ich konnte, den Gipfel.

Und wie ich in großen Sprüngen vorwärts hastete, sah ich einen Mann den Berg ganz langsam ersteigen. Er trug eine Dornenkrone; schwere Last lag auf seinen Schultern, blutiger Schweiß überströmte sein Antlitz. Mühselig ging er und schwankte bei jedem Schritt.

Die Sonne brannte, ich konnte seine Qual nicht ertragen; ich erwartete ihn unter einem Baum auf dem Gipfel des Hügels. Da sah ich, daß er ein Kreuz schleppte. Da er eine Krone und ein kotbespritztes Purpurgewand trug, hielt ich ihn für einen König, und ich freute mich seiner Qual.

Soldaten folgten ihm und trieben ihn mit ihren eisernen Lanzen zur Eile. Als er den obersten Felsen erreicht hatte, entkleideten sie ihn und warfen ihn aufs Kreuz.

Der Mann lächelte traurig. Er bot seinen Henkern seine weitgeöffneten Hände; die Nägel schlugen zwei blutige Löcher hinein. Dann legte er die Füße übereinander, ein einziger Nagel genügte für sie.

Er lag auf dem Rücken und blickte stumm den Himmel an. Zwei Tränen liefen langsam über seine Wangen, Tränen, die er nicht fühlte und die sich im ergebenen Lächeln seiner Lippen verloren.

Das Kreuz wurde aufgerichtet, die Last des Körpers vergrößerte die Wunden, ich hörte seine Knochen brechen. Der Gekreuzigte schüttelte sich wie im Fieber. Dann blickte er wieder zum Himmel empor.

Ich betrachtete ihn. Da ich ihn so groß im Sterben sah, sagte ich: Dieser Mann ist kein König. Und Mitleid ergriff mich, und ich bat die Soldaten, ihn ins Herz zu treffen.

Eine Grasmücke sang auf dem Kreuz. Ihr Lied war traurig und sprach mit der Stimme einer weinenden Jungfrau in meine Ohren:

›Das Blut färbt die Flamme, das Blut überströmt mit Purpur alle Blumen, und Blut rötet die Wolke. Ich habe mich auf den Sand gesetzt, und meine Füße wurden blutig; ich habe die Zweige der Eiche gestreift, und meine Flügel wurden rot.

Ich begegnete einem Gerechten, und ich folgte ihm. Gerade hatte ich in der Quelle gebadet, und mein Gewand war rein. Mein Lied sagte: Freuet Euch, meine Federn: Auf der Schulter dieses Mannes wird Euch der Tau des Mordes nicht mehr besudeln.

Heute singt mein Lied: Weine, Grasmücke von Golgatha, weine über Dein Kleid, das durch das Blut dessen besudelt ist, der Dich an seiner Brust geborgen hat. Er ist gekommen, den Grasmücken ihre Reinheit wiederzugeben, und die Menschen zwingen ihn, mich mit dem Tau seiner Wunden zu benetzen.

Ich bin verzweifelt, und ich weine über mein besudeltes Kleid. Wo werde ich Deinen Bruder finden, Jesus, daß er mir sein linnenes Gewand öffne? Ach, armer Meister, welch aus Dir geborner Sohn wird meine Federn waschen, die Du mit deinem Blut rötest?‹

Der Gekreuzigte hörte die Grasmücke. Der Wind des Todes ließ seine Wimpern erzittern; der Todeskampf verzerrte seine Lippen. Voll sanften Vorwurfs sah er den Vogel an; sein Lächeln strahlte heiter wie die Hoffnung.

Dann stieß er einen fürchterlichen Schrei aus. Sein Haupt fiel auf die Brust, die Grasmücke entfloh, von einem Schluchzen weggerissen. Der Himmel wurde schwarz, die Erde bebte im Schatten.

Ich lief immer weiter und schlief dabei. Die Morgenröte brach an, die Täler erwachten und lachten im Morgendunst. Der Sturm der Nacht hatte dem Himmel mehr Heiterkeit, dem Laub mehr Frische gegeben. Aber dieselben Dornen, die mich am Vortage zerrissen hatten, standen zu beiden Seiten des Weges; dieselben harten und scharfen Steine verletzten meine Füße; dieselben Schlangen lauerten in den Büschen und gefährdeten meinen Weg. Das Blut des Gerechten war in die Adern der alten Welt geströmt, ohne ihr die Unschuld ihrer Jugend zurückzugeben.

Die Grasmücke flog über meinen Kopf und rief mir zu:

»Oh, ich bin sehr traurig. Ich kann keine reine Quelle finden, um mich darin zu baden. Sieh, die Erde ist schlecht wie gestern. Jesus ist tot, und das Gras blüht nicht mehr. Ach; es ist nur ein Mord mehr‹.«

V

Die Trompete blies immer noch zum Sammeln.

»Kinder«, sagte Gneuß, »unser Handwerk ist häßlich. Die Schatten derer, die wir erschlugen, stören unseren Schlaf. Wie Ihr, habe ich lange Stunden hindurch den Dämon des Alpdrucks auf meiner Brust gefühlt. Dreißig Jahre lang habe ich gemordet, jetzt will ich schlafen. Verlassen wir unsere Brüder hier. Ich kenne ein Tal, darin Pflüge nach unseren Armen rufen. Wollen wir das Brot der Arbeit essen?«

»Das wollen wir«, antworteten seine Gefährten.

Da schaufelten die Soldaten am Fuß eines Felsens ein großes Loch und begruben ihre Waffen. Dann stiegen sie hinunter, badeten im Fluß und verschwanden Arm in Arm hinter der Biegung des Weges.

DIE DIEBE UND DER ESEL

I

Ich kenne einen jungen Mann, Ninon, den du tüchtig ausschelten würdest. Leo verehrt Balzac und kann George Sand nicht ausstehen; Michelets Buch hätte ihn fast krank gemacht. Ganz unbefangen behauptet er, die Frau sei als Sklavin geboren, und niemals spricht er die Worte ›Liebe‹ und ›Keuschheit‹ ohne zu lachen aus. Oh, wie schlecht er euch behandelt! Zweifellos sammelt er sich des Nachts, um am Tage desto boshafter gegen euch zu sein. Er ist zwanzig Jahre alt.

Häßlichkeit erscheint ihm ein Verbrechen. Kleine Augen, ein zu großer Mund bringen ihn außer sich. Er behauptet, da es auf den Wiesen keine häßlichen Blumen gäbe, müßten alle jungen Mädchen von Geburt gleichmäßig schön sein. Führt ihm der Zufall auf der Straße eine rechte Hexe entgegen, so schimpft er drei Tage lang über dünne Haare, plumpe Füße und dicke Hände. Ist die Frau dagegen hübsch, so lächelt er boshaft, und sein Schweigen ist schwer von schlimmen Gedanken.

Ich weiß nicht, wer von euch Gnade vor ihm finden würde. Brünette und Blonde, Alte und Junge, Hübsche und Häßliche, er umfaßt euch alle mit ein und demselben Fluch. Der böse Junge! und wie zärtlich sein Blick lächelt! Wie sanft sind seine Schmeichelworte!

Leo lebt mitten im Quartier Latin.

Jetzt nun, Ninon, wird mir die Geschichte peinlich. Ich möchte zu gerne schweigen und die Stunde verwünschen, in der ich auf den seltsamen Gedanken kam, diese Geschichte zu beginnen. Deine neugierigen Ohren sind auf Anstößiges gefaßt, und ich weiß nicht recht, wie ich dich in eine Welt einführen soll, die du nicht einmal mit deinen kleinen Fußspitzen berührt hast.

Diese Welt, Geliebte, wäre das Paradies, wenn sie nicht die Hölle wäre.

Komm, laß uns das Buch des Dichters öffnen und im Lied

des Zwanzigjährigen lesen! Sieh, das Fenster geht nach Süden; die Mansarde ist voller Blumen und Licht und so hoch, so hoch am Himmel, daß man bisweilen die Engel auf dem Dache plaudern hört. Wie die Vögel den höchsten Ast wählen, um ihre Nester vor Menschenhänden zu schützen, so bauen sich die Verliebten im höchsten Stockwerk ihr Nest. Dort empfangen sie die erste Liebkosung des Morgens und den Abschiedsgruß der Sonne.

Wovon sie leben? Wer weiß das? Vielleicht vom Küssen und vom Lächeln. Sie lieben einander so sehr, daß sie keine Zeit haben, an die Mahlzeit zu denken, die sie nicht haben. Sie haben kein Brot, und doch füttern sie die Spatzen damit. Öffnen sie den leeren Schrank, so essen sie sich am Lachen über ihre Armut satt.

Seitdem die ersten Kornblumen blühten, seitdem lieben sie einander. Auf einem Kornfeld haben sie sich getroffen. Ohne einander je gesehen zu haben, kennen sie sich schon lange und sind denselben Weg zur Stadt zurückgegangen. Sie trug wie eine Braut einen großen Strauß an der Brust. Sieben Treppen ist sie mit heraufgestiegen, und sie konnte nicht wieder hinuntersteigen – sie war zu müde.

Wird sie morgen die Kraft dazu finden? Sie weiß es nicht. Unterdessen ruht sie sich aus, trippelt durch die Mansarde, begießt die Blumen und führt eine Wirtschaft, die gar nicht existiert. Dann näht sie, und der junge Mann arbeitet. Ihre Stühle berühren sich; und nach und nach, um es bequemer zu haben, setzen sie sich beide auf einen. Die Nacht kommt, und sie schelten einander wegen ihrer Faulheit.

Oh, Ninon, wie dieser Dichter lügt, und wie verführerisch seine Lüge ist! Möge er nie zum Mann werden, dieses ewige Kind! Mag er uns immer weiter belügen, da er sich selbst doch nicht mehr täuschen kann! Er kommt aus dem Paradiese und erzählt uns von paradiesischer Liebe. Dort oben hat er Musette und Mimi getroffen, zwei Heilige, und hat es sich einfallen lassen, sie in unsere Mitte zu versetzen. Sie aber streifen die Erde nur mit ihren Flügeln und kehren auf dem Strahl, der sie gebracht hat, wieder ins Paradies zurück.

Heute suchen die zwanzigjährigen Herzen nach ihnen und weinen – denn sie können sie nicht finden.

Soll ich nun auch noch lügen, Geliebte, und sie im Himmel suchen, oder soll ich lieber gestehen, daß ich ihnen in der Hölle begegnet bin? Säße dort neben dem Kamin im Lehnstuhl, in dem du dich wiegst, ein guter Freund, kühn würde ich den goldenen Schleier lüften, mit dem der Dichter unwürdige Schultern schmückte. Du aber würdest mir mit deinen kleinen Händen den Mund zuhalten, böse werden und mich der Lüge zeihen, weil ich zu aufrichtig bin. Wie solltest du an Liebende unseres Alters glauben, die aus dem Rinnstein trinken, überfällt der Durst sie auf der Straße? Wie zornig würdest du, wagte ich dir zu sagen, daß deine Schwestern, die Geliebten, mit offenem Haar und lockerem Halstuch herumlaufen! Du lebst heiter und lächelnd im Nest, das ich für dich gebaut habe; du kennst den Lauf der Welt nicht. Ich will den Mut nicht haben, dir einzugestehen, daß ihre Blumen krank und die Herzen morgen vielleicht tot sind.

Verschließe deine Ohren nicht, mein Liebling; du brauchst nicht zu erröten.

II

Leo lebte also mitten im Quartier Latin. Er tauschte die meisten Händedrücke aus in diesem Land, wo alle Hände einander kennen. Der Freimut seines Blickes machte ihm alle Vorübergehenden zu Freunden. Die Frauen wagen es nicht, ihm den Haß, den er gegen sie hegt, zu vergeben und sind wütend, daß sie ihm ihre Liebe nicht gestehen können. Sie verabscheuen ihn und – beten ihn an.

Bevor die Dinge, die ich Dir erzählen will, sich zutrugen, hatte er niemals eine Geliebte gehabt. Er behauptete, blasiert zu sein und sprach von den Vergnügungen dieser Welt, wie ein Trappist es tun würde, gäbe er sein langes Schweigen auf. Er liebt gutes Essen, und schlechten Wein kann er nicht vertragen. Seine Wäsche ist sehr fein und seine Kleidung stets von erlesener Eleganz.

Oft steht er vor den Statuen der italienischen Schule, und

feuchten Auges genießt er den begeisterten Anblick eines schönen Marmors.

Im übrigen führt Leo ein Studentenleben, arbeitet so wenig wie möglich, spaziert im Sonnenschein und vergißt sich auf jedem Diwan, den er trifft. Gerade in diesen Stunden des Halbschlafes deklamiert er seine gröbsten Beleidigungen gegen die Frauen. Mit geschlossenen Augen scheint er eine Vision zu liebkosen, während er die Wirklichkeit verwünscht.

Eines Maimorgens traf ich ihn, er sah gelangweilt aus. Er wußte nichts anzufangen, und abenteuerlustig spazierte er durch die Straßen. Das Pflaster war schmutzig, die einzigen Überraschungen waren von Zeit zu Zeit große Wasserpfützen vor den Füßen. Er tat mir leid, und ich schlug ihm vor, ins Freie zu gehen, um nachzusehen, ob der Hagedorn schon blühe.

Eine ganze lange Stunde mußte ich mir endlose philosophische Vorträge anhören, die allesamt die Nichtigkeit unserer Freuden bewiesen. Nach und nach wurden die Häuser seltener, schon sahen wir auf den Türschwellen schmutzige Murmeltiere sich brüderlich mit großen Hunden tummeln. Als wir aufs Land hinauskamen, blieb Leo vor einer Gruppe von Kindern, die in der Sonne spielten, plötzlich stehen. Er streichelte das Jüngste und erklärte mir dann, er schwärme für blonde Köpfe.

Ich habe die schmalen Pfade immer geliebt, die eng zwischen zwei Hecken von den Rädern der großen Fuhrwerke verschont bleiben. Den Boden deckt feines Moos, das weich ist wie ein Sammetteppich. Man wandelt im Geheimnis und im Schweigen; verirren sich zwei Liebende hierher, so zwingen die Dornen der grünenden Mauern die Geliebte, sich dem Geliebten fest ans Herz zu drücken. Leo und ich hatten uns auf einen dieser verlorenen Wege begeben, darin nur die Weißkehlchen den verschwiegenen Küssen lauschen. Das erste Lächeln des Frühlings bezwang den Menschenhaß meines Philosophen. Lange Zärtlichkeiten hatte er für jeden Tautropfen und sang wie ein Junge, der die Schule schwänzt.

Der Weg ging immer weiter. Die hohen dichten Hecken

waren unser Horizont. Diese Art von Gefangenschaft und unsere Unkenntnis des Weges verdoppelten unsere Fröhlichkeit.

Es ward allmählich immer enger: wir mußten hintereinander gehen. Die Hecken bogen oft kurz ab, der Weg wurde zum Labyrinth.

Da, an der engsten Stelle, hörten wir plötzlich Stimmengewirr; dann tauchten an einer plötzlichen Krümmung drei Personen auf. Zwei junge Leute gingen voran und bogen die langen Zweige zur Seite. Hinter ihnen ging eine junge Frau.

Ich blieb stehen und grüßte. Der junge Mann, der mir voll ins Gesicht sah, grüßte wieder. Dann sahen wir einander an. Eine heikle Situation: dichter als sonst beengten uns die Hekken, und keiner schien geneigt umzukehren. Da bemerkte Leo, der hinter mir stand und sich auf die Fußspitzen erhob, die junge Frau. Ohne ein Wort zu sagen, stürzte er sich kühn ins Dornengestrüpp; seine Kleider wurden zerrissen, auf seiner Hand zeigten sich einige Blutstropfen. Ich mußte es ihm nachtun.

Die jungen Leute gingen vorüber und dankten uns. Die junge Frau, wie um Leo für seine Aufopferung zu belohnen, blieb unentschieden vor ihm stehen und sah ihn mit ihren großen schwarzen Augen lange an. Er suchte schnell nach seinem schlimmen Lächeln, fand es aber nicht. Als sie verschwunden war, trat ich aus dem Gestrüpp heraus und verfluchte unsere Höflichkeit zu allen Teufeln. Ein Dorn hatte mich am Hals verletzt, und mein Hut stak so fest zwischen zwei Ästen, daß es mich Mühe genug kostete, ihn herauszubringen. Leo schüttelte sich. Da ich die vorübergehende junge Frau begrüßt hatte, fragte er mich, ob ich sie kenne.

»Natürlich«, antwortete ich. »Sie heißt Antoinette. Sie war drei Monate meine Nachbarin.«

Wir gingen weiter. Er schwieg. Und da erzählte ich ihm von Fräulein Antoinette.

Sie war eine frische, entzückende kleine Person; der Blick halb spöttisch, halb zärtlich; sie hatte entschiedene Bewegungen und eine leichte, tändelnde Haltung, mit einem Wort: ein gutes Mädchen. Von ihresgleichen unterschied sie sich durch ihren Freimut und ihre Offenheit, Eigenschaften, die in der Welt, in der sie lebte, sehr selten sind. Sie beurteilte sich selbst ohne Eitelkeit und ohne Bescheidenheit, sagte gern, sie sei zur Liebe geboren, sei dazu geschaffen, sich alle Winde um die Ohren wehen zu lassen.

Drei lange Wintermonate hindurch sah ich, wie sie arm und einsam von ihrer Arbeit lebte. Das machte sie ohne viel Aufhebens, ohne das große Wort ›Tugend‹ in den Mund zu nehmen, sie tat es, weil es ihr gerade paßte. Solange ihre Nadel nähte, sah ich keine Liebhaber bei ihr. Den Männern, die sie aufsuchten, war sie ein guter Kamerad; sie drückte ihnen die Hände, lachte mit ihnen, beim ersten Versuch aber, sie zu küssen, schob sie einen Riegel vor. Ich selbst, gestehe ich, habe ihr etwas den Hof gemacht. Als ich ihr einmal einen Ring und Ohrringe brachte, sagte sie:

»Nehmen Sie Ihren Schmuck zurück, mein Freund. Wenn ich mich jemandem schenke, so tue ich es auch für eine Blume!«

Liebte sie, so war sie faul und lässig. Spitzen und Seide ersetzten den Kattun. Sorgsam heilte sie die Nadelstiche, und die Arbeiterin wurde eine große Dame.

Übrigens bewahrte sie auch bei ihren Liebschaften ihre Grisettenfreiheit. Das erkannte der Mann, der sie liebte, sehr bald. Ebenso rasch wie er erkannte, wenn sie ihn nicht mehr mochte. Und doch gehörte sie nicht zu jenen grillenhaften Schönen, die ihren Geliebten mit jedem verbrauchten Paar Schuhe wechseln. Sie besaß viel Verstand und viel Herz. Aber das arme Mädchen täuschte sich oft; sie legte ihre Hand in unwürdige Hände und zog sie, voller Ekel, rasch zurück. Außerdem hatte sie das Quartier Latin satt, die jungen Leute erschienen ihr so alt.

Bei jedem neuen Schiffbruch wurde ihr Antlitz etwas trauriger. Sie sagte den Männern harte Wahrheiten; sie warf es sich selbst vor, daß sie ohne Liebe nicht leben könne. Und dann sperrte sie sich ein, bis ihr Herz das Gitter zerbrach.

Neulich traf ich sie. Sie war sehr niedergeschlagen: ein Geliebter hatte sie verlassen, während sie ihn doch noch ein wenig liebte.

»Ich weiß wohl«, sagte sie, »daß ich eine Woche später selbst von ihm gegangen wäre: er war ein schlechter Kerl. Aber ich küßte ihn noch zärtlich auf beide Wangen. So sind es mindestens dreißig verlorene Küsse.«

Dann sagte sie noch, daß sie seither zwei Verliebte auf den Fersen hätte, die sie mit Sträußen überhäuften. Sie ließ sie gewähren und hielt ihnen bisweilen folgende Rede: »Ich liebe keinen von euch, liebe Freunde: ihr wärt schön dumm, wolltet ihr euch um mein Lächeln streiten. Seid liebe Brüder. Wie ich sehe, seid ihr gute Jungen; kommt, wir wollen uns als alte Kameraden miteinander vergnügen. Beim ersten Streit aber verlasse ich euch.«

Die armen Jungen drückten sich herzlich die Hand und wünschten sich dabei gegenseitig zum Teufel. Sicher waren es die beiden jungen Leute, die wir eben mit ihr trafen.

Das war Fräulein Antoinette: ein warmes, liebendes Herz, das sich im Land des Lasters verirrte; ein sanftes, liebenswürdiges Mädchen, das die Krumen seiner Zärtlichkeit allen diebischen Spatzen am Straßenrand hinwirft.

Ich erzählte Leo diese Einzelheiten. Ohne viel Aufmerksamkeit zu zeigen, hörte er mir zu und stellte nicht die geringste Frage. Als ich schwieg, sagte er: »Dieses Mädchen ist zu offen, ihre Art, die Liebe aufzufassen, mag ich nicht.«

Und so lange hatte er gesucht, daß er jetzt endlich sein schlimmes Lächeln fand.

III

Endlich waren wir aus den Hecken heraus. Unten floß die Seine; drüben auf dem anderen Ufer spiegelte sich ein Dorf im Wasser. Jetzt kannten wir die Gegend. Unzählige Male hatten wir die Inseln im Strom besucht.

Nach langer Rast unter einer nahen Eiche erklärte mir Leo, er stürbe vor Hunger und Durst. Ich beeilte mich, ihm zu antworten, ich stürbe vor Hunger und Durst. Wir hielten Rat. Die Entscheidung war geradezu rührend einmütig: Wir wollten ins Dorf gehen, uns dort einen großen Speisekorb verschaffen, diesen Korb gehörig mit Essen und Flaschen füllen und schließlich alle drei, der Korb und wir, uns auf der schönsten und grünsten Insel lagern.

Zwanzig Minuten später suchten wir nach einem Kahn. Ich hatte mich freundlicherweise mit dem Korb beladen; ich sage Korb, und der Ausdruck ist noch sehr milde. Leo ging voraus und fragte jeden Fischer nach einem Kahn. Die Boote waren alle draußen. Gerade wollte ich meinem Gefährten vorschlagen, unsere Tafel auf dem Festland zu halten, als man uns einen Vermieter nannte, der uns vielleicht helfen könne.

Der Vermieter wohnte am Ende des Dorfes in einer Hütte, die an einer Wegkreuzung stand. Und gerade als wir um die Ecke gingen, standen wir wieder vor Fräulein Antoinette, hinter der ihre beiden Verliebten schritten. Der eine schwankte genau wie ich unter der Last eines Eßkorbes; und der andere hatte dasselbe verstörte Wesen wie Leo, der irgend etwas Unauffindbares zu suchen schien. Ich sah den armen schwitzenden Teufel mitleidig an, während Leo mir dafür zu danken schien, daß ich eine Last trug, die das junge Mädchen etwas lächerlich fand.

Der Vermieter stand rauchend unter seiner Tür. Seit fünfzig Jahren hatte er tausende von Paaren gesehen, die seine Ruderboote mieteten, um in die Einsamkeit zu entfliehen. Er liebte die blonden verliebten Frauen, die steifgeputzt abfuhren und mit zerknüllten Bändern und arg in Unordnung zurückkehrten. Er lächelte ihnen entgegen, wenn sie ihm für seine Boote dankten, die den Inseln, wo das höchste Gras wuchs, ganz von selbst zusteuerten.

Kaum hatte der Mann unsere Körbe bemerkt, als er auf uns zutrat.

»Kinder«, sagte er, »ich habe nur noch einen einzigen Kahn. Wer also den meisten Hunger hat, muß sich unter die Bäume lagern.«

Diese Rede war sehr ungeschickt: vor einer Frau gesteht man niemals ein, daß man sehr hungrig ist. Wir schwiegen, wußten nicht, was wir tun sollten und wollten auch das Boot nicht ausschlagen. Antoinette, spottlustig wie immer, hatte Mitleid mit uns.

»Die Herren«, sagte sie und wandte sich an Leo, »haben uns schon heute morgen Platz gemacht; jetzt wollen wir ihnen Platz machen.«

Ich sah meinen Philosophen an. Der zögerte und stammelte wie einer, der seinen Gedanken nicht recht auszusprechen wagt. Als er meinen Blick sah, sagte er lebhaft:

»Aber warum denn zurücktreten: ein Boot genügt doch für alle. Die Herren setzen uns vielleicht auf der ersten besten Insel ab und nehmen uns bei der Rückkehr wieder mit. Ist Ihnen das recht, meine Herren?«

Antoinette antwortete, ihr wäre es recht. Die Körbe wurden sorglich am Ende der Barke verstaut. Ich setzte mich neben meinen, möglichst weit fort von den Rudern. Antoinette und Leo konnten es offenbar nicht anders einrichten – sie mußten nebeneinander auf der freigebliebenen Bank Platz nehmen. Die beiden Verliebten rangen immer noch nach guter Laune und Höflichkeit und packten in brüderlicher Eintracht die Ruder. Sie steuerten in die Strömung. Dort richteten sie den Kahn und ließen ihn dann mit dem Strom gleiten; aber Antoinette behauptete, stromaufwärts wären die Inseln einsamer und schattiger. Die Ruderer sahen sich enttäuscht an; sie wandten das Boot und kämpften mühsam gegen die Strömung. Es gibt eine schwere und süße Tyrannei: der Wunsch eines Tyrannen mit rosigen Lippen, der in einer seiner Launen die Welt verlangen und sie mit einem Kuß zu bezahlen vermag.

Die junge Frau hatte sich vorgebeugt und tauchte ihre Hand in die Flut. Voller Wasser zog sie sie zurück; und träumerisch schien sie die Perlen zu zählen, die ihr durch die Finger glitten. Leo betrachtete sie schweigend; er fühlte sich in so großer Nähe einer Feindin nicht recht wohl. Zweimal öffnete er die Lippen, jedenfalls, um eine Dummheit zu sagen, aber schnell schloß er sie wieder, als er mich lächeln sah. Übrigens schienen sich beide nichts aus der Nachbarschaft zu machen. Sie kehrten sich sogar halb den Rücken zu.

Antoinette langweilte es, ihre Spitzen naß werden zu lassen, und sie erzählte mir von ihrem Kummer von gestern. Sie hätte sich getröstet, sagte sie, aber sie sei doch noch sehr traurig. Im Sommer könne sie nicht ohne Liebe leben. Sie wisse nicht, was sie bis zum Herbst anfangen solle.

»Ich suche ein Nest«, fügte sie hinzu. »Ganz aus blauer Seide. Man muß sich länger lieben, wenn Möbel, Teppiche und Vorhänge die Farbe des Himmels haben. Die Sonne wird sich irren, sich abends dort vergessen und glauben, sie schlafe in einer Wolke. Aber ich suche vergebens. Die Männer sind schlecht.«

Wir kamen an einer Insel vorbei. Ich sagte den Ruderern, sie möchten uns hier aussetzen. Ich hatte den Fuß schon auf dem Boden, als Antoinette ausrief, sie finde die Insel häßlich und kahl, niemals würde sie zulassen, daß man uns auf einem solchen Felsen zurückließe. Leo hatte unbeweglich auf seiner Bank gesessen. Ich setzte mich wieder, und es ging stromaufwärts weiter.

Mit kindischer Freude beschrieb mir die junge Frau das Nest, von dem sie träumte. Viereckig sollte das Zimmer sein, die Decke hoch und gewölbt; die Wände weiß überspannt, mit Kornblumen getupft, die von einem Band umschlungen zu Garben gebunden wären; in allen vier Ecken Krippen voller Blumen. Dann ein Sofa, ganz winzig, so daß gerade zwei Personen dicht aneinandergedrängt darauf Platz fänden; in der Mitte ein Tisch, auf dem auch Blumen stehen müßten, kein Spiegel, der den Blick in selbstsüchtiger Koketterie fängt und zum Abirren zwingt; recht dicke Teppiche und Vorhänge, um das Geräusch der Küsse zu ersticken. Und alles, Blumen, Sofa, Teppiche und Vorhang, müßte blau sein. Ein blaues Kleid würde sie anziehen und an bewölkten Tagen niemals das Fenster öffnen.

Ich wollte nun das Zimmer auch ein wenig schmücken und sprach von Kamin, Wanduhr und Schrank.

»Aber«, sagte sie ganz erstaunt, »man würde nicht recht warm werden, nicht wissen, was man anfangen soll! Ihren Schrank finde ich lächerlich. Oder glauben Sie vielleicht, ich sei so töricht, in dieses Nest meine Sorgen mitzuschleppen! Frei und ungezwungen will ich dort leben, wenn nicht für immer, so wenigstens für einige schöne Stunden an jedem Sommerabend. Würden die Männer selbst zu Engeln, sie würden sogar mit dem lieben Gott auf die Dauer nicht auskommen. Ich kenne das. Den Schlüssel zum Paradies hätte ich allein in der Tasche.«

Eine zweite Insel grünte vor uns. Antoinette schlug in die Hände. Das war die entzückendste kleine Einöde, wie sie sich ein Robinson von zwanzig Jahren nur träumen kann. Das Ufer war etwas hoch, von großen Bäumen umsäumt, zwischen denen wilde Rosen und Farren um die Wette wucherten. Jeden Frühling richtete sich hier eine undurchdringliche Mauer auf, eine Mauer aus Laub, Gestrüpp und Moos, die sich im Wasser spiegelte und so noch größer schien. Nach außen ein Wall verschlungener Äste; nach innen – wer wußte das? Es gab keine Lichtung, und der weite Vorhang aus Grün, der im Wind zitterte, ohne sich jemals ganz auseinanderzufalten, machte die Insel zu einem geheimnisvollen Versteck, das sich der Wanderer auf dem Nachbarufer gern von weißen Flußjungfrauen bewohnt vorstellt.

Lange schweiften wir um diesen ungeheuren Blumenstrauß, ehe wir einen Ankerplatz fanden. Die Insel schien nur freie Vögel hier wohnen zu lassen. Endlich konnten wir unter einem großen Busch landen. Antoinette sah zu, wie wir ausstiegen. Sie reckte den Kopf, um über die Bäume hinwegsehen zu können.

Einer der Ruderer, der das Boot festhielt, ließ los. Die junge Frau, die sich fortgleiten fühlte, streckte rasch den Arm aus und griff nach einer Wurzel. Sie klammerte sich daran fest, rief um Hilfe und sagte, sie wolle nicht weiter. Und als die Ruderer dann das Boot an Land gezogen hatten, sprangen sie auf den Rasen und kamen, noch ganz rot von ihrer Heldentat, auf uns zu.

»Seien Sie unbesorgt, meine Herren. Ich will Sie in keiner Weise stören; wollen Sie nach Norden, so gehen wir nach Süden.«

IV

Ich nahm meinen Korb wieder und machte mich ernstlich auf die Suche nach einem möglichst trockenen Grasplatz. Leo kam mit, und hinter ihm Antoinette und hinter ihr ihre beiden Verliebten. So gingen wir um die Insel herum. An unserem Ausgangspunkt wieder angelangt, setzte ich mich nieder; ich war fest entschlossen, nicht weiter zu suchen. Antoinette machte noch einige Schritte, schien zu schwanken, dann setzte sie sich mir gegenüber. Wir waren im Norden, sie dachte nicht mehr daran, nach dem Süden zu gehen. Leo fand die Lage wundervoll und schwor, ich hätte nicht besser wählen können.

Ich weiß nicht, wie es geschah, die Eßkörbe standen nebeneinander, und die Vorräte, die wir auf den Rasen niederlegten, kamen so durcheinander, daß wir unseren Besitz nicht mehr auseinanderhalten konnten. Wir mußten ein Tischtuch gemeinsam benutzen. Und wir verteilten gerecht alle Speisen untereinander.

Die beiden Verliebten hatten sich schleunigst neben Antoinette niedergelassen. Sie kamen ihren Wünschen zuvor. Bat sie um irgendein Stück, so erhielt sie regelmäßig zwei. Übrigens speiste sie mit gutem Appetit.

Leo dagegen aß wenig und sah zu, wie wir futterten. Da er neben mir sitzen mußte, schwieg er; jedesmal aber, wenn Antoinette ihrem Nachbarn zulächelte, sah er mich spöttisch an. Da sie von beiden Seiten versorgt wurde, hielt sie die Hände nach links und rechts und dankte jedesmal gleich freundlich mit sanfter Stimme. Wie er das sah, machte er mir lebhaft Zeichen, die ich nicht verstand.

Entschieden war die junge Frau an diesem Tag von verzweifelter Koketterie. Sie hatte die Füße unter den Rock gezogen und verschwand fast im Gras; ein Dichter hätte sie vielleicht mit einer großen Blume verglichen, die sehen und lächeln kann. Antoinette, die sonst so natürlich war, bewegte sich keck und mutwillig und sprach so geziert, daß ich sie kaum wiedererkannte. Die Verliebten wurden ganz verwirrt von ihren guten Worten, und triumphierend sahen sie einander an. Ich war erstaunt über diese plötzliche Koketterie; und wie ich bemerkte, daß sie sich insgeheim ins Fäustchen lachte, fragte ich mich, wer von uns dieses einfache Mädchen in ein listiges Weib verwandelt hätte.

Der Rasen um uns herum wurde leer. Man lachte mehr, als man sprach. Leo wechselte alle Augenblicke seinen Platz und fühlte sich nirgends wohl. Da er wieder seine höhnische Miene aufgesetzt hatte, fürchtete ich eine Rede, und ich bat unsere Gefährtin mit den Augen, mir einen so mürrischen Freund zu verzeihen. Aber sie war ein tapferes Mädchen: Ein Philosoph von zwanzig Jahren, mochte er noch so ernsthaft sein, brachte sie nicht aus der Fassung.

»Sie sind traurig«, sagte sie zu Leo, »unsere Fröhlichkeit scheint Ihnen nicht am Platze zu sein. Ich wage nicht mehr zu lachen.«

»Lachen Sie nur, gnädige Frau, lachen Sie nur!« antwortete er. »Wenn ich schweige, so tue ich es nur, weil ich nicht wie die anderen Herren so schöne Dinge zu sagen weiß, die Ihnen Freude machen.«

»Wollen Sie damit sagen, daß Sie kein Schmeichler sind? Dann nur zu! Sprechen Sie schnell. Ich warte auf grobe Wahrheiten.«

»Die lieben die Frauen nicht, gnädige Frau. Und sind sie schön und jung, welche Lüge würde da nicht zur Wahrheit?«

»Da haben Sie es ja, Sie sind ein Schmeichler wie die anderen. Sie machen mich erröten. Sind wir nicht da, dann zieht Ihr über uns los, Ihr Herren; erscheint aber nur die geringste von uns, so könnt Ihr nicht tief genug grüßen, nicht sanft genug sprechen. Das ist Heuchelei! Ich bin offen, ich sage es ganz frei heraus: Die Männer sind schlecht, sie vermögen nicht zu lieben. So, jetzt seien Sie auch einmal offen. Was halten Sie von den Frauen?«

»Habe ich volle Freiheit?«

»Natürlich.«

»Sie werden nicht böse werden?«

»O nein, höchstens lachen!«

Leo nahm die Haltung eines Redners an. Da ich die Abhandlung schon kannte, die ich mindestens schon hundertmal gehört hatte, warf ich zu meiner Zerstreuung kleine Kieselsteine in die Seine.

»Als Gott, nachdem er den Urschlamm ganz aufgebraucht hatte, bemerkte, daß seiner Schöpfung noch ein Wesen fehle, wußte er nicht, woher er die nötige Materie hernehmen sollte, um sein Versäumnis wiedergutzumachen. Er mußte sich an die Kreaturen halten; jedem Tier nahm er wieder etwas von seinem Fleisch, und aus diesen Anleihen bei der Schlange, der Wölfin und dem Geier schuf er das Weib. Daher wundern sich auch die Weisen, denen diese in der Bibel vergessene Tatsache bekannt ist, nicht im geringsten darüber, daß die Frau ein seltsames Geschöpf ist, die fortwährend ihren entgegengesetzten Launen zum Opfer fällt – ein getreues Abbild aller verschiedenen Elemente, aus denen sie sich zusammensetzt. Von jedem Wesen hat sie einen Fehler; das in der Schöpfung verteilte Übel vereinigt sich in ihr; daher ihre scheinheilige Zärtlichkeit, ihr Verrat, ihre Lasterhaftigkeit ...«

Man hätte sagen können, Leo sage eine Lektion her. Er schwieg und suchte nach der Fortsetzung. Antoinette klatschte Beifall.

»Die Frauen«, fuhr der Redner fort, »sind von Geburt leichtfertig und kokett, wie sie auch von Geburt braun oder blond sind. Wenig darauf bedacht, dem wirklichen Verdienst nach zu wählen, geben sie sich aus Selbstsucht hin. Ist ein Mann ein Geck, hat er die regelmäßige Schönheit der Dummköpfe: so ist des Streitens um ihn kein Ende. Ist er einfach und herzlich, begnügte er sich damit, ein Mann von Geist zu sein, ohne es in alle Winde zu schreien, so wissen sie nichts von seiner Existenz. In allen Dingen brauchen sie Spielzeug, das glänzt: seidene Kleider, goldene Ketten, Schmuck, geschniegelte und geschminkte Liebhaber. Das Federwerk dieser amüsanten Maschine ist ihnen gänzlich gleichgültig. Um Seele kümmern sie sich nicht. In schwarzen Haaren und verliebten Lippen, da kennen sie sich aus, nicht aber in Angelegenheiten des Herzens. So werfen sie sich dem ersten besten in die Arme und vertrauen blindlings seiner großartigen Miene. Sie lieben ihn, weil er ihnen gefällt; er gefällt ihnen, weil er ihnen eben gefällt. Eines Tages prügelt sie der Geselle. Dann schreien sie von Martyrium, geraten in Verzweiflung und sagen, kein Mann rühre ein Herz an, ohne es zu zerbrechen. Warum suchen die Närrinnen nicht die Blume der Liebe dort, wo sie blüht!«

Wieder klatschte Antoinette Beifall. Soweit ich die Rede kannte, war sie jetzt aus. Leo hatte alles in einem Zug gesagt, als hätte er es eilig, zum Schluß zu kommen. Nach dem letzten Satz betrachtete er die junge Frau und schien zu träumen. Dann gab er es auf zu deklamieren und fügte hinzu:

»Ich habe nur eine gute Freundin gehabt. Sie war zehn, ich war zwölf Jahre alt. Eines Tages verließ sie mich um einer großen Dogge willen, die sich quälen ließ, ohne jemals die Zähne zu zeigen. Ich weinte sehr und schwor, nie wieder zu lieben. Ich habe diesen Schwur gehalten. Ich will nichts von den Frauen wissen. Würde ich lieben, so wäre ich eifersüchtig und verdrießlich; ich würde zu heftig lieben und mich verhaßt machen; man würde mich betrügen, und ich stürbe daran.«

Er schwieg und suchte, mit feuchten Augen, vergeblich nach seinem Lächeln. Antoinette war nicht mehr spöttisch; ganz ernsthaft hatte sie ihm zugehört; dann erhob sie sich von der Seite ihres Nachbarn, sah Leo gerade ins Gesicht, legte ihm die Hand auf die Schulter und sagte einfach:

»Sie sind ein Kind.«

V

Ein letzter Sonnenstrahl glitt über den Fluß und verwandelte ihn in ein Band aus Gold und Seide. Wir warteten auf den ersten Stern, um in der Abendkühle stromabwärts zu fahren. Die Körbe waren wieder im Boot verpackt. Wir lagen im Gras, wie es gerade jedem beliebte.

Antoinette und Leo saßen unter einem großen Rosenbusch, dessen Zweige über ihre Köpfe hingen. Die grünen Äste verbargen sie alle beide; da sie mir den Rücken kehrten, konnte ich nicht sehen, ob sie lachten oder weinten. Sie sprachen leise und schienen miteinander zu streiten. Ich hatte mir eine kleine Anhöhe ausgewählt, die mit feinem Gras überzogen war; faul ausgestreckt sah ich gleichzeitig den Himmel und die grüne Wiese, auf der meine Füße ruhten. Die beiden Ritter waren anscheinend von meiner anmutigen Haltung entzückt und lagerten sich rechts und links neben mich.

Sie mißbrauchten ihre Lage, um gleichzeitig auf mich einzureden. Der links zupfte mich am Ärmel, sobald er bemerkte, daß ich ihm nicht mehr zuhörte.

»Selten«, sagte er, »bin ich einer so launischen Frau begegnet wie Fräulein Antoinette. Sie können es sich kaum vorstellen, wie sie beim leisesten Windzug anderen Sinnes wird. Um ein Beispiel anzuführen: als wir Sie heute morgen trafen, wollten wir zwei Meilen von hier zu Mittag essen. Kaum waren Sie verschwunden, mußten wir kehrtmachen; die Gegend gefiele ihr, sagte sie. Es ist um den Verstand zu verlieren. Ich liebe nur einfache Geschichten.«

Der rechts sagte gleichzeitig und zwang mich, ihm zuzuhören:

»Seit heute morgen möchte ich gerne mit Ihnen allein sprechen. Mein Kamerad und ich, wir glauben Ihnen eine Erklärung schuldig zu sein. Wir haben Ihre freundschaftlichen Gefühle für Fräulein Antoinette bemerkt und bedauern lebhaft, Ihre Pläne zu durchkreuzen. Hätten wir eine Woche früher von Ihrer Liebe gewußt, hätten wir uns selbstverständlich zurückgezogen, um einem so liebenswürdigen Manne keinen Kummer zu bereiten; aber heute ist es etwas zu spät: wir fühlen uns zu einem Opfer nicht mehr stark genug. Übrigens will ich offen sein: Antoinette liebt mich. Ich beklage Sie, und ich stehe ganz zu Ihrer Verfügung.«

Ich beeilte mich, ihn zu beruhigen. Aber ich kam schön an mit meinen Beteuerungen, daß ich niemals Antoinettes Geliebter gewesen sei, noch jemals werden würde – er hörte nicht auf, mir seinen wärmsten Trost zuzusprechen. Der Gedanke, mich bei meiner Geliebten ausgestochen zu haben, war ihm zu süß.

Der andere, der sich über meine Aufmerksamkeit für seinen Kameraden ärgerte, beugte sich zu mir. Um mich zu zwingen, ihm Gehör zu schenken, vertraute er mir ein großes Geheimnis an.

»Ich will ganz offen zu Ihnen sein«, sagte er. »Antoinette liebt mich. Ich beklage ihre übrigen Anbeter von Herzen.«

In diesem Augenblick hörte ich ein seltsames Geräusch; es kam aus dem Gebüsch, unter dem Leo und Antoinette Schutz gesucht hatten. Ich wußte nicht, ob es ein Kuß war oder der kurze Schrei eines erschreckten Weißkehlchens.

Unterdessen hatte mein Nachbar zur Rechten den Nachbar zur Linken dabei abgefaßt, wie er mir gesagt hatte, er liebe Antoinette. Er erhob sich und sah ihn drohend an. Ich entglitt ihnen und versteckte mich hinter einer Hecke, hinter der ich mich niederduckte. Nun standen sie einander gegenüber.

Mein Standort war gut gewählt. Ich sah Antoinette und Leo, ohne ihre Worte zu hören. Sie stritten immer noch; nur schienen sie näher aneinandergerückt zu sein. Die beiden Verliebten befanden sich über mir, und ich konnte ihren Zank mit anhören. Die junge Frau kehrte ihnen den Rücken zu, und so tobten sie sich ganz ungeniert aus.

»Sie haben falsch gehandelt«, sagte der eine, »schon vor zwei Tagen hätten Sie zurücktreten müssen. Haben Sie nicht soviel Vernunft, um das einzusehen? Antoinette zieht doch mich vor.«

»Nein wirklich«, antwortete der andere, »diese Vernunft besitze ich nicht. Sie aber sind so dumm, das Lächeln und die Blicke, die mir gelten, auf sich zu beziehen.«

»Seien Sie versichert, Bedauernswerter, daß Antoinette mich liebt.«

»Seien Sie versichert, Sie Glücklicher, daß Antoinette mich anbetet.«

Ich betrachtete Antoinette. Im Gebüsch war ganz bestimmt kein Weißkehlchen mehr.

»Ich bin dieser Geschichte müde«, fing der eine Anbeter wieder an. »Sind Sie nicht meiner Ansicht, daß es höchste Zeit ist, daß einer von uns verschwindet?«

»Gerade wollte ich Ihnen vorschlagen, uns gegenseitig die Gurgel abzuschneiden.«

Sie hatten mit erhobener Stimme gesprochen; gestikulierten, standen auf, setzten sich hin und wurden immer zorniger. Die junge Frau hörte den wachsenden Lärm und wandte den Kopf. Sie machte Leo auf die beiden jungen Leute aufmerksam und sagte ihm einige Worte, worauf er fröhlich lachte.

Er stand auf und ging mit seiner Begleiterin zum Fluß hinunter. Sie unterdrückten ihr Lachen und vermieden es, unterwegs die Steine ins Rollen zu bringen. Ich dachte, sie würden sich verstecken, um sich später von uns suchen zu lassen.

Die beiden Kavaliere schrien immer lauter; da sie keine Degen hatten, ballten sie ihre Fäuste. Unterdessen hatte Leo die Barke erreicht; half Antoinette beim Einsteigen, machte sich in aller Ruhe daran, das Boot loszubinden und sprang dann selbst nach.

Als der eine Verliebte gerade den Arm gegen den anderen hob, sah er das Boot mitten im Fluß. Er erstarrte, vergaß zuzuschlagen und machte seinen Kameraden aufmerksam.

»Hallo«, rief er und lief zum Fluß hinunter, »was soll denn dieser Scherz!«

Mich hinter meiner Hecke hatte man völlig vergessen. Glück und Unglück, beides macht egoistisch. Ich stand auf.

»Meine Herren«, sagte ich zu den armen, gänzlich außer Fassung geratenen Jungen, »fällt Ihnen nicht eine gewisse Fabel ein? Der Scherz bedeutet dies: Man stiehlt Ihnen Antoinette, die Sie mir gestohlen zu haben glaubten.«

»Der Vergleich ist liebenswürdig!« schrie Leo mir zu. »Die Herren sind Diebe und die gnädige Frau ist ein ...«

Die gnädige Frau küßte ihn. Und der Kuß erstickte das häßliche Wort.

»Meine Brüder«, wandte ich mich an die Genossen des Schiffbruchs, »da sitzen wir nun ohne Lebensmittel und ohne ein Dach über dem Kopf. Bauen wir uns eine Hütte und leben wir von wilden Beeren, bis es einem Schiff einfällt, uns von unserer einsamen Insel abzuholen.«

VI

Und dann?

Und dann, was weiß ich! Du fragst mich zuviel, Ninette. Seit zwei Monaten leben Antoinette und Leo in ihrem himmelfarbenen Nest. Antoinette ist ein liebes gutes Ding geblieben, und Leo schimpft über die Frauen schneidiger denn je. Sie beten einander an.

DIE SCHWESTER DER ARMEN

I

Mit zehn Jahren sah das arme Kind noch so schwächlich aus, daß es einen jammerte, wenn man sah, wie es gleich einer Magd arbeitete. Sie hatte die großen erstaunten Augen und das traurige Lächeln der Leute, die leiden, ohne zu klagen. Die reichen Pächter, die ihr abends bei der Heimkehr aus dem Wald begegneten – in abgerissener Kleidung schleppte sie irgendeine schwere Last – boten ihr zuweilen, wenn sie gerade ihr Getreide gut verkauft hatten, einen guten Unterrock aus dickem Barchent an. Dann antwortete sie: »Unter der Kirchentür steht ein armer Greis, der in dieser Kälte nur einen einzigen Kittel hat; kauft dem eine Tuchjacke, mir wird morgen warm werden, wenn ich ihn so gut vor der Kälte geschützt sehe.« Das hatte ihr den Namen ›Die Schwester der Armen‹ eingetragen. Die einen nannten sie so, weil sie sich über ihre abgerissene Kleidung lustig machten; die anderen, weil sie sich über ihr gutes Herz freuten.

Die Schwester der Armen hatte einst eine schöne, spitzenüberhangene Wiege und so viel Spielzeug besessen, daß man ein ganzes Zimmer damit hätte füllen können. Eines Morgens aber kam ihre Mutter nicht mehr, um sie mit einem Kuß zu wecken. Als sie weinte, weil sie sie nicht mehr sah, sagte man ihr, ein Engel Gottes hätte sie zu sich ins Paradies genommen, und das trocknete ihre Tränen. Einen Monat vorher war auch ihr Vater heimgegangen. Das arme Kind glaubte, er hätte die Mutter zu sich in den Himmel gerufen, und nun würden alle beide nicht ohne ihre Tochter leben können und ihr bald einen Engel schicken, der auch sie in den Himmel brächte.

Sie vermochte sich nicht mehr daran zu erinnern, wie sie ihre Wiege und ihre Spielsachen verloren hatte. Aus einem reichen Fräulein wurde sie ein armes Mädchen, ohne daß sich jemand darüber zu wundern schien; sicherlich hatten irgendwelche schlechten Menschen sie rechtschaffen bestohlen. Sie erinnerte sich lediglich daran, eines Morgens neben ihrem Lager ihren Onkel Guillaume und ihre Tante Guillaumette gesehen zu haben. Sie fürchtete sich vor ihnen, weil sie keinen Kuß von ihnen bekam. Guillaumette zog ihr rasch irgend etwas Grobes an; Guillaume nahm sie bei der Hand und führte sie in die elende Hütte, in der sie jetzt noch lebte. Das war alles. Sie fühlte sich jeden Abend sehr müde.

Guillaume und Guillaumette waren auch einmal sehr reich gewesen. Aber Guillaume liebte fröhliche Gäste und zechte die ganze Nacht hindurch, ohne daran zu denken, daß alle Fässer einmal leer werden; Guillaumette liebte Bänder, seidene Kleider, und lange Stunden versuchte sie vergeblich, sich jung und schön zu machen; eines Tages war kein Wein mehr im Keller, und der Spiegel mußte verkauft werden, um Brot kaufen zu können. Bis dahin hatten sie die Gutmütigkeit reicher Leute besessen, die oft nur ein Ausfluß des Wohlseins und der Selbstzufriedenheit ist; sie kosteten das Glück tiefer aus, wenn sie es mit anderen teilten, und in ihrer Nächstenliebe lag viel Egoismus. Daher vertrugen sie es auch nicht, zu leiden und doch gut zu bleiben. Sie trauerten um ihr verlorenes Gut, hatten nur noch Sinn für ihr eignes Elend und wurden hart gegen die Armen.

Sie vergaßen, daß ihre Armut ihr eigenes Werk war, gaben jedermann Schuld an ihrem Unglück und hatten ein großes Bedürfnis nach Rache; sie waren außer sich darüber, daß sie Schwarzbrot essen mußten und fühlten sich nur dann getröstet, wenn sie bei den anderen noch größeres Unglück sahen.

So freuten sie sich auch über die Lumpen der Schwester der Armen, über ihre schmalen, bleichen Wangen und über ihre Tränen. Sie gestanden es sich nicht ein, aber sie waren glücklich über die Schwäche des Kindes, kam es, den schweren Krug in beiden Händen, vom Brunnen und wankte nur mühselig vorwärts. Sie schlugen es, wenn es nur einen Tropfen Wasser verschüttete und behaupteten, man müsse auf diese Weise schlechte Charaktere zu bessern suchen; aber sie schlugen so schnell und böse zu, daß man leicht sehen konnte, daß es keine gerechte Züchtigung war.

Die Schwester der Armen mußte all ihr Elend tragen. Sie trugen ihr die schwersten Arbeiten auf, schickten sie in der glühenden Mittagssonne zum Ährenlesen und in der bittersten Kälte zum Holzsammeln. Kaum war sie zurück, mußte sie ausfegen, scheuern und in der Hütte alles in Ordnung bringen. Das arme Kind klagte nicht mehr. Die Tage des Glückes lagen so weit; es wußte nicht, daß man leben könne, ohne zu weinen. Es dachte niemals daran, daß es lachende und liebevoll behandelte Kinder gäbe, wußte nichts von Spielsachen und Küssen, und nahm jeden Abend die Schläge und das trockene Brot wie einen notwendigen Teil seines Lebens hin. Es überraschte die weisen Menschen, wenn sie sahen, wie ein zehnjähriges Kind so großes Mitleid für alle Leidenden hatte, ohne an sein eigenes Unglück zu denken.

Eines Abends – ich weiß nicht, welchen Heiligen Guillaume und Guillaumette feierten – schenkten sie ihm einen schönen, neuen Sou und erlaubten ihm zu spielen. Die Schwester der Armen ging langsam in die Stadt hinunter, sie wußte nicht recht, was sie mit dem Sou anfangen sollte, sie kannte ja kein Spiel. So erreichte sie die Hauptstraße. Links neben der Kirche stand ein Laden voller Bonbons und Puppen, der des Abends so schön erleuchtet war, daß alle Kinder von diesem Laden wie vom Paradies träumten. An jenem Abend stand eine Gruppe Kinder mit offenen Mäulchen stumm vor Bewunderung auf dem Bürgersteig; sie drückten ihre Hände gegen die Scheiben, um möglichst nahe an den Herrlichkeiten zu sein. Die Schwester der Armen beneidete sie um ihre Kühnheit. Sie stand mitten auf der Straße und hielt ihre Lumpen zusammen, in denen der Wind spielte. Ein bißchen stolz auf ihren Reichtum, hielt sie ihren funkelnagelneuen Sou krampfhaft in der Hand und wählte mit dem Blick das Spielzeug aus, das sie kaufen wollte. Endlich entschied sie sich für eine Puppe, die Haare wie eine Erwachsene hatte; diese Puppe war so groß wie sie selbst und trug ein weißseidenes Kleid wie die heilige Jungfrau.

Das kleine Mädchen ging näher heran. Als sie sich vor dem Eintreten schüchtern umsah, erblickte sie auf einer

Steinbank dem schönen Laden gegenüber eine schlecht gekleidete Frau, die ein weinendes Kind auf ihren Armen wiegte. Sie blieb stehen und kehrte der Puppe den Rücken zu. Beim Geschrei des Kindes faltete sie aus Mitleid ihre Hände, und rasch entschlossen ging sie mutig auf die Frau zu und schenkte ihr ihren funkelnagelneuen Sou.

Die Frau hatte die Schwester der Armen schon seit einigen Augenblicken betrachtet. Sie hatte gesehen, wie sie stehenblieb, auf den Laden zuging, um Spielzeug zu kaufen, und als das Kind nun zu ihr trat, erkannte sie sein gutes Herz. Feuchten Auges nahm sie den Sou; dann behielt sie die kleine Hand, die ihr das Geld gereicht hatte, fest in ihrer Hand.

»Ich nehme dein Almosen an, mein Kind, weil ich sehe, daß eine Absage dich schmerzen würde. Aber wünschst du dir denn nichts? Wenn ich auch noch so schlecht angezogen bin, einen deiner Wünsche kann ich bestimmt erfüllen.«

Während sie so sprach, glänzten die Augen der Schwester der Armen wie Sterne, und um ihr Haupt lief eine Flamme, eine wie aus Sonnenstrahlen gemachte Krone. Das Kind schlief jetzt auf ihren Knien und lächelte göttlich in seiner Ruhe.

Die Schwester der Armen schüttelte den blonden Kopf.

»Nein, liebe Frau, ich habe keinen Wunsch. Ich wollte diese Puppe da kaufen, aber meine Tante Guillaumette hätte sie mir doch zerbrochen. Und wenn Sie meinen Sou nicht umsonst annehmen wollen, möchte ich dafür einen Kuß von Ihnen haben.«

Die Bettlerin beugte sich nieder und küßte sie auf die Stirn. Bei dieser Liebkosung fühlte sich die Schwester der Armen von der Erde emporgehoben; es war ihr, als sei ihre ewige Müdigkeit verschwunden; und zugleich strömte noch tiefere Güte in ihr Herz.

»Mein Kind«, sagte die Unbekannte, »ich will nicht, daß dein Almosen ohne Belohnung bleibe. Wie du besitze ich einen Sou, mit dem ich nichts anzufangen wußte, bevor du kamst. Prinzen und vornehme Damen haben mir ihre Börsen voller Gold zugeworfen, und ich habe sie nicht für würdig erachtet, diesen Sou zu besitzen. Nimm du ihn. Und was auch komme, handle stets nach deinem Herzen.«

Und sie gab ihr den Sou. Einen alten kupfernen Sou, der abgeschliffene Ränder und in der Mitte ein Loch hatte, das so groß war wie eine Linse. Das Geldstück war so abgegriffen, daß man nicht sagen konnte, aus welchem Land es sei, nur auf der einen Seite sah man noch halbverwischt eine Strahlenkrone. Vielleicht war es himmlisches Geld.

Die Schwester der Armen streckte die Hand aus, und da sie sah, daß das Geschenk so armselig war, daß sie die Bettlerin nicht beraubte, nahm sie es gerne an, gleichsam als Erinnerungszeichen guter Freundschaft.

›Ach‹, dachte sie, ›die arme Frau weiß nicht, was sie sagt, Prinzen und vornehme Damen können mit ihrem Sou nichts anfangen. Er ist so häßlich, daß man nicht einmal ein Lot Brot dafür kaufen kann. Ich kann ihn nicht einmal einem Armen weiterschenken.‹

Die Frau lächelte, als hätte das Kind laut gesprochen, und ihre Augen erglänzten mehr und mehr. Sie sagte mit sanfter Stimme: »Nimm ihn nur hin, du wirst schon sehen.«

Da nahm ihn die Schwester der Armen, um nicht unfreundlich zu sein. Sie senkte den Kopf, um ihn in die Tasche ihres Kleides zu stecken; als sie wieder aufsah, war die Bank leer. Sie war sehr erstaunt, und ganz verträumt von der Begegnung, die sie gehabt hatte, ging sie nachdenklich nach Hause.

II

Die Schwester der Armen schlief auf dem Speicher, einer Art Hängeboden, wo alte Möbel wild durcheinander lagen. In Mondnächten konnte sie, dank einer engen Dachluke, noch etwas sehen, wenn sie ins Bett ging. In andern Nächten suchte sie tastend ihr armseliges Lager auf, das aus vier schlecht zusammengefügten Brettern und einem Strohsack bestand.

An jenem Abend war Vollmond. Ein leuchtender Streifen ging über die Balken und füllte den Boden mit Glanz.

Als Guillaume und Guillaumette zu Bett gegangen waren, ging die Schwester der Armen hinauf. In dunkeln Nächten fürchtete sie sich vor plötzlichen Seufzern und dem Geräusch von Schritten, die sie zu hören glaubte – aber es war nur das Knacken der Bretter und das Rascheln der Mäuse. Daher liebte sie das schöne Gestirn, dessen freundliche Strahlen ihre Angst verscheuchten, in glühender Liebe. An den Mondabenden öffnete sie die Bodenluke und dankte dem Gestirn dafür, daß es wiedergekommen sei, um sie zu besuchen.

Sie war froh, daß es hell bei ihr war. Sie war müde: ganz ruhig würde sie schlafen und sich von ihrem guten Freund, dem Mond, beschützt fühlen. Oft hatte sie im Schlummer empfunden, wie er still und sanft durchs Zimmer glitt und die schlimmen Träume der Winternächte verscheuchte.

Schnell kniete sie im weißen Licht vor einem alten Koffer und betete zum lieben Gott. Dann ging sie zum Bett und hakte ihren Rock auf.

Der Rock glitt auf den Boden, aber plötzlich fiel aus der Tasche des Rockes ein wahrer Regen von großen Soustükken. Die Schwester der Armen sah sie rollen und stand unbeweglich und war ganz erschrocken.

Sie bückte sich und hob eines nach dem andern auf. Sie stapelte sie auf dem alten Koffer auf, und, ohne den Versuch zu machen, sie zu zählen – denn sie konnte nur bis fünfzig zählen –, bemerkte sie, daß es mehr als hundert waren. Als sie auf dem Boden nichts mehr fand, hob sie ihren Rock auf und fühlte am Gewicht, daß die Tasche noch voll war. Eine gute Viertelstunde lang zog sie volle Hände mit Soustücken heraus und kam und kam nicht auf den Grund. Endlich fühlte sie nur noch eins. Als sie es hatte, sah sie, daß es das Soustück war, das die Bettlerin ihr am Abend geschenkt hatte.

Da erkannte sie, daß der liebe Gott ein Wunder getan hatte, und daß dieser häßliche Sou, den sie verachtet hatte, ein Sou war, den die Reichen nicht hatten. Sie fühlte, wie er ihr zwischen den Fingern zitterte, als hätte er immer noch Lust, sich zu vervielfältigen. Und sie fürchtete, er könne noch den ganzen Boden mit Reichtümern füllen. Dabei wußte sie schon jetzt nicht mehr, was sie mit all dem im Mondlicht blitzenden Geld anfangen sollte. Unruhig blickte sie um sich.

Als fleißiges Mädchen hatte sie immer Nadel und Faden in ihrer Schürze. Sie suchte nach einem Stück alter Leinewand, um einen Sack daraus zu nähen. Sie machte ihn so eng, daß kaum ihre kleine Hand hineinging; es fehlte an Stoff; übrigens hatte die Schwester der Armen große Eile. Zuunterst legte sie den Sou der Armen und ließ dann Stoß um Stoß die Geldstücke vom Koffer hineingleiten. Jeder fallende Stoß füllte den Sack, und sogleich wurde er wieder leer. Die Hunderte von großen Sous fühlten sich da sehr wohl. Man sah, daß leicht noch viermal so viel hineingegangen wären.

Danach war die Schwester der Armen müde, legte sich auf ihren Strohsack und schlief ein. Sie lachte im Traum und dachte an die reichen Almosen, die sie morgen verteilen könnte.

III

Als die Schwester der Armen am Morgen erwachte, glaubte sie, geträumt zu haben. Sie mußte ihren Schatz mit den Fingern fühlen, um an seine Wirklichkeit zu glauben. Er war etwas schwerer als am Vorabend, und das Kind erkannte daran, daß der wunderbare Sou auch in der Nacht gearbeitet hatte.

Sie zog sich hastig an und stieg, ihre Schuhe in der Hand, um kein Geräusch zu machen, hinunter. Ihren Schatz hatte sie unter ihrem Brusttuch verborgen und drückte ihn fest an sich. Guillaume und Guillaumette lagen noch im tiefsten Schlaf und hörten sie nicht. Sie mußte an ihrem Bett vorübergehen und wäre in so großer Nähe vor Furcht fast umgefallen; dann rannte sie fort, öffnete die Tür und ließ sie weit offen und entfloh.

Es war Winter und mitten im kältesten Dezember. Der Tag dämmerte kaum, der Himmel hatte im fahlen Licht des Morgens dieselbe Farbe wie die schneebedeckte Erde. Dieses Weiß ringsum am Horizont war eine große Beruhigung. Die

Schwester der Armen schritt schnell aus und ging den Weg zur Stadt entlang. Sie hörte nur das Knarren ihrer Stiefel im Schnee. Und so tief sie auch in ihre Gedanken versunken war, so wählte sie sich doch zum Spaß die tiefsten Wagenspuren aus.

Plötzlich fiel ihr ein, daß sie in der Eile vergessen hatte, zu beten. Sie kniete am Wege nieder. Und dort allein in der unermeßlichen und traurigen Heiterkeit der schlafenden Natur sagte sie ihr Gebet mit so süßer Kinderstimme her, daß Gott ihre Stimme nicht von denen der Engel unterscheiden konnte. Dann erhob sie sich wieder. Und da sie fror, ging sie rascher.

Große Not herrschte im Land, besonders in jenem Jahr, da der Winter hart und rauh war und das Brot so teuer, daß nur die Reichen sich welches kaufen konnten. Die armen Leute, die von Sonne und Mitleid leben, gingen des Morgens zeitig aus, um zu sehen, ob der Frühling noch nicht käme und reichere Almosen mit sich brächte. Sie gingen auf die Straßen, setzten sich auf die Meilensteine vor den Toren der Stadt und bettelten die Vorübergehenden an; denn es war so kalt in ihren Kammern, daß sie ebensogut am Wege wohnen konnten. Und ihrer waren so viele, daß man ein großes Dorf mit ihnen hätte bevölkern können.

Die Schwester der Armen hatte ihren kleinen Sack geöffnet. Als sie die Stadt betrat, sah sie einen Blinden, den ein kleines Mädchen führte, auf sich zukommen; das Mädchen sah sie traurig an und hielt sie in ihrer schlechten Kleidung für eine Schwester.

»Vater«, sagte sie zu dem armen Alten, »öffne deine Hände, Jesus schickt mich zu dir.«

Sie wandte sich an den Mann, weil die Finger des kleinen Mädchens zu winzig waren und kaum zehn große Geldstücke zu halten vermocht hätten. So mußte sie, um die ausgestreckten Hände des Blinden zu füllen, siebenmal in den Sack greifen: so groß und breit waren seine Hände. Bevor sie sich zum Gehen wandte, forderte sie noch das kleine Mädchen auf, sich eine letzte Handvoll Geld zu nehmen.

Dann ging sie schleunigst zur Kirche und zu den Steinbänken daneben, wo sich des Morgens die Armen versammeln; das Gotteshaus schützte sie vor dem Nordwind; und ging die Sonne auf, schien sie voll in den Vorhof. Die Schwester der Armen mußte noch einmal stehenbleiben. An einer Straßenecke stieß sie auf eine junge Frau, die sicherlich auch die Nacht da verbracht hatte, so schwach und erstarrt war sie; mit geschlossenen Augen und über der Brust gekreuzten Armen schien sie zu schlafen und den Tod zu erwarten. Die Schwester der Armen stand mit geldgefüllten Händen vor ihr und wußte nicht, wie sie ihr das Almosen zustecken sollte. Sie weinte, denn sie glaubte, zu spät gekommen zu sein.

»Hier, gute Frau«, sagte sie – und berührte sie sanft an der Schulter – »hier nimm dieses Geld. Du mußt in ein Gasthaus gehen und essen und vor einem großen Feuer schlafen.«

Beim Klang dieser süßen Stimme öffnete die Frau die Augen und streckte die Hände aus. Vielleicht glaubte sie, sie schliefe noch und ein Engel sei zu ihr herabgestiegen.

Jetzt ging die Schwester der Armen rasch auf den großen Platz. Im Vorhof wartete eine Menge auf den ersten Sonnenstrahl. Die Bettler saßen zitternd vor Kälte den Heiligen zu Füßen. Sie sprachen nicht miteinander. Müde drehten sie langsam den Kopf wie Sterbende. Sie drückten sich in die Ekken, um ja nichts von der Sonne zu verlieren, sobald sie aufginge. Die Schwester der Armen fing rechts an und warf volle Hände mit Sous in die Hüte und Schürzen, und sie tat es so verschwenderisch, daß viele Stücke auf den Boden rollten. Das liebe Kind zählte nicht. Der kleine Sack tat Wunder; er wurde nicht leer, er blähte sich nach jeder Hand voll Geld so kräftig auf, daß er wie ein überströmender Krug überfloß. Die armen Leute standen außer sich vor Freude in diesem fröhlichen Regen: sie hoben die herunterfallenden Geldstücke auf, vergaßen darüber die aufgehende Sonne und sagten eilig: »Vergelt's Gott!« Das Almosen war so groß, daß die guten Alten glaubten, die Heiligen aus Stein hätten ihnen dies Vermögen zugeworfen; und sie glauben es heute noch.

Das Kind lachte über ihre Freude. Dreimal machte sie die

Runde, um jedem die gleiche Summe zu geben; dann hörte sie auf, nicht, daß der kleine Sack leer geworden wäre, aber sie hatte bis zum Abend noch viel zu tun. Als sie weggehen wollte, sah sie in einem Winkel einen alten Krüppel, der nicht gehen konnte und ihr seine Hände entgegenstreckte. Sie wurde traurig, daß sie ihn übersehen hatte, ging auf ihn zu und neigte den Sack, um reichlich zu geben. Die Geldstücke flossen wie Wasser aus einem Springbrunnen unablässig, so reichlich, daß die Schwester der Armen die Öffnung mit der Hand zuhalten mußte, sonst wäre der Haufen bald so hoch wie die Kirche geworden. Der Alte hätte nicht gewußt, was er mit dem Geld anfangen sollte, und vielleicht wären die Reichen gekommen und hätten ihn bestohlen.

IV

Die auf dem großen Platz hatten nun volle Taschen – jetzt ging die Schwester der Armen aufs Land. Die Bettler vergaßen, sich nun ihrer Leiden zu entschlagen und folgten ihr; sie sahen voll Erstaunen und Ehrfurcht das Kind an und fühlten sich ihr geschwisterlich verbunden. Sie ging allein voran und blickte um sich. Die Menge hinter ihr her.

Das Kind in dem zerlumpten Kattunkleidchen war wirklich die Schwester der armen Leute, die hinter ihr schritten, Schwester durch ihre Lumpen, Schwester durch ihr zärtliches Mitleid. Da war sie in ihrer Familie, sie gab ihren Brüdern, an sich dachte sie nicht; mit der ganzen Kraft ihrer kleinen Füße schritt sie ernst einher, glücklich darüber, das große Mädchen zu spielen; und das zehnjährige blonde Ding strahlte in naiver Majestät vor ihrem Gefolge von Greisen.

Den schmalen Beutel in der Hand ging sie von Dorf zu Dorf und verteilte überall ihre Almosen. Sie ging immer geradeaus, ohne die Straßen zu wählen, über die Pfade der Täler und die schmalen Wege der Hügel; dann bog sie ab, ging querfeldein, um zu sehen, ob nicht irgendein Vagabund sich am Fuß der Hecken oder in der Tiefe der Gräben verberge. Sie stellte sich auf die Fußspitzen und überblickte den Horizont; und sie bedauerte, nicht alles Elend der Welt herbeirufen zu können. Sie seufzte bei dem Gedanken, sie könne vielleicht irgendein Leid übersehen; und diese Furcht ließ sie manchmal zurückgehen, um einen Busch zu untersuchen. Und ging sie langsam an den Straßenkreuzungen oder schnell einem Bedürftigen entgegen: ihr Gefolge machte jeden ihrer Umwege mit.

Da begab es sich, als sie eine Wiese überschritt, daß eine Schar Sperlinge sich vor ihr niederließ. Die armen, im Schnee verirrten Kleinen zwitscherten kläglich und baten um Nahrung, die sie nicht hatten finden können. Die Schwester der Armen blieb stehen, ganz bestürzt darüber, daß sie Notleidenden begegnete, denen ihr Geld nichts helfen konnte; zornig betrachtete sie ihren Sack und verwünschte das Geld, das ihr jetzt die Barmherzigkeit versagte. Aber die Sperlinge umringten sie, meldeten sich zu ihrer Familie und beanspruchten ihren Teil an allen Wohltaten. Die Schwester der Armen war nahe am Weinen, sie wußte nicht, was sie tun sollte; da griff sie eine Handvoll Geldstücke, denn sie konnte sich nicht entschließen, sie ohne Almosen fortzuschicken. Das liebe Kind war zweifellos ganz verwirrt und meinte, Geldstücke seien Spatzenmünzen, und diese Gotteskinder hätten Müller zum Mahlen und Bäcker zum Backen. Ich weiß nicht, was sie tun wollte, aber es geschah, daß das Almosen, als eine Handvoll Geld geworfen, als eine Handvoll Körner zur Erde fiel.

Die Schwester der Armen schien sich darüber nicht zu wundern. Sie bereitete den Sperlingen ein Fest, indem sie ihnen alle Arten von Körnern hinstreute und so massenhaft, daß im nächsten Frühling die Wiese sich mit dichtem Gras bedeckte, das hoch wie ein Wald war. Seit dieser Zeit gehörte dieser Winkel den Vögeln des Himmels; sie finden dort zu jeder Jahreszeit Nahrung im Überfluß, auch wenn sie zu Tausenden kommen.

Glücklich über ihre neue Macht ging die Schwester der Armen weiter. Sie begnügte sich nicht mehr damit, ihre großen Geldstücke zu verteilen; sie schenkte dicke, warme Jacken oder leinene Unterröcke oder Stiefel, die so leicht waren, daß sie kaum eine Unze wogen, und so dauerhaft, daß keine Steine sie abwetzen konnten. All dies kam aus einer unbekannten Fabrik; die Stoffe waren von wundervoller Festigkeit und Weichheit; die Nähte waren so fein gearbeitet, daß im Nadelstich, den eine unserer Nadeln gemacht hätte, drei Zaubernadeln leicht drei Stiche hätten machen können; und das ist nicht das geringste Wunder – jedes Kleidungsstück paßte dem Armen, der es anzog. Sicherlich hatte sich eine Schneiderwerkstatt von guten Geistern im Sack aufgetan: die schnitten mit ihren feinen Goldscheren, die aus einem einzigen Rosenblatt zehn Engelskleider machen. Und ganz bestimmt war es himmlische Arbeit, so fest und schnell wurde sie genäht.

Deswegen wurde der kleine Sack doch nicht stolzer. Seine Ränder nutzten sich ein wenig ab, und die Hand der Schwester der Armen hatte ihn vielleicht etwas ausgeweitet. Jetzt war er ungefähr so groß wie zwei Rotkehlchennester. Damit du mich nicht der Lüge zeihst, muß ich dir noch sagen, wie die großen Kleidungsstücke, die Röcke und Mäntel, die vier und fünf Meter weit waren, aus dem Sack herauskamen. Sie lagen übereinandergefaltet wie Mohnblätter, wenn sie noch Knospe sind; so kunstvoll zusammengelegt, daß sie wirklich nicht größer als die Knospe dieser Blume waren. Dann nahm die Schwester der Armen das Päckchen zwischen zwei Finger und schüttelte es, der Stoff entfaltete sich, wurde immer länger und wurde zum Kleid; Engeln paßte das Gewand nicht mehr, aber breite Schultern deckte es gut. Wie sie allerdings die Schuhe aus dem Sack herausbrachte, habe ich bis heute noch nicht herausbekommen; man erzählt sich – ob's wahr ist, weiß ich nicht –, jedes Paar habe in einer Bohnenhülse gelegen, die beim Berühren der Erde aufplatzte. Selbstverständlich fielen trotz alledem die Geldstücke immer weiter so dicht wie Märzhagel.

Die Schwester der Armen ging immer weiter. Sie fühlte keine Müdigkeit, obgleich sie seit dem Morgen, ohne zu essen und ohne zu trinken, zwanzig Meilen zurückgelegt hatte. Sah man sie am Rand der Wege gehen, wo sie kaum eine

Spur hinterließ, so glaubte man, unsichtbare Flügel entführten sie. An jenem Tag erblickte man sie an allen vier Ecken des Landes. Nicht einen Winkel gab es, Ebene oder Berg, dessen Schnee nicht die leichte Spur ihrer kleinen Füße getragen hätte. Hätten Guillaume und Guillaumette sich auf ihre Verfolgung gemacht, sie hätten in der Tat eine ganze Woche zu laufen gehabt, um sie einzuholen; nicht, daß man den Weg hätte suchen müssen, den sie ging, denn wie Könige zog sie eine Menge hinter sich her; sondern weil sie fröhlich einherschritt, daß sie selbst zu anderer Zeit wenigstens sechs Wochen zu solcher Reise gebraucht hätte.

Und ihr Gefolge wurde bei jedem Dorf größer. Alle, denen sie geholfen hatte, gingen hinter ihr her: gegen Abend erstreckte sich die Menge hinter ihr auf viele hundert Meter. So folgten ihr ihre guten Werke. Noch niemals ist ein Heiliger mit so königlichem Geleit vor Gott erschienen.

Es wurde Nacht. Die Schwester der Armen ging immer weiter, und immer wieder arbeitete der kleine Sack. Endlich sah man das Kind auf dem Gipfel eines Hügels stehen; sie stand unbeweglich und betrachtete die Ebenen, die sie reich gemacht hatte, und ihre schwarzen Lumpen standen dunkel gegen die weiße Dämmerung. Die Bettler umringten sie; sie bewegten sich in großen dunklen Massen mit dem dumpfen Brausen der Menge. Dann wurde es still. Die Schwester der Armen, hoch im Himmel, lächelte, als sie ein Volk zu ihren Füßen sah. Seit dem Morgen war sie sehr gewachsen und stand nun groß auf dem Hügel, hob die Hand zum Himmel und sagte zu ihrem Volk:

»Danket Jesus, danket Maria!«

Und ihr ganzes Volk hörte ihre sanfte Stimme.

V

Es war sehr spät, als die Schwester der Armen wieder nach Hause kam. Guillaume und Guillaumette hatten sich, von Zorn und Drohungen ermüdet, schlafen gelegt. Sie trat durch die Stalltür ein, die nur aufzustoßen war. Rasch stieg sie auf ihren Boden hinauf, und oben fand sie ihren lieben Freund, den Mond, so fröhlich und so hell, als kenne er das schöne Werk ihres Tages. Oftmals dankt uns so der Himmel durch helleres Licht.

Das Kind sehnte sich sehr nach Ruhe. Bevor es sich aber zu Bett legte, wollte es seinen Wohltäter wiedersehen, der sich auf dem Boden des Sackes befand. So fleißig und so gut hatte er gearbeitet, daß er wirklich einen Kuß verdiente. Sie setzte sich auf den Koffer und begann die Börse zu leeren, indem sie die Hände voller Geld herausnahm und das Geld zu ihren Füßen legte. Eine Viertelstunde lang versuchte sie, auf den Grund zu kommen; der Haufen stieg ihr bis an die Knie, da gab sie es voller Verzweiflung auf. Sie erkannte, daß sie den Speicher füllen würde, ohne zu ihrem Ziel zu kommen. Sie war ganz verwirrt und wußte nichts besseres zu tun, als den Beutel lässig umzudrehen. Eine Menge Geld fiel heraus, und mit einem Schlag war die Dachstube fast ganz voll. Und der Sack war leer.

Von diesem Lärm erwachte Guillaume. Wäre die Zimmerdecke eingestürzt, hätte der gute Mann es im Schlaf nie gehört, aber einen Heller, der auf die Fliesen fiel, hörte er sofort. Er schüttelte Guillaumette.

»He, Frau«, sagte er, »hörst du?«

Und als die Alte übelgelaunt stammelte, fing er wieder an: »Die Kleine ist heimgekommen. Ich glaube, sie hat irgend jemanden bestohlen, denn ich höre Geld klimpern.«

Guillaumette richtete sich auf, brummelte nichts mehr und war ganz wach. Schnell zündete sie die Lampe an und sagte:

»Ich wußte ja, daß sie lasterhaft ist.« Dann fügte sie noch hinzu: »Ich werde mir eine Haube mit Bändern und Schuhe kaufen. Sonntag werde ich nobel aussehen.«

Dann stiegen beide, notdürftig bekleidet, zum Speicher hinauf: Guillaume vorneweg, hinter ihm Guillaumette mit der Lampe. Ihre mageren, seltsamen Schatten legten sich über die Wände.

Oben auf der Treppe blieben sie erstaunt stehen. Auf dem Boden lagen drei Fuß hoch Geldstücke, und in allen Ecken lagen welche, keine Handbreit war frei. Hie und da ganze

Haufen von Geld; man hätte meinen können, ganze Fluten von Soustücken. In der Mitte, zwischen zwei Geldhaufen, schlief das Kind in einem Mondenstrahl. Das Kind war zu müde gewesen und hatte sein Bett nicht mehr erreichen können. So lag es auf ihrem aus Almosen gemachten Bett und träumte vom Himmel. Sie hatte die Arme über der Brust gekreuzt und hielt in der rechten Hand das Zaubergeschenk der Bettlerin. Man hörte in der Stille ihren schwachen, regelmäßigen Atem, und das geliebte Gestirn spiegelte sich ringsum im neuen Geld und zog um sie einen Kreis aus Gold.

Guillaume und Guillaumette wunderten sich nicht lange. Dies Wunder war ihr Vorteil, sie dachten gar nicht daran, es sich zu erklären oder nachzudenken, ob es Gottes oder des Teufels Werk sei. Erst zählten sie den Schatz mit den Augen, dann wollten sie sich überzeugen, daß es wirklich kein Spiel des Schattens oder des Mondscheins war, und gierig bückten sie sich mit geöffneten Händen.

Was nun geschah, ist so unglaublich, daß ich es kaum zu berichten wage. Kaum hatte Guillaume eine Handvoll Geld aufgerafft, als die Münzen sich in riesige Fledermäuse verwandelten. Entsetzt öffnete er die Hände, und die häßlichen Tiere entflohen mit schrillen Schreien und schlugen ihm mit ihren langen, schwarzen Flügeln ins Gesicht. Guillaumette packte ein Nest voller junger Ratten mit feinen, weißen Zähnen, die sie in die Beine bissen. Die alte Frau, die beim Anblick einer Maus schon in Ohnmacht fiel, wäre fast gestorben, als sie die Tiere in ihren Röcken fühlte.

Sie hatten sich wieder aufgerichtet und wagten es nicht mehr, das Geld zu streicheln, das so neu aussah und so entsetzlich anzufassen war. Sie sahen sich unbehaglich an, ermutigten einander mit halb lachenden, halb ärgerlichen Blikken, wie Kinder, die sich an zu heißen Leckerbissen verbrannt haben. Guillaumette verfiel als erste wieder der Versuchung; sie streckte ihre mageren Arme aus und nahm aufs neue zwei Handvoll Sous. Sie schloß die Hände, um ja nichts zu verlieren; plötzlich aber stieß sie einen Schmerzensschrei aus, denn sie hatte zwei Handvoll Nadeln erfaßt, die so lang und spitz waren, daß ihre Finger an ihren Handflächen wie angenäht waren. Als Guillaume sah, wie sie sich bückte, wollte er auch seinen Teil haben. Hastig fuhr er zu, seine Beute aber waren glühende Kohlen, die wie Pulver auf seiner Haut brannten.

Da stürzten sie toll vor Schmerzen über die großen Geldstücke her, wühlten in den Haufen und versuchten das Wunder durch Geschwindigkeit zu packen. Aber das Geld ließ sich nicht fangen. Kaum berührt, verwandelten sich die Geldstücke in Heuschrecken, entwischten als Schlangen oder flohen als heißes Wasser oder verwehten als Dampf; jede Gestalt schien ihnen recht, um den Dieben zu entwischen oder sie zu brennen und zu beißen.

So erschreckend, so geschwinde war die Fruchtbarkeit, die allen möglichen Geschöpfen das Leben gab, daß unsägliches Entsetzen herrschte. Kröten, Eulen, Vampire und Nachtfalter drängten sich flügelschlagend an der Dachluke. Skorpione und Spinnen, alle häßlichen Bewohner der feuchten Orte krochen erschrocken in langen Reihen in die Winkel; so groß der Speicher war, er hatte nicht genug Löcher für sie alle, und sie stießen und erdrückten einander in den Spalten.

Guillaume und Guillaumette rannten wahnsinnig vor Angst hin und her, überwältigt vom Wirbel dieser seltsamen Schöpfung. Rechts und links, auf allen Seiten entstanden neue Wesen. Aus ihren Fingern entsprang das Leben. Und die lebendige Flut stieg. Der Schatz, darin sich eben noch der Mond gespiegelt hatte, war nur noch eine schwärzliche Masse, die sich schwerfällig bewegte, sich erhob und in sich zusammensank wie der Wein im Bottich.

Bald war kein einziger Sou mehr da. Der ganze Haufen war lebendig geworden. Guillaume und Guillaumette griffen nur noch Reptilien – da entflohen sie, und im Fliehen warfen sie einander zwei Handvoll Nattern ins Gesicht.

Und als hätten sie mit diesen beiden letzten Griffen alle Ungeheuer mit fortgenommen, war der Speicher nun leer. Die Schwester der Armen schlief ruhig und lächelnd, sie hatte nichts gehört.

VI

Bei ihrem Erwachen hatte die Schwester der Armen Gewissensbisse. Sie sagte sich, sie sei weit im Lande herumgegangen, um alles Elend zu suchen, ohne daran zu denken, das Elend ihres Onkels und ihrer Tante zu lindern. Das liebe Kind hatte Mitleid mit jedem Leid. Ein Armer war für sie arm, ganz gleich, ob er gut oder böse war. Sie kannte keine Unterschiede bei vergossenen Tränen; sie glaubte gern, daß sie nicht die Aufgabe habe, zu strafen oder zu belohnen, sondern die Sendung, Tränen zu trocknen. In ihrem kleinen zehnjährigen Verstand hatte sie keine große Vorstellung von Gerechtigkeit. Sie war ganz Barmherzigkeit, ganz Almosen. Wenn sie an die Verdammten in der Hölle dachte, so fühlte sie großes Mitleid wie nie für die Seelen im Fegefeuer.

Irgend jemand hatte ihr einmal gesagt, jener Arme verdiene das Brot nicht, das sie ihm gebe; das hatte sie nicht verstanden. Sie begriff nur, daß jeder Hungrige essen müsse.

Um ihre Vergeßlichkeit wiedergutzumachen, nahm die Schwester der Armen ihren kleinen Sack und kaufte rasch mit schönem neuen Geld ein Stück Land, das an die Hütte ihrer Verwandten stieß. Sie kaufte auch ein Paar weiß und rote Ochsen mit Schwänzen, die wie Seide glänzten. Auch einen Pflug vergaß sie nicht. Dann mietete sie einen Knecht, der das Gespann vor die Tür der Hütte bis an den Rand des Feldes führte. Unterdessen kaufte sie in der Stadt allerlei Vorräte ein, Holz vom Weinstock, das mit hellem Feuer brennt, feinstes Weizenmehl, gesalzenes Fleisch und getrocknetes Gemüse. Von Laden zu Laden folgten ihr drei große Karren, die sie mit allem füllte, was zu einem Haushalt nötig ist. Und wunderbar war es, wie vernünftig sie das Geld des lieben Gottes ausgab; sie kaufte nichts Unnützes, wie es doch bei einem Mädchen ihres Alters natürlich gewesen wäre, sondern dauerhafte Möbel, Kleidungsstücke, kupferne Kessel, überhaupt alles, was eine Hausfrau von dreißig Jahren nur wünschen kann.

Als die drei Karren voll waren, ließ sie sie neben den Ochsen und neben dem Pflug aufstellen. Da sah sie, daß die

Hütte viel zu schlecht und viel zu klein war, um diese Reichtümer aufzunehmen, und sie bedauerte, keinen Gutshof dazukaufen zu können; nicht, daß sie kein Geld mehr gehabt hätte, sondern weil es in diesem Teil des Landes keinen Gutshof gab. Sie entschloß sich, die Maurer kommen zu lassen, und die sollten an Stelle der elenden Hütte ein großes Wohnhaus bauen. Aber da sie Eile hatte, begnügte sie sich derweil damit, auf den Boden vor die Karren einen großen Haufen Geldstücke zu häufen, der die Baukosten decken sollte.

In weniger als einer Stunde war alles fertig. Guillaume und Guillaumette schliefen noch, sie hatten den Lärm der Räder und das Peitschenknallen nicht gehört. Da näherte sich die Schwester der Armen der Tür. Sie lächelte fein, denn zuweilen war sie ein rechter Schalk. Und auch aus Schelmerei hatte sie sich so beeilt; sie freute sich darüber, daß sie alles vor dem Erwachen ihrer Verwandten geschafft hatte.

Einen letzten Blick noch warf sie auf ihre Geschenke, dann klatschte sie in die Hände und rief aus Leibeskräften:

»Onkel Guillaume, Tante Guillaumette!«

Und als die beiden Alten sich nicht rührten, schlug sie mit der Faust gegen die schlecht zusammengefügten Bretter des Fensterladens und wiederholte mehrere Male:

»Onkel Guillaume, Tante Guillaumette, öffnet schnell, das Glück will zu euch hinein!«

Guillaume und Guillaumette hörten das im Halbschlaf, dann sprangen sie aus dem Bett, ohne ganz zu erwachen. Die Schwester der Armen schrie immer noch, als sie, einander anstoßend, auf die Schwelle traten und die Augen rieben, um besser zu sehen; und so sehr hatten sie sich beeilt, daß Guillaume die Röcke und Guillaumette die Hosen anhatte. Sie kümmerten sich nicht darum, sie hatten zu viel anderes zu sehen. Die großen Haufen der Geldstücke standen wie Strohdiemen vor den drei Karren, die mit ihren Kesseln und Möbeln sehr stattlich aussahen und sich vom weißen Schnee abhoben. Die Ochsen schnauften in der kalten Morgenluft. Das Eisen des Pfluges glänzte in den ersten Sonnenstrahlen wie Silber.

Der Knecht ging auf Guillaume zu und sagte:

»Wohin soll ich das Gespann führen, Herr? Man braucht nicht zu pflügen. Seid unbesorgt: Eure Äcker sind bestellt, Ihr werdet eine gute Ernte halten.«

Die Karrenführer hatten sich unterdessen Guillaumette genähert und sagten:

»Da ist Euer Hausrat mit den Wintervorräten. Schnell, sagt uns, wo wir sie abladen sollen. Denn wir brauchen einen guten Tag, um alle diese Reichtümer unterzubringen.«

Die beiden Alten standen mit offenem Munde da und konnten nichts sagen. Schüchtern betrachteten sie diese Güter, die sie nicht kannten, sie dachten an die abscheulichen Geldstücke, die mit ihnen in der Nacht ein so grausames Spiel getrieben hatten. Die Schwester der Armen hatte sich in einem Winkel versteckt und lachte über ihre seltsamen Gesichter. Nur das sollte ihre Rache für ihre schlechte Behandlung in den Tagen des Unglücks sein. Noch nie hatte die arme Kleine in ihrem Leben so gelacht. Sicherlich, Ninon, du hättest gelacht wie sie, hättest du Guillaume in Röcken und Guillaumette in Hosen gesehen; beide wußten nicht, ob sie lachen oder weinen sollten, und schnitten Grimassen.

Als sie bemerkte, daß ihr Onkel und ihre Tante wieder hineingehen und Fenster und Türen schließen wollten, zeigte sie sich endlich.

»Freunde«, sagte sie zum Knecht und zu dem Karrenführer, »bringt das alles in die Hütte; es macht nichts, wenn ihr die Zimmer bis zur Decke füllt. Ich hatte an die Kleinheit der Wohnung nicht gedacht und habe so viel gekauft, daß wir jetzt ein Schloß brauchen. Aber hier ist Geld für die Maurer.«

Sie sagte das, damit ihre Verwandten sie hörten, denn sie dachte, es würde sie beruhigen, wenn sie erfuhren, daß sie die gute Fee sei. Guillaume und Guillaumette hatten sich am Tag vorher fest vorgenommen, sie zu schlagen, weil sie einen ganzen Tag fortgeblieben war; als sie sie aber so sprechen hörten, und als sie sahen, wie die Männer Möbel und Vorräte vor ihrer Tür niedersetzten, sahen sie sie an und brachen in Schluchzen aus und wußten nicht, warum. Eine Hand schien ihnen die Kehle zuzuschnüren. So standen sie da, dem Erstikken nahe, und wußten nicht, was sie in dieser noch nie gefühlten Erregung beginnen sollten. Und plötzlich erkannten sie, daß sie die Schwester der Armen liebten. Da lachten sie unter Tränen und liefen auf sie zu und küßten sie, und es wurde ihnen leichter.

VII

Ein Jahr später waren Guillaume und Guillaumette die reichsten Gutsbesitzer im Land. Sie besaßen einen großen neuen Hof; ihre Felder dehnten sich so viele Meilen in die Runde, daß derselbe Horizont sie nicht zu fassen vermochte. Daß ein Armer reich wird, ist nichts Seltenes; darüber wundert sich heutzutage niemand. Aber daß Guillaume und Guillaumette aus bösen Menschen zu guten Menschen wurden, das konnten viele nicht glauben. Und doch war es wahr. Als die Verwandten der Schwester der Armen nicht mehr unter Frost und Hunger litten, fanden sie ihr gutes Herz von einst wieder. Da sie selbst viel geweint hatten, fühlten sie geschwisterlich für die Elenden und halfen ihnen selbstlos.

Tränen, weiß ich, sind gute Ratgeber. Und doch, wenn ich mir überlege, daß Guillaumette aufhörte, für Spitzen zu schwärmen, und Guillaume das Trinken ließ und gern arbeitete, so scheinen mir die großen Geldstücke irgendeine geheime Tugend in sich zu bergen, die das bewirkte; denn es waren nicht die ersten besten Geldstücke, die auch alle schlechten Ausgaben bestritten hätten; den bösen Herzen versagten sie sich und machten mildtätig und leiteten die Hände der guten Menschen, die sie besaßen. Ach, ihr lieben großen Soustücke, ihr habt nicht die traurige Stumpfsinnigkeit unserer Gold- und Silberstücke!

Guillaume und Guillaumette küßten die Schwester der Armen vom Morgen bis zum Abend. In den ersten Tagen durfte sie nichts arbeiten, und sie wurden böse, sprach sie auch nur davon. Man konnte seine Freude daran haben, wie sie sie zu einem schönen jungen Fräulein mit kleinen, weißen Händen machen wollten. »Werde stolz«, sagten sie ihr jeden Morgen,

»kümmere dich um nichts.« Aber das Mädchen wollte das nicht; sie wäre vor Traurigkeit gestorben, hätte sie den ganzen Tag stillsitzen müssen, um einzig und allein die vorbeieilenden Wolken zu betrachten; ihre Reichtümer langweilten sie, aber es machte ihr Freude, ihre Eichenmöbel abzureiben und ihre Bettücher aus feiner Leinewand zu bügeln. So vergnügte sie sich auf ihre Art und antwortete ihren Verwandten: »Laßt mich nur, ich bin warm angezogen und brauche keine Spitzen; ich kümmere mich lieber um den Haushalt als um meine Kleider.«

Und sie sagte das so entschieden, daß Guillaume und Guillaumette einsahen, daß sie recht hatte. Sie ließen sie ruhig nach ihrem Gefallen leben, und sie war glücklich dabei. Wie früher stand sie um fünf Uhr auf und besorgte die Hausarbeiten; allerdings fegte und scheuerte sie nicht mehr wie in den Tagen des Elends, denn sie hatte gar nicht die Kraft, eine so große Wohnung rein zu halten; aber sie überwachte die Dienstmädchen und schämte sich nicht, ihnen in der Milchwirtschaft und auf dem Hof an die Hand zu gehen. Wohl war sie das reichste und fleißigste Mädchen der ganzen Gegend, und alle wunderten sich, daß der Reichtum sie gar nicht verändert hatte, nur rosiger waren ihre Wangen bei der Arbeit geworden und ihr Herz fröhlicher. »Gutes Elend«, sagte sie oft, »du hast mich gelehrt, reich zu sein.«

Sie war sehr nachdenklich für ihr Alter und wurde zuweilen ganz traurig davon. Ich weiß nicht, woran sie erkannte, daß Geld ihr wenig nützte. Die Felder gaben Brot, Wein, Öl, Gemüse und Früchte; die Herden versorgten sie mit Wolle für die Kleider und mit Fleisch zu den Mahlzeiten; alles war in ihrer nächsten Nähe, und die Erträge des Hofes genügten ihren Bedürfnissen und befriedigten auch die ihrer Leute. Selbst der Armenanteil war groß, denn sie gab kein Geld mehr als Almosen, sie gab Fleisch, Mehl, Brennholz, Leinewand und Tuch und erwies sich als klug, denn sie gab den Armen das, was sie nötig hatten, und bewahrte sie vor der Versuchung, das Geld der Nächstenliebe schlecht anzuwenden.

In dieser Fülle von Gütern schliefen mehrere Haufen der großen Geldstücke auf dem Speicher, und die Schwester der Armen bedauerte, daß sie dort zwanzig bis dreißig Strohbündeln den Platz wegnahmen. Dieses Stroh, den Lohn der Arbeit, zog sie bei weitem allem Geld vor, das sie ohne Verdienst anhäufte. Und so kam sie allmählich dazu, diese Art Reichtum aufs tiefste zu verachten: er mochte getrost in den Kästen der Geizigen schlafen oder durch die Hände der Handelsleute in der Stadt laufen.

Sie war dieses bequemen Reichtums so müde, daß sie sich eines Tages entschloß, ihn verschwinden zu lassen. Den kleinen Sack, der die großen Geldstücke so leicht verschlang, hatte sie aufbewahrt: gewissenhaft tat er seine Pflicht und reinigte den Speicher völlig. Die Schwester der Armen hütete sich listig, den Sou der Bettler zuunterst zu tun, und so verschwand das Geld gut und gern und kam nicht wieder.

So sorgte sie dafür, daß sie nicht zu reich würde, denn sie fühlte, darin läge eine Gefahr für ihr Herz. Nach und nach verschenkte sie einen Teil ihrer Ländereien; sie waren für eine Familie zu groß. Sie regelte ihre Einkünfte nach ihren Bedürfnissen. Und da fleißige Hände dem Hof nicht fehlten und sich das Geld trotz allem auf dem Speicher sammelte, stieg sie insgeheim hinauf und machte sich nach Gutdünken ärmer. Um ihr Glück sicherzustellen, behielt sie ihr Leben lang die Zauberbörse, die in den Stunden der Trübsal so reichlich gegeben hatte und in den Stunden des Glücks nur noch zu nehmen verstand.

Die Schwester der Armen hatte noch eine Sorge. Das Geschenk der Bettlerin war ihr peinlich. Sie fürchtete die Macht, die es ihr gab, denn selbst, wenn man an sich nicht zweifelt, gibt das Bewußtsein der Demut mehr Freude als das Bewußtsein der Macht. Gern hätte sie es in den Fluß geworfen; aber ein Bösewicht hätte es finden und es zum Schaden aller benutzen können; und gebrauchte er nur die Hälfte dessen, was sie zum Heile ausgegeben hatte, im Bösen, so würde er das Land schnell genug zugrunde richten. Jetzt verstand sie auch die Bettlerin, die so lange gesucht hatte, ehe sie ihr

Almosen fortgegeben hatte: es war ein Geschenk, das, je nach der Hand, die es empfing, die Freude oder die Verzweiflung eines Volkes ausmachen konnte.

Sie behielt den Sou. Und da er durchbohrt war, hängte sie ihn sich an einem Band um den Hals; so konnte sie ihn nicht verlieren. Aber es machte sie traurig, ihn auf ihrer Brust zu fühlen; gern hätte sie alles getan, um die Bettlerin wiederzufinden. Sie hätte sie gebeten, die Gabe zurückzunehmen, die zu schwer war, um sie lange zu behalten; sie wollte keine anderen Wunder verrichten als die Wunder der Arbeit und des Frohsinns.

Und da sie sie vergeblich gesucht hatte, verzweifelte sie fast daran, sie je wieder zu finden.

Eines Abends, als sie an der Kirche vorüberging, trat sie hinein, um zu beten. Sie ging ganz nach hinten in eine kleine Kapelle, deren Dunkelheit und Stille sie liebte; die dunkelblauen Scheiben beleuchteten die Steinfliesen wie Mondlicht; die Wölbung, die ein wenig niedrig war, hatte kein Echo. Aber an diesem Abend erschien die Kapelle festlich. Ein verirrter Strahl durchzitterte das Schiff und ruhte dann voll auf dem bescheidenen Altar und zündete in der Finsternis ein Feuer an um den einfachen Goldrahmen eines alten Gemäldes.

Die Schwester der Armen, die auf dem nackten Steinboden niedergekniet war, wurde ein wenig zerstreut, als sie dies schöne Lebewohl der untergehenden Sonne auf dem Rahmen erblickte, den sie noch nie bemerkt hatte. Dann senkte sie den Kopf und sprach ihr Gebet; sie flehte Gott an, ihr einen Engel zu schicken, der sie von ihrem großen Sou befreie.

Im Eifer des Gebetes erhob sie ihre Stirn. Der Kuß der Sonne stieg langsam empor; er hatte den Rahmen verlassen und ruhte auf der bemalten Leinwand; es sah aus, als ginge blondes Licht von dem heiligen Bild aus. Das strahlte auf der schwarzen Wand, und es war, als hätte ein Cherubin einen Zipfel des Himmelschleiers gelüftet, denn man sah im blendenden Glanz die Jungfrau Maria mit dem Kind.

Die Schwester der Armen sah sie an und suchte in ihrer Erinnerung. Sie hatte, im Traum vielleicht, diese schöne Heilige und dieses göttliche Kind schon gesehen: sie lächelten ihr zu, ja, sie sah sie sogar aus der Leinwand heraustreten, um zu ihr herabzusteigen.

Sie hörte eine sanfte Stimme sagen:

»Ich bin die heilige Bettlerin des Himmels. Die Armen der Erde bringen mir ihre Tränen, und jedem Elenden reiche ich die Hand, um sein Leid zu lindern. Und diese Almosen des Schmerzes trage ich gen Himmel. In Jahrhunderten gesammelt, werden sie am Jüngsten Tag die Glückseligkeitsschätze der Auserwählten sein.

So gehe ich durch die Welt in ärmlicher Kleidung, wie es einer Tochter des Volkes geziemt. Ich tröste die Armen, meine Brüder, und ich rette die Reichen durch Liebeswerke.

Ich habe dich eines Abends gesehen und in dir die erkannt, die ich suchte. Meine Arbeit ist schwer. Begegne ich auf der Erde einem Engel, so vertraue ich ihm einen Teil meiner Sendung an. Zu diesem Zweck habe ich himmlische Münzen, die die Klugheit der Güte besitzen und in reinen Händen zu Feen werden.

Sieh, mein Jesus lächelt dich an: er ist zufrieden mit dir. Du bist die Bettlerin des Himmels gewesen, denn jeder gab dir das Almosen seiner Seele, und das Gefolge deiner Armen wirst du bis ins Paradies führen. Jetzt gib mir die Münze, die dich drückt; die Engel allein haben die Kraft, ewig das Glück auf ihren Flügeln zu tragen. Sei demütig, sei glücklich!«

Die Schwester der Armen hörte das göttliche Wort; halb gebeugt stand sie stumm in Verzückung; und in ihren weitgeöffneten Augen spiegelte sich der Glanz der Vision. Lange stand sie unbeweglich. Dann aber, als der Strahl immer höher stieg, schien ihr, daß die Pforten des Himmels sich wieder schlössen; die heilige Jungfrau, die ihr das Band vom Hals genommen hatte, verschwand langsam. Das Kind blickte sie immer noch an, aber sie sah nur den oberen Rand des vergoldeten Rahmens, der im letzten Sonnenstrahl schwarz erglänzte. Als sie aber die Last des Sous nicht mehr auf ihrer Brust fühlte, glaubte sie, was sie gesehen hatte. Sie bekreuzigte sich, ging heim und dankte Gott.

Ohne Sorgen lebte sie noch lange, bis der Engel, den sie seit ihrer Kindheit erwartet hatte, sie zu ihrem Vater und ihrer Mutter führte. Und dort fand sie Guillaume und Guillaumette, die sie eines Tages, als sie zu müde waren, auch verlassen hatten.

Mehr als hundert Jahre nach ihrem Tod hätte man in der Gegend keinen einzigen Bettler zu finden vermocht; nicht, daß in den Schränken der Familien unsere häßlichen Gold- und Silberstücke gelegen hätten, aber irgendwie fanden sich immer einige Söhne des Geldstückes der heiligen Jungfrau, große Kupfermünzen, die das Geld der Arbeiter sind und der Einfältigen im Geist.

LIEBE UNTERM DACH

Die vergrämten alten Leute ärgern sich darüber, daß sie nicht mehr jung sind, und deswegen behaupten sie immer, die Rosen ihrer Zeit seien verwelkt und für uns nur noch die Dornen geblieben. Mit einer gewissen Schadenfreude sagen sie der jungen Generation: »Die Grisette stirbt aus. Es gibt keine Grisetten mehr.«

Aber ich sage euch: sie lügen, Liebe und Arbeit können nicht aussterben, die lustigen Mansardenvögel fliegen nicht davon.

Ich kenne solch einen Vogel.

Marthe ist zwanzig Jahre alt. Eines schönen Tages stand sie ganz allein in der Welt da. Sie war ein Großstadtkind und hatte die Wahl zwischen einem Fingerhut und Schmucksachen. Sie griff nach dem Fingerhut und ist Grisette geworden.

Ein sehr einfaches Handwerk. Ein Herz und eine Nähnadel braucht man dazu. Man muß möglichst viel lieben und möglichst viel arbeiten. Die Arbeit muß die Liebe retten, und die fleißigen Finger sichern dem Herzen ihre Unabhängigkeit.

So nahm denn Marthe am Morgen ihres Lebens den Kopf zwischen die Hände und fing tapfer an, über die ernstesten Fragen nachzudenken.

»Ich bin jung und hübsch, und es hängt einzig und allein von mir ab, ob ich seidene Kleider, Spitzen und Schmucksachen tragen will. Ich könnte ein großartiges Leben führen, die ausgesuchtesten Speisen essen, immer nur im Wagen ausfahren und den lieben langen Tag faulenzen. Aber hätte ich dann alle Tränen ausgeweint und allen Ekel überwunden, so würde ich eines schönen Tages in der Gosse erwachen und mein eigenes Herz jammern hören. Lieber will ich mich jetzt schon von ihm leiten lassen und nur einfache Kattunkleider tragen, und wenn ich dasitze und nähe, so will ich auf das hören, was mein Herz zu mir sagt. Ich will frei sein und es nur verschenken, wenn ich wirklich liebe.«

So trat das hübsche Kind in die Republik der tapferen Mädchen ein, die arbeiten und lieben. Sie bewohnt ein kleines Mansardenzimmer voller Sonnenschein – das Nest, das die Dichter so oft besungen haben. Der einzige Luxus ihrer Wohnung ist Sauberkeit und unerschöpflicher Frohsinn. Alles ist weiß und hell. Selbst die alten Möbel sehen jünger aus. Ihr Bett ist schmal und weiß wie das einer Klosterschülerin, nur ein kleiner Amor aus vergoldetem Gips schwebt über dem Kopfende. Über dem Bett steht eine Büste von Béranger, dem Dichter der Mansarden. An den Wänden hängen Lithographien, gelbe und blaue Papageien, Kupferstiche aus dem Voyage de Dumont-d'Urville, und auf einer Etagere steht eine Unzahl von Porzellanfigürchen und Gläsern, die sie auf den Jahrmärkten gewonnen hat.

Dann steht noch eine Kommode darin, ein Büffett, ein Tisch und vier Stühle, zuviel Möbel für den kleinen Raum. Das Nest macht einen trüben Eindruck, wenn der Vogel ausgeflogen ist. Sobald aber Marthe hereintritt, fängt die ganze Mansarde an zu lächeln. Sie ist die Seele dieser kleinen Welt. Wenn sie lacht, kommt die Sonne herein, und wenn sie weint, verschwindet sie wieder.

Marthe hat sich an ihren kleinen Tisch gesetzt und beginnt zu nähen. Sie singt bei der Arbeit, und die Sperlinge auf dem Dach stimmen in den Kehrreim mit ein.

Sie beeilt sich mit der Arbeit, denn sie weiß, daß sie erwartet wird, morgen soll sie auf den schattigen Hügeln von Verrières herumklettern.

Also – wenn ich denn alles verraten soll: ihr Herz hat gesprochen, und sie hat sehr gut verstanden, was es ihr sagte. Vor zwei Monaten hat sie seiner Stimme gehorcht: sie ist nicht mehr allein auf der Welt, sie hat einen braven Burschen kennengelernt. Und weil sie ein gutes Mädel ist, liebt sie ihn und läßt sich von ihm lieben.

Da, mit ihrer fertigen Arbeit in der Hand, eilt sie die Straßen entlang. Leichtfüßig hüpft sie über den Rinnstein, und man kann ihre zierlichen Knöchel sehen. Keck und doch schüchtern geht sie dahin, ganz wie die Sperlinge im Luxembourg. Sie ist der behende Vogel des Pariser Pflasters, das ihr Vaterland ist. Nirgendwo anders sieht man dieses freundliche Lächeln, dieses sichere Benehmen und diese angeborene Eleganz.

Und wie schön ist es am nächsten Morgen im Gehölz von Verrières. Blumen und Erdbeeren und weite grüne Grasflächen und schattige Gebüsche. Und Marthe sammelt Rosen für die ganze Woche. Sie berauscht sich an Luft und Freiheit und ist beim Anblick des blauen Himmels und der grünbelaubten Bäume zu Tränen gerührt. Und kehrt sie abends mit einem Fliederbusch in der Hand nach Hause zurück, so ist ihr Herz voller Mut und voller Liebe.

So teilt sie ihr Leben zwischen Arbeit und Liebe. Sie kann ihr Brot selbst verdienen und sich dem schenken, den sie liebt.

Wer hätte wohl den Mut, diesem einfachen Geschöpf daraus einen Vorwurf zu machen: es gibt mehr, als es empfängt. Über ihrem Leben liegt die Würde wahrer Leidenschaft und die große Sittlichkeit unaufhörlicher Arbeit.

Singe nur zu, du Lerche unserer Jugend, singe für uns, wie du für unsere Väter gesungen hast und wie du für unsere Söhne singen wirst! Du bist unsterblich, denn du bist die Jugend und die Liebe.

DIE STIEFELWICHSENDE MADONNA

I

Sie liegt noch im Bett – halbnackt und hat den Kopf hintenübergeworfen. Sie lächelt, ihre Augen sind noch ganz verschlafen. Der eine Arm ist durch die Haare ganz verdeckt, der andere hängt über den Bettrand herab.

Der Graf steht in Pantoffeln an einem der Fenster. Er hat den Vorhang etwas gerafft und raucht nachdenklich seine Zigarre.

Ihr kennt sie ja alle – gestern ist sie zwanzig geworden, aber sie sieht aus, als wäre sie kaum sechzehn. Auf der Stirn trägt sie die herrlichste Krone, die der Himmel jemals einem seiner Engel verliehen hat, eine goldbraune Krone: ihre königliche, mattrotblonde Haarflut, die dicht und stark wie eine Mähne und weich wie Seide ist. Ein feuriger Strom rieselt sie ihr über den Hals; die einzelnen Strähnen werfen und ringeln sich zu mächtigen Locken, der ganze Kopf ist wie vom Morgenrot übergossen. Und aus all dieser leuchtenden Pracht heben sich der zarte weiße Nacken, die lichten Schultern und die milchweiße Brust hervor. Es liegt etwas unwiderstehlich Verführerisches in diesem weißen Hals, der so verschwiegen aus den aufdringlich roten Haaren hervorschimmert. Man fühlt glühende Leidenschaft in sich auflodern, läßt man den Blick über diesen Nacken mit seinen gedämpften Glanzlichtern und goldenen Schatten hinirren. Sie hat etwas von einem wilden Tier und etwas von einem Kind. Jenes Gemisch von Unschuld und Schamlosigkeit, das ein trunkenes Verlangen nach wahnsinnigen Küssen hervorruft.

Ist sie schön? Das kann man nicht sagen. Ihr Gesicht ist durch die Haare völlig verdeckt. Sie muß eine niedrige Stirn haben und schmale, langgeschnittene Augen, die ins Graue spielen. Ihre Nase ist jedenfalls unregelmäßig und kapriziös. Der Mund etwas zu groß und mattrosa. Aber was tuts? Man kann ihre Züge nicht beschreiben, den Umriß ihres Gesichts nicht festhalten. Sie berauscht auf den ersten Blick wie starker Wein beim ersten Glas. Nur eine rote Flamme sieht man und darin etwas Weißes, ein rosa Lächeln und einen Blick, der wie Silber in der Sonne leuchtet. Und wendet sie nur den Kopf, so ist man schon so völlig hingerissen, daß man ihre Vorzüge nicht mehr im einzelnen zu studieren vermag.

Sie ist mittelgroß, glaube ich, sehr üppig und langsam in ihren Bewegungen. Sie hat Hände und Füße wie ein kleines Mädchen. Ihr ganzer Körper atmet träge Wollust. Der bloße Anblick eines ihrer nackten, weißen vollen Arme schon vermag einen förmlichen Wollustschauer hervorzurufen. Sie ist die Königin der Abende im Mai, die Königin der Liebe, die nur eine Nacht dauert.

II

Sie ruht auf ihrem leicht gebogenen linken Arm. Gleich wird sie ganz erwachen. Sie öffnet halb die Augenlider, als hätte sie darauf gewartet, und sie blickt in die himmelblauen Vorhänge ihres Bettes, um sich an das Licht zu gewöhnen.

So liegt sie tief hineingeschmiegt in die Spitzen ihres Kissens, ganz überwältigt von der lauen Wärme und der köstlichen Ermattung des Erwachens; ihr weißer, bewegungsloser Leib scheint kaum noch zu atmen. Hier und da schimmert aus dem feinen Batist ein rosiger Fleck. Man kann sich nichts Üppigeres vorstellen als das Lager dieser Frau. Der göttliche Schwan hatte ein Nest gefunden, das seiner würdig war.

Ihr Schlafzimmer ist zauberhaft schön, ganz in mildem, verschwiegenem Blau. Farben und Parfüm sind aufeinander abgestimmt. Es liegt etwas Schmachtendes in der Luft, durch die nur bisweilen ein kurzer Wollustschauer bebt.

In breiten, müden Falten fallen die Vorhänge herab, und stumm und träge dehnen sich die Teppiche.

Bei dem tiefen Schweigen, das in diesem Tempel mit seinem gedämpften Licht und den stillen Schatten herrscht, bei der ganzen vornehmen Einrichtung, muß man unwillkürlich an eine Göttin denken, bei der höchste Anmut sich mit erlesenster Eleganz vereinigt, an eine aristokratische Künstlerseele, die nur mit einem Fuß auf der Erde steht.

Sicherlich ist sie mit Milchbädern aufgezogen worden. Ihren zarten Gliedern merkt man das vornehme Nichtstun an.

Ohne sich umzuwenden, raucht der Graf seine Zigarre zu Ende. Aufmerksam blickt er auf die Straße hinab. An der Avenue des Champs-Elysées ist ein Pferd gestürzt, und vergeblich bemüht man sich, es wieder auf die Beine zu bringen. Das arme Tier ist auf die linke Seite gefallen, sicherlich hat die Deichsel ihm die Rippen eingedrückt.

III

Das schöne Geschöpf auf seinem duftigen Lager erwacht jetzt immer mehr. Sie hat ihre Augen ganz geöffnet, bleibt aber immer noch regungslos liegen. Ihr Geist ist wach, ihr Körper noch im Schlummer gefangen. Sie denkt nach.

Aus was für lichten Traumsphären mag sie herabgestiegen sein? Welche himmlischen Heerscharen ziehen vor ihrem inneren Auge vorüber und zaubern ein Lächeln auf ihre Lippen? Welche Einfälle und was für Pläne arbeiten in ihrer Seele? Welches mag der erste Gedanke sein, der sie beim Erwachen überrascht?

Mit weitgeöffneten Augen starrt sie auf den Vorhang. Sie rührt sich immer noch nicht, sie ist noch ganz in ihre Träume verloren, nur ihre Augenlider zucken von Zeit zu Zeit. Lange liegt sie so da und spielt mit irgendeinem Traumgedanken.

Aber plötzlich, als sei ein unwiderstehlicher Ruf an sie ergangen, streckt sie sich noch einmal und springt aus dem Bett. Die Statue ist lebendig geworden. Sie streicht sich die Haare, die in flammendem Strom über den Nacken hinfließen, aus der Stirn zurück, zieht das Spitzenhemd empor, fährt in ihre blauen Samtpantoffeln und schlägt in reizender Bewegung die Arme übereinander. Leicht vornübergebeugt geht sie mit emporgezogenen Schultern rasch und lautlos über den Teppich und kräuselt die Mundwinkel etwas unmutig wie ein verzogenes Kind. Dann schlägt sie die Vorhänge beiseite und verschwindet.

Der Graf wirft seine Zigarre weg und atmet befriedigt auf.

Auf der Straße hat man den armen Gaul wirklich mit einem Peitschenhieb wieder auf die Beine gebracht.

Der Graf dreht sich um und sieht, daß das Bett leer ist. Er blickt einen Augenblick hin, dann geht er langsam darauf zu, setzt sich auf den Bettrand und starrt in die himmelblauen Vorhänge.

IV

Das Gesicht der Frau ist eine eherne Maske, das des Mannes gleicht einem klaren Quell, dessen Geheimnisse leicht zu durchschauen sind.

Der Graf blickt den Vorhang an und fragt sich ganz mechanisch, wieviel der Stoff pro Meter wohl kosten mag. Aus reiner Zerstreutheit beginnt er dann zu addieren und zu multiplizieren und rechnet eine beträchtliche Summe heraus. Ganz unbewußt verfolgt er seinen Gedankengang, schätzt das ganze Schlafzimmer ab und kommt zu dem Ergebnis, daß es ein enormes Kapital gekostet habe. Er hat, etwas unterhalb des Kopfkissens, seine Hand auf das Bett gestützt. Es ist noch ganz warm. Allmählich vergißt er den Tempel, um von der Göttin zu träumen. Er betrachtet das Lager, die ganze wollüstige Unordnung, die jede schöne Schläferin zurückläßt, und bei dem Anblick eines Goldfadens, der auf dem weißen Betttuch schimmert, versinkt er ganz in den Gedanken an die schöne Frau.

Dann verschmelzen sich in seiner Seele zwei Gedanken miteinander, er denkt zugleich an die Frau und an das Zimmer. Sie scheinen ihm beide einander würdig, und lange stellt er Vergleiche zwischen ihr und all den Möbeln, Teppichen und Vorhängen an. Alles ist harmonisch, notwendig und verhängnisvoll.

Bei diesem Punkte beginnen seine Gedanken abzuschweifen, und durch irgendeine rätselhafte Verknüpfung fallen ihm seine Stiefel ein. Und dieser Gedanke, der gar keinen Zusammenhang mit dem vorigen hat, nimmt ihn ganz gefangen. Er denkt daran, daß er seit drei Monaten beim Verlassen des Zimmers seine Stiefel stets tadellos gesäubert und gewichst vorfindet. Und diese Erinnerung berührt ihn wohltuend.

Das Zimmer ist entzückend, das Weib göttlich. Wieder betrachtet der Graf die himmelblauen Vorhänge und den goldenen Faden auf dem weißen Bettuch. Er ist ganz zufrieden und macht sich klar, daß er einen Irrtum der Vorsehung ausgeglichen habe, indem er diese Königin der Anmut, die das Schicksal als Kind eines Straßenkehrers und einer Portierfrau auf die Welt hatte kommen lassen, in seidene Gewänder hüllte, die ihr gebührten. Er selbst lobte sich, daß er diesem wunderbaren Geschöpf ein würdiges Nest bereitet habe – für die Kleinigkeit von fünf- oder sechstausend Francs!

Der Graf steht auf und geht ein paar Schritte auf und ab. Er ist immer noch allein, und es fällt ihm ein, daß er seit drei Monaten jeden Morgen eine gute Viertelstunde allein im Zimmer geblieben ist. Und ohne alle Neugier, nur um sich etwas Bewegung zu machen, rafft er die Vorhänge und verläßt ebenfalls das Zimmer, um die Geliebte zu suchen.

V

Der Graf durchsucht eine ganze Flucht von Zimmern, ohne auch nur eine Menschenseele zu finden.

Er geht denselben Weg wieder zurück, da hört er in einer Kammer ein Geräusch, das von heftigem anhaltendem Bürsten zu kommen scheint. In der Meinung, es sei das Dienstmädchen, stößt er die Tür auf, um sie nach ihrer Herrin zu fragen.

Die Kammer ist klein und hat gelbgestrichene Wände. In der einen Ecke steht ein Eimer und ein großer Schwamm, in der anderen ein Besen. Die Luft ist feucht und frisch, durch die Fensterscheiben dringt scharfes Licht ein, das den hohen, schmalen Raum in seiner ganzen Dürftigkeit beleuchtet.

Mitten im Zimmer auf einer Strohmatte sitzt die goldhaarige Schöne mit untergeschlagenen Beinen.

Neben ihr steht ein Topf mit Wichse, in dem ein Pinsel und eine durch langen Gebrauch geschwärzte Bürste steckt. Links davon steht ein Stiefel, der wie ein Spiegel glänzt, ein Meisterwerk der Schuhputzkunst. Der Fußboden ist ringsumher voller Schmutzflecken und mit feinem, grauem Staub bedeckt. Etwas weiter liegt ein Messer, womit die Sohlen abgekratzt worden sind.

Jetzt ist sie beim zweiten Stiefel. Ihr einer Arm verschwindet ganz. In der kleinen Hand hält sie eine riesige Bürste mit langem seidenweichen Haar und bearbeitet mit Feuereifer die Ferse des Stiefels, die scheinbar durchaus nicht blank werden will. Dicke Schweißtropfen rollen über ihre Wangen und über ihre Schultern. Manchmal hält sie einen Augenblick inne, um mit ungeduldiger Bewegung die Locken zurückzuwerfen, die ihr immer wieder in die Augen fallen.

Ihre Brust und ihre weißen Arme sind mit unzähligen kleinen und großen Flecken übersät, mit lauter schwarzen Sternen. Sie kneift die Lippen zusammen, ihre Augen strahlen in feuchtem Glanz, und ganz verliebt beugt sie sich über den Stiefel, fast, als ob sie ihn liebkosen wolle. Sie ist ganz vertieft in ihre Arbeit und schwimmt förmlich in Seligkeit. Dabei bürstet sie mit einem Eifer darauf los, der fast an Verzückung grenzt.

Ein breiter, weißer Lichtstreifen fällt durchs Fenster herein, vergoldet ihre Haare, läßt ihre Haut rosiger erscheinen, wirft bläuliche Reflexe auf die Spitzen, die ihre Glieder umhüllen, und beleuchtet inmitten der schmutzigen Umgebung dieses Wunder an Anmut und Schönheit.

Sie ist glücklich, sie schwelgt geradezu. – Sie ist die Tochter ihres Vaters und ihrer Mutter. Jeden Morgen denkt sie beim Aufwachen an ihre Jugend, an die schöne Jugendzeit, da sie inmitten der Stiefel sämtlicher Hausbewohner auf der schmierigen Treppe stand. Und wenn sie daran zurückdenkt, überkommt sie auf einmal das wilde Verlangen, irgend etwas Schmutziges zu reinigen, und wären es nur ein Paar Stiefel. Sie hat eine Leidenschaft für Stiefelwichse wie andere für Blumen. Ja, es ist eine schmachvolle Leidenschaft voll seltsamer Lust für sie. Und so steht sie auf und geht in all ihrem Luxus und in all ihrer fleckenlosen Schönheit hin und kratzt mit ihren weißen Händen Stiefelsohlen ab und besudelt ihre vornehme Anmut durch schmutzige Bedientenarbeit.

Der Graf hustet leise, und als sie erstaunt aufblickt, nimmt er ihr den Stiefel aus der Hand, gibt ihr fünf Sous und entfernt sich in aller Ruhe.

VI

Am nächsten Morgen ärgert sich die stiefelwichsende Madonna und schreibt dem Grafen einen Brief. Sie verlangt eine Entschädigung von hunderttausend Francs.

Der Graf antwortet darauf, er sähe allerdings ein, daß er ihr etwas schuldig sei. Das Stiefelwichsen betrage fünfundzwanzig Centimes für den Tag, für drei Monate also dreiundzwanzig Francs, die er ihr durch seinen Kammerdiener übersenden werde.

DIE ALTEN MÜTTERCHEN MIT DEN BLAUEN AUGEN

I

Ihr seid ihnen gewiß auch schon oft begegnet, den guten alten Mütterchen mit den blauen Augen, die hier und da aus der vorüberhastenden Menge auftauchen. Langsam trippeln sie mit kleinen Schritten auf den Bürgersteigen an den Schaufenstern vorbei.

Sie tragen einfache, schwarze Strohhüte mit hohem Kopf und langen Bändern unterm Kinn und dunkle Kleider, die an ihren Körpern festzukleben scheinen. Von den spitzen Schultern hängt ein grünlicher Schal herab; es sieht fast aus, als sei er an zwei Nägeln aufgehängt. Schlürfend gleiten die lahmen, alten Füße übers Pflaster, die zitternden Hände verkriechen sich unter dem Schal, und am Arm hängt ein dürftiges Körbchen.

Sie gehen gesenkten Hauptes und bewegen in einem fort die Lippen wie betende Kinder. Die Gesichter unter dem schwarzen Hut sind verwelkt wie gedörrte Früchte, das Fleisch ist eingetrocknet und nur die Haut geblieben, die wie feuchtes Pergament aussieht, und in diesem Gesicht schwimmen ein paar abgestorbene blaue Augen wie in einem Nebelmeer – sanfte Augen, in denen alles Feuer längst erloschen ist.

Ich glaube, die alten Mütterchen mit den blauen Augen werden im Laufe der Zeit immer kleiner, sie sind wieder zu Kindern geworden. Wenn man sie so vorübergehen sieht und die großen, schwarzen Hüte das Gesicht verbergen, so könnte man sie für kleine Mädchen halten, die zur Schule gehen, so schlank ist ihre Taille, so träge und jugendlich ihre ganze Haltung, so mager sind ihre Ärmchen. Und blicken sie dann auf, so sieht man mit Entsetzen, daß auf diesem Kinderkörper ein runzliges altes Gesicht sitzt, dessen Züge ein ganzes Leben voller Elend oder Leidenschaft zerstört hat.

Die zwanzigjährigen Burschen laufen nur immer den jungen, rundlichen Waden nach, die ein plötzlicher Windstoß ihren Augen preisgibt. Ich, ich gehe lieber hinter den alten Mütterchen mit den blauen Augen her, wenn sie mit regelmäßigen, langsamen Schritten, ohne auch nur den Kopf zu wenden, wie Schlafwandlerinnen dahinwandern.

Sie sind immer allein. Nicht wie die sechzehnjährigen Mädchen, die in Trupps daherkommen und aus vollem Halse lachen und den ganzen Bürgersteig für sich in Anspruch nehmen. Sie tauchen immer nur einzeln auf, demütig und bescheiden verschwinden sie in der Menge, die sie nicht einmal bemerkt.

Ich kenne sie alle, die vom Pantheon und die vom Montmartre. So wie ich eine von ihnen entdecke – ganz gleich, ob die Sonne scheint oder ob es bitter kalt ist –, gehe ich langsam hinter ihr her, und es macht mir Spaß, dieses zierliche, alte und doch so zarte Wesen zu begleiten. Früher, als ich noch sehr naiv war und nicht wußte, mit was für geheimnisvollen Geschöpfen ich es zu tun hatte, nahm ich mir immer vor, die Wohnungen der alten Mütterchen mit den blauen Augen auszukundschaften. Ihr erstorbener Blick reizte meine Neugier, ich wollte unbedingt etwas von ihrem Leben erfahren und war fest entschlossen, ihnen in ihre Behausung zu folgen, wie man ein junges Mädchen verfolgt, damit es einem seine Lebensgeschichte erzählt.

Drei lange Jahre hindurch bin ich ihnen nachgegangen, aber niemals habe ich entdecken können, woher sie kamen und wohin sie gingen.

In irgendeiner Straße sah ich plötzlich eine. Sie schien aus dem Pflaster emporgetaucht zu sein. Und nun ging ich ganz geduldig hinter ihr her, während sie sich still und dunkel weiterbewegte, als triebe sie ein unsichtbares Räderwerk. Und hatte das fortwährende Achtgeben auf ihre Schritte begonnen, mich einzuschläfern, entschlüpfte sie mir und war mit einmal verschwunden. Zweifellos war sie wieder in den Erdboden gesunken.

So sind mir alle unter den Händen entglitten, und niemals habe ich meine Neugier befriedigen können. Und denke ich an alle diese vergeblichen Jagden, so glaube ich bestimmt, daß die alten Mütterchen mit den blauen Augen nur die Schatten der an Liebe Gestorbenen sind und wieder aus dem Grab emporsteigen, um die Straßen zu durchwandern, darin sie so viel geliebt haben. So bin ich nach und nach klüger geworden, und ich habe mir vorgenommen, nie wieder nach ihrer Behausung zu forschen. Lieber glaube ich, sie hätten überhaupt keine: allmorgendlich erstehen sie vom Tode auf, um jeden Abend aufs neue zu sterben.

II

Seit zehn Jahren schon begegne ich ihnen, und immer sind sie gleich jung geblieben, ihre Gesichter haben keine neuen Falten bekommen. Man könnte sie für unsterblich halten. Was habe ich mir alles für Romane zusammengeträumt, wenn ich an schönen Tagen im Mai mit Sehnsucht und Unruhe im Herzen hinter ihnen herging! Der helle Sonnenschein und die milde Luft schienen sie etwas aus ihrem Schlaf aufzurütteln; dann und wann blieben sie stehen, schöpften Atem und blickten sich um.

Was für Gedanken an längst vergangene Jugendzeiten mochten den armen, altersschwachen Körper durchzittern? Was für Frühlingserinnerungen aus längst versunkenen Tagen seufzten hinter diesen festgeschlossenen Lippen?

Und dann fragte ich mich, wie diese alten Mütterchen mit den blauen Augen wohl als junge Mädchen ausgesehen haben mochten. Manche müssen eine schauerliche und doch süße Vergangenheit hinter sich haben. Wo kamen alle diese Wesen, die in ihren schwarzen Hüten und grünen Schals einander so ähnlich sehen, wo kamen sie alle her? Wer hat sie so einsam auf die Straßen von Paris geworfen? Ein Geheimnis schwebt um ihre Herkunft, sie scheinen einander nicht zu kennen, und doch, sieht man sie, so möchte man darauf schwören, daß sie alle zu einer einzigen und beklagenswerten Familie gehören.

Wer weiß – vielleicht sind sie schon so alt und so gebeugt zur Welt gekommen. Vielleicht aber haben sie alle die gleiche leidenschaftliche Jugend gelebt, die ihren Körper verbrannt und zu dem gemacht hat, was sie jetzt sind: unsterbliche, ausgetrocknete, verknöcherte Wesen.

Diesen letzten Gedanken liebte ich besonders. Ich stellte mir vor, wie sie in weißem Musselin mit rosa Bändern lachenden Auges und mit feuchten Lippen auf den Tanzböden des vergangenen Jahrhunderts tanzten und den Männern Kußhände zuwarfen.

III

An einem Juniabend, um die Stunde, da die Kastanienbäume des Luxembourg sich in durchsichtige Schatten hüllten, hat eins von den alten Mütterchen mit den blauen Augen sich neben mich auf eine Bank gesetzt.

Als sie sich niederließ, hob sich ihr Rock ein wenig, und ich sah den entzückendsten kleinen Fuß, den man sich vorstellen konnte – wenn er auch in einem groben Stiefel steckte.

Sie senkte den Kopf, und der schwarze Hut verbarg ihr Gesicht. Sie zog die armen, kränklichen, blassen Kinderhände an sich und wickelte sie fest in ihren Schal. Dabei sah sie aus wie ein zwölfjähriges Mädchen.

Vielleicht fühlte sie das tiefe Mitleid, das in meinem Herzen zitterte, denn sie hob den Kopf und blickte mich mit ihren leeren, verschwommenen Augen an.

Und dieser Blick, der nur sekundenlang auf mir ruhte, erzählte mir eine ganze Geschichte von Liebe und Reue. In ihren matten Augen lag eine ganze Welt von weicher Trauer, lag alle heiße Sehnsucht ihrer Jugend und die ganze Mattigkeit des Alters. Die Liebesnächte von einst hatten ihre Augenlider gerötet, sie hatte keine Wimpern mehr, die heißen Tränen der Leidenschaft hatten sie weggebrannt. Gewiß liebte die arme Alte mit den blauen Augen immer noch, nein, sie war noch nicht müde und trauerte über den raschen Flug der Jahre. Und im Gedanken an verflossene Küsse erbebte sie im Sonnenschein.

Jetzt glaubte ich, eines von diesen geheimnisvollen Geschöpfen bis in die tiefsten Tiefen hinein ergründet zu haben. Die Augen hatten zu mir gesprochen, und jetzt wußte ich, das fühlte ich genau, woher die alten Mütterchen mit den blauen Augen kommen, die den jungen Männern auf der Straße noch manchmal versengende Blicke zuwerfen.

Sie stammen aus den Liebesabenteuern unserer Väter.

IV

Und lange blickte ich auf den kleinen Fuß im groben Stiefel ... Sie war sechzehn Jahre alt, ein reizendes Mädchen, mit weichem aschblondem Haar, das ihre Wangen anmutig umrahmte. Lange, goldene Wimpern verschleierten ihre großen, blauen Augen, und am Kinn hatte sie ein Grübchen, das tiefer wurde, wenn sie lachte. Und sie lachte immer.

Sie war nicht wie die jungen Mädchen von heute, die sich seidene Kleider verschaffen, ohne auch nur einen Finger zu rühren. Sie nähte den lieben langen Tag und trug immer nur Kattunkleider. Aber was für hübsche, lustige, saubere, keusche und ehrliche! Sie trug ein Häubchen auf dem Kopf, hatte ein schmales Tüchlein um den Hals; in weißen Strümpfen und mit bloßen Armen, so empfing sie alle mit herzlichem Händedruck, lachenden Auges und lachenden Mundes. Und aufrichtige Zärtlichkeit und reine Heiterkeit sprach aus ihrer ganzen kleinen Erscheinung. Und ihr helles Lächeln war so liebevoll, daß niemand widerstehen konnte.

Etwas launenhaft war ihr Herz allerdings, aber offen und freimütig. Sie liebte viel, hier und da, nie aber zwei auf einmal. Und das einfache, liebestolle Mädchen ließ sich immer nur von seiner Neigung leiten. Wem ihre Küsse gehörten, dem gehörte auch sie ohne langes Federlesen. Übrigens fiel es ihr gar nicht ein, ihre liebevollen Augen der Welt zu verbergen; sie sagte ganz einfach: ich hab dich lieb, und ebensowenig machte sie sich daraus, zu sagen: ich hab dich nicht mehr lieb. Und da ihr letzter Kuß ebensosüß schmeckte wie der erste, so wurden ihre Liebhaber niemals böse.

Alle Wälder in der Umgebung von Paris kannten sie ebensogut wie die öffentlichen Bälle. Sie arbeitete den ganzen Tag und lachte die ganze Nacht. Manche behaupteten, sie schliefe niemals, und andere spotteten, wenn sie das hörten.

So war ihr Leben frei und ungebunden, reich an gesunder Arbeit und süß von den Freuden der Liebe. Freimütig verschenkte sie ihr Herz, ohne ihre Küsse zu zählen, denn sie glaubte an ihre ewige Jugend.

Und dieses heitere, liebesfreudige Kind mit den blonden Haaren und dem Mund, der immer lachte, sang aus voller Kehle das Lied seiner Jugend. Sie hatte keine Zeit zu verlieren, denn sie mußte lieben, soviel wie möglich lieben. Und sie mutete ihren kleinen Füßen arg viel zu, überall, wo es etwas zum Küssen gab, in den Feldern oder auf dem Tanzboden.

V

Der Rock ist wieder herabgefallen und verdeckt den kleinen Fuß im groben Lederstiefel ...

Mein Blick gleitet langsam vom Fuß bis zum Gesicht empor.

Das bleiche Gesicht mit den grauen Haaren, die wirr an den Schläfen klebten, machte einen schrecklichen Eindruck auf mich. Die trüben, feuchten Augen waren schmutzigblau. Und zwischen den vorspringenden Knochen sah das Grübchen am Kinn aus wie ein schwarzes Loch.

Ach, armes Gespenst der Liebe! Es fröstelt alt und einsam unter den Strahlen der Junisonne. Nein, ihre Jugend hatte nicht ewig gedauert, und es war der Tag gekommen, da Liebhaber vor ihren verwelkten Lippen zurückbebten, wie ich jetzt erschauerte, als sie mich mit ihren erloschenen Augen ansah.

Aber nein, ich habe dich ja lieb, du armes Geschöpf. Ich will deinen kleinen Fuß betrachten, dir wie ein schüchterner Liebhaber folgen, wenn ich dich auf der Straße sehe, niemals will ich dich ansprechen, du sollst die Geliebte meiner trüben Tage sein – wie ich heute von dir auf der sonnigen Bank im Luxembourg geträumt habe ...

Und ihr dürft mich nicht Lügen strafen, ihr lieben Alten mit den blauen Augen, wenn ich behaupte, daß ihr die Gespenster längst vergangener Liebesstunden seid! ...

DIE VOGELSCHEUCHEN

I

In Paris ist alles käuflich: die tollen Mädel und die braven, Lüge und Wahrheit, Weinen und Lachen. Und bekanntlich ist hierzulande die Liebe ein Artikel, mit dem ein geradezu unheimlicher Handel getrieben wird. Man kauft und verkauft große Augen und kleine Mündchen, Nase und Kinn werden extra abgeschätzt und bewertet. Ein einziges Grübchen kann unter Umständen eine feste Rente bedeuten. Und wie es bei jedem Handelsartikel Nachahmungen gibt, so macht man auch manchmal die Fabrikate des lieben Gottes nach und verkauft sie dann um so teurer: falsche Augenbrauen, die mit einem abgebrannten Zündhölzchen gemacht, oder falsche Zöpfe, die mit langen Haarnadeln befestigt werden.

Das ist alles richtig und ganz logisch. Wir sind ein zivilisiertes Volk, und ich möchte doch wissen, was die Zivilisation uns nützte, setzte sie uns nicht in den Stand, zu betrügen und uns betrügen zu lassen – sonst wäre das Leben einfach unmöglich.

Ich war trotzdem höchst überrascht, muß ich gestehen, als ich erfuhr, daß der alte Durandeau – ihr kennt ihn ja so gut wie ich – auf die geniale Idee gekommen ist, auch die Häßlichkeit zu einem Handelsgegenstand zu machen. Daß man Schönheit verkauft, kann ich verstehen, auch daß man falsche Schönheit verkauft. Das ist ganz natürlich, das ist ein Zeichen von Fortschritt. Aber ich behaupte, Durandeau hat sich ein großes Verdienst um Frankreich erworben, indem er das bis dahin tote Material in den Handel gebracht hat, das man Häßlichkeit nennt. Man darf mich nicht mißverstehen, ich spreche von der wirklichen, häßlichen Häßlichkeit, die offen und ehrlich als solche verkauft wird.

Gewiß seid ihr bisweilen Frauen begegnet, die paarweise zusammen auf der Straße gehen. Sie gehen langsam, bleiben vor allen Schaufenstern stehen, kichern halblaut miteinander und raffen mit verführerischer Bewegung die Kleider zusammen. Sie gehen Arm in Arm wie vertraute Freundinnen, meistens duzen sie sich. Sie sind ungefähr gleich alt und gleich elegant gekleidet. Aber regelmäßig ist eine von nichtssagender Schönheit, nach der man sich nicht umsieht, die man aber doch mit einem gewissen Vergnügen betrachtet. Und ebenso regelmäßig ist die andere abscheulich häßlich – von jener irritierenden Häßlichkeit, die unwillkürlich die Blicke der Vorübergehenden anzieht und sie zwingt, Vergleiche zwischen beiden anzustellen.

Ihr dürft es ruhig zugeben, ihr seid schon einmal in die Falle gegangen und den beiden Frauen gefolgt. Das Scheusal allein hätte euch mit Entsetzen erfüllt, und das junge Mädchen mit dem nichtssagenden Gesicht hätte euch kalt gelassen. Aber nebeneinander brachte die Häßlichkeit der einen die Schönheit der anderen zur Geltung.

Und dieses Monstrum, sage ich euch, stammte aus der Agentur Durandeau. Es gehörte zum Personal der Vogelscheuchen. Der große Durandeau hatte es für fünf Francs die Stunde an die mit dem nichtssagenden Gesicht vermietet.

II

Die Geschichte ist nämlich die:

Durandeau ist ein origineller und erfinderischer Geschäftsmann, ein Millionär, der den Handel als Kunst betreibt. Jahrelang war er ganz unglücklich bei dem Gedanken, man könne mit häßlichen Mädchen absolut kein Geld verdienen. Mit hübschen Mädchen zu spekulieren ist nämlich eine sehr delikate Angelegenheit, und Durandeau, der dieselben Bedenken hegt wie alle reichen Männer, hat noch niemals daran gedacht, das kann ich sogar bezeugen. Eines Morgens kam ihm die Erleuchtung. Mit einemmal wurde in seinem Gehirn der neue Gedanke geboren, wie bei allen Erfindern.

Er schlenderte über den Boulevard und sah plötzlich zwei junge Mädchen vor sich hergehen, das eine war hübsch, das andere war häßlich. Und wie er sie so betrachtete, wurde ihm klar, daß die Häßliche der Schönen als Folie diene. Und er sagte sich, es sei ganz logisch, wenn die Schöne sich nun die

Häßliche gleichsam als Schmuckstück zulege, wie man sich Bänder, falsche Zöpfe oder Puder kauft.

Durandeau ging nach Hause, um in Muße darüber nachzudenken. Die Spekulation, die er im Sinn hatte, mußte mit der größten Umsicht eingeleitet werden. Er wollte sich nicht Hals über Kopf in ein Unternehmen hineinstürzen, das die Welt verblüffen mußte, wenn es gelang, das ihn aber unweigerlich lächerlich machte, wenn es scheiterte. So brachte er die ganze Nacht damit zu, Berechnungen anzustellen und die Philosophen zu studieren, die das treffendste über die Dummheit der Männer und über die Eitelkeit der Frauen geschrieben haben. Beim Morgengrauen stand sein Entschluß fest; die Arithmetik hatte ihm recht gegeben, und die Philosophen sagten soviel Böses von den Menschen, daß er mit Bestimmtheit auf eine zahlreiche Kundschaft rechnete.

III

Wüßte ich bestimmt, daß mir der Atem nicht ausginge, so würde ich ein Heldengedicht über die Entstehung von Durandeaus Agentur schreiben. Es würde eine Art trauriger Burleske werden mit sehr viel Tränen und großem Gelächter.

Durandeau hatte mehr Mühe, sein Warenlager zusammenzubekommen, als er gedacht hatte. Da er geradewegs auf sein Ziel losgehen wollte, begann er damit, an Regenrinnen, Bäumen und allerhand entlegenen Orten kleine Zettel anzukleben, auf denen man lesen konnte: ›Gesucht werden häßliche junge Mädchen für leichte Arbeit.‹ Er wartete acht Tage, aber es kam nicht ein einziges häßliches Mädchen, nur fünf oder sechs hübsche, die schluchzend um Arbeit baten. Ihnen blieb nur die Wahl zwischen Hunger und Laster, und noch wollten sie sich durch Arbeit retten. Durandeau war ganz betroffen, er wiederholte ihnen immerzu, sie seien hübsch, und deswegen könne er sie nicht gebrauchen. Aber sie blieben dabei, daß sie häßlich wären, es sei nur Bosheit oder Galanterie von ihm, sie für hübsch zu erklären. Da sie ihre nicht vorhandene Häßlichkeit nicht verkaufen konnten, werden sie sich wohl inzwischen entschlossen haben, ihre vorhandene Schönheit zu verkaufen.

Danach sah Durandeau ein, daß nur hübsche Mädchen den Mut haben, ihre eingebildete Häßlichkeit einzugestehen, die Häßlichen würden niemals zugeben, sie hätten einen unförmig großen Mund oder auffallend kleine Augen. Man darf getrost auf allen Mauern bekanntmachen, daß man jedem häßlichen Mädchen zehn Francs auszahlen würde, wenn es sich persönlich vorstellt – man wird darum nicht ärmer werden.

So verzichtete er denn auf seine Anschläge und beschäftigte ein halbes Dutzend Zwischenhändler, die in der ganzen Stadt nach Scheusälern fahnden mußten. Alle Häßlichkeit von Paris sollte ausgemustert werden. Er hatte Männer von Takt und Geschmack dazu auserwählt, aber sie hatten ein schweres Stück Arbeit zu bewältigen. Sie mußten Charakter und Stellung jeder einzelnen berücksichtigen, brutal vorgehen, wo sie dringende Geldnot witterten, und zartfühlend, wenn sie es mit einem Mädchen zu tun hatten, das den Hunger noch nicht kannte. Für einen höflichen Mann ist es schwer genug, zu einer Frau zu sagen: ›Sie sind häßlich, ich möchte Ihnen Ihre Häßlichkeit für soundso viel für den Tag abkaufen.‹

Die Jagd auf all die armen Mädchen, die vor ihrem Spiegel zu weinen pflegten, war reich an denkwürdigen Begebenheiten. Die Jäger gerieten manchmal ganz außer sich, wenn sie auf der Straße eine Frau von idealer Häßlichkeit gesehen hatten, und um Durandeau zu gefallen, boten sie alles auf, sie ihm vorzustellen. Einige scheuten vor keinem Mittel zurück, um ihren Zweck zu erreichen. – Jeden Morgen nahm Durandeau die Ware, die am Abend vorher in der Stadt aufgetrieben worden war, in Empfang und prüfte sie.

Behaglich saß er im gelben Schlafrock mit einer schwarzen Seidenmütze auf dem Kopf im Lehnstuhl und ließ die Neuangeworbenen von seinen Zwischenhändlern an sich vorüberführen. Bequem lehnte er sich in seinen Stuhl zurück, kniff die Augen zu, machte ein zufriedenes oder mißbilligendes

Gesicht oder nahm bedächtig eine Prise, um sich zu sammeln. Um ganz sicher zu gehen, mußte das betreffende Mädchen sich umdrehen, und er prüfte es von allen Seiten. Manchmal stand er sogar auf, strich ihr über die Haare und sah ihr ins Gesicht, wie ein Schneider irgendeinen Stoff befühlt oder vielmehr wie ein Krämer den Pfeffer auf seine Qualität untersucht. War eines der Mädchen wirklich ausgesprochen häßlich, hatte sie schwerfällige Züge und einen stumpfen Gesichtsausdruck, dann rieb er sich die Hände und beglückwünschte seinen Zwischenhändler. Fast hätte er das Monstrum in die Arme geschlossen. Aber gegen originelle Häßlichkeit war er sehr mißtrauisch; sah er ein Mädchen mit glänzenden Augen oder erregendem Lächeln, so runzelte er die Stirn und sagte sich, diese Art von häßlichen Frauen sei vielleicht nicht zur Liebe, wohl aber manchmal zur Wollust geschaffen. In solchem Fall verhielt er sich gegen den Vermittler sehr kühl, und zu dem Mädchen sagte er, es möge, wenn es älter sei, einmal wiederkommen.

Es ist nicht so leicht, wie man glaubt, sich in Häßlichkeit auszukennen und eine Sammlung von wirklich häßlichen Frauen zusammenzustellen, die den hübschen nicht schaden. Durch die Auswahl, die er traf, bewies Durandeau, daß er ein Genie war, denn er zeigte, wie gut er das Herz der Menschen und ihre Leidenschaften kannte. Die Physiognomie war ihm die Hauptsache. Er engagierte nur solche Gesichter, die geradezu entmutigend wirkten und in ihrer dummen Plumpheit Entsetzen einflößten.

Am Tag, da die Agentur endgültig in Wirksamkeit trat und er für jedes hübsche Mädchen eine häßliche Begleiterin hatte, die zu ihrer besonderen Art von Schönheit paßte, versandte er folgenden Prospekt:

IV

Paris, am 1. Mai 18..:
Agentur für Vogelscheuchen.
L. Durandeau
Rue M … 18, Paris
Bürostunden von 10 bis 4 Uhr.

Gnädige Frau!

Ich erlaube mir, Ihnen mitzuteilen, daß ich ein Unternehmen begründet habe, welches der Erhaltung der weiblichen Schönheit die nützlichsten Dienste erweisen soll. Ich habe einen Toiletteartikel erfunden, der die natürlichen Reize noch mehr zur Geltung bringen wird.

Bis heute konnten die Damen unmöglich verbergen, womit sie sich schmücken. Man sieht Spitzen und Schmucksachen, man weiß sogar, daß sie falsche Haare tragen und die purpurroten Lippen und die rosigen Wangen oft nur geschickte Malerei sind.

Dieses scheinbar unlösbare Problem habe ich nun zu lösen versucht: ich will der weiblichen Schönheit einen Reiz verleihen, ohne daß ihn irgend jemand ahnt. Ohne ein neues Schmuckstück anzubringen, ohne am Gesicht etwas zu ändern, muß ein unfehlbares Mittel für die Damen ausfindig gemacht werden, das alle Blicke auf sie lenkt und ihnen selbst keine Zeit wegnimmt.

Ich glaube mir schmeicheln zu dürfen, dieses unlösbare Problem gelöst zu haben.

Von jetzt ab wird jede Dame, die mich mit ihrem Vertrauen beehren will, in der Lage sein, die Bewunderung der Menge auf sich zu lenken.

Mein neuer Toiletteartikel ist von äußerst einfacher Beschaffenheit und unfehlbarer Wirkung. Ich brauche Ihnen, sehr geehrte gnädige Frau, nur eine Beschreibung davon zu geben, damit Sie sich selbst davon überzeugen können.

Haben Sie noch nie ein armes Mädchen neben einer eleganten Dame in Seiden und Spitzen stehen sehen, die ihm mit ihrer fein behandschuhten Hand ein Almosen reichte? Und haben Sie niemals bemerkt, wie glänzend sich die Seide gegen die ärmlichen Lumpen abhob und um wieviel die reiche Kleidung im Vergleich mit der Armut an Eleganz gewann?

Gnädige Frau, ich stelle allen schönen Frauen eine reiche Auswahl der denkbar häßlichsten Gesichter zur Verfügung. Zerschlissene Kleider bringen neue zur Geltung. Meine häßlichen Gesichter werden die schönen zur Geltung bringen.

Keine falschen Zähne mehr! Keine falschen Haare und falschen Brüste mehr! Schminke ist überflüssig. Fort mit den kostspieligen Toiletten und den ungeheuren Ausgaben für Puder und Spitzen! Sie brauchen nur eine Vogelscheuche beim Arm zu nehmen und sie auf der Straße spazierenzuführen, und Ihre eigene Schönheit wird sich erhöhen und die zärtlichen Blicke aller Herren auf sich lenken.

Haben Sie die Güte, gnädige Frau, mich mit ihrer Kundschaft zu beehren. Sie werden alle Arten Häßlichkeiten bei mir vorfinden und brauchen sich nur den Typ auszusuchen, der ihrer Schönheit am besten steht.

Tarif: fünf Francs die Stunde, fünfzig Francs für den ganzen Tag.

Genehmigen Sie den Ausdruck meiner vorzüglichsten Hochachtung.

Durandeau

NB. Durch meine Agentur werden ebenfalls Mütter und Väter und Onkel und Tanten besorgt.

Mäßige Preise.

V

Der Erfolg war kolossal. Vom ersten Tag an kam der Betrieb in Schwung. Die Klientinnen drängten sich im Büro, suchten sich ihre Vogelscheuchen aus und zogen in heißer Freude mit ihnen ab. Man ahnt gar nicht, welch einen Genuß eine schöne Frau hat, wenn sie Arm in Arm mit einer häßlichen spazierengehen kann, ihre eigene Schönheit zur Geltung bringt und sich zugleich an der Häßlichkeit einer anderen erfreut!

Ja, Durandeau war ein großer Philosoph.

Man darf nicht glauben, die Leitung solcher Agentur sei eine Kleinigkeit gewesen. Man stieß auf tausend unvorhergesehene Hindernisse. War es schon schwer genug gewesen, das Personal zu beschaffen, so war es noch schwieriger, die Kunden zufriedenzustellen.

So erschien zum Beispiel eine Dame und verlangte eine Vogelscheuche. Man führte ihr die Ware vor und bat sie auszuwählen. Die Dame ging nun von einem Scheusal zum andern und erklärte die armen Mädchen entweder für zu häßlich oder für nicht häßlich genug und behauptete, daß keine zu ihrer Art von Schönheit passe. Vergeblich priesen die Kommis ihr die schiefe Nase der einen, den ungeheuren Mund einer anderen oder die glatte Stirn und den blöden Ausdruck einer dritten an – sie erschöpften ihre Beredsamkeit umsonst. – Oder die Dame selbst war schauderhaft häßlich, und Durandeau hätte sie am liebsten für schweres Geld für sein Geschäft angeworben. Wie sie sagte, wollte sie ihre Schönheit zur Geltung bringen und verlangte eine junge, nicht allzu häßliche Vogelscheuche, denn sie bedürfe nur einer leichten Ausschmückung; die Kommis waren ganz verzweifelt, schließlich stellten sie sie vor einen großen Spiegel und ließen das ganze Personal an ihr vorbeidefilieren. Ihre eigene Häßlichkeit siegte, und empört über den Mangel an Auswahl verließ sie das Lokal.

Nach und nach aber bildete sich eine Stammkundschaft, und jede Vogelscheuche hatte ihre bestimmten Kunden. Durandeau konnte in dem erhebenden Gefühl schwelgen, die Menschheit einen Schritt vorwärts gebracht zu haben.

Ich weiß nicht, ob man sich in die Lage einer solchen Vogelscheuche hineindenken kann. Solange es Tag ist und die Sonne scheint, hat sie wohl auch ihre Freuden, sicherlich aber auch schwere Stunden, von denen niemand etwas ahnt.

Sie ist häßlich, Sklavin, und leidet darunter, daß man ihr ihre Häßlichkeit und ihre Sklavendienste bezahlt. Dafür ist sie immer gut angezogen, darf mit den berühmten Kokotten Arm in Arm gehen und mit ihnen im Wagen fahren. Sie speist in den besten Restaurants und bringt ihre Abende im Theater zu. Mit den schönsten Mädchen steht sie auf du und du, und der unbefangene Beobachter könnte glauben, sie gehöre zur Gesellschaft, die bei den Rennen und Premieren eine Rolle spielt.

Den ganzen Tag über ist sie heiter, des Nachts aber empört sie sich gegen das Schicksal und weint bittere Tränen. Die Toiletten, die die Agentur ihr liefert, muß sie ablegen, und nun steht sie ganz allein in ihrer Mansarde vor dem kleinen Spiegel, der ihr die volle Wahrheit sagt. Und sie fühlt den Fluch der Häßlichkeit, sie weiß, daß sie niemals geliebt werden wird. Sie darf die Leidenschaften anderer anstacheln, sie selbst aber wird niemals die Freuden der Liebe kennenlernen.

VI

Heute wollte ich nur von der Entstehung der Agentur erzählen und Durandeaus Namen der Nachwelt überliefern. Männer wie er dürfen von der Geschichte nicht übersehen werden.

Vielleicht werde ich später einmal die Memoiren einer Vogelscheuche schreiben. Ich habe eine von diesen Unglücklichen gekannt, und die Erzählung ihrer Leiden hat mich aufs tiefste erschüttert. Die berühmtesten Kokotten von Paris waren ihre Kunden und behandelten sie oft sehr schlecht. Ich bitte Sie, meine Damen, zerreißen Sie die Spitzen nicht, mit denen man Sie schmückt, seien Sie gut gegen die armen Mädchen, ohne deren Häßlichkeit Ihre eigene Schönheit nichts bedeuten würde.

Meine Vogelscheuche war eine Feuerseele; ich glaube, sie hat sehr viel Walter Scott gelesen. Es gibt nichts Traurigeres, als einen verliebten Krüppel oder eine häßliche Frau, die sich in phantastischen Liebesträumen ergeht. Und dieses unglückliche Mädchen liebte alle Männer, die durch ihr armseliges Äußere auf die Schönheit ihrer Kundinnen aufmerksam gemacht wurden.

Sie hat viele Dramen erlebt. Sie war wahnsinnig eifersüchtig auf alle diese Frauen, von denen sie sich wie eine Büchse Pomade oder ein Paar Stiefel bezahlen lassen mußte. Sie war einfach ein Gegenstand, den man um ein bestimmtes Geld für die Stunde mietet, und doch hatte dieser Gegenstand Sinne und Empfindungen. Man kann sich leicht vorstellen, was für bittere Gefühle sich in ihrem Herzen regten, wenn sie lachen und scherzen mußte mit denen, die ihr ihren Anteil an Glück und Liebe raubten. Und die schönen Mädchen, die sie vor den Augen der Welt gern verhätschelten und mit Zärtlichkeit überschütteten, behandelten sie unter vier Augen wie eine Magd. Sie wären imstande gewesen, sie aus bloßer Laune in Stücke zu schlagen, wie man eine wertlose Nippsache zerschlägt.

Aber was hat ein einzelnes leidendes Herz zu bedeuten, wenn es sich um den Fortschritt der Menschheit handelt! Und die Menschheit schreitet immer weiter vorwärts. Zukünftige Generationen werden Durandeau dafür segnen, daß er eine neue Ware auf den Markt gebracht und einen Toilettenartikel erfunden hat, der in der Liebe eine wesentliche Rolle spielt.

NANTAS

I

Das Zimmer, das Nantas seit seiner Ankunft aus Marseille bewohnte, lag im obersten Stock eines Hauses in der Rue de Lille, das dem Staatsrat Baron Danvilliers gehörte, dessen prachtvolles Palais dicht daneben stand. Wenn Nantas sich hinausbog, konnte er einen von herrlichen Bäumen beschatteten Winkel des Palaisgartens sehen. Über die grünen Wipfel hinweg hatte man einen Ausblick auf Paris; man sah die Seine, die Tuilerien, den Louvre, die lange Reihe der Quais, und ein ganzes Meer von Dächern und in der Ferne, verschwommen, den Père-Lachaise.

Es war eine enge Mansarde mit einem in die Dachschiefer geschnittenen Fenster. Nantas hatte es mit einem Bett, einem Tisch und einem Stuhl möbliert. Er hatte die Kammer genommen, weil sie billig war und er sparen wollte, solange er noch keine Stelle hatte. Die fleckige Tapete, die geschwärzte Decke, die Ärmlichkeit und Kahlheit des Zimmers, in dem kein Ofen stand, störten ihn nicht. Seitdem er im Bannkreis des Louvre und der Tuilerien einschlief, kam er sich wie ein General vor, der dicht vor der gewaltigen, reichen Stadt, die er am nächsten Morgen im Sturm nehmen wird, in irgendeiner elenden Herberge übernachtet.

Nantas Geschichte war kurz. Er war der Sohn eines Maurers in Marseille und hatte dank der ehrgeizigen Liebe seiner Mutter, die aus ihm einen Herrn machen wollte, seine Studien im dortigen Lyceum beginnen können. Seine Eltern hatten gedarbt, damit er's bis zur Universität bringe. Als dann die Mutter starb, mußte er bei einem kleinen Kaufmann in die Lehre treten und führte zwölf Jahre ein Leben, dessen Eintönigkeit ihn zur Verzweiflung brachte. Zwanzigmal wäre er davongelaufen, hätte ihn nicht die Sohnespflicht bei seinem Vater zurückgehalten, der eines schönen Tages vom Gerüst gefallen und zum Krüppel geworden war. Von da an mußte er für alles sorgen. Als er aber eines Abends heimkam, fand er den alten Maurer tot und neben ihm seine Pfeife, in der noch Glut war. Drei Tage später verkaufte er seine Siebensachen und reiste mit zweihundert Francs in der Tasche nach Paris.

In Nantas lebte, als Erbteil seiner Mutter, ein hartnäckiger Ehrgeiz nach Reichtum. Er war rasch von Entschlüssen, voll kalter Willenskraft. In seiner frühesten Jugend schon hatte er behauptet, er wäre eine Kraft. Er wurde ausgelacht, wenn er im Eifer mitteilsam wurde und seinen Lieblingssatz: ›Ich bin eine Kraft‹, wiederholte; das klang auch sehr komisch, wenn man ihn dazu in seinem dünnen, schäbigen Rocke sah, dessen Nähte geplatzt waren und dessen Ärmel ihm über die Finger fielen. Allmählich erhob er so die Kraft zu seiner Religion, er sah nichts als sie in der Welt und glaubte fest, daß die Starken trotz allem die Sieger blieben. Nach ihm genügten Wollen und Können. Alles andere war Nebensache.

Wenn er sonntags ganz allein die sonnenverbrannte Umgebung von Marseille durchstreifte, fühlte er schöpferische Kraft in sich; in der tiefsten Tiefe seines Innern stieß ihn irgend etwas vorwärts; und er ging heim, aß mit seinem gelähmten Vater eine Schüssel Kartoffeln und sagte sich, daß er ganz sicher einst reich sein werde, in derselben Gesellschaft, in der er heute mit seinen dreißig Jahren noch nichts bedeute. Nicht niedriger Neid lebte in ihm, kein Hunger nach alltäglichen Genüssen, sondern die sehr klare Empfindung eines Verstandes und eines Willens, die nicht an ihrem Platz waren und die logischerweise erwarten mußte, endlich doch an ihren Platz zu gelangen.

Als Nantas das Pariser Pflaster betrat, meinte er, er brauche nur die Hände auszustrecken, um eine Stellung zu erlangen, die seiner würdig wäre. Gleich am ersten Tag begab er sich auf die Suche. Er gab seine Empfehlungsschreiben ab; klopfte außerdem bei einigen Landsleuten an und bat um ihre Unterstützung. Aber nach einem Monat hatte er noch nichts gefunden: der Augenblick sei ungünstig, sagte man ihm; an anderer Stelle machte man ihm Versprechungen, die nicht gehalten wurden. Dabei schmolz sein Geld zusammen, er hatte nur noch zwanzig Francs. Mit diesen zwanzig Francs kam er noch einen ganzen Monat aus, er aß nur Brot, suchte dabei Paris vom Morgen bis zum Abend ab und ging abends, halb tot vor Müdigkeit, ohne Licht zu Bett. Er verzweifelte nicht; aber ein dunkler Groll stieg in ihm auf. Das Schicksal erschien ihm unlogisch und ungerecht.

Eines Abends kehrte Nantas nüchtern heim. Am Abend vorher hatte er sein letztes Stück Brot verzehrt. Kein Geld und kein Freund, der ihm zwanzig Sous hätte leihen können! Den ganzen Tag hatte es geregnet, einer jener grauen, kalten Pariser Regen. Ein Strom von Schmutz floß durch die Straßen. Naß bis auf die Knochen war Nantas nach Bercy und dann nach dem Montmartre gegangen, wo Stellen ausgeschrieben waren; aber die in Bercy war schon besetzt und auf dem Montmartre wurde seine Handschrift nicht schön genug gefunden. Das waren seine beiden letzten Hoffnungen gewesen. Er hätte alles angenommen mit der festen Zuversicht, daß er bei der ersten Gelegenheit sein Glück schon machen würde. Nur Brot wollte er, nur etwas, wovon er in Paris leben könnte, nur erst einmal Fuß fassen, um dann Stein auf Stein zu türmen. Ganz langsam und bitteren Herzens kehrte er vom Montmartre in die Rue de Lille zurück. Der Regen hatte aufgehört, eine geschäftige Menge drängte sich auf dem Bürgersteig. Vor dem Laden eines Geldwechslers blieb er einen Augenblick stehen: Fünf Francs hätten vielleicht genügt, ihn zum künftigen Herrn dieser Welt zu machen; von fünf Francs kann man acht Tage leben, und in acht Tagen kann viel geschehen. Als er so philosophierte, bespritzte ihn ein Wagen mit Kot; er mußte sich die Stirn abwischen, die ein Schmutzklumpen getroffen hatte. Da ging er rascher und knirschte mit den Zähnen; am liebsten hätte er die Menge, die die Straßen füllte, mit Faustschlägen auseinandergetrieben: das hätte ihn an der Dummheit des Schicksals gerächt. In der Rue Richelieu hätte ihn beinahe ein Omnibus überfahren. Mitten auf der Place du Carrousel warf er einen neidischen Blick auf die Tuilerien. Auf der Brücke Saintes-Pères brachte ihn ein gutgekleidetes kleines Mädchen vom Weg ab, den er mit der Ausdauer eines meutegehetzten Ebers verfolgte; dieser Umweg erschien ihm als eine tiefe Demütigung: sogar die Kinder stellten sich ihm entgegen. Als er sich endlich wie ein Tier, das im Bau sterben will, in sein Zimmer geflüchtet hatte, fiel er schwer in seinen Stuhl und sah auf seine beschmutzten Hosen und auf seine schiefgetretenen Schuhe nieder, von denen ganze Bäche auf den Fußboden rieselten.

Jetzt war alles aus. Nantas fragte sich, wie er sich töten solle. Sein Stolz blieb aufrecht; er meinte, sein Selbstmord werde Paris strafen. Eine Kraft zu sein, Allgewalt in sich zu fühlen und niemand zu finden, der das erkennt, der einem die ersten, so notwendigen Taler gibt! Haarsträubend dumm erschien ihm dies, sein ganzes Wesen wurde Zorn. Dann ergriff ihn ein unendliches Bedauern, als er auf seine nutzlosen Arme sah. Keine Aufgabe erschreckte ihn; mit der Spitze seines kleinen Fingers könnte er die Welt aus den Angeln heben; und zur Untätigkeit verdammt, saß er, sich vor Wut verzehrend, in seinem Winkel, ein Löwe im Käfig. Bald aber wurde er wieder ruhig, der Tod erschien ihm größer. Als er noch ein Kind gewesen war, hatte man ihm von einem Erfinder erzählt, der eine wundervolle Maschine konstruiert hatte und sie mit seinem Hammer in Stücke schlug, weil die Menge verständnislos blieb. Jawohl, er war dieser Mann, er trug eine neue Kraft in sich, einen seltenen Mechanismus von Verstand und Willen, und diese Kraft wollte er zerstören, sein Hirn sollte auf dem Straßenpflaster auseinanderspritzen.

Die Sonne sank hinter die großen Bäume um das Palais Danvilliers, eine herbstliche Sonne, deren Goldstrahlen die gelb gewordenen Blätter entzündeten. Nantas erhob sich, als locke der Abschied des Gestirns. Er sollte sterben und sehnte sich doch nach Licht. Einen Augenblick lehnte er sich hinaus. Oft hatte er durch das dunkle Laub dort ein blondes, hochgewachsenes Mädchen mit stolzem Gang gesehen. Er war nicht romantisch angelegt und hatte die Altersgrenze überschritten, davor die jungen Männer in den Dachstuben von jungen Damen der großen Welt träumen, die ihnen große Leidenschaften bringen und große Schätze. Dennoch dachte er plötzlich in dieser dunklen Stunde des Selbstmordes an dies stolze, blonde Mädchen. Wie hieß sie wohl? Aber zugleich ballte er die Fäuste, denn er fühlte nichts als Haß für die Bewohner dieses Palais, dessen geöffnete Fenster ihm eine unerhörte Pracht zeigten, und er knirschte wütend:

»Verkaufen würde ich mich, wenn mir einer die ersten hundert Sous meines künftigen Vermögens gäbe!«

Diese Idee, sich zu verkaufen, beschäftigte ihn einen Augenblick. Hätte es irgendwo ein Leihhaus gegeben, wo man Kraft und Willen belehnte, er wäre hingegangen, um sich dort zu verpfänden. Er dachte sich Kaufverträge aus; ein Politiker wolle ihn kaufen, um ihn zu seinem Werkzeug zu machen, ein Bankier, um seinen Scharfsinn Stunde für Stunde auszunützen; und er ging darauf ein; was war ihm die Ehre! Er sagte sich, es genüge, wenn man stark wäre und endlich siegte. Dann lächelte er. Fände man denn einen Käufer? Die armen Teufel, die auf Gelegenheit lauern, sterben vor Elend, ohne je einen Käufer zu sehen! Er fürchtete, feig zu sein, er gestand sich ein, daß er sich zu zerstreuen suchte. Er setzte sich wieder und schwur, sich aus dem Fenster zu stürzen, sobald es völlig dunkel wäre.

Aber seine Müdigkeit war so groß, daß er auf seinem Stuhl einschlief. Plötzlich weckte ihn der Lärm von Stimmen. Es war die Hausmeisterin, die eine Dame hereinführte.

»Herr Nantas«, sagte seine Portierfrau, »ich habe mir erlaubt, diese Dame heraufzuführen ...«

Und da sie sah, daß kein Licht im Zimmer war, holte sie schnell eine Kerze. Sie schien die Dame, die sie heraufgeführt hatte, zu kennen und begegnete ihr freundlich und doch voller Hochachtung.

»So«, sagte sie, als sie sich zurückzog, »Sie können ruhig plaudern, niemand wird Sie stören.«

Nantas, der aufgesprungen war, sah der Dame überrascht ins Gesicht. Sie hatte den Schleier zurückgeschlagen. Ein Fräulein von etwa fünfundvierzig Jahren, klein, sehr voll, mit dem puppenhaft weißen Gesicht einer alten Betschwester, stand vor ihm. Er hatte sie noch nie gesehen. Als er ihr den einzigen Stuhl anbot und sie dabei fragend ansah, nannte sie ihren Namen:

»Ich bin Fräulein Chuin ..., ich komme, um mit Ihnen etwas Wichtiges zu besprechen, Herr Nantas.«

Er hatte sich auf den Bettrand setzen müssen. Der Name Chuin sagte ihm nichts. Er wartete ihre weiteren Erklärungen ab. Sie aber beeilte sich nicht; sie musterte mit einem Rundblick das enge Zimmer und schien nicht recht zu wissen, wie sie beginnen sollte. Endlich sprach sie mit sehr sanfter Stimme, und jeden heiklen Satz stützte sie mit einem Lächeln:

»Herr Nantas, ich komme als Freundin ... Man hat mir viel Rührendes von Ihnen erzählt. Aber denken Sie nicht an Spionage. Es war nur der lebhafte Wunsch, Ihnen zu helfen. Ich weiß, wie hart das Leben sie angefaßt hat, mit welchem Mut sie gekämpft haben und was das traurige Resultat so schwerer Bemühungen ist ... ich bitte noch einmal um Verzeihung, daß ich mich Ihnen aufdränge. Ich schwöre Ihnen, lediglich die Teilnahme ...«

Nantas unterbrach sie nicht, alle diese Einzelheiten hatte sie wohl von der Portiersfrau erfahren. Fräulein Chuin konnte fortfahren und doch suchte und suchte sie nach schmeichelhaften Ausdrücken, nach liebenswürdigen Wendungen, um die Dinge richtig zu benennen.

»Sie haben eine große Zukunft. Ich habe mir erlaubt, Ihre Versuche zu verfolgen und war von Ihrer lobenswerten Festigkeit im Unglück betroffen. Kurz, ich glaube, daß Sie es weit bringen, wenn Ihnen jemand helfend die Hand bietet.«

Sie schwieg wieder. Sie wartete auf ein Wort. Der junge Mann glaubte, sie sei gekommen, um ihm eine Stelle anzubieten. Er antwortete, daß er alles annehmen würde. Sie aber fragte ihn jetzt, da das Eis gebrochen war, geradeheraus:

»Hätten Sie etwas dagegen, sich zu verheiraten?«

»Mich zu verheiraten!« rief Nantas. »Lieber Gott, wer würde mich nehmen? ... Irgendein armes Mädchen, das ich aber nicht ernähren könnte.«

»Nein, ein sehr schönes, sehr reiches Mädchen aus vornehmer Familie, das Ihnen die Mittel in die Hand gäbe, die höchste Stellung zu erringen.«

Nantas lachte nicht mehr.

»Also was ist der Preis?« fragte er, instinktiv die Stimme senkend.

»Das junge Mädchen ist in anderen Umständen, das Kind muß anerkannt werden«, sagte Fräulein Chuin ohne salbungsvolle Phrasen geradeheraus, um das Geschäft in Gang zu bringen.

Nantas erste Regung war, die Kupplerin hinauszuwerfen.

»Ihr Anerbieten brächte mir Schande«, sagte er mit gedämpfter Stimme.

»Oh, Schande«, rief Fräulein Chuin und fand ihren honigsüßen Ton wieder, »ich protestiere gegen dieses häßliche Wort ... die Wahrheit, mein Herr, ist, daß Sie dadurch eine Familie vor der Verzweiflung retten. Der Vater weiß nichts davon, die Schwangerschaft hat kaum begonnen, und ich, ich bin auf den Gedanken gekommen, das arme Mädchen so rasch wie möglich zu verheiraten, damit der Ehemann die Rolle des Vaters des Kindes spielen kann. Ich kenne den Vater, er würde daran sterben. Mein Plan würde den Schlag abschwächen, er wird an eine Wiedergutmachung glauben; zum Unglück ist der wirkliche Verführer verheiratet. Ach, mein Herr, es gibt wirklich ehrlose Männer ...«

Lange hätte sie so fortschwatzen können. Nantas hörte nicht auf sie. Warum nur sollte er ablehnen? Hatte er sich nicht eben noch verkaufen wollen? Gut, nun wollte man ihn kaufen. Leistung und Gegenleistung. Er gab seinen Namen, man gab ihm eine Stellung dafür. Es war ein Kontrakt wie ein anderer auch. Er blickte auf seine vom Pariser Schmutz übel zugerichtete Hose, er fühlte, daß er seit vierundzwanzig Stunden nichts gegessen hatte, der ganze Grimm über sein zwei Monate langes vergebliches Suchen, alle die Demütigungen, die er erduldet hatte, quollen in seinem Herzen empor. Endlich! endlich setzte er den Fuß auf diese Welt, die ihn zurückgestoßen und bis zum Selbstmord getrieben hatte.

»Ich willige ein«, sagte er trocken.

Danach forderte er von Fräulein Chuin deutliche Erklärungen. Was sie für ihre Vermittlung haben wolle? Sie wolle nichts. Doch verlangte sie dann 20000 Francs von dem Vermögen, das das junge Mädchen ihm mitbringen werde. Und, da er nicht herunterhandelte, wurde sie unternehmend.

»Sehen Sie, ich habe an Sie gedacht. Das junge Mädchen sagte nicht nein, als ich Sie nannte ... oh, es ist eine gute Sache, Sie werden mir noch danken. Ich hätte einen vornehmen Herrn finden können, ich weiß einen, der mir die Hände dafür geküßt hätte. Ich aber zog es vor, jemand zu wählen, der außerhalb der Welt des armen Kindes steht. Das wird romantischer aussehen ... und dann gefallen Sie mir, Sie haben Energie, und Sie sind hübsch. Sie werden es weit bringen. Vergessen Sie dann nicht, daß ich Ihnen ganz ergeben bin.«

Noch war kein Name genannt worden. Als Nantas danach fragte, erhob sich die alte Jungfer und sagte, sich noch einmal vorstellend: »Fräulein Chuin ... ich bin Erzieherin bei dem Baron Danvilliers seit dem Tode der Baronin. Ich habe Fräulein Flavie, die Tochter des Barons, erzogen ... Fräulein Flavie ist die junge Dame, die Sie heiraten sollen.«

Und sie zog sich zurück, nachdem sie einen Umschlag, der einen Fünfhundertfrancsschein enthielt, direkt auf den Tisch gelegt hatte. Ein Vorschuß für die ersten Ausgaben sollte das sein. Als Nantas wieder allein war, setzte er sich ans Fenster. Die Nacht war sehr dunkel; nur noch die Masse der Bäume konnte man an der starken Dichte des Schattens erkennen; ein Fenster an der finsteren Vorderseite des Palais war erleuchtet. Also das große blonde Mädchen mit dem königlichen Gang, das ihn nie zu bemerken schien, war es. Sie oder eine andere, darauf kam es ja nicht an! Die Frau war eine Nebensache bei diesem Handel. Dann blickte Nantas weiter hinauf auf das im Dunkel dumpf erbrausende Paris, auf die Quais, die Straßen, die Kreuzungspunkte des linken Seineufers, die von tanzenden Gasflammen erhellt waren; und er duzte Paris, er wurde vertraulich und überlegen:

»Jetzt gehörst du mir!«

II

Baron Danvilliers saß in seinem Arbeitszimmer, einem hohen, ernsten Raum mit einer Ledertapete und antiken Möbeln. Wie ein Blitz aus heiterem Himmel hatte ihn die Nachricht von der Schande seiner Tochter getroffen, von der ihm Fräulein Chuin erzählt hatte. Es nützte nichts, auf Umwegen an die Tatsachen heranzugehen und sie abzuschwächen, der Schlag hatte ihn zu Boden geworfen; allein der Gedanke, der Verführer würde alles gutmachen, ließ ihn nicht ganz verzweifeln. Am Morgen erwartete er den Besuch des Mannes, den er nicht kannte und der ihm so die Tochter nahm. Er schellte.

»Joseph, ein junger Herr wird kommen, den lassen Sie vor ... sonst bin ich für niemand zu sprechen.«

In bitteren Gedanken saß er einsam vor seinem Kamin. Der Sohn eines Maurers, ein Hungerleider ohne Stellung! Fräulein Chuin allerdings erwartete Großes von ihm, aber welche Schmach für eine bis jetzt makellose Familie! Leidenschaftlich hatte Flavie sich selbst angeklagt, um ihrer Erzieherin jeden Vorwurf zu ersparen. Seit dieser peinlichen Unterredung hatte Flavie ihr Zimmer nicht mehr verlassen, der Baron weigerte sich, sie wiederzusehen. Bevor er verziehe, wollte er selbst diese abscheuliche Sache in Ordnung bringen. Seine Dispositionen waren getroffen; aber seine Haare waren in diesen Tagen ganz weiß geworden, und ein greisenhaftes Zittern bewegte seinen Kopf.

»Herr Nantas«, meldete Joseph.

Der Baron erhob sich nicht. Er wandte nur den Kopf und sah Nantas, der auf ihn zukam, starr an. Nantas hatte den Takt gehabt, sich nicht völlig neu einzukleiden; er hatte sich nur einen getragenen Mantel und eine schwarze Hose gekauft, die sauber, aber sehr mitgenommen waren; und so sah er aus wie ein armer, gepflegter Student, keinesfalls wie ein Abenteurer. In der Mitte des Zimmers blieb er stehen und wartete bescheiden, aber nicht unterwürfig.

»Sie also sind es, mein Herr«, stammelte der alte Herr.

Aber er konnte nicht weitersprechen, die Erregung erstickte seine Stimme; er wollte nicht heftig werden. Endlich sagte er einfach:

»Mein Herr, Sie haben schändlich gehandelt.«

Und da Nantas sich entschuldigen wollte, wiederholte er lauter:

»Schändlich ... Ich will nichts wissen, versuchen Sie bitte nicht, mir die Sache zu erklären. Auch, wenn meine Tochter sich Ihnen an den Hals geworfen hat, bleibt das Verbrechen ebenso groß ... Nur Diebe drängen sich so gewaltsam in Familien.«

Nantas senkte abermals den Kopf.

»Das ist leicht gewonnene Mitgift, ein Hinterhalt, darin Sie sich sicher waren, beide zu fangen. Vater und Tochter ...«

»Erlauben Sie, mein Herr«, unterbrach ihn der junge Mann verletzt.

»Was!« rief der Baron mit drohender Gebärde, »was soll ich erlauben? ... Nicht Sie haben hier zu sprechen. Ich sage Ihnen, was ich Ihnen sagen muß, und Sie haben mich anzuhören, weil Sie schuldig sind ... Sie haben mich beschimpft. In diesem Haus hat meine Familie mehr als dreihundert Jahre ohne Makel gelebt; empfinden Sie denn die uralte Ehre hier nicht, diese Tradition von Würde und Ehrfurcht? Dem allen haben Sie ins Gesicht geschlagen. Ich wäre fast daran gestorben, heute zittern meine Hände, ich bin mit einemmal um zehn Jahre gealtert ... schweigen Sie, und hören Sie mich an.«

Nantas war sehr bleich geworden. Er hatte eine schwere Rolle übernommen. Dennoch suchte er die Verblendung der Leidenschaft vorzuschützen.

»Ich hatte den Kopf verloren«, sagte er leise, »ich konnte Fräulein Flavie ...«

Beim Namen seiner Tochter sprang der Baron auf und schrie mit Donnerstimme:

»Schweigen Sie! Ich sagte Ihnen schon, ich will nichts wissen, nicht ob meine Tochter Sie aufgesucht hat oder ob Sie ihr nachgelaufen sind, das geht mich nichts an, ich habe meine Tochter um nichts gefragt und will sie auch nicht ausfragen. Behalten Sie beide Ihre Geheimnisse für sich. An solche Schändlichkeiten rühre ich nicht.«

Bebend, erschöpft, setzte er sich. Nantas, trotz seiner Selbstbeherrschung tief ergriffen, verneigte sich. Nach kurzem Schweigen fuhr der alte Herr mit der trockenen Stimme eines Geschäftsmannes fort:

»Verzeihung, mein Herr. Ich hatte mir vorgenommen, kaltblütig zu bleiben. Nicht Sie gehören mir, ich gehöre Ihnen, da ich von Ihnen abhänge. Sie sind gekommen, um mir einen notwendig gewordenen Vergleich anzubieten. Vergleichen wir uns, mein Herr.«

Und von da an bemühte er sich, wie ein Sachwalter zu sprechen, der irgendeinen schmachvollen Prozeß, den er nur widerwillig anfaßt, gütlich beilegt. Er sagte langsam: »Fräulein Flavie Danvilliers hat beim Tod ihrer Mutter zweihunderttausend Francs geerbt, die sie erst am Tag ihrer Hochzeit angreifen darf. Diese Summe hat schon Zinsen getragen. Hier sind übrigens meine Abrechnungen als Vormund, die ich Ihnen vorlegen will.«

Er griff nach einem Aktenstoß und las daraus Zahlen vor. Vergeblich bat ihn Nantas, doch aufzuhören. In tiefer Erregung neigte er sich innerlich vor diesem ehrlichen, schlichten alten Mann, der ihm sehr groß erschien, seitdem er ruhig geworden war.

»Schließlich«, sagte der alte Herr, »weise ich Ihnen in einem alten Kontrakt, den mein Notar heute morgen aufgesetzt hat, eine Mitgift von zweihunderttausend Francs an. Ich weiß, daß Sie nichts haben ... Am Morgen nach der Hochzeit können Sie die zweihunderttausend Francs bei meinem Bankier abheben ...«

»Aber mein Herr«, sagte Nantas, »ich verlange ja nicht Ihr Geld, nur Ihre Tochter will ich ...«

Der Baron schnitt ihm das Wort ab.

»Sie haben nicht das Recht, das Geld zurückzuweisen, meine Tochter soll keinen Mann heiraten, der ärmer ist als sie ... Ich gebe Ihnen die Mitgift, die ich für mein Kind bestimmt hatte, das ist alles. Vielleicht haben Sie auf mehr gerechnet, aber ich bin wirklich nicht so reich, wie die Leute glauben, mein Herr!«

Und da der junge Mann nichts erwiderte, beendete der Baron die Unterredung dadurch, daß er nach dem Diener schellte.

»Joseph, sag dem gnädigen Fräulein, daß ich sie in meinem Zimmer erwarte.«

Er hatte sich erhoben, sagte kein Wort mehr und ging langsam auf und ab. Nantas blieb regungslos stehen. Er betrog diesen alten Mann, er fühlte sich klein und schwach ihm gegenüber. Endlich erschien Flavie.

»Meine Tochter«, sagte der Baron, »da ist dieser Mann. Die Hochzeit wird nach Ablauf der gesetzlichen Frist stattfinden.«

Er ging hinaus, er ließ sie allein, als wären sie schon verheiratet. Als die Tür sich wieder schloß, blieb alles still. Nantas und Flavie blickten einander an. Sie sahen sich zum erstenmal. Ihr bleiches, hochmütiges Gesicht mit den großen, grauen Augen, die sie nicht niederschlug, erschien ihm sehr schön. Vielleicht hatte sie während der drei einsamen Tage in ihrem Zimmer geweint; aber die Kälte ihrer Wangen hatte ihre Tränen gewiß in Eis verwandelt. Sie sprach zuerst:

»Nun, mein Herr, die Sache ist also in Ordnung?«

»Ja, gnädiges Fräulein«, antwortete Nantas einfach.

Sie verzog unwillkürlich das Gesicht und maß ihn mit einem langen Blick, der die Niedrigkeit in ihm zu suchen schien.

»Also um so besser«, antwortete sie. »Ich fürchtete schon, niemand für so einen Handel zu finden.«

Nantas fühlte, wie tief sie ihn verachtete. Aber stolz hob er den Kopf. Vor dem Vater, den er betrog, hatte er gezittert, nicht aber vor ihr, die seine Mitschuldige war.

»Mein gnädiges Fräulein«, sagte er ruhig und sehr höflich, »ich glaube, Sie verkennen die Lage, in die wir durch das, was Sie so richtig als Handel bezeichnet haben, geraten sind. Ich meine, wir behandeln einander von heute ab als ebenbürtig ...«

»Ah, wirklich?« unterbrach ihn Flavie mit verächtlichem Lächeln.

»Ja, als vollkommen ebenbürtig ... Sie brauchen einen Namen, um ein Verschulden, über das ich mir kein Urteil erlaube, zu verbergen, und ich gebe Ihnen meinen Namen. Ich wieder brauche Kapital und eine soziale Stellung, um große Unternehmungen ins Leben zu rufen, und Sie bringen mir das alles. Von heute ab sind wir Teilhaber, deren Einlagen sich die Waage halten; wir müssen einander für die Dienste, die wir uns gegenseitig erweisen, dankbar sein.«

Sie lächelte nicht mehr. Eine Falte zornigen Stolzes grub sich in ihre Stirn. Dennoch blieb sie stumm. Erst nach längerem Schweigen sagte sie:

»Sie kennen meine Bedingungen?«

»Nein, mein gnädiges Fräulein«, sagte Nantas, der vollkommen ruhig blieb. »Nennen Sie sie mir, ich unterwerfe mich im voraus.«

Darauf sagte sie deutlich, ohne Zögern und ohne zu erröten:

»Nur dem Namen nach werden Sie mein Mann. Unser Leben bleibt vollständig getrennt. Sie verzichten auf alle Ihre Rechte mir gegenüber, und ich bin Ihnen in nichts verpflichtet.«

Nantas neigte bei jedem Satz zustimmend den Kopf. Gerade das wollte er. Er fügte hinzu:

»Wollte ich galant sein, so würde ich sagen, daß diese harten Bedingungen mich tief betrübten. Aber wir stehen über solchen faden Komplimenten. Ich freue mich, daß Sie den Mut zu unserer Lage haben. Der Weg, auf dem wir ins Leben treten, hat keine Blumen ... Nur eine Bitte habe ich: mißbrauchen Sie die Freiheit nicht, die ich Ihnen lasse, zwingen Sie mich nicht, einzuschreiten ...«

»Mein Herr!« schnitt ihm Flavie heftig, voll empörten Stolzes das Wort ab.

Er aber verneigte sich ehrerbietig und bat sie, nicht gekränkt zu sein. Ihre Lage sei heikel, alle beide müßten sie gewisse Anspielungen ertragen, sonst würde ein gutes Einvernehmen zwischen ihnen unmöglich. Er vermied es, mehr zu sagen. In einer zweiten Unterredung hatte Fräulein Chuin ihm alles über Flavie mitgeteilt.

Ihr Verführer war ein gewisser Herr des Fondettes, der Mann einer ihrer Freundinnen vom Kloster her. Als sie einen Monat lang auf dem Lande der Gast dieser Freundin gewesen war, hatte sie eines Abends in seinen Armen gelegen, ohne recht zu wissen, wie sie dazu gekommen war und bis zu welchem Grad sie selbst schuldig war. Fräulein Chuin meinte, es wäre beinahe eine Vergewaltigung gewesen.

Plötzlich wallte in Nantas eine freundschaftliche Empfindung auf. Wie alle Leute, die sich ihrer Kraft bewußt sind, wollte er gutmütig sein!

»Sehen Sie, mein gnädiges Fräulein«, rief er, »wir kennen uns nicht, es wäre aber sehr unrecht, wenn wir uns so von vornherein verabscheuen wollten. Vielleicht sind wir dazu geschaffen, uns zu verstehen … Ich sehe wohl, daß Sie mich verachten, aber Sie kennen meine Geschichte nicht …«

Und fieberhaft, mit wachsender Leidenschaft, sprach er auf sie ein. Er erzählte von seinem von Ehrgeiz verzehrten Leben in Marseille und schilderte ausführlich die Qualen des zweimonatelangen vergeblichen Suchens in Paris. Dann zeigte er ihr seine Verachtung für das, was er die konventionellen Formen nannte, die den Dutzendmenschen imponieren.

Das Urteil der Menge könne gleichgültig sein, wenn man den Fuß auf sie setzt. Es komme darauf an, alles zu überragen. Die Allmacht entschuldige alles. Und in großen Zügen entwarf er ihr das Herrscherleben, das er sich schaffen wollte. Er fürchte kein Hindernis mehr, nichts widerstehe der Kraft. Er werde stark, er werde glücklich sein.

»Sie dürfen mich nicht für ganz gewöhnlich eigennützig halten«, fuhr er fort. »Ich verkaufe mich nicht für Ihr Geld. Ich nehme Ihr Geld nur als Mittel, um aufzusteigen … Oh, wenn Sie wüßten, was alles in mir wühlt, wenn Sie die glühenden Nächte kennen würden, da ich immer wieder denselben Traum träumte, den der Morgen immer wieder verhöhnte, würden Sie mich verstehen können, Sie wären vielleicht stolz, sich auf meinen Arm zu stützen und sich zu sagen, daß *Sie* endlich mir die Mittel geliefert haben, etwas zu werden.«

Still und steif hörte sie ihn an, kein Muskel ihres Gesichtes zuckte. Und wie seit drei Tagen beständig, fragte er sich auch jetzt, ohne die Antwort finden zu können: hatte sie ihn am Fenster bemerkt, da sie so rasch auf Fräulein Chuins Vorschlag, ihn zu heiraten, eingegangen war? Und ihm kam der seltsame Gedanke, daß sie ihn vielleicht in romantischer Liebe geliebt hätte, wenn er nicht auf den schmählichen Handel eingegangen wäre, den die Erzieherin ihm angeboten hatte.

Er schwieg, und Flavie blieb eisig. Dann, als hätte er ihr kein Geständnis abgelegt, wiederholte sie trocken:

»Also nur dem Namen nach mein Mann, unser Leben vollständig getrennt, absolute Freiheit.«

Nantas wurde sogleich wieder förmlich und sprach wieder geschäftsmäßig.

»Einverstanden, mein gnädiges Fräulein.«

Und unzufrieden mit sich selbst zog er sich zurück. Wie hatte er nur der Lust, diese Frau zu überzeugen, nachgeben können? Sie war sehr schön; gewiß wäre es besser, daß sie nichts gemeinschaftlich hätten; sie könnte ihm sonst hinderlich sein.

III

Zehn Jahre waren verflossen. Eines Morgens saß Nantas in dem Zimmer, in dem einst Baron Danvilliers ihn bei seinem ersten Besuch so unfreundlich empfangen hatte. Jetzt war es sein Arbeitszimmer; der Baron hatte sich endlich mit seiner Tochter und seinem Schwiegersohn ausgesöhnt, war in den Pavillon am andern Ende des Gartens gezogen und hatte ihnen das Palais überlassen. In diesen zehn Jahren hatte sich Nantas eine der höchsten finanziellen und industriellen Stellungen in Frankreich erworben. An allen großen Eisenbahnunternehmungen, an allen Bodenspekulationen, die die ersten Jahre des Kaiserreichs kennzeichneten, war er beteiligt gewesen und hatte sich rasch ein kolossales Vermögen gemacht. Aber sein Ehrgeiz gab sich damit nicht zufrieden, auch eine politische Rolle wollte er spielen, und es war ihm gelungen, von einem Departement, in dem er einige Meierhöfe besaß, ins Parlament geschickt zu werden. Sobald er dem gesetzgebenden Körper angehörte, fühlte er sich als Finanzminister in spe. Durch seine eingehenden Kenntnisse und sein Rednertalent gewann er von Tag zu Tag an Einfluß. Übrigens zeigte er sich in geschickter Weise dem Kaiserreich grenzenlos ergeben und hatte in Geldsachen ganz persönliche Ansichten, die Aufsehen erregten und auch den Kaiser lebhaft interessierten.

Heute früh war Nantas mit Arbeiten geradezu überhäuft. In den großen Büros, die er im Erdgeschoß des Palais eingerichtet hatte, herrschte eine außerordentliche Geschäftigkeit. Eine ganze Welt von Beamten saß unbeweglich hinter den Schaltern oder lief hin und her, stieß Türen auf und schlug sie zu; ein ewiger Goldklang, geöffnete Beutel, die ihren Inhalt auf die Tische ergossen, die beständig tönende Musik einer Kasse, die die Straßen zu überschwemmen schien. Im Vorzimmer ein Gewühl von Menschen, Bittsteller, Geschäftsleute, Politiker, ganz Paris vor der Macht auf Knien. Oft warteten dort hochgestellte Personen geduldig eine ganze Stunde. Er aber an seinem Schreibtisch, in Verbindung mit der Provinz und dem Ausland, umspannte mit seinen Armen die ganze Welt, verwirklichte endlich seinen alten Traum der Kraft, er fühlte sich als der kluge Beweger einer kolossalen Maschine, die Kaiser- und Königreiche in Bewegung setzte.

Nantas schellte nach dem Diener, der seine Tür bewachte. Er schien in Sorge zu sein.

»Germain«, fragte er, »wissen Sie, ob die gnädige Frau wieder zu Hause ist?«

Und da der Diener sagte, er wisse es nicht, befahl er ihm, die Kammerzofe der gnädigen Frau zu rufen.

Aber Germain blieb stehen. »Verzeihung, gnädiger Herr«, sagte er leise. »der Herr Präsident der gesetzgebenden Körperschaft will durchaus Zutritt haben.«

Da sagte Nantas verstimmt:

»Na also, führen Sie ihn herein, aber dann tun Sie, was ich Ihnen befohlen habe.«

Am Abend vorher hatte eine Rede von ihm über die Hauptfrage den Budgets einen solchen Eindruck gemacht, daß das Stenogramm der Kommission eingeschickt worden war, damit sie es sich zur Richtschnur nehme. Nach der Sitzung hatte sich das Gerücht verbreitet, der Finanzminister wolle zurücktreten, und man bezeichnete bei den Parteien den jungen Volksvertreter schon als seinen Nachfolger. Er selbst zuckte die Achseln: nichts war geschehen; er hatte nur mit dem Kaiser eine Unterredung über die Hauptpunkte gehabt.

Dennoch konnte der Besuch des Präsidenten viel bedeuten. Er suchte seine Verstimmung abzuschütteln, erhob sich und drückte die Hand des Präsidenten.

»Ich bitte um Verzeihung, Durchlaucht«, sagte er. »Ich wußte nicht, daß Sie da waren … Seien Sie überzeugt, daß ich die Ehre Ihres Besuches sehr zu schätzen weiß.«

Einige Augenblicke plauderten sie vertraulich hin und her. Dann gab der Präsident zu verstehen, daß er vom Kaiser gesandt sei, um ihn zu sondieren. Ob er das Portefeuille des Finanzministers annehmen würde und mit welchem Programm? Stolz und kaltblütig stellte Nantas seine Bedingungen. Aber unter der Unbeweglichkeit seines Gesichtes stieg ein Zug von Triumph empor. Endlich erstieg er die letzte Stufe, er war auf dem Gipfel. Ein Schritt noch, und er hätte alle unter sich. Als der Präsident mit der Erklärung schloß, er gehe sogleich zum Kaiser, um ihm das erörterte Programm vorzulegen, öffnete sich eine kleine Tür, die in die Wohnung führte, und die Kammerzofe der gnädigen Frau erschien.

Nantas wurde wieder bleich und beendete den angefangenen Satz nicht.

Er stürzte auf die Frau zu und murmelte:

»Verzeihung, Durchlaucht …«

Und leise fragte er die Zofe aus. Ob die gnädige Frau schon zeitig fortgegangen sei? Ob sie gesagt habe, wohin sie gehe? Wann sie zurückkommen werde? Vorsichtig und unbestimmt antwortete die kluge Kammerzofe, als ob sie sich nicht bloßstellen wolle. Nantas begriff, wie töricht diese Fragerei sei und sagte einfach:

»Sobald die gnädige Frau nach Hause kommt, bitte ich sie, mich aufzusuchen.«

Der Herzog war erstaunt ans Fenster getreten und sah hinaus. Nantas kehrte mit tausend Entschuldigungen zu ihm zurück. Aber er hatte seine Kaltblütigkeit verloren, er fand nicht mehr die rechten Worte und sprach ungeschickt.

»Die Sache habe ich mir selbst verdorben«, sagte er laut, als der Präsident fort war. »Das Portefeuille werde ich jetzt nicht bekommen.«

Und mißgestimmt, zornig auf sich selbst, stand er da. Verschiedene Leute wurden vorgelassen. Ein Ingenieur erzählte ihm von dem riesigen Gewinn einer Grube. Ein Diplomat berichtete von einer Anleihe, die eine benachbarte Macht an der Pariser Börse lancieren wolle. Dann wurden ihm Abrechnungen von über zwanzig großartigen Unternehmungen vorgelegt. Endlich empfing er eine Menge Kollegen aus der Kammer; alle sagten ihm übertrieben schöne Dinge über seine gestrige Rede. Ohne ein Lächeln, tief in seinen Armstuhl geschmiegt, empfing er diesen Weihrauch. Noch immer erklang das Gold in den Büros, ein Zittern wie in einer Fabrik durchlief die Mauern, als würde hier all das klingende Gold hergestellt.

Er brauchte nur eine Feder zu ergreifen, um Depeschen abzuschicken, die Europas Märkte erfreuten oder verstimmten; er konnte einem Krieg vorbeugen oder ihn heraufbeschwören, je nachdem er die Zulassung der Anleihe unterstützte oder bekämpfte; selbst das Budget Frankreichs hielt er in den Händen, er würde bald wissen, ob er für oder gegen das Kaiserreich war. Seine übermäßig entwickelte Persönlichkeit war in diesem Triumph der Mittelpunkt, um den eine Welt kreiste. Doch er genoß diesen Triumph nicht so, wie er es sich vorgenommen hatte. Er fühlte sich müde, sein Geist war woanders, er zitterte beim geringsten Geräusch. Als eine Flamme, ein Fieber gesättigten Ehrgeizes in seine Wangen stieg, fühlte er sich sogleich wieder erbleichen, als ob von hinten eine kalte Hand ihn plötzlich im Nacken berührt hätte.

Zwei Stunden waren vergangen, und noch immer kam Flavie nicht. Nantas rief Germain und trug ihm auf, Herrn Danvilliers herüberzubitten, falls er zu Hause wäre. Als er wieder allein war, ging er in seinem Zimmer auf und nieder und ließ niemand mehr vor. Langsam stieg und stieg seine Erregung. Ganz sicher war Flavie bei einem Rendezvous. Wahrscheinlich hatte sie wieder mit Herrn des Fondettes angebändelt, der seit einem halben Jahr Witwer war. Natürlich wollte Nantas es sich nicht eingestehen, daß er eifersüchtig war; zehn Jahre lang hatte er den Pakt streng eingehalten; nur lächerlich wollte er sich nicht machen, sagte er sich. Niemals würde er seiner Frau gestatten, ihn zu kompromittieren, ihn zum Gespött der Welt zu machen. Und seine Kraft verließ ihn, dies Gefühl des Ehemanns, der einfach respektiert sein will, regte ihn so auf, daß er nichts Ähnliches empfunden hatte, selbst nicht bei den gewagtesten Unternehmungen im Anfang seiner Laufbahn.

Flavie trat, noch im Straßenkleid, ein; nur Hut und Handschuhe hatte sie abgelegt. Nantas, dessen Stimme zitterte, sagte, er wäre zu ihr hinaufgekommen, wenn sie ihn hätte wissen lassen, daß sie zurück sei. – Sie aber bat ihn, ohne sich zu setzen, in ganz geschäftsmäßigem Ton, sich zu beeilen.

»Eine Aussprache zwischen uns ist notwendig geworden«, sagte er ... »Wohin, wenn ich fragen darf, sind Sie heute früh gegangen?«

Die bebende Stimme ihres Mannes, sein unhöfliches Examinieren überraschten sie sehr.

»Ich?« entgegnete sie kühl, »dahin, wohin ich gehen wollte.«

»Das eben kann ich mir nicht mehr gefallen lassen«, sagte er sehr bleich. »Denken Sie daran, was ich Ihnen einst gesagt habe: ich dulde nicht, daß Sie die Freiheit, die ich Ihnen lasse, dazu benutzen, meinen Namen zu entehren.«

Flavie lächelte in überlegener Verachtung.

»Ihren Namen entehren, mein Herr? Das geht nur Sie an, das ist bereits geschehen.«

Da ging er in wahnsinniger Wut auf sie los, als wollte er sie schlagen und stammelte:

»Sie Elende, Sie kommen aus den Armen des Herrn des Fondettes ... Sie haben einen Geliebten, ich weiß es.«

»Sie irren sich, mein Herr«, sagte sie, ohne vor seiner drohenden Haltung zurückzuweichen, »ich habe Herrn des Fondettes niemals wiedergesehen ... Aber wenn ich einen Geliebten hätte, dürften Sie mir nichts vorwerfen. Was ginge es Sie an? Sie vergessen also unsere Abmachungen.«

Er blickte sie verstört an; dann schluchzte er auf, stieß einen Schrei langverhaltener Leidenschaft aus und stürzte ihr zu Füßen. »Flavie, ich liebe Sie!«

Sie, hoch aufgerichtet, wich zurück, weil er eine Falte ihres Kleides berührt hatte. Aber der Unglückselige folgte ihr mit ausgestreckten Armen auf den Knien.

»Ich liebe Sie, Flavie, ich liebe Sie wahnsinnig ... Es ist gekommen, ich weiß nicht wie. Schon seit Jahren. Und ganz langsam hat es mich völlig ergriffen. Oh, ich habe gekämpft, ich fand diese Leidenschaft meiner nicht würdig, ich dachte an unsere erste Unterredung! ... Aber jetzt leide ich zu sehr, ich mußte es Ihnen sagen ...«

Lange noch sprach er so fort. Es war der Zusammenbruch aller seiner Überzeugungen. Dieser Mann, dessen Glaubensbekenntnis die Kraft war, der behauptete, daß der Wille allein der Hebel sei, die Welt aus den Angeln zu heben, lag schwach wie ein Kind, entwaffnet, vernichtet vor dieser Frau. Und seinen zur Wahrheit gewordenen Traum von Reichtum, seine schwer errungene, hohe Stellung, alles hätte er hingegeben für einen Kuß dieser Frau auf seine Stirn. Sie verdarb ihm seinen Triumph. Er hörte den Klang des Goldes in seinen Büros nicht mehr, er gedachte der Schmeicheleien der Höflinge nicht mehr, er vergaß, daß der Kaiser ihn in diesem Augenblick vielleicht zum Minister erhob. Alle diese Dinge existierten für ihn nicht mehr. Er hatte alles und wollte nur Flavie haben. Wenn Flavie ihn zurückstieß, hatte er nichts.

»Glauben Sie mir«, fuhr er fort, »was ich getan habe, tat ich für Sie ... Anfangs allerdings zählten Sie für mich nicht, da arbeitete ich nur zur Befriedigung meines Ehrgeizes. Dann aber wurden Sie das einzige Ziel all meiner Gedanken, aller meiner Bemühungen. So hoch wie möglich müßte ich steigen, um mir Sie zu verdienen, sagte ich mir. Meine ganze Macht wollte ich Ihnen zu Füßen legen und hoffte, Sie dadurch zu rühren. Sehn Sie doch, wie hoch ich jetzt stehe. Habe ich Ihre Verzeihung noch immer nicht errungen? Ich beschwöre Sie, verachten Sie mich nicht mehr!«

Sie hatte noch kein Wort gesprochen und sagte jetzt ruhig:

»Stehn Sie auf, mein Herr! Wenn jemand käme ...!«

Er blieb auf den Knien, er bestürmte sie mit Bitten. Er konnte sich nicht länger beherrschen, er war eifersüchtig auf Herrn des Fondettes. Eine herbe Qual verzehrte ihn. Dann wurde er ganz klein, ganz demütig.

»Ich sehe wohl, daß Sie mich noch immer verachten. So warten Sie wenigstens, geben Sie Ihre Liebe keinem andern! Ich verspreche Ihnen so große Dinge, daß Sie nicht länger werden widerstehen können. Sie müssen mir verzeihen, wenn ich eben heftig war. Ich bin außer mir ... Oh, lassen Sie mich hoffen, daß Sie mich einst lieben werden!«

»Niemals«, antwortete sie hart.

Und da er sich noch immer nicht erhob, wollte sie gehen. Er aber, von Sinnen, sprang auf und packte sie in wahnsinniger Wut an den Knöcheln. Die ganze Welt lag ihm zu Füßen, und eine Frau wagte es, ihm zu trotzen! Staaten konnte er stürzen, Frankreich nach Belieben gängeln, und er sollte die Liebe seiner Frau nicht erringen können! Er, der so stark, so mächtig war, er, dessen kleinste Wünsche Befehl waren, er hatte nur noch einen Wunsch, und dieser Wunsch sollte sich niemals erfüllen, weil ein Geschöpf, schwach wie ein Kind, ihm widerstand! Er preßte ihre Arme, er sagte mit rauher Stimme:

»Ich will es ... ich will es ...«

»Und ich will nicht«, sagte Flavie ganz weiß und willensstarr.

Der Kampf ging weiter. Da öffnete Baron Danvilliers die Tür. Nantas ließ Flavie los, als er ihn sah, und rief:

»Mein Herr, Ihre Tochter kommt gerade von ihrem Liebhaber ... Sagen Sie ihr doch, daß eine Frau den Namen ihres Mannes hochhalten muß, auch wenn sie ihn nicht liebt und ihre eigene Auffassung von Ehre vergessen hat.«

Der sehr gealterte Baron blieb vor dieser heftigen Szene auf der Schwelle stehen. Für ihn war es eine schmerzliche Überraschung. Er hatte diese Ehe trotz der zeremoniellen äußern Formen der Gatten untereinander für glücklich gehalten. Sein Schwiegersohn und er gehörten verschiedenen Generationen an; und wenn er auch von der wenig gewissenhaften Geschäftstätigkeit des Finanzmannes verletzt war und manche Unternehmungen verurteilte, so hatte er doch die Kraft seines Willens und seiner lebendigen Intelligenz anerkennen müssen. Und nun kam er in dieses unerwartete Drama hinein. Als Nantas Flavie beschuldigte, sie hätte einen Geliebten, trat der Baron, der seine verheiratete Tochter noch immer so streng wie einst, da sie zehn Jahre alt war, behandelte, feierlich einige Schritte näher.

»Ich schwöre Ihnen, sie kommt von ihrem Geliebten«, wiederholte Nantas, »und Sie sehen, sie trotzt mir.«

Voll Verachtung hatte Flavie den Kopf abgewendet. Sie brachte ihre Manschetten, die die Heftigkeit ihres Mannes zerknittert hatte, wieder in Ordnung. Nicht eine Spur von Röte stieg ihr ins Gesicht.

Dennoch sagte ihr Vater:

»Meine Tochter, warum verteidigst du dich nicht? Sollte dein Mann die Wahrheit gesagt haben? Tust du meinem Alter auch noch diesen letzten Schmerz an? Deine Schmach ist auch meine Schmach: denn in einer Familie genügt das Vergehen eines einzigen Gliedes, alle andern Glieder zu beflekken.«

Da machte sie eine ungeduldige Bewegung. Ihr Vater nahm ihr die Zeit weg, um sie anzuklagen! Noch einen Augenblick ertrug sie sein Verhör, weil sie ihm die Schande einer Erklärung ersparen wollte.

Als er aber immer heftiger wurde, da sie aufreizend stumm blieb, sagte sie endlich:

»Ach, Vater, lassen Sie diesen Mann seine Rolle spielen ... Sie kennen ihn nicht. Zwingen Sie mich nicht, zu sagen, was ich weiß.«

»Er ist dein Mann«, erwiderte der alte Herr. »Er ist der Vater deines Kindes.«

Flavie richtete sich bebend höher auf.

»Nein, nein, er ist nicht der Vater meines Kindes ... Endlich sollen Sie alles erfahren. Dieser Mann ist nicht einmal ein Verführer. Hätte er mich wenigstens geliebt, dann könnte man ihn entschuldigen. Dieser Mann hat sich einfach verkauft, er hat eingewilligt, das Vergehen eines anderen zu dekken.«

Der Baron wendete sich zu Nantas, der erbleichend zurückwich.

»Hören Sie mich an, Vater«, fuhr Flavie mit erhobener Stimme fort, »er hat sich verkauft, für Geld verkauft ... Ich habe ihn niemals geliebt, er hat mich nie auch nur mit der Spitze seines Fingers berührt. Ich wollte Ihnen einen großen Schmerz ersparen, ich habe ihn gekauft, damit er Sie belüge ... Sehn Sie ihn an, sehn Sie, ob ich die Wahrheit spreche.«

Nantas verbarg sein Gesicht in den Händen.

»Und jetzt«, fuhr die junge Frau fort, »jetzt will er, daß ich ihn liebe ... Er hat vor mir gekniet und hat geweint. Irgendeine Komödie natürlich. Verzeihen Sie mir, daß ich Sie betrogen habe, Vater; aber wirklich, gehöre ich diesem Mann? ... Jetzt, da Sie alles wissen, führen Sie mich fort. Er hat mir soeben Gewalt angetan, keine Minute länger bleibe ich hier.«

Der Baron hob seinen gesenkten Kopf und bot schweigend seiner Tochter den Arm. Und sie gingen durch das Zimmer, ohne daß Nantas den Versuch machte, sie zurückzuhalten. Dann, an der Tür schon, sagte der alte Herr nur noch:

»Leben Sie wohl, mein Herr.«

Die Tür hatte sich geschlossen. Nantas blieb niedergeschmettert allein und betrachtete wie irr die Leere um sich her. Als Germain eintrat und einen Brief auf den Schreibtisch legte, öffnete er ihn mechanisch und überflog ihn mit den Augen. Dieser Brief, ein Handschreiben des Kaisers, ernannte ihn in sehr schmeichelhaften Ausdrücken zum Finanzminister. Er begriff es kaum. Die Verwirklichung seiner ehrgeizigen Träume ließ ihn kalt. In den nahen Kassenräumen wurde der Klang des Goldes lauter, es war die Stunde, in der das Haus Nantas' am heißesten arbeitete. Und er, inmitten dieser kolossalen Arbeit, die sein Werk war, auf dem Höhepunkt seiner Macht, die Augen starr auf die Handschrift des Kaisers geheftet, stieß die kindliche Klage aus, die die Verneinung seines ganzen Lebens war:

»Ich bin nicht glücklich ... Ich bin nicht glücklich ...«

Den Kopf auf seinem Schreibtisch, weinte er, und seine heißen Tränen verwischten den Brief, der ihn zum Minister machte.

IV

Seit achtzehn Monaten war Nantas Finanzminister. Er schien seinen Schmerz durch übermenschliche Arbeit betäuben zu wollen. Am Morgen nach jener heftigen Szene in seinem Arbeitszimmer hatte er mit dem Baron Danvilliers eine Zusammenkunft gehabt; und auf den Rat ihres Vaters hatte Flavie eingewilligt, ins eheliche Heim zurückzukehren. Aber die Gatten sprachen nur noch in der Komödie, die sie vor der Welt spielten, miteinander. Nantas beschloß, in seinem Palais zu bleiben. Abends berief er seine Sekretäre und arbeitete zu Hause.

In dieser Zeit vollbrachte er die größten Dinge. Eine Stimme hauchte ihm hohe und fruchtbare Gedanken ein. Wo er ging, erhob sich ein Gemurmel der Anerkennung und Bewunderung. Er aber blieb unempfindlich gegen jedes Lob. Es war, als arbeitete er ohne Hoffnung auf Lohn, in der Absicht, Werke zu vollbringen, deren einziger Zweck war, Unmögliches zu versuchen. Bei jedem Schritt empor blickte er Flavie prüfend ins Gesicht. War sie endlich gerührt? Vergab sie ihm seine ehrlose Handlung von einst, um nur noch die

Entwicklung seines Geistes zu beobachten? Aber niemals bemerkte er irgendeine Erregung in dem stummen Gesicht dieser Frau, und er sagte sich, als er sich wieder an seine Arbeit setzte: »Noch immer bin ich nicht hoch genug für sie gestiegen, ich muß noch höher steigen, immer höher.« Wie er sich den Reichtum erzwungen hatte, wollte er auch das Glück zwingen. Sein ganzer Glaube an die Kraft kehrte wieder, keinen anderen Hebel ließ er in der Welt gelten, denn der Wille des Lebens hatte die Menschheit erschaffen. Überfiel ihn zuweilen eine Entmutigung, so schloß er sich ein, damit niemand seine Schwäche sehe. Nur seine eingesunkenen Augen, in denen eine verzehrende Flamme brannte, mit den tiefen Schatten darunter, verrieten seine Kämpfe.

Die Eifersucht verzehrte ihn jetzt. Flavies Liebe nicht erringen zu können, war eine Marter; aber er raste vor Wut, wenn er daran dachte, sie könne sich einem andern hingeben. Um ihre Freiheit zu zeigen, war sie fähig, sich mit Herrn des Fondettes ins Gerede zu bringen. Er heuchelte völlige Gleichgültigkeit und stöhnte doch vor Angst, wenn sie ausging. Hätte er nicht gefürchtet, sich lächerlich zu machen, so wäre er ihr auf der Straße nachgeschlichen. Er dachte daran, eine Person zu kaufen, die sie überwachen könnte.

Man hatte Fräulein Chuin im Hause behalten. Der Baron war an sie gewöhnt. Außerdem wußte sie zuviel; man konnte sie schon deshalb nicht entlassen. Einen Augenblick lang hatte die alte Jungfer daran gedacht, sich mit den zwanzigtausend Francs, die Nantas ihr am Morgen nach seiner Hochzeit ausbezahlt hatte, zurückzuziehen. Aber ohne Zweifel hatte sie begriffen, daß man in diesem Haus gut im trüben fischen konnte. Sie wartete eine neue Gelegenheit ab, denn sie brauchte noch zwanzigtausend Francs, um sich in Roinville, ihrer Heimat, das Haus des Notars, das sie von klein auf bewundert hatte, zu kaufen.

Nantas brauchte sich vor dieser alten Jungfer, deren fromme Mienen ihn nicht mehr täuschen konnten, nicht zu genieren. Dennoch tat sie empört, als Nantas sie eines Tages in sein Zimmer kommen ließ und ihr den Auftrag gab, alle, auch die geringsten Handlungen seiner Frau zu überwachen.

»Ach was, Fräulein«, sagte er unwirsch, »ich habe Eile, ich werde erwartet. Bitte mich nicht unnütz aufzuhalten.«

Aber sie wollte nichts von Dingen hören, die gegen den Anstand seien. Ihre Überzeugung war, daß alle Dinge an sich nicht häßlich waren, daß sie es aber würden oder aufhörten, es zu sein, je nachdem man sie darstellte.

»Also gut, es handelt sich um eine edle Tat ... Ich fürchte, daß meine Frau mir irgendeinen Kummer verbirgt. Seit einigen Wochen sehe ich, daß sie traurig ist, und ich habe an Sie gedacht, um durch Sie Näheres zu erfahren.«

»Sie können auf mich zählen«, sagte sie da mit mütterlicher Zärtlichkeit. »Ich liebe Ihre Frau Gemahlin und werde alles für Ihre Ehre tun ... Von morgen an werde ich sie bewachen.«

Er versprach, sie für ihre Dienste zu belohnen. Sie tat wieder empört. Dann aber war sie schlau genug, ihn zu zwingen, eine Summe zu nennen. Er werde ihr zehntausend Francs geben, sagte er, wenn sie ihm einen ausdrücklichen Beweis der guten oder der schlechten Aufführung seiner Frau liefere. Nach und nach waren sie dazu gekommen, alles beim richtigen Namen zu nennen.

Von da ab quälte sich Nantas weniger. Drei Monate vergingen, er war mitten in einer großen Arbeit, der Aufstellung des Budgets. Im Einverständnis mit dem Kaiser hatte er das Finanzsystem tiefgreifend umgestaltet. Er wußte, daß man ihn in der Kammer heftig angreifen würde, und er mußte eine große Menge Schriftstücke vorbereiten. Oft blieb er ganze Nächte auf. Das machte ihn nervös und ungeduldig. Als er Fräulein Chuin traf, fragte er sie aus. Ob sie etwas erfahren habe? Ob seine Frau viele Besuche mache? Ob sie in einigen Häusern besonders lang verweile? Fräulein Chuin führte ein detailliertes Tagebuch. Aber sie hatte nur ganz unbedeutende Ereignisse eingetragen. Nantas beruhigte sich wieder, aber die Alte meinte mit geheimnisvollem Augenblinzeln, sie würde vielleicht bald etwas Neues erfahren.

Die Sache lag so: Fräulein Chuin hatte sich die Sache überlegt. Zehntausend Francs waren nicht genug, sie brauchte zwanzigtausend, um das Haus des Notars zu kaufen. Sie dachte daran, sich nach dem Ehemann auch der Frau zu verkaufen. Aber sie kannte die gnädige Frau und fürchtete, beim ersten Wort hinauszufliegen. Lange schon, noch ehe sie den Auftrag bekommen hatte, hatte sie diese auf eigene Rechnung überwacht, da sie wohl wußte, daß die Laster der Herrschaft der Vorteil der Dienstboten sind; und sie war auf jene Rechtschaffenheit gestoßen, die durch Stolz noch erhöht wird. Flavie hegte seit ihrem Fehltritt einen Groll gegen alle Männer. Fräulein Chuin gab schon alle Hoffnung auf, als ihr eines Tages Herr des Fondettes begegnete. Er fragte sie sehr lebhaft nach ihrer Herrin aus, und sie begriff sofort, daß die Erinnerung an jene Stunde, da er sie in den Armen gehalten hatte, ihn unablässig verfolge, daß er sie wie toll begehre. Und ihr Plan war fertig: zugleich dem Ehemann und dem Geliebten dienen, das war eine geniale Berechnung.

Alles ging nach Wunsch. Herr des Fondettes, der zurückgestoßen und ohne Hoffnung war, hätte sein ganzes Vermögen geopfert, um diese Frau, die ihm gehört hatte, noch einmal zu besitzen. Er streckte zuerst seine Fühler aus. Er sah Fräulein Chuin wieder, spielte den Empfindsamen, schwur, sich zu töten, wenn sie nicht helfe. Nach acht Tagen, nach einem großen Aufwand von Gewissenhaftigkeit, war die Sache reif: Er wollte zehntausend Francs zahlen, und sie sollte ihn dafür eines Abends in Flavies Schlafzimmer verstecken.

Am Morgen suchte sie Nantas auf.

»Was haben Sie erfahren?« fragte er erbleichend.

Zuerst sprach sie nur in Andeutungen. Seine Frau habe sicher eine Liaison. Sogar Rendezvous habe sie.

»Zur Sache, zur Sache«, rief er, wütend vor Ungeduld.

Endlich nannte sie Herrn des Fondettes.

»Heute abend wird er im Schlafzimmer der gnädigen Frau sein.«

»Gut, ich danke«, stammelte Nantas.

Er verabschiedete sie mit einer Handbewegung, er fürchtete, vor ihren Augen ohnmächtig zu werden. Diese rasche Entlassung überraschte und freute sie, denn sie hatte ein langes Verhör erwartet und ihre Antworten schon zurechtgelegt, um sich nicht zu verraten. Sie verbeugte sich, setzte eine bedauernde Miene auf und zog sich zurück.

Nantas hatte sich erhoben. Als er allein war, sagte er laut: »Heute abend ... in ihrem Schlafzimmer ...«

Er preßte die Hände gegen seinen Kopf, als ob er ihn hätte knirschen hören. Dieses Rendezvous im ehelichen Heim erschien ihm als der Gipfel der Schamlosigkeit. Er konnte sich nicht so beleidigen lassen. Seine Kämpferfäuste ballten sich, die blinde Wut ließ ihn an Meuchelmord denken. Aber er mußte eine Arbeit beenden. Dreimal setzte er sich an seinen Schreibtisch, und dreimal sprang er wieder auf; irgend etwas stieß ihn vorwärts, sogleich mußte er zu seiner Frau hinauf, um sie wie eine Dirne zu behandeln. Endlich bezwang er sich und setzte sich an seine Arbeit, schwur aber, die beiden heute abend zu erwürgen. Das war der größte Sieg, den er je über sich selbst davongetragen hatte.

Am Nachmittag unterbreitete er dem Kaiser den endgültigen Entwurf des Budgets. Einige kaiserliche Einwendungen bekämpfte er mit vollkommener Klarheit. Aber er mußte versprechen, einen Teil seiner Arbeit zu ändern. Der Entwurf mußte am nächsten Tag abgeliefert werden.

»Sire, ich werde die Nacht durcharbeiten«, sagte er.

Auf dem Rückweg dachte er: Um Mitternacht töte ich sie, und dann habe ich noch bis zum Morgen Zeit, meine Arbeit zu beenden.

Abends bei Tisch sprach Baron Danvilliers über diesen Budgetentwurf, der großes Aufsehen erregte. In Finanzsachen teilte er nicht immer die Ideen seines Schwiegersohnes, fand sie aber groß und sehr beachtenswert. Während er mit dem Baron sprach, glaubte Nantas die Augen seiner Frau des öfteren auf sich gerichtet zu sehen. Oft betrachtete sie ihn in der letzten Zeit so. Ihr Blick wurde nicht weich, sie hörte einfach zu und schien in seinem Gesicht etwas entziffern zu wollen. Nantas glaubte, sie fürchtete, verraten zu sein. Er bemühte sich, unbefangen zu erscheinen: er sprach viel und glänzend und überzeugte schließlich seinen Schwiegervater, der sich vor seiner großen Intelligenz beugte. Flavie sah ihn unausgesetzt an, und eine kaum sichtbare Weichheit flog einen Augenblick über ihr Gesicht.

Bis Mitternacht arbeitete Nantas in seinem Kabinett.

Es war langsam warm geworden, er sah nur noch dies Werk, diesen Finanzmechanismus, den er langsam unter unzähligen Hindernissen, Räderwerk auf Räderwerk, zusammengestellt hatte. Als es zwölf schlug, hob er instinktiv den Kopf. Tiefes Schweigen herrschte im Palais. Auf einmal fiel es ihm wieder ein: auf dem Grunde dieses Dunkels und dieser Stille kauerte der Ehebruch. Aber es war ein Schmerz für ihn, seinen Armstuhl zu verlassen; mit Bedauern legte er die Feder nieder und machte einige Schritte, um einem früheren Entschluß, den er jetzt bereute, zu folgen. Dann stieg ihm heiße Röte ins Gesicht, in seinen Augen brannte eine Flamme, und er ging zu seiner Frau hinauf.

An diesem Abend hatte Flavie ihre Kammerzofe früh entlassen. Sie wollte allein sein. Bis Mitternacht blieb sie in dem kleinen Salon, der vor ihrem Schlafzimmer lag. Ein Buch in der Hand, lag sie auf ihrer Chaiselongue; aber alle Augenblicke entfiel es ihr, und sie träumte mit offnen Augen. Ihr Gesicht war noch sanfter geworden, ein bleiches Lächeln erhellte es ab und zu. Plötzlich sprang sie auf. Es hatte geklopft.

»Wer ist da?«

»Öffnen Sie«, antwortete Nantas.

Ihre Überraschung war so groß, daß sie mechanisch öffnete. Noch nie hatte ihr Mann sie hier aufgesucht. Sehr aufgeregt trat er ein; der Zorn hatte ihn beim Heraufsteigen aufs neue gepackt. Fräulein Chuin, die ihn auf dem Treppenabsatz erwartet hatte, hatte ihm zugeflüstert, daß Herr des Fondettes seit zwei Stunden da sei.

»Gnädige Frau«, sagte er, »in Ihrem Schlafzimmer ist ein Mann.«

Flavie antwortete nicht gleich; so fern lag ihr das Gesagte. Endlich begriff sie.

»Sie sind wahnsinnig«, murmelte sie.

Aber ohne sich mit Worten aufzuhalten, ging er auf ihr Schlafzimmer zu. Da war sie mit einem Sprung vor der Tür und rief:

»Sie gehen nicht hinein! Ich bin hier zu Hause und verbiete Ihnen den Zutritt.«

Zitternd, hoch aufgerichtet, bewachte sie die Tür. Einen Augenblick standen sie sich regungslos, stumm, Auge in Auge gegenüber. Er, mit gespanntem Hals, ausgestreckten Armen, im Begriff, sie von der Tür fortzudrängen.

»Fort!« murrte er mit heiserer Stimme. »Ich bin stärker als Sie, ich gehe trotzdem hinein.«

»Nein, nein, nein, ich will nicht.«

Wahnsinnig vor Wut wiederholte er:

»Ein Mann ist drin, ein Mann ist drin ...«

Sie verschmähte es, ihn zu widerlegen, und zuckte mit den Achseln. Dann, als er einen Schritt vorwärts machte: »Und wenn ein Mann dort ist, was geht Sie das an? Bin ich nicht frei?«

Er fuhr vor diesem Wort, das ihm wie eine Ohrfeige ins Gesicht schlug, zurück. Sie war ja wirklich frei. Ein Frost schüttelte ihn, er fühlte klar, daß sie ihm überlegen war, daß er ihr eine kindische, unlogische Szene machte. Er hielt den Vertrag nicht ein, seine törichte Leidenschaft machte ihn widerwärtig. Warum war er nicht unten bei seiner Arbeit geblieben? Das Blut wich aus seinen Wangen, ein Schatten unsäglichen Schmerzes machte sein Gesicht bleich. Als Flavie sah, wie niedergeschmettert Nantas war, gab sie die Tür frei, und ihre Augen blickten sanft.

»Überzeugen Sie sich«, sagte sie einfach.

Und sie selbst betrat, eine Lampe in der Hand, das Schlafzimmer, während Nantas auf der Schwelle blieb. Mit einer Bewegung hatte er gesagt, er verzichte darauf, das Zimmer zu untersuchen. Sie aber wollte es jetzt durchaus. Als sie aber die Vorhänge des Bettes zurückschlug, erblickte sie Herrn des Fondettes. Sie stieß einen Schrei des Entsetzens aus.

»Wirklich«, stammelte sie außer sich, »wirklich, da ist dieser Mann. Ich wußte es nicht, ich schwöre es – bei meinem Leben!«

Dann wurde sie plötzlich wieder ruhig, sie schien sogar zu bereuen, daß sie sich im ersten Augenblick verteidigt hatte.

»Sie haben recht, ich bitte um Verzeihung«, sagte sie zu Nantas und bemühte sich, Kälte in ihre Stimme zu legen.

Aber Herr des Fondettes fühlte, daß er sich lächerlich machte. Er hätte viel darum gegeben, wenn Nantas zornig geworden wäre. Doch Nantas schwieg. Nur ganz blaß war er. Er blickte von Herrn des Fondettes zu Flavie hinüber, verneigte sich vor ihr und sagte nur:

»Ich bitte um Verzeihung, gnädige Frau, Sie sind frei.«

Und er drehte ihr den Rücken zu, er ging fort. Irgend etwas in ihm zerbrach; nur der Mechanismus der Muskeln und der Knochen blieb im Gang. In sein Arbeitszimmer zurückgekehrt, ging er rasch auf ein Schubfach zu, in dem er einen Revolver verborgen hatte. Er untersuchte die Waffe und sagte ganz laut, wie um sich selbst ein förmliches Versprechen zu geben:

»Abgemacht, ich erschieße mich.«

Er schraubte die Lampe hoch, setzte sich an seinen Schreibtisch und nahm seine Arbeit wieder auf. Ohne zu zögern, beendete er inmitten der großen Stille den angefangenen Satz. Langsam füllten sich die Blätter. Als Flavie, die Herrn des Fondettes die Türe gewiesen hatte, zwei Stunden später mit nackten Füßen hinunterging, um an der Tür des Arbeitszimmers zu horchen, hörte sie nur das leise Knirschen der Feder auf dem Papier. Da bückte sie sich und hielt ihr Auge an das Schlüsselloch. Nantas schrieb noch mit derselben Ruhe, sein Gesicht drückte Stille und Befriedigung über die Arbeit aus, während ein Strahl der Lampe den Lauf des Revolvers neben ihm beleuchtete.

V

Das Haus, das an den Garten des Palais stieß, gehörte jetzt Nantas, der es seinem Schwiegervater abgekauft hatte. Aber aus einer Laune heraus hatte er verboten, die kleine Dachstube zu vermieten, in der er zwei Monate lang gegen das Elend gekämpft hatte. Seitdem er sein großes Vermögen besaß, hatte er zu verschiedenen Malen das Bedürfnis empfunden, dort hinaufzusteigen und sich einige Stunden einzuschließen. Wo er gelitten hatte, wollte er auch triumphieren. Zeigte sich ihm irgendein Hindernis, dann liebte er es, hier darüber nachzudenken, hier die großen Entscheidungen seines Lebens zu treffen. Hier wurde er, was er einst gewesen war. Hier in dieser Dachstube wollte er auch sterben, da sein Selbstmord notwendig geworden war.

Erst um acht Uhr morgens war er mit seiner Arbeit fertig. Um seine Erschöpfung zu verscheuchen, wusch er sich mit kaltem Wasser. Dann rief er der Reihe nach verschiedene Beamte herbei und erteilte Befehle. Als sein Sekretär gekommen war, hatte er eine Unterredung mit ihm: Der Sekretär sollte den Entwurf des Budgets sogleich in die Tuilerien tragen und gewisse Erklärungen dazu geben, falls der Kaiser wieder etwas einwenden sollte. Nantas glaubte, genug getan zu haben. Er ließ alles in Ordnung zurück, er schied nicht wie ein vom Wahnsinn geschlagener Bankrotteur. Endlich gehörte er sich selbst, er konnte über sich verfügen, ohne daß man ihn der Eigenliebe und der Feigheit beschuldigen konnte.

Es schlug neun. Es war Zeit. Aber als er, den Revolver in der Hand, sein Zimmer verlassen wollte, mußte er eine letzte Bitterkeit trinken. Fräulein Chuin kam, um ihre zehntausend Francs zu holen. Er zahlte sie aus und mußte sich ihre Vertraulichkeiten gefallen lassen. Sie zeigte sich mütterlich und behandelte ihn ein wenig wie einen Schüler, der sich ausgezeichnet hat. Wäre er noch unentschlossen gewesen, diese beschämende Mitschuld hätte ihn zum Selbstmord getrieben. Er stieg hastig zur Dachstube hinauf und ließ in der Eile den Schlüssel in der Tür stecken.

Nichts war hier verändert. Die Tapete hatte dieselben Risse, das Bett, der Tisch und der Stuhl mit dem Geruch der Armut waren noch da. Er atmete die Luft, die ihm die Kämpfe von einst zurückrief. Dann trat er ans Fenster und hatte denselben Blick auf Paris, er sah die Bäume um das Palais, die Seine, die Quais, ein ganzes Stück des rechten Ufers, wo die Flut der Häuser rollte, stieg, zusammenfloß, bis hinüber zum Père-Lachaise.

Der Revolver lag auf dem hölzernen Tisch, seine Hand konnte ihn erreichen, jetzt hatte er keine Eile mehr, er war sicher, daß niemand kommen würde, daß er sich ungehindert töten könnte. Er sagte sich, daß er sich dort wiederfand, von wo er einst ausgegangen war, an demselben Ort, mit demselben Willen, sich das Leben zu nehmen. Schon einmal hatte er hier ein Ende machen wollen; damals war er zu arm gewesen, um sich einen Revolver zu kaufen, er hatte nur das Straßenpflaster gehabt, aber der Tod war ihm dennoch sicher gewesen. Im Leben also täuscht der Tod allein nicht, auf ihn ist Verlaß, er ist immer bereit. Er ist das einzige Gewisse, alles andere stürzt ewig über uns zusammen. Zehn Jahre zu lang hatte er gelebt. Reichtum und Macht waren ihm nichts. Wozu diese Verschwendung von Willen und Kraft? Eine einzige Leidenschaft hatte genügt, ihn zu zerstören, er hatte angefangen, Flavie sinnlos zu lieben, und das Gebäude, das er errichtet, krachte, wankte, fiel wie ein Kartenhaus, das der Atem eines Kindes umwirft. Das war erbärmlich und glich der Strafe eines lügenhaften Schülers, der sich selbst hineingelegt und durch seinen Fehler entdeckt wird. Das Leben ist dumm, die erlesenen Menschen enden gerade so abgeschmackt wie die törichten.

Nantas hatte den Revolver vom Tisch genommen und lud ihn langsam. Ein letztes Bedauern machte ihn in dieser Todesstunde einen Augenblick weich. Wie Gewaltiges hätte er leisten können, wenn Flavie ihn verstanden hätte. An dem Tag, da sie ihm ans Herz gesunken wäre und ihm gesagt hätte: ›Ich liebe dich!‹, an diesem Tag hätte er die Welt aus den Angeln gehoben. Und sein letzter Gedanke war eine große Verachtung für die Kraft, weil die Kraft, die ihm alles geben sollte, ihm Flavie nicht hatte geben können.

Er erhob die Waffe. Der Morgen war wundervoll. Durch das weitgeöffnete Fenster flutete die Sonne herein und warf einen Hauch von Jugend über die Mansarde. In der Ferne begann Paris seine schwere Arbeit als Riesenstadt. Nantas setzte den Lauf an seine Schläfe.

Aber die Tür wurde heftig aufgestoßen, Flavie trat ein. Mit einer Bewegung lenkte sie den Schuß ab, die Kugel schlug in die Decke. Sie blickten sich an. So außer Atem war sie, daß sie nicht sprechen konnte. Endlich – und sie redete Nantas zum erstenmal mit du an – fand sie das Wort, das er erwartete, das einzige Wort, das ihm das Leben zurückgeben konnte: »Ich liebe dich!« rief sie schluchzend an seinem Hals, und ihrem Stolz, ihrem beherrschten Wesen entriß sie das Geständnis: »Ich liebe dich, weil du stark bist!«

FRAU NEIGEON

I

Vor acht Tagen hat mir mein Vater, Herr de Vaugelade, erlaubt, Boquet, das alte, melancholische Schloß in der Normandie, in dem ich geboren bin, zu verlassen. Mein Vater hat seltsame Ideen über die heutige Zeit, er ist um ein gutes halbes Jahrhundert zurückgeblieben. Endlich also bin ich in Paris, das ich früher kaum kannte, da ich es nur zweimal flüchtig auf der Durchreise berührt hatte. Glücklicherweise bin ich nicht allzu linkisch. Félix Budin, mein alter Mitschüler aus dem Lyzeum Caen, sagte mir, als er mich hier wiedersah, ich sei ein ganz prächtiger Bursche, und die Pariserinnen würden bald in mich vernarrt sein. Darüber habe ich gelacht. Als Félix aber fort war, stellte ich mich vor einen Spiegel, sah mir meine fünf Fuß, sechs Zoll an und lächelte dazu mit meinen weißen Zähnen und meinen schwarzen Augen. Dann zuckte ich die Achseln, denn ich bin kein eitler Geck.

Gestern war ich zum erstenmal in einem Pariser Salon. Die Gräfin P..., so eine Art Tante von mir, hatte mich zum Diner eingeladen. Es war ihr letzter Samstag. Ich sollte einem Herrn Neigeon vorgestellt werden, dem Abgeordneten unseres Bezirkes Gommerville, der kürzlich Unterstaatssekretär geworden ist und, wie man sagt, bald Minister werden wird. Meine Tante, die viel toleranter als mein Vater ist, hat mir rund heraus erklärt, daß ein junger Mann in meinem Alter seinem Vaterlande nicht grollen dürfe, und wenn es tausendmal eine Republik wäre. Sie will mich irgendwo unterbringen.

»Ich übernehme es schon, diesen alten, eigensinnigen Vaugelade ins Gebet zu nehmen«, sagte sie mir. »Laß mich nur machen, mein lieber Georges.«

Präzise um sieben Uhr war ich bei der Gräfin. Aber man scheint in Paris spät zu Mittag zu speisen; die Gäste kamen langsam einer nach dem andern, und um halb acht waren noch nicht alle da. Die Gräfin teilte mir mit unglücklicher

Miene mit, daß Herr Neigeon nicht habe kommen können; er war durch irgendeinen parlamentarischen Zwischenfall in Versailles zurückgehalten worden. Doch hoffte sie, daß er im Laufe des Abends noch für einen Augenblick erscheinen würde. Da sie die Lücke ausfüllen wollte, hatte sie einen anderen Abgeordneten unseres Bezirkes eingeladen, den gewaltigen Gaucheraud, wie er bei uns zu Hause genannt wird. Ich kannte ihn von früher, ich war einmal mit ihm auf der Jagd gewesen. Dieser Gaucheraud ist ein untersetzter, jovialer Mann, der sich seit einiger Zeit, um würdiger auszusehn, einen Backenbart stehen läßt. Er ist der Sohn eines kleinen Sachverwalters und in Paris geboren; aber er hat bei uns einen reichen, sehr einflußreichen Onkel, den er irgendwie bewogen hat, ihm eine Kandidatur abzutreten. Ich wußte übrigens nicht, daß er verheiratet sei. Meine Tante hatte mich bei Tisch neben eine junge, blonde, fein aussehende hübsche Dame gesetzt, die der gewaltige Gaucheraud sehr laut Berthe nannte.

Endlich war man vollzählig. In dem nach Westen gehenden Salon war es noch hell gewesen, und auf einmal traten wir in ein Zimmer mit zugezogenen Vorhängen, das durch einen Kronleuchter und viele Lampen erhellt war. Die Wirkung war ganz eigen. Während wir Platz nahmen, wurde über diese letzten Diners in der Wintersaison gesprochen, deren Stimmung die Dämmerung beeinträchtigte. Meine Tante konnte das nicht leiden. Aber es entspann sich eine endlose Unterhaltung hierüber, über die Melancholie des abendlichen Paris, wenn man im Wagen zu einer Gesellschaft fährt. Ich schwieg, hatte aber nichts derartiges empfunden, als die Droschke mich vorhin eine halbe Stunde lang geschüttelt hatte. Paris hatte mich beim ersten Aufflammen der Gaslaternen nach allen den Freuden lüstern gemacht, die es in uns entzündet.

Als die Vorspeisen kamen, erhob man die Stimmen und schwatzte von Politik. Ich war überrascht, was für klare und bündige Meinungen meine Tante darüber zu äußern wußte. Die andern Damen waren auch vollkommen orientiert, sie nannten die betreffenden Männer ganz kurz beim Namen, urteilten und entschieden. Mir gegenüber saß breitspurig Gaucheraud, er sprach laut und wichtig und aß und trank dabei viel. Alle diese Dinge interessierten mich nicht, vieles entging meinem Verständnis, und schließlich beschäftigte ich mich nur noch mit meiner Nachbarin Frau Gaucheraud, oder Berthe, wie ich sie schon, der Kürze halber, in Gedanken nannte. Sie war wirklich sehr hübsch, besonders ihr Ohr, ihr kleines, rundes Ohr fand ich reizend. Hinter dem Ohr kräuselten sich gelbe Haare. Berthe hatte einen verwirrend schneeigen, mit leichtem Flaum bedeckten Nacken. Bei gewissen Schulterbewegungen verschob sich ihre viereckig ausgeschnittene Taille ein wenig, ich konnte vom Hals bis zur Hüfte hinunter eine katzenhaft schmiegsame, wellenförmige Linie verfolgen. Ihr etwas scharfes Profil gefiel mir weniger. Sie redete noch eifriger als die andern von Politik.

»Befehlen Sie Wein, gnädige Frau? ... darf ich Ihnen Salz reichen, gnädige Frau?«

Ich gab mir Mühe, liebenswürdig zu sein, ich erriet ihre Wünsche und kam ihnen zuvor. Als sie sich zu Tisch gesetzt hatte, hatte sie mich mit einem festen Blick geprüft.

»Die Politik langweilt Sie«, sagte sie endlich. »Ich mache mir auch nichts daraus. Aber was soll man machen? Man muß doch sprechen. Und heutzutage spricht man ja in der Welt von nichts anderem.«

Dann sprang sie auf ein anderes Thema über.

»Ist Gommerville hübsch? Mein Mann wollte mich im vorigen Sommer zu seinem Onkel bringen; aber ich hatte keine Lust, ich schützte Krankheit vor.«

»Die Gegend ist fruchtbar«, antwortete ich. »Schöne, weite Ebenen.«

»Danke, nun weiß ich, woran ich bin«, sagte sie lachend. »Das ist schrecklich. Eine ganz flache Gegend, Felder und wieder Felder, und ab und zu wieder die gleichen Pappeln.«

Ich wollte widersprechen, aber sie war mir entschlüpft und sprach mit ihrem Nachbarn zur Rechten, einem ernsten, weißbärtigen Mann, von einem neuen Universitätsgesetz.

Dann schließlich redete sie vom Theater. Als sie sich vorbeugte, um auf eine Frage zu antworten, die ihr irgend jemand über den Tisch zuwarf, erregte mich die katzenhafte Krümmung ihres Halses. In Boquet hatte ich in der dumpfen Ungeduld meiner Einsamkeit von einer blonden Geliebten geträumt; aber sie war edel in ihren Bewegungen gewesen und hatte ein edelgeschnittenes Gesicht gehabt; Berthes Mausegesicht und ihre kleinen, gebrannten Löckchen paßten nicht in meinen Traum. Als wir aber dann beim Gemüse waren, war ich schon mitten in einer tollen Phantasie, deren Einzelheiten ich mir wollüstig ausmalte: wir waren allein; sie und ich; ich küßte sie hinten auf den Nacken, und sie wandte sich lächelnd um; dann reisten wir miteinander in weitentfernte Länder. Man reichte den Nachtisch. In diesem Augenblick kam sie mir ganz nahe und sagte leise:

»Reichen Sie mir, bitte, den Teller mit den Bonbons, da: vor Ihnen.«

Es war mir, als ob ihre Augen eine liebkosende Zärtlichkeit ausdrückten, und der leichte Druck ihres nackten Armes auf dem Ärmel meines Rockes erfüllte mich mit köstlicher Wärme.

»Ich schwärme für Süßigkeiten; Sie auch?« fragte sie und steckte eine Eisfrucht in den Mund.

Diese einfachen Worte erregten mich so, daß ich mir einbildete, verliebt zu sein. Als ich den Kopf erhob, sah ich Gaucheraud, der zuschaute, wie ich mich flüsternd mit seiner Frau unterhielt: Er sah vergnügt aus und lächelte mir ermutigend zu. Dies Lächeln ihres Mannes beruhigte mich.

Das Diner neigte sich seinem Ende zu. Nach diesem ersten Eindruck schienen mir die Pariser Diners nicht amüsanter zu sein als die Diners in Caen. Berthe allein überraschte mich. Meine Tante klagte über die Hitze, man kam wieder auf das erste Thema zurück, man sprach von den Gesellschaften im Frühling und war sich darüber einig, daß man nur im Winter richtig speisen könnte. Dann ging man zum Kaffee in den kleinen Salon hinüber.

Allmählich kamen noch eine Menge Menschen. Die drei

Salons und der Speisesaal füllten sich. Ich hatte mich in einen Winkel geflüchtet, und als meine Tante an mir vorüberkam, sagte sie rasch zu mir:

»Geh nicht fort, Georges ... Seine Frau ist schon da. Er hat versprochen, sie abzuholen, und dann stelle ich dich vor.«

Sie sprach von Herrn Neigeon. Aber ich hörte sie kaum; zwei junge Leute vor mir hatten einige Worte gewechselt, die mich in eine seltsame Erregung versetzten. Sie standen an einer der Türen des großen Saales spähend auf den Fußspitzen. In dem Augenblick, als Félix Budin, mein alter Mitschüler aus Caen, eintrat und Frau Gaucheraud begrüßte, sagte der Kleinere zum andern:

»Sind die zwei noch immer beisammen?«

»Jawohl«, antwortete der andere.

»Die kleben ja aneinander. Das geht sicher so bis zum Winter. So lange hat sie noch keinen behalten.«

Es war nicht gerade ein Schmerz für mich, aber doch quälte mich ein bißchen verletzte Eitelkeit. Warum hatte sie mir dann mit so schmachtendem Ton gesagt, daß sie Süßigkeiten über alles liebte? Natürlich würde ich sie Félix nicht streitig machen. Schließlich aber sagte ich mir, daß diese jungen Leute Frau Gaucheraud wohl verleumdeten. Ich kannte meine Tante, sie war sehr streng, sie konnte unmöglich Frauen von schlechtem Ruf zu sich einladen. Und da sah ich auch, wie Gaucheraud Félix rasch entgegenging und ihm die Hand reichte; er schlug ihm freundschaftlich auf die Schulter und umfaßte ihn mit einem liebevollen Blick.

»Ach, da bist du ja«, sagte Félix, als er mich entdeckt hatte. »Ich bin nur deinetwegen gekommen ... Jawohl! Soll ich dich führen?«

Wir blieben in der Tür stehen. Gern hätte ich mit ihm über Frau Gaucheraud gesprochen, wußte aber nicht, wie ich unauffällig davon anfangen sollte. So fragte ich ihn denn über eine Menge anderer Personen aus, die mir völlig gleichgültig waren. Und er nannte mir alle Namen und wußte über jeden etwas Besonderes zu sagen. Er war in Paris geboren und hatte nur zwei Jahre, solange sein Vater Präfekt in Calvados gewesen war, im Lyzeum zu Caen verbracht. Ich fand ihn sehr frei in seinen Reden. Ein Lächeln kniff seine Unterlippe zusammen, als ich ihn nach Einzelheiten über einige Frauen fragte, die da waren.

»Du schaust nach Frau Neigeon?« fragte er plötzlich.

»Frau Neigeon? Ah! Wo ist sie denn?«

»Die brünette Dame da am Kamin, die gerade mit der Blondine mit dem ausgeschnittenen Kleid spricht.«

Wirklich stand neben Frau Gaucheraud fröhlich lachend eine Dame, die ich nicht bemerkt hatte.

»Ah, das ist also Frau Neigeon«, wiederholte ich zweimal.

Und ich betrachtete sie eingehend. Wie schade, daß sie brünett war, denn sie erschien mir wirklich reizend, sie war etwas kleiner als Berthe und trug eine wundervolle Krone von schwarzen Haaren. Sie hatte lebhafte und zugleich zärtliche Augen. Die kleine Nase, der feingeschnittene Mund und die Grübchen in den Wangen verrieten eine stürmische und dabei doch gesetzte Natur. Das war mein erster Eindruck. Als ich sie mir aber länger betrachtet hatte, wurde mein Urteil über sie wieder schwankend, und bald darauf sah ich sie noch ausgelassener als ihre Freundin; sie lachte auch noch lauter.

»Kennst du Neigeon?« fragte mich Félix.

»Nein, noch nicht. Meine Tante will mich ihm vorstellen.«

»Eine richtige Null, ein ganz dummer Kerl«, fuhr er fort. »Die politische Mittelmäßigkeit in ihrer höchsten Potenz, einer von den überaus brauchbaren Lückenbüßern im parlamentarischen Leben. Weil er keine eigene Idee hat und alle Minister ihn benutzen, vereint er die größten Gegensätze in seinem Wirken.«

»Und seine Frau?«

»Na, du siehst ja. Sie ist entzückend ... Wenn du etwas von ihm willst, so mache seiner Frau den Hof.«

Félix wollte mir weiter nichts sagen, ließ aber durchblikken, daß Frau Neigeon das Glück ihres Mannes gemacht hätte und daß sie fortfahre, über seinem Wohl zu wachen. Ganz Paris wisse, daß sie Liebhaber habe.«

»Und die blonde Dame?« fragte ich plötzlich.

»Die blonde Dame ist Gaucheraud«, antwortete Félix ruhig.

»Ist *sie* denn eine ehrbare Dame?«

»Selbstverständlich. Durchaus ehrbar.«

Er machte ein ernstes Gesicht und versuchte auch ernst zu bleiben; gleich darauf aber brach wieder sein Lächeln durch, und ein gewisser alberner Dünkel malte sich in seinen Zügen; das ärgerte mich. Die beiden Frauen hatten offenbar bemerkt, daß wir uns mit ihnen beschäftigten; denn ihr Lachen wurde gezwungen. Eine Dame kam und entführte mir Félix, so blieb ich denn allein zurück; und für den ganzen Abend blieb es meine Beschäftigung, diese beiden Frauen miteinander zu vergleichen. Ich fühlte mich zugleich abgestoßen, auch fürchtete ich, ich könnte in dieser Welt, die mir noch fremd war, irgendeine Dummheit begehen.

»Es ist zu dumm, er kommt und kommt nicht«, sagte meine Tante zu mir, als sie wieder einmal an mir vorbeikam. »So geht es immer ... übrigens ist es kaum zwölf, und seine Frau erwartet ihn noch!«

Ich ging durch den Speisesaal und stellte mich an die andere Tür des Saales. So kam ich dicht hinter die Damen. Ich hörte, wie Berthe ihre Freundin Louise nannte. Louise ist ein hübscher Name. Sie trug ein hochgeschlossenes Kleid, dessen Rüsche unter ihrem schweren Chignon nur einen weißen Streifen von ihrem Hals sehen ließ. Dieser kaum sichtbare weiße Streifen erschien mir einen Augenblick lang viel herausfordernder als Berthes fast ganz entblößter Rücken. Dann aber wußte ich überhaupt nichts mehr, sie waren beide entzückend, die Wahl schien mir unmöglich.

Meine Tante suchte mich inzwischen überall.

»Du hast dich an die andere Tür gestellt?« sagte sie. Er scheint nicht mehr zu kommen: dieser Neigeon muß jeden Abend Frankreich retten ... Da will ich dich wenigstens seiner Frau vorstellen, ehe sie geht. Sei nur recht liebenswürdig, darauf kommt alles an.«

Ohne eine Antwort abzuwarten, zog mich die Gräfin zu

Frau Neigeon hin, nannte meinen Namen und sprach ihr ganz kurz von meinen Angelegenheiten. Ich benahm mich ziemlich linkisch und fand kaum ein paar Worte. Louise wartete lächelnd, als sie dann aber sah, daß ich stumm blieb, verneigte sie sich einfach. Mir war, als ob Frau Gaucheraud sich über mich lustig machte. Alle beide standen sie dann auf und gingen hinaus. Im Vorzimmer, wo die Garderobe untergebracht war, lachten sie wie toll. Dieses Sichgehenlassen, diese knabenhaften Manieren, diese kecke Grazie erregten nur meine Verwunderung.

Die andern Männer wichen aus, grüßten im Vorübergehn mit einem Gemisch von äußerster Höflichkeit und weltmännischer Kameradschaftlichkeit, die mich ganz verwirrte.

Félix hatte mir einen Platz in seinem Wagen angeboten. Ich entschlüpfte ihm aber, ich wollte allein sein; und ich nahm mir keine Droschke, ich war glücklich, daß ich zu Fuß durch die einsamen, stillen Straßen wandern konnte. Ich fieberte wie vor einer schweren Krankheit. Wurde eine Leidenschaft in mir geboren? Wie die Reisenden in tropischen Ländern dem fremden Klima ihren Tribut zahlen müssen, so sollte auch ich die Pariser Luft nicht ungestraft einatmen.

II

Im Salon, der heute geöffnet wurde, habe ich die beiden Damen wiedergesehen. Ich muß gestehn, daß ich sicher war, ihnen dort zu begegnen, und daß ich sehr in Verlegenheit kommen würde, wenn jemand verlangte, ich sollte mich über den Wert der drei- oder viertausend Bilder, die dort hängen, äußern, und doch war ich vier Stunden lang in diesen Räumen. Gestern schlug Félix mir vor, er wollte mich gegen Mittag abholen, wir würden in einem Restaurant in den Champs-Elysées frühstücken und dann in den Salon gehen.

Seit jenem Abend bei der Gräfin habe ich viel gegrübelt und doch keine Klarheit gefunden. Was für eine seltsame Welt ist doch diese Pariser, so höfliche und so verdorbene Welt! Ich bin kein strenger Moralist und werde doch rot, wenn ich an die Dinge denke, die ich von Männern in den

Winkeln des Salons meiner Tante habe aussprechen hören. Dürfte man den rohen, mit halber Stimme gewechselten Redensarten glauben, so wäre mehr als die Hälfte der Frauen, die dort waren, schlechte Personen: unter der Höflichkeit der Unterhaltungen und der Manieren versteckte sich eine rohe Begier, die alle, Mütter wie Töchter, entkleidete und alle, auch die Anständigsten, beschmutzte. Wie soll man mitten unter all diesen Schlüpfrigkeiten erkennen, ob eine einzelne Frau keusch oder schamlos ist? Zuerst hatte ich geglaubt, daß meine Tante trotz der Ansicht meines Vaters besonders anrüchige Leute zu sich einlüde. Aber Félix behauptete, genauso gehe es fast in allen Pariser Salons zu; selbst die sittenstrengsten Familien müßten sich nachsichtig zeigen, oder ihre Säle würden einfach leer bleiben. Meine moralische Entrüstung beruhigte sich auch sehr bald und machte dem brennenden Wunsch Platz, auch meinerseits diese Leichtigkeit des Vergnügens, diese mit so viel Anmut dargebotenen Genüsse auszukosten.

Seit vier Tagen dachte ich jeden Morgen, wenn ich in meinem kleinen Heim in der Rue Laffitte erwachte, zuerst an Louise und Berthe, wie ich sie vertraulich nannte. Ein seltsames Phänomen beobachtete ich an mir, ich verwechselte sie miteinander. Ich hatte die feste Überzeugung, Félix sei in der Tat Berthes Geliebter; das tat mir jedoch nicht weh, im Gegenteil; ich sah eine Genugtuung darin, ja die Gewißheit, mich einst geliebt zu wissen. Ich verband sie miteinander: wenn sie sich andern Männern hingegeben haben, warum sollte ich sie da nicht auch erobern können? Jeden Morgen beim Erwachen träumte ich voller Entzücken davon. Ich konnte mich nicht von meinem Bette trennen, ich freute mich über die warme Decke und dehnte glücklich meine trägen Glieder. Mir selbst klar über die Sache zu werden, vermied ich; gerade daß der Ausgang, den ich mir immer wieder vergegenwärtigte, so ungewiß war, hatte seinen großen Reiz für mich. Ich grübelte über die Gelegenheiten nach, die mir eines Tages Berthe oder Louise ausliefern würden; ich wollte nicht einmal wissen, welche von beiden Frauen es sein würde.

Endlich erhob ich mich dann in der festen Überzeugung, daß ich nur zu wählen brauchte, um den Besitz der einen oder der andern sicher zu haben. Ich wußte jetzt, daß Félix Berthes Geliebter war; aber das verletzte mich durchaus nicht.

Als wir den ersten Saal der Ausstellung betraten, war ich über das Gedränge, das dort herrschte, überrascht.

»Teufel!« murrte Félix, »wir kommen ein bißchen spät. Da werden wir unsere Ellbogen brauchen müssen.«

Ein sehr gemischtes Publikum war da versammelt, Künstler, Leute aus dem Mittelstand, die große Welt. Zwischen schlecht gebürsteten Paletots und schwarzen Röcken gab es auch helle Toiletten, die heiteren Pariser Frühjahrstoiletten aus zarten Seidenstoffen mit ihren lebhaften Besätzen. Ganz besonders entzückte mich die ruhige Sicherheit der eleganten Frauen, die die dichtesten Gruppen durchschritten, ohne sich um ihre Schleppen zu kümmern, deren Spitzenfluten schließlich doch immer durchdrangen. So gingen sie von einem Bilde zum andern, als wären sie in ihrem eigenen Salon. Die Pariserinnen allein verstehen es, göttliche Heiterkeit im Volksgetümmel zu bewahren, als ob die Worte, die sie hören, die Stöße, die sie im Gedränge bekommen, sie nicht erreichen und beflecken könnten. Ich folgte mit den Blicken einer Dame, von der Félix mir sagte, es wäre die Herzogin A...; sie war von ihren zwei Töchtern begleitet, Mädchen von sechzehn und achtzehn Jahren; und alle drei betrachteten sie, ohne mit einer Wimper zu zucken, eine Leda, während hinter ihnen eine Schar von jungen Malern über das Bild sehr freie Scherze machte.

Félix bog in die Säle zur Linken ein, eine Flucht von großen, viereckigen Räumen, wo das Gedränge weniger groß war. Weißes Licht fiel durch die Oberlichter, ein grelles Licht, das durch Leinengardinen gedämpft wurde; der durch unzählige Füße aufgewirbelte Staub schwebte wie ein leichter Rauch über den Häuptern der Menge. Eine Frau mußte schon sehr hübsch sein, um es in dieser Beleuchtung zu bleiben, diesem gleichmäßigen Farbton, den die Bilder an den vier Wänden der Zimmer gewaltsam unterbrachen. Da gab es ein außerordentlich buntes Gemisch von Farben, rot, gelb, blau, die nicht zusammenstimmten, ein übertrieben gefärbter Regenbogen in blitzenden Goldrahmen. Es fing an, sehr heiß zu werden. Kahlköpfige Herren mit weißem Schädel gingen, den Hut in der Hand, laut atmend hin und her. Alle hatten die Nasen zur Decke gerichtet. Vor manchen Bildern drängten sich die Leute. Das strömte, stieß, stampfte durch die Räume. Unablässig hörte man das Auftreten der Füße auf dem Parkett, den dumpfen, anhaltenden Lärm dieser menschlichen Masse, der fast wie Meeresbrausen klang.

»Halt!« sagte Félix, »da ist ja der große Schinken, von dem alle Welt spricht.«

Fünf Reihen Menschen betrachteten das riesige Bild. Da waren Frauen mit Lorgnetten, Künstler, die sich boshafte Bemerkungen zuflüsterten, ein großer, dürrer Herr, der sich Notizen machte. Aber ich sah kaum hin. Im Nebensaal hatte ich zwei Damen bemerkt, die neugierig ein kleines Gemälde betrachteten. Eine blitzartige Vision zuerst: unter den Schleifen hinten an zwei Hüten hatte ich dicke schwarze Flechten und einen riesig aufgebauschten Knoten aus blonden Haaren bemerkt; dann war die Erscheinung verschwunden, eine Menschenwoge, eine Flut von gekräuselten Köpfen hatte die beiden Damen weggeschwemmt. Aber ich hätte schwören mögen, daß sie es gewesen waren. Nach ein paar Schritten hatte ich zwischen den ewig bewegten Köpfen bald die blonden Haare, bald die schwarzen Flechten wiedergefunden. Ich sagte Félix nichts davon, sondern begnügte mich einfach damit, ihn in den Nebensaal zu führen, und ging dabei so vor, daß er genötigt war, die Damen als erster zu erkennen. Hatte er sie auch schon gesehen? Ich glaubte es, denn er sah mich in feiner Ironie von der Seite an.

»Ah! Was für ein glücklicher Zufall!« rief er und grüßte.

Die Damen wendeten sich zu uns und lächelten. Von dieser zweiten Zusammenkunft erwartete ich die Entscheidung. Und sie kam. Frau Neigeon wühlte mit einem einfachen Blick ihrer schwarzen Augen alles in mir auf, während ich in Frau Gaucheraud eine gute Freundin wiederzufinden meinte.

Diesmal schlug der Blitz ein. Sie hatte einen kleinen, gelben Hut auf, den ein Glyzinienzweig bedeckte; ihr Kleid war aus malvenfarbener Seide, mit strohgelbem Atlas besetzt, eine Toilette, die sehr hell und zugleich sehr zart wirkte. Aber erst später sah ich die Einzelheiten; denn beim ersten Blick erschien sie mir ganz wie in Sonne getaucht, sie schien mir Licht auszustrahlen.

Félix plauderte schon.

»Was sagen Sie? Nicht viel los«, sagte er. »Ich habe noch nichts gesehen.«

»Lieber Gott«, warf Berthe hin, »es ist jedes Jahr dieselbe Geschichte.«

Dann wandte sie sich der Wand zu:

»Sehen Sie sich mal dies kleine Bild an, das Louise entdeckt hat. Das Kleid ist doch wundervoll gemalt! Frau von Rochetaille hat auf dem letzten Ball im Elysée genausoeins angehabt.«

»Ja«, sagte Louise, »nur daß die Rüschen bei ihr viereckig den Rock hinuntergingen.«

Sie musterten noch einmal die kleine Leinwand, die eine Dame darstellte, die vor dem Kamin ihres Boudoirs stand und einen Brief las. Gemalt schien es mir ziemlich mittelmäßig zu sein, aber ich fühlte Sympathie für den Maler.

»Wo ist er nun schon wieder?« fragte Berthe auf einmal und sah sich um. »Alle zehn Schritte verläuft er sich.«

Sie sprach von ihrem Mann.

»Gaucheraud ist dahinten«, antwortete Félix, dem nichts entging, ruhig. »Er schaut sich den großen Christus aus Zukker an, der an das Pfefferkuchenkreuz genagelt ist.«

Und wirklich, da durchstrich er, die Hände auf dem Rükken, sehr friedlich und uneigennützig, ganz für sich die Säle. Als er uns bemerkte, kam er auf uns zu, drückte uns die Hände und sagte vergnügt:

»Haben Sie's schon gesehen? Dahinten ist ein Christus von wirklich bemerkenswert religiösem Gefühl.«

Die Damen gingen weiter. Wir folgten ihnen mit Gaucheraud. Die Gegenwart des Gatten erlaubte uns, sie zu begleiten. Es wurde von Herrn Neigeon gesprochen: er würde sicher kommen, wenn er sich nur zeitig genug aus einer Kommissionssitzung losmachen könnte, in der er die Sache der Regierung in einer sehr wichtigen Frage vertreten müßte. Gaucheraud hatte sich meines Armes bemächtigt und überhäufte mich mit Freundlichkeiten. Das war mir peinlich, denn ich mußte sie erwidern. Félix lächelte und stieß mich leicht mit dem Ellbogen an, aber ich begriff nicht, warum. Er benutzte den Umstand, daß der große Mann mich in Anspruch nahm, und ging mit den Damen voraus. Ich erhaschte Brocken aus ihrer Unterhaltung.

»Also, Sie gehen heute abend ins Varieté?«

»Ja, ich habe mir eine Loge genommen. Das Stück soll sehr lustig sein ... Ich nehme dich mit, Louise. Keine Widerrede!« Und dann:

»Nun ist die Saison zu Ende. Die Eröffnung des Salons ist das letzte, was in Paris los ist.«

»Sie vergessen die Rennen.«

»Ach, ich möchte so gern zum Rennen in Maisons-Laffitte. Da soll es immer so nett sein.«

Unterdessen sprach Gaucheraud mit mir von Boquet, er nannte es ein herrliches Gut, dessen Wert mein Vater verdoppelt hätte. Ich empfand, daß er mir schmeicheln wollte. Ich hörte aber kaum zu, denn jedesmal, wenn wir vor einem Bild still standen, streifte mich Louises lange Schleppe, und ich erzitterte bis ins Herz hinein. Ihr weißer Hals unter den langen schwarzen Haaren war zart wie der eines Kindes, und sie behielt ihr jugendhaftes Benehmen bei, was mich ein wenig ärgerte. Sie wurde viel gegrüßt, lachte viel und erregte Aufsehen durch ihre Lustigkeit und ihre helle Toilette. Zwei- oder dreimal wandte sie sich um und blickte mir fest in die Augen. Ich ging wie im Traum, ich könnte nicht sagen, wie viele Stunden ich ihr so gefolgt bin, von den Worten Gaucherauds betäubt und geblendet von den meilenlangen Reihen von Bildern zur Rechten und zur Linken. Ich weiß nur, daß ich den Mund voll Staub hatte und schrecklich müde war, während die Damen sich gut hielten und bis zuletzt lächelten.

Um sechs Uhr ging ich mit zu Félix zum Mittagessen. Beim Dessert sagte er auf einmal zu mir:

»Danke dir schön.«

»Wofür denn?« fragte ich sehr überrascht.

»Daß du so zartfühlend warst, nicht Frau Gaucheraud den Hof zu machen. Du ziehst also die Brünetten vor?«

Ich wurde rot, da sagte er rasch:

»Ich will mich durchaus nicht in dein Vertrauen drängen. Du wirst im Gegenteil bemerkt haben, daß ich mich jeder Einmischung enthalten habe. Ich bin der Ansicht, daß jeder seine Lehrjahre für sich allein durchmachen muß.«

Er lachte nicht mehr, er sprach ernst und freundschaftlich. »So glaubst du also, sie könnte mich lieben?« fragte ich und wagte doch nicht, Louises Namen zu nennen. »Ich weiß gar nichts«, antwortete er. »Tu, was du willst. Du wirst ja sehen, wie die Dinge sich gestalten werden.«

Ich hielt dies für eine Ermutigung. Félix sprach wieder in seinem ironischen Ton; und leicht scherzend behauptete er, daß Gaucheraud es gern gesehen hätte, wenn ich mich in seine Frau vernarrt hätte.

»Oh, du kennst den Biedermann nicht, du hast nicht begriffen, warum er sich dir so an den Hals geworfen hat. Der Einfluß seines Onkels in eurem Wahlbezirk hat abgenommen, und er wäre sehr froh, auf deinen Vater rechnen zu können, wenn er sich nächstens wieder seinen Wählern zeigen muß ... Verfluchte Geschichte! Verstehst du, mein Lieber, ich sah einen zu fürchtenden Rivalen in dir, weil du ihm nützen kannst; mich hat er schon ausgenützt.«

»Aber das ist doch ekelhaft!« rief ich.

»Warum denn ekelhaft?« antwortete er so ruhig, daß ich nicht genau wußte, ob er sich nicht am Ende über mich lustig machte. »Wenn eine Frau schon mal Freunde haben muß, so sollen diese Freunde der Familie wenigstens Nutzen bringen.«

Als wir vom Tisch aufstanden, sprach Félix davon, ins Varieté zu gehen. Ich hatte das Stück schon am Abend vorher gesehen; aber ich log und bezeigte große Lust, es kennenzulernen. Und was war das für ein reizender Abend! Die Loge der Damen war gerade neben unseren Parkettsitzen. Wenn ich den Kopf wandte, konnte ich auf Louises Gesicht das Vergnügen sehen, das sie bei den Witzen der Schauspieler empfand. Gestern hatte ich diese Witze albern gefunden. Heute aber gefielen sie mir, weil sie gleichsam eine Gemeinschaft zwischen Louise und mir herstellten. Das Stück war sehr frei, und sie lachten bei den gewagtesten Stellen am lautesten. Es genügte, daß sie in einer Parterreloge saß, dadurch wurde das zu einem erlaubten Vergnügen. Wenn unsere lachenden Augen sich trafen, senkte sie den Kopf nicht. Raffiniert verderbt schien mir das, ich sagte mir, daß drei Stunden, die wir in einer solchen Atmosphäre von Schlüpfrigkeit miteinander verbrachten, meine Angelegenheit sehr fördern müßten. Übrigens amüsierte sich das ganze Theater, viele Damen auf dem Balkon gebrauchten nicht einmal ihre Fächer.

Während einer Pause gingen wir und begrüßten die Damen. Gaucheraud war eben gekommen, wir konnten uns also zu ihnen setzen. Die Loge war dunkel, ich fühlte Louise neben mir. Bei einer Bewegung, die sie machte, flogen ihre Röcke auf und bedeckten meine Knie. Wie ein erstes stummes Geständnis unserer Zusammengehörigkeit berührten sie mich.

III

Zehn Tage sind verflossen. Félix ist nicht zu finden, ich weiß keinen Vorwand, unter dem ich mich Frau Neigeon nähern könnte. Um mich mit ihr zu beschäftigen, muß ich mir fünf oder sechs große Zeitungen kaufen, in denen ich dann den Namen ihres Mannes lese. Er ist in der Kammer in einer ernsten Debatte vermittelnd aufgetreten und hat eine vielbesprochene Rede gehalten. Zu jeder andern Zeit wäre mir diese Rede langweilig erschienen; heute aber interessiert sie mich, ich sehe hinter den weitschweifigen Phrasen Louises schwarze Flechten und ihren weißen Hals. Ich habe sogar mit einem Herrn, den ich kaum kenne, einen heftigen Streit gehabt, weil ich Herrn Neigeons Unbegabtheit nicht zugeben wollte. Die bissigen Angriffe der Zeitungen auf ihn machen mich wild. Sicherlich ist er dumm, das beweist mir aber nur noch deutlicher die Klugheit seiner Frau, wenn sie wirklich, wie man ihr nachsagt, die gute Fee seiner Karriere ist.

Während dieser zehn Tage voll Ungeduld und vergeblicher Gänge war ich fünf- oder sechsmal bei meiner Tante, weil ich einen glücklichen Zufall, irgendeine unvorhergesehene Begegnung erhoffte. Übrigens habe ich bei meinem letzten Besuch die Gräfin so geärgert, daß ich nicht so bald wagen werde, sie wieder aufzusuchen. Sie hatte sichs in den Kopf gesetzt, mir durch Herrn Neigeon einen diplomatischen Posten zu verschaffen; und ihre Entrüstung war groß, als ich das ausschlug und ihr dabei meine politischen Ansichten entwickelte. Das schlimmste war, das ich es zuerst ja angenommen hatte, damals, als ich Louise noch nicht liebte und es mir noch nicht wider den Strich ging, von ihrem Mann Gefälligkeiten anzunehmen. Daher konnte meine Tante dies plötzliche Zartgefühl bei mir nicht verstehen und nannte es eine kindische Laune. »Sind denn nicht genug Legitimisten als Vertreter der Republik im Ausland? Die Diplomatie ist der Zufluchtsort der Legitimisten; die füllen die Gesandtschaften, sie erweisen der guten Sache einen Dienst, wenn sie die hohen Stellungen, um die die Republikaner sie beneiden, für sich behalten.« Es war mir sehr schwer, gute Gründe dagegen anzuführen, ich flüchtete mich daher hinter eine übergroße Skrupelhaftigkeit, und meine Tante erklärte mich für verrückt und war um so ärgerlicher, als sie mit Herrn Neigeon schon von der Sache gesprochen hatte. Das tut nichts! Louise wird doch nicht von mir glauben, daß ich ihr den Hof machte, um eine Stelle im Ministerium zu bekommen.

Man würde mich auslachen, wenn ich die seltsamen Gefühle, die mich in diesen zehn Tagen bewegten, schildern wollte. Zuerst war ich überzeugt, daß Louise die tiefe Verwirrung, die die Berührung ihrer Röcke in mir hervorgerufen hatte, bemerkt haben müßte; und ich schloß daraus, da sie nicht sogleich zurückgefahren war, es sei ihr nicht unangenehm gewesen. Ich sah darin ein sinnliches Entgegenkommen, das die erlaubte Koketterie überstieg. Dies hier sind ehrliche Bekenntnisse, eine Art Beichte, in der ich nichts verheimliche. Viele Männer würden, wenn sie alles aussprächen, gestehen, daß die Umgebung zwar wechselt, die Frau aber immer dieselbe bleibt. In der Liebe gibt sich die Frau hin, oder sie erlaubt, daß man sie nimmt. Ich spreche hier von den verheirateten Frauen, von den Frauen von Welt, die den Schein zu wahren haben. Die Männer, die sie begehren, fühlen schnell heraus, ob sie sich ihnen mit feinem Anstand oder mit raffinierter Lüsternheit anbieten. Alles dies sage ich, um zu erklären, wie ich es in meinem verliebten Egoismus habe für natürlich und möglich halten können, daß ich Louises Geliebter werden würde; diese Röcke über meinen Knien waren nach meiner Meinung von einer reizend verwegenen Aufrichtigkeit gewesen.

Aber einige Stunden später fing ich zu zweifeln an und zog ganz entgegengesetzte Schlüsse daraus. Höchstens ein leichtfertiges Mädchen konnte sich einem auf diese Weise anbieten, es war ganz einfältig von mir, zu glauben, eine Frau würde sich mir so unbesonnen an den Hals werfen. Frau Neigeon dachte gar nicht an mich. Sie hatte vielleicht Liebhaber, aber ihre Liaisons waren sicherlich berechnender und komplizierterer Natur. Sicher lag ein großer Unterschied zwischen der Frau meiner Träume, die, ganz Naturtrieb, ihrem Vergnügen nachging, und der gewandten Frau, der schlauen Pariserin, die sie zweifellos war.

Dann war sie mir ganz entschlüpft. Ich sah sie nicht mehr, ich wußte nicht mehr, ob's auch Wahrheit gewesen, daß ich sie fünf Minuten lang im Schatten einer Loge in Fleisch und Blut weich und lebendig empfunden hatte. Und ich war sehr unglücklich, ich dachte sogar daran, mich wieder in Boquet zu vergraben.

Vorgestern kam mir endlich ein Gedanke, auf den ich merkwürdigerweise nicht gleich gekommen war. Ich ging in eine Kammersitzung; vielleicht würde Herr Neigeon sprechen, vielleicht würde seine Frau da sein. Aber ich sollte diesen verflixten Kerl immer noch nicht zu Gesicht bekommen.

Er hatte sich zu Wort gemeldet, war dann aber nicht einmal erschienen: es hieß, er würde durch irgendeine Senatssitzung abgehalten. Als ich mich aber im Hintergrund einer Tribüne niederließ, erblickte ich – ich war ganz aufgeregt – Frau Gaucheraud in der ersten Reihe der gegenüberliegenden Tribüne. Sie hatte mich erkannt und lächelte. Ach, aber Louise war nicht bei ihr. Meine Freude erlosch wieder. Beim Hinausgehen fing ich Frau Gaucheraud ab. Sie gab sich vertraulich. Félix hatte ihr sicher von mir erzählt.

»Waren Sie verreist?« fragte sie mich.

Ich schwieg. Verreist! Ich Armer, der so verzweifelt durch die Stadt gelaufen war!

»Weil man Sie nirgends sieht. Der letzte Empfang im Ministerium war entzückend, und dann die famose Pferdeausstellung ...«

Dann lachte sie über mein unglückliches Gesicht.

»Na, aber auf Wiedersehen morgen«, sagte sie beim Abschied. »Sie kommen doch hin, nicht wahr?«

Ich sagte einfältig ja, weil ich aus Furcht, wieder ausgelacht zu werden, nicht zu fragen wagte.

Sie wendete sich noch einmal nach mir zurück, sah mich schelmisch an und sagte in leisem, freundschaftlichem Ton, als hätte sie eine schöne Überraschung für mich in petto:

»Kommen Sie aber sicher.«

Ich verspürte eine tolle Lust, ihr nachzulaufen und sie zu fragen. Aber sie war schon in einem Seitenweg verschwunden, und ich schalt meine dumme Eitelkeit, die mich verhindert hatte, meine Unwissenheit einzugestehen. Natürlich war ich bereit hinzukommen; wohin aber? Das Ungewisse dieses Rendezvous marterte mein Gehirn; und ich schämte mich auch, daß ich nicht wußte, was die große Welt wußte. Am Abend lief ich zu Félix, um aus ihm geschickt den Ort des Rendezvous herauszuholen. Félix war nicht zu Hause. Da stürzte ich mich verzweifelt auf die Zeitungen, ich suchte mir die vornehmsten und verbreitetsten heraus, um aus den öffentlichen Anzeigen für den nächsten Tag zu erraten, welches der Ort wäre, wo die große Welt sich morgen treffen würde.

Meine Verlegenheit wuchs, da gab es so viele verschiedene Veranstaltungen: eine Ausstellung von Bildern alter Meister, einen Wohltätigkeitsbasar, eine musikalische Messe in der Kirche Sainte-Clotilde, eine Generalprobe, zwei Konzerte und mehrere Rennen. Wie konnte ein Neuling aus der Provinz sich da zurechtfinden? Ich begriff wohl, daß es zum guten Ton gehörte, einen von diesen Orten aufzusuchen; aber welchen, du großer Gott? Endlich wagte ich's, auf die Gefahr hin, einen ganzen Tag zu verlieren und vor Ungeduld zu sterben, meine Wahl zu treffen. Ich glaubte mich zu erinnern, daß die Damen vom Rennen in Maisons-Laffitte gesprochen hatten; eine Eingebung zog mich dorthin, und ich beschloß, zum Rennen nach Maisons-Laffitte zu fahren. Als ich diesen Entschluß gefaßt hatte, wurde ich ruhiger.

Was für ein entzückender Fleck Erde ist diese Pariser Bannmeile! Ich kannte Maisons-Laffitte noch nicht und fand es reizend mit seinen hellen Häusern, die alle auf einem Hügel stehen, der sanft zur Seine abfällt. Wir stehen in den ersten Tagen des Mai, die über und über weißen Apfelbäume bilden große Sträuße inmitten des zarten Grüns der Pappeln und Erlen.

Anfangs aber fühlte ich mich ganz verloren zwischen den Mauern und den lebendigen Hecken da draußen, weil ich niemanden nach dem Wege fragen wollte. Ich hatte die Freude, zu sehen, wie viele Leute denselben Zug benutzten; aber meine Damen waren nicht darunter, und mein Herz zog sich zusammen, als ich sie auch in dem Menschengewühl in Maisons-Laffitte nicht fand. Endlich verließ ich das bewohnte Maisons-Laffitte und ging die Seine entlang, als mich auf einmal eine plötzliche Erregung an einem Brombeerstrauch haltmachen ließ. Vielleicht fünfzig Schritte vor mir sah ich eine Gruppe von Menschen, die mir langsam entgegenkam. Ich erkannte Louise und Berthe; Gaucheraud und Félix, die Unzertrennlichen, gingen einige Schritte hinter ihnen her. So hatte ich also richtig geraten. Das machte mich stolz. Aber meine Verwirrung war so groß, daß ich eine rechte Kinderei beging. Ich versteckte mich hinter dem

Brombeerstrauch, denn ich schämte mich und fürchtete, mich lächerlich zu machen. Als Louise vorüberging, streifte der Saum ihres Kleides den Busch. Da sah ich sofort die Dummheit meiner ersten Eingebung ein, ich lief in aller Eile durch die Felder, und als die Spaziergänger eine Biegung des Weges erreichten, kam ich ihnen mit höchst unbefangener Miene entgegen, wie jemand, der sich allein glaubt und in freier Luft träumt.

»Ah, Sie sind es!« rief Gaucheraud.

Ich grüßte und spielte den Überraschten. Wir tauschten scherzhafte Begrüßungen und Händedrücke aus. Aber Félix lachte mit einem sonderbaren Seitenblick, und Berthe blinzelte mich schelmisch an. Dann wurde der Spaziergang wieder aufgenommen, und für ein paar Augenblicke blieb ich mit Berthe allein.

»Also sind Sie doch gekommen?« sagte sie lustig mit halber Stimme.

Und ohne mir Zeit zu einer Antwort zu lassen, spaßte sie weiter und meinte, ich könne glücklich sein, noch solch Kind zu sein. Ich fühlte, daß ich hier eine Verbündete besäße, es schien mir, daß es ihr eine persönliche Freude bereitete, ihre Freundin in meine Arme zu legen. Dann drehte Félix sich um und fragte: »Worüber lachen Sie denn so?«

»Herr de Vaugelade erzählt mir von einer Reise, die er mit einer englischen Familie zusammen gemacht hat«, antwortete sie ruhig.

Gaucheraud hatte wieder Félix' Arm genommen und zog ihn mit sich fort, damit ich mich ungestörter mit seiner Frau unterhalten könnte. Ich blieb mit Louise und Berthe allein und verlebte auf diesem schattigen Weg, der die Seine entlang führt, eine köstliche Stunde. Louise trug ein hellseidenes Kleid, und ihr rosa gefütterter Sonnenschirm übergoß ihr Gesicht mit einem schattenlosen, feinen und warmen Licht. Hier auf dem Lande gab sie sich noch ungezwungener, sie sprach laut, sah mir voll ins Gesicht und antwortete Berthe, die sie in eine sehr gewagte Unterhaltung verwickelte, mit einem Eifer, der mich erst nachträglich sehr befremdete.

»Geben Sie Frau Neigeon doch den Arm«, sagte Berthe endlich. »Sie sind nicht gerade galant, Sie sehen doch, daß sie müde ist.«

Ich bot Louise meinen Arm, den sie sogleich annahm. Berthe hatte ihren Mann und Félix eingeholt, wir blieben, etwa vierzig Schritte hinter ihnen, allein zurück. Der Weg führte den Hügel hinauf, und wir gingen sehr langsam. Unten floß die Seine zwischen sammetgrünen Wiesen. Zwei Brücken, über die Eisenbahnzüge mit dumpfem Donnern rollten, gingen über den Fluß, die eine vom diesseitigen Ufer zu einer langen schmalen Insel hinüber, und die andere von dort aus weiter zum andern Ufer, wo eine unermeßliche Fläche von bebautem Land sich bis zum Mont Valérien hin erstreckt, auf dem man am Rande des Himmels die grauen Häuser in der Sonne glänzen sah. Was mich aber bis zu Tränen rührte, war der Frühlingsduft um uns her, der aus dem Gras zu beiden Seiten des Weges aufstieg.

»Gehen Sie bald wieder nach Boquet?« fragte mich Louise. Ich war so einfältig, nein zu sagen, da ich nicht ahnte, daß sie hinzufügen würde:

»O wie schade! Wir gehen in der nächsten Woche nach Mûreaux, dem Gut meines Mannes, das nur zwei Meilen von Ihrem Gut entfernt ist, und ich hatte auf Ihren Besuch gerechnet.«

Ich stammelte wirres Zeug, ich sagte, mein Vater würde mich vielleicht früher heimrufen, als ich ahnte. Es war mir, als ob ihr Arm sich schwerer auf meinen legte. Wollte sie mir ein Rendezvous geben? Und sogleich dachte ich mir einen Roman aus, ein freies Verhältnis mit dieser reizenden Pariserin auf dem Lande, einen Liebesmonat unter grünen Bäumen. Ja, so war es, sie fand Gefallen an mir, dem einfachen Landedelmann, sie wollte sich dort, in meinem Milieu, von mir lieben lassen.

»Ich muß Sie schelten«, sagte sie plötzlich mit mütterlich zärtlicher Miene.

»Warum denn?« fragte ich.

»Ja, Ihre Tante hat mit mir von Ihnen gesprochen. Es

scheint, Sie wollen nichts von uns annehmen. Das ist beleidigend. Warum wollen Sie denn nicht?«

Ich errötete tief. Ich war schon im Begriff, mich zu erklären, ihr zu sagen: ›Ich kann nichts von Ihnen annehmen, weil ich Sie liebe.‹ Aber sie machte eine Bewegung des Verständnisses, und eine zweite Bewegung gebot mir Schweigen. Dann fügte sie lachend hinzu:

»Wenn Sie so stolz sind, wenn Sie nur Dienst gegen Dienst wollen, so nehmen wir dort draußen gern *Ihre* Protektion an. Sie wissen, daß ein Generalrat zu wählen ist. Mein Mann hat sich als Kandidat aufgestellt, er fürchtet aber, zu unterliegen, was ihm in seiner Stellung sehr unangenehm wäre ... Wollen Sie uns helfen?«

Sie war ganz entzückend. Diese Wahlgeschichte nahm sie als geistreiche Frau gewiß nur zum Vorwand, damit wir uns auf dem Lande wiederfinden könnten.

»Aber selbstverständlich helfe ich Ihnen«, antwortete ich fröhlich.

»Und wenn Sie meinem Mann zur Wahl verhelfen, bringt er Sie auch wieder ein Stückchen weiter.«

»Das Geschäft ist abgeschlossen?«

»Ja, das Geschäft ist abgeschlossen.«

Sie reichte mir ihre kleine Hand, und ich schlug ein. Wir lachten beide. Ich fand das entzückend. Hier standen keine Bäume mehr, die Sonnenstrahlen fielen senkrecht nieder, und wir gingen schweigend in der großen Glut. Aber dieser Esel von Gaucheraud kam auf einmal und störte das Schweigen unter dem flammenden Himmel. Er hatte gehört, daß wir vom Generalrat sprachen, und ließ nicht locker, er erzählte mir, was sein Onkel alles versucht hatte, um meinem Vater vorgestellt zu werden. Endlich erreichten wir den Rennplatz. Es war wunderschön beim Rennen. Ich stand die ganze Zeit hinter Louise und betrachtete ihren zarten Hals. Und was für ein herrlicher Rückweg durch einen Platzregen, der auf einmal losgebrochen war! Das Grün der Ebene erschien unter dem Regen noch zarter, das Laub und die Erde dufteten Liebe. Louise hatte die Augen halb geschlossen, sie war müde und gleichsam ganz durchdrungen von der Wollust des Frühlings.

»Denken Sie an unser Geschäft«, sagte sie mir am Bahnhof, als sie in ihren Wagen stieg, der sie erwartet hatte. »In vierzehn Tagen in Mûreaux, nicht wahr?«

Ich drückte die Hand, die sie mir gab, und tat das, fürchte ich, etwas zu kräftig, denn zum erstenmal sah ich sie jetzt ernst, mit zwei unzufriedenen Falten über den Lippen. Aber Berthe schien mich zu ermutigen, noch mehr zu wagen, und Félix lächelte geheimnisvoll, während Gaucheraud mich auf die Schulter schlug und rief:

»Auf nach Mûreaux! In vierzehn Tagen, Herr de Vaugelade, ... sind wir alle dort.«

Der Teufel soll ihn holen!

IV

Ich komme gerade aus Mûreaux zurück, und mein Kopf ist so voll von sich widersprechenden Gedanken, daß ich das Bedürfnis habe, mir den eben verlebten Tag bei Louise noch einmal zu vergegenwärtigen, um Klarheit darüber zu gewinnen.

Obgleich Mûreaux nur zwei Meilen von Boquet entfernt ist, kenne ich die Gegend nur wenig. Unsere Jagden liegen nach Gommerville hinüber, und weil man einen ziemlich großen Umweg machen muß, um über den Bach von Béage zu kommen, so war ich noch keine zehnmal in meinem Leben dort gewesen. Der Hügel mit seinem langsam ansteigenden, von Walnußbäumen umsäumten Weg ist ganz wunderhübsch. Dann geht's über eine Hochfläche hin und wieder hinunter, und endlich sieht man am Eingang in ein kleines Tal, dessen Wände sich bald zu einer engen Schlucht zusammenschließen, Mûreaux liegen. Das viereckige Herrenhaus aus dem siebzehnten Jahrhundert sieht nicht sehr imposant aus; aber der Park ist herrlich und mit seinen riesigen Rasenflächen und dem Stück Wald, in das er übergeht, so unentwirrbar, daß sogar die Alleen dicht verwachsen sind.

Als ich angeritten kam, sprangen mir zwei große Hunde

bellend entgegen. Am Ende der Auffahrt hatte ich einen weißen Fleck gesehen. Es war Louise in einem hellen Kleid, einen Strohhut auf dem Kopf. Sie kam nicht herunter, mich zu begrüßen, unbeweglich und lächelnd stand sie auf der großen Freitreppe, die zur Vorhalle führt. Es war kaum neun Uhr.

»Ah, wie nett von Ihnen!« rief sie. »Sie sind einmal früh auf! ... Wie Sie sehen, bin ich die einzige im ganzen Schloß, die schon aus dem Bette ist.«

Ich beglückwünschte sie zu dieser – für eine Pariserin – mutigen Leistung. Aber sie sagte lächelnd:

»Ich bin ja erst seit fünf Tagen hier. In den ersten Tagen stehe ich immer mit den Hühnern auf ... Aber im Laufe der zweiten Woche nehme ich allmählich meine schlechten Gewohnheiten wieder auf, um schließlich wie in Paris erst um zehn Uhr herunterzukommen ... Aber heute bin ich noch die Frau vom Land.«

Ich hatte sie noch nie so reizend gesehen. In ihrer Eile, aus dem Zimmer zu kommen, hatte sie ihre Haare nur nachlässig aufgesteckt und sich in das erste beste Hauskleid geworfen; ganz frisch, die Augen noch feucht vom Schlaf, wurde sie wieder zum Kind. Kleine Löckchen fielen auf ihren Hals. Wenn ihre weiten Ärmel zurückfielen, sah ich ihre nackten Arme bis zum Ellbogen.

»Sie haben keine Ahnung, wo ich jetzt hingehe?« fing sie wieder an. »Also hören Sie: ich wollte mir eine Wand Schlingpflanzen ansehen, an der Laube dahinten, die wunderbar schön sein soll, wenn die Sonne die Blumen noch nicht geschlossen hat. Der Gärtner hat mir davon erzählt; und da ich meine Schlingpflanzen gestern schon versäumt habe, will ich's heute nicht wieder tun ... Sie begleiten mich doch, nicht wahr?«

Ich hatte große Lust, ihr meinen Arm anzubieten, aber ich sah ein, daß das lächerlich wäre. Sie rannte wie ein durchgebranntes Schulmädchen und stieß dann vor der Laube einen Freudenschrei aus. Ein ganzer Vorhang von Schlingpflanzen hing herab, ein Strom von taubedeckten Glocken, deren zarte

Kelche rosig, violett und blaßblau schimmerten. Es war wie eine jener Phantasien, die wir aus japanischen Skizzenbüchern kennen, von großer Anmut und erlesener Eigenart.

»Das ist die Belohnung dafür, daß man früh aufsteht«, sagte Louise fröhlich.

Dann setzte sie sich in die Laube, und ich wagte es, mich neben sie zu setzen, da ich sah, daß sie ihren Rock zusammenraffte, um mir Platz zu machen. Ich war sehr erregt, weil mir der Gedanke kam, sie keck um die Taille zu fassen und auf den Nacken zu küssen. Ich fühlte es wohl, daß dies brutal sei. Auf die Art würde ein Unteroffizier die Tugend einer Kammerkatze zu vergewaltigen suchen. Aber mir fiel nichts anderes ein, und diese Idee nahm Besitz von mir, wurde zu einer Art körperlichem Bedürfnis. Ich weiß nicht, ob Louise erriet, was in mir vorging: sie erhob sich nicht; nur war sie ernst geworden.

»Zuerst kommen jetzt unsere Geschäfte, nicht wahr?« sagte sie. Es sauste mir in den Ohren, ich strengte mich an, zu hören, was sie sagte. Es war in der Laube dunkel und ein bißchen kühl. Die Sonne durchwirkte die Schlingpflanzenwand mit feinen goldenen Fäden, und auf dem weißen Hauskleid, das Louise trug, zeigten sich gleichsam goldene Mücken, strahlende kleine Pünktchen.

»Wovon sprachen wir doch noch«, fragte sie mich mit schuldbewußter Miene.

Da erzählte ich ihr von dem seltsamen Umschwung, den ich bei meinem Vater bemerkt hatte. Er, der sich seit zehn Jahren gegen den neuen Zustand der Dinge aufgelehnt und mir streng verboten hatte, jemals in den Dienst der Republik zu treten, hatte mir gleich nach meiner Rückkehr zu verstehen gegeben, daß ein junger Mensch in meinen Jahren dem Vaterland gehöre. Ich vermutete, daß meine Tante hinter dieser Bekehrung steckte. Sicherlich waren Frauen gegen ihn losgelassen worden. Louise hörte mir lächelnd zu und sagte dann: »Ich habe Herrn de Vaugelade vor drei Tagen in einem benachbarten Schloß getroffen ... Wir haben miteinander geplaudert.«

Und lebhaft fügte sie hinzu: »Sie wissen doch, daß die Generalratswahl am nächsten Sonntag stattfindet. Sie müssen Ihren Feldzug gleich beginnen … Wenn Ihr Vater uns hilft, ist der Erfolg meines Mannes sicher.«

»Ist Herr Neigeon hier?« fragte ich zögernd.

»Ja, er ist gestern abend angekommen … Aber Sie werden ihn heute morgen nicht sehen, er ist nach Gommerville gefahren, um bei einem Freund, der großen Einfluß hat, zu frühstücken.«

Sie hatte sich erhoben, ich blieb noch einen Augenblick sitzen und bedauerte sehr, daß ich sie nicht auf den Nacken geküßt hatte. Nie wieder finde ich einen so dunklen Winkel zu so früher Stunde, und sie selbst eben erst aufgestanden, noch kaum angezogen. Jetzt war es zu spät; ich fühlte deutlich, daß sie mich auslachen würde, wollte ich ihr hier auf der feuchten Erde zu Füßen fallen, und beschloß, meine Liebeserklärung auf einen günstigeren Augenblick zu verschieben.

Außerdem sah ich gerade am Ende der Allee Herrn Gaucherauds dicke Silhouette auftauchen. Als er Louise und mich aus der Laube treten sah, lächelte er ironisch. Dann erhob er unser tugendhaftes Frühaufstehen bis in den Himmel. Er war eben erst heruntergekommen.

»Und Berthe?« fragte ihn Louise, »hat sie gut geschlafen?«

»Ich weiß wahrhaftig nicht«, antwortete er. »Ich habe sie noch nicht gesehen.«

Und da er meine Verwunderung sah, erklärte er, seine Frau hätte den ganzen Tag Kopfschmerzen, wenn man sie morgens störte; sie hätten getrennte Schlafzimmer; das wäre bequemer, und ganz besonders auf dem Lande. Und ruhig und ernsthaft setzte er hinzu:

»Meine Frau liebt es, allein zu schlafen.«

Wir gingen dann über die Terrasse, die über dem Park liegt, und ich mußte an die ausgelassenen Geschichten denken, die man sich von dem Leben auf Schlössern erzählt. Es gefiel mir, von einem Winkel eleganter Ausschweifung zu träumen, von Liebhabern, die mit nackten Füßen und ohne Licht die Korridore entlangschlichen, um Damen zu besuchen in verschwiegenen Zimmern, deren Türen halb geöffnet sind. Das waren Freudenfeste für verderbte Pariserinnen, die schnell bereit sind, die Freiheiten des Landlebens auszunützen und dadurch die schon auseinanderfallenden Liaisons neu zu beleben. Und auf einmal hatte ich die Überzeugung, daß mein Traum zur Wirklichkeit geworden wäre, denn aus der Halle sah ich Berthe und meinen Freund Félix treten, beide schlaff, wie gebrochen, trotz der langen Nacht, die sie zum Schlafen gehabt hatten.

»Sie sind doch nicht am Ende krank?« fragte Louise ihre Freundin freundlich.

»Nein, ich danke. Nur die Luftveränderung, wissen Sie, das macht mich immer ganz nervös ... Und dann machen die Vögel schon in aller Frühe so einen Spektakel!«

Ich drückte Félix die Hand. Und ich weiß nicht warum, bei dem Lächeln, das die beiden Frauen austauschten, während Gaucheraud leise vor sich hin pfiff, kam mir der Gedanke, daß Louise ganz genau wissen müßte, was in ihrem Schlosse vorging. Sie mußte ja diese Männerschritte nachts in den Korridoren hören, dieses vorsichtige Öffnen und Schließen von Türen, diese Liebesseufzer, die aus den dunklen Schlafzimmern kommen und die Wände entlanggleiten. Ach, warum hatte ich sie in der Laube nicht auf den Hals geküßt! Da sie diese Dinge bei andern duldete, hätte sie's mir schon erlaubt. Ich berechnete schon, wie ich ins Haus hineinsteigen könnte, wenn ich nachts käme, um sie aufzusuchen. Links von der Vorhalle war ein ganz niedriges Fenster, das mir dazu trefflich geeignet erschien.

Um elf Uhr wurde gefrühstückt. Nach dem Frühstück verschwand Gaucheraud, um Siesta zu halten. Er hatte mir anvertraut, daß er fürchtete, nicht wiedergewählt zu werden, und daß er, um sich Sympathien zu gewinnen, drei Wochen im Wahlbezirk bleiben wollte. Deshalb war er auch, nachdem er zuerst seinen Onkel besucht hatte, nach Mûreaux gekommen: das ganze Land sollte sehen, daß er sich mit Neigeon ausgezeichnet stehe; das, meinte er, würde ihm Stimmen verschaffen. Ich verstand, daß er die größte Lust hatte, von meinem Vater gleichfalls eingeladen zu werden. Das Unglück war, daß ich Blondinen nicht zu lieben schien.

In der Gesellschaft der Damen und mit Félix zusammen verbrachte ich einen sehr vergnügten Nachmittag. Dieses Schloßleben, diese Pariser Anmut, die sich unter freiem Himmel in erster Sommersonne entfaltet, das ist wirklich zu entzückend. Es ist der erweiterte und weitergehende Salon auf den Rasenplätzen; nicht mehr der Wintersalon, in dem man sich immer ein wenig beengt fühlt, wo die Frauen in tief ausgeschnittenen Kleidern inmitten einer Wanddekoration von schwarzen Herrenanzügen mit den Fächern spielen, sondern ein Feriensalon, wo hellgekleidete Frauen frei durch die Alleen laufen, wo die Männer Jacketts tragen und sich zeigen, wie sie sind; ein Aufgeben gesellschaftlicher Etikette, eine Intimität, die die Langeweile konventioneller Gespräche ausschließt. Ich muß aber gestehen, daß das Benehmen der Damen mich, der ich in der Provinz unter Muckern aufgewachsen bin, immer wieder überraschte. Louise gestattete sich nach dem Frühstück, als wir auf der Terrasse Kaffee tranken, eine Zigarette. Berthe kauderwelschte allerlei dummes Zeug. Später verschwanden beide unter großem Röckegeraschel, lachten in der Ferne, riefen einander an und waren von sinnverwirrender Ausgelassenheit. Ich muß gestehen, ihre mir etwas verblüffend erscheinenden Manieren ließen mich auf ein Rendezvous mit Louise in einer der nächsten Nächte hoffen. Félix rauchte ruhig Zigarren. Manchmal bemerkte ich, wie er mich spöttisch musterte.

Um halb fünf wollte ich mich empfehlen; aber Louise protestierte:

»Nein, nein, gehen Sie noch nicht fort. Sie müssen zum Diner dableiben … Mein Mann wird gleich kommen. Sie werden ihn endlich kennenlernen. Ich muß Sie ihm unbedingt vorstellen.«

Ich erklärte ihr, daß mein Vater mich erwarte. In Boquet wäre heute ein Diner, das ich nicht versäumen dürfte. Und lachend fügte ich hinzu:

»Ein Wahldiner, ich muß für Sie arbeiten.«

»O dann«, sagte sie, »machen Sie, daß Sie fortkommen ... Und Sie wissen ja, wenn es Ihnen gelingt, so dürfen Sie kommen und sich Ihren Lohn holen.«

Mir war's, als ob sie errötete, als sie dies sagte. Sprach sie nur von der diplomatischen Anstellung, die mein Vater für mich haben wollte? Ich glaubte, ihren Worten einen zarteren Sinn beilegen zu dürfen, ich machte sicher ein albernes Gesicht, denn sie wurde einen Augenblick ernst und sah dabei hochmütig und unzufrieden aus. Übrigens hatte ich nicht Zeit, über ihren plötzlichen Mienenwechsel nachzudenken. Als ich aufbrach, hielt ein leichter Wagen vor der Vorhalle. Ich glaubte schon, ihr Mann käme heim. Aber im Wagen saßen zwei Kinder, ein kleines Mädchen von ungefähr fünf und ein kleiner Knabe von vier Jahren, mit einer Kammerfrau. Sie streckten die Arme aus und lachten; dann sprangen sie aus dem Wagen, liefen auf Louise zu und schmiegten sich an ihre Röcke. Sie küßte sie aufs Haar.

»Wem gehören die reizenden Kinder?« fragte ich.

»Mir natürlich!« antwortete sie überrascht.

Ihr! Wie ein Schlag traf mich dies einfache Wort. Es war mir, als wäre sie mir auf einmal entrückt: diese kleinen Hände gruben einen unüberschreitbaren Graben zwischen ihr und mir. Wie! Sie hatte Kinder, und ich hatte nichts davon gewußt!

Und heftig rief ich:

»Was, Sie haben Kinder!«

»Natürlich«, sagte sie ruhig. »Sie haben heute früh ihre Taufpatin besucht, die zwei Meilen von hier wohnt ... Erlauben Sie mir, sie Ihnen vorzustellen. Herr Lucien, Fräulein Marguerite.«

Die Kleinen lächelten mich an. Ich machte ein dummes Gesicht. Nein, ich konnte mich an den Gedanken, daß sie Mutter war, nicht gewöhnen. Das warf alle meine Absichten über den Haufen. Ganz verstört ritt ich fort, und noch jetzt weiß ich nicht, was ich davon denken soll. Ich sehe Louise in der Schlingpflanzenlaube, und ich sehe sie Luciens und Marguerites Haar küssen. Diese Pariserinnen sind entschieden zu kompliziert für einen Provinzedelmann von meinem Schlag. Ich muß mir die Sache überschlafen. Vielleicht sehe ich morgen klarer.

V

Hier ist die Lösung des Rätsels. Oh, was für eine Lehre für mich! Aber ich will versuchen, kaltblütig eins nach dem andern zu berichten.

Sonntag ist Herr Neigeon zum Generalrat gewählt worden. Nach der Zählung der Stimmen ist es ganz klar, daß der Kandidat ohne uns durchgefallen wäre. Mein Vater, der Herrn Neigeon gesehen hatte, gab mir zu verstehen, daß er einen so gänzlich unbedeutenden Mann nicht für gefährlich halte; außerdem handele es sich darum, den radikalen Gegenkandidaten zu schlagen. Am Abend nach dem Diner erwachte das alte Ich meines Vaters, und er sagte zu mir:

»Das alles ist nicht sehr schön. Aber sie haben mir immer wieder gesagt, daß ich damit für dich arbeite ... Tu du, was du nicht lassen kannst. Für mich ist's Zeit fortzugehen, ich verstehe die Welt nicht mehr.«

Am Montag und Dienstag ritt ich noch nicht nach Mûreaux. Es wäre mir unzart vorgekommen, wenn ich meinen Lohn so schnell hätte einfordern wollen. Die Kinder störten mich übrigens nicht mehr. Ich hatte bei mir festgestellt, daß Louise so gut wie gar nicht Mutter sei. Behauptete man nicht bei uns auf dem Lande, daß eine Pariserin ihren Kindern niemals ein Vergnügen opfere und sie, um ihre Freiheit zu haben, meistens den Dienstboten überlasse? Gestern, Mittwoch, waren alle meine Bedenken geschwunden. Die Ungeduld verzehrte mich. Um acht Uhr früh zog ich zum Kampf aus.

Mein Plan war, so wie das erstemal, in aller Frühe anzukommen und Louise, die eben aufgestanden sein würde, allein zu treffen. Als ich vom Pferd stieg, sagte mir aber ein Diener, daß die gnädige Frau noch in ihrem Schlafzimmer sei, und erbot sich auch nicht, mich zu melden. Ich sagte, ich würde warten.

Und ich wartete wirklich zwei geschlagene Stunden. Ich

weiß nicht, wie oft ich den Blumengarten umkreist habe. Von Zeit zu Zeit erhob ich die Augen zu den Fenstern der ersten Etage; aber die Jalousien blieben fest geschlossen. Müde und schwach vom langen Umherwandern, setzte ich mich in die Schlingpflanzenlaube. Diesmal war der Himmel bewölkt, die Sonne durchbrach nicht das Blättergewirr. Es war fast Nacht in diesem Dickicht. Ich dachte nach und sagte mir, daß ich, um alles zu gewinnen, alles aufs Spiel setzen müßte. Wenn ich heute noch einmal zögerte, würde Louise nie die Meine werden. Ich sprach mir Mut zu, ich dachte an alles, was sie mir gefällig und leichtsinnig erscheinen ließ. Mein Plan war ganz einfach: sobald ich mit ihr allein sein würde, wollte ich ihre Hände ergreifen und den Verlegenen spielen, um sie nicht scheu zu machen; dann würde ich ihren Nacken küssen, und das andere würde sich von selbst ergeben. Zum zehnten Mal arbeitete ich diesen Plan aus, als plötzlich Louise erschien.

»Was verstecken Sie sich?« sagte sie heiter und suchte mich in der Finsternis. »Ah, da sind Sie! Schon zehn Minuten laufe ich herum und kann Sie nicht finden ... Verzeihen Sie bitte, daß ich Sie habe warten lassen.«

Mit einer etwas gepreßten Stimme antwortete ich ihr, daß das Warten mir nicht langweilig gewesen wäre, weil ich dabei an sie gedacht hätte.

»Ich habe Ihnen doch gesagt, daß ich nur in der ersten Woche eine Landdame bin. Jetzt bin ich wieder die Pariserin und kann mich kaum aus dem Bett finden.«

Sie war am Eingang der Laube stehen geblieben, als wagte sie sich nicht ins Dunkel der Blätter.

»Nun, kommen Sie denn nicht?« fragte sie endlich. »Wir haben miteinander zu sprechen.«

»Hier ist's so gut sein«, sagte ich mit bebender Stimme. »Wir können auch auf dieser Bank darüber sprechen.«

Sie zögerte noch einen Augenblick und sagte dann mutig: »Also, wie Sie wollen. Aber wie dunkel es da ist. Freilich, Worte haben ja wohl keine Farbe.«

Und sie setzte sich neben mich. Ich wäre beinahe in Ohnmacht gefallen. Endlich, endlich war die ersehnte Stunde gekommen! Noch eine Minute, und ich würde ihre Hände ergreifen. Sie blieb ganz ruhig und sprach mit klarer Stimme weiter: »Nicht mit Worten will ich Ihnen danken. Ohne Ihre tatkräftige Hilfe wären wir durchgefallen ...«

Ich war nicht imstande zu antworten. Ich zitterte und sprach mir heimlich Mut zu.

»Zwischen uns sind Worte überflüssig«, fügte sie hinzu. »Sie wissen ja, wir haben einen Pakt geschlossen ...«

Sie sagte es lachend. Dies Lachen machte mich kühn. Ich faßte ihre Hände und sie entzog sie mir nicht. Ich fühlte sie ganz klein und ganz feucht in den meinen liegen. Sie überließ sie mir freundschaftlich vertraulich und sagte:

»Nicht wahr? Jetzt ist die Reihe an mir.«

Da wagte ich's, Gewalt anzuwenden. Ich zog ihre Hände empor und legte sie auf meine Lippen. Der Schatten wurde dunkler, eine Wolke mußte über unsere Köpfe hinziehen; der starke Blütenduft in diesem Blätternest betäubte mich. Aber bevor meine Lippen sich auf ihre Haut preßten, riß sie sich mit einer nervösen Kraft, die ich ihr nicht zugetraut hätte, los und packte meine Handgelenke. So hielt sie mich kaltblütig fest und sagte mit ruhiger, nur wenig scheltender Stimme:

»Keine Kindereien bitte! Das hatte ich befürchtet. Soll ich Ihnen, während ich Sie so halte, eine Lehre geben?«

Sie sprach mit lächelnder Strenge zu mir, wie eine Mutter ihren Sohn schilt.

»Vom ersten Tage an habe ich Sie verstanden. Sie haben schreckliche Geschichten von mir erzählen hören, nicht wahr? ... Sie haben sich Hoffnungen gemacht, und ich entschuldige Sie, denn Sie wissen nichts von unserer Welt. Sie sind mit den Ideen dieser Gegend, wo sich die Wölfe gute Nacht sagen, nach Paris gekommen ... Aber Sie müssen sich auch sagen, daß es ein wenig *mein* Fehler war, wenn Sie sich getäuscht haben. Ich hätte Ihnen Einhalt gebieten sollen, auf ein Wort von mir hätten Sie sich zurückgezogen. Ich habe dies Wort nicht gesprochen, das gebe ich zu, ich ließ Sie vorwärtsgehen, Sie müssen mich für eine abscheuliche Kokette halten … Wissen Sie, warum ich dies Wort nicht gesprochen habe?«

Ich konnte nur stammeln. Das Staunen über diese Szene lähmte mich. Sie drückte meine Handgelenke stärker, sie schüttelte mich und kam mir so nah, daß ihr Atem mein Gesicht streifte.

»Ich habe nichts gesagt, weil Sie mich interessierten, und ich Ihnen diese Lehre geben wollte … Sie begreifen es noch immer nicht, aber Sie werden darüber nachdenken und es verstehen lernen. Man verleumdet uns viel. Wir mögen vielleicht alles tun, was dazu herausfordert. Nur gibt es auch einige unter uns, die ehrbar sind, selbst unter denen, die sich am tollsten benehmen … Alles dies sind sehr feine, schwierige Probleme. Ich wiederhole es, Sie werden darüber nachdenken und es schon verstehen.«

»Lassen Sie mich los«, flüsterte ich ganz verwirrt.

»Nein, ich gebe Sie nicht frei … Bitten Sie mich erst um Verzeihung.«

Und trotz ihres scherzenden Tons empfand ich, daß sie ärgerlich war, daß ihr Tränen des Zornes über die Beleidigung, die ich ihr zugefügt hatte, in die Augen stiegen. Ein Gefühl der Hochachtung, wirklicher Respekt vor dieser reizenden und starken Frau, wuchs in mir empor. Der graziöse Heldenmut, mit dem sie die Dummheit ihres Mannes ertrug, das Gemisch von Koketterie und Höflichkeit, diese Verachtung der leeren Redensarten und die Rolle des Mannes in dieser Ehe, die sie unter einem leichten Benehmen verbarg, machten eine sehr komplizierte Persönlichkeit aus ihr, die meine Bewunderung erregte.

»Ich bitte um Verzeihung!« sagte ich demütig.

Sie ließ mich los. Ich erhob mich sogleich, während sie ruhig auf der Bank sitzen blieb, da sie die Dunkelheit und den erregenden Duft des Laubwerks nicht mehr fürchtete. Und heiter sagte sie: »Jetzt komme ich auf unser Geschäft zurück. Da ich sehr ehrlich bin, bezahle ich meine Schulden … Da haben Sie Ihre Ernennung zum Gesandtschaftssekretär. Ich habe sie gestern abend bekommen.«

Und da sie sah, daß ich zögerte, den Umschlag anzunehmen, rief sie mit kaum wahrnehmbarer Ironie:

»Ich finde aber doch, daß Sie meinem Mann wirklich dankbar sein können.«

Dies war der Ausgang meines ersten Abenteuers. Als wir aus der Laube kamen, trafen wir Félix mit Gaucheraud und Berthe auf der Terrasse. Félix kniff die Lippen zusammen, als er mich mit der Ernennung in der Hand zu Gesicht bekam. Sicherlich wußte er alles und lachte über mich. Ich nahm ihn beiseite und machte ihm bittere Vorwürfe, daß er mich nicht von diesem Fehltritt zurückgehalten hatte; er aber antwortete mir, daß nur Erfahrung die Tugend entwickle; und als ich fragend auf Berthe sah, die uns vorausging, zuckte er sehr bezeichnend die Achseln. Aber gestehen muß ich, daß mir trotz allem die seltsame Moral der großen Welt nicht recht verständlich ist, nach der sich die ehrbarsten Frauen ganz sonderbar gefällig stellen.

Ganz baff aber war ich, als Gaucheraud mir erzählte, mein Vater habe ihn und seine Frau für drei Tage nach Boquet eingeladen. Félix lächelte wieder und teilte uns mit, daß er am nächsten Tage nach Paris zurück müßte.

Da nahm ich Reißaus, ich gab vor, daß ich meinem Vater feierlich versprochen hätte, zum Frühstück wieder daheim zu sein. Ich war schon am Ende der Allee, als ich einen Herrn in einem Kabriolett erblickte. Das mußte Herr Neigeon sein. Weiß der liebe Gott! Ich hätte ihn lieber auch heute wieder verfehlt. Und Sonntag kommen Gaucheraud und seine Frau zum Besuch zu uns nach Boquet. Wie ekelhaft.

DER STURM AUF DIE MÜHLE

I

Ein schöner Sommerabend und Festesstimmung in Vater Merliers Mühle. Im Hof waren drei Tische aneinandergestellt, die auf die Gäste warteten. Im ganzen Land wußte man, daß heute die Verlobung Françoises, der Tochter Merliers, mit Dominique gefeiert wurde. Dominique war ein Faulpelz, aber drei Meilen in der Runde betrachteten ihn alle Frauen mit glänzenden Augen, so hübsch war er.

Vater Merliers Mühle war wirklich ein kleines Paradies. Sie lag in der Mitte von Rocreuse an der Straßenbiegung. Das Dorf hatte nur eine Straße, und auf jeder Seite des Weges stand eine Reihe alter Häuser; bei der Biegung aber breiten sich Wiesen aus, hohe Bäume stehen am Ufer der Morelle und füllen das Tal mit köstlichem Schatten. In ganz Lothringen gibt es keinen entzückenderen Winkel. Rechts und links erheben sich dichte Waldungen, hundertjährige Wälder gleiten sanft die Abhänge hinab und tauchen den Horizont in ein Meer von Grün – im Süden erstreckt sich eine wundersam fruchtbare Ebene bis ins Unendliche. Der Hauptreiz von Rocreuse aber ist die Frische dieses grünen Nestes auch an den heißesten Tagen im Juli und August. Die Morelle kommt aus den Wäldern von Gagny, viele Meilen läuft sie unter kühlem Laubwerk und unter rauschenden Wäldern und bringt Kühle und Rauschen mit ins Tal. Aber sie ist nicht die einzige Erfrischung, viele Gewässer singen in den Wäldern; bei jedem Schritt springen Quellen auf, und den schmalen Fußwegen entlang fühlt man gleichsam unterirdische Seen, die durch das Moos sickern und am Fuß der Bäume und zwischen den Felsen aus den kleinsten Spalten als spiegelklare Quellen heraussprudeln. Die schwatzenden Stimmen der Bäche übertönen laut den Gesang der Buchfinken. Von Wasserfällen rings umgeben wähnt man sich in einem Zauberpark. Unten schwimmen die Auen im Wasser. Große Kastanienbäume werfen schwarze Schatten. Am Rande der

Wiese lange Reihen rauschender Pappeln. Zwei Alleen uralter Platanen führen querfeldein zum Schloß Gagny, das jetzt nur noch eine Ruine ist. Auf dieser ewigfeuchten Erde wächst das Gras überhoch. So steht ein Blumengarten zwischen den waldigen Hügeln, seine Wiesen sind die Rasenplätze, und die riesenhohen Bäume sind die gewaltigen, korbförmigen Blumenbeete. Steht mittags die Sonne senkrecht, so werden die Schatten blau, und die versengten Gräser schlafen in der Hitze, unter dem Laubwerk aber zucken kühle Schauer.

Und gerade hier ist Vater Merliers Mühle mit ihrem Ticktack die Freude eines grünen Winkels. Das aus Gips und Brettern zusammengefügte Mauerwerk schien so alt zu sein wie die Welt. Zur Hälfte stand es in der Morelle, die hier ein klares, rundes Becken bildete. Hinter einer Schleuse fiel das Wasser einige Meter hoch aufs Mühlenrad, das beim Drehen knarrte wie der asthmatische Husten eines treuen, im Hause alt gewordenen Dienstboten. Gab man Vater Merlier den Rat, er solle es auswechseln, so schüttelte er den Kopf und meinte, ein neues Rad wäre weniger fleißig und kennte die Arbeit nicht so gut; und er flickte das alte Rad mit allem, was ihm in die Hände fiel: mit Faßdauben, verrosteten eisernen Beschlägen, mit Zink und Blei. Unter dem Putz von Gräsern und Moos erhielt so das alte Rad ein seltsames Profil, aber es erschien dadurch nur noch fröhlicher. Schlug des Wassers silberne Flut dagegen, so bedeckte es sich mit Perlen, und sein sonderbares Gerippe drehte sich in glänzendem Schmuck.

Der Teil der Mühle, der in der Morelle stand, sah wie eine alte, gestrandete Arche aus. Über die Hälfte des Hauses war auf Pfählen erbaut. Unter dem Fußboden strömte das Wasser, und die Aale und Riesenkrebse, die man in den Löchern fangen konnte, waren im ganzen Land bekannt. Unterhalb des Wasserfalles war das Becken klar wie ein Spiegel, und, trübte das Rad es nicht mit seinem Schaum, so sah man ganze Schwärme großer Fische, die langsam umherschwammen. Neben einem Pfahl, an dem ein Boot angebunden war, führte eine Treppe zum Fluß hinunter. Über das Rad führte eine Galerie aus Holz. Die Fenster waren unregelmäßig eingesetzt. Dazu ein Gewirr von Mauerecken, Wänden, neuen Bauten, Balken und Überdachungen, so daß die Mühle wie eine alte, verrückte Festung aussah. Überall aber wuchs Efeu, und alle möglichen Blätterpflanzen verdeckten die großen Risse und legten einen grünen Mantel um das alte Haus. Vorüberkommende Damen zeichneten Vater Merliers Mühle in ihr Skizzenbuch.

Auf der Straßenseite war das Haus solider. Ein Steinportal führte auf den großen Hof, der rechts und links von Wagenschuppen und Ställen eingefaßt war. Über dem Portal in gerader Linie die vier Fenster des ersten Stockwerkes, darüber ein Taubenhaus. Vater Merliers einzige Eitelkeit bestand darin, diese Vorderseite alle zehn Jahre mit Wasserfarbe anstreichen zu lassen. Sie war gerade frisch geweißt und blendete das Dorf, wenn die Sonne schien.

Seit zwanzig Jahren war Vater Merlier Bürgermeister von Rocreuse. Man achtete ihn sehr, weil er es verstanden hatte, ein Vermögen zu erwerben. Man schätzte ihn auf achtzigtausend Francs, die er Sou für Sou angehäuft hatte. Als er Madeleine Guillard, die ihm als Mitgift die Mühle mitgebracht hatte, heiratete, besaß er nur seine beiden Arme. Aber Madeleine hatte ihre Wahl nie bereut, so fröhlich und geschickt hatte er das Haus geführt. Seine Frau war gestorben, und er war mit seiner Tochter Françoise allein geblieben. Er hätte sich zur Ruhe setzen und das Mühlrad stillstehen lassen können; aber er hätte sich zu sehr gelangweilt, und das Haus wäre ihm wie tot vorgekommen. So arbeitete er zu seinem Vergnügen weiter. Damals war Vater Merlier ein hochgewachsener alter Mann mit langem, stillem Gesicht, er lachte nie, war aber innerlich trotzdem sehr vergnügt. Um seines vielen Geldes willen hatte man ihn zum Bürgermeister gewählt und auch, weil er so gut aussah, wenn er eine Zivilehe schloß.

Françoise Merlier war gerade achtzehn Jahre alt. Weil sie so zart aussah, galt sie nicht als schön. Bis zu ihrem fünfzehnten Jahr war sie sogar häßlich gewesen. Man konnte es in Rocreuse nicht begreifen, daß die Tochter von Mutter und Vater Merlier, die beide kräftig waren, so langsam und gleichsam wider Willen wuchs. Mit fünfzehn Jahren blieb sie zwar noch immer zart, bekam aber das reizendste Gesicht von der Welt. Sie war ganz rosig und hatte schwarze Haare und Augen, einen Mund, der stets lächelte, Grübchen in den Wangen und eine klare Stirn, die gleichsam eine Sonnenkrone trug. Sie war nach den Begriffen des Landes zwar schwächlich, aber durchaus nicht mager; man wollte damit einfach sagen, daß sie keinen Getreidesack heben konnte; mit den Jahren aber wurde sie immer voller und versprach, rund und lecker wie eine Wachtel zu werden. Das ernste Schweigen ihres Vaters hatte sie schon in früher Jugend vernünftig gemacht. Lachte sie trotzdem beständig, so tat sie es nur, um andere damit zu erfreuen. Im Grunde war auch sie ernst.

Natürlich machte ihr das ganze Land den Hof, mehr noch um ihrer Taler als um ihrer Anmut willen. Und ihre Wahl erregte Ärgernis weit und breit. Auf dem anderen Ufer der Morelle lebte ein hochgewachsener Bursche, Dominique Penquer. Er war nicht aus Rocreuse. Vor zehn Jahren war er aus Belgien eingewandert, um einen Onkel zu beerben; der hatte der Mühle gerade gegenüber am Saum des Waldes von Gagny ein kleines Gut besessen. Eigentlich war er nur gekommen, das Gut zu verkaufen, und wollte gleich wieder nach Hause reisen. Aber scheinbar gefiel ihm das Land zu gut, und er blieb. Er bebaute sein Stückchen Feld, erntete etwas Gemüse und lebte davon. Er fischte und jagte; mehrmals schon hatten die Forstgehilfen ihn beinahe gefangen und ein Protokoll darüber aufgenommen. Dies freie Leben hatte ihn etwas in Verruf gebracht. Man behandelte ihn fast wie einen Wilddieb. Jedenfalls war er faul, denn in Stunden, da er hätte arbeiten müssen, fand man ihn oft schlafend im Gras. Und das Haus unter den letzten Bäumen des Waldes, in dem er wohnte, sah auch nicht aus wie die Wohnung eines ehrbaren Burschen. Hätte er Freundschaft mit den Wölfen der Ruine von Gagny geschlossen, die alten Weiber hätten sich nicht lange darüber gewundert. Nur die jungen Mädchen wagten es bisweilen, ihn zu verteidigen, denn dieser verdächtige Mann war stattlich, biegsam und schlank wie eine Pappel, hatte eine weiße Haut und Bart und Haare, die in der Sonne wie Gold glänzten. Und eines schönen Morgens hatte Françoise Vater Merlier erklärt, sie liebe Dominique, und niemals würde sie einen anderen Burschen heiraten.

Welch ein Schlag für Vater Merlier! Er sagte nach seiner Gewohnheit nichts. Er machte sein nachdenkliches Gesicht, aber die innere Heiterkeit schimmerte nicht mehr in seinen Augen. Eine Woche lang schmollten sie miteinander. Auch Françoise wurde ganz ernst. Vater Merlier wollte erfahren, wie dieser Schuft von Wilddieb seine Tochter so hatte bezaubern können, und das quälte ihn am meisten. Niemals war Dominique in die Mühle gekommen. Der Müller lauerte ihm auf und sah den Verliebten am andern Ufer der Morelle im Grase liegen und Schlaf heucheln. Françoise konnte ihn von ihrem Zimmer aus sehen. Die Sache war klar, sie hatten sich übers Rad hinweg süße Augen gemacht und sich so immer heftiger ineinander verliebt.

Wieder verstrich eine Woche. Françoise wurde immer ernster. Vater Merlier sagte immer noch nichts. Aber eines Abends führte er selbst Dominique herein und schwieg weiter. Françoise deckte gerade den Tisch. Sie schien nicht sehr erstaunt zu sein und legte einfach ein Gedeck mehr auf; aber die Grübchen in ihren Wangen kamen wieder zum Vorschein, sie lächelte. Am Morgen hatte Vater Merlier Dominique in seinem Haus am Waldessaum aufgesucht. Drei Stunden lang hatten die Männer bei geschlossenen Türen und Fenstern miteinander gesprochen. Niemals hat irgend jemand erfahren, was dort verhandelt wurde. Eins steht fest, daß Vater Merlier beim Fortgehen Dominique wie einen Sohn behandelte. Sicherlich hatte der alte Mann in diesem Faulenzer, der sich ins Gras legte, um Mädchen zu fangen, einen braven Burschen entdeckt.

Ganz Rocreuse schlug Lärm. Die Frauen unter den Türen verspotteten unablässig den törichten Vater Merlier, der diesen Taugenichts bei sich aufgenommen hatte. Er ließ sie reden. Vielleicht dachte er an seine eigene Hochzeit. Auch er besaß keinen roten Heller, als er Madeleine und ihre Mühle geheiratet hatte, und war trotzdem ein guter Ehemann gewesen. Vor allem brachte Dominique die bösen Zungen rasch zum Schweigen, denn er stürzte sich mit solchem Eifer in die Arbeit, daß das ganze Land vor Wunder die Augen aufriß. Der Müllerknecht war gerade zum Militär eingezogen worden, und Dominique duldete nicht, daß man einen anderen annahm. Er trug die Säcke, schob die Karren und schlug sich mit dem alten Rad herum, wenn es sich nicht mehr drehen wollte, und tat alles mit soviel Lust und Liebe, daß man ihm gerne zuschaute. Vater Merlier hatte sein stilles Lachen. Er war stolz darauf, diesen Burschen richtig erkannt zu haben.

Inmitten dieser großen Arbeit beteten Françoise und Dominique einander an. Sie sprachen kaum miteinander, sahen sich aber lächelnd und sanft an. Bis dahin hatte Vater Merlier noch kein Wort über die Heirat gesagt, und beide ehrten sein Schweigen und warteten auf seinen Entschluß. Mitte Juli ließ er endlich eines Tages drei Tische in den Hof stellen unter die große Ulme und lud seine Freunde aus Rocreuse ein, ein Glas mit ihm zu trinken. Als der Hof voll war und jeder ein Glas in der Hand hielt, erhob Vater Merlier seines und sagte:

»Mit Vergnügen teile ich euch mit, daß Françoise in einem Monat, am Tage des heiligen Ludwig, diesen braven Burschen da heiraten wird.«

Geräuschvoll wurde angestoßen. Alle lachten. Aber Vater Merlier erhob noch einmal seine Stimme:

»Dominique, küsse deine Braut. Das schickt sich so.«

Sie wurden sehr rot und küßten einander, und die Zuschauer lachten lauter. Es war ein richtiges Fest. Man trank ein kleines Faß aus. Und als dann nur die vertrautesten Freunde zurückgeblieben waren, plauderte man ruhig. Die Nacht, eine helle, sternenklare Nacht, war gekommen. Dominique und Françoise saßen dicht nebeneinander auf einer Bank und sagten nichts. Ein alter Bauer sprach vom Krieg, den der Kaiser Preußen erklärt hatte. Alle Burschen des Dorfes waren schon fort. Am Abend vorher waren die Truppen vorübergezogen. Es sollte losgehen.

»Bah!« sagte Vater Merlier mit dem Egoismus des Glücklichen, »Dominique ist Ausländer, er braucht nicht einzurükken ... und wenn die Preußen kommen, so ist er da und kann seine Frau verteidigen.«

Dieser Gedanke, daß die Preußen kommen könnten, schien besonders spaßhaft. Man würde ihnen eine Tracht Prügel geben, und alles wäre rasch zu Ende.

»Ich habe sie schon gesehen, ich habe sie schon gesehen«, wiederholte der alte Bauer mit klangloser Stimme. Kurzes Schweigen. Dann stieß man wieder an. Françoise und Dominique hatten nichts gehört; hinter der Bank hatten sie sich einander die Hände gereicht, ohne daß die anderen es bemerkten, und sie fanden das so süß, daß sie mit ins Dunkel verlorenen Augen unbeweglich dasaßen.

Welch milde, prächtige Nacht! Ruhig wie ein Kind schlief das Dorf zu beiden Seiten der weißen Straße. Von Zeit zu Zeit hörte man das Krähen eines zu früh erwachten Hahnes. Die tiefen Atemzüge der nahen Wälder strichen wie Liebkosungen über die Dächer. Die Wiesen hatten schwarze Schatten und ruhten in geheimnisvoller Majestät und Andacht, und alle fließenden Quellen und die im Dunkeln sprudelnden Gewässer waren der frische, regelmäßige Atem des schlafenden Landes. Ab und zu schien das alte, schlummernde Mühlrad zu träumen wie jene alten Wächterhunde, die im Schlafe bellen; es knarrte und krachte und schwatzte im Traum und wiegte sich auf der Morelle, deren weite Fläche sang wie eine Orgelpfeife. Niemals lag tieferer Friede über einem glücklicheren Erdenwinkel.

II

Einen Monat später, am Vorabend des Ludwigstages, war Rocreuse von Schrecken erfüllt. Die Preußen hatten den Kaiser geschlagen und rückten in Eilmärschen gegen das Dorf vor. Seit einer Woche meldeten die Vorüberziehenden: »Sie sind in Lormière, sie sind in Novelle«; und jeden Morgen glaubte Rocreuse, sie würden aus den Wäldern von Gagny herabsteigen. Aber sie kamen nicht, und das ängstigte die Leute noch mehr. Sicherlich würden sie das Dorf in der Nacht überfallen und alle erwürgen.

Kurz vor Tagesanbruch gab es blinden Alarm. Die Einwohner fuhren aus dem Schlaf, denn schwere Männerschritte dröhnten auf der Straße. Die Frauen warfen sich auf die Knie und machten das Zeichen des Kreuzes; man öffnete vorsichtig die Fenster und man erkannte rote Hosen. Es war eine französische Abteilung. Der Hauptmann hatte gleich nach dem Bürgermeister verlangt, und nachdem er mit Vater Merlier gesprochen hatte, war er in der Mühle geblieben. Strahlend erhob sich die Sonne. Es würde heiß werden des Mittags. Über den Wäldern schwamm lichte Klarheit, während in der Tiefe aus den Wiesen weiße Nebel stiegen. Sauber und hübsch erwachte das Dorf wie erfrischt, und das Land mit seinem Fluß und seinen Quellen hatte etwas von dem Reiz eines taubedeckten Blumenstraußes. Aber niemand lächelte diesen schönen Tag an. Man sah den Hauptmann um die Mühle herumgehen, die Häuser in der Nähe betrachten, auf das andere Ufer der Morelle gehen und von dort das Land mit dem Fernrohr beobachten; Vater Merlier begleitete ihn und schien Erklärungen zu geben. Dann postierte er Soldaten hinter Mauern, Bäume und in Löcher. Das Gros der Abteilung lagerte im Hof der Mühle. Sollte es zum Gefecht kommen? Und als Vater Merlier zurückkam, wurde er ausgefragt. Er nickte stumm mit dem Kopf. Ja, es würde ein Gefecht geben.

Françoise und Dominique waren im Hof und sahen ihn an. Er nahm seine Pfeife aus dem Mund und sagte einfach:

»Ach, meine armen Kinder, ich kann euch morgen nicht vermählen!«

Mit zusammengepreßten Lippen richtete sich Dominique höher auf, seine Stirn faltete sich zornig, und er blickte starr zu den Wäldern von Gagny hinüber, als wünschte er, daß die Preußen endlich kämen. Françoise ging bleich und ernst auf und ab und sorgte für die Soldaten, die in einem Winkel im

Hof ihre Suppe kochten und sich die Zeit bis zum Essen mit Späßen vertrieben.

Der Hauptmann schien ganz entzückt zu sein. Er hatte die Zimmer besichtigt und den großen Saal der Mühle, der auf den Fluß ging. Jetzt plauderte er am Brunnen mit Vater Merlier.

»Sie haben da eine richtige Festung«, sagte er. »Wir werden sie bis zum Abend besetzen ... die Bande kommt spät. Sie müßten schon hier sein.«

Der Müller blieb ernst. Er sah, wie seine Mühle brannte wie eine Fackel. Aber er beklagte sich nicht, er wußte, daß es doch nichts nützen würde. Und so sagte er nur: »Man sollte das Boot hinter dem Rad verstecken. Da ist ein Loch, wo es hineingeht ... vielleicht wird man's brauchen können.«

Der Hauptmann erteilte einen Befehl. Er war ein schöner Mann von etwa vierzig Jahren, groß und mit angenehmem Gesicht. Françoise und Dominique schienen ihm zu gefallen. Er beschäftigte sich mit ihnen, als hätte er den bevorstehenden Kampf ganz vergessen. Er verfolgte Françoise mit den Augen und man sah es ihm an, daß er sie reizend fand. Dann wandte er sich an Dominique:

»Sie sind nicht Soldat, mein Sohn?«

»Ich bin Ausländer«, antwortete der junge Mann.

Der Hauptmann schien diesen Grund nicht gelten zu lassen. Er schloß die Augen halb und lächelte. Dominique sah das Lächeln und fügte rasch hinzu:

»Ich bin Ausländer, aber ich schieße auf fünfhundert Meter eine Kugel in den Apfel ... da, hinter Ihnen, steht meine Jagdflinte.«

»Sie werden sie brauchen«, antwortete der Hauptmann einfach.

Françoise war zitternd nähergetreten. Und ohne die Umstehenden zu beachten, ergriff Dominique ihre Hände, die sie ihm wie hilfeflehend entgegengestreckt hatte, und drückte sie innig. Der Hauptmann lächelte wieder, sagte aber kein Wort. Er stellte den Säbel zwischen die Beine, setzte sich, starrte ins Leere und schien zu träumen.

Es war zehn Uhr. Die Hitze wurde drückend. Schweres Schweigen. Im Hof saßen die Soldaten stumm im Schatten der Wagenschuppen und aßen ihre Suppe. Kein Lärm kam aus dem Dorf, dessen Bewohner ihre Häuser, Türen und Fenster verbarrikadiert hatten. Ein Hund war einsam auf der Straße zurückgeblieben und heulte. Aus den benachbarten Wiesen und Wäldern sammelten sich alle zerstreuten Töne und klangen in eine müde Stimme zusammen. Ein Kuckuck schrie. Dann wieder tiefes Schweigen. Und in dieser schlafenden Luft plötzlich ein Schuß. Der Hauptmann sprang auf, die Soldaten ließen ihre noch halbgefüllten Suppenteller fallen. In wenigen Sekunden waren alle auf ihren Posten; die Mühle war von oben bis unten besetzt. Der Hauptmann, der auf die Straße gestürzt kam, hatte nichts gesehen; rechts und links dehnte sich die Straße weiß und leer. Ein zweiter Schuß – immer noch nichts, nicht einmal ein Schatten. Als er sich umwandte, erblickte er zwischen zwei Bäumen nach Gagny zu eine leichte Rauchflocke, die wie ein Sommerfaden davonflog. Der Wald blieb still und friedlich.

»Die Schufte haben sich in den Wald geworfen«, murmelte er. »Sie wissen, daß wir hier sind.«

Dann wechselten die französischen Soldaten um die Mühle herum immer mehr Schüsse mit den Preußen, die hinter den Bäumen staken. Die Kugeln pfiffen über die Morelle, ohne jemanden zu treffen. Aus jedem Busch kamen ziellos Schüsse, man sah nur kleine Rauchwolken, die der Wind hin und her trieb. Das dauerte fast zwei Stunden. Der Offizier summte eine gleichgültige Melodie. Françoise und Dominique waren im Hof geblieben, jetzt stellten sie sich auf die Fußspitzen und blickten über eine niedrige Mauer. Sie beobachteten einen kleinen Soldaten am Ufer der Morelle; er lag hinter dem Rumpf eines kleinen Bootes auf dem Bauch, spähte aus, feuerte und kroch dann in einen Graben zurück, um wieder zu laden; und seine Bewegungen waren so possierlich, so schlau und gewandt, daß man lächeln mußte, wenn man ihm zusah. Gerade mußte er den Kopf eines Preußen zu Gesicht bekommen haben, denn er erhob sich schnell und legte an; ehe er aber noch zum Schuß kam, stieß er einen Schrei aus, überkugelte sich und rollte in den Graben. Einen Augenblick lang zuckten seine Beine konvulsivisch wie die Füße eines Huhns, dem man den Hals abschneidet. Dem kleinen Soldaten war eine Kugel in die Brust gedrungen. Der erste Tote. Instinktiv hatte Françoise nach Dominiques Hand gegriffen und drückte sie in nervösem Krampf.

»Geht da weg!« sagte der Hauptmann. »Die Kugeln kommen bis hierher.«

Und wirklich hörte man einen kurzen harten Schlag in der alten Ulme, ein Zweiglein schwankte und fiel herab. Aber die beiden jungen Leute waren durch das furchtbare Schauspiel so gebannt, daß sie sich nicht rührten. Wie aus einer Kulisse war ein Preuße am Waldessaum plötzlich hinter einem Baum hervorgetreten, schlug mit den Armen in die Luft und fiel hintenüber. Dann rührte sich nichts mehr, die beiden Toten schliefen in der Sonne, niemand zeigte sich mehr. Sogar das Gewehrknattern hörte auf. Nur die Morelle sang in hellen Tönen. Vater Merlier sah den Hauptmann überrascht an, als wollte er fragen: ist nun alles zu Ende?

»Jetzt kommt erst die Hauptsache«, sagte er, »bleiben Sie nicht –«

Eine furchtbare Salve schnitt ihm die Rede ab. Die riesige Ulme war wie abgemäht, eine Wolke von Blättern wirbelte auf. Zum Glück hatten die Preußen zu hoch gezielt. Dominique riß Françoise fort, Vater Merlier folgte ihnen und rief:

»In den kleinen Keller, die Mauern sind fest.«

Aber sie hörten ihn nicht und gingen in den großen Saal, wo zehn Soldaten schweigend hinter den geschlossenen Fensterläden warteten und nur ab und zu durch die Spalten blickten.

Der Hauptmann war allein im Hof zurückgeblieben und kauerte hinter der kleinen Mauer; und weiter dröhnten die Schüsse. Draußen gaben die Soldaten nur Schritt für Schritt Boden preis. Und dennoch wurde jeder vom Feind aus seinem Versteck gescheucht, und einer nach dem andern mußte in die Mühle zurück. Ihre Taktik war, Zeit zu gewinnen und sich dem Blick des Feindes zu entziehen, damit er nicht erführe, wie wenig zahlreich sie seien. So verfloß eine Stunde. Und als ein Sergeant kam und meldete, draußen seien nur noch zwei oder drei Mann, zog der Offizier seine Uhr heraus und murmelte:

»Halb drei – ... Na, vier Stunden müssen wir uns noch halten.«

Er ließ das Haupttor schließen, und alles rüstete sich zum letzten Widerstand. Da die Preußen noch auf dem anderen Ufer der Morelle waren, brauchte man einen sofortigen Angriff nicht zu erwarten. Zwar befand sich zwei Kilometer weiter unten eine Brücke; es war aber nicht anzunehmen, daß sie das wußten, und den Fluß zu durchwaten, würden sie kaum versuchen. Der Offizier ließ die Straße überwachen.

Der Kugelregen hatte aufgehört. Die Mühle lag tot in der glühenden Sonne. Kein Fensterladen war offen. Kein Geräusch drang aus dem Innern. Nach und nach aber zeigten Preußen sich am Waldesrand von Gagny. Sie streckten die Hälse und wurden immer kühner. In der Mühle wollten einige Soldaten anlegen; aber der Hauptmann rief:

»Nein, nein, wartet ... laßt sie näherkommen.«

Sehr vorsichtig näherten sie sich und beobachteten mißtrauisch die alte Mühle. Dies alte, schweigsame und düstere Haus mit seinen Vorhängen aus Efeu beunruhigte sie. Und dennoch rückten sie näher. Als etwa fünfzig auf der Wiese waren, sagte der Offizier ein einziges Wort:

»Feuer!«

Ein furchtbares Dröhnen, dann einzelne Schüsse. Françoise legte unwillkürlich die Hände an die Ohren. Dominique stand hinter den Soldaten und beobachtete; und als der Rauch sich ein wenig verzogen hatte, sah er mitten auf der Wiese drei Preußen auf dem Rücken liegen. Die anderen hatten sich hinter Weiden und Pappeln geflüchtet. Und die Belagerung begann. Länger als eine Stunde durchlöcherte ein Kugelregen die Mühle. Wie Hagel peitschten die Kugeln die alten Mauern. Schlugen sie auf Steine, hörte man sie abprallen und ins Wasser fallen. Mit dumpfem Geräusch drangen sie ins Holz. Zuweilen erkannte man an einem Krachen, daß das Rad getroffen war. Die Soldaten im Innern des Hauses sparten mit ihren Schüssen und schossen nur, wenn sie zielen konnten. Ab und zu sah der Hauptmann auf die Uhr. Als eine Kugel einen Fensterladen durchschlug und in die Decke fuhr, sagte er leise:

»Vier Stunden. Wir halten uns nicht so lange.«

Allmählich erschütterte das fürchterliche Kleingewehrfeuer die alte Mühle in der Tat. Ein Fensterladen war durchlöchert wie ein Spitzengewebe, fiel ins Wasser und mußte durch eine Matratze ersetzt werden. Vater Merlier schwebte alle Augenblicke in höchster Gefahr, denn er wollte den Schaden an seinem armen Rad feststellen, dessen Krachen ihm das Herz zerriß. Jetzt ging es wirklich mit ihm zu Ende; niemals wieder würde er es ausbessern können. Dominique hatte Françoise flehentlich gebeten, sie möge sich zurückziehen, aber sie wollte bei ihm bleiben. Sie saß hinter einem großen eichenen Schrank, der sie schützte. Aber eine Kugel fand auch den Weg in den Schrank, dessen Wände dumpf erdröhnten. Da stellte sich Dominique vor Françoise. Noch hatte er nicht geschossen, er hielt seine Flinte in der Hand, er konnte nicht ans Fenster, das die Soldaten ausfüllten. Bei jeder Salve zitterte der Boden.

»Achtung! Achtung!« rief plötzlich der Hauptmann. Er hatte gerade gesehen, wie eine dunkle Masse aus dem Wald hervorbrach. Zugleich begann ein furchtbares Pelotonfeuer. Wie aus einer Wasserhose ergoß es sich über die Mühle. Ein zweiter Fensterladen fiel herunter, und durch die Öffnung flogen Kugeln herein. Zwei Soldaten rollten auf die Steinplatten. Der eine bewegte sich nicht mehr; man legte ihn an die Wand, damit er den Weg nicht versperrte. Der andere krümmte sich in Schmerzen und bat, man solle ein Ende mit ihm machen; aber man hörte nicht auf ihn, immer neue Kugeln kamen geflogen, jeder wich aus und suchte nach einer Schießscharte, um zurückzuschießen. Ein dritter Soldat wurde getroffen; stumm fiel er mit starren, wilden Augen unter den Tisch. Beim Anblick dieser Toten wurde Françoise vom Schrecken erfaßt, sie stieß mechanisch ihren Stuhl zurück und setzte sich auf den Boden an die Wand; so glaubte sie kleiner und weniger in Gefahr zu sein. Alle Matratzen des Hauses hatte man herbeigeschleppt und die Fenster damit wieder halb zugestopft. Trümmer, zerbrochene Waffen und geborstene Möbel füllten den Saal.

»Fünf Uhr«, sagte der Hauptmann. »Haltet euch gut ... sie versuchen übers Wasser zu kommen.«

In diesem Augenblick stieß Françoise einen Schrei aus; eine zurückgeprallte Kugel hatte sie an der Stirn gestreift. Sie blutete ein wenig. Dominique betrachtete sie, dann ging er ans Fenster, schoß seinen ersten Schuß und hörte nicht mehr auf zu schießen. Er lud und schoß, ohne sich um das zu kümmern, was neben ihm geschah; nur ab und zu warf er einen Blick auf Françoise. Er beeilte sich nicht, er zielte sorgfältig. Die Preußen kamen die Pappeln entlang und versuchten über den Fluß zu setzen, wie der Hauptmann es vorausgesagt hatte. Sobald es aber einer versuchte, streckte Dominiques Kugel ihn nieder. Der Hauptmann sah diesem Spiel zu und war starr vor Staunen. Er beglückwünschte den jungen Mann und sagte, er wäre froh, wenn er viele so gute Schützen hätte. Dominique hörte nicht. Eine Kugel streifte seine Schulter, eine andere seinen Arm. Er schoß weiter.

Zwei neue Tote. Die zerfetzten Matratzen verschlossen das Fenster nicht mehr. Eine letzte Salve schien die Mühle niederzureißen. Die Lage wurde unhaltbar. Und trotzdem wiederholte der Offizier:

»Haltet euch gut ... noch eine halbe Stunde.«

Jetzt zählte er die Minuten. Er hatte seinem Vorgesetzten versprochen, den Feind bis zum Abend aufzuhalten; niemals würde er vor der Zeit auch nur einen Fuß breit zurückgehen. Er blieb ruhig und lächelte Françoise ermutigend zu. Er ergriff die Flinte eines gefallenen Soldaten und schoß auch.

Nur noch vier Soldaten waren da. Massenhaft erschienen auf dem anderen Ufer der Morelle die Preußen, zweifellos würden sie den Fluß überschreiten. So verstrichen einige Minuten. Der Hauptmann war hartnäckig, er wollte den Befehl zum Rückzug nicht geben, da kam ein Sergeant hereingestürzt:

»Sie sind auf der Straße, sie überfallen uns von hinten.«

Die Preußen mußten die Brücke entdeckt haben. Der Hauptmann sah auf die Uhr.

»Noch fünf Minuten«, sagte er. »Vor fünf Minuten werden sie nicht hier sein.«

Um sechs Uhr endlich war er damit einverstanden, durch eine kleine Tür, die auf ein Gäßchen ging, den Rückzug anzutreten. Die Soldaten warfen sich in einen Graben und flohen in den Wald von Sauval.

Bevor er schied, hatte sich der Hauptmann von Vater Merlier höflich verabschiedet und entschuldigt. Ja, er sagte sogar:

»Unterhalten Sie die Bande ... wir kommen wieder.«

Dominique war allein im Saal zurückgeblieben. Er schoß immer noch und hörte und begriff nichts. Er wollte nur Françoise verteidigen. Die Soldaten waren fort, er wußte es nicht. Er zielte und tötete mit jedem Schuß einen Mann. Plötzlich ein großer Lärm. Die Preußen waren von hinten in den Hof gedrungen. Einen letzten Schuß feuerte er noch ab, dann überwältigten sie ihn, seine Flinte rauchte noch. Vier Soldaten hielten ihn fest. Andere schrien in einer entsetzlichen Sprache auf ihn ein. Sie erwürgten ihn beinahe. Françoise stürzte bittend vor. Aber ein Offizier trat ein und legte Beschlag auf den Gefangenen. Er wechselte einige Worte mit den Soldaten, dann wandte er sich an Dominique und sagte barsch in sehr gutem Französisch:

»Sie werden in zwei Stunden erschossen.«

III

Der deutsche Generalstab hatte angeordnet, daß jeder Franzose, der nicht zur regulären Armee gehörte und doch bewaffnet gefangengenommen würde, sofort zu erschießen sei. Freischärler wurden nicht als Kriegführende anerkannt. Sie wollten dadurch eine Massenerhebung, die sie fürchteten, verhindern, indem sie die Bauern, die Haus und Hof verteidigten, exemplarisch bestraften.

Der Offizier, ein Fünfziger, war lang und hager und unterwarf Dominique einem kurzen Verhör. Obgleich er ein sehr reines Französisch sprach, war er von ganz preußischer Steifheit.

»Sie sind Franzose?«

»Nein, ich bin Belgier.«

»Warum griffen Sie dann zu den Waffen? ... Das geht Sie doch alles nichts an.«

Dominique antwortete nichts. In diesem Augenblick bemerkte der Offizier Françoise, die hoch aufgerichtet und sehr bleich zuhörte; die leichte Verwundung zog einen roten Streifen über ihre weiße Stirn. Er betrachtete die jungen Leute, schien zu begreifen und sagte nur:

»Sie leugnen also nicht, daß Sie geschossen haben?«

»Ich habe geschossen, soviel ich konnte«, antwortete Dominique ruhig.

Dieses Geständnis war überflüssig, denn er war schwarz vom Pulver, schweißbedeckt, und das Blut, das aus seiner verwundeten Schulter troff, hatte ihn über und über besudelt.

»Es ist gut«, sagte der Offizier. »In zwei Stunden werden Sie erschossen.«

Françoise schrie nicht auf. Sie legte die Hände ineinander und erhob sie in stummer Verzweiflung. Der Offizier bemerkte diese Gebärde. Zwei Soldaten sollten Dominique bewachen und führten ihn ins Nebenzimmer. Das junge Mädchen war auf einen Stuhl gesunken, die Knie versagten ihr; sie konnte nicht weinen. Der Offizier beobachtete sie unausgesetzt, dann redete er sie endlich an.

»Der Bursche ist Ihr Bruder?« fragte er.

Sie schüttelte den Kopf. Er blieb steif und ernst. Dann, nach kurzem Schweigen:

»Ist er schon lange im Lande?«

Sie nickte.

»Dann muß er ja die Wälder hierherum gut kennen.«

Jetzt sprach sie.

»Jawohl, mein Herr«, sagte sie und sah ihn überrascht an.

Er schwieg jetzt, drehte sich um und befahl, ihm den Bürgermeister des Dorfes vorzuführen. Françoise aber hatte sich erhoben, sie glaubte den Sinn seiner Frage zu verstehen und eine leichte Röte stieg in ihre Wangen, weil sie wieder hoffte. Sie lief selbst nach ihrem Vater.

Sobald das Schießen aufgehört hatte, war Vater Merlier rasch über die Holzgalerie hinuntergestiegen, um sein Rad zu untersuchen. Er betete seine Tochter an, und er hegte warme Freundschaft für Dominique, seinen künftigen Schwiegersohn. Aber sein Rad nahm einen gleich großen Platz in seinem Herzen ein. Und da die beiden Kleinen, wie er sie nannte, dem Getümmel lebend entkommen waren, dachte er an seine andere Liebe, die so sehr gelitten hatte. Und über das große Holzgerippe geneigt, prüfte er wehen Herzens die Wunden. Fünf Schaufeln waren zermalmt, das Gebälk in der Mitte war durchlöchert. Er steckte die Finger in die Kugellöcher, um ihre Tiefe zu messen; er überlegte, wie er wieder alles in Ordnung bringen könnte. Und als Françoise kam, verstopfte er die Spalten bereits mit Trümmern und mit Moos.

»Vater«, sagte sie, »sie fragen nach dir.« Und endlich konnte sie weinen, und sie erzählte ihm alles. Vater Merlier schüttelte den Kopf. Man schieße die Leute nicht mir nichts dir nichts nieder. Er werde kommen. Und er ging mit stillem, friedlichem Gesicht in die Mühle zurück. Als der Offizier Lebensmittel für seine Leute forderte, antwortete er, die Einwohner von Rocreuse seien nicht daran gewöhnt, grob behandelt zu werden, mit Gewalt könne man nichts erreichen. Er übernehme alles, aber unter der Bedingung, daß man ihn allein handeln ließe. Zuerst schien sich der Offizier über diesen ruhigen Ton zu ärgern; dann fügte er sich den kurzen und klaren Worten des alten Mannes. Er rief ihn sogar zurück und fragte ihn:

»Wie heißen die Wälder da drüben?«

»Das sind die Wälder von Sauval.«

»Und wie groß sind sie?«

Der Müller sah ihn aufmerksam an.

»Ich weiß nicht«, sagte er.

Und er ging. Eine Stunde später war alles, was der Offizier

an Lebensmitteln und Geld verlangt hatte, im Hof der Mühle. Die Nacht kam; Françoise beobachtete angstvoll die Bewegungen der Soldaten. Sie blieb an der Tür des Zimmers, in dem Dominique bewacht wurde. Gegen sieben Uhr erschrak sie heftig; sie sah, wie der Offizier zu dem Gefangenen hineinging, und eine Viertelstunde hörte sie ihre lauten Stimmen. Dann erschien der Offizier einen Augenblick wieder auf der Schwelle, um einen Befehl zu geben, den sie nicht verstand; als aber zwölf Mann mit geschultertem Gewehr sich auf dem Hof aufstellten, zitterte sie und glaubte sich dem Tode nahe. Alles war aus, die Hinrichtung fand statt. Die zwölf Mann blieben zehn Minuten auf dem Hof, sie hörte immer noch, wie Dominique laut und widerstrebend sprach. Endlich kam der Offizier heraus und sagte zu Dominique, bevor er die Türe zuwarf:

»Schön, denken Sie darüber nach ... bis morgen früh lasse ich Ihnen Zeit.«

Und mit einer Handbewegung ließ er die zwölf Mann wieder abtreten. Françoise war halb tot vor Erregung. Vater Merlier hatte seine Pfeife nicht ausgehen lassen und sich die Rotte neugierig angesehen; mit väterlicher Sanftmut nahm er sie beim Arm und führte sie in ihr Zimmer.

»Sei ganz ruhig, versuche zu schlafen ... morgen wird es hell werden – wart's nur ab.«

Er zog sich zurück und schloß sie aus Vorsicht ein. Er war grundsätzlich der Ansicht, daß Frauen zu nichts taugen und alles verderben, wenn sie sich in eine ernste Angelegenheit mischen. Aber Françoise konnte nicht schlafen. Lange saß sie auf ihrem Bett und horchte auf die Geräusche im Haus. Die deutschen Soldaten lagerten im Hof und sangen und lachten. Bis elf Uhr wohl aßen und tranken sie, denn der Lärm hörte keinen Augenblick auf. Im Hause selbst ertönten von Zeit zu Zeit schwere Schritte, die Ablösung der Posten vermutlich. Besonders aber lauschte sie auf die Geräusche im Zimmer unter ihr. Sie legte sich auf den Boden und drückte ihr Ohr an die Diele. In diesem Zimmer befand sich Dominique. Er mußte von der Wand zum Fenster und wieder zurück wandern, denn lange hörte sie den gleichmäßigen Takt seiner Schritte; dann wurde es ganz still, er hatte sich wohl gesetzt. Allmählich verstummten auch die anderen Geräusche, alles schlief. Da öffnete sie ganz leise die Fenster und stützte sich auf die Ellenbogen.

Die Nacht war milde und klar. Die schmale Mondsichel versank langsam hinter den Wäldern von Sauval und erhellte das Land mit dem Schimmer einer Nachtlampe. Die langen Schatten der hohen Bäume legten schwarze Gitter über die Wiesen, und das Gras schimmerte an den hellen Stellen wie grüner Samt. Aber Françoise beachtete den geheimnisvollen Zauber der Nacht nicht. Sie durchforschte die Ebene und suchte nach den Wachtposten, die die Deutschen dort sicherlich aufgestellt hatten. Und sie sah ihre Schatten staffelförmig längs der Morelle. Einer stand der Mühle gegenüber auf dem anderen Ufer des Flusses bei einer Weide, deren Zweige ins Wasser fielen. Françoise konnte ihn deutlich sehen. Ein großer Bursche war es, der unbeweglich stand und träumerisch in den Himmel starrte.

Nachdem sie so das Gelände sorgfältig geprüft hatte, setzte sie sich wieder auf ihr Bett. Eine Stunde lang versank sie in ihre Gedanken. Dann horchte sie von neuem. Das Haus lag atemlos und still. Sie ging wieder ans Fenster und warf einen Blick hinaus; wahrscheinlich aber mißfiel ihr die Spitze der Mondsichel, die noch hinter den Bäumen hervorschimmerte, denn sie wartete noch. Endlich fand sie es an der Zeit. Die Nacht war ganz schwarz, den Posten drüben sah sie nicht mehr, die Ebene glich einem Tintenmeer. Sie horchte noch einmal hinaus, ihr Entschluß war gefaßt. An ihrem Fenster vorbei ging eine eiserne Leiter; sie bestand aus eisernen Stangen, die in die Mauer gefügt waren und führte vom Rad zum Speicher; früher hatten die Müller sie dazu benutzt, um das Räderwerk zu erreichen; später hatte man den Mechanismus abgeändert, und schon lange verschwand die Leiter unter dem dichten Efeu, der diese Seite der Mühle deckte. Françoise schwang sich kühn über das Gesimse ihres Fensters, ergriff eine der Eisenstangen und war im Freien. Sie begann hinunterzusteigen. Ihre Röcke wurden ihr sehr hinderlich. Plötzlich löste sich ein Stein von der Mauer und fiel mit hellem Aufschlag in die Morelle. Starr vor Schrecken stand sie unbeweglich. Aber es fiel ihr ein, daß der Wasserfall mit seinem ewigen Gedröhne in der Entfernung alle Geräusche übertönte, die sie machte, und kühner stieg sie weiter und suchte mit dem Fuß die Stufen unter dem Efeu. Als sie in der Höhe des Zimmers war, in dem Dominique gefangen gehalten wurde, stand sie still. Eine unvorhergesehene Schwierigkeit entmutigte sie fast: das Fenster des Zimmers unten war nicht direkt unter ihrem Fenster angebracht, es lag nicht im Bereich der Leiter, und als Françoise die Hand ausstreckte, griff sie nur Mauerwerk. Mußte sie wieder zurück, ohne ihren Plan ausführen zu können? Ihre Arme wurden müde, das Rauschen der Morelle unter ihr machte sie schwindlig. Da riß sie kleine Gipsstücke aus der Mauer und warf sie Dominique ans Fenster. Er hörte nichts, wahrscheinlich schlief er. Sie zerbröckelte die Mauer weiter und riß sich die Finger blutig. Schon war sie mit ihrer Kraft zu Ende und fühlte sich rücklings fallen, als Dominique endlich leise öffnete.

»Ich bin es«, flüsterte sie. »Hilf mir rasch, ich falle.«

Er bog sich hinaus, ergriff sie und hob sie ins Zimmer. Da mußte sie krampfhaft weinen und suchte ihr Schluchzen zu ersticken, damit niemand sie höre. Dann nahm sie sich zusammen und wurde ruhig.

»Wirst du bewacht?« fragte sie leise.

Dominique war noch ganz betäubt über ihr Erscheinen, nickte und zeigte auf die Tür. Dahinter hörte man Schnarchen; der Wachtposten mußte wohl am Boden liegen und sich gegen die Tür lehnen. So konnte er auch schlafend die Flucht des Gefangenen verhindern.

»Du mußt fliehen«, sagte sie eifrig. »Ich bin gekommen, um dir zur Flucht zu verhelfen und von dir Abschied zu nehmen.«

Er aber schien sie nicht zu hören. Er wiederholte in einem fort: »Wirklich, du bist es, du ... oh, wie ich mich gefürchtet habe! Du hättest dich zu Tode fallen können.«

Er nahm ihre Hände und küßte sie.

»Wie ich dich liebe, Françoise! ... Du bist gut und kühn. Nur eines fürchte ich: zu sterben, ohne dich wiedergesehen zu haben ... Aber du bist bei mir, und nun können sie mich erschießen ... habe ich eine Viertelstunde mit dir verbracht, so bin ich bereit.«

Langsam hatte er sie an sich gezogen, und ihr Haupt ruhte auf seiner Schulter. Die Gefahr brachte sie einander näher als je. In dieser Umarmung vergaßen sie alles.

»Ach, Françoise«, sagte Dominique zärtlich, »heute ist der Tag des heiligen Ludwig, unser Hochzeitstag, auf den wir so lange gewartet haben. Nichts konnte uns trennen, wir sind getreu beisammen ... nicht wahr? Unser Hochzeitsmorgen.«

»Ja, ja«, wiederholte sie. »Unser Hochzeitsmorgen.«

Zitternd küßten sie sich. Plötzlich machte sie sich von ihm los, die furchtbare Wirklichkeit stand wieder vor ihr.

»Du mußt fliehen, du mußt fliehen«, stammelte sie. »Du darfst keine Minute verlieren.«

Und als er die Arme wieder ins Dunkle streckte, um sie zu umarmen, flehte sie:

»Oh, bitte, höre mich an ... Wenn du stirbst, sterbe ich auch. In einer Stunde ist es schon hell. Ich will, daß du sofort fliehst.«

Und rasch setzte sie ihm ihren Plan auseinander. Die eiserne Leiter führte bis zum Rad; dann könnte er die Schaufeln benutzen und das Boot nehmen, das in einer Vertiefung versteckt lag. So könne er leicht das andere Ufer erreichen und fliehen.

»Aber da steht doch sicher ein Posten?« sagte er.

»Ja, ein einzelner, gerade gegenüber, am Fuße der ersten Weide.«

»Und wenn er mich sieht, wenn er Lärm schlägt?«

Françoise zitterte. Sie legte ein Messer, das sie mitgebracht hatte, in seine Hand. Sie schwiegen beide.

»Und dein Vater, und du?« fragte Dominique. »Aber nein, ich kann nicht fliehen ... Wenn ich nicht da bin, werden die Soldaten euch vielleicht ermorden ... Oh, ihr kennt sie nicht. Ich sollte begnadigt werden, wenn ich einwilligte, im Wald von Sauval ihr Führer zu sein. Finden sie mich nicht mehr, so sind sie zu allem fähig.«

Das junge Mädchen hielt sich nicht lange damit auf, seine Worte zu widerlegen. Sie sagte immer wieder:

»Aus Liebe zu mir sollst du fliehen ... Wenn du mich liebst, Dominique, so darfst du keine Minute länger hier bleiben.«

Dann versprach sie, in ihr Zimmer zurückzukehren. Niemand würde erfahren, daß sie ihm geholfen hätte. Schließlich umfaßte sie ihn mit ihren Armen und überschüttete ihn mit leidenschaftlichen Liebkosungen, ihren Willen sollte er tun, ihren Willen. Das besiegte ihn. Er hatte nur noch eine Frage.

»Schwöre mir, daß dein Vater weiß, daß du bei mir bist, und daß er auch will, daß ich fliehe.«

»Mein Vater hat mich geschickt«, antwortete Françoise.

Sie log. In diesem Augenblick hatte sie nur das unendliche Verlangen, ihn in Sicherheit zu wissen; sie wollte dem entsetzlichen Gedanken entfliehen, daß die Sonne das Zeichen seines Todes sein würde. Wäre er erst fort, so könnte alles Unglück sie überströmen; süß würde ja alles sein, wenn er nur lebte. Der Egoismus ihrer Zärtlichkeit wollte sein Leben, sonst nichts.

»Nun denn«, sagte Dominique, »ich tue, was du willst.«

Dann sprachen sie nichts mehr. Dominique öffnete wieder das Fenster. Aber plötzlich ließ ein Geräusch sie erstarren. Die Tür wurde erschüttert, und sie glaubten, sie würde sich öffnen. Sicher hatte eine Ronde ihre Stimmen gehört. Und sie standen dicht aneinandergeschmiegt und warteten in unbeschreiblicher Angst. Und wieder wurde die Tür geschüttelt; aber sie öffnete sich nicht.

Beide seufzten erleichtert auf; sie hatten begriffen, daß der schlafende Soldat sich umgedreht hatte. Und wirklich, es war wieder still, nur das Schnarchen begann wieder.

Dominique wollte durchaus, daß Françoise zuerst in ihr Zimmer zurückgehe. Er nahm sie in die Arme und sagte ihr stumm Lebewohl. Dann half er ihr, die Leiter zu erfassen und schwang sich mit hinaus. Aber er weigerte sich, eine einzige

Stufe hinabzusteigen, ehe sie nicht in Sicherheit war. Als Françoise ihr Zimmer erreicht hatte, hauchte sie: »Auf Wiedersehen, ich liebe dich!«

Sie blieb am Fenster und versuchte, Dominique mit den Blicken zu folgen. Die Nacht war noch immer sehr dunkel, sie suchte den Wachtposten und fand ihn nicht; nur die Weide bildete einen bleichen Fleck inmitten der Finsternis. Sie hörte, wie Dominiques Körper den Efeu streifte, dann ächzte das Rad, und ein leichtes Plätschern sagte ihr, daß er das Boot gefunden hätte. Eine Minute später konnte sie die dunkle Silhouette des Bootes auf der grauen Fläche der Morelle unterscheiden. Eine furchtbare Angst würgte sie. Jeden Augenblick glaubte sie den Alarmruf des Postens zu hören; das geringste Geräusch in der Dunkelheit wurde ihr zu eilenden Soldatenschritten und zu Waffengeklirr. Die Zeit verstrich, die Ebene blieb still. Dominique mußte schon am andern Ufer sein. Das Schweigen war majestätisch. Da: Getrampel, ein heiser Schrei und der dumpfe Fall eines Körpers, dann noch tieferes Schweigen. Françoise saß eiskalt am Fenster, als hätte sie der Tod gestreift, und sah der schwarzen Nacht ins Antlitz.

IV

Sobald es tagte, dröhnten Stimmen in der Mühle. Vater Merlier kam und schloß Françoises Tür auf. Bleich und gefaßt ging sie in den Hof hinunter, konnte aber einen Schauer nicht unterdrücken, als sie neben dem Brunnen auf einem ausgebreiteten Mantel lang ausgestreckt die Leiche eines preußischen Soldaten erblickte.

Um die Leiche herum standen Soldaten, gestikulierten und schrien wütend. Einige drohten mit den Fäusten. Der Offizier aber hatte Vater Merlier, den Bürgermeister der Gemeinde, zu sich beschieden.

»Sehen Sie her«, sagte er mit wuterstickter Stimme, »man hat am Ufer einen meiner Leute ermordet ... Es gilt, ein Exempel zu statuieren, und ich rechne auf Ihre Hilfe bei der Suche nach dem Mörder.«

»Gewiß«, antwortete der Müller phlegmatisch. »Leicht wird das aber nicht sein.«

Der Offizier beugte sich nieder und schlug einen Zipfel des Mantels zurück, der das Gesicht des Toten deckte: eine entsetzliche Wunde wurde sichtbar. Man hatte den Wachtposten in den Hals gestochen, und die Waffe, ein großes Küchenmesser mit schwarzem Griff, steckte noch in der Wunde.

»Sehen Sie sich das Messer an«, sagte der Offizier zu Vater Merlier, »vielleicht kann es uns helfen, den Täter zu entdekken.«

Der alte Mann zitterte, wurde aber sogleich wieder ruhig und antwortete, ohne mit der Wimper zu zucken:

»Bei uns haben alle solche Messer ... Vielleicht war ihr Soldat des Kampfes müde und hat sich selbst umgebracht. Es sieht so aus.«

»Schweigen Sie!« schrie der Offizier wütend. »Ich weiß wirklich nicht, warum ich nicht das ganze Dorf in Brand stekken soll.«

Zum Glück geriet er so in Zorn, daß er die tiefe Bestürzung in Françoises Gesicht nicht bemerkte. Sie war auf eine Steinbank neben dem Brunnen niedergesunken. Der Leichnam lag fast zu ihren Füßen, und wider Willen mußte sie ihn betrachten. Ein großer, hübscher Bursche mit blonden Haaren und blauen Augen; er glich Dominique. Diese Ähnlichkeit zerriß ihr das Herz. Vielleicht, dachte sie, hat dieser Tote in Deutschland eine Geliebte zurückgelassen, die ihn beweinen würde. Und sie erkannte ihr Messer im Hals des Toten. Sie hatte ihn getötet.

Der Offizier sprach davon, Rocreuse furchtbar zu bestrafen, da kamen Soldaten angestürzt. Eben erst hatte man Dominiques Flucht entdeckt. Große Aufregung entstand. Der Offizier begab sich an den Tatort, sah zum Fenster hinaus, das offen geblieben war, begriff alles und kam, außer sich vor Wut, zurück.

Vater Merlier war sehr ärgerlich über Dominiques Flucht.

»Dieser Dummkopf!« murmelte er. »Er verdirbt alles.«

Françoise hörte ihn und wurde ängstlich. Übrigens ahnte

ihr Vater ihre Mitschuld nicht. Er schüttelte den Kopf und sagte halblaut zu ihr:

»Jetzt sind wir fertig!«

»Dieser Schuft! Dieser Schuft!« schrie der Offizier. »Er wird schon längst im Wald sein … aber wir müssen ihn wiederhaben, oder das Dorf zahlt für ihn.«

Und zum Müller:

»Sie müssen wissen, wo er steckt.«

Vater Merlier lächelte still und zeigte weithin auf die Hügel und Wälder.

»Wie wollen Sie dort einen Menschen auffinden?«

»Oh! Es gibt dort sicher Verstecke, die Sie kennen. Ich gebe Ihnen zehn Mann. Sie werden sie führen.«

»Ich bin bereit. Nur wird es acht Tage dauern, bis wir alle Wälder in der Nähe durchsucht haben.«

Die Ruhe des alten Mannes brachte den Offizier noch mehr in Wut. Er begriff die Lächerlichkeit dieser Jagd. Da sah er die bleiche Françoise, die zitterte. Die verstörte Haltung des jungen Mädchens fiel ihm auf. Er schwieg einen Augenblick und betrachtete abwechselnd den Müller und Françoise.

»Ist der Bursche«, fragte er endlich den Alten brutal, »nicht der Geliebte ihrer Tochter?«

Vater Merlier wurde aschfahl, fast schien es, er würde sich auf den Offizier stürzen, um ihn zu erwürgen. Er richtete sich steil auf und schwieg. Françoise hatte ihr Gesicht in den Händen verborgen.

»Natürlich ist es so«, fuhr der Preuße fort, »Sie oder Ihre Tochter haben ihm zur Flucht verholfen. Sie sind sein Mitschuldiger … Zum letzten Mal, wollen Sie ihn uns ausliefern?«

Der Müller schwieg. Er hatte sich abgewandt und starrte gleichgültig ins Leere, als spräche der Offizier gar nicht mit ihm. Der wurde darüber toll vor Wut.

»Gut«, erklärte er, »dann werden Sie an seiner Statt erschossen.«

Und er befahl das nochmalige Antreten der Abteilung. Vater Merlier behielt seine Ruhe. Er zuckte kaum ein wenig die Achseln, so geschmacklos erschien ihm alles. Er konnte immer noch nicht glauben, daß man so mir nichts dir nichts einen Menschen erschießen würde. Als sich dann die Abteilung aufgestellt hatte, sagte er ernst: »Es ist also wirklich Ernst? ... Ich bin bereit. Wenn Sie durchaus einen haben müssen, lieber mich als einen anderen.«

Aber Françoise hatte sich erhoben und stammelte:

»Gnade, verschonen Sie meinen Vater. Töten Sie mich ... Ich habe Dominique zur Flucht verholfen. Ich allein bin schuldig.«

»Schweig, Tochter!« rief Vater Merlier. »Warum lügst du. Sie war die Nacht in ihrem Zimmer eingeschlossen. Sie lügt.«

»Nein, ich lüge nicht«, sagte das junge Mädchen feurig. »Ich bin durchs Fenster geklettert und habe Dominique gebeten, zu entfliehen ... Das ist die Wahrheit, nur das die volle Wahrheit ...«

Der alte Mann war ganz blaß geworden. Er sah an ihren Augen, daß sie nicht log, und das erschreckte ihn. Ach, diese Kinder mit ihren törichten Herzen verderben alles! Dann ärgerte er sich.

»Sie ist toll, hören Sie nicht auf sie. Sie erzählt Ihnen Märchen ... Machen wir ein Ende.«

Sie ließ nicht nach. Sie kniete nieder und faltete die Hände. Der Offizier sah diesem schmerzlichen Kampf ruhig zu.

»Gut«, sagte er endlich, »ich nehme Ihren Vater, weil ich den anderen nicht bekomme ... Schaffen Sie mir den anderen herbei, und Ihr Vater ist frei.«

Einen Augenblick sah sie ihn mit entsetzten und starr geöffneten Augen an.

»Entsetzlich!« sagte sie. »Wo soll ich Dominique finden? Er ist fort, mehr weiß ich nicht.«

»Es bleibt dabei, Sie haben die Wahl. Er oder Ihr Vater.«

»Mein Gott! Ich soll wählen! Auch wenn ich wüßte, wo er ist, könnte ich nicht wählen! ... Sie zerreißen mir das Herz ... Lieber gleich sterben. Töten Sie mich, ich flehe Sie an, töten Sie mich ...«

Soviel Verzweiflung und soviel Tränen machten den Offizier ungeduldig. Er rief:

»Genug! Ich gebe Ihnen zwei Stunden Bedenkzeit ... Ist binnen zwei Stunden Ihr Geliebter nicht hier, so muß Ihr Vater seine Schuld zahlen.«

Und er ließ Vater Merlier in das Zimmer führen, das Dominiques Gefängnis gewesen war. Der Alte verlangte Tabak und begann zu rauchen. Sein Gesicht war unbeweglich und zeigte nicht die geringste Erregung. Als er mit seiner Pfeife allein war, rannen zwei große Tränen langsam über seine Wangen. Wie furchtbar litt sein armes Kind!

Françoise war in der Mitte des Hofes stehengeblieben. Soldaten gingen lachend an ihr vorüber. Einige riefen ihr Worte zu, Scherze, die sie nicht verstand. Sie betrachtete die Tür, die sich hinter ihrem Vater geschlossen hatte. Und langsam legte sie ihre Hände um die Stirn, als wolle sie verhindern, daß ihr Kopf zerspringe.

Der Offizier betrachtete sie und sagte noch einmal:

»Ich gebe Ihnen zwei Stunden Zeit. Benutzen Sie sie.«

Sie hatte zwei Stunden Zeit. Das ging ihr durch den Kopf. Mechanisch ging sie geradeaus und verließ den Hof. Wohin? Was tun? Sie konnte sich zu keinem Entschluß aufraffen, sie fühlte, wie nutzlos alles war. Aber sie wollte Dominique sehen. Sie könnten miteinander beraten und vielleicht einen Ausweg finden. Und instinktiv stieg sie zur Morelle hinunter und überschritt sie unterhalb der Schleuse, wo große Steine lagen. Und sie ging unter die erste Weide am Wiesenrande. Als sie sich bückte, sah sie eine Blutlache, sie wurde bleich. Hier war es also geschehen. Und sie verfolgte Dominiques Spuren im niedergetretenen Gras; er mußte gelaufen sein, eine Linie von großen Schritten durchschnitt quer die Wiesen. Dann verlor sie seine Spur. Auf einer Nachbarwiese aber glaubte sie sie wiederzufinden. So kam sie an den Waldessaum, wo jede Spur aufhörte.

Françoise ging dennoch in den Wald hinein. Sie atmete auf. Und setzte sich einen Augenblick. Dann fiel ihr wieder ein, wie kostbar jeder Augenblick sei, und sie stand wieder auf. Wann hatte sie die Mühle verlassen? Vor fünf Minuten? Vor einer halben Stunde? ... Sie hatte jedes Bewußtsein der Zeit verloren. Vielleicht hatte Dominique sich in einem Dikkicht versteckt, das sie kannte; nachmittags hatte sie einmal Nüsse dort gegessen. Sie suchte das Gebüsch und untersuchte es. Eine Amsel flog auf und pfiff ihr süßes, trauriges Liedchen weiter. Dann suchte sie ihn in einer Felsenhöhle, wo er zuweilen dem Wild aufgelauert hatte; aber die Höhle war leer. Was sollte sie noch weiter suchen? Sie würde ihn doch nicht finden; aber immer zwingender wurde ihr Verlangen, ihn zu finden, und sie wanderte rascher. Plötzlich kam ihr der Gedanke, er könnte auf einen Baum gestiegen sein. Jetzt ging sie mit erhobenen Augen und rief alle zwanzig Schritte seinen Namen. Kuckucke antworteten, ein Windhauch ging durch die Zweige, sie glaubte fast, er wäre da und stiege zu ihr nieder. Einmal sogar vermeinte sie ihn zu sehen; sie blieb atemlos stehen und wäre doch beinahe geflohen. Was sollte sie ihm sagen? Sollte sie ihn holen, damit er erschossen würde? O nein, nicht das würde sie ihm sagen. Sie würde ihm zurufen, er solle fliehen und nicht in der Nähe bleiben. Dann schnitt der Gedanke an ihren Vater mit scharfem Schmerz durch ihr Herz. Schluchzend warf sie sich nieder und rief laut:

»Gott, mein Gott, warum bin ich hier!«

Es war Wahnsinn von ihr gewesen, fortzulaufen. Und angstvoll eilte sie und suchte einen Ausgang aus dem Walde. Dreimal verirrte sie sich, sie glaubte, niemals würde sie die Mühle wiedersehen, da stand sie dicht vor Rocreuse auf einer Wiese. Als sie das Dorf sah, hielt sie inne. Sollte sie allein zurückkehren?

Sie stand noch und überlegte, da rief eine Stimme ganz leise:

»Françoise! Françoise!«

Und sie sah Dominique, der den Kopf über den Rand eines Grabens streckte: Gerechter Gott, sie hatte ihn gefunden! Der Himmel also wollte seinen Tod? Sie unterdrückte einen Schrei und ließ sich in den Graben gleiten.

»Hast du mich gesucht?« fragte er.

»Ja«, antwortete sie, ihr schwindelte, sie wußte nicht, was sie sagte.

»Was ist denn geschehen?«

Sie schlug die Augen nieder und stammelte:

»Ach nichts, ich war nur unruhig und wollte dich sehen.«

Er war beruhigt und erklärte ihr, er wolle nicht fliehen. Er sei um sie besorgt. Diese Schufte von Preußen bekämen es fertig, sich an Frauen und Greisen zu rächen. Schließlich würde ja doch alles gut gehen, und lachend setzte er hinzu: »Die Hochzeit wird um acht Tage verschoben, das ist alles.«

Als sie aber dann noch immer ganz verstört aussah, wurde er wieder ernst.

»Was hast du denn? Du verbirgst mir etwas.«

»Nein, ich schwöre es dir. Ich bin nur so furchtbar schnell gelaufen.«

Er küßte sie und sagte, sie dürfe nicht länger mit ihm plaudern, und er wollte aus dem Graben wieder heraus und in den Wald. Sie hielt ihn zurück. Sie zitterte.

»Höre ... Es ist vielleicht besser, du bleibst im Graben ... niemand sucht dich, du hast nichts zu befürchten.«

»Françoise, du verheimlichst mir etwas«, wiederholte er.

Und wieder schwor sie, sie verberge ihm nichts. Sie wollte ihn nur lieber in der Nähe haben. Und noch andere Gründe führte sie stammelnd an. So sonderbar erschien sie ihm jetzt, daß er von selbst den Gedanken an Flucht aufgab. Er glaubte auch, daß die Franzosen wiederkämen: nach Sauval zu hatte man Truppen gesehen.

»Wenn sie sich nur beeilten, wenn sie nur schon hier wären!« flüsterte er inbrünstig.

In diesem Augenblick schlug die Turmuhr in Rocreuse elf. Klar und deutlich hörte man die einzelnen Schläge. Sie erhob sich voller Schrecken; vor zwei Stunden hatte sie die Mühle verlassen.

»Wenn wir dich brauchen«, sagte sie schnell, »so gehe ich in dein Zimmer und winke dir mit dem Taschentuch.«

Und sie rannte fort; Dominique streckte sich am Rande des

Grabens aus, um die Mühle zu beobachten; er war sehr unruhig. Als Françoise nach Rocreuse kam, begegnete ihr ein alter Bettler, der Vater Bontemps, den alle kannten. Er grüßte sie, eben hatte er den Müller inmitten der Preußen gesehen; dann machte er das Zeichen des Kreuzes, stammelte etwas Unverständliches und ging weiter.

»Die zwei Stunden sind vorbei«, sagte der Offizier, als Françoise erschien.

Vater Merlier saß neben dem Brunnen auf der Bank. Das junge Mädchen kniete nieder und weinte und bat. Sie wollte Zeit gewinnen. Die Hoffnung, die Franzosen würden wiederkommen, wurde immer stärker in ihrem Herzen, und als sie klagte, glaubte sie in der Ferne den Takt von Soldatenschritten zu hören. Oh, kämen sie nur! Sie alle befreien!

»Ich flehe Sie an, noch eine Stunde ... Bewilligen Sie mir noch eine Stunde!«

Aber der Offizier blieb unbeugsam. Ja, er befahl zwei Soldaten, sie sollten sie fortführen, damit man den alten Mann ungestört hinrichten könne. Françoise kämpfte einen furchtbaren Kampf. Sie durfte ihren Vater nicht ermorden lassen. Nein, nein, lieber wollte sie mit Dominique zusammen sterben; sie wollte in ihr Zimmer stürzen, da betrat Dominique den Hof.

Der Offizier und die Soldaten stießen ein Triumphgeschrei aus. Er ging ruhig auf Françoise zu, ein wenig streng, als wäre sie allein.

»Das war nicht recht von dir. Warum hast du mich nicht zurückgeholt. Vater Bontemps hat mir alles erzählt ... Da bin ich.«

V

Es war drei Uhr. Große schwarze Wolken, die Boten eines nahen Gewitters, hatten den Himmel langsam zugedeckt. Der gelbe Himmel und diese kupferfarbenen Fetzen machten das Tal, das in der Sonne so heiter war, zu einem Räubernest voll trüber Schatten. Der preußische Offizier hatte Dominique einfach einsperren lassen, ohne ihn über sein Schicksal aufzuklären. Seit Mittag war Françoise in entsetzlicher Angst. Sie wollte nicht vom Hof gehen, obwohl ihr Vater darauf bestand. Sie wartete auf die Franzosen. Aber die Stunden vergingen, und sie litt immer mehr, denn die gewonnene Zeit schien nichts zu ändern.

Kurz nach drei machten sich die Preußen zum Aufbruch fertig. Wie am Abend vorher schloß sich der Offizier mit Dominique ein. Françoise wußte, jetzt entschied sich sein Schicksal. Sie faltete die Hände und betete. Vater Merlier saß neben ihr und saß stumm und steif da wie die alten Bauern, die gegen die Tücke des Schicksals nicht ankämpfen.

»O mein Gott! O mein Gott!« stammelte Françoise, »Sie werden ihn töten ...«

Der Müller schloß sie in seine Arme und nahm sie wie ein Kind auf seinen Schoß.

Da kam der Offizier zurück, hinter ihm her führten zwei Soldaten Dominique.

»Niemals, niemals!« rief er aus. »Ich bin bereit zu sterben.«

»Überlegen Sie sich«, sagte der Offizier. »Diesen Dienst, den Sie uns nicht erweisen wollen, wird ein anderer leisten. Ich biete Ihnen Ihr Leben, ich bin großmütig ... Sie brauchen uns nur durch den Wald nach Montredon zu führen. Es muß auch Fußwege dort geben.«

Dominique schwieg.

»Sie bleiben also dabei?«

»Töten Sie mich, machen wir ein Ende«, antwortete er.

Françoise krampfte die Hände ineinander und beschwor ihn von weitem. Sie vergaß alles, sie hätte ihn zu jeder Schandtat bewogen. Vater Merlier aber packte ihre Hände, die Preußen sollten ihre verzweifelten Gebärden nicht sehen.

»Er hat recht«, flüsterte er ihr zu. »Lieber sterben.«

Die Abteilung hatte sich aufgestellt. Der Offizier rechnete auf Dominiques Schwäche. Er hoffte immer noch, ihn umzustimmen. Es wurde still. In der Ferne hörte man heftige Donnerschläge. Schwere Hitze lastete über der Ebene. Und plötzlich mitten in die Stille der Ruf:

»Die Franzosen! Die Franzosen!«

Sie waren es wirklich. Am Waldessaum auf der Straße von Sauval sah man deutlich die Striche ihrer roten Hosen. Große Aufregung in der Mühle. Heiser schreiend, liefen die Preußen durcheinander. Es war noch kein Schuß gefallen.

»Die Franzosen! Die Franzosen!« rief Françoise und klatschte in die Hände.

Sie war wie toll. Sie riß sich von ihrem Vater los, warf die Arme in die Luft und lachte. Endlich kamen sie, und sie kamen noch zur Zeit, noch lebte Dominique!

Eine furchtbare Salve dröhnte in ihren Ohren wie ein Donnerschlag. Sie wandte sich um. Der Offizier hatte gesagt:

»Vor allen Dingen wollen wir hiermit ein Ende machen.«

Und er hatte selbst Dominique an die Wand eines Schuppens gestoßen und »Feuer« kommandiert. Als Françoise sich umdrehte, lag Dominique auf der Erde: zwölf Kugeln hatten seine Brust durchlöchert.

Sie weinte nicht, sie war stumpfsinnig. Ihre Augen wurden starr, und einige Schritte von der Leiche entfernt setzte sie sich am Schuppen nieder. Sie betrachtete Dominique, von Zeit zu Zeit machte sie eine schwache kindliche Bewegung mit der Hand. Vater Merlier hatten die Preußen als Geisel festgenommen. Ein heftiger Kampf begann. Der Offizier sah ein, daß er den Rückzug nicht antreten könne, ohne aufgerieben zu werden; rasch verteilte er seine Leute. Es galt, das Leben teuer zu verkaufen. Jetzt verteidigten die Preußen die Mühle, und die Franzosen griffen sie an. Mit unerhörter Heftigkeit setzte das Kleingewehrfeuer ein. Eine volle halbe Stunde hörte es nicht auf. Dann hörte man einen dumpfen Schlag, und eine Granate traf den Stamm der hundertjährigen Ulme. Die Franzosen hatten Artillerie. Die Batterie stand hinter dem Graben, in dem Dominique sich versteckt hatte, und fegte über die große Straße von Rocreuse. Der Kampf mußte bald zu Ende sein.

Die arme Mühle! Die Granaten durchschlugen sie von allen Seiten. Das Dach wurde zur Hälfte abgedeckt. Zwei Wände stürzten ein. Das größte Unheil aber kam von der Flußseite her. Der Efeu wurde von den wankenden Mauern in Fetzen heruntergerissen; in der Morelle schwammen alle möglichen Trümmer, und durch einen Riß sah man Françoises Zimmer mit ihrem Bett, dessen weiße Vorhänge sorgfältig zugezogen waren. Schlag auf Schlag trafen zwei Granaten das Rad, und es stöhnte auf. Der Strom riß die Schaufeln mit sich fort, das Gerippe zerbarst. Mit dem Rad starb die Seele der lustigen Mühle.

Dann liefen die Franzosen Sturm. Furchtbarer Kampf mit der blanken Waffe. Unter dem rostfarbenen Himmel füllte sich das Tal mit Toten. Die großen Wiesen mit den riesigen zerstreuten Bäumen und den Pappeln, die reihenlang finstere Schatten warfen, sahen wild und verstört aus. Rechts und links standen die Wälder wie die Mauern einer Arena, darin gekämpft wird, und Quellen, Springbrunnen und Gewässer schluchzten vor Angst.

Françoise kauerte regungslos vor Dominiques Leiche. Eine verirrte Kugel hatte Vater Merlier getroffen. Als dann die Preußen alle tot waren und die Mühle brannte, betrat der französische Hauptmann als erster den Hof. Es war seit Beginn des Feldzuges sein erster Sieg. Begeistert richtete er sich höher auf und lachte über sein ganzes schönes Gesicht. Und als er Françoise zwischen den Leichnamen ihres Verlobten und ihres Vaters erblickte, grüßte er sie, senkte höflich den Degen und rief:

»Sieg! Sieg!«

ZWEITER TEIL

Widmung an Ninon

Jetzt sind es genau zehn Jahre her, mein geliebtes Herz, daß ich dir meine ersten Geschichten erzählte. Was für ein schönes verliebtes Paar waren wir damals! Ich kam aus der Provence, darin ich frei und vertrauensvoll und mit allen Lebenshoffnungen groß geworden war. Ich gehörte dir, dir ganz allein; deiner Zärtlichkeit und deiner Sehnsucht.

Erinnerst du dich, Ninon? Heute ist die Erinnerung die einzige Freude, darin mein Herz sich ausruht. Bis zu zwanzig Jahren sind wir gemeinsam alle Pfade entlanggeschritten. Ich höre deine kleinen Füße auf dem harten Boden; ich sehe dein weißes Kleid über das Gras schleppen; und ich spüre deinen Atem im fernen Duft des Salbei, der wie ein Stück Jugend herüberweht. Und die süßen Stunden umreißen sich schärfer: ein Morgen am Ufer, das Wasser war kaum erwacht und ganz rein und von den ersten Himmelröten ganz rosa; ein Nachmittag in den Bäumen, in einem Laubversteck – das Land war dumpf, schlief bewegungslos; ein Abend auf einer Wiese, die langsam in der blauen Flut der Dämmerung ertrank, die von den Hügeln floß; eine Nacht, da wir beide einen unendlichen Weg ins Unbekannte schritten, selbst die Sterne kümmerten uns nicht, wir wollten nur aus der Stadt heraus und uns weithin verlieren, ganz weithin, im tiefsten Schatten. Erinnerst du dich, Ninon?

Welch glückliches Leben! Liebe, Kunst und Traum waren unser Reich. Es gab keinen Strauch, der nicht unsere Küsse verborgen und unsere Worte erstickt hätte. Ich nahm dich mit mir und führte dich spazieren wie die lebendige Poesie meiner Kindheit. Uns beiden allein gehörten Himmel und Erde, und die Bäume und alle Gewässer, ja selbst die nackten Felsen, die den Horizont verschlossen. Damals glaubte ich, wenn ich die Arme öffnete, könnte ich das ganze Land an meine Brust ziehen, um ihm einen Friedenskuß zu geben. Ich fühlte Riesenkräfte, Riesenwünsche und eine Riesengüte in mir. Unsere Jungenausflüge und unsere Liebe – wie freie Vögel liebten wir einander – hatten mich die Welt verachten und den Kräften des Lebens allein zu glauben gelehrt. Ja, in deinen Zärtlichkeiten aller Stunden, meine Freundin, habe ich mir diesen Vorrat an Mut geschaffen, über den meine Freunde sich später so oft wunderten. Die Illusionen unserer Herzen waren Panzer aus feinem Stahl, die mich heute noch schützen.

Ich verließ dich, verließ die Provence, deren Seele du warst, und vom Beginn des Kampfes an rief ich zu dir wie zu einer Schutzheiligen. Du erhieltest mein erstes Buch. Es war ganz angefüllt von deinem Wesen, ganz durchduftet vom Duft deiner Haare. Als tapfere Geliebte, die den Sieg des geliebten Soldaten will, hattest du mich mit einem Kuß auf die Stirn in den Kampf geschickt. Und ich, ich gedachte stets nur dieses Kusses, dachte nur an dich, konnte nur von dir sprechen.

Zehn Jahre sind dahin. Ach, geliebtes Herz, wieviel Stürme haben gegrollt, wieviel schwarzes Wasser, wieviel Trümmer sind seitdem unter den zusammenstürzenden Brücken meiner Träume dahingeflossen! Zehn Jahre Zwangsarbeit, zehn Jahre Bitternis, zehn Jahre voll ausgeteilter und empfangener Schläge, zehn Jahre ewigen Kampfes! Mein Herz und mein Gehirn starren von Wunden. Sähest du deinen Geliebten von damals, jenen großen geschmeidigen Burschen, der die Berge mit einem Stieber zu versetzen wähnte, sähest du ihn im bleichen Licht von Paris mit verstörtem Antlitz schwer und müde vorübergehen, du würdest am ganzen Körper zittern, meine arme Ninon, und voller Trauer an die helle Sonne und den glühenden Mittag denken, die für immer erloschen sind. An manchem Abend bin ich so zerbrochen, daß ich den feigen Wunsch habe, mich am Straßenrand hinzusetzen und im Graben für immer einzuschlafen. Und weißt du, Ninon, was mich unablässig vorwärts treibt, was mir bei jeder Schwäche wieder Mut einflößt? Deine Stimme, Geliebte, deine ferne Stimme, dein feines, reines Stimmchen, das mir meine Schwüre entgegenruft.

Ich weiß, du bist ein tapferes Mädchen. Ich kann dir meine Wunden zeigen, du wirst mich nur um so stärker lieben, und so kann ich dir leichter mein Herz ausschütten, und du wirst mich trösten. Nicht einen einzigen Tag habe ich meine Feder verlassen, meine Freundin; ich habe mich wie ein Soldat geschlagen, der sein Brot verdienen muß; und wenn der Ruhm kommt, so werde ich kein trockenes Brot zu essen brauchen. Welch schlechte Verrichtung, der Ekel steckt mir noch in der Kehle! Zehn Jahre lang habe ich wie so viele andere mit meinem Besten den Ofen des Journalismus geheizt. Von dieser gewaltigen Arbeit bleibt nichts, ein bißchen Asche, in den Wind geworfene Blätter, in den Schmutz gefallene Blüten, Gemisch aus Bestem und Schlimmstem – alles in den gemeinsamen Trog geschleudert. Ich habe alle Dinge berührt und meine Hände im Gießbach trüber Mittelmäßigkeit beschmutzt, der rauschend dahinfließt. Meine bedingungslose Liebe blutete inmitten dieser Nichtigkeiten, die am Morgen so wichtig und am Abend schon so vergessen waren. Träumte ich von einem für ewig in Granit geschlagenen Griff, von einem für immer auf die Füße gestellten Lebenswerk, so blies ich Seifenblasen, die an dem Flügel von Mükken zerschellten, die in der Sonne surrten. Und ich wäre dem Stumpfsinn des Gewerbes verfallen, hätte ich bei meiner Liebe zur Stärke nicht einen Trost gehabt: den der unaufhörlichen Produktion, die mich alle Anstrengungen überstehen ließ.

Und dann, meine Freundin, ging es in den Krieg. Du kannst dir nicht vorstellen, wie zornig ich bei jeder Dummheit wurde. Ich hatte die Leidenschaften meiner Meinung, am liebsten hätte ich den anderen meine Überzeugungen in die Kehle gewürgt. Ein Buch machte mich krank, ein Bild brachte mich zur Verzweiflung wie eine öffentliche Katastrophe; ich lebte in einer beständigen Schlacht von Bewunderung und Verachtung. Außerhalb der Wissenschaften und der Künste gab es keine Welt mehr. Und welche Federstriche, welche fürchterlichen Zusammenstöße, um reinen Tisch zu machen! Heute zucke ich die Achseln. Ich bin ein alter

Kämpe, den das Leid hart gemacht hat, aber ich habe meinen Glauben behalten, ja, ich bin noch unleidlicher geworden, glaube ich; ich schließe mich ein und arbeite, das genügt mir. Nur so kann man auf vernünftige Weise diskutieren; denn bei der ewigen Diskussion um das Schöne sind Werke nur Argumente.

Du kannst dir denken, daß ich nicht heil aus diesem Kampf zurückgekehrt bin. Ich habe es dir ja gesagt, Herz und Hirn sind fast überall mit Narben bedeckt. Ich antworte nicht mehr, ich warte darauf, daß man sich an mich gewöhnt. Vielleicht kann ich dann bald ganz zu dir zurückkommen. Ja, meine Freundin, ich habe unsere süßen Liebespfade verlassen, darauf die Blumen sprießen und man nur Erinnerungen pflückt. Ich gehe auf der großen Straße, die grau von Staub, nur hagere Bäume trägt; ja, ich gestehe, ich bin sogar neugierig an den Straßenecken vor krepierten Hunden stehengeblieben; ich habe aufrichtig gesprochen, habe behauptet, man könne alles schreiben, ich habe beweisen wollen, daß die Kunst im Leben ist und nirgends anders. Natürlich hat man mich in die Gosse gestoßen. Mich, Ninon, mich, der ich meine Jugend damit verbracht habe, Maßliebchen und Kornblumen für dich zu pflücken.

Du vergibst mir meine Untreue. Die Männer können nicht für immer an den Röcken der Mädchen hängen. Es kommt eine Stunde, da eure Blüten zu süß sind. Erinnerst du dich an jenen bleichen Herbstabend, an unseren Abschiedsabend? Als ich mich aus deinen schwachen Armen riß, hat mich die Wahrheit mit hartem Griff gepackt. Wie toll ging ich allem auf den Grund. Nach den laufenden Arbeiten schrieb ich nächtelang Seite für Seite die Bücher, die mich plagten. Wenn ich stolz bin, so bin ich auf diesen Willen stolz, dessen Anstrengung mich langsam aus dem Treiben des Gewerbes gerettet hat. Ich habe mich ernährt, ohne das Geringste von meiner Überzeugung zu verkaufen. Ich war dir diese Mitteilungen schuldig, du hast das Recht, zu wissen, welch Mann das Kind geworden ist, dessen erste Schritte du geschützt hast.

Heute ist meine Einsamkeit mein einziges Leid. Die Welt hört am Gitter meines Gartens auf. Ich habe mich in meinem Haus eingeschlossen, um nur die Arbeit in mein Leben zu lassen, und so fest habe ich mich eingeschlossen, daß niemand mehr kommt. Deswegen habe ich mitten im Kampf die Erinnerung an dich erweckt, geliebtes Herz. Nach zehn Jahren der Trennung war ich zu einsam; ich wollte dich wiedersehen, deine Haare küssen, dir sagen, daß ich dich immer noch liebe. Das erleichtert mich. Komm, sei ohne Sorge, ich bin nicht so schwarz, wie man mich macht. Ja, ich liebe dich immer noch, ich träume von Rosen, die ich dir an die Brust stekken möchte. Fürchtete ich nicht, mich lächerlich zu machen, ich entführte dich unter irgendeine Hecke, ein weißes Schäfchen müßte dabei sein, und wir drei würden einander tausend zärtliche Dinge sagen.

Weißt du, was ich getan habe, Ninon, um dich diese ganze Nacht bei mir zu behalten? Rate. Ich habe in der Vergangenheit gewühlt, in diesen hundert beschriebenen Blättern gesucht, ob ich nicht einige zarte für deine Ohren darunter finde. Inmitten meiner Rauheiten habe ich diese sanften Stücke errichtet. Ja, es sollte ein Festmahl für uns beide sein. Wir werden wieder Kinder, wir essen auf der Wiese. Es sind Geschichten, nur Geschichten, Konfekt in Kinderporzellan. Ist das nicht entzückend? Drei Stachelbeeren und zwei Trauben werden unsern Hunger stillen, und fünf Tropfen Wein in Wasser werden uns berauschen. Hör zu, neugieriges Mädchen. Erst kommen einige ziemlich anständige Geschichten; manche haben sogar einen Anfang und ein Ende; andere allerdings gehen barfuß, nachdem sie ihre Mütze in die Luft geworfen haben. Aber später muß ich dich warnen, dann kommen wir in Phantasien, die unbedingt die freie Luft atmen. Teufel! ich habe alles abgesucht, ich mußte dich die ganze Nacht bei mir behalten. Da singe ich das Lied: ›Erinnerst du dich?‹ Da sind alle unsere Erinnerungen, eine nach der anderen; alles Süße für uns, die Essenz unserer Liebe. Langweilt es die andern, sei's drum! Sie brauchen ihre Nasen nicht in unsere Angelegenheiten zu stecken. Dann – ich muß dich nochmals warnen – beginne ich eine lange Geschichte, die letzte, die uns hoffentlich zum Morgen führen wird. Sie steht ganz am Ende, absichtlich, damit du in meinen Armen einschläfst. Wir werden das Buch fallen lassen und einander umarmen.

Ach, Ninon, welch Schwelgen in weiß und rosa! Und doch kann ich, trotz meiner Sorge, alle Dornen abzubrechen, nicht versprechen, daß nicht doch ein Tropfen Blut an meinem Blumenstrauß bleibt. Meine Hände sind nicht mehr rein genug, um gefahrlos Blumensträuße zu binden. Aber sei ruhig: stichst du dich, so will ich deine Finger küssen und dein Blut trinken. So wird es weniger schlimm sein.

Morgen werde ich um zehn Jahre jünger sein. Es wird mir vorkommen, als käme ich aus den Tiefen unserer Jugend mit dem Honig deines Kusses auf den Lippen. Es ist der Wiederbeginn meiner Aufgabe. Ach, Ninon, ich habe noch nichts getan. Ich weine über diesen Berg geschwärzten Papiers; ich bin trostlos, denke ich daran, daß ich meinen Durst nach Wahrheit nicht habe löschen können, daß die große Natur meinen zu kurzen Armen entschlüpft. Das ist die herbe Sehnsucht: die Erde zu nehmen, sie in einer Umarmung zu besitzen, alles zu sehen, alles zu wissen, alles zu sagen. Am liebsten möchte ich die ganze Menschheit auf ein weißes Blatt legen, alle Wesen und alle Dinge; ein Werk, das die gewaltige Arche wäre.

Und warte nicht zu lange beim Stelldichein, das ich dir nach vollendeter Aufgabe in der Provence gegeben habe. Es bleibt zu viel zu tun. Ich will den Roman, das Drama, will die Wahrheit überall. Nur in der Nacht bring mir dein Gedenken; komm auf dem Mondstrahl, der durch die Vorhänge schlüpft, zu Stunden, da ich ungesehen mit dir weinen kann. Ich brauche meine ganze männliche Kraft. Später – oh, später! – werde ich wieder nach dir suchen in den Landen, die noch glühen von unseren Zärtlichkeiten. Wir werden recht alt sein; aber wir werden einander immer noch lieben. Und du wirst mich als Pilger auf die Wiese führen, ans kaum erwachte Wasser; in unser Laubenversteck – das Land wird bewegungslos schlafen; auf Wiesen, die langsam in der blauen Flut der Dämmerung ertrinken; auf einen unendlichen Weg ins Unbekannte, selbst die Sterne werden uns nicht kümmern, nur nach dem Schatten werden wir uns sehnen. Und die Bäume, die Grashalme, selbst die Kieselsteine werden uns von weitem erkennen und uns willkommen heißen.

Höre, damit wir einander nicht zu suchen brauchen, will ich dir sagen, hinter welcher Hecke ich dich treffen will. Du weißt doch, wo der Fluß die Biegung macht; hinter der Brücke, etwas unter der Waschstelle, gerade gegenüber der Pappelreihe? Erinnerst du dich, an einem Morgen im Mai haben wir dort einander die Hände geküßt. Also, links ist eine Weißdornhecke, eine grüne Mauer, an der wir uns niederlegten, um nur den blauen Himmel zu sehen. Hinter dieser Weißdornhecke, geliebtes Herz, will ich dich treffen, in Jahren, an einem bleichen Sonnentag, wenn dein Herz mich in deiner Nähe spüren wird.

Paris, am 4. Oktober 1874

EIN BAD

Ich gebe dir ein Rätsel auf, Ninon. Suche, erfinde, stelle dir etwas vor: ein richtiges Schauermärchen, etwas Fürchterliches und Unwahrscheinliches ... Du weißt, die liebe kleine Baronin Adeline von C*** hat geschworen ... Nein, du wirst es doch nicht raten, ich will dir lieber alles erzählen.

Adeline heiratet wieder, ganz bestimmt. Du zweifelst, nicht? Ja, ich muß in Mesnil-Rouge sein, siebenundsechzig Meilen von Paris, um das zu glauben. Lach nur, die Heirat findet trotzdem statt. Die arme Adeline war mit zweiundzwanzig Jahren Witwe, und ihr Männerhaß und ihre Männerverachtung standen ihr so wunderhübsch! In zwei Monaten gemeinsamen Lebens hatte der Verstorbene – ein würdiger, nicht allzu schlecht konservierter Herr –, der ohne die Krankheit, die seine Todesursache war, geradezu vollkommen gewesen wäre, Adeline die ganze Schule der Ehe gelehrt. Sie hatte geschworen, diese Erfahrung genügte ihr. Und nun heiratet sie wieder! Und was geht das uns schließlich an!

Allerdings hat Adeline Pech gehabt. Ein solches Abenteuer kann niemand voraussehen! Und wenn ich dir erst sage, wen sie heiratet! Du kennst doch den Grafen Octave R***, den großen jungen Mann, den sie nicht ausstehen konnte. Immer wenn sie sich trafen, lächelten sie sich spitz an und brachten einander mit liebenswürdigen Phrasen fast um. Ach, die Unglückliche! Wenn du wüßtest, wo sie sich zum letzten Mal gesehen haben ... Ich merke wohl, ich muß dir alles erzählen. Es ist ein ganzer Roman. Und es regnet heute morgen. Ich will die Sache in Kapitel einteilen.

I

Das Schloß liegt sechs Meilen von Tours entfernt. Von Mesnil-Rouge sehe ich die Schieferdächer, die im grünen Park fast ertrinken. Man nennt es das Dornröschenschloß, weil dort einst ein großer Herr gewohnt hat, der fast eine seiner Pächterinnen geheiratet hätte. Das Kind lebte dort wie im Kloster, und ich glaube, ihr Schatten geht dort um. Niemals haben Steine einen so starken Liebesduft gehabt.

Das Dornröschen, das heute dort schläft, ist die alte Gräfin M***, Adelines Tante. Schon seit dreißig Jahren sollte sie immer einen Winter in Paris verleben. Ihre Nichten und Neffen kommen jeden Sommer für einige Wochen zu ihr. Adeline ist sehr pünktlich. Sie liebt das Schloß, eine sagenhafte Ruine, die der Regen und die Winde inmitten eines Urwaldes abbröckeln.

Die alte Gräfin hat feierlich verboten, die Risse in den Dekken oder die gewaltigen Zweige, welche die Alleen versperren, auch nur anzurühren. Sie freut sich über diese Laubwand, die in jedem Frühling dichter wird, und meistens behauptet sie, das Haus stehe noch fester als sie. In Wirklichkeit aber ist ein ganzer Flügel eingestürzt. Diese reizenden Einsiedeleien, die unter Ludwig XV. erbaut wurden, waren, wie die Liebschaften jener Zeit, ein Sonnenhauch. Der Stuck ist geplatzt, der Fußboden hat sich geworfen, das Moos wächst in den Zimmern. Die ganze Feuchtigkeit des Parkes hat alles mit einer Frische umgeben, darin noch der Moschusduft der Zärtlichkeiten von einst schwebt.

Der Park dringt fast ins Haus. Am Fuß der Freitreppe blühen Bäume, ja selbst zwischen den Stufen. Nur noch die große Allee ist befahrbar; und auch dort muß der Kutscher die Tiere am Zügel führen. Rechts und links wird das Dikkicht nie berührt, nur ganz wenige, von Schatten schwarze Fußwege, auf denen man nur gehen kann, wenn man mit ausgestreckten Händen das Laub beiseite drängt. Und gestürzte Bäume machen diese Wege zu Sackgassen, während die Lichtungen offenen Brunnen gleichen, die mit dem Blau des Himmels gefüllt sind. Moos hängt von den Zweigen herab, und Bittersüß zieht einen Vorhang über das Knieholz; Insekten wimmeln, Vögel schwirren – man sieht sie nicht – und sie verleihen dieser Masse von Laubwerk ein seltsames Wesen. Oft habe ich einen kleinen Angstschauer verspürt, wenn ich die Gräfin besuchte; das Dickicht blies mich beunruhigend an.

Aber ein Winkel im Park ist ganz besonders reizend und verwirrend: links vom Schlosse, am Ende eines großen Beetes, in dem nur noch großer Mohn wächst, der so hoch ist wie ich, unter einer Gruppe von Bäumen wölbt sich eine Grotte, die über und über mit Efeu behangen ist, dessen Spitzen bis ins Gras herabhängen. Die Grotte ist verfallen und verschüttet, nur noch ein schwarzes Loch, aus dessen Tiefe die Weiße eines lächelnden Amors aus Alabaster schimmert; er hält einen Finger an den Mund und lächelt. Der arme Amor ist einarmig, und auf dem rechten Auge hat er einen Moosfleck, der ihn auch einäugig macht. Er scheint mit seinem blassen, kranken Lächeln schon seit einem Jahrhundert irgendeine verliebte tote Dame zu bewachen.

Lebendiges Wasser fließt aus der Grotte, breitet sich in der Waldlichtung weit aus und verschwindet wieder als Bach unter den Bäumen. Es ist im Sand ein natürliches Wasserbekken, darin sich große Bäume spiegeln; das blaue Himmelsloch macht einen blauen Flecken auf die Mitte des Wassers. Binsen wachsen dort, und Seerosen breiten ihre runden Blätter aus. Im grünen Licht dieser grünen Einsamkeit hört man nur den Gesang des Wassers, das in sanfter Lässigkeit ewig niederfällt. Schlanke Wassermücken tanzen. Ein Buchfink kommt und trinkt mit zarten Bewegungen, als fürchte er, sich zu benetzen. Ein plötzliches Zittern der Blätter läuft über das Wasser, als zitterten die Augenlider eines Mädchens in lustvoller Ohnmacht. Und aus dem Dunkel der Grotte gebietet der Amor aus Alabaster diesem wollüstigen Winkel der Natur Schweigen und Ruhe und die ganze Zurückhaltung der Gewässer und Wälder.

II

Gewährt Adeline ihrer Tante vierzehn Tage, so bekommt dieses Land der Wölfe ein menschliches Gesicht. Die Alleen müssen breiter gemacht werden, damit Adelines Röcke hindurchkönnen. In diesem Sommer ist sie mit zweiunddreißig

Koffern angekommen, die man auf den Armen herschaffen mußte, weil der Rollwagen der Eisenbahn sich nicht in das Dickicht wagte. Er wäre auch darin steckengeblieben.

Wie du weißt, ist Adeline ein rechter Tollkopf. Im Kloster hatte sie wirklich drollige Einfälle. Ich glaube ja, sie geht nur ins Dornröschenschloß, um dort fern von Neugierigen ihre wunderlichen Gelüste zu befriedigen. Die Tante bleibt in ihrem Lehnstuhl, das Schloß gehört ihr allein, und sie träumt dort die verwirrendsten Phantasien. Das erleichtert sie. Kommt sie aus diesem Loch heraus, so ist sie ein ganzes Jahr lang vernünftig.

Vierzehn Tage lang ist sie die Fee, die Seele der grünen Flächen. In großer Toilette trägt sie ihre weißen Spitzen und seidenen Schleifen ins dichteste Gebüsch spazieren. Ja, man will sie sogar als Marquise Pompadour gesehen haben, wie sie sich gepudert und mit Schönheitspflästerchen im einsamsten Winkel des Parkes ins Gras setzte. Dann wieder sah man einen zierlichen, jungen, blonden Herrn langsam die Alleen durchstreifen. Ich fürchte sehr, dieser kleine junge Mann war diese liebe Närrin.

Ich weiß, sie durchforscht das Schloß vom Boden bis zum Keller. Sie durchstöbert die dunkelsten Eckschränke, beklopft die Mauern mit ihren kleinen Fäusten und wittert mit ihrem rosigen Näschen den ganzen Staub der Vergangenheit. Sie klettert auf Leitern, verkriecht sich in die Tiefe großer Schränke, lauscht an allen Fenstern, und träumerisch steht sie vor den Kaminen, und man merkt ihr an, wie gern sie hineinginge und alles ansähe. Und findet sie dann nicht, was sie sucht, so läuft sie zum großen Mohnbeet, in die verschatteten Fußwege und sonnigen Lichtungen. Das Näschen im Wind sucht sie überall und atmet voller Zärtlichkeit den fernen, verschwommenen Duft einer Blüte, die sie nicht pflücken kann.

Tatsächlich, Ninon – ich sagte es dir ja schon –, dieses alte Schloß inmitten seiner wilden Bäume hat einen Duft von Liebe. Ein Mädchen wurde darin gefangengehalten, und die Mauern haben den Duft dieser Liebkosung bewahrt wie ein alter Schrein, in dem Veilchen gelegen haben. Dieser Duft steigt Adeline zu Kopf und berauscht sie. Und hat sie diesen Duft alter Liebe getrunken, ist sie trunken, so könnte sie auf einem Mondstrahl ins Märchenland reisen, könnte sich von allen Rittern, die vorüberziehn, aus ihrem hundertjährigen Traum erwecken und auf die Stirn küssen lassen.

Fühlt sie sich matt, so trägt sie kleine Bänke in den Park. Nach sehr heißen Tagen aber geht sie des Nachts am liebsten ins Wasser unter dem hohen Laubwerk baden. Das ist ihr Zufluchtsort. Sie ist die Tochter der Quelle. Die Binsen sind zart zu ihr. Der Alabasteramor lächelt sie an, wenn sie ihre Röcke zu Boden gleiten läßt und mit der Ruhe einer Diana, die sich der Einsamkeit anvertraut, ins Wasser steigt. Nur Seerosen gürten sie – denn sogar die Fische schlafen einen verschwiegenen Schlaf. Langsam schwimmt sie, ihre weißen Schultern ragen aus dem Wasser, geräuschlos, einem Schwane gleich, der seine Flügel bläht. Die Frische besänftigt ihre Beklemmung. Vollkommen ruhig wäre sie, würde der einarmige Amor sie nicht anlächeln.

Einmal nachts ist sie trotz großer Angst vor dem feuchten Schatten in die Grotte hineingegangen, hat sich auf die Fußspitzen gestellt und ihr Ohr an des Amors Lippen gelegt, ob er ihr nichts zu sagen hätte.

III

Furchtbar ist, daß die arme Adeline in diesem Sommer bei ihrer Ankunft im Schloß, dazu im allerschönsten Zimmer, ihren Todfeind, den jungen Grafen Octave R*** vorgefunden hat. Er muß irgendwie ein weitläufiger Vetter der alten Gräfin M*** sein. Adeline schwur, ihn zu vertreiben. Tapfer packte sie ihre Koffer aus und begann ihr Treiben und ewiges Suchen. Octave beobachtete sie acht Tage, in aller Ruhe zigarrenrauchend, von seinem Fenster aus. Abends keine spitzen Worte, kein heimlicher Krieg mehr. Er war so höflich, daß sie ihn schließlich tödlich langweilig fand und sich nicht mehr mit ihm beschäftigte. Er rauchte weiter; sie durchstreifte den Park und nahm ihre Bäder.

Gegen Mitternacht, wenn alles schlief, stieg sie zum Wasser hinunter. Sorgfältig überzeugte sie sich jedesmal, ob Graf Octave sein Licht gelöscht hatte. Dann suchte sie mit kleinen Schritten verstohlen, als ginge es zu einem Liebesabenteuer, mit ganz sinnlichem Verlangen das kalte Wasser auf. Ein eigenartiger Hauch seltsamer Angst durchlief sie, seitdem sie wußte, daß ein Mann im Schloß war. Wenn er ein Fenster öffnete, wenn er ein Stück ihrer Schulter durch die Blätter erblickte! Schon der Gedanke daran ließ sie erschauern, wenn sie aus dem Wasser stieg und ein Mondstrahl ihre statuenhafte Nacktheit erglänzen ließ.

Eines Abends ging sie gegen elf Uhr hinunter. Das Schloß schlief schon zwei lange Stunden. An diesem Abend fühlte sie sich besonders kühn. Sie hatte an der Tür des Grafen gelauscht und geglaubt, sein Schnarchen zu hören. Pfui Teufel! Ein Mann, der schnarcht! Das erfüllte sie mit Verachtung für alle Männer und mit großer Sehnsucht nach den frischen Liebkosungen des Wassers, das so still schläft. Langsam verlor sie sich in den Bäumen und hatte Freude daran, sich ganz langsam Stück für Stück auszuziehen. Es war noch sehr dunkel, der Mond war kaum aufgegangen; und der weiße Körper schimmerte nur in blasser Helle wie eine junge Birke. Ein heißer Hauch wehte vom Himmel und küßte ihre Schultern mit lauem Kuß. Ein wenig müde und abgespannt durch die Hitze fühlte sie sich sehr behaglich und voll glücklichen Sichgehenlassens, und mit vorgestrecktem Fuß tastete sie auf dem Wasser.

Der Mond stieg höher und beleuchtete schon einen Winkel der Wasserfläche. Da bemerkte Adeline mit Entsetzen in dieser hellen Ecke einen Kopf, der sie betrachtete. Sie ließ sich ins Wasser gleiten bis zum Kinn, kreuzte die Arme, als wolle sie die zitternden Wasserschleier über ihre Brust decken und fragte zitternd:

»Wer ist da? ... Was machen Sie da?«

»Ich bin es, Baronin«, antwortete Graf Octave ruhig ... »fürchten Sie nichts, ich nehme ein Bad.«

IV

Tiefes Schweigen. Auf dem Wasser Wellenlinien, die um Adelines Schultern Kreise schlugen und langsam mit leisem Geräusch auf des Grafen Brust erstarben. Der hob ruhig die Arme und wollte an einem Weidenzweig aus dem Wasser gehen.

»Bleiben Sie, ich befehle es Ihnen«, rief Adeline mit erschreckter Stimme ... »Gehen Sie ins Wasser zurück, gehen Sie sofort ins Wasser zurück.«

»Aber, Baronin«, antwortete er und ging bis an den Hals ins Wasser zurück, »ich bin schon länger als eine Stunde im Wasser.«

»Das tut nichts, Graf, ich will nicht, daß Sie herausgehen, Sie begreifen ... Wir müssen warten.«

Die Arme hatte den Kopf verloren. Ganz verwirrt von den drohenden schrecklichen Möglichkeiten sprach sie, ohne recht zu wissen, was sie sprach, von Warten. Octave lächelte.

»Aber«, wagte er, »wenn Sie den Rücken kehren ... vielleicht ...«

»Nein, nein, Graf! Sehen Sie denn den Mond nicht?«

Und wirklich beleuchtete nun der Mond das ganze Wasserbecken. Ein wundervoller Mond. Inmitten der schwarzen Blätter funkelte das Wasser wie ein silberner Spiegel; Schilf und Seerosen am Ufer warfen so feingezeichnete Schatten, als hätte ein Pinsel mit chinesischer Tusche sie umrissen. Ein warmer Sternenregen fiel durch die enge Öffnung des Laubes. Der dünne Wasserstrahl hinter Adeline sang tiefer und fast spöttisch. Sie wagte einen Blick in die Grotte und sah, wie der Alabasteramor sie verständnisinnig anlächelte.

»Gewiß, der Mond«, murmelte der Graf, »und trotzdem, wenn Sie den Rücken kehren ...«

»Nein, nein, tausendmal nein. Wir müssen warten, bis der Mond fort ist ... Sehen Sie, er steigt. Sowie er hinter diesem Baum ist, sind wir im Schatten ...«

»Das dauert aber noch eine gute Stunde!«

»Oh, höchstens eine Dreiviertelstunde ... Das macht nichts.

Wir müssen warten ... Wenn der Mond hinter dem Baum ist, können Sie gehen.«

Der Graf wollte protestieren; da er aber beim Sprechen gestikulierte und sich bis zur Hüfte aus dem Wasser hob, schrie sie so entsetzt auf, daß er schon aus Höflichkeit wieder bis ans Kinn ins Wasser tauchte. Er hatte den Takt, sich nicht mehr zu rühren. So standen sie beide beieinander. Die beiden Köpfe, der entzückend blonde der Baronin mit den großen Augen, die du kennst, und der feine Kopf des Grafen mit dem ein wenig ironischen Schnurrbart, verharrten unbeweglich über dem schlafenden Wasser. Der Alabasteramor in seinem Efeuumhang lachte laut.

V

Adeline hatte sich ganz in die Seerosen gestellt. Als das frische Wasser sie wieder zu sich gebracht und sie sich darauf vorbereitet hatte, eine ganze Stunde hier zu verbringen, bemerkte sie, daß das Wasser ganz erschreckend durchsichtig war. In der Tiefe auf dem Sand erblickte sie ihre nackten Füße. Dieser Teufel von Mond nahm auch ein Bad, er wälzte sich im Wasser und erfüllte es mit flimmernden Strahlen. Es war ein Bad aus flüssigem, durchsichtigem Gold. Vielleicht sah der Graf die nackten Füße auf dem Sand, und wenn er die Füße und den Kopf sah ... Adeline bedeckte sich unter dem Wasser mit einem Gürtel von Seerosen. Vorsichtig zog sie die großen, runden, schwimmenden Blätter heran und legte sie wie einen Kragen um den Hals. So wurde sie ruhiger.

Der Graf hatte sich schließlich stoisch in sein Schicksal ergeben. Da er keine Wurzel fand, auf die er sich hätte setzen können, kniete er nieder. Und um nicht lächerlich zu erscheinen – das Wasser ging ihm bis ans Kinn und sah aus wie ein riesiger Bart –, fing er an, mit der Baronin zu plaudern und vermied dabei alles, was sie an ihre mißliche Lage hätte erinnern können.

»Es war sehr heiß heute.«

»Ja, Graf, eine erdrückende Hitze. Zum Glück gibt das Laub hier ein wenig Kühlung.«

»O gewiß … Unsere Tante ist sehr nett, nicht wahr?«

»Natürlich, sehr nett.«

Dann sprachen sie von den letzten Rennen und von den Bällen des nächsten Winters. Adeline fing an zu frieren, und sie überlegte, daß der Graf sie schon hatte sehen müssen, als sie sich am Ufer ausgezogen hatte. Das war einfach schrecklich. Allerdings ganz so schlimm war es vielleicht doch nicht. Es war dunkel unter den Bäumen, und der Mond war noch nicht dagewesen; und dann, fiel ihr ein, hatte eine große Eiche sie verdeckt. Trotzdem war dieser Graf ein abscheulicher Mensch. Sie haßte ihn und wünschte, er wäre ausgeglitten und ertrunken. Sie hätte ihm sicherlich nicht die Hand zur Rettung gereicht. Warum hatte er, als er sie kommen sah, sie nicht angerufen und ihr gesagt, daß er hier sei und bade? Und diese Frage wurde so deutlich in ihr, daß sie sie nicht für sich behalten konnte. Sie unterbrach den Grafen, der von der neuesten Hutform sprach.

»Aber ich erkannte Sie nicht«, antwortete er, »ich selbst hatte große Angst … Sie waren ganz weiß, ich glaubte, Dornröschen wäre wieder da, Sie wissen, jenes Mädchen, das hier festgehalten wurde … Ich fürchtete mich so, daß ich nicht schreien konnte.«

VI

Nach einer halben Stunde waren sie gute Freunde. Adeline hatte sich gesagt, daß sie doch mit bloßem Hals auch auf Bälle gehe, und ihre Schultern konnten sich doch sehen lassen. Sie war ein wenig aus dem Wasser emporgetaucht und hatte den Blätterkragen, der sie drückte, ein wenig gelockert. Dann wagte sie es, ihre Arme herauszustrecken. Mit nacktem Hals und unbedeckten Armen glich sie in diesem grünen Blätterkleid, im Wasser, das hinter ihr wie eine Seidenschleppe lag, einer Nymphe.

Der Graf wurde weich. Er hatte einige Schritte tun können und sich einer Wurzel genähert. Er klapperte schon ein bißchen mit den Zähnen. Er betrachtete den Mond mit lebhaftem Interesse.

»Nicht wahr, er geht nur langsam vorwärts?« fragte Adeline.

»O nein, er hat Flügel«, antwortete er mit einem Seufzer.

Sie fing an zu lachen.

»Wir haben ja noch eine ganze Viertelstunde.«

Da nutzte er feige ihre schlimme Lage aus: er machte ihr ein Geständnis. Er erklärte ihr, daß er sie schon zwei Jahre liebe, und wenn er sie necke, so täte er es nur, weil er es lustiger fände, als ihr abgeschmackte Schmeicheleien zu sagen. Adeline wurde sehr unruhig, zog ihr grünes Kleid wieder dicht um den Hals und wickelte ihre Arme ein. Nur ihr rosiges Näschen sah aus den Seerosen heraus, und da der Mond ihr voll in die Augen schien, war sie ganz betäubt und geblendet. Sie sah den Grafen nicht mehr, als sie ein großes Geplantsche hörte und das Wasser sich bewegte und ihr bis an die Lippen stieg.

»Wollen Sie wohl stehenbleiben!« rief sie. »Gehen Sie doch nicht so im Wasser herum!«

»Aber ich gehe ja gar nicht«, sagte der Graf, »ich bin ausgeglitten ... Ich liebe Sie!«

»Seien Sie still, rühren Sie sich nicht, wir wollen darüber sprechen, wenn es dunkel ist ... warten wir, bis der Mond hinter dem Baum verschwindet ...«

VII

Der Mond verbarg sich hinter dem Baum. Der Alabasteramor lachte sich scheckig ...

DIE ERDBEEREN

I

Als ich an einem Junimorgen das Fenster öffnete, hauchte mir die frische Luft ins Gesicht. In der Nacht hatte es heftig gewittert. Der Himmel schien wie neu in zartem Blau, als sei er bis in seinen letzten kleinen Winkel reingewaschen. Die Dächer und die Bäume, deren hohes Geäst ich zwischen den Schornsteinen erblickte, trieften noch vom Regen, und das Stückchen Horizont lachte in der gelben Sonne. Den Gärten in der Nähe entstieg der gute Duft nasser Erde.

»Komm, Ninette«, rief ich lustig, »setz deinen Hut auf, Mädchen ... Wir gehen aufs Land.«

Sie klatschte in die Hände. In zehn Minuten war sie mit dem Anziehen fertig, was für eine kleine Kokette von zwanzig Jahren sehr anerkennenswert ist.

Um neun Uhr waren wir im Wäldchen von Verrières.

II

Verschwiegenes Gehölz, wieviel Verliebte haben dort schon ihre Liebe spazierengeführt! An Wochentagen liegen die Wege verlassen da, Seite an Seite wandelt man umschlungen dahin, die Lippen suchen sich, und es hat keine Gefahr, daß andere zusehen – nur die Grasmücken im Gebüsch. Weithin erstrecken sich die Alleen mit ihren alten Bäumen, hoch und breit, der Sonnenschein schlüpft durch das Laubwerk und tupft goldene Flecken auf den zarten Wiesenteppich. Und krause Wege gibt es, schmale Pfade, die dunkel sind, ganz fest muß man sich aneinanderpressen, so eng sind sie; und undurchdringliches Dickicht, darin man sich verlieren kann, wenn die Küsse zu laut schallen.

Ninon ließ meinen Arm los und lief wie ein junger Hund, der glücklich das Gras an seinen Knöcheln spürt. Dann kam sie müde und schmeichelnd zurück und lehnte sich an meine Schulter. Und immer der Wald um uns, weithin, ein Meer mit grünen Wogen. Das zitternde Schweigen und der lebendige Schatten der Bäume stieg uns zu Kopf, und wir berauschten uns am brennenden Duft des Frühlings. Im Geheimnis des Waldes wird man wieder zum Kind.

»Oh, Erdbeeren, Erdbeeren!« rief Ninon, und wie ein entsprungenes Zicklein setzte sie über einen Graben und durchsuchte das Gebüsch.

III

Erdbeeren? O nein, nur die Stauden noch, eine ganze Gruppe unter Brombeersträuchern. Ninon dachte nicht mehr an die Tiere im Gras, die sie doch so sehr fürchtete. Keck grub sie ihre Hände dicht in die Farren, hob jedes Blatt und war enttäuscht, nicht die geringste Beere zu finden.

»Man ist uns zuvorgekommen«, sagte sie und zog ein schiefes Mäulchen. »Ach, komm, laß uns suchen, es gibt sicher noch welche.«

Und wir machten uns daran und suchten mit musterhafter Gewissenhaftigkeit. Gebückt, mit vorgestrecktem Hals hefteten wir die Augen fest auf den Boden, schritten nur behutsam vorwärts und suchten, ohne ein Wort zu sprechen, aus Furcht, die Erdbeeren könnten davonfliegen. Den Wald mit seinem Schweigen, seinem Schatten, den breiten Alleen und den schmalen Pfaden hatten wir vergessen. Erdbeeren, nur Erdbeeren finden! Wir bückten uns vor jedem Gebüsch, und unsere zitternden Hände berührten sich im Laub.

Mehr als eine Meile legten wir so zurück; gebückt suchten wir bald rechts, bald links. Nicht die kleinste Beere. Nur prächtige, dunkelgrüne Blätter überall. Ich sah, wie Ninon die Lippen fest aufeinanderpreßte und wie ihre Augen feucht wurden.

IV

Wir kamen an eine große Böschung, auf die die Sonne mit schweren, heißen Strahlen senkrecht niederbrannte. Ninon wollte nicht mehr suchen. Plötzlich stieß sie einen hellen Schrei aus. Ich lief hin, ganz erschrocken, ich glaubte, ihr wäre etwas zugestoßen. Ich fand sie auf dem Boden hockend;

die Aufregung hatte sie überwältigt, sie wies mit dem Finger auf eine kleine Erdbeere, die kaum erbsengroß und nur auf einer Seite reif war.

»Pflücke sie«, sagte sie leise und schmeichelnd.

Ich hatte mich am Fuße der Böschung neben sie gesetzt.

»Nein, du hast sie gefunden, du mußt sie auch pflücken.«

»Nein, tu mir den Gefallen, pflücke sie.«

Ich wehrte mich so lange und so gut, daß sich Ninon endlich entschloß, den Stengel mit dem Nagel abzuzwicken. Aber damit ergab sich eine neue Frage. Wer von uns beiden sollte die arme kleine Erdbeere essen, nach der wir eine lange Stunde gesucht hatten. Ninon wollte sie mir durchaus in den Mund stecken. Aber ich blieb fest; schließlich gab ich doch ein wenig nach: die Erdbeere sollte geteilt werden.

Sie nahm sie zwischen die Lippen und sagte lächelnd: »Nun hol dir deinen Teil.«

Und ich holte mir meinen Teil. Ich weiß nicht, ob die Erdbeere ganz brüderlich geteilt wurde. Ich weiß auch nicht, ob die Erdbeere mir schmeckte. So gut gefiel mir Ninons süßer Kuß.

V

Die Böschung war voll Erdbeersträucher, voll richtiger Erdbeersträucher. Die Ernte war fröhlich und reich. Wir hatten ein weißes Taschentuch auf dem Boden ausgebreitet und uns feierlich geschworen, die Beute ohne den geringsten Abzug hier niederzulegen. Trotzdem schien es mir, als führe Ninon des öfteren die Hand an den Mund.

Als die Ernte eingeheimst war, wollten wir irgendwo im Schatten gemütlich frühstücken. Ganz nahe bemerkte ich einen entzückenden Schlupfwinkel, ein Blätternest. Andächtig wurde das Taschentuch neben uns niedergelegt.

Große Götter! Wie gut war es hier, auf dem Moos, in dieser wollüstigen grünen Frische. Ninon sah mich mit feuchten Augen an. Die Sonne hatte schmeichelnd ihren Hals gerötet. Und da sie meine ganze Zärtlichkeit aus meinem Blick las, neigte sie sich zu mir und faßte in einer Bewegung bewundernswerter Hingebung meine Hände.

Die Sonne flammte hoch im Geäst und tupfte uns zu Füßen goldene Flecken auf den zarten Wiesenteppich. Selbst die Grasmücken schwiegen und sahen weg. Als wir dann nach den Erdbeeren suchten, um sie zu essen, bemerkten wir zu unserm Entsetzen, daß wir auf dem Taschentuch ruhten.

DER GROSSE MICHU

I

Eines Nachmittags nahm mich in der Vieruhrpause der große Michu in eine Ecke. Er sah ernst aus, und ich hatte etwas Furcht; denn der große Michu war ein Bengel mit gewaltigen Fäusten, den ich um nichts in der Welt zum Feind hätte haben mögen.

»Höre mal«, sagte er mit seiner fetten, kaum abgeschliffenen Bauernstimme, »willst du mit dabeisein?«

Ich antwortete rund heraus: »Ja!« Ich war geschmeichelt, etwas mit dem großen Michu zu haben. Dann erklärte er mir, daß es sich um eine Verschwörung handele. Die vertraulichen Mitteilungen, die er mir machte, riefen eine verwirrende Empfindung in mir hervor, die ich vielleicht niemals seitdem wieder empfunden habe. Endlich geriet ich in die tollen Abenteuer des Lebens, endlich sollte ich ein Geheimnis zu wahren, eine Schlacht zu schlagen haben. Und sicherlich machte die uneingestandene Furcht, die ich bei dem Gedanken, mich Gefahren auszusetzen, empfand, die Hälfte meiner brennenden Freude aus, Mitwisser zu sein.

Daher bewunderte ich auch den großen Michu, als er mit mir sprach. Er weihte mich in etwas rauhem Ton ein wie einen Rekruten, zu dessen Kraft man nur mäßiges Vertrauen hat. Aber schließlich schien ihm mein leichterschrecktes und tiefbegeistertes Wesen, das ich wohl beim Zuhören zur Schau trug, eine bessere Meinung über mich beizubringen.

Als die Glocke zum zweitenmal läutete, gingen wir beide in die Klasse hinauf: »Also abgemacht, nicht wahr?« sagte er leise. »Du gehörst zu uns. Du wirst doch keine Angst haben und nichts verraten?«

»O nein, du wirst ja sehen ... Das ist abgemacht.«

Er sah mich mit seinen grauen Augen voll an, mit der wirklichen Würde eines Mannes, und fügte hinzu: »Schlagen würde ich dich nicht, aber ich würde überall sagen, daß du ein Verräter bist, und keiner wird mit dir sprechen.«

Ich erinnere mich noch des merkwürdigen Eindrucks, den diese Drohung auf mich machte. Sie gab mir gewaltigen Mut. ›Basta‹, sagte ich mir, ›sie können mir ruhig zweitausend Verse aufgeben; zum Teufel, wenn ich Michu verrate!‹ In fieberhafter Ungeduld erwartete ich die Mittagsstunde. Der Aufstand sollte im Refektorium ausbrechen.

II

Der große Michu stammte aus dem Var. Sein Vater, der einige Morgen Land besaß, hatte bei dem durch den Staatsstreich hervorgerufenen Aufstand im Jahre 51 den entscheidenden Schuß getan. Für tot liegengeblieben, konnte er sich später in Sicherheit bringen. Und als er wieder auftauchte, ließ man ihn unbehelligt. Nur die Notabeln der Gegend, die großen und die kleinen Rentner, nannten ihn nie anders, als diesen Briganten Michu. Dieser Brigant, ein einfacher, ungebildeter Mann, ließ seinen Sohn die Schule in A. besuchen. Zweifellos wollte er aus seinem Sohn einen Gelehrten machen um der Sache willen, die er selbst nur mit den Waffen in der Hand zu verteidigen vermocht hatte. Wir Schüler hatten von dieser Geschichte munkeln hören, und unser Kamerad erschien uns als eine gefürchtete Persönlichkeit.

Der große Michu war übrigens viel älter als wir. Er war beinahe achtzehn, obwohl er erst in der vierten Klasse saß. Übrigens wagte niemand, ihn deswegen zu necken. Er war einer von den aufrechten Köpfen, die schwer lernen und nichts erraten; wußte er aber etwas, so wußte er es gründlich und für immer. Stark, wie mit der Holzaxt zugehauen, war er Herr und Meister in den Pausen, dabei von äußerster Sanftmut. Ich habe ihn nur einmal zornig gesehen; er wollte einen Lehrer, der uns einredete, alle Republikaner seien Diebe und Mörder, einfach erwürgen. Beinahe hätte man ihn vor die Tür gesetzt.

Später erst, als ich in meiner Erinnerung meinen Schulkameraden wieder auftauchen sah, ist mir das Verständnis für sein sanftes und doch starkes Wesen gekommen. Sein Vater hatte ihn beizeiten zum Mann gemacht.

III

Zu unserem großen Erstaunen war der große Michu nicht ungern in der Anstalt; nur eine Marter stand er aus, von der er nicht zu sprechen wagte: Hunger. Der große Michu hatte beständig Hunger. Ich kann mich nicht erinnern, jemals jemand einen ähnlichen Appetit entwickeln gesehen zu haben. Er, der sonst so stolz war, ließ sich manchmal zu demütigen Komödien herbei, nur um uns ein Stück Brot oder einen Imbiß zu entlocken. Unter freiem Himmel am Fuße der Seealpen aufgewachsen, litt er stärker als wir unter der mageren Anstaltskost.

Das war eines unserer Hauptgespräche, wenn wir im Hof an der Mauer entlang spazierten, die uns ihren spärlichen Schatten spendete. Wir waren alle etwas heikle Esser. Ich denke da hauptsächlich an eine gewisse Art Stockfisch in brauner Sauce und an Bohnen in weißer Sauce, über die wir alle fluchten. An den Tagen, an denen es diese Gerichte gab, war des Schimpfens kein Ende. Ehrenhalber schimpfte der große Michu mit uns, obwohl er gern alle sechs Portionen seines Tisches verschlungen hätte.

Der große Michu beklagte sich nur über die geringe Quantität der Speisen; und, um das Maß voll zu machen, hatte ihn der Zufall unten an den Tisch neben den Aufsichtslehrer gesetzt, einen jungen kleinen Kerl, der uns auf den Spaziergängen rauchen ließ. Nach der Hausordnung hatten die Aufsichtslehrer Anrecht auf zwei Portionen. Man mußte nur einmal sehen, was für große Augen Michu den beiden Wurstenden machte, die einträchtig Seite an Seite auf dem Teller des kleinen Lehrers neben ihm lagen!

»Ich bin doppelt so stark wie er«, sagte er einmal zu mir, »und dabei bekommt er doppelt soviel zu essen wie ich. Und er läßt nie etwas übrig, also ist es selbst ihm nicht zuviel!«

IV

Nun hatten die Rädelsführer beschlossen, wir wollten uns endlich gegen den Stockfisch in brauner und die Bohnen in weißer Sauce auflehnen.

Natürlich boten die Verschwörer dem großen Michu die Oberleitung an. Der Plan dieser Herren war heldenhaft einfach: es genügte, dachten sie, mit dem Appetit zu streiken, jede Nahrung zu verweigern, bis der Direktor sich feierlich dazu bereit erklärte, Besserung eintreten zu lassen. Daß der große Michu diesem Plan zustimmte, ist einer der schönsten Züge von Selbstverleugnung und Mut, die ich kenne. Er nahm die Oberleitung an mit jenem ruhigen Heldensinn der alten Römer, die sich für das Allgemeinwohl opferten.

Man bedenke, ihm war nichts daran gelegen, Fisch und Bohnen verschwinden zu sehen; er hatte nur einen Wunsch: mehr zu bekommen, soviel zu bekommen, wie er wollte! Und nun sollte er obendrein noch fasten! Später hat er mir einmal eingestanden, seine republikanische Tugend, die sein Vater ihm eingeprägt hatte, das Solidaritätsgefühl, das Unterordnen des Individuums unter das Wohl der Allgemeinheit, sei nie auf eine härtere Probe gestellt worden!

Am Abend begann der Streik im Speisesaal – es gab Stockfisch mit brauner Sauce – in wirklich schöner Einmütigkeit. Nur Brot war erlaubt. Die Gerichte werden aufgetragen, wir rühren sie nicht an und essen unser trockenes Brot. Und das ernst, ohne uns, wie sonst, leise zu unterhalten. Nur die Kleinen kicherten.

Der große Michu hielt sich prachtvoll. An diesem ersten Abend aß er nicht einmal Brot. Er hatte die Ellbogen auf den Tisch gestemmt und sah verächtlich auf den kleinen Lehrer herab, der neben ihm eifrig aß.

Mittlerweile ließ der Aufsichtführende den Direktor rufen, der wie ein Sturm ins Zimmer wirbelte. Er fuhr uns grimmig an, fragte, was wir an diesem Essen auszusetzen hätten, das er kostete und für ausgezeichnet erklärte.

Da stand der große Michu auf.

»Herr Direktor, der Fisch ist verdorben, so etwas können wir nicht verdauen.«

»So«, rief der kleine Lehrer, ehe noch der Direktor zu Wort kommen konnte, »sonst hast du die Schüssel beinahe allein ausgegessen!«

Der große Michu wurde ganz rot. An diesem Abend wurden wir einfach ins Bett geschickt. Wir würden uns die Sache bis morgen schon überlegen, hieß es.

V

Am nächsten und übernächsten Tag war der große Michu fürchterlich. Die Bemerkung des kleinen Lehrers hatte ihn tief getroffen. Er sprach uns Mut zu, wir wären Feiglinge, wenn wir nachgäben. Jetzt setzte er seinen ganzen Stolz ein, um zu zeigen, daß, wenn er es wolle, er auch ohne Essen auskäme.

Es war das reinste Martyrium. Wir andern hatten alle Schokolade, Eingemachtes, ja Wurst in unseren Pulten versteckt; so brauchten wir das Brot, mit dem wir uns die Taschen vollstopften, nicht ganz trocken zu essen. Er – er hatte keinen Verwandten in der Stadt und mochte solche Näschereien überdies nicht – hielt sich unentwegt an die paar Brotrinden, die er finden konnte.

Als der Direktor am übernächsten Tag beim Frühstück erklärt hatte, er würde, da die Schüler eigensinnig kein Gericht anrührten, kein Brot mehr verteilen lassen, brach die Revolte aus. Es gab Bohnen in weißer Sauce.

Der große Michu, den ein wahnsinniger Hunger außer sich gebracht haben mußte, erhob sich plötzlich. Er packte den Teller des Aufsichtslehrers, der tüchtig darauflos aß, um uns neidisch und hungrig zu machen, und schleuderte ihn mitten in den Saal, dann stimmte er mit mächtiger Stimme die Marseillaise an. Wie ein gewaltiger Windstoß riß uns das mit fort. Teller, Gläser und Flaschen tanzten wild durcheinander. Die Lehrer enteilten schleunigst, sprangen über die Scherben und Trümmer und überließen uns den Speisesaal. Der kleine Kerl erhielt auf der Flucht eine Schüssel Bohnen an die Schulter: die Sauce legte ihm einen großen, weißen Kragen um den Hals.

Jetzt galt es, den Platz zu befestigen. Der große Michu wurde zum General ernannt. Er ließ die Tische vor die Türen tragen. Ich erinnere mich, daß wir alle unsere Messer zur

Hand genommen hatten. Die Marseillaise ertönte immer noch. Die Revolte wurde zur Revolution. Glücklicherweise ließ man uns drei lange Stunden in Ruhe. Man schien die Wache zu holen. Und wir tobten uns während dieser drei Stunden gehörig aus.

Hinten im Speisesaal waren zwei Fenster, die auf den Hof gingen. Die Ängstlicheren hatten Furcht, weil man unsere Missetaten so lange ungeahndet ließ, und öffneten sachte eines und verschwanden. Nach und nach folgten die anderen. Bald hatte der große Michu nur noch zehn Aufrührer um sich.

»Geht zu den andern«, sagte er barsch, »ein Schuldiger genügt.« Als er mein Zögern bemerkte, sagte er noch: »Ich gebe dir dein Wort zurück, verstanden!«

Als die Wache eine der Türen erbrochen hatte, fand sie den großen Michu ganz allein und vollkommen ruhig mitten unter zerbrochenem Geschirr auf einer Tischecke sitzen. Noch am selben Abend wurde er zu seinem Vater heimgeschickt. Wir hatten mit diesem Aufstand wenig gewonnen. Allerdings vermied man es einige Wochen lang, uns Stockfisch und Bohnen vorzusetzen. Dann kamen sie bald wieder auf den Tisch; nur gab es zum Fisch weiße und zu den Bohnen braune Sauce.

VI

Lange nachher sah ich den großen Michu wieder. Er hatte seine Studien nicht fortsetzen können und bebaute die paar Morgen Land, die sein Vater ihm hinterlassen hatte.

»Ich wäre ein schlechter Advokat oder ein schlechter Arzt geworden«, sagte er. »Ich hatte einen harten Schädel. Bauer bleiben ist besser für mich. Dazu tauge ich … Aber nett im Stich gelassen habt ihr mich! Gerade mich, der Bohnen und Stockfisch so gerne aß!«

FASTENZEIT

I

Als der Vikar in seinem engelhaft weißen Chorhemd auf die Kanzel stieg, saß die kleine Baronin bereits andächtig auf ihrem gewöhnlichen Platz an der Heizung dicht vor der kleinen Kapelle der heiligen Engel.

Nach der üblichen Andacht fuhr sich der Vikar mit einem dünnen Batisttaschentuch zart über die Lippen; dann breitete er gleich einem Seraphim, der entfliegen will, die Arme aus, neigte das Haupt – und sprach. Zuerst klang seine Stimme im großen Kirchenschiff wie das ferne Murmeln einer Quelle, wie die Liebesklage des Windes im Laub. Ganz allmählich erst wuchs der Hauch, wurde zum Sturm, und mit majestätischem Donnergrollen rollte die Stimme unter den Wölbungen. Stets aber, selbst bei den furchtbarsten Blitzschlägen, wurde des Vikars Stimme augenblickskurz ganz sanft und warf einen freundlichen Sonnenstrahl in den finsteren Orkan der Beredsamkeit.

Sowie es im Laub zu säuseln angefangen hatte, nahm die kleine Baronin die verzückte und lüsterne Haltung eines sehr feinhörigen Menschen an, der sich anschickt, alle Feinheiten einer geliebten Symphonie zu kosten. Sie schien entzückt von der erlesenen Süße der musikalischen Sätze des Eingangs; mit Kenneraufmerksamkeit verfolgte sie die Schwellungen der Stimme, das Aufbrausen des stürmischen Finales, das so meisterhaft beherrscht war; und als die Stimme sich ganz entfaltet hatte und, im Widerhall des Kirchenschiffes vergrößert, gewaltig ertönte, konnte die kleine Baronin ein leises Bravo, ein Kopfnicken vollster Zufriedenheit nicht unterdrücken.

Dann wurde es eine himmlische Wonne. Alle Frommen gerieten außer sich.

II

Immerhin sagte der Vikar auch etwas, Worte begleiteten seine Musik, er predigte über das Fasten, er erklärte, wie angenehm Gott die Kasteiungen der Kreatur seien. Wie ein großer weißer Vogel beugte er sich über die Kanzel und seufzte:

»Die Stunde ist gekommen, meine Brüder und meine Schwestern, da wir alle wie Jesus unser Kreuz auf uns nehmen, unsere Stirn mit Dornen umflechten, unser Golgatha besteigen und mit nackten Füßen über Steine und durch Dornen wandeln müssen.«

Die kleine Baronin fand diesen Satz zweifellos gut abgerundet, denn leise schloß sie ihre Augen, und ihre Lider zitterten, als streichele jemand ihr Herz. Dann wiegte die Symphonie des Vikars sie ein, ohne daß ihr Ohr sich die melodischen Sätze entgehen ließ, und sie verfiel in eine Träumerei voll geheimster Lust.

Ihr gegenüber befand sich eines der langen, schmalen, nebelgrauen Kirchenfenster. Der Regen konnte noch nicht aufgehört haben. Sie war bei sehr schlechtem Wetter zur Predigt gekommen. Man muß schon etwas aushalten, wenn man Religion hat. Ihr Kutscher war fürchterlich naß geworden, und sie selbst hatte sich, als sie aufs Pflaster sprang, die Fußspitzen ein wenig naß gemacht. Ihr Kupee war übrigens ausgezeichnet, fest verschlossen und gepolstert wie ein Schmuckkasten. Aber es ist so traurig, durch die feuchten Scheiben, auf dem Bürgersteig die lange Reihe triefender Schirme sich bewegen zu sehen! Und sie dachte, wäre es schön Wetter gewesen, hätte sie im offenen Wagen kommen können. Das wäre viel netter gewesen.

Sie hatte eigentlich nur eine Angst: der Vikar könne sich mit seiner Predigt zu sehr beeilen. Dann müßte sie auf ihren Wagen warten, denn niemals würde sie bei solchem Wetter durch den Schmutz waten. Und sie berechnete, daß die Stimme des Vikars in dem Tempo, das er eingeschlagen hatte, nicht zwei Stunden anhalten konnte; ihr Kutscher käme also zu spät. Diese Furcht verdarb ihr ein wenig ihre fromme Freude.

III

Der Vikar donnerte in plötzlichen Zornausbrüchen, die ihn in die Höhe rissen, mit wallenden Haaren, mit weitvorgestreckten Fäusten, wie ein vom Rachegeist Besessener:

»Und vor allem wehe euch, ihr Sünderinnen, vergießt ihr nicht den wohlduftenden Saft eurer Gewissensbisse, das duftende Öl eurer Reue auf die Füße Jesu. Glaubt mir, erbebt und kniet auf die Steine nieder. Nur wenn ihr euch in das Reinigungsfeuer der Buße begebt, das die Kirche in diesen Tagen der allgemeinen Zerknirschung aufrichtet; nur wenn ihr mit euren vom Fasten bleichen Stirnen diese Steinplatte abschleift, nur wenn ihr hinabsteigt in die Todesängste des Hungers und der Kälte, des Schweigens und der Nacht – nur dann könnt ihr am strahlenblitzenden Tag des Triumphes der göttlichen Verzeihung teilhaftig werden!«

Die kleine Baronin wurde durch diesen schrecklichen Ausbruch aus ihrer Verlorenheit gerissen, langsam wiegte sie den Kopf, als sei sie ganz der Meinung des zornentflammten Priesters. Ruten mußte man nehmen, sich in einen recht schwarzen, ganz feuchten und eisigen Winkel stellen und sich dort geißeln; das stand fest für sie.

Dann fiel sie in ihre Träumereien zurück; sie verlor sich in der Tiefe ihres Wohlbehagens, ihrer weichen Verzückung. Bequem saß sie auf einem niedrigen Stuhl mit breiter Rükkenlehne, unter ihren Füßen lag ein gesticktes Kissen und schützte sie vor der Kälte der steinernen Dielen. Halb zurückgelehnt erfreute sie sich am Anblick der Kirche, am großen, weihrauchdurchzogenen Bau, dessen Tiefen voll geheimnisvoller Schatten sich mit köstlichen Visionen füllten. Das Kirchenschiff mit seinen Behängen aus rotem Samt, seinen Verzierungen aus Gold und Marmor – gleich einem gewaltigen Boudoir voll erregender Düfte –, mit seiner Beleuchtung, die zart und weich aus den Ampeln floß und überirdischen Umarmungen zu leuchten schien, hatte sich allmählich in den Bann seines Prunkes gezogen. Es war das Fest ihrer Sinne. Ihre hübsche Gestalt gab sich umschmeichelt, eingesponnen und geliebkost ganz den Empfindungen hin. Und ihre Lust kam vor allem daher, daß sie sich in so großem Glück so klein fühlte.

Was ihr aber – ohne daß sie es wußte – am allersüßesten war, war der laue Hauch aus dem Wärmerohr, dessen Öffnung sich fast unter ihrem Kleid befand. Sie fröstelte leicht, die kleine Baronin. Das Wärmerohr hauchte leise seine heißatmenden Liebkosungen an ihren langen, seidenen Strümpfen hinauf. Sie wurde ganz schläfrig in diesem Bad anschmiegender Weichheit.

IV

Der Vikar bebte immer noch in vollem Zorn. Er tauchte alle Frommen in das kochende Höllenöl:

»Und hört ihr die Stimme Gottes nicht, wenn ihr meine Stimme nicht hört, die Gottes Stimme selbst ist, so sage ich euch, ihr werdet eines Tages voller Angst eure Knochen brechen hören, auf glühenden Kohlen wird euer Fleisch zerbersten, und dann werdet ihr vergeblich schreien: ›Gnade, Herr, Gnade, ich bereue!‹ Gott wird erbarmungslos sein und mit dem Fuß wird er euch in den Abgrund schleudern.«

Bei dieser Schilderung lief ein Schauer durch die Reihen. Die kleine Baronin wurde von der heißen Luft, die unter ihre Röcke strömte, sichtlich eingeschläfert: sie lächelte unbestimmt. Sie kannte den Vikar sehr gut, die kleine Baronin. Gestern abend hatte er erst bei ihr gespeist. Er liebte getrüffelte Lachspastete, und Pomard war sein Lieblingswein. Er war sicherlich ein schöner Mann, fünfunddreißig bis vierzig, braun, mit einem so runden, rosigen Gesicht, daß man dieses Priestergesicht gern für das heitere Vollmondgesicht einer Magd genommen hätte. Und dabei ein Weltmann, ein guter Esser und guter Sprecher. Die Frauen beteten ihn an, die kleine Baronin war ganz vernarrt in ihn. Er sagte ihr mit einer so himmlisch gezuckerten Stimme: »Ach, gnädige Frau, mit einer solchen Toilette könnten Sie selbst einen Heiligen um die ewige Seligkeit bringen!«

Er brachte sich nicht um die ewige Seligkeit, der gute Mann. Er machte der Gräfin seine Aufwartung, der Marquise, allen seinen lieben Beichtkindern und war überall gleich liebenswürdig und artig und darum eben der Liebling aller Damen.

Speiste er Donnerstag bei der kleinen Baronin, so verhätschelte sie ihn wie ein geliebtes Geschöpf, das nicht den geringsten Luftzug vertragen kann und dem ein schlechtes Stück unfehlbar einen verdorbenen Magen verursachen muß. Im Salon stand sein Sessel in der Kaminecke; bei Tisch hatten die Bedienten Befehl, auf seinen Teller besonders zu achten und ihm allein einen bestimmten zwölfjährigen Pomard einzuschenken, den er mit geschlossenen Augen so inbrünstig trank, als nähme er das Abendmahl.

Er war so gut, so gut, der Vikar! Während er von der Kanzel herab von knirschenden Knochen und dörrenden Gebeinen sprach, sah ihn die kleine Baronin in ihrem Halbschlummer an ihrem Tisch, wie er sich andächtig die Lippen wischte und sagte: »Wahrlich, meine liebe gnädige Frau, diese Krebssuppe würde Sie Gnade vor Gott dem Vater finden lassen, wenn nicht schon Ihre Schönheit allein genügte, Ihnen das Paradies zu sichern.«

V

Nachdem der Vikar Zorn und Drohung verbraucht hatte, fing er an zu schluchzen. Das machte er immer. Er legte sich auf der Kanzel fast auf die Knie nieder, zeigte nur seine Schultern, um plötzlich mit einem Ruck aufzufahren und wie schmerzerfüllt wieder in sich zusammenzusinken, wischte sich die Augen, warf mit einem lauten Knistern seines gestärkten Chorhemdes die Arme nach rechts und nach links in die Luft und sah aus wie ein verwundeter Pelikan. Das war die Krone, das Finale, das volle Orchester, die große Enthüllungsszene.

»Weinet, weinet«, jammerte er mit ersterbender Stimme, »weint über euch, weint über mich, weint über Gott ...«

Nun schlief die kleine Baronin ganz fest mit offenen Augen. Die Hitze, der Weihrauch, die wachsende Dunkelheit hatten sie betäubt. Sie hatte sich fest eingehüllt in die wollüstigen Empfindungen, die sie durchströmten; und ganz heimlich träumte sie von sehr angenehmen Dingen.

Neben ihr in der Kapelle der heiligen Engel war ein großes Freskogemälde, das eine Gruppe schöner, junger, halbnackter Männer mit Flügeln auf dem Rücken darstellte. Sie lächelten das Lächeln verzückter Liebhaber, während sie in ihrer niedergebeugten knienden Haltung irgendeine unsichtbare kleine Baronin anzubeten schienen. Schöne Burschen, zarte Lippen, Haut aus Atlas, kraftvolle Arme! Das schlimmste aber war, einer von ihnen sah dem jungen Herzog von P., einem sehr guten Freund der kleinen Baronin, zum Verwechseln ähnlich. In ihrem Dämmerschlaf fragte sie sich, ob der Herzog nackt oder mit Flügeln auf dem Rücken gut aussähe. Und einen Augenblick lang schien ihr, als habe der große rosige Cherubim den Frack des Herzogs an. Dann wurde der Traum deutlicher: es war wirklich der Herzog, der ihr sehr kurz geschürzt aus der Tiefe der Dunkelheit Küsse zuwarf ...

Als die kleine Baronin wieder aufwachte, hörte sie, wie der Vikar gerade den sakramentalen Schlußsatz aussprach:

»Und so wünsche ich euch die ewige Gnade.«

Einen Augenblick war sie ganz betroffen, sie glaubte, der Vikar wünsche ihr die Küsse des jungen Herzogs.

Die Stühle wurden gerückt. Alles brach auf; die kleine Baronin hatte richtig vermutet, ihr Kutscher wartete noch nicht vor dem Portal. Dieser Teufelsvikar hatte sich mit der Predigt so sehr beeilt, daß er seinen Beichtkindern mindestens zwanzig Minuten von seiner Beredsamkeit stahl.

Ungeduldig wartete sie in einem kleinen Seitenschiff, da begegnete sie dem Vikar, der eilig aus der Sakristei stürzte. Mit der unruhigen Miene eines Menschen, der sein Stelldichein nicht verfehlen will, sah er nach der Uhr.

»Ach, wie ich mich verspätet habe, meine liebe gnädige Frau. Man erwartet mich nämlich bei der Gräfin. Es findet ein geistliches Konzert bei ihr statt, danach ein bescheidenes Fastenessen ...«

I

Die Marquise schläft in ihrem großen Bett hinter den schweren, gelben Atlasvorhängen. Als die Uhr mit hellem Ton zwölf schlägt, entschließt sie sich, die Augen aufzutun.

Das Zimmer ist lauwarm. Teppiche, Vorhänge an Türen und Fenstern machen es zu einem behaglichen Nest, in das die Kälte nicht eindringt. Angenehme Wärme und weicher Duft durchströmen es: ein ewiger Frühling.

Und kaum ganz erwacht, scheint sie von plötzlicher Sorge erfaßt. Sie wirft die Decken zurück und klingelt nach Julie.

»Gnädige Frau haben geläutet?«

»Sagen Sie, taut es?«

O die gute Marquise! In welchem Ton hat sie diese Frage gestellt! Ihr erster Gedanke gilt der entsetzlichen Kälte, dem Nordwind, den sie nicht spürt, der aber eisig über die armseligen Hütten der Armen wehen muß. Und sie fragt, ob der Himmel sich erbarmt habe, ob sie es mit gutem Gewissen bei sich warm haben dürfe, ohne an all die zu denken, die vor Frost zittern.

»Taut es, Julie?«

Die Zofe reicht ihr das leichte Morgenkleid, das sie am Kamin etwas angewärmt hat.

»O nein, gnädige Frau, es taut nicht. Im Gegenteil, es ist noch kälter geworden. Eben hat man auf einem Omnibus einen Erfrorenen gefunden.«

Die Marquise freut sich wie ein Kind; sie klatscht in die Hände und ruft: »O fein! Dann kann ich heute nachmittag Schlittschuh laufen gehen!«

II

Julie zieht behutsam die Vorhänge zurück, damit das helle Licht nicht allzuplötzlich die empfindlichen Augen der entzückenden Marquise treffe.

Der bläuliche Schimmer des Schnees erfüllt das Zimmer

mit heiterem Licht. Der Himmel ist grau, aber von so hübschem Grau, daß der Marquise ihre perlgraue Toilette einfällt, die sie gestern abend beim Ball im Ministerium trug. Das Kleid war mit ganz weißen Spitzen besetzt, genau wie die Schneestreifen, die sie jetzt auf den Dachfirsten unter dem fahlen Himmel bemerkt.

Sie war gestern abend mit ihren neuen Diamanten ganz entzückend gewesen. Um fünf Uhr ist sie erst zu Bett gekommen. Jetzt sitzt sie vor einem Spiegel, und Julie hebt die blonden Haarwellen hoch. Der Frisiermantel gleitet herab, und ihre Schultern entblößen sich bis tief auf den Rücken hinunter.

Eine ganze Generation schon ist im Anblick dieser Schultern alt geworden. Seitdem, dank einer mächtigen Staatsgewalt, heitere Frauen sich dekolletieren und in den Tuilerien tanzen dürfen, hat sie ihre Schultern durch die Wirbel der offiziellen Salons spazieren geführt mit einer Ausdauer, die sie zum lebendigen Aushängeschild der Reize des zweiten Kaiserreiches macht.

Sie mußte der Mode folgen, ihre Kleider bis zu den Hüften oder bis zu den Brustspitzen ausschneiden; mußte, die Arme, Grübchen um Grübchen, sämtliche Schätze ihres Mieders ausliefern. Die Schultern der Marquise sind, üppig zur Schau getragen, das wollüstige Wappen des Reiches.

III

Die Schultern der Marquise zu beschreiben ist natürlich überflüssig. Sie sind Gemeingut wie die Pont-Neuf. Achtzehn Jahre lang gehörten sie zu den öffentlichen Schauspielen. Sieht man im Salon, im Theater oder sonstwo nur ein kleines Stückchen dieser Schultern, so kann man hören: ›Ach, da ist ja die Marquise! Ich sehe das schwarze Mal an ihrer linken Schulter.‹

Übrigens sind es sehr schöne, weiße, volle und aufreizende Schultern. Die Blicke einer ganzen Regierung sind darübergeglitten und haben ihr größeren Glanz verliehen, gleich jenen Steinfliesen, die die Füße der Menge mit der Zeit glänzend schleifen.

Wäre ich ihr Gatte oder ihr Liebhaber, lieber küßte ich den von den Händen der Bittsteller abgenützten Kristallknopf an der Tür zum Arbeitszimmer eines Ministers, als daß ich mit meinen Lippen diese Schultern berührte, darüber der heiße Atem des galanten Paris gegangen ist. Denkt man an die vielen tausend begehrlichen Blicke, die um sie herum aufgezuckt sind, so fragt man sich, woraus die Natur sie geschaffen haben mochte, daß sie nicht verwittern und abgebröckelt sind, gleich den nackten Statuen in den Gärten, deren Gestalt Wind und Wetter zerfressen.

Die Marquise hat ihr Schamgefühl beiseite gelegt. Sie hat aus ihren Schultern eine öffentliche Einrichtung gemacht. Und wie tapfer hat sie für die Regierung ihres Herzens gekämpft! Immer in der vordersten Reihe, überall zugleich, in den Tuilerien, bei den Ministern und Botschaftern und bei den einfachen Millionären; mit einem Lächeln hat sie Unschlüssige zurückerobert; ihr Alabasterbusen stützt den Thron; in Tagen der Gefahr enthüllt sie kleine, verheißende verborgene Winkel, die überzeugender wirkten als alle Rednerkünste und entscheidender als Soldatendegen zu drohen vermochten; um eine Stimme an sich zu reißen, ist sie bereit, sich das Hemd zu zerreißen, bis selbst die widerspenstigsten Glieder der Opposition die Waffen gestreckt hätten!

Stets aber sind die Schultern der Marquise unberührt und siegreich geblieben. Sie haben eine Welt getragen, ohne daß eine Falte den weißen Marmor verunziert hätte.

IV

Am Nachmittag – Julies Hände haben ihre Schuldigkeit getan – ist die Marquise in einem entzückenden polnischen Kostüm Schlittschuh laufen gegangen. Sie läuft wundervoll Schlittschuh.

Im Bois herrschte eine Hundekälte, der Nordwind wehte prickelnd um Nase und Lippen der Damen, als würde feiner Sand ihnen ins Antlitz geschleudert. Die Marquise lachte; es machte ihr Spaß zu frieren. Ab und zu ging sie zu den Kohlenpfannen, die am Rande des kleinen Sees standen, und wärmte sich die Füße. Dann kehrte sie in die eisige Luft zurück und glitt wie eine Schwalbe, die am Boden streicht, über die weite Fläche.

Wie schön und wie gut, daß es noch nicht taut! Die Marquise wird noch die ganze Woche Schlittschuh laufen können.

Auf dem Heimweg hat die Marquise in einer Seitenallee ein armes Weib gesehen, das halbtot vor Kälte an einem Baum lehnte.

»Die Arme!« hat sie verstimmt gemurmelt.

Und da der Wagen zu rasch fuhr und die Marquise ihre Börse nicht gleich finden konnte, hat sie der Unglücklichen ihren Blumenstrauß zugeworfen, einen Strauß weißen Flieder, der sicher seine fünf Louis wert war.

MEIN NACHBAR JACQUES

I

Ich wohnte damals in der Rue Gracieuse, in der Dachstube meiner zwanzig Jahre. Die Rue Gracieuse ist ein steiles Gäßchen, das hinter dem Jardin des Plantes die Böschung Saint Viktor hinunterführt. Ich hatte nur zwei Treppen zu steigen – die Häuser in dieser Gegend sind niedrig – und hielt mich dabei an einem Seil fest, um auf den ausgetretenen Stufen nicht auszugleiten; so langte ich ganz im Dunkeln in meinen armseligen vier Wänden an. Groß und frostig glich der Raum in seiner Kahlheit und mit seinem fahlen Licht einem Keller. Und doch schien die Sonne bisweilen in diesen Schatten, an den Tagen, da es in meinem Herzen licht war.

Aus der Nachbarkammer, darin eine ganze Familie hauste, Vater, Mutter und ein Kind von sieben oder acht Jahren, tönte Kinderlachen herüber.

Der Vater hatte etwas Eckiges mit seinem schiefen, zwischen zwei spitzen Schultern sitzenden Kopf. Sein knochiges Gesicht war gelb, die Augen, unter buschigen Brauen, rund und schwarz. Und dieser Mann mit der finsteren Miene hatte ein gutmütiges, schüchternes Lachen an sich. Man hätte ihn für ein großes fünfzigjähriges Kind halten können, das rot und verlegen wird wie ein Mädchen. Er blieb gern im Verborgenen und strich mit der Demut eines begnadigten Sträflings an den Mauern entlang.

Wir hatten uns mehrmals gegrüßt und waren Freunde geworden. Mir gefiel dieses seltsame Gesicht voll verschüchterter Ehrlichkeit. Nach und nach drückten wir uns auch die Hände.

II

Nach einem halben Jahr noch war mir der Beruf, von dem mein Nachbar Jacques mit seiner Familie lebte, unbekannt. Er sprach wenig. Aus reiner Anteilnahme hatte ich seine Frau zwei- oder dreimal danach gefragt, aber immer nur ausweichende, verlegen gestammelte Antworten erhalten.

Eines Tages – am Abend vorher hatte es geregnet, und in meinem Herzen sah es trübe aus – ging ich den Boulevard d'Enfer hinunter und sah einen jener Parias der Arbeiterbevölkerung von Paris auf mich zukommen, einen Mann in schwarzem Anzug, schwarzem Hut und weißer Krawatte; unter dem Arm trug er den schmalen Sarg eines Neugeborenen.

Gesenkten Kopfes ging er daher, er trug seine leichte Last mit einer gewissen traumverlorenen Lässigkeit, seine Füße schnellten die Kiesel der Straße vor sich her.

Der Morgen war hell.

Mir behagte das düstere Bild, das an mir vorüberzog. Das Geräusch meiner Schritte ließ den Mann aufblicken; hastig wandte er den Kopf zur Seite, zu spät jedoch: ich hatte ihn erkannt. Mein Nachbar Jacques war Leichenträger.

Ich sah ihm nach, ich schämte mich seiner Schande. Es tat mir leid, keinen anderen Weg gegangen zu sein. Er schritt weiter, hatte den Kopf noch tiefer gesenkt und sagte sich wahrscheinlich, daß es mit dem Händedruck, den wir allabendlich tauschten, nun zu Ende sei.

III

Am folgenden Tag traf ich ihn auf der Treppe. Er drückte sich scheu gegen die Wand, machte sich klein, ganz klein und nahm die Falten seines Rockes an sich, damit deren Stoff meine Kleider nicht berühre. Mit gesenkter Stirn stand er da, und ich bemerkte, wie sein alter, grauer Kopf vor Erregung zitterte.

Ich blieb stehen und sah ihm voll ins Gesicht. Und streckte ihm die Hand entgegen.

Er hob den Kopf, zögerte und sah mir auch ins Gesicht. In seinen großen Augen zuckte es, sein gelbes Gesicht wurde rot. Dann packte er mich plötzlich am Arm und begleitete mich in meine Kammer, wo er endlich die Sprache wiederfand.

»Sie sind ein braver junger Mann, Ihr Händedruck läßt mich viele scheele Blicke vergessen.«

Und er setzte sich und legte mir seine Beichte ab. Er gestand mir, daß auch er, bevor er der Zunft angehört habe, wie andere sich unbehaglich gefühlt hätte, sobald er einem Totenträger begegnet sei. Aber seither habe er auf seinen langen Gängen im Schweigen des Trauerzuges über diese Dinge nachgedacht, und er habe sich über den Widerwillen und die Furcht, die sein Erscheinen hervorrief, gewundert.

Ich war damals zwanzig Jahre alt, ich hätte einen Henker umarmt. Ich stürzte mich in philosophische Betrachtungen, um meinem Nachbar Jacques zu beweisen, daß sein Beruf heilig sei. Aber er zuckte die Achseln und rieb sich wortlos die Hände.

»Sehen Sie«, begann er langsam und verlegen, »das Gehabe der Leute, die bösen Blicke der Vorübergehenden kümmern mich wenig, solange meine Frau und mein Kind zu essen haben. Eines nur wurmt mich, ich kann nachts nicht schlafen, wenn ich daran denke. Meine Frau und ich, wir sind ja alte Leute und fühlen die Schande nicht. Aber ein junges Mädchen, das ist ehrgeizig. Meine arme Marthe wird später einmal über mich erröten. Als sie fünf Jahre alt war, hat sie einmal einen meiner Kollegen gesehen und hat so geweint und sich so gefürchtet, daß ich es noch nie gewagt habe, in ihrer Gegenwart meinen schwarzen Mantel anzulegen. Ich ziehe mich auf der Treppe an und aus.«

Ich hatte Mitleid mit meinem Nachbar Jacques, ich machte ihm den Vorschlag, seine Kleider in meiner Kammer anzulegen und sich dort, in aller Ruhe und vor Kälte geschützt, umzuziehen. Unter allen erdenklichen Vorsichtsmaßregeln brachte er seinen Trauerstaat zu mir herüber. Von diesem Tag an sah ich ihn regelmäßig morgens und abends. Er machte in einer Ecke meiner Mansarde Toilette.

IV

Ich besaß einen alten Koffer, dessen brüchiges, wurmzerfressenes Holz entzweiging. Mein Nachbar Jacques machte ihn zu seiner Garderobe; er legte ihn mit Zeitungen aus, und sorgfältig packte er seine peinlich zusammengefalteten Anzüge hinein.

Ließ mich bisweilen in der Nacht ein Traum auffahren, so warf ich einen verstörten Blick auf den alten Koffer, der wie ein Sarg an der Wand stand. Mir schien, der Hut, der schwarze Mantel und die weiße Krawatte kämen heraus.

Der Hut rollte schnarrend und hüpfend in Sprüngen um mein Bett herum, der Mantel breitete seine Schöße gleich großen schwarzen Schwingen auseinander, und weit und still kreiste er durchs Zimmer; die weiße Krawatte wurde immer länger, dann schlängelte sie sich hocherhobenen Kopfes und mit wedelndem Schweif zu mir herauf.

Ich starrte mit weitaufgerissenen Augen hinüber: der alte Koffer stand unbeweglich und düster in seiner Ecke.

V

Damals lebte ich in einem Traum, in einem Liebestraum, der zugleich schmerzlich war. Aber ich liebte diesen Bann; ich gewann meinen Nachbar Jacques lieb, weil er mit den Toten lebte und den herben Duft des Friedhofs zu mir brachte. Er vertraute mir manches an. Ich schrieb die ersten Seiten zu den ›Memoiren eines Leichenträgers‹ nieder.

Ehe mein Nachbar Jacques abends die Kleider ablegte, setzte er sich auf den alten Koffer und erzählte mir sein Tagewerk. Er sprach gern von seinen Toten. Einmal war es ein junges Mädchen – das arme Ding war an der Schwindsucht gestorben und war nicht schwer –, ein andermal war es ein Greis, der war Beamter gewesen, und sein schwerer Sarg hätte ihm fast den Arm zerbrochen; vielleicht hätte der gar sein Gold mit ins Grab genommen. Und so hörte ich die feinsten Einzelheiten über jeden Toten; ich erfuhr sein Gewicht, welches Geräusch sich im Sarge vernehmlich gemacht habe und wie man die Särge über die Treppenwindungen habe transportieren müssen.

Manchmal kam mein Nachbar Jacques des Abends geschwätziger und aufgeräumter nach Hause. Er tastete sich an den Wänden entlang, sein Mantel hing über der Schulter, der Hut saß tief im Nacken. Er hatte freigebige Erben getroffen und einen Leichenschmaus, Wein und Käse, bekommen.

Zum Schluß wurde er weich; er gelobte, mich, wenn die Zeit gekommen sei, mit sorglicher Freundeshand in die Erde zu betten.

VI

So lebte ich über ein Jahr mitten in nekrologischen Berichten.

Eines Morgens kam mein Nachbar Jacques nicht mehr. Acht Tage später war er tot.

Als zwei seiner Kollegen die Leiche forttrugen, stand ich unter meiner Tür. Ich hörte, wie sie beim Hinuntertragen des Sarges, der bei jedem Stoß dumpf aufklagte, ihre Witze machten.

Einer, ein kleiner Dicker, sagte zum andern, einem großen Hageren:

»Nun wird der Träger selbst davongetragen!«*

* Im Französischen heißt es: ›Le croque-mort est croqué.‹ Ich habe versucht, das Wortspiel wenigstens annähernd wiederzugeben. H.J.

DAS KATZENPARADIES

Eine meiner Tanten hat mir einen Angorakater vermacht, das dümmste Tier, das ich kenne. An einem Winterabend hat mir dieses Vieh vor der heißen Asche im Kamin diese Geschichte erzählt:

I

Ich war damals zwei Jahre alt und der fetteste und naivste Kater, den man sich denken kann. In diesem zarten Alter zeigte ich den Stolz eines Tieres, das den häuslichen Herd verachtet. Und wie dankbar müßte ich doch der Vorsehung sein, daß sie mich zu Ihrer Tante geführt hat! Die gute Frau betete mich an. In der Tiefe eines Schrankes hatte ich ein richtiges Schlafzimmer, mit Federkissen und dreifacher Decke. Die Verpflegung war ebenso gut: kein Brot, keine Suppe, nur Fleisch, gutes blutiges Fleisch.

Und doch hatte ich in diesem Wohlleben nur einen Wunsch, nur eine Sehnsucht: durchs offene Fenster auf die Dächer zu entfliehen. Die Liebkosungen schienen mir abgeschmackt, mein weiches Bett war mir zuwider; ich war so fett, daß ich mich selbst nicht leiden konnte. Mein Glück langweilte mich den ganzen lieben Tag.

Ich muß bemerken, daß ich durchs Fenster das Dach des gegenüberliegenden Hauses sehen konnte, wenn ich den Hals reckte. Eines Tages balgten sich dort vier Katzen mit gesträubtem Fell und erhobenen Schwänzen unter wildem Freudengeheul auf den blauen Schieferplatten. In meinem ganzen Leben hatte ich ein so außerordentliches Ereignis noch nicht gesehen. Von diesem Tag an stand es bei mir fest: das wahre Glück findet man nur auf dem Dach, hinter diesem Fenster, das so sorgfältig verschlossen ist; so sorgfältig, fiel mir als Bestärkung in meinem Glauben ein, wie das Fleisch in dem Schrank.

Ich wollte fliehen. Es mußte im Leben noch Schöneres geben als blutiges Fleisch. Das Unbekannte, das Ideal. Eines Tages vergaß man, das Küchenfenster zu schließen. Ich sprang auf ein kleines Dach unter dem Fenster.

II

Wie schön waren die Dächer! Große Rinnen faßten sie ein, daraus köstliche Düfte emporstiegen. Ich ließ meine Pfoten in den feinen Schlamm versinken, der lau war und unendlich weich. Mir war es, als ginge ich auf Sammet. Und die Sonne brannte so heiß, daß die Hitze mein Fett schmolz.

Ich kann nicht leugnen, daß ich dabei an allen Gliedern zitterte. In meiner Freude war ein gut Stück Angst. Ich erinnere mich besonders deutlich an eine fürchterliche Aufregung, die mich fast aufs Straßenpflaster hätte stürzen lassen. Drei Kater kollerten vom Dachfirst herunter und miauten mich schrecklich an; und als ich darüber in Ohnmacht fiel, verhöhnten sie mich Dickwanst und meinten, sie miauten nur zum Spaß. Da miaute ich mit ihnen. Das war entzückend. Die Übermütigen waren nicht so dick wie ich. Sie machten sich über mich lustig, als ich wie eine Kugel über das Zinkblech rollte, das die heiße Sonne erhitzte. Ein alter Kater aus der Bande nahm sich meiner besonders an. Er wolle mich erziehen, schlug er mir vor, und ich nahm mit Dank an.

Wie weit hinter mir lagen die Fleischtöpfe Ihrer Tante! Ich trank aus den Dachrinnen, und niemals hat mir gezuckerte Milch so süß geschmeckt. Alles erschien mir gut und schön. Eine Katze ging vorüber, eine entzückende Katze, bei deren Anblick mich eine noch nie gefühlte Erregung ergriff. Nur in meinen Träumen hatte ich diese erlesenen Geschöpfe gesehen, deren Rückgrat von so wundervoller Biegsamkeit ist. Wir stürzten ihr alle entgegen, meine drei Gefährten und ich. Ich überholte die andern und wollte mich gerade tief vor der entzückenden Katze verbeugen, da biß mich einer meiner Kameraden grausam in den Hals. Ich stieß einen Schmerzensschrei aus.

»Bah«, sagte der alte Kater und zog mich fort, »es gibt noch mehr solche Frauenzimmer.«

III

Nachdem ich eine Stunde lang spazierengegangen war, verspürte ich einen rasenden Hunger.

»Was ißt man eigentlich auf den Dächern?« fragte ich meinen Freund, den alten Kater.

»Was man findet«, belehrte er mich.

Diese Antwort setzte mich in Verlegenheit; denn, soviel ich suchte, ich fand nichts. Endlich erblickte ich in einer Mansarde eine junge Arbeiterin beim Frühstück. Auf dem Tisch, unter dem Fenster lag ein appetitlich rotes Kotelett.

›Das ist etwas für mich‹, dachte ich ganz naiv.

Und ich sprang auf den Tisch und packte das Kotelett. Aber die Arbeiterin bemerkte mich und versetzte mir einen Besenschlag auf den Rücken. Da ließ ich das Fleisch fallen und entfloh unter schrecklichen Flüchen.

»Du kommst wohl gerade aus deinem Dorf?« fragte mich der Kater. »Fleisch auf fremden Tischen darf nur von weitem begehrt werden. In den Dachrinnen mußt du suchen.«

Niemals habe ich begreifen können, daß das Fleisch in den Küchen nicht den Katzen gehöre. Mein Magen fing an zu knurren. Und der Kater brachte mich völlig zur Verzweiflung: er sagte, ich müßte bis zum Abend warten. Dann würden wir auf die Straße hinuntersteigen und die Kehrichthaufen durchwühlen. Die Nacht abwarten! das sagte er ruhig, wie ein alter Philosoph. Ich fiel schon beim Gedanken an dieses lange Fasten in Ohnmacht!

IV

Die Nacht kam langsam, eine eiskalte Nebelnacht. Es fing zu regnen an, spitz und wie mit Nadeln stechend, von Windstößen gepeitscht. Wir kletterten über eine Treppe hinunter. Wie häßlich erschien mir nun die Straße! Keine Wärme, keine Sonne, keine sonnenglänzenden Dächer mehr, auf denen man so herrlich herumtollen konnte. Meine Pfoten glitten auf dem schmutzigen Pflaster aus. Wehmütig dachte ich an mein Federkissen und meine dreifache Decke.

Kaum waren wir auf der Straße, wurde mein Freund, der

Kater, ganz klein. Er zitterte und wurde ganz, ganz klein; geduckt strich er an den Häusern entlang und sagte mir, ich sollte ihm schleunigst folgen. Beim ersten Torweg flüchtete er hinein und schnurrte im Gefühl der Sicherheit. Als ich ihn über diese Flucht fragte, sagte er:

»Hast du den Mann gesehen, mit der Kiepe und dem Haken?«

»Ja.«

»Na ja, hätte der uns bemerkt, so hätte er uns totgeschlagen und am Spieß gebraten!«

»Am Spieß gebraten? Aber gehört denn die Straße nicht uns? Man findet nichts zu essen und wird selbst noch aufgefressen!«

V

Der Kehricht stand vor den Türen. Ich wühlte verzweifelt in den Haufen herum. Zwei oder drei abgenagte Knochen fand ich. Da verstand ich erst, was für ein Leckerbissen frisches Fleisch für eine Katze ist. Mein Freund, der Kater, kratzte den Schmutz wie ein Künstler auseinander. Langsam suchte er alles ab, und bis zum Morgen mußte ich ihn begleiten. So verbrachte ich fast zehn Stunden im Regen und zitterte vor Kälte an allen Gliedern. Verdammte Straße, verfluchte Freiheit! Wie sehnte ich mich nach meinem Gefängnis!

Als der Kater am frühen Morgen sah, daß ich fast zusammenbrach, fragte er mich in seltsamem Ton:

»Du hast genug davon, was?«

»O ja!«

»Möchtest du wieder nach Hause?«

»Natürlich, aber wie finde ich das Haus heraus?«

»Komm. Schon als ich dich heute morgen sah, habe ich es mir gleich gedacht, daß ein so fetter Kater wie du nicht für die herben Freuden der Freiheit geschaffen ist. Ich weiß, wo du wohnst, ich bringe dich bis an die Tür.«

Das sagte dieser würdige Kater in aller Ruhe. Als wir angekommen waren, sagte er, ohne die geringste Erregung zu zeigen:

»Leb wohl!«

»Nein«, rief ich, »so wollen wir nicht auseinandergehen. Du mußt mit mir kommen. Ich teile mein Fleisch und mein Bett mit dir. Meine Herrin ist eine gute Frau ...«

Er ließ mich nicht zu Ende sprechen:

»Schweig, du bist dumm. Ich stürbe in diesem Treibhausleben. Dein üppiges Leben taugt nur für entartete Katzen. Niemals wird eine freie Katze sich durch Gefangenschaft Fleisch und weiche Bissen erkaufen ... Leb wohl.«

Und er kletterte wieder auf seine Dächer. Ich sah, wie seine große, magere Silhouette unter den Liebkosungen der aufgehenden Sonne voller Lust erschauerte.

Als ich wieder nach Hause kam, nahm Ihre Tante das Stöckchen, und ich freute mich dieser Schläge von Herzen. Voller Wollust genoß ich das Vergnügen, es warm zu haben und geschlagen zu werden. Während sie mich schlug, dachte ich schon mit Entzücken an das Fleisch, das ich bekommen würde.

VI

»Sehen Sie«, schloß meine Katze und streckte sich vor der Glut aus, »das wahre Glück, das Paradies, lieber Meister, besteht darin, daß man gefangen ist und in einem Zimmer, wo es Fleisch gibt, geschlagen wird.«

Ich spreche für die Katzen.

LILI

I

Du kommst vom Lande, Ninon, aus den Feldern mit ihren herben Düften und den weiten Horizonten. Du bist nicht so töricht, dich in das Kasino irgendeines Weltbades einsperren zu lassen. Du gehst, wohin die Menge nicht geht, in irgendein Laubnest mitten in Burgund. Dein Sommerwinkel ist ein weißes Haus unter Bäumen. Dort verbringst du deinen Frühling in gesunder, freier Luft. Und kehrst du für einige Tage heim, staunen alle über deine Wangen, die frisch sind wie Weißdorn, und über deine Lippen, die rot sind wie Rosen.

Ganz süß ist dein Mund, ich möchte fast wetten, daß du gestern noch Kirschen gegessen hast. Du bist kein kleines Mädel, das Wespen und Dornen fürchtet. Tapfer wanderst du unter glühendem Sonnenbrand; du weißt ganz gut, daß dein gebräunter Hals durchsichtig schimmert wie feinster Bernstein. Und wie eine Bäuerin ihr geliebtes Land, so durchstreifst du die Felder im Leinenkleid unter deinem großen Hut. Mit deiner kleinen Stickschere schneidest du die Früchte ab, aber deine Ernte ist nicht sehr reich, du arbeitest jedoch mit ganzer Seele, und kehrst du abends heim, bist du stolz auf die rosigen Schrammen, die die Disteln auf deine weißen Hände zeichneten.

Und was wirst du im nächsten Dezember anstellen? Nichts. Du wirst dich langweilen, nicht wahr? Du bist keine Dame von Welt. Erinnerst du dich noch des Balles, den wir einmal besuchten? Du hattest bloße Schultern, und im Wagen zittertest du vor Kälte. Im Saal war's zum Ersticken heiß im grellen Licht der Kronleuchter. Sehr würdig saßest du im Lehnstuhl und verstecktest ein leichtes Gähnen hinter deinem Fächer. Ach, wie langweilig! Und als wir wieder zu Hause waren, zeigtest du mir deinen welken Strauß und sagtest: »Schau dir die armen Blumen an. Ich würde sterben, müßte ich in dieser heißen Luft leben. Mein lieber Frühling, wo bist du hin?«

Wir wollen auf keinen Ball mehr gehen, Ninon. Wir wollen zu Hause bleiben vor unserem Kamin. Wir wollen uns liebhaben; und sind wir müde, so wollen wir uns erst recht liebhaben.

Ich erinnere mich noch, wie du am nächsten Tag ausriefst: »Eine Frau tut doch wirklich nichts.« Bis zum Abend habe ich darüber nachgedacht. Der Mann hat die Arbeit ganz für sich genommen und überläßt euch eueren gefährlichen Träumen. Und am Ende langer Träume steht das Vergehen. Woran denkt man denn, wenn man den ganzen lieben Tag stickt? Man baut Luftschlösser, darin man einschläft wie Dornröschen und wartet auf die Küsse der vorübergehenden Prinzen, die sie wieder erwecken.

»Mein Vater«, sagtest du oft zu mir, »war ein prächtiger Mensch, der mich bei sich zu Hause hat groß werden lassen. Von den hübschen Puppen, die in der Schule die Liebesbriefe ihrer Vettern in ihren Gebetbüchern verstecken, habe ich nichts Böses gelernt. Niemals habe ich den lieben Gott mit dem Knecht Ruprecht verwechselt, und lieber, gestehe ich, hätte ich in der tiefsten Hölle geschmort, als meinem Vater auch nur im geringsten einen Kummer bereitet. Das muß ich dir auch noch sagen: ich grüße ganz natürlich, ohne daß ich die Kunst höflicher Verbeugungen studiert hätte; mein Tanzlehrer hat mich nicht gelehrt, die Augen zu senken, zu lächeln und mit dem Gesicht zu lügen; ich weiß nichts von den koketten Künsten, die zur Erziehung eines vornehmen jungen Mädchens gehören. Ich bin wild aufgewachsen wie eine kräftige Pflanze. Und deshalb ersticke ich in der Luft von Paris.«

II

Neulich saß ich an einem jener seltenen schönen Nachmittage, die der Frühling uns beschert, im Schatten junger Kastanien in den Tuilerien. Der Park war fast leer. Einige Damen stickten hier und da unter den Bäumen. Kinder spielten, und ihr helles Lachen zerschnitt das dumpfe Geräusch der nahen Straßen.

Meine Blicke blieben schließlich an einem sechs- oder siebenjährigen kleinen Mädchen hängen, dessen junge Mutter, wenige Schritte von mir entfernt, mit einer Freundin plauderte. Es war ein blondes Mädelchen, kaum größer als meine Stiefel, und doch sah es schon ganz wie eine junge Dame aus. Die Kleine war ganz entzückend angezogen, wie nur Pariserinnen ihre Kleinen herauszuputzen verstehen: ein bauschiger Rock aus rosa Seide, der perlgraue Strümpfe sehen ließ; ein ausgeschnittenes, spitzenbesetztes Mieder; dazu ein Hütchen mit weißen Federn; Schmuck, ein Halsband und ein Armband aus Korallen. Sie glich ganz ihrer Frau Mutter, sie war sogar koketter.

Es war ihr gelungen, den Sonnenschirm der Mutter zu erwischen, und jetzt spazierte sie ernsthaft mit aufgespanntem Schirm umher, obgleich nicht der geringste Sonnenstrahl durch die Blätter drang. Sie bemühte sich, leicht und schwebend zu gehen, wie sie es bei den Großen gesehen hatte. Sie fühlte sich unbeobachtet; immer wieder versuchte sie gewissenhaft ihre Rolle durchzuspielen, zog Gesichter, schmollte und übte Halswendungen, Blicke und süßes Lächeln. Vor einem alten Baumstumpf blieb sie schließlich stehen und machte ihm ein halbes Dutzend tiefer Verbeugungen.

Sie war eine kleine Dame. Ich war ganz erschrocken über ihre Sicherheit und ihr Wissen. Sie war kaum sieben Jahre alt und schon mit ihrer Aufgabe vertraut, die Leute zu bezaubern. Nur in Paris gibt es so frühreife kleine Mädchen, die schon zu tanzen verstehen, ehe sie die Buchstaben kennen. Ich mußte an die Kinder aus der Provinz denken; die sind linkisch und ungeschickt und wälzen sich einfach auf dem Boden. Lili würde sich schön hüten, ihr schönes Kleid zu verderben; lieber überhaupt nicht spielen; sie hält sich sehr gerade in ihren steifen Röcken und freut sich, wenn man sie ansieht und sagt: ›Ach, das reizende Kind!‹ Lili machte immer noch ihre Verbeugungen vor dem Baumstumpf. Plötzlich sah ich, wie sie sich aufrichtete und in Positur setzte: mit geneigtem Sonnenschirm und lächelnden Lippen war sie etwas verwirrt. Ich begriff bald. Ein anderes kleines Mädchen, eine Brünette in grünem Kleid, kam die große Allee herunter. Eine Freundin, und jetzt mußte man sich elegant gegenübertreten.

Die beiden Kleinen gaben sich leicht die Hand und machten ganz die Gesichter wie Frauen aus derselben Gesellschaftsschicht. Sie lächelten glücklich, wie es der gute Ton bei solchen Gelegenheiten verlangt. Als sie mit ihren Höflichkeiten zu Ende waren, gingen sie Seite an Seite weiter und schwatzten mit ihren Flötenstimmen. Sie dachten gar nicht daran zu spielen.

»Du hast ein schönes Kleid an.«

»Das ist Valenciennesspitze, nicht wahr?«

»Mama war heute morgen nicht ganz wohl. Ich fürchtete schon, ich könnte nicht kommen, und ich hatte es dir doch versprochen.«

»Hast du Thérèses Puppe schon gesehen? Sie hat eine wunderbare Ausstattung.«

»Gehört dir der Sonnenschirm? Der ist ja entzückend.«

Lili wurde blutrot. Sie tändelte mit dem Sonnenschirm ihrer Mutter, weil sie sah, daß ihre Freundin, die keinen Sonnenschirm hatte, ganz kleinlaut wurde. Deren Frage aber war ihr peinlich; sie wußte, daß sie blamiert sei, wenn sie die Wahrheit sagte.

»Ja«, antwortete sie zierlich. »Ein Geschenk von Papa.«

Das war der Gipfel. Sie konnte lügen, wie sie schön sein konnte. Nur so weiter: sie wußte schon alles, was eine hübsche Frau ausmacht. Wie können bei solcher Erziehung die Ehemänner ruhig schlafen!

In diesem Augenblick kam ein achtjähriger Knabe vorüber. Er zog einen kleinen Karren mit Steinen hinter sich her und rief ganz fürchterlich ›Hü‹ und ›Hot‹; er spielte Fuhrmann; und spielte voller Freude; fast hätte er beim Vorüberfahren Lili umgestoßen.

»Wie brutal doch Männer sind!« sagte sie verächtlich. »Sieh nur, wie unverschämt dieser Junge ist!«

Beide Mädchen lachten ein ziemlich verächtliches Lachen. Der Knabe mußte ihnen wirklich wie ein ganz kleines Kind vorkommen. Wenn nach zwanzig Jahren eine von ihnen den

Jungen heiratet, so wird sie ihn mit der Überlegenheit einer Frau behandeln, die schon mit sieben Jahren mit dem Sonnenschirm zu spielen verstand, während er in diesem Alter nur seine Hosen zerriß.

Lili strich die Falten ihres Rockes behutsam wieder glatt und ging weiter.

»Sieh mal das große dumme Mädchen dort, da in Weiß, die sich ganz allein herumlangweilt. Neulich hat sie mich fragen lassen, ob ich wünschte, daß sie sich mir vorstellen ließe. Denke Dir, Liebste, sie ist die Tochter eines kleinen Beamten. Du kannst dir denken, daß ich nicht mochte: man darf sich nichts vergeben.«

Lili zog ein Gesicht wie eine beleidigte Prinzessin. Ihre Freundin war geschlagen. Sie hatte keinen Sonnenschirm, und noch niemand hatte um den Vorzug gebeten, ihr vorgestellt zu werden. Sie erbleichte gleich einer Frau, die den Triumph einer Rivalin mit ansehen muß. Sie hatte den Arm um Lilis Hüfte gelegt und versuchte heimlich, deren Kleid zu zerknittern. Und dazu lächelte sie sie mit ihren weißen, bißbereiten Zähnen süß an. Als sie sich von ihren Müttern weiter entfernt hatten, bemerkten sie, daß ich sie beobachtete. Da wurden sie noch süßer: sie kokettierten wie junge Mädchen, die die Aufmerksamkeit auf sich lenken und festhalten wollen. Ein Herr beobachtete sie! Oh, Töchter Evas, der Teufel versucht euch schon in der Wiege!

Dann lachten sie plötzlich laut auf. Irgend etwas an meinem Anzug mußte sie befremden oder ihnen sehr komisch vorkommen: Mein Hut sicherlich, dessen Form nicht nach der letzten Mode war. Sie machten sich nach Strich und Faden lustig über mich; sie hielten die Hände vor den Mund und kicherten, wie Damen im Salon ihr perlendes Gelächter zu verbergen suchen. Ich schämte mich schließlich, wurde rot und wußte nicht mehr, was ich mit mir anfangen sollte. Und ich floh und überließ das Feld den beiden Kindern, die das befremdende Lachen und die seltsamen Blicke reifer Frauen hatten.

III

Ninon, o Ninon, bringe mir diese kleinen Damen aufs Land, stecke sie in graue Leinwand und laß sie sich in Pfützen wälzen, darin die Enten schnatternd baden. Sie sollen wieder so dumm wie die Gänse werden, gesund und stark wie junge Bäume. Und heiraten wir sie, so werden wir sie lehren, uns zu lieben. Dazu werden sie klug genug sein.

DIE LEGENDE VOM KLEINEN BLAUEN LIEBESMANTEL

I

Als an einem Dezembermorgen der Schnee langsam und jungfräulich niedersank, wurde das schöne Mädchen mit den roten Haaren geboren. In der Luft waren mancherlei Zeichen, die von der Liebesaufgabe sprachen, die sie zu erfüllen hatte; die Sonne strahlte rosig auf den weißen Schnee, und wie im Frühling strich Fliederduft und Vogelsang über die Dächer.

In einer elenden Spelunke kam sie zur Welt, gewiß aus Demut nur, um zu zeigen, daß allein der Reichtum des Herzens ihr Ziel sei. Sie hatte keine Familie, sie konnte die ganze Menschheit lieben, die ganze Welt mit ihren geschmeidigen Armen umfassen. Kaum war sie im Alter der Liebe, verließ sie das Dunkel, darin sie Kraft gesammelt hatte; und sie ging die Wege und suchte die Hungrigen und sättigte sie mit ihren Blicken.

Sie war groß und stark und hatte schwarze Augen und einen roten Mund. Ihr Fleisch schimmerte in matter Blässe und hatte ganz leichten Flaum, so daß ihre Haut weißem Samt glich. Und ihr Gang wiegte ihren Körper in sanftem Rhythmus.

Kaum dem Stroh entflohen, darin sie geboren war, hatte sie sogleich begriffen, daß es zu ihrer Mission gehöre, sich in Seide und Spitzen zu kleiden. Sie hatte weiße Zähne und rosa Wangen; und sie fand Perlenhalsbänder, die weiß waren wie ihre Zähne, und rosa Atlaskleider, die rosig waren wie ihre Wangen.

Und als sie eingekleidet war, war es eine Wohltat, ihr an klaren Maitagen auf den Pfaden zu begegnen. Ihr Herz und ihre Lippen waren jedermann geöffnet. Fand sie im Straßengraben einen Bettler, grüßte den ihr Lächeln; klagte er über Brandwunden, über hitzige Fieber seines Herzens, gab ihm ihr Mund rasch ein Almosen, und der Bettler fühlte sein Elend nicht mehr.

Daher kannten alle Armen des Kirchspiels sie. Wartend umdrängten sie ihre Tür. Und wie eine barmherzige Schwester stieg sie morgens und abends hernieder und verteilte ihre Schätze an Zärtlichkeit und gab jedem sein Teil.

Gut und süß war sie wie weißes Brot. Die Armen des Kirchspiels nannten sie den kleinen blauen Liebesmantel.

II

Da begab es sich, daß eine furchtbare Seuche die Gegend verheerte. Alle jungen Männer wurden von ihr ergriffen, und die meisten wären fast daran gestorben. Die Anzeichen der Seuche waren schrecklich. Das Herz hörte auf zu schlagen, der Kopf wurde leer, und der Todkranke wurde irr. Wie lächerliche Hampelmänner gingen die jungen Männer grinsend umher und kauften Herzen auf dem Jahrmarkt, wie Kinder sich Zuckerstangen kaufen. Und packte die Seuche brave Burschen, so machte sie die tief traurig und stürzte sie in Verzweiflung. Vor ihren Werken weinten die Künstler aus Ohnmacht, und die unglücklich Liebenden ertränkten sich in den Flüssen.

Das gute Kind tat sich in diesen schweren Zeiten sehr hervor. Sie richtete Lazarette ein, pflegte die Kranken Tag und Nacht und schloß mit ihren Lippen alle Wunden und dankte dem Himmel für die große Aufgabe, die ihr wurde. Sie wurde den jungen Männern ein gütiges Geschick. Sie rettete viele. Deren Herz sie nicht heilen konnte, die hatten keines mehr. Ihre Behandlung war ganz einfach: sie reichte den Kranken ihre hilfreichen Hände und schenkte ihnen ihren warmen Atem. Niemals verlangte sie ein Entgelt. Sorglos richtete sie sich zugrunde, und reichen Mundes verteilte sie ihre Almosen.

Die Geizigen schüttelten mit der Zeit ihren Kopf, als sie sahen, wie die junge Verschwenderin den großen Reichtum ihrer Gaben verschwendete:

»Sie wird auf dem Stroh sterben, sie gibt ihr Herzensblut hin, ohne jemals die Tropfen zu zählen.«

III

Und wirklich: als sie eines Tages in ihrem Herzen suchte, fand sie es leer. Sie erbebte vor Schreck: es blieben ihr kaum einige Pfennige Zärtlichkeit. Und die Seuche wütete immer noch.

Sie lehnte sich auf, sie dachte nicht mehr an den gewaltigen Reichtum, den sie wahnsinnig verschwendet hatte, sie verspürte nur den brennenden Wunsch wohlzutun, und es schmerzte sie, es nicht mehr zu können. Wie war es süß, im Sonnenschein nach Bettlern zu suchen, wie süß, zu lieben und geliebt zu werden! Und jetzt sollte sie im Schatten leben und auf Almosen warten, die vielleicht niemals kommen würden.

Einen Augenblick lang hatte sie den weisen Einfall, die wenigen Pfennige, die ihr blieben, sorgsam zusammenzuhalten und sie klug und langsam auszugeben. Dann aber wurde es ihr so kalt in ihrer Einsamkeit, daß sie wieder in die Maiensonne hinausging. Beim ersten Meilenstein begegnete sie einem jungen Mann, dessen Herz an Nichterfüllung starb. Bei diesem Anblick erwachte ihr glühendes Mitleid wieder. Sie konnte ihren Beruf nicht verleugnen. Und strahlend vor Güte legte sie den Rest ihres Herzens auf ihre Lippen, beugte sich zärtlich nieder und küßte den jungen Mann:

»Da, nimm mein letztes Gold. Und gib mir Münze wieder.«

IV

Der Jüngling gab ihr Münze wieder.

Und am selben Abend sandte sie ihren Armen einen Abschiedsbrief, darin sie ihnen mitteilte, sie müsse ihre Almosenverteilung einstellen. Ihr war gerade noch so viel übriggeblieben, daß sie mit dem letzten Hungrigen zusammen, dem sie hatte helfen können, ein sorgenloses Dasein führen konnte.

Die Legende vom blauen kleinen Liebesmantel hat keine Moral.

DER SCHMIED

Der Schmied war ein großer Mann, der größte im ganzen Land; er hatte viereckige Schultern, von der Glut der Schmiede und dem Eisenstaub der Hämmer waren Gesicht und Arme schwarz. In seinem eckigen Schädel trug er unter dem dichten Gestrüpp seiner Haare stahlblanke, große blaue Kinderaugen. Sein riesiger Kiefer lachte und atmete geräuschvoll wie ein Blasebalg; und hob er die Arme, in einer gewaltigen Gebärde befriedigter Macht – einer Gebärde, die die Arbeit auf dem Amboß ihm angewöhnt hatte –, so schien er seine fünfzig Jahre noch wohlgemuter zu tragen, und lustig ließ er die ›Jungfer‹ tanzen, ein schreckliches kleines Mädchen, einen Hammer von fünfundzwanzig Pfund Gewicht, den zwischen Vernon und Rouen nur er tanzen lassen konnte.

Ein ganzes Jahr hab ich bei dem Schmied verbracht, ein Jahr der Genesung. Ich hatte mein Herz verloren, mein Hirn verloren, hatte mich selbst geflohen und suchte mich, suchte einen stillen, friedlichen Arbeitswinkel, darin ich meine Kraft wiederfinden konnte. So erblickte ich eines Abends, nachdem ich das Dorf durchwandert hatte, die einsame, flammende Schmiede, die am Kreuzpunkt der vier Wege stand. Die Glut war so stark, daß sie durch die offene Tür hindurch die Wegekreuzung überstrahlte und daß die Pappeln, die jenseits am Fluß reihenlang standen, wie Fackeln lohten. Eine halbe Meile weit hinaus in die milde Dämmerung klang mir der Rhythmus der Hämmer entgegen wie der Galopp eines anstürmenden Regiments.

Dann stand ich endlich unter der offenen Tür, im Licht und Lärm, im Donner der Schläge und war ganz glücklich im Anblick dieser Arbeit und dieser Hände, die rote Stangen drehten und platt schlugen.

An jenem Herbstabend sah ich den Schmied zum erstenmal. Er schmiedete das Eisen eines Pfluges. Mit offenem

Hemd, das die breite Brust und unter ihr bei jedem Atemzug die Rippen sehen ließ, warf er sich zurück, nahm einen Schwung und ließ den Hammer niedersausen, und das unaufhörlich mit sanftem, gleichmäßigem Wiegen des Körpers, während sich die Muskeln sicher spannten. Der Hammer umschrieb einen regelmäßigen Kreis, stiebte Funken und ließ Blitze hinter sich zurück. Es war die ›Jungfer‹, die der Schmied da in seinen Händen tanzen ließ, während sein Sohn, ein Bursche von zwanzig Jahren, das glühende Eisen mit der Zange hielt und auch zuschlug, mit dumpfen Schlägen, die der jauchzende Tanz des schrecklichen Mädchens verschlang. Tock, tock – tock, tock, es klang wie die ernsthafte Stimme einer Mutter, die ihr Kind zu seinen ersten Worten ermutigt. Die ›Jungfer‹ tanzte weiter, schüttelte den Flitter ihres Kleides und, sprang sie vom Amboß, ließ sie im Eisen den Abdruck ihrer Absätze zurück. Eine blutige Flamme floß auf den Boden und beleuchtete die langen Bärte der beiden Arbeiter, deren große Schatten sich bis in die dunkelste Ecke der Schmiede verloren. Allmählich wurde die Glut blasser, der Schmied hörte auf. Schwarz, auf den Hammer still gestützt, stand er mit schweißbedeckter Stirn, die er nicht einmal abwischte, aufrecht da. Im dumpfen Röcheln des Blasebalges, den sein Sohn mit müder Hand zog, hörte ich den Atem, der noch keuchte, und sah seine zitternden Rippen.

Abends übernachtete ich in der Schmiede, und ich ging nicht wieder fort. Oben, über der Schmiede, war ein Zimmer frei; das bot er mir an, und ich nahm an. Schon um fünf Uhr, noch bevor es hell wurde, nahm ich an der Arbeit meines Wirtes teil. Ich erwachte durch das Gelächter des ganzen Hauses, das bis in die Nacht hinein von seiner gewaltigen Fröhlichkeit lebte. Unter mir tanzten die Hämmer. Die ›Jungfer‹, schien es, warf mich aus dem Bett, klopfte an die Decke und schalt mich einen Faulpelz. Das ganz ärmliche Zimmer mit dem großen Schrank, dem Tisch aus weißem Holz, den beiden Stühlen, krachte und rief mir zu, ich sollte mich beeilen. Und ich mußte hinunter. Unten fand ich die Schmiede schon ganz rot. Der Blasebalg pustete, aus den Kohlen stieg eine blaurosa Flamme empor, darin die Rundung eines Sternes unter dem Hauch zu glänzen schien. Der Schmied bereitete die Arbeit des Tages vor. Er kramte in den Winkeln voller Eisen, drehte Pflüge herum und untersuchte Räder. Bemerkte er mich, so stemmte der würdige Mann die Fäuste in die Seiten und lachte von einem Ohr bis zum andern. Es machte ihm zuviel Freude, mich schon um fünf Uhr morgens aus den Federn geworfen zu haben. Ich glaube, er machte morgens nur Lärm um des Lärmes willen, um alle Leute mit dem gewaltigen Glockenläuten seiner Hämmer zu wecken. Er legte seine großen Hände auf meine Schultern, beugte sich zu mir, als spräche er zu einem Kind, und meinte, es ginge mir schon viel besser, seitdem ich mitten unter seinem alten Eisen lebte. Und jeden Tag setzten wir uns dann auf einen alten umgestürzten Karren und tranken unvermischten Wein miteinander.

Oft verbrachte ich meinen ganzen Tag in der Stube. Besonders im Winter, wenn es regnete, verbrachte ich dort alle meine Stunden. Ich interessierte mich für die Arbeit. Der beständige Kampf des Schmiedes gegen das rohe Eisen, das er nach seinem Belieben formte, erregte mich wie ein gewaltiges Drama. Ich folgte dem Metall vom Ofen zum Amboß, sah voller Überraschung, wie es sich unter der siegreichen Anstrengung des Arbeiters bog, dehnte und gleich weichem Wachs zusammenrollte. War der Pflug fertig, kniete ich vor ihm nieder, den formlosen Entwurf vom Tage vorher vermochte ich nicht mehr zu entdecken, ich prüfte die einzelnen Stücke und bildete mir ein, ungeheuer starke Finger hätten sie ohne des Feuers Hilfe geformt. Bisweilen lächelte ich und mußte an ein junges Mädchen denken, das ich früher tagelang beobachtet hatte, wie sie an einem Fenster mir gegenüber mit schlanken Fingern Messingstengel gedreht hatte, an die sie mit einem seidenen Faden künstliche Veilchen band.

Niemals beklagte sich der Schmied. Ja, hatte er vierzehn Stunden lang Eisen gehämmert, so sah ich ihn des Abends noch sein gutes Lachen lachen, und zufrieden rieb er sich die

Hände. Niemals war er traurig oder müde. Er hätte auch das Haus, wäre es eingefallen, auf seinen Schultern getragen. Im Winter fand er es schön warm in seiner Stube. Im Sommer öffnete er weit die Tür und ließ den Heuduft herein. Kam der Sommer und wurde es dunkel, dann setzten wir uns miteinander vor die Tür. Wir saßen auf der Mitte des Berghanges und konnten das Tal in seiner ganzen Tiefe übersehen. Er war glücklich über diesen riesigen Teppich bebauter Äcker, die sich gegen den Horizont im hellen Lila der Dämmerung verloren.

Der Schmied scherzte oft und sagte, all diese Ländereien gehörten ihm, denn seit mehr als zweihundert Jahren versorge seine Schmiede das Land mit Pflügen. Das war sein Stolz. Keine Ernte reifte ohne ihn. Wäre die Ebene im Mai grün und im Juli gelb, so verdanke sie ihm diese doppelt schimmernde Seide. Er liebte die Saaten wie seine Töchter und vergötterte die strahlende Sonne und hob die Faust gegen die losbrechenden Hagelwolken. Oft zeigte er mir in weiter Ferne ein Stückchen Land, das mir kleiner als sein Westenrücken erschien, und erzählte mir, in welchem Jahr er für dieses Viereck Hafer oder Roggen einen Pflug geschmiedet hatte. Während der Arbeit ließ er zuweilen seinen Hammer fallen; er trat auf die Straße, und mit der Hand über den Augen hielt er Ausschau. Er sah zu, wie die zahlreiche Familie seiner Pflüge den Boden aufriß und überall, geradeaus, zur Rechten und zur Linken Furchen zog. Das Tal war deren voll. Zahllos wie Regimenter auf dem Marsch sah man die Gespanne hintereinander hergehen. Silbern in der Sonne glänzten die Eisen der Pflüge. Und er hob die Arme und rief mich: ich sollte sehen, was für eine ›verfluchte Arbeit‹ die leisteten.

All dies klingende Eisen, das unter mir tönte, gab auch mir Eisen ins Blut. Das war besser als alle Apothekerarzeneien. Ich war an diesen Lärm gewöhnt, ich brauchte die Musik der Hämmer auf dem Amboß, um mich leben zu fühlen. In meinem Zimmer, das der Blasebalg mit seinem Schnaufen füllte, besann ich mich wieder auf mich selbst. Tock, tock – tock,

tock, das klang wie die fröhliche Uhr, die meine Arbeitsstunden regelte. Mitten in der Arbeit, wenn der Schmied wild wurde, daß ich das rote Eisen unter den rasenden Hammerschlägen krachen hörte, hatte ich ein Riesenfieber in den Fäusten, ich hätte die Welt mit einem Zuge meiner Feder zermalmen mögen. Schwieg aber die Schmiede, schwieg auch alles in meinem Kopf; ich stieg hinunter, und, sah ich das besiegte Eisen, das noch rauchte, so schämte ich mich meiner Arbeit.

Wie prächtig sah der Schmied zuweilen an heißen Nachmittagen aus; nackt bis zum Gürtel, mit hervorspringenden, gespannten Muskeln war er eine jener großen Gestalten Michelangelos, die sich mit äußerster Anstrengung aufrichten. In seinem Anblick fand ich die neue plastische Linie, die unsere Bildhauer mühevoll im toten Fleisch der Griechen suchen. Er erschien mir als der durch Arbeit groß gewordene Held, das unermüdliche Kind des Jahrhunderts, das unaufhörlich das Werkzeug unserer Analyse auf den Amboß schlägt und das im Feuer und durch das Feuer die Gesellschaft von Morgen formt. Er spielte mit seinen Hämmern. Wollte er etwas zu lachen haben, so ergriff er seine ›Jungfer‹ und schlug aus Leibeskräften darauf los. Dann ließ er den Donner bei sich grollen unter dem rosigen Hauch der Glut. Und ich hörte das Seufzen des Volkes bei seiner Arbeit.

In der Schmiede inmitten der Pflüge wurde ich Faulheit und Zweifel für immer los.

KEINE ARBEIT

I

Wenn die Arbeiter am Morgen in die Werkstatt kommen, finden sie sie kalt und schwarz wie eine Ruine. Im Hintergrund des großen Saales steht stumm die Maschine mit mageren Armen und unbeweglichem Räderwerk; sie macht alles noch melancholischer, ihr Fauchen und Rasseln macht sonst das ganze Haus lebendig wie der Schlag eines gewaltigen, arbeitsstarken Herzens.

Der Herr kommt aus seinem kleinen Kontor herunter:

»Kinder«, sagt er traurig zu den Arbeitern, »heute gibt es keine Arbeit ... Es laufen keine Aufträge mehr ein; von allen Seiten werden die Bestellungen rückgängig gemacht, ich werde mit meiner ganzen Ware hängen bleiben. Dieser Dezember, auf den ich rechnete und der in anderen Jahren so viel Arbeit brachte, droht die solidesten Häuser zugrunde zu richten ... Ich muß den Betrieb einstellen.«

Und da er sieht, wie die Arbeiter einander anblicken, voller Furcht vor der Heimkehr, voller Furcht vor dem Hunger am Morgen, fügt er leiser hinzu:

»Ich bin kein Egoist, nein, wirklich nicht. Meine Lage ist ebenso schrecklich, wenn nicht noch schrecklicher als eure. Binnen acht Tagen habe ich fünfzigtausend Francs verloren. Ich höre heute mit der Arbeit auf, um das Loch nicht noch größer zu machen; und ich habe noch keinen Sou, um meinen Verpflichtungen am Fünfzehnten nachzukommen ... Seht, ich spreche als Freund mit euch, ich will euch nichts verbergen. Morgen kommt vielleicht schon der Gerichtsvollzieher zu mir ins Haus. Wir können nichts dafür, nicht wahr? Wir haben bis zuletzt gekämpft. Ich hätte euch gern über diese schwere Zeit hinweggeholfen; aber es ist aus, ich bin erledigt; ich habe kein Stück Brot mehr zu teilen.«

Dann reicht er ihnen die Hand. Die Arbeiter drücken sie schweigend. Eine Weile noch bleiben sie stehen, und mit geballten Fäusten sehen sie ihr nutzloses Handwerkszeug an.

Gestern noch schwirrten schon bei Tagesanbruch die Feilen, und die Hämmer schlugen den Takt dazu; und all dies scheint schon im Staub des Bankerottes zu schlafen. Zwanzig, dreißig Familien werden in der nächsten Woche nichts zu essen haben. Einige Frauen haben Tränen in den Augen. Die Männer wollen fester erscheinen. Sie stellen sich tapfer und meinen, in Paris sterbe man nicht Hungers. Als der Prinzipal sie verläßt und sie ihn gebrochen davonwanken sehen, in wenigen Tagen vernichtet unter einem vielleicht noch größeren Schicksalsschlag, als er eingestehen will, geht einer nach dem andern dem Ausgang zu: sie ersticken im Saal, ihre Kehle ist schwer, ihr Herz fröstelt, als verließen sie ein Totenzimmer. Der Tote ist die Arbeit, ist die große stumme Maschine, deren Gerippe unheimlich in der dunklen Ecke steht.

II

Der Arbeiter steht draußen auf der Straße, auf dem Pflaster. Seit acht Tagen streift er umher, ohne Arbeit finden zu können. Von Tür zu Tür ist er gewandert und hat seine Hände und seine Arme, hat alles angeboten, gleich zu welcher Verrichtung, sei es zur widerwärtigsten, mühsamsten und gefährlichsten. Und alle Türen haben sich wieder vor ihm geschlossen.

Dann hat er sich erboten, zu halbem Lohn zu arbeiten. Die Türen haben sich nicht wieder aufgetan. Und arbeitete er umsonst, man könnte ihn nicht annehmen. Es gibt keine Arbeit, es ist die schreckliche Zeit der Stockung, die wie ein Totengeläute durch die Mansarden klingt. Eine Panik hat alle Geschäfte ergriffen, und das Geld, das erbärmliche Geld hat sich verborgen.

Nach acht Tagen ist jede Hoffnung dahin. Der Arbeiter hat einen letzten Versuch gemacht, und langsam, mit leeren Händen, vom Elend erschöpft, kehrt er heim. Es regnet; an solchen Abenden ist Paris trübselig im Schmutz. Ohne die Nässe zu spüren, geht er seines Weges, nur seinen Hunger spürt er, und er geht langsam, um später heimzukommen; er hat sich an eine Brüstung über die Seine gebeugt; die geschwollenen

Fluten gleiten dumpfgrollend dahin; weißer Schaum zerreißt an einem Brückenpfeiler. Er neigt sich weiter vor, die gewaltige Wassermasse wälzt sich unter ihm fort und ruft ihm eine wütende Lockung zu. Dann sagt er sich, das wäre feige, und er geht weiter.

Der Regen hat aufgehört. Das Gas flammt auf in den Schaufenstern der Juweliere. Drückte er eine Scheibe ein, mit einem Griff hätte er Brot auf Jahre hinaus. In den Gasthäusern wird es hell; und hinter den weißen Mousselinvorhängen sieht er Leute essen. Er geht schneller und steigt an Garküchen, Fleischerläden und Bäckereien vorbei, an allem, was Paris für die Stunden des Hungers feilbietet, zur Vorstadt hinauf.

Als Frau und Kind am Morgen geweint hatten, hatte er ihnen zum Abend Brot versprochen. Er hat ihnen seine Lüge vor dem Abend nicht eingestehen können. Während des Gehens fragt er sich, wie er vor sie hintreten und was er ihnen zur Beruhigung sagen solle. Länger können sie wirklich nicht ohne Essen bleiben. Er würde es schon versuchen, aber die Frau und das Kind sind zu zart.

Einen Augenblick denkt er daran, zu betteln. Aber kommt ein Herr oder eine Dame an ihm vorbei, und will er die Hand ausstrecken, so wird ihm der Arm steif, und die Kehle schnürt sich ihm zu. Wie angewurzelt bleibt er auf dem Bürgersteig stehen, und die anständigen Leute wenden sich von ihm ab in der Meinung, er sei betrunken, wenn sie sein verstörtes, vor Hunger wildes Gesicht sehen.

III

Die Frau des Arbeiters steht unten in der Tür, die Kleine schläft oben. Sie hat ein Kattunkleid an und ist ganz abgemagert. Im kalten Straßenwind schauert sie vor Kälte zusammen.

In der Wohnung ist nichts mehr; sie hat alles zum Pfandleiher getragen. Acht Tage ohne Arbeit vermögen das Haus leer zu machen. Am Abend vorher hat sie die letzte Handvoll Wolle aus ihrer Matratze an einen Trödler verkauft; so ist die

Matratze nach und nach daraufgegangen, jetzt ist nur noch der Überzug da. Den hat sie vor dem Fenster aufgehängt, damit der Wind nicht so hineinbläst, denn die Kleine hustet stark.

Ohne ihrem Mann etwas zu sagen, ist auch sie auf die Suche gegangen. Aber die arbeitslose Zeit lastet noch mehr auf Frauen als auf Männern. Auf dem gleichen Flur mit ihnen wohnen einige unglückliche Frauen, die sie nachts schluchzen hört. Eine hat sie getroffen, die stand regungslos an einer Straßenecke; eine andere ist gestorben, eine dritte verschwunden.

Zum Glück hat sie einen braven Mann, der nicht trinkt. Hätten tote Zeiten sie nicht um alles gebracht, sie hätten ihr gutes Auskommen. Ihr Kredit ist erschöpft: sie hat Schulden beim Bäcker, beim Spezereihändler und bei der Gemüsefrau, sie wagt sich kaum mehr an den Läden vorbei. Nachmittags war sie bei ihrer Schwester, um sich einen Franc zu leihen; aber auch dort hat sie ein solches Elend angetroffen, daß sie in Tränen ausgebrochen war, und wortlos hatten beide lange miteinander geweint. Beim Fortgehen hatte sie noch versprochen, ein Stück Brot zu bringen, falls ihr Mann mit etwas heimkomme.

Der Mann kommt nicht heim. Es regnet, sie flüchtet unter die Tür; große Tropfen klatschen vor ihren Füßen auf den Boden, und nasser Staub durchdringt ihr dünnes Kleid. Manchmal wird sie ungeduldig, dann wagt sie sich trotz des Regens auf die Straße und geht bis zur nächsten Ecke, ob sie ihn nicht sieht. Und wenn sie zurückkommt, ist sie bis auf die Haut durchnäßt; sie streicht sich mit den Händen über die Haare, um sich abzutrocknen; und wieder faßt sie sich, von kurzen Fieberstößen geschüttelt, in Geduld.

Der Strom der Vorübergehenden drückt sie an die Wand. Sie macht sich ganz klein, um niemandem im Wege zu sein. Männer gucken ihr voll ins Gesicht; manchmal streift heißer Atem ihren Hals. Das ganze zweideutige Paris, die schmutzige Straße, das grelle Licht und das Wagengerassel scheint sie packen und in den Rinnstein werfen zu wollen. Sie hat

Hunger, sie gehört aller Welt. Gegenüber ist ein Bäcker, da fällt ihr das Kind ein, das oben schläft.

Und kommt endlich der Mann heim – wie ein Verbrecher drückt er sich an den Häusern entlang –, so stürzt sie ihm entgegen und sieht ihn angstvoll an.

»Nun?« stammelt sie.

Er antwortet nicht und senkt den Kopf. Dann geht sie ihm voraus die Treppe hinauf, blaß wie eine Tote.

IV

Droben die Kleine schläft nicht. Sie ist aufgewacht. Und beim Kerzenstümpfchen, das auf einer Tischecke jämmerlich stirbt, denkt sie träumerisch nach. Und irgend etwas Entsetzliches und Herzzerreißendes überfliegt das Gesicht dieses siebenjährigen Kindes mit den welken und ernsten Zügen einer reifen Frau.

Sie sitzt auf dem Rand eines Koffers, der ihr als Lagerstätte dient. Ihre nackten Beine hängen schlotternd herab; ihre kranken Puppenhände halten die Fetzen, die sie bedecken, über der Brust zusammen. Sie fühlt ein Brennen, ein Feuer, das sie löschen möchte. Sie denkt nach.

Sie hat niemals Spielzeug gehabt. Sie kann nicht zur Schule gehen, weil sie keine Stiefel hat. Als sie kleiner war, hat ihre Mutter sie im Sonnenschein spazierengeführt: daran erinnert sie sich. Aber das liegt lange zurück. Sie mußten umziehen; und seither, scheint ihr, hat ein Eishauch durchs Haus geweht. Seitdem fühlt sie sich nicht mehr glücklich; sie hat immer Hunger gehabt. Etwas Unergründliches ist es, darin sie versinkt, ohne es begreifen zu können. Hungert denn alle Welt? Sie hat sich doch solche Mühe gegeben, sich daran zu gewöhnen, und sie hat es nicht gekonnt. Sie glaubt, sie sei zu klein; um das zu verstehen, müsse man erwachsen sein. Die Mutter weiß sicher alle Dinge, die man den Kindern verbirgt. Wenn sie dürfte, würde sie einmal fragen, wer einen so in die Welt setzt, damit man hungert.

Und dann ist es so häßlich bei ihnen! Sie betrachtet das Fenster, dagegen der Matratzenbezug auf- und niederschlägt, die kahlen Wände, die zerstoßenen Möbel, dieses ganze Dachstubenelend, darüber der Mangel an Arbeit Verzweiflung ergießt. Sie glaubt in ihrer Unschuld, von warmen Zimmern mit schönen, glänzenden Dingen geträumt zu haben; sie schließt die Augen, um alles wieder zu sehen, und zwischen ihren dünngewordenen Lidern wird das Kerzenlicht zu einem mächtigen goldenen Schein, in den sie eingehen möchte. Aber der Wind weht, und vom Fenster zieht es so kalt herein, daß ein Hustenanfall sie packt. Ihre Augen sind voller Tränen.

Ließ man sie früher allein, so hatte sie Angst; jetzt macht sie sich nichts mehr daraus. Da man seit gestern nichts gegessen hat, glaubt sie, ihre Mutter hole Brot. Und dieser Gedanke macht ihr Freude. In ganz kleine Stücke wird sie ihr Brot schneiden und langsam eines nach dem andern essen. Sie wird mit ihrem Brot spielen.

Die Mutter ist heimgekehrt, der Vater schließt die Tür. Ganz überrascht betrachtet die Kleine beider Hände. Und da keiner etwas sagt, so sagt sie nach einer Weile in halb singendem Ton:

»Ich habe Hunger, ich habe Hunger.«

Der Vater stützt in einer dunklen Ecke seinen Kopf in die Hände; er rührt sich nicht. Heftiges Schluchzen schüttelt lautlos seine Schultern. Die Mutter zwingt ihre Tränen hinunter und legt die Kleine wieder hin. Sie bedeckt sie mit allen Fetzen, die sie auftreiben kann, und sagt, sie solle brav sein und schlafen. Aber das Kind, dessen Zähne vor Kälte aufeinanderschlagen und das den Brand in seiner Brust stärker fühlt, faßt sich plötzlich ein Herz. Sie schlingt die Arme um der Mutter Hals und fragt ganz leise:

»Sag, Mutter, warum haben wir denn Hunger?«

DAS KLEINE DORF

I

Wo liegt das kleine Dorf? In welcher Erdfalte birgt es seine weißen Häuser? Stehen sie in irgendeiner Bodensenkung um die Kirche herum? Oder stehen sie reihenlang an der Landstraße? Oder klettern sie vielleicht gleich mutwilligen Ziegen eine Anhöhe hinan, eines über dem andern, mit den roten Dächern, die sich im Laub verstecken?

Hat das kleine Dorf einen wohlklingenden Namen? Einen zarten Namen, der leicht über französische Lippen gleitet, oder irgendeinen harten deutschen, der von Konsonanten strotzt und rauh ist wie Rabengekrächze?

Und wird Korn geschnitten im kleinen Dorf oder Weinlese gehalten? Baut man Getreide oder Wein? Was treiben seine Bewohner jetzt um diese Sonnenstunde auf den Feldern? Bleiben sie am Abend auf dem Heimweg einen Augenblick stehen, um mit einem Blick die reichen Fluren zu umfassen und dem Himmel für das reiche Jahr zu danken?

II

Ich stelle es mir gern auf einer Anhöhe vor. So verschwiegen liegt es zwischen den Bäumen, daß man es von weitem für ein zertrümmertes und mit Moos bewachsenes Felsennest halten könnte. Aber Rauch steigt aus den Zweigen; den Pfad hinunter stoßen Kinder einen Schubkarren vor sich her. Aus der Ebene schaut man neidisch zu ihnen herauf; und die Erinnerung an dieses Nest, das man kaum gesehen hat, nimmt man mit sich fort.

Nein, ich denke es mir in einem Winkel in der Ebene, am Rande eines Baches. Es ist so klein, daß eine Pappelwand es vor aller Augen verbirgt. Seine Hütten verschwinden gleich keuschen, badenden jungen Mädchen in den Weiden am Ufer. Sein Teppich ist ein Stückchen grüne Wiese; eine lebendige Hecke schließt es wie einen großen Garten nach allen Seiten ab. Man geht an ihm vorüber, ohne es zu sehen. Die

Stimmen der Wäscherinnen tönen herüber wie Vogelgesang. Kein Rauch. Hinter seinem grünen Bettvorhang schlummert es im Frieden.

Keiner von uns kennt es. Die nahe Stadt weiß kaum von seinem Dasein; es ist so bescheiden, daß kein Geograph sich darum gekümmert hat. Es ist niemand. Spricht man seinen Namen aus, so erwacht keine Erinnerung. Unter der Menge von Städten mit hochtönenden Namen ist es ein Unbekanntes ohne Geschichte, ohne Ruhm und Schande: bescheiden hält es sich abseits.

Und deswegen lächelt das kleine Dorf wohl so anmutig. Seine Bewohner leben in der Einsamkeit; die Buben kugeln den Abhang hinunter; die Frauen spinnen im Schatten der Bäume. Das kleine Dorf ist glücklich in seiner Unberühmtheit und nur erfüllt von der Heiterkeit des Himmels. Es ist dem Schmutz und dem Lärm der großen Städte so fern! Sein Sonnenschein genügt ihm; seine Freude besteht aus Stille, aus Bescheidenheit und aus der Pappelwand, die es vor aller Welt verbirgt.

III

Und morgen vielleicht weiß die ganze Welt, daß das kleine Dorf existiert.

O Jammer! Der Bach wird rot werden, durch die Pappelwand werden Kugeln fegen, die aufgerissenen Hütten werden die stumme Verzweiflung der Menschen enthüllen, das kleine Dorf wird berühmt werden.

Kein Wäscherinnensingsang, keine Buben, die den Abhang hinunterkugeln. Keine Ernten mehr, keine Stille, keine glückliche Bescheidenheit. Ein neuer Name in der Geschichte, Sieg oder Niederlage, eine neue Seite voller Blut, ein neuer Winkel Erde, den das Blut unserer Kinder düngt.

Noch lacht es, noch schlummert es und weiß nicht, daß es seinen Namen einem Gemetzel schenken soll – morgen wird es schluchzen, und ganz Europa wird von seinem Todesröcheln widerhallen. Dann wird es wie ein Blutfleck auf der Erde haften. Heiter und zärtlich wird es sich mit einem düstern Kreis umgeben, mit bleichen Gesichtern werden Besucher über seine Trümmer schreiten, wie man über die steinernen Fliesen eines Totenhauses geht. Es wird verflucht sein.

Und ist es Austerlitz oder Magenta – dann wird es in unserem Herzen klingen wie Fanfaren. Und ist's Waterloo, so wird dumpf wie Trommelwirbel die Erinnerung traurig durch unser Herz rollen.

Wie wird es sich nach seinen einsamen Ufern sehnen, nach seinen törichten Bauern, seinem menschenfernen Winkel, den nur die Schwalben bei ihrer Wiederkehr in jedem Frühling kannten! Besudelt und entweiht, unter seinem Himmel, darunter die Raben krächzen, mit seinen fetten Äckern, die nach Verwesung riechen, wird es ewig durch die Jahrhunderte weiterleben als Mördergrube, als der verfemte Ort, wo zwei Nationen einander erwürgt haben.

Das Liebesnest, das Friedensnest, das kleine Dorf wird nur ein Kirchhof sein, ein Massengrab, darauf die trostlosen Mütter nicht einmal ihre Kränze werden niederlegen können.

IV

Über die ganze Welt hat Frankreich solche Friedhöfe gesät. An allen vier Ecken Europas könnten wir niederknien und beten. Unsere Friedhöfe heißen nicht nur Père Lachaise, Montmartre und Montparnasse; sie tragen auch die Namen aller unserer Siege und aller unserer Niederlagen. Von China bis Mexiko, von den Schneefeldern Rußlands bis zu den Sandwüsten Ägyptens gibt es keinen Fleck unter dem Himmel, wo nicht ein ermordeter Franzose läge.

O ihr stillen, einsamen Friedhöfe, ihr schlaft euren schweren Schlaf im unendlichen Frieden der Natur. Die meisten, fast alle, erstrecken sich am Fuße irgendeines einsamen Dorfes, in dessen zerfallenem Gemäuer noch das Entsetzen bebt. Waterloo war nur ein Gutshof, Magenta zählte kaum fünfzig Häuser. Ein schrecklicher Wind ist über die unendlich Kleinen dahingegangen, und ihre Buchstaben, die gestern noch unschuldig waren, umweht ein solcher Blut- und Pulvergeruch, daß die Menschheit bis in fernste Zeiten erschauern wird, wenn ihre Lippen sie aussprechen.

Nachdenklich betrachtete ich eine Karte des Kriegsschauplatzes. Ich folgte den Ufern des Rheins und fragte Berg und Tal. Lag das kleine Dorf links oder rechts vom Fluß? Mußte man es in der Nähe der Festungen oder weiter, irgendwo in einsamem Gelände suchen?

Dann schloß ich die Augen, und ich versuchte, mir jenen Frieden vorzustellen, die grüne Pappelwand vor den weißen Häusern, das Stückchen Wiese, darüber die Schwalben dahinstreichen, den Gesang der Wäscherinnen, das reine Stück Land, das der Krieg entweihen wird und dessen Schmach die Trompeten roh in alle Winde schmettern werden. Wo liegt denn das kleine Dorf?*

* Das kleine Dorf lag im Elsaß und hieß Wörth.

ERINNERUNGEN

I

O der ewige Regen, der langweilige graue Regen, der Mai- und Junihimmel mit grauen Floren verhängt! Man geht ans Fenster und hebt den Vorhang etwas auf. Die Sonne ist ertrunken. Zwischen zwei Wolken schwimmt sie grünlichblaß wie der Leichnam eines Sternes, der aus Verzweiflung Selbstmord begangen hat; aber irgendein Seemann des Himmels bringt sie mit einem Schluck Branntwein ins Leben zurück.

Erinnerst du dich noch des scharfen Nordostwindes im Frühling nach dem Regen, Ninon? Man verläßt Paris im Frühling der Dichter, den man im Herzen träumt, mit lauem Wetter, blumigen Wiesen und langen Dämmerungen. Man erreicht das Ziel bei sinkender Nacht. Der Himmel ist tot, kein Fünkchen Glut erhellt den Westen, den traurigen Herd voll kalter Asche. Auf den Pfaden muß man über Pfützen springen, das Laub schüttelt einem Nässe auf die Schultern. Und kommt man in sein großes, melancholisches Zimmer, darin noch der Winter sich breitmacht, so zittert man vor Kälte, schließt Tor und Tür, zündet ein großes Rebholzfeuer an und verwünscht die faule Sonne.

Acht Tage lang hält einen der Regen im Zimmer fest. Fernhin, mitten im See der überschwemmten Wiesen, sieht man immer dieselbe Pappelreihe stehen, die sich, triefend und hager, verschwommen im Regengewäsch spiegelt. Dann ein graues Meer und Staubregen, der über den Horizont schießt. Man gähnt, man will sich für die Enten interessieren oder für die blauen Regenschirme der vorübergehenden Bauern. Man gähnt stärker. Die Öfen rauchen, das grüne Holz glimmt, ohne zu brennen, die Sintflut steigt, braust gegen die Tür und dringt wie feiner Sand durch alle Spalten. Und aus Verzweiflung steigt man wieder in die Eisenbahn, kehrt nach Paris zurück und verleugnet Sonne und Frühling.

Und doch ärgert mich nichts mehr als die langen Reihen Droschken, die zu den Bahnhöfen fahren. Kofferbeladen durchqueren sie die Stadt, als wären sie Gefangene, denen man eben die Freiheit wiedergibt.

Ich gehe auf dem Bürgersteig und sehe sie den blauen Flüssen, den großen Wassern, den großen Bergen, den großen Wäldern entgegenrollen. Der da geht vielleicht in ein Felsenloch bei Marseille, das ich kenne; man ist dort gut aufgehoben, wie in einer Kabine, die das Meer umspült, kann man sich dort ausziehen; der fährt sicher nach der Normandie, in das grüne Nest, das ich so liebe, an den Bergen, die den herben Wein tragen: wie angenehm kitzelt er den Schlund! Und der da fährt ins Unbekannte, irgendwohin, wo man sich sehr wohl fühlen wird, in den Schatten oder in die Sonne, was weiß ich, womöglich dorthin, wohin es mich zieht.

Die Kutscher schlagen ihre Gäule mit der Peitschenspitze. Sie scheinen nicht zu wissen, daß sie meinen Traum peitschen. Sie wissen nur, daß die Koffer schwer und die Trinkgelder klein sind. Sie wissen nicht einmal, daß sie hoch zu Wagen ein Hohn sind für die armen Burschen, die auf Schusters Rappen ihre Sohlen auf dem glühenden Juli- und Augustpflaster von Paris wetzen.

O diese lange Reihe von kofferbeladenen Droschken, die zu den Bahnhöfen rollen! Vision des geöffneten Käfigs, daraus die glücklichen Vögel entfliehen! O grausamer Spaß der Freiheit, der durch die Galeeren unserer Straßen und Plätze schreitet! Traum aller meiner Frühlinge, du bedrückst mich in meinem Gefängnis und erfüllst mich mit wilder Sehnsucht nach Laub und freiem Himmel!

Ganz, ganz klein möchte ich mich machen und in den großen Koffer jener Dame im rosa Hut kriechen, deren Wagen nach dem Lyoner Bahnhof fährt. Sehr schön muß es in diesem Koffer sein. Ich ahne seidene Röcke, zarte Wäsche und allerhand süße, duftende und parfümierte Dinge. Ich würde mich auf ein Stück helle Seide legen, die Nase steckte ich in Batisttaschentücher, und fröre mich, ich wickelte mich – sei's drum – in alle Unterröcke ein.

Die Dame ist sehr hübsch. Höchstens fünfundzwanzig. Ein

entzückendes Kind mit einem Grübchen, das tiefer wird, wenn sie lacht. Ich möchte sie zum Lachen bringen, um das zu sehen. Dieser Teufel von Kutscher darf sie spazierenfahren. Sie muß Veilchen lieben. Ihre Wäsche riecht ganz bestimmt nach Veilchen. Wundervoll! Und stunden- und tagelang würde ich auf dem Boden des Koffers mitreisen. Links in die Ecke zwischen Hemden und einer großen Schachtel, die mich etwas stört, habe ich mir mein Loch gehöhlt. Ich war zu neugierig, ich mußte den Deckel aufheben; der Karton enthielt zwei Hüte, eine kleine Mappe mit Briefen und dann noch Dinge, die ich nicht sehen wollte. Ich legte mir die Schachtel unter den Kopf als Kopfkissen. Ich fahre und fahre. Die Strümpfe liegen rechts von mir; ich liege auf drei Kostümen, links fühle ich härtere Gegenstände, kleine Stiefel vermutlich.

Wohin reisen wir? Nach Burgund? Oder werden wir einen Abstecher nach der Schweiz oder bis Marseille hinunter machen? Ich rede mir ein, wir reisen in jenes Felsenloch, darin man sich wie in einer Kabine, die das Meer umspült, ausziehen kann. Sie wird ein Bad nehmen. Hundert Meilen von allen Dummköpfen entfernt. Im Hintergrund rundet sich der Golf, und unermeßlich blau schimmert das Mittelländische Meer. Oben am Rande des Loches stehen drei Pinien. Und mit bloßen Füßen werden wir von großen gelben Steinplatten, die am Meer liegen, mit unsern Messern Muscheln losbrechen. Sie sieht ziemlich zimperlich aus. Sie wird das Leben im Freien lieben, und wir werden wie die Gassenjungen tollen. Kann sie nicht schwimmen, so werde ich es ihr eben beibringen.

Der Koffer wird geschüttelt. Wir müssen die Lyoner Straße hinauffahren. Wie entzückend wird es sein, wenn sie in Marseille den Koffer öffnet! Sie wird nicht schlecht staunen, wenn sie mich unten in der Ecke links findet; das heißt, ich darf ihre seidenen Kleider, darauf ich jetzt liege, nicht allzusehr zerknittern!

›Was, mein Herr, Sie, Sie haben es gewagt!‹ – ›Aber gewiß, gnädige Frau! Man wagt alles, um aus dem Gefängnis zu entfliehen ...‹ Und ich werde ihr alles erklären, und sie wird mir verzeihen.

So, da sind wir schon am Bahnhof. Ich glaube, ich werde jetzt eingeschrieben ...

O weh, es regnet immer noch, und die Dame im rosa Hut reist mit ihrem großen Koffer ganz allein zu irgendeiner alten Provinztante; sie wird schlechter Laune sein und im frostigen Frühling frieren.

II

Man muß in einer frommen und aristokratischen Stadt gelebt haben, in einer jener kleinen Städte, wo Gras auf den Straßen wächst und Klosterglocken in der schlafenden Luft die Stunden schlagen, dann weiß man, was Fronleichnamsprozessionen sind.

In Paris gehen vier Priester um die Madeleine. In der Provence gehört die Straße acht Tage lang der Geistlichkeit. Das ganze Mittelalter feiert an den hellen Nachmittagen seine Auferstehung: kerzentragend singt es Lobgesänge, vorn gehen zwei Gendarmen und am Ende des Zuges der Ortsvorsteher mit einer Schärpe um den Leib.

Ich erinnere mich. Es waren Freudentage für uns Gymnasiasten, voller Lust lagen wir auf der Straße. Um alles zu sagen: in diesen verliebten Städten waren die Prozessionen die Gelegenheitsmacher aller Liebhaber. Im ganzen Zug zeigten die jungen Mädchen ihre neuen Kleider. Ein neues Kleid gehört dazu. So arm ist kein Mädchen, daß sie an diesem Tage nicht wenigstens ein neues Kattunkleidchen anhätte. Und abends sind die Kirchen dunkel, und viele Hände finden einander.

Ich gehörte zu einer musikalischen Gesellschaft, die bei allen Festen dabei war. Ich habe schwere Sünden auf dem Gewissen. Ich klage mich an, daß ich damals so manchen Beamten, der aus Paris mit dem roten Band zurückkam, tüchtig genasführt habe. Ich beschuldige mich, den offiziellen lieben Gott, die Heiligen, die regnen lassen, und die heiligen Jungfrauen, die von der Cholera heilen, spazierengetragen zu haben. Die armen, in weite graue Leinwandgewänder gewickelten Mädchen, von deren Gesichtern und Gliedern man nichts sehen konnte, stolperten und stützten einander wie abgeschiedene Geister, die das Morgengrauen überrascht. Und kleine weiße Hände, Kinderhände ragten aus der grauen Leinwand hervor.

Ach ja, ich aß das Vesperbrot in den Sakristeien. Man bezahlte uns nicht, man schenkte uns ein paar Kuchen. Ich erinnere mich, daß wir an den Tagen, da die Klausner ins neue Kloster zogen, durch einen Drehschrank bedient wurden. Wie verzaubert kamen Flaschen und Teller mit Gebäck aus der Mauer. Und was für Flaschen, großer Gott! Flaschen in jeder Form, in jeder Farbe, mit allen möglichen Flüssigkeiten. Ich habe noch oft an diesen seltsamen Keller gedacht, der eine so verblüffende Auswahl von feinen Weinen liefern konnte. Das verwirrte uns bei aller Freude. Für diese Verfehlungen habe ich längst gebüßt, und ich hoffe, sie sind mir vergeben.

Vom frühen Morgen an schmückt man die Straßen, durch die die Prozession ziehen soll. Jedes Fenster hat seinen Fetzen. In reichen Wohnungen sind es große Stickereien mit mythologischen Figuren, der ganze heidnische Olymp sieht nackt und blaß den katholischen Olymp, weiße Jungfrauen und blutende Christusbilder vorüberziehen, oder seidene Steppdecken vom Bett irgendeiner Marquise, Damastvorhänge, die man im Salon von den Stangen losgehakt hat, oder Sammetteppiche und Stoffe aller Art, die die Vorübergehenden bewundern. Die Bürger hängen ihre gestickten Musseline und ihr feinstes Leinen heraus. Und in den armen Wohnungen lassen die Frauen, um wenigstens etwas zu tun, ihre Tücher hinausflattern, Flicken, die sie aneinandergenäht haben. So sind die Straßen des lieben Gottes würdig.

Es ist gefegt. Hier und da stehen Ruhealtäre. Diese Ruhealtäre sind der Gegenstand großer Eifersucht und monatelangen Hasses. Ist der Ruhealtar des Stadtviertels Chartreux schöner als der des Viertels Saint-Marc, so werden die Haare der Frommen weiß. Das ganze Viertel trägt zu diesem Altar bei. Der eine bringt die hohen Leuchter, ein anderer die vergoldeten Gefäße. Und wieder andere Blumen und Spitzen. Das Stadtviertel errichtet dem Himmel ein Absteigequartier.

Die schmalen Bürgersteige entlang sind zwei Reihen Stühle aufgestellt. Die Neugierigen warten unter großem Lärm und lachen ihr provenzalisches Lachen, das wie Trompetentöne klingt. Die Fenster sind dicht besetzt. Die Hitze steigt. Und im leichten Windhauch, der sich erhebt, kommen von weitem Glockenklänge und Trommelwirbel herüber.

Die Prozession verläßt die Kirche.

Voraus gehen alle schönen jungen Leute der Stadt. Das gehört sich so. Sie wollen sehen und gesehen werden. Die jungen Mädchen stehen vor den Türen. Da gibt es verschwiegene Grüße und Lächeln und geflüsterte Worte. So gehen die jungen Leute um die ganze Stadt herum zwischen zwei Reihen festlich geschmückter, geöffneter Fenster hindurch, nur um an einem bestimmten Fenster vorbeizugehen. Sie heben den Kopf, und das ist alles. Der Nachmittag ist müde: die Glocken läuten; die Kinder werfen welken Ginster und Rosen in die Gosse und auf die Straße.

Die Straße ist rosig; die Ginsterblüten legen ein goldenes Tuch über dieses matte Karmin. Dann kommen zuerst die beiden Gendarmen. Dann folgt die Reihe der assistierenden Kinder, der Erziehungsanstalten und Vereine, der alten Damen und der alten Herren. Ein Christus schwankt auf den Armen eines Kirchendieners. Ein untersetzter Mönch trägt ein kompliziertes Symbol, darauf alle Werkzeuge der Passion zu sehen sind. Vier stämmige Mädchen, die vor Gesundheit fast ihre weißen Kleider sprengen, halten an Bändern eine mächtige Fahne, darauf in aller Unschuld ein kleines Lamm schläft. Und über den Köpfen, im Schein der Wachskerzen, den der helle Tag verblassen macht, schimmern silberne Weihrauchfässer: sie blitzen und strömen eine dicke Flut starken Rauches aus, dessen weißer Glanz einen Augenblick auffliegt wie ein Fetzen all der Kleider, die hinterherschreiten.

Langsam zieht die Prozession einher. Dumpfes Fußgetrappel, ersticktes Gemurmel dazwischen. Zimbeln werden geschlagen, Blechmusik ertönt. Dann spitze Stimmen, die sich dünn und grell in der Luft verlieren. Lippen, die sich kaum bewegen, stammeln. Vorüber. Dann plötzlich große Stille. Nur leise gleitet alles vorbei, ein erleuchtetes Trauergerüst, das sich in der Sonne verliert. Fernhin schlagen die Trommler einen Marsch.

Ich erinnere mich der Büßer. In allen Farben: in Weiß, in Grau und Blau. Die blauen haben sich die schwere Aufgabe gestellt, die Hingerichteten zu begraben. Die berühmtesten Namen der Stadt findet man unter ihnen. Sie haben ein blaues Gewand, darüber eine ärmellose Mönchskutte mit spitzer Mütze und langem Schleier, der zwei Löcher für die Augen hat: sie sehen ganz barbarisch aus. Oft stehen die Löcher zu weit auseinander, und die Augen schielen unter dieser schrecklichen Maske. Unter diesem Gewand sieht man perlgraue Hosen und Lackstiefel.

Die Büßer sind die große Sehenswürdigkeit. Eine Prozession ohne Büßer ist ein armseliger Schmaus. Und endlich kommt die Geistlichkeit. Zuweilen tragen kleine Kinder Palmen, Kornähren, Kronen, Goldsachen. Aber die Frommen kehren ihre Stühle um und knien nieder. Der Altarhimmel nähert sich. Er ist monumental, über und über mit rotem Samt behangen, mit Federbüschen geschmückt und wird auf vergoldeten Stangen getragen. Ich sah, wie Unterpräfekten diese gewaltige Sänfte trugen, darin sich die kranke Religion in die Junisonne spazierentragen läßt. Eine Schar Chorknaben geht im Sprungschritt und schwingt die Weihrauchfässer, soweit es geht. Man hört nur den Psalmengesang der Priester und bei jedem Schritt den Silberklang der Ketten an den Weihrauchfässern.

Unter dem blauen Himmel alten Glaubens schleppt sich der alte Katholizismus herum. Die Sonne geht unter; rosige Schimmer erlöschen auf den Dächern; eine große Milde fällt mit der Dämmerung vom Himmel; und in der klaren, südlichen Luft zieht die Prozession dahin, die Stimmen ersterben fernhin, ein Symbol des melancholischen Verlöschens eines Zeitalters, das versinkt.

Die hohen Behörden folgen in Amtstracht, ebenso die Gerichtshöfe und Fakultäten, von den Kirchenvorstehern mit geschnitzten und vergoldeten Laternen ganz zu schweigen. Und die Vision entschwindet. Die entblätterten Rosen und der goldene Ginster sind zertreten. Vom Pflaster steigt der herbe Duft all der verwelkten Blumen.

Manchmal überrascht die Nacht die Prozession, wenn sie durch die krummen Gassen des alten Viertels heimkehrt. Die weißen Kleider sind nur noch matte Flecken; die Büßer bilden eine dunkle Linie längs des Bürgersteiges; von den Häusern eingeengt, werfen die kleinen Flammen der Wachskerzen tanzende Irrlichter und langsam fallende Sterne in die Dunkelheit; und zwischen Kreuzen und Bannern und dem Altarhimmel, dessen tote Arme man im Dunkel kaum sieht, zittern die Stimmen ein wenig ängstlich.

Es ist die Stunde, da die Burschen die Mädchen küssen. Die Orgel erbraust in der Kirche, der liebe Gott ist wieder daheim. Dann gehen die jungen Mädchen mit einem Kuß auf dem Hals und einem Liebesbrief in der Tasche nach Hause.

III

Gehe ich an heißen Abenden über die Brücke, so ruft mich die Seine mit freundlichem Gemurmel. Breit und frisch, in verliebter Langsamkeit und zögernder Hingabe, fließt sie zwischen den Kais. Das Wasser raschelt wie Seidenröcke. Eine schmiegsame Geliebte, in die man zu gern einen Kopfsprung macht.

Die Besitzer der Schwimmbäder sehen bestürzt den ewigen Mairegen; scheint aber im Juni die Sonne, so schwitzen sie glücklich in der Hitze. Endlich kommt das Wasser zu Ehren. Von sechs Uhr morgens an drängen sich die Leute. Die Badehosen werden kaum trocken, und abends fehlt es an Bademänteln.

Ich erinnere mich meines ersten Besuches in einem dieser Bäder, einer großen Holzwanne, darin die Badenden sich drehen wie Strohhalme, die im kochenden Wasser tanzen.

Ich kam aus einer kleinen Stadt, wo man in aller Freiheit im kleinen Fluß herumgepanscht hatte, und war entsetzt über diesen Kübel, darin das Wasser rußgefärbt und schmutzig war. Gegen sechs Uhr abends ist das Gewimmel so stark, daß man seinen Sprung in die Wanne genau berechnen muß, um sich nicht irgendwo auf einen Rücken oder auf einen Bauch zu setzen. Das Wasser schäumt, die weißen Körper erfüllen es mit bleichem Schimmer, während die Leintücher, die wie eine Decke an Stricken hängen, nur wenig Licht durchlassen.

Der Lärm ist entsetzlich. Zuweilen spritzt das Wasser unter plötzlichen Sprüngen mit dumpfem Knall – wie ferne Schüsse klingt es – hoch empor. Unnütze Hände schlagen auf das Wasser, als ob eine Mühle tick-tack macht; einige versuchen rückwärts hineinzuspringen, machen schrecklichen Lärm dabei und überschwemmen das Lokal. Aber all das ist nichts gegen das unerträgliche Geschrei und das Stimmengekreisch, das an die Freistunden in Pensionaten erinnert. Im klaren Wasser wird der Mann wieder zum Kind. Die würdigen Spaziergänger auf den Kais werfen einen erschreckten Blick auf die flatternde Leinwand, unter der große nackte Teufel Luftsprünge machen. Die Damen gehen schneller vorüber.

Und doch habe ich schöne Stunden dort verbracht, ganz in der Frühe, wenn die Stadt noch schläft. Kein Gewimmel von mageren Schultern, kahlen Köpfen und riesigen Bäuchen wie nachmittags. Das Bad ist fast ganz leer; nur einige junge Leute. Das Wasser ist nach dem Schlummer der Nacht frischer. Es ist klarer, jungfräulicher. Man muß vor fünf Uhr dort sein. In lauer Luft erwacht die Stadt. Wie köstlich, über die Kais zu gehen und das Wasser begehrlich wie ein Verliebter anzusehen. Es wird dir gehören. Im Bad schläft das Wasser noch. Du hast es geweckt. Schweigend kannst du es in deine Arme schließen. Und du fühlst seine Berührung vom

Nacken bis zur Sohle wie eine scheuzitternde Zärtlichkeit. Die aufgehende Sonne legt rosige Streifen über die Leintücher, die an der Decke hängen. Und küßt dich der Fluß mit wilderen Küssen, überläuft ein Schauer deine Haut; wie gut tut es dann, sich ins Badetuch zu hüllen und im Gang auf und ab zu schreiten. Du bist in Athen, deine Füße sind nackt, der Hals ist frei, du trägst ein einfaches, um die Lenden geschlungenes Gewand. Kein Gedanke an Hose, Weste, Überrock, Stiefel oder Hut. Deine Nacktheit fühlt sich wohl in diesen Fetzen. Du träumst dich in den grünen Frühling Griechenlands an den Strand des ewig blauen Archipels.

Kommt aber die Schar der Badenden, so mußt du fliehen. An ihren Fersen hängt die Hitze des Pflasters. Nicht mehr jungfräulich wie am Morgen ist das Wasser; es ist das Mädchen mit heißem Blut, das sich allen hingibt und glüht und halbtot ist von den Umarmungen der Menge.

O wie häßlich! Die Damen haben ganz recht, wenn sie schleunigst vorübergehen; karikierte ein Humorist das Altertumsmuseum, er könnte nichts so Komisches schaffen.

Für einen modernen Mann, namentlich für einen Pariser, ist es eine fürchterliche Probe, sich nackt auszuziehen. Kluge Leute gehen nicht ins Bad. Ich habe einmal einen Staatsrat gesehen, der mit seinen spitzen Schultern und seinem jämmerlich flachen Bauch so erbärmlich aussah, daß ich ein Lächeln nie zu unterdrücken vermochte, begegnete mir sein Name in irgendeiner wichtigen Angelegenheit.

Dicke gibt's, Magere, Große und Kleine, manche schwimmen wie Blasen auf dem Wasser, andere sinken unter und scheinen wie Orangenzuckerstangen zu schmelzen. Das Fleisch ist faltig, die Knochen treten hervor, der Kopf steckt zwischen den Schultern oder ganz hoch wie der Hals eines gerupften Huhnes, die Arme sind lang wie Pfoten, die Beine kurz wie Entenbeine. Manche sind nur Hinterteil, andere nur Bauch, und wieder andere haben weder Hinterteil noch Bauch. Eine lächerlich-traurige Galerie, aber Mitleid erstickt das Hohngelächter.

Das Schlimmste aber ist, daß diese armen Körper auf ihren schwarzen Anzug und ihr Portemonnaie stolz bleiben. Die einen heben die Zipfel ihrer Bademäntel, stolz wie Hausbesitzer. Andere gehen in verwirrender Nacktheit mit der Würde eines Bürochefs einher, der sein Personal mustert. Die jungen Leute benehmen sich manierlich, als wären sie im Abendanzug hinter den Kulissen irgendeines kleinen Theaters; die ganz Alten vergessen, daß sie ihre Unterwäsche abgelegt haben und nicht am Kamin bei der schönen Gräfin B. sitzen.

Einen ganzen Sommer lang sah ich in den Bädern des Pont-Royal einen dicken Mann, der rund wie eine Tonne und rot wie eine reife Tomate war, den Alcibiades spielen. Er hatte nach irgendeinem Bilde Davids den Faltenwurf seines Bademantels geordnet. Er war auf der Agora; er rauchte mit antiken Gesten. Geruhte er, in die Seine zu springen, so durchschwamm Leander den Hellespont, um Hero zu treffen. Der Arme! Ich erinnere mich noch seines kurzen Rumpfes, darauf das Wasser violette Schatten warf. O menschliche Häßlichkeit!

Nein, da ziehe ich doch meinen kleinen Fluß vor. Wir zogen nicht einmal Badehosen an. Wozu auch! Die Eisvögel und Bachstelzen erröteten nicht. Und wir suchten uns die Löcher aus, die ›Fallen‹, wie man im Süden sagt.

Trockenen Fußes überschritt man den Fluß, in dem man von Stein zu Stein sprang; aber die Löcher waren verhängnisvoll. Einige von diesen Löchern verschlangen jedes Jahr zwei oder drei Kinder. Man erzählte schreckliche Geschichten, und dann gab es Pfähle mit Warnungen und Drohungen, aus denen wir uns aber nichts machten. Wir benutzten sie als Zielscheiben, und meistens blieb ein winziges Brettchen übrig, das nur von einem winzigen Nagel gehalten, im Wind schaukelte.

Abends war das Wasser glühend heiß. Der Sonnenschein erhitzte das Wasser in den Löchern so stark, daß man warten mußte, bis die erste Frische der Dämmerung es abkühlte. Stundenlang trieben wir uns nackt im Sand herum, rangen miteinander, warfen mit Steinen nach den Pfählen oder fingen mit den Händen Frösche im Schlamm. Es wurde dunkel, ein gewaltiger Seufzer, ein Seufzer der Erleichterung ging durch die Bäume.

Und dann wurde gebadet und gebadet. Waren wir müde, so legten wir uns ins Wasser, am Rand, wo es nicht tief war, den Kopf auf irgendeinem Stück Moos. Und da blieben wir, das Wasser glitt dauernd über unsere Haut und spielte mit unseren Füßen. Es war die Stunde, da die Aufgaben zum nächsten Tag im Rauch der ersten Pfeife verdampften.

Du guter Fluß, darin ich auf dem Rücken schwimmen lernte, laues Wasser, darin die kleinen weißen Fische tanzten, ich liebe dich noch immer wie eine frühe Geliebte. Eines Abends nahmst du uns einen Kameraden fort, zogst ihn in eines jener Löcher, über die wir uns lustig machten, und vielleicht hat gerade dieser Blutfleck auf deinem grünen Kleid bebende Sehnsucht nach deinem spärlichen Wasserstrahl in mir zurückgelassen. In deinem unschuldigen Geschwätz ist ein Schluchzen.

IV

Ich kenne nur eine Jagd, deren stiller Reiz den Parisern abgeht. Hier auf den Feldern gibt es Hasen und Rebhühner; man verpufft sein Pulver nicht auf Spatzen, verschmäht Lerchen und schießt nur auf großes Wild. In der Provence sind Hasen und Rebhühner selten; die Jäger legen sich auf Grasmücken und alle anderen kleinen Vögel. Haben sie ihr Dutzend Fliegenfresser getötet, so kehren sie voller Stolz nach Hause.

Ganze Tage bin ich querfeldein gelaufen, um drei oder vier Vögel zu erbeuten. Bis zu den Knöcheln sank ich in den Boden, der weich war wie feiner Sand. Konnte ich des Abends nicht mehr weiter, kehrte ich begeistert heim.

Lief mir wunderbarerweise ein Hase über den Weg, so ließ ich ihn in heiligem Erstaunen laufen; ich war nicht daran gewöhnt, so großen Tieren zu begegnen. Eines Morgens, erinnere ich mich, flog eine Gruppe Rebhühner vor mir auf; ihr

Flügelschlagen betäubte mich derart, daß ich auf gut Glück einen Schuß abgab, der eine Telegraphenstange traf.

Übrigens, gestehe ich, war ich nie ein guter Schütze. Wenn ich auch eine Anzahl Spatzen geschossen habe, eine Lerche habe ich nie erlegt.

Ich glaube, aus diesem Grunde zog ich die Jagd auf dem Anstand vor.

Man stelle sich einen kleinen, runden Bau vor, der mitten in der Erde sich kaum einen Meter über den Boden erhebt. Diese aus trockenen Steinen errichtete Hütte decken Ziegel, die man möglichst mit Efeu verdeckt. Man könnte an einen dicht über dem Boden abgeschnittenen und im Gras verlorenen Turm denken.

Im Innern bekommt der Raum durch Schießscharten mit beweglichen Scheiben Licht. Meist hat dieser Schlupfwinkel auch einen Schornstein und Schränke; ich habe sogar einen Anstand mit einem Diwan gekannt. Um den Anstand herum sind tote Bäume gepflanzt, an deren Fuß man Lockvögel anhakt, gefangene Vögel, die die andern herbeirufen sollen. Die Taktik ist einfach. Der Jäger raucht im ruhigen Versteck seine Pfeife und wartet. Durch die Schießscharten überwacht er die toten Bäume. Setzt sich ein Vogel auf einen dürren Ast, so nimmt er langsam sein Gewehr, legt den Lauf auf den Rand einer Schießscharte und tötet das unglückliche Tier aus nächster Nähe.

Nur so machen die Provenzalen Jagd auf die Zugvögel, im August auf die Fettammern, im November auf die Drosseln.

Um drei Uhr morgens brach ich an einem eisigen Novembermorgen auf. Eine ganze Meile mußte ich nachts zu Fuß gehen, bepackt wie ein Maulesel; denn die Lockvögel müssen getragen werden, und dreißig Käfige sind in einem Hügelland mit kaum gangbaren Fußpfaden schwer zu transportieren. Man setzt die Käfige in lange Holzrahmen und umschnürt sie mit Bindfaden.

Noch im Dunkel kam ich an. Die Hochebene dehnte sich

weit und wild und erstreckte sich mit ihrem grauen Unterholz wie ein Schattenmeer ins Unendliche. Um mich herum hörte ich in der Finsternis das Rauschen der Föhren, die gewaltige, wirre Stimme, jenem Klagen der Wogen gleich. Ich war damals fünfzehn Jahre alt und bisweilen unsicher. Das war schon eine Aufregung, ein herbes Vergnügen.

Aber es galt sich zu beeilen. Die Drosseln sind Frühaufsteher. Ich hakte meine Käfige an und verbarg mich im Anstand. Es war noch zu früh, ich konnte die Zweige der toten Bäume nicht unterscheiden. Und doch hörte ich über meinem Kopf das rauhe Pfeifen der Drosseln. Diese Spitzbuben reisen des Nachts. Fluchend machte ich Feuer, um schleunigst eine starke Glut zu haben, die rosig über der Asche leuchtete. Sowie die Jagd begonnen hat, darf nicht die kleinste Rauchsäule mehr aufsteigen. Das könnte das Wild verscheuchen. Ich wartete auf den Tag und röstete mir Fleisch am Feuer.

Ich ging von Schießscharte zu Schießscharte und wartete auf den ersten Morgenschimmer. Noch nichts; kaum sichtbar streckten die toten Bäume ihre Arme aus. Ich hatte schlechte Augen und fürchtete, auf einen schwarzen Ast zu schießen statt auf einen Vogel, wie es mir schon öfter gegangen war. Und so verließ ich mich nicht nur auf meine Augen, ich horchte. In der Stille knisterten tausend Geräusche, das Wispern und die tiefen Seufzer der erwachenden Erde. Das Rauschen der Föhren wurde stärker, und bisweilen glaubte ich, ein zahlloser Schwarm Drosseln schösse mit wütendem Gepfeife auf den Anstand herab.

Aber die Wolken wurden milchig. Vom klaren Himmel hoben sich die toten Bäume schwarz und seltsam scharf ab. Alles in mir spannte sich, und ich wartete atemlos.

Welch ein Reißen im Magen, als ich plötzlich den langen Schattenriß einer Drossel auf einem Ast erblickte! Die Drossel reckte sich, und aufrecht, die Augen der Sonne zugewandt, liebäugelte sie im lichten Morgenbad mit dem ersten Sonnenstrahl. Mit unendlicher Vorsicht ergriff ich meine

Flinte, um ja nicht mit dem Lauf oder dem Kolben anzustoßen. Ich schoß, der Vogel fiel. Ich hob ihn nicht auf, das hätte weitere Opfer verscheuchen können.

Und wieder wartete ich in jenem Fieber des Spielers, der glücklich geschlagen hat und nicht weiß, was das Glück ihm weiter schenken wird. Der ganze Reiz einer solchen Jagd besteht im Unvorhergesehenen – im guten Willen des Wildes, sich töten zu lassen. Wird noch eine zweite Drossel auf einen Ast fliegen? Aufregende Frage. Übrigens war ich nicht sehr anspruchsvoll: kamen keine Drosseln, so schoß ich Buchfinken.

Heute sehe ich den kleinen Anstand wieder, am Rand der großen, einsamen Ebene. Von den Hügeln kommt frischer Thymian- und Lavendelduft. Die Lockvögel pfeifen süß im großen Rauschen der Föhren. Am Horizont zeigt die Sonne eine Strähne ihrer flammenden Haare, und auf einem Ast des toten Baumes sitzt unbeweglich eine Drossel.

Geht nur, lauft euren Hasen nach, aber lacht nicht, sonst fliegt meine Drossel davon.

V

Ich habe zwei Katzen. Die eine, Françoise, ist weiß wie ein Maimorgen. Die andere, Catherine, ist schwarz wie eine Gewitternacht.

Françoise hat den runden, lachenden Kopf einer Europäerin. Ihre großen, blaßblauen Augen nehmen fast das ganze Gesicht ein. Die Nase und die rosa Lippen sind karminrot. Sie sieht geschminkt aus wie ein Mädchen, das in seinen eigenen Körper vernarrt ist. Sie ist voll und rund und bis in die Krallenspitzen Pariserin. Sie stellt sich zur Schau, wenn sie geht, sieht herausfordernd um sich und hebt ihren Schwanz so graziös, wie eine Dame ihre Schleppe.

Catherine hat den feinen, spitzen Kopf einer ägyptischen Göttin. Ihre Augen sind gelb wie goldene Monde und haben die Starrheit und undurchdringliche Härte der Augen eines barbarischen Götzenbildes. In den Winkeln ihrer dünnen

Lippen lacht die ewig stille Ironie der Sphinxe. Sitzt sie mit hocherhobenem, unbeweglichem Haupt auf ihren Hinterfüßen, so ist sie eine Gottheit aus schwarzem Marmor: die große Priesterin der Tempel Thebens.

Beide verbringen sie ihren Tag auf dem gelben Sand im Garten.

Françoise wälzt sich und streckt den Bauch in die Luft, sie macht Toilette und leckt sich die Pfoten sorgfältig wie eine Kokette, die ihre Hände mit süßem Mandelöl wäscht. Sie hat keine drei Gedanken im Kopf. Das sieht man sofort an ihrem weltlichen Aussehen.

Catherine träumt. Sie träumt und blickt, ohne zu sehen: sie dringt in die unbekannte Welt der Götter. Ganze Stunden sitzt sie gerade und unbeweglich und lächelt das seltsame Lächeln eines heiligen Tieres.

Streichle ich Françoise mit der Hand, so macht sie einen runden Rücken und miaut leise vor Glück. Sie ist so glücklich, daß man sich um sie kümmert! Schmeichelnd hebt sie den Kopf und liebkost auch mich, indem sie ihre Nase an meiner Wange reibt. Ihre Haare zittern, ihr Schwanz krümmt sich. Schließlich wird sie müde, und mit geschlossenen Augen schnurrt sie selig.

Will ich Catherine streicheln, weicht sie meiner Hand aus. Sie will in ihrem religiösen Traum ganz allein leben. Sie ist keusch wie eine Göttin, und jede menschliche Berührung verletzt und versehrt sie. Gelingt es mir, sie auf mein Knie zu nehmen, so legt sie sich mit ausgestrecktem Kopf und starren Augen flach hin, immer auf dem Sprung. Ihre nervösen Glieder und ihr magerer Körper bleiben regungslos unter meinen liebkosenden Fingern. Sie verschmäht es, zur irdischen Liebesfreude einer Sterblichen herabzusteigen.

Und so ist Françoise ein Pariser Kind, Mädel oder Marquise, ein leichtsinniges, entzückendes Geschöpf, das sich für eine Artigkeit hingibt, die man über ihr weißes Kleid sagt; und Catherine ist die Tochter irgendeiner alten Ruinenstadt unter der Sonne. Sie sind Kinder zweier Kulturen: moderne Puppe und Götzenbild eines toten Volkes.

Ach, könnte ich in ihren Augen lesen! Ich nehme sie in meine Arme, sehe sie fest an, damit sie mir ihr Geheimnis erzählen. Sie senken die Lider nicht, sie durchschauen mich. Nichts vermag ich in der gläsernen Durchsichtigkeit dieser Augen zu lesen, die sich wie grundlose Löcher öffnen, wie Brunnen mit bleicher Klarheit, darin glühende Funken schwimmen.

Und Françoise schnurrt zärtlich, während die gelben Blicke Catherines mich stechen wie ein Messingstift.

Neulich ist Françoise Mutter geworden. Dieser Tollkopf hat ein goldenes Herz. Mit erlesenen Liebkosungen pflegt sie das Kleine, das wir ihr gelassen haben. Ganz zart packt sie es an der Nackenhaut und trägt es in allen Schränken des Hauses spazieren. Catherine ist in tiefes Sinnen verloren und betrachtet sie. Das Kleine erregt ihre Aufmerksamkeit. Sie hat ihm gegenüber die Stellung des alten Philosophen, der über Leben und Tod der Geschöpfe nachdenkt, und in ihren Träumen baut sie ein ganz neues Philosophiesystem auf.

Als gestern die Mutter nicht da war, hat sie sich neben das Kind gesetzt. Sie hat es berochen und mit der Pfote umgedreht. Dann trug sie es plötzlich in einen dunklen Winkel. Dort fühlte sie sich unbeobachtet, und mit funkelnden Augen stand sie vor dem kleinen Geschöpf; ihr Rückgrat zitterte, sie war eine Priesterin, die ein Opfer vorbereitet. Ich glaube, sie wollte ihm den Kopf abbeißen; aber ich kam schleunigst dazu und jagte sie davon. Im Fliehen warf sie mir geschmeidig und still diabolische Blicke zu.

Und trotzdem liebe ich Catherine immer noch; ich liebe sie, weil sie falsch und grausam ist wie ein Höllentier. Was schert mich die leichte Anmut Françoises, ihre betörenden Mienen, ihre tolle, mädchenhafte Verliebtheit! Alle unsere Evastöchter sind weiß und schnurren wie sie. Niemals aber traf ich ein Geschöpf wie Catherine, ein kaltes, verdorbenes Geschöpf, ein schwarzes Götzenbild, das ewig im Traum des Bösen lebt.

VI

Die Rosenstöcke auf den Friedhöfen tragen große Blüten, milchweiße und dunkelrote. Die Wurzeln in der Tiefe der Gräber nehmen die Weiße der jungfräulichen Brüste und den blutigen Glanz der toten Herzen an. Die weiße Rose ist das Aufblühen eines Kindes, das mit sechzehn Jahren starb; die rote Rose ist der letzte Blutstropfen eines in der Schlacht Gefallenen.

O ihr leuchtenden, lebendigen Blumen, darin etwas von unseren Toten atmet!

Auf dem Land wachsen gleich hinter der Kirche an den baufälligen Mauern des kleinen Friedhofs lustige Birnen- und Aprikosenbäume. Die Sonne macht die Früchte golden, die frische Luft gibt ihnen erlesenen Saft. Und die Haushälterin des Pfarrers kocht Eingemachtes, das auf zehn Meilen in der Runde berühmt ist. Ich habe auch schon davon gegessen. Mit den Bauern, die so oft einen glücklichen Ausdruck finden, könnte man meinen, man hätte geradezu ›die Sammethose des lieben Gottes‹ gegessen.

Ich kenne einen dieser kleinen Dorffriedhöfe, darauf Johannisbeersträucher so hoch wie Bäume stehen. Die roten Beeren unter den grünen Blättern gleichen Kirschen. Und morgens habe ich den Kirchendiener mit einem Laib Brot unter dem Arm kommen und in aller Ruhe auf einem Grabstein frühstücken sehen. Eine Schar Spatzen umringte ihn. Er pflückte Beeren und warf Brotkrumen unter die Sperlinge; das kleine Volk aß mit gutem Appetit über den Köpfen der Toten.

Es ist ein Fest für den Friedhof. Das Gras wächst kräftig und munter. In einem Winkel breiten Büschel Mohn ein rotes Tuch aus. Der Wind weht aus der Ebene und bringt den guten Duft gemähten Grases mit. Um Mittag summen die Bienen in der Sonne; die kleinen, grauen Eidechsen vergehen vor Behagen und trinken aus der Tiefe ihrer Löcher die Hitze mit offenen Mäulern. Die Toten haben es warm; und es ist kein Friedhof mehr, sondern ein Winkel allumfassenden Lebens, wo die Seele der Toten in die Baumstämme fährt, wo das Gestern und das Morgen einander küssen. Die Blumen sind das Lächeln der jungen Mädchen; die Früchte die Werke der Männer.

Hier ist es wirklich keine Sünde, Kornblumen und Mohn zu pflücken. Die Kinder kommen und binden Sträuße. Der Pfarrer wird nur böse, wenn sie auf die Birnbäume klettern. Die Birnbäume gehören dem Pfarrer, die Blumen aber allen. Dann und wann muß auf dem Kirchhof gemäht werden; das Gras ist so hoch, daß die schwarzen Holzkreuze darin ertrinken; dann frißt die Stute des Pfarrers das Heu. Dabei findet das Dorf nichts, und kein Pfarrkind käme auf den Gedanken, die Stute zu beschuldigen, daß sie die Seele der Toten fräße.

Mathurine hatte einen Rosenstrauch auf das Grab ihres Verlobten gepflanzt, und jeden Sonntag im Mai pflückt sie eine Rose und steckt sie an ihr Halstuch. Sie verbrachte den Sonntag im Duft ihrer entschwundenen Liebe. Blickte sie auf ihr Halstuch nieder, so glaubte sie, ihr Verlobter lächelte ihr zu.

Ich liebe die Friedhöfe, wenn der Himmel blau ist. Barhaupt wandle ich dort und vergesse meinen Haß wie in einer heiligen Stadt, darin man ganz Liebe und Versöhnung ist.

Neulich ging ich morgens auf den Friedhof Père-Lachaise. Stufenweise hoben sich die Leichensteine weiß der blauen Durchsichtigkeit des Horizontes entgegen. Viele Bäume standen auf der Höhe und ließen unter dem noch zarten Spitzengewebe ihres Laubes schimmernde Ecken großer Grabdenkmäler sehen. Der Frühling liebt die einsamen Ruhestätten unserer lieben Toten. Die weichen Gänge, die junge Witwen langsamen Schrittes durchwandern, übersät er mit Gras; er bleicht die Marmorsteine in kindlich heller Freude. Von weitem gleicht der Friedhof einem riesigen grünen Strauß, aus dem hier und da ein Büschel Hagedorn hervorsticht. Die Gräber sind gleichsam jungfräuliche Blüten der Gräser, des Laubes.

Langsam durchwanderte ich die Alleen. Welch zitternde Stille, welch durchdringlicher Duft, welch weiche Lüfte! Man weiß nicht, woher sie kommen! Sie sind wie der liebkosende Atem von unsichtbaren Frauen! Man fühlt: ein ganzes Volk schläft in dieser schmerzlich bewegten Erde unter dem Fuß des Wanderers. Aus jedem Strauch, aus jeder Spalte der Steinplatten atmet es sanft und leise wie der Atem eines Kindes, der im Frieden des letzten Schlummers über den Boden streicht.

Neue Winter sind über Mussets Marmor dahingegangen. Er kam mir bleicher und weicher vor. Die letzten Regengüsse haben ihm ein neues Kleid angezogen. Ein Sonnenstrahl, der durch einen Baum in der Nähe fiel, übergoß das feine und nervöse Profil des Dichters mit hellem Licht. Das Medaillon mit seinem ewigen Lächeln hat eine Anmut, die traurig macht.

Woher stammt nur die seltsame Macht, die Musset über meine Generation hat? Nur wenige junge Leute, haben sie ihn gelesen, vermögen die ewige Süße aus ihren Herzen zu verbannen. Und doch lehrte uns Musset weder das Leben noch den Tod. Er fiel bei jedem Schritt; als er starb, konnte er sich gerade noch erheben, um auf den Knien wie ein Kind zu weinen. Sei's drum, wir lieben ihn; wir lieben ihn mit Leidenschaft wie eine Geliebte, die unser Herz reich macht, indem sie es zerreißt.

Er hat den Verzweiflungsschrei des Jahrhunderts ausgestoßen; er war der Jüngste von uns, er hat am meisten geblutet.

Die Weide, die fromme Hände an seinem Grab gepflanzt haben, geht ein. Niemals ist diese Weide, in deren Schatten er schlafen wollte, kraftvoll und frei emporgeschossen. Ihr gelbes Laub hängt traurig nieder, ihre Zweige fallen wie schwere, müde Tränen herab. Vielleicht trinken ihre Wurzeln im Herzen des Toten die ganze Bitternis eines verschleuderten Lebens.

So träumte ich lange. Da unten lärmte Paris. Hier ein Vogelschrei, das Surren eines Insekts, das plötzliche Knacken eines Zweiges. Dann tiefe Stille, darin die Gräber tiefer atmen. Nur irgendein Bewohner des Viertels, ein kleiner Rentner ging, die Füße in Pantoffeln, die Hände auf dem Rücken, langsam die Allee hinunter als braver Bürger, der die erste warme Luft genießt.

Meine Erinnerungen erwachten. Sie erzählten mir von meiner Jugend, von meiner Jugend, von meiner glücklichen Zeit, da ich auf den Pfaden meiner geliebten Provence herumstreifte. Musset war damals mein Kamerad. Ich trug ihn in der Jagdtasche mit mir; und hinter dem ersten Busch vergaß ich meine Flinte im Gras, und las den Dichter im heißen Mittagsschatten des Südens, den Salbei und Lavendel durchdufteten.

Ihm verdanke ich meinen ersten Kummer und meine erste Lust. Heute noch, trotz der Leidenschaft, alles bis ins Kleinste zu zerlegen, steigen mir plötzliche Jugendanwandlungen ins Gesicht, wenn ich an diesen Verzweifelten denke, und ich danke ihm, daß er mich weinen gelehrt hat.

VII

Mai, der Monat der Blumen und Nester. Die Sonne lächelt heute morgen ein wenig, und ich will an sie glauben. Ich gehe durch die Straßen und freue mich über die Munterkeit der Sperlinge.

Regnet's heute abend, so möge mir der Himmel meinen Freudengesang an den Frühling verzeihen!

Im Park Monceau saß heute morgen vor einem Rasenplatz eine junge Frau, die bald Mutter sein wird. Sie trug ein grauseidenes Kleid. Ihre kleinen Hände in Handschuhen, die Spitzen an Rock und Bluse, die zarte Weiße ihres Gesichts bezeugten den eleganten Überfluß ihres müßigen Lebens. Sie war eine der Glücklichen dieser Welt.

Die junge Frau betrachtete zwei Sperlinge, die zu ihren Füßen im Gras lustig hüpften. Abwechselnd kamen sie, stahlen einen Heuhalm und flüchteten damit auf den nächsten Baum. Sie bauten ihr Nest. Das Weibchen nahm vorsichtig jeden

Halm, schlang ihn in andere schon vorhandene Stoffe hinein und drückte ihn durch die warme, zitternde Schwere ihrer Brust glatt. Ein hastiges Hin und Her war's, eine Liebesarbeit, bei der die Zärtlichkeit die Kraft ersetzte. Die in graue Seide gekleidete Unbekannte sah den beiden Liebenden zu, die in aller Eile die Wiege herrichteten. Sie lernte das, was arme Leute wissen, die nur etwas Heu und die Wärme ihrer Zärtlichkeit für ihre Kleinen zum Schutz gegen kalte Nächte haben.

Sie lächelte traurigsüß, und ihre träumerischen Augen sagten:

›Ach, ich bin reich, ich weiß nichts von der Freude dieser Vögel. Ein Kunsttischler schnitzt in diesem Augenblick die Wiege, in der eine Amme aus der Normandie oder der Picardie mein Kind schaukeln wird. Ein Weber stellt irgendwo die Gewebe aus Leinen her, die seine zarten Glieder wärmen werden. Eine Näherin näht das Wickelzeug. Eine Hebamme wird das Neugeborne zuerst pflegen. Nur halb werde ich die Mutter des lieben, kleinen Kindes sein; ich werde es nackt in die Welt setzen, es wird nicht alles von mir bekommen. Diese Sperlinge aber bauen die Wiege, weben und nähen die Stoffe; sie haben nichts, sie schaffen alles durch ein Wunder der Liebe; sie verwandeln das erste beste Loch einer Mauer in eine warme Wiege. Sie sind Künstler aus Zärtlichkeit, und die jungen Mütter beneiden sie.‹

Auf dem Land wachsen die Nester natürlich in Hecken und auf Bäumen wie lebendige Blumen. Sie öffnen und erschließen sich beim ersten Sonnenstrahl. Sie lassen Gezwitscher hören, wenn der Hagedorn Blüten treibt und duftet.

Die Finken, die Stieglitze, die Dompfaffen wählen Sträucher, die Raben und Elstern steigen bis in die höchsten Zweige der Pappeln; die Lerchen und Grasmücken bleiben am Boden, in den Kornfeldern und im Gestrüpp. Diese Liebenden, die großen Wert auf ihre Zärtlichkeit legen, haben die tiefe Stille des Landes nötig. Ich weiß wohl, daß es Elende gibt, die die Nester zerstören, den Kleinen die Federn ausreißen und die Eier als Eierkuchen verspeisen. Daher verbergen sich die Vögel mit jedem Jahr mehr; sie gehen in die Einsamkeit.

Nur die Sperlinge und die Schwalben wagen es, ihre Liebe den Mauern und Bäumen von Paris anzuvertrauen. Sie leben und lieben mitten unter uns. Wir haben viele Zeisige in Käfigen, die Eier legen und brüten. Aber wie traurig ist solch eine Liebe! Man könnte sagen, daß unsere Zeisige vor dem Herrn Oberbürgermeister zusammengegeben werden. Ihre erzwungene Verbindung im vergitterten Käfig ist dumm wie eine Heirat. Sie bekommen grämliche, bläßliche Junge, die nie den freien Flügelschlag der Kinder der Liebe haben.

Man muß die freien Sperlinge in den Löchern alter Mauern, die freien Schwalben an den höchsten Spitzen der Schornsteine sehen. Die lieben sich wirklich und werden unter freiem Himmel befruchtet; unter ihnen gibt's nur Liebesheiraten.

Die Schwalben machen aus Paris ihre Sommervilla. Sobald sie ankommen, suchen die Reisenden die alten Nester auf, die sie beim ersten Frost aufgeben mußten. Sie reparieren die gebrechliche Behausung, befestigen sie, füttern sie mit Federn. Und die Dichter und die Verliebten, die mit offenen Ohren und Herzen vorübergehen, hören den ganzen Sommer über ihre kurzen Zärtlichkeitsschreie, die das Rollen der Droschken übertönen.

Aber ein echtes Pariser Kind, der Straßenjunge der Luft, ist der freie Sperling, der Spatz, der die graue Bluse des Vorstädters trägt. Er ist pöbelhaft, höhnisch, frech. Sein Schrei ist ein Gespött, sein Flügelschlag eine spaßhafte Geste; seine Kopfbewegungen haben etwas possenhaft Sorgloses und Herausforderndes. Er zieht die mit grauem Staub bedeckten Alleen, die glühenden Boulevards ganz sicher dem kühlen Schatten von Meudon und Montmorency vor. Er liebt das Rollen der Räder, er trinkt aus dem Rinnstein, ißt Brot und geht ruhig auf den Trottoirs spazieren. Er hat das Land, wo er sich in Gesellschaft dummer, zurückgebliebener Tiere langweilte, verlassen, um unter uns zu leben, unter unseren Dächern zu wohnen, nachts sonnt er sich im Gaslicht, und am Tag besorgt er seine kleinen Geschäfte in unseren Straßen als Spaziergänger oder als Vielbeschäftigter in Eile.

Der Spatz ist ein Pariser, der seine Steuern nicht zahlt. Er ist das Mätzchen des geflügelten Volkes und hat eine Schwäche für Pfefferkuchen und für die moderne Bildung.

Besonders in den öffentlichen Gärten muß man im Mai das gewandte und zärtliche Treiben der Sperlinge beobachten. Es gibt Menschen, die in den Jardin des Plantes gehen, um sich vor die Gitter zu stellen und die eingesperrten Tiere zu betrachten. Wenn Sie einmal die Menagerie besuchen, so sehen Sie sich doch auch die freien Tiere an, die Spatzen, die in der Sonne fliegen.

Die Spatzen umdrängen die Gitter mit triumphierendem Gesang. Sie feiern laut die freie Luft. Sie dringen dreist in die Käfige, erfüllen sie mit ihrer Freiheit und sind die ewige Verzweiflung der unglücklichen Gefangenen. Sie stehlen den Affen und Bären Brotkrumen; die Affen zeigen ihnen die Faust, die Bären protestieren mit verächtlich ungeduldigem Kopfschütteln. Sie fliegen davon, sie sind freie und heitere Geschöpfe in dieser Arche, darin der Mensch die Schöpfung einzusperren sucht.

Im Mai bauen die Spatzen des Jardin des Plantes ihre Nester unter die Giebel der Nachbarhäuser. Sie werden zutraulicher, sie versuchen dem Pelz der Tiere ein Stückchen Fell oder Mähnenhaar zu stehlen. Eines Tages sah ich, wie ein großer, langausgestreckter Löwe einen Spatz betrachtete, der lustig zwischen den Gitterstangen seines Käfigs umhersprang. Eine süße, brennende Träumerei schloß die Augen des wilden Tieres halb. Der große Löwe gedachte des freien Himmels. Er ließ es zu, daß der Sperling ihm ein rotes Haar stahl.

VIII

In einer der letzten Nächte ging ich in die Markthalle. Paris ist in den ganz frühen Stunden häßlich. Es sieht vernachlässigt aus. Es gleicht einem riesigen Speisesaal, der noch ganz feucht und fettig ist vom Mahl der Abendgesellschaft; Knochen liegen herum, Kehricht bedeckt das schmutzige Tafeltuch der Straßen. Die Herren sind schlafen gegangen, ohne abdecken zu lassen; und erst spät am Morgen fegt die Dienstmagd und legt ein reines Tischtuch zum Frühstück auf.

In der Markthalle ist der Lärm groß. Sie ist die riesige Speisekammer, wohin sich die Nahrung des schlafenden Paris ergießt. Öffnet es die Augen, hat es den Bauch schon voll. In der zitternden Klarheit des Morgens, im Gewimmel der Menge häufen sich rote Fleischviertel, Körbe mit Fischen, die wie Silber glänzen, Berge von Gemüsen, die weiße und grüne Flecke im Schatten bilden. Überall ein Stürzen der Eßwaren, Karren werden aufs Pflaster entleert, Kisten geöffnet, aus offenen Säcken strömt's heraus, eine immer steigende Flut von Salaten, Eiern, Früchten, Geflügel, die bis in die nächsten Straßen hereinreichen und ganz Paris zu überschwemmen drohen.

Neugierig drängte ich mich durch dies Chaos, als ich Frauen erblickte, die mit beiden Händen in großen, schwärzlichen Haufen wühlten, die auf dem Pflaster lagen. Der Schein der Laternen tanzte; ich sah nur schlecht und meinte zuerst, es seien Fleischabfälle, die man unterm Preis losschlug.

Ich trat näher. Die Haufen Fleischabfälle waren Haufen Rosen.

Der ganze Frühling der Pariser Straßen liegt auf diesem schmutzigen Pflaster unter den Eßwaren der Halle. An hohen Festtagen beginnt der Verkauf um zwei Uhr morgens.

Die Gärtner des Weichbildes bringen ihre Blumen in großen Fässern. Die Blumen haben je nach der Jahreszeit ihren festen Preis, wie die Birnen und Kohlrüben. Die Wiederverkäuferinnen, die kleinen Händlerinnen, die ihre Arme bis zu den Ellbogen in Rosen stecken, scheinen ihre Hände in blutige Arbeit zu tauchen.

Das ist Toilettensache. Die ausgeweideten Ochsen werden

gewaschen und mit künstlichen Blumen geschmückt; die Rosen, die man mit Füßen tritt, werden auf Weidenrutenspitzen gebunden, in ihre Hülle grüner Blätter süßen Duft hauchend.

Ich blieb vor diesen armen, sterbenden Blumen stehen. Sie waren noch feucht und durch Fäden, die ihre zarten Stengel zerschnitten, aneinandergedrückt. Sie hatten noch den scharfen Geruch des Kohls, mit dem sie hergereist waren. Und ganze Fässer waren in den Rinnstein gerollt.

Ich hob eines dieser Fässer auf. Es war auf der einen Seite ganz schmutzig. Die Rosen werden in einem Eimer Wasser gewaschen und bekommen ihren zarten, süßen Duft wieder. Ein wenig Schmutz nur an den Blumenblättern unten wird ihren Besuch im Rinnstein verraten. Die Lippen, die sie abends küssen werden, sind vielleicht weniger rein als sie.

Inmitten des gräßlichen Wirrwarrs der Markthalle erinnerte ich mich des Spazierganges, den ich mit dir, Ninon, vor zehn Jahren machte. Der Frühling war gekommen, das junge Laub glänzte in der weißen Aprilsonne. Der kleine Fußweg längs der Küste war von großen Veilchenfeldern eingefaßt. Als wir dort gingen, fühlten wir süß aufsteigenden Duft uns durchdringen, und unsere Seelen wurden weich.

Fast besinnungslos – der süße Duft und die Liebe betäubten dich – stütztest du dich auf meinen Arm. Hell lag das Land vor uns, und kleine Fliegen flogen in der Sonne. Feierliche Stille sank vom Himmel nieder. Unser Kuß war so zart, daß er die Finken in den blühenden Kirschbäumen nicht verscheuchte.

Bei einer Wendung des Weges sahen wir in einem Feld alte, gebückte Frauen, die Veilchen pflückten und sie in große Körbe warfen. Ich rief eine dieser Frauen an.

»Sie wünschen Veilchen?« fragte sie mich. »Wieviel? ... Ein Pfund?«

Sie verkaufte ihre Blumen pfundweise! Wir liefen beide entsetzt davon, wir glaubten den Frühling zu sehen, wie er im verliebten Land einen Spezereiladen eröffnet. Ich glitt die Hecken entlang, ich stahl einige magere Veilchen, die für dich um so süßer dufteten. Weiter höher, im Gehölz, blühten andere Veilchen, ganz kleine, die sich sehr fürchteten und sich mit unendlichen Listen fast ganz unter den Blättern verbargen.

Schnell warfst du die gestohlenen Veilchen fort, diese dummen Veilchen, die auf dem Acker wuchsen und die man pfundweise verkaufte. Du wolltest wilde Blumen haben, Kinder des Taus und der aufgehenden Sonne. Zwei Stunden lang suchte ich im Gras. Sobald ich eine Blume gefunden hatte, rannte ich zu dir und verkaufte sie dir. Du gabst mir einen Kuß für jede.

Und in den fetten Gerüchen, im betäubenden Lärm der Markthalle, vor den armen toten Blumen auf dem Pflaster dachte ich jener fernen Dinge. Ich rief meine Geliebte zurück und jenen trockenen Veilchenstrauß, den ich bei mir zu Hause ganz hinten in einer Schieblade aufbewahre. Zu Hause zählte ich die verwelkten Stengel; es sind zwanzig, und ich fühlte die süße Glut von zwanzig Küssen auf den Lippen.

IX

Ich habe das Zigeunerlager in Saint-Quen gegenüber der Wache besucht. Diese Wilden müssen über dies große Tier von einer Stadt lachen, das sich um sie bemüht. Ich folgte nur dem großen Haufen; das ganze Faubourg umdrängte ihre Zelte, und ich schämte mich, als ich sogar Leute sah, die in offenem Landauer mit Lakaien in Livreen anfuhren und doch nicht blödsinnig aussahen.

Wenn das arme Paris etwas für seine Neugier hat, so feilscht es nicht. So ist es auch mit den Zigeunern. Sie waren gekommen, um Kasserollen zu verzinnen und die Kessel zu flicken. Da sie aber sahen, daß man sie als merkwürdige Tierchen auffaßte, begriffen sie, was für eine Art von zivilisierter Stadt Paris sei. So gaben sie das Verzinnen und Kesselflicken auf. Da man sie wie Wundertiere ansah, willigten sie mit spöttischer Gutmütigkeit ein, sich für zwei Sous sehen zu lassen. Ein Bretterzaun umgibt das Lager; zwei Mann stehen an zwei sehr schmalen Öffnungen und empfangen die Gaben der Herren und Damen, die den Hundestall besichtigen wollen. Ein Gestoße und Gedränge! Sogar Schutzmänner hat man hinschicken müssen. Die Zigeuner wenden manchmal den Kopf ab, um den guten Leuten, die ihnen sogar Silbergeld zuwerfen, nicht ins Gesicht zu lachen.

Ich stelle mir vor, wie sie abends, wenn niemand mehr da ist, ihre Einnahmen zählen. Sie haben Frankreich durchreist, wo die Bauern sie überall hart abgewiesen und die ländlichen Wächter sie mißtrauisch behandelt haben. Sie kommen nach Paris und fürchten, dort in irgendeine Grube geworfen zu werden. Und sie erwachen mitten in diesem goldenen Traum, daß ein ganzes Volk von Herren und Damen sich für ihre Lumpen begeistert. Sie, sie, die man von Stadt zu Stadt hetzt. Ich sehe sie in ihren Lumpen und höre sie das schlafende Paris auslachen.

Die Bretterwand schließt sieben oder acht Zelte ein, die zwischen sich eine Art Straße freilassen. Schwindsüchtige Pferde, klein und nervös, fressen das verbrannte Gras hinter den Zelten ab. Unter Fetzen von alten Wagendecken sieht man die niedrigen Räder der Wagen.

Drinnen herrscht ein unerträglicher Gestank von Unsauberkeit und Elend. Der Boden ist schon zerstampft, zerbrökkelt, mit Eiter befleckt. Auf dem Bretterzaun wird das Bettzeug gelüftet, Strohsäcke, verblichene Decken, viereckige Matratzen, auf denen bequem zwei Familien schlafen können, der ganze Apparat eines Lepraspitals trocknet an der Sonne. In den Zelten, die nach arabischer Sitte sehr hoch sind und sich wie die Vorhänge eines Himmelbettes öffnen, sind Lumpen angehäuft, Sättel, Pferdegeschirr, namenloses Gerümpel. All diese Gegenstände haben keine Farbe und Form mehr, ruhig liegen sie unter einer herrlichen Lage Schmutz, die einen warmen Ton hat und jedes Malerauge entzücken muß.

Am Ende des Lagers, in einem kleineren Zelt, glaubte ich die Küche zu entdecken. Einige eiserne Töpfe gab's da und

Dreifüße; ich erkannte sogar einen Teller. Im übrigen aber nicht das geringste über dem Feuer. Die eisernen Töpfe dienen vielleicht zur Bereitung des Hexensabbatbreies.

Die Männer sind groß, stark, haben runde Gesichter, sehr langes, lockiges, schwarzes, stark geöltes Haar. Sie sind in alles gekleidet, was sie sich unterwegs verschaffen konnten. Einer von ihnen stolziert in einem Vorhang aus großblumigem, gelbem Zitz, den er malerisch drapiert hat. Ein anderer hat ein Wams an, das von irgendeinem schwarzen Rock, dem man die Schöße abgeschnitten hat, herstammen muß. Einige tragen Frauenröcke. Sie lächeln durch ihre langen, hellen und seidigen Bärte. Ihre Lieblingskopfbedeckung scheinen Deckel von alten Filzhüten zu sein, aus denen sie sich Käppchen machen, indem sie die Ränder abschneiden.

Auch die Frauen sind groß und stark. Die alten, ganz vertrocknet, abschreckend in ihrer nackten Magerkeit und ihren gelösten Haaren, gleichen höllischen Hexen. Unter den jungen sind einige unter ihrer Schmutzschicht sehr schön, mit kupferfarbener Haut und großen, schwarzen, sanften Augen. Die sind kokett; in zwei dicken Flechten, die hinter den Ohren befestigt und mit roten Bändern durchzogen sind, hängt ihr Haar nieder. Ihr Rock ist bunt, ihre Schultern sind von einem Schal bedeckt, der an den Gürtel geknüpft ist, und das Tuch auf ihrem Kopf ist über der Stirn geknotet. So gleichen sie heruntergekommenen Königinnen wilder Stämme.

Und von Kindern wimmelt's. Eins sah ich im Hemd mit einer riesigen Männerweste, die ihm an die Waden schlug; es hielt einen schönen blauen Papierdrachen. Ein anderes, ein ganz kleines, höchstens zwei Jahre alt, ging, vollständig nackt, sehr ernst durch die laut lachenden Mädchen. Und er war so schmutzig, der liebe Kleine, so grün und rot, daß man ihn für eine Florentiner Bronze hätte halten können, für eine jener kleinen Figuren aus der Renaissance.

Die ganze Bande bleibt bei der lärmenden Neugier der Menge ganz ruhig. Männer und Frauen schlafen in den Zelten. Eine Mutter, deren Brust nackt ist und schwarz wie eine durch den Gebrauch gebräunte Kürbisflasche, stillt ein ganz gelbes, pausbäckiges Kind, das aus Kupfer zu sein scheint. Andere Frauen kauern am Boden und betrachten ernst die fremden Pariser, die im Schmutz stöbern. Ich fragte eine von ihnen, was sie von uns dächte; sie lächelte schwach, sagte aber nichts.

Ein schönes Mädchen von etwa zwanzig Jahren drängt sich unter die Gaffer, wendet sich an die Damen in seidenen Hüten und Kleidern und erbietet sich, ihnen wahrzusagen. Ich sah zu, wie sie's machte. Sie nahm die Hand der jungen Dame und faßte sie schmeichlerisch, bis sich ihr die Hand von selbst überließ. Dann gab sie zu verstehen, daß man ein Geldstück in die Hand legen müsse; ein Zehnsousstück genügte nicht, sie verlangte zwei und sprach sogar von fünf Francs. Nach einigen Augenblicken, nachdem sie langes Leben, Kinder, viel Glück prophezeit hatte, nahm sie die beiden Zehnsousstücke, machte mit ihnen das Zeichen des Kreuzes über dem Hutrand der jungen Frau und ließ sie beim Wort ›Amen‹ in ihre Tasche verschwinden, eine riesige Tasche, in der ich mehrere Handvoll Silbergeld sah.

Allerdings verkauft sie einen Talisman. Sie beißt mit den Zähnen ein kleines Stück von einem rötlichen Stoff ab, der einer getrockneten Orangenschale gleicht; sie bindet dies Stück in die Ecke des Taschentuches der Person, der sie eben geweissagt hat; dann schärft sie ihr ein, diesem Talisman Brot, Salz und Zucker hinzuzufügen. Das soll allen Krankheiten vorbeugen und böse Geister fernhalten.

Und die Hexe tut alles mit dem größten Ernst. Nimmt man ihr eins der in die Hand gelegten Geldstücke wieder fort, so schwört sie, daß ihre guten Wünsche sich in schreckliche Übel verwandeln werden. Das ist ungeschminkt, aber Bewegung und Betonung sind vortrefflich.

In der kleinen provenzalischen Stadt, in der ich aufgewachsen bin, duldet man die Zigeuner; aber sie erregen nicht soviel Aufsehen. Man beschuldigt sie, daß sie verirrte Hunde und Katzen äßen, und sieht sie deswegen über die Achseln an. Die feinen Leute wenden den Kopf ab, wenn sie an ihnen vorübergehen müssen.

Sie kommen mit ihrem rollenden Haus und lassen sich in irgendeinem einsamen Winkel nieder. Gewisse Winkel sind Jahr für Jahr von Stämmen bewohnt, die aus schmutzigen Männern, Frauen und zerlumpten Kindern bestehen, die alle die Sonne suchen. Unter ihnen sah ich entzückend schöne Geschöpfe. Wir Schlingel empfanden nicht den Widerwillen der feinen Leute, wir sahen tief in die Wagen hinein, in denen diese Leute im Winter schlafen. Und ich erinnere mich, daß ich einmal, als ich einen sehr schweren Schülerkummer auf dem Herzen hatte, davon träumte, einen dieser Wagen, die gerade fortfuhren, zu besteigen und mit diesen großen, schönen Mädchen, deren schwarze Augen mir Scheu einflößten, weit fortzureisen, ans Ende der Welt, immer und ewig dahinrollend.

X

Einer meiner jungen Freunde, ein junger Chemiker, sagte mir eines Morgens:

»Ich kenne einen alten Gelehrten, der sich in ein kleines Haus auf dem Boulevard d'Enfer zurückgezogen hat, um dort in Ruhe die Kristallisation der Diamanten zu studieren. Er hat schon hübsche Resultate erzielt. Soll ich dich bei ihm einführen?«

Mit geheimer Angst nahm ich sein Anerbieten an. Ein Zauberer hätte mich weniger erschreckt, denn ich fürchte den Teufel gar nicht, aber ich fürchte das Geld, und ich gestehe, daß der Mann, der eines Tages den Stein der Weisen findet, mir ehrfurchtvolles Entsetzen einflößen würde.

Unterwegs gab mir mein Freund einige Einzelheiten über die Erzeugung kostbarer Steine. Unsere Chemiker beschäftigen sich damit schon lange. Aber die Kristalle, die sie schon erzielt habe, sind so klein und die Kosten der Bereitung so groß, daß die Experimente wissenschaftliche Merkwürdigkeiten bleiben mußten. Es handelt sich nun darum, mächtiger wirkende Kräfte zu finden, ein wohlfeileres Verfahren, um billig produzieren zu können.

Wir kamen an. Mein Freund sagte mir, bevor er schellte, daß der alte Gelehrte Neugierige nicht leiden könne und mich wahrscheinlich schlecht empfangen werde. Ich war der erste Profane, der das Heiligtum betrat.

Der Chemiker öffnete uns, und ich muß gestehen, daß ich zuerst fand, er sehe wie ein abgezehrter stumpfsinniger Schuster aus. Er empfing meinen Freund freundlich und brummte mich an, als wäre ich der Hund seines jungen Anhängers. Wir durchquerten einen vernachlässigten Garten. Ganz hinten stand ein Haus, das einer Ruine glich. Der Mieter hatte alle Wände und Decken eingerissen, um einen einzigen hohen und großen Raum zu gewinnen. Da lag das ganze Handwerkszeug eines Laboratoriums, seltsame Apparate, deren Anwendung ich nicht einmal zu erraten wagte. Der einzige Luxus, die ganze Einrichtung bestand aus einer Bank und einem Tisch aus schwarzem Holz.

In dieser Rumpelkammer habe ich die blendendsten Lichteffekte gesehen. Die Wände entlang auf dem Fußboden waren flache alte Körbe voll kostbarer Steine aufgestellt. Jeder Korb enthielt eine Sorte Edelsteine. Rubinen, Amethyste, Smaragde, Opale, Türkise, schaufelweise wie Kiesel hingeworfen, funkelten lebendigen Lichtes und beleuchteten den Raum mit ihren Flammenblitzen. Es war ein Feuer, glühende Kohlen, rote, violette, grüne, blaue, rosige. Millionen Augen von Zauberinnen gleichsam, die im Schatten am Boden lachten. Nie hat ein arabisches Märchen solche Schätze entfaltet, niemals eine Frau sich solch ein Paradies erträumt.

Ich konnte einen Schrei des Entzückens nicht unterdrücken: »Welch ein Reichtum!« rief ich, »Milliarden.«

Der alte Gelehrte zuckte die Achseln. Er schien mich mit tiefem Mitleid zu betrachten.

»Jeder dieser Körbe kostet einige Francs«, sagte er mit seiner langsamen Stimme. »Sie sind mir hinderlich. Morgen streue ich sie statt Kies in die Gänge meines Gartens.«

Und die Steine handvollweise fassend, wandte er sich an meinen Freund und fuhr fort:

»Sehen Sie doch diese Rubine. Es sind die schönsten, die ich je erzielt habe … Mit diesen Smaragden bin ich nicht zufrieden, sie sind zu rein; die natürlichen haben Flecken, und ich will die Natur nicht übertrumpfen … Ganz verzweifelt bin ich, daß ich noch keinen weißen Diamanten gewinnen konnte. Gestern begann ich wieder meine Versuche … Sobald es mir gelungen ist, ist das Werk meines Lebens gekrönt, und ich sterbe glücklich.«

Der Mann war gewachsen. Ich fand nicht mehr, daß er dumm aussah; ich fing an, vor diesem Greis zu zittern, der Paris mit einem wunderbaren Regen überschütten konnte.

»Aber fürchten Sie sich nicht vor Dieben?« fragte ich ihn. »Ich sehe an Ihrer Tür und an Ihren Fenstern dicke Eisenstangen. Ist das eine Vorsichtsmaßregel?«

»Ja, zuweilen habe ich Angst«, murmelte er. »Angst, daß die Einfaltspinsel mich töten, ehe ich den weißen Diamanten gefunden habe … Die Kieselsteine, die morgen nichts mehr wert sind, könnten heute meine Erben in Versuchung führen. Meine Erben fürchte ich; sie wissen, daß sie die Geheimnisse meiner Fabrikation mit mir begraben und daß sie dadurch diesem angeblichen Schatz seinen vollen Wert erhalten können!«

Er blieb träumerisch und traurig. Wir hatten uns auf die Diamantenhaufen gesetzt, und ich betrachtete ihn, wie er, die Linke im Rubinenkorb, mit der Rechten mechanisch in den Smaragden wühlte und sie durch seine Finger laufen ließ. So spielen Kinder im Sand.

Nach einer Weile, in der Stille herrschte, rief ich:

»Sie müssen ein entsetzliches Leben führen. Sie leben hier im Hasse der Menschen … Haben Sie keine Freunde?«

Er betrachtete mich überrascht.

»Ich arbeite«, antwortete er einfach, »ich langweile mich niemals … Wenn ich heiter bin, an meinen närrischen Tagen, stecke ich einige dieser Steine in meine Tasche und lasse mich am Ende meines Gartens hinter einem Mauerloch nieder, das auf den Boulevard geht. Dort werfe ich von Zeit zu Zeit einen Diamanten auf die Straße.«

Er lachte bei der Erinnerung an diesen vortrefflichen Scherz.

»Sie können sich die Gesichter der Leute, die meine Kiesel finden, nicht vorstellen. Sie zittern, sie schauen sich um und rennen dann bleich wie der Tod davon. Ach, die Armen, welche Komödien führen sie da auf! Fröhliche Stunden habe ich so verbracht.«

Seine trockene Stimme berührte mich höchst unangenehm. Offenbar machte er sich über mich lustig.

»He, junger Mann«, sagte er, »ich habe da etwas, womit man Frauen kaufen könnte; aber ich bin ein alter Teufel ... Sie verstehen, wenn ich überhaupt den geringsten Ehrgeiz hätte, würde ich schon lange irgendwo König sein ... Bah! Ich kann keine Fliege töten, ich bin gut, und darum lasse ich die Menschen leben.«

Er konnte mir nicht höflicher sagen, daß er mich aufs Schafott schicken würde, wenn's ihm einfiele.

Heiße Gedanken stiegen in mir auf, und vor meinen Ohren sauste es. Die Feenaugen der kostbaren Steine blickten mich rot, violett, grün, blau und rosig, scharf an. Ohne es zu wissen, hatte ich die Hände geschlossen, hielt ich in der Linken Rubinen, in der Rechten Smaragden. Und, um alles zu sagen: ich hatte unwiderstehliche Lust, sie in meine Taschen gleiten zu lassen.

Ich warf die verdammten Kiesel fort und ging mit wirrem Kopf davon.

XI

Ich war nach Versailles gegangen und stand im weiten Marschallhof, dieser Steinwüste, die mir oft die öde Steppe Crau zurückruft, deren Kieselsteinmeer in der Sonne grünlich schimmert.

Letzten Winter habe ich das Schloß im Schnee gesehen.

Mit seinem bläulichen Dach, das sich majestätisch und traurig vom grauen Himmel abhob, glich es einem königlichen Palast der Kälte. Im Sommer ist es noch melancholischer, noch trauriger und verlassener in der lauen Luft, inmitten der gewaltigen Triebe der Bäume im Park. In der schönen Jahreszeit werden die alten Stämme im jungen Laub wieder jung. Das Schloß liegt im Sterben; der Saft des Lebens steigt nicht mehr in seine zerbröckelnden Steine; unerbittlich kommt der Verfall, benagt die Ecken, zerbricht die Quadern, tut Stunde um Stunde seine Todesarbeit.

Die Wohnsitze – elende Löcher oder Paläste – haben ihre Krankheiten, an denen sie dahinschwinden und sterben. Es sind große, lebende Körper, Personen, die eine Kindheit und ein Alter haben, die einen bleiben kraftvoll bis zum Tod, die andern sind müde und schwankend vor dem Alter schon. Ich erinnere mich an Häuser, die ich vom Waggonfenster aus am Rande der Straßen gesehen habe: neue Gebäude, verschwiegene Gartenhäuschen, verlassene Schlösser, eingestürzte Warten. Und all diese Steinwesen sagten mir etwas, lobten ihre Gesundheit, die sie leben ließ, klagten mir die Krankheit, an der sie starben. Wenn der Mensch Fenster und Türen verschließt und verreist, so nimmt er das Blut des Hauses mit. Todkrank steht es noch lange Jahre in der Sonne; plötzlich aber in einer Winternacht kommt ein Windstoß und wirft es um.

So verlassen stirbt das Schloß von Versailles. Es ist zu groß. Ein ganzes Volk Bewohner wäre nötig, diese unendlichen Gänge, diese lange Flucht riesiger Räume mit lebendigem Blut zu durchströmen. Der kolossale Irrtum eines königlichen Stolzes weihte es von Anfang an dem Verfall. Der Ruhm Ludwig XIV. füllte nicht einmal mehr das Zimmer aus, in dem er schlief, ein kaltes Zimmer, in dem seine königliche Asche heute nur noch etwas Staub ist.

Ich durchschritt den Marschallhof und erblickte rechts in einem verlorenen Winkel dieser Einöde die alte Frau, die sagenhafte Jäterin, die seit fünfzig Jahren das zwischen den Steinen wachsende Unkraut ausrauft. Vom Morgen bis zum

Abend ist sie dort auf dem steinernen Feld und kämpft gegen die Überschwemmung, gegen die steigende Flut wilder Levkojen und Mohnblumen. Gebückt geht sie, untersucht jede Spalte und erspäht grüne Halme und Moos. Mehr als einen Monat braucht sie, um von einem Ende der Wüste zum andern zu gehen. Und hinter ihr schießt das Gras siegreich wieder empor, so dicht, so unausrottbar, daß sie, wenn ihre ewige Arbeit wieder beginnt, vor denselben wiedererstandenen Gräsern steht und dieselben Winkel des Kirchhofes wieder die gleichen Blumen zeigen. Die Jäterin kennt die Flora dieser Trümmer. Sie weiß, daß der Mohn die Südseite vorzieht, daß der Löwenzahn im Norden wächst, daß die Levkojen die Spalten der Säulenfüße lieben. Das Moos ist ein Aussatz, der überall wuchert. Es gibt beharrliche Pflanzen, die sie mit der Wurzel ausreißt und die doch immer wieder emporschießen; ein Blutstropfen fiel vielleicht dahin, eine sündige Seele muß dort eingescharrt sein, die die roten Spitzen der Disteln immer wieder herauswirft. In diesem königlichen Friedhof haben die Toten seltsames Aufblühen.

Aber man muß von der Jäterin die Geschichte dieser Gräser hören. Nicht immer sind sie mit gleicher Kraft emporgeschossen. Unter Karl X. waren sie noch bescheiden; sie breiteten sich kaum wie ein leichter Rasen aus, ein Teppich zarten Grüns, der das Pflaster für die Füße der Damen weicher machte. Der Hof kam noch ins Schloß, die Absätze der Höflinge schlugen den Boden und verrichteten an einem Morgen die Arbeit, zu der die Jäterin nun einen langen Monat braucht. Unter Louis-Philippe wurde das Gras dichter; das von den friedlichen Schatten des historischen Museums bevölkerte Schloß wurde ein Geisterpalast. Und unter dem zweiten Kaiserreich triumphierten die Gräser; sie wuchsen unverschämt, ergriffen ihren Raub, drohten einen Augenblick, bis ins Schloß zu dringen und die großen und kleinen Zimmer zu übergrünen.

Im Traum sah ich die Jäterin, die Schürze voll Gras, langsam und gebückt, in einem alten Kattunkleid dahingehen. Sie ist das letzte Mitleid, das verhindert, daß Nesseln das Grab der Monarchie überdecken. Sie pflegt als gute Frau diese vom Grün der Gräber überwucherte Einöde.

Ich habe mir eingebildet, sie sei der Schatten irgendeiner Marquise, die in einem der Lustwäldchen des Parkes spukt und diese Trümmer vergöttert. Mit ihren armen, steifen Fingern bekämpft sie unaufhörlich das erbarmungslose Moos. Sie tut so hartnäckig ihre vergebliche Arbeit, weil sie fühlt, daß die Flut der Gräser alles und sie selbst ertränken würde, hielte sie nur einen Tag inne. Zuweilen wirft sie, wenn sie sich wieder aufrichtet, einen langen Blick über das Steinfeld, sie überwacht die entlegensten Winkel, wo die Vegetation am stärksten ist. Und bleich steht sie einen Augenblick still, begreift vielleicht das Vergebliche ihrer Mühen und fühlt mit herber Freude, daß sie die einzige Erhalterin dieser Steine ist.

Aber es kommt ein Tag, da ihre Finger noch steifer sein werden. Dann wird das Schloß in einem letzten Aufschluchzen des Windes zusammenstürzen. Das Steinfeld wird den Nesseln, den Disteln, jedem Unkraut ausgeliefert sein. Es wird ein riesiges Gestrüpp werden, ein Dickicht von scharfen und verwachsenen Pflanzen. Und in diesem Dickicht wird die Jäterin sich verlieren, wird mit den Fäusten Stengel auseinanderbiegen, die höher sind als sie selbst, um sich so einen Weg zu bahnen zum Queckengras, das hoch wie junge Weiden emporgeschossen ist, wird weiter kämpfen Tag für Tag, bis eines Tages diese Queckengräser sie einschnüren, ihre Hände, ihre Füße, ihre Hüfte, ihren Hals, und sie tot in dies Meer werfen, das sie weiterwirbelt in die ewig steigende Flut der grünen Wildnis.

XII

Der Krieg, der scheußliche Krieg, der verfluchte Krieg! Wir kannten ihn noch nicht, wir jungen Männer, die 1859 noch nicht zwanzig Jahre alt waren. Wir saßen noch auf den Schulbänken. Sein furchtbarer Name, der die Mütter erblassen läßt, erinnerte uns nur an freie Schultage.

Wir sahen in unseren Erinnerungen nur warme Abende,

an denen das Volk auf den Trottoirs lachte; am Morgen war die Kunde von einem Sieg wie ein festlicher Hauch über Paris hingegangen; und sobald es dämmerte, illuminierten die Ladenbesitzer, die Straßenjungen warfen Petarden für zwei Sous aufs Pflaster. Unter den Türen der Cafés standen Herren, tranken Bier und sprachen über Politik, während dahinten, weit fort in irgendeinem verlorenen Winkel Italiens oder Rußlands die Toten langausgestreckt auf dem Rücken lagen und mit ihren blicklosen Augen die Sterne am Himmel aufgehen sahen.

1859, am Tag, da die Kunde von der Schlacht von Magenta sich verbreitete, ging ich vom Gymnasium aus auf den Platz vor der Sorbonne. Dort stand ein Haufen Schlingel, und sie schrien: »Sieg! Sieg!« Wir ahnten einen Feiertag. Und im Gelächter, im Geschrei hörte ich ein Schluchzen. Ein alter Schuhflicker weinte in seinem Laden. Der arme Mann hatte zwei Söhne in Italien.

Oft noch hörte ich im Geist dies Schluchzen. Bei jedem Kriegsgetöse scheint es mir, daß der alte Schuhflicker, das Volk in weißen Haaren, in der Ferne in den heißen Fieberschauern der öffentlichen Plätze weint.

Besser noch erinnere ich mich des anderen Krieges, des Krimfeldzuges. Ich war damals vierzehn Jahre alt, lebte tief in der Provence, wußte von nichts, sah während des Krieges nur das beständige Vorüberziehen von Truppen, deren Vorbeimarsch unser höchstes Ergötzen war.

Die kleine Stadt im Süden, in der ich lebte, wurde, glaube ich, von allen Soldaten, die nach dem Orient gingen, durchzogen. Ein Lokalblatt nannte im voraus die Regimenter. Der Durchmarsch fand um fünf Uhr morgens statt. Von vier Uhr an warteten wir; keiner fehlte.

O die schönen Männer! Kürassiere, Ulanen, Dragoner, Husaren! Wir hatten eine Schwäche für Kürassiere. Wenn die Sonne aufging und ihre schrägen Strahlen sich in den Kürassen spiegelten, fuhren wir geblendet zurück, und uns schien es, als ritte eine Sternenarmee an uns vorüber.

Dann wurden die Hörner geblasen. Die Truppen marschierten ab. Wir folgten den Soldaten auf den breiten, weißen Straßen. Die Musik spielte auf, dankte der Stadt für ihre Gastfreundlichkeit, und in der reinen Luft, dem klaren Morgen war es ein Fest.

Ich erinnere mich, Meilen so zurückgelegt zu haben. Wir marschierten im Schritt, unsere Bücher mit einem Riemen wie eine Patronentasche auf den Rücken geschnallt. Nur bis Poudrière sollten wir die Soldaten begleiten; dann gingen wir weiter bis zur Brücke, dann noch die Anhöhe hinauf bis zum nächsten Dorf. Und wenn Angst uns ergriff und wir uns entschlossen, nicht weiter mitzugehen, so erkletterten wir einen Hügel und verfolgten von dort aus mit den Blicken das Regiment, das in den Bodenvertiefungen die Krümmungen der Straße entlang zog und mit seinen tausend kleinen Flammen endlich im Lichtmeer der großen Sonnenflamme ganz verschwand.

An solchen Tagen kümmerte man sich wenig um die Schule. Man schwänzte, man amüsierte sich mit jedem Steinhaufen. Und nicht selten stieg die ganze Schar zum Fluß hinunter und vergnügte sich dort bis zum Abend.

Im Süden sind die Soldaten unbeliebt. Ich sah Soldaten, ihren Quartierzettel in der Hand, auf den Trottoirs sitzen und vor Müdigkeit und Wut weinen. Die Bürger, die spitzfindigen, kleinen Rentner, die wohlgenährten Großkaufleute hatten sie nicht aufnehmen wollen. Die Autorität mußte eingreifen. Bei uns hatten sie es wie beim lieben Gott. Meine Großmutter, die aus Beauceronne stammte, lachte alle diese Kinder des Nordens, die sie an ihre Heimat erinnerten, herzlich an. Sie plauderte mit ihnen, fragte sie nach dem Namen ihres Dorfes, und welche Freude, wenn dies Dorf in der Nähe ihres Dorfes lag!

Man schickte uns zwei Mann von jedem Regiment. Wir konnten sie nicht bei uns behalten, wir brachten sie im Gasthaus unter; aber ehe sie fortgingen, fragte meine Großmutter sie aus. Ich erinnere mich, daß einmal zwei aus ihrem Heimatdorf kamen. Diese wollte sie nicht fortlassen. Sie gab ihnen in der Küche zu essen, und sie selbst brachte ihnen etwas zu trinken. Als ich aus dem Gymnasium kam, sah ich die Soldaten; ich glaube sogar, ich stieß mit ihnen an. Ein Großer und ein Kleiner waren es. Ich erinnere mich auch, daß die Augen des Großen voll Tränen standen, als er aufbrach. Er hatte in der Heimat eine alte, arme Frau, und er dankte meiner Großmutter, die ihm seine liebe Beauce und alles, was er dort zurückgelassen hatte, ins Gedächtnis zurückrief, sehr gerührt.

»Ach was!« sagte sie. »Sie werden wiederkommen und das Kreuz auf der Brust haben.«

Er aber schüttelte schmerzlich den Kopf.

»Also«, fuhr sie fort, »wenn Sie wieder hier durchkommen, müssen Sie mich aufsuchen. Ich hebe Ihnen eine Flasche von dem Wein auf, den Sie so gut fanden.«

Die beiden armen Burschen lachten. Diese Freundlichkeit ließ sie einen Augenblick die schreckliche Zukunft vergessen, und sie sahen sich schon bei der Heimkehr am Tisch dieses kleinen gastfreundlichen Hauses sitzen und ein Glas auf die überstandenen Gefahren leeren. Sie versprachen feierlich, wiederzukommen und die Flasche zu trinken.

Wie vielen Regimentern folgte ich in jener Zeit, und wie viele blasse Soldaten klopften an unsere Tür! Niemals werde ich den unendlichen Zug von Männern vergessen, die dem Tod entgegengingen. Zuweilen, wenn ich die Augen schließe, sehe ich ganz deutlich einzelne Gesichter wieder, und ich fragte mich: ›In welchem vergessenen Graben liegen sie?‹

Dann wurden die Regimenter seltener, und eines Tages sah man sie hinkend, blutend, zu Tode erschöpft, von der entgegengesetzten Seite wieder einrücken. Wir erwarteten sie nicht mehr, wir begleiteten sie nicht, diese Krüppel. Das waren nicht mehr unsere schönen Soldaten. Sie waren eine Strafarbeit nicht wert.

Der traurige Durchzug dauerte lange. Die Armee säte unterwegs Sterbende aus. Zuweilen sagte meine Großmutter:

»Und die beiden aus Beauceronne, du weißt doch, ob sie mich vergessen haben?«

Aber eines Abends in der Dämmerung klopfte ein Soldat an unsere Tür. Er war allein. Es war der Kleine.

»Mein Kamerad ist tot«, sagte er beim Eintreten.

Meine Großmutter brachte die Flasche.

»Ja«, sagte er, »ich werde allein trinken.«

Und als er sich so am Tisch mit erhobenem Glas sah und das Glas des Kameraden suchte, um anzustoßen, stieß er einen Seufzer aus und sagte leise:

»Mir hat er aufgetragen, seine Alte zu trösten; lieber wäre ich an seiner Statt gestorben.«

Später in einer Behörde war Chauvin mein Kamerad. Wir waren beide kleine Beamte, und unsere Schreibpulte im hintersten Teil eines dunklen Zimmers stießen aneinander. Das dunkle Loch war vortrefflich zum Nichtstun geeignet, und so erwarteten wir die Stunde des Büroschlusses.

Chauvin war Sergeant gewesen und nach Solferino mit Fieberzuständen heimgekehrt, die er sich in den Reisfeldern Piemonts geholt hatte. Er verfluchte seine Schmerzen, tröstete sich aber damit, daß er sie den Österreichern in Rechnung stellte. Diese Bettlerhunde hatten ihn so zugerichtet.

Wieviel vergangene Stunden lebten wieder auf! Ich hielt meinen gewesenen Soldaten fest und war entschlossen, ihn erst loszulassen, wenn ich ihm einige Wahrheiten entrissen hätte. Auf große Worte gab ich nichts: Ruhm, Sieg, Lorbeer, Krieger rollten immer wieder stolz aus seinem Mund. Ich ließ mich ruhig von der Flut seiner Begeisterung überströmen. Kleine Einzelheiten aber interessierten mich. Ich ließ mir zwanzigmal dasselbe erzählen, um den wahren Sinn der Sache zu erfassen. Ohne es zu ahnen, machte mir Chauvin die umfassendsten Geständnisse.

Im Grunde war er naiv wie ein Kind. Er prahlte nicht aus sich selbst; er sprach einfach die landläufige Sprache der militärischen Aufschneiderei, er war ein bewußter Unsinnschwätzer, ein braver Bursche, aus dem die Kasernen einen unerträglichen Dummkopf gemacht hatten.

Er hatte ganz fertige Worte und Geschichten, man fühlte

es. Die gemachten Phrasen schmückten seine Anekdoten von den ›unüberwindlichen Soldaten‹ und von den ›braven Offizieren, die im Gemetzel durch den Heldenmut ihrer Soldaten gerettet wurden.‹ Zwei Jahre ließ ich jeden Tag vier Stunden lang den italienischen Feldzug über mich ergehen. Aber ich beklage es nicht. Chauvin hat mein Wissen vollendet.

Dank ihm, dank den Geständnissen, die er mir, ohne etwas Böses zu ahnen, in unserem dunklen Loch machte, kenne ich den Krieg, den wirklichen, nicht den, den uns die Geschichtsschreiber mit heldenmütigen Episoden auftischen, sondern den Krieg, der in blanker Sonne Angst schwitzt und sich an Blut voll und toll trinkt.

Ich fragte Chauvin:

»Und die Soldaten, gehen sie fröhlich ins Feuer?«

»Die Soldaten! Man hieb sie hinein! Ich erinnere mich an Rekruten, die nie im Gefecht gewesen waren und sich aufbäumten wie scheu gewordene Pferde. Sie hatten Angst; zweimal ergriffen sie die Flucht. Aber man holte sie zurück, und eine Batterie tötete die Hälfte. Da warfen sie sich blutbedeckt blindlings wie Wölfe auf die Österreicher. Sie rasten, sie weinten vor Wut, sie wollten sterben.«

»Man muß sich erst daran gewöhnen«, sagte ich, um ihn weiter auszuholen.

»O ja, hart ist's. Sehen Sie, die Verwegensten haben kalten Schweiß auf der Stirn. Man muß ein Graukopf sein, um sich gut zu schlagen. Dann sieht man nicht mehr, man haut wie ein Wütender drauflos.«

Und er ließ sich in Erinnerungen gehen.

»Einmal waren wir hundert Meter vor einem vom Feind besetzten Dorf aufgestellt, mit dem Befehl, uns nicht zu rühren und nicht zu schießen. Da eröffneten die österreichischen Bettlerhunde auf uns ein teuflisches Gewehrfeuer. Nichts zu machen. Bei jeder Salve, die kam, senkten wir die Köpfe. Einige warfen sich platt hin. Eine Schande war's. Eine Viertelstunde ließ man uns so stehen. Zwei von meinen Kameraden wurden weiß in dieser Viertelstunde.«

Dann fuhr er fort:

»Nein, Sie machen sich keinen Begriff davon ... Denken Sie nur, am Abend von Solferino wußten wir nicht einmal, ob wir gesiegt hatten. Es gingen Gerüchte um, daß die Österreicher uns niedermetzeln würden. Uns war schlecht zumute. Und als am anderen Morgen vor Tagesanbruch die Reveille ging, schlugen unsere Zähne aufeinander, wir fürchteten, die Schlacht würde wieder aufgenommen. Wir wußten, wir würden unterliegen, denn wir hatten keinen Deut Kraft mehr. Da sagte man uns: Der Friede ist unterzeichnet.

Da fing das ganze Regiment an, vor Freude zu tanzen. Unsinnige Freude überall. Soldaten reichten sich die Hände und tanzten wie kleine Mädchen im Kreise herum ... Ich lüge nicht, wirklich nicht. Ich war mit dabei. Wir waren selig.«

Chauvin sah mein Lächeln und meinte, ich könnte an so eine große Friedensliebe in der französischen Armee nicht glauben. Er war anbetungswürdig einfältig. Zuweilen brachte ich ihn sehr weit. Ich fragte:

»Und Sie, haben Sie sich nicht gefürchtet?«

»Oh, ich«, antwortete er bescheiden lachend, »ich war wie die andern ... Ich wußte nicht ... Glauben Sie, daß man weiß, ob man mutig ist. Man zittert und man schlägt zu, so ist's ... Einmal warf eine tote Kugel mich um. Ich blieb am Boden, weil ich überlegte: Steh ich wieder auf, kann mir was Schlimmeres passieren.«

XIII

... Er ist als Ritter gefallen, wie er gelebt hat.

Sie erinnern sich, meine Freunde, jenes herrlichen Frühlings, als wir ihm in seinem kleinen Haus in Clamart die Hand drückten. Jacques hieß uns mit seinem guten Lächeln willkommen. Und wir aßen in der Weinlaube zu Mittag, während Paris weit hinten am Horizont bei sinkender Sonne lärmte.

Sie haben sein Leben nicht gekannt. Er und ich aber, wir sind miteinander aufgewachsen, ich kann Ihnen von seinem Herzen erzählen. Er lebte seit zwei Jahren mit jenem großen blonden Mädchen, das so sanft dahinsiechte, in Clamart. Ein ganzer Roman ist es, der ans Herz greift.

Jacques hatte Madeleine beim Saint-Cloud-Fest kennengelernt. Er liebte sie, weil sie traurig und leidend war. Und in Clamart, darin die Rosen wie Unkraut wuchern, verbarg er sich mit ihr.

Sie kennen das Haus. Ganz bescheiden und weiß liegt es wie ein Nest im grünen Laub. Schon auf der Schwelle atmete man keusche Liebe. Jacques liebte die Sterbende nach und nach mit unendlicher Liebe. Mit bitterer Zärtlichkeit sah er sie von Tag zu Tag bleicher werden. Madeleine lächelte und erhellte das kleine weiße Haus mit ihren blauen Augen. Fast niemals ging sie aus. Sie füllte den kleinen Garten mit ihrem reizenden Wesen, mit ihren hellen Kleidern und ihrem leichten Schritt. Sie pflanzte die großen gelben Levkojen, aus denen sie uns Sträuße band; und Geranium, Rhododendron, Heliotrop, alle diese lebendigen Blumen lebten nur durch sie und für sie. Sie war die Seele dieses Winkels in der Natur.

Dann im Herbst, Sie wissen ja, kam Jacques eines Abends und sagte leise: »Sie ist tot. In der Laube, wie ein Kind, das einschläft, ist sie bei Sonnenuntergang gestorben.« Inmitten des Grüns war sie gestorben, im versteckten Nest, in das die Liebe sie getragen hatte.

Ich hatte Jacques nicht wiedergesehen. Ich wußte, daß er noch immer in Clamart im grünen Nest wohnte und Madeleine betrauerte. Vom Beginn der Belagerung an war ich so erschöpft, daß ich fast nicht mehr an ihn dachte, bis zum dreizehnten in der Frühe, als ich erfuhr, daß man sich auf der Seite von Meudon und Sèvres schlug, da fiel mir plötzlich wieder das kleine, weiße, im Grün versteckte Haus ein. Und ich sah im Geiste wieder Madeleine, Jacques und alle, die wir inmitten des großen Abendfriedens im Garten Tee tranken, während Paris weit hinten am Horizont lärmte.

Da ging ich durch das Vanver Tor und immer weiter geradeaus. Die Straßen wimmelten von Verwundeten. So kam ich nach Moulineaux, wo ich von unserem Sieg hörte; als ich aber dem Wäldchen den Rücken gekehrt hatte und auf dem Hügel stand, krampfte mir eine entsetzliche Erregung das Herz zusammen.

Vor mir in der zerstampften, aufgewühlten Erde sah ich statt des kleinen Hauses ein schwarzes Loch. Ich stieg, Tränen in den Augen, den Hügel hinunter.

Ach, meine Freunde, wie furchtbar! Die Weißdornhecken von den Kugeln fortrasiert. Die großen gelben Levkojen, Rhododendren zerhackt, zermalmt, so jämmerlich zugerichtet, daß ich sie bemitleidete, als hätte ich blutige Glieder vor mir von Menschen, die ich gekannt hatte.

Das Haus war an einer Seite ganz eingestürzt. Durch die klaffende Wunde hindurch sah man in Madeleines Zimmer die mit rosigem Stoff bespannten Wände. Dies keusche Zimmer, das sich allen Blicken immer verbarg, hatten preußische Kanonen schamlos geöffnet, und meine Seele blutete, ich sagte mir, daß ich auf dem Kirchhof unserer Jugend stünde. Der mit Trümmern bedeckte, von Granaten aufgerissene Boden glich dem von Totengräbern frisch aufgeworfenen Erdreich, unter dem man neue Särge vermutet. Jacques mußte das Haus verlassen haben. Ich trat näher, ich ging in die Laube, die wie durch ein Wunder unzerstört geblieben war. Dort am Boden, in einer Blutlache schlief Jacques, die Brust von mehr als zwanzig Kugeln durchlöchert. Er war gestorben, wo Madeleine verschieden war.

Ich hob die zu seinen Füßen liegende leere Patronentasche und sein zerbrochenes Chassepotgewehr auf und sah, daß die Hände des armen Toten pulvergeschwärzt waren. Jacques hatte fünf Stunden lang ganz allein mit seiner Waffe wütend Madeleines weißes Phantom verteidigt.

XIV

Armes Neuilly! Lange wird mir der traurige Spaziergang, den ich gestern, den 25. April 1871, hier machte, nachgehen. Um neun Uhr, sobald der zwischen Paris und Versailles geschlossene Waffenstillstand bekannt wurde, strömten eine

Masse Leute dem Maillot-Tor zu. Dieses Tor existiert nicht mehr; die Batterien des Rondells Courbevoie und des Mont Valérien haben es in einen Trümmerhaufen verwandelt. Als ich diese Ruine überschritt, reparierten eben Nationalgardisten das Tor; verlorene Mühe, denn einige Kanonenschläge werden die angeschleppten Sandsäcke und Pflastersteine wieder fortschleudern.

Vom Maillot-Tor an geht man durch Ruinen. Alle angrenzenden Häuser sind eingestürzt. Durch die zerbrochenen Fenster sehe ich luxuriöses Mobiliar; ein Vorhang hängt zerfetzt an einem Balkon, ein Zeisig lebt noch in einem am Fenstergesims einer Dachwohnung befestigten Käfig. Mit jedem Schritt wird das Elend größer. Die Straße ist mit Trümmern übersät und von Granaten aufgewühlt; ein Schmerzensweg, der verfluchte Kalvarienberg des Bürgerkriegs. Ich bog in die Nebenstraßen ein, ich hoffte so der schrecklichen Hauptstraße zu entgehen, die bei jedem Schritt Blutlachen aufwies. Ach, in den kleinen Straßen hatte die Verheerung fast noch schrecklicher gehaust! Dort hatte man Brust an Brust mit der blanken Waffe gekämpft. Die Häuser wurden erobert und zurückerobert; die Soldaten beider Parteien haben die Mauern zerstört, um hineinzudringen, und was die Granaten schonten, haben Axtschläge gestürzt. Besonders die Gärten haben schrecklich gelitten. Die armen Frühlingsgärten! Die Einzäunungsmauern haben klaffende Lücken, die korbförmigen Blumenbeete sind zerwühlt, die Alleen zertrampelt und verwüstet. Und über diesem ganzen blutbesudelten Frühling blüht allein ein Meer von Flieder. Niemals noch sah ein April ein reicheres Blühen. Neugierige dringen durch die Lücken in die Gärten. Armvollweise tragen sie den Flieder fort, so schwere Sträuße, daß bei jedem Schritt etwas herunterfällt; bald sind die Straßen Neuillys ganz wie beim Vorübergehen einer Prozession mit Blumen übersät.

Die Wunden der Häuser, die Löcher der Mauern rühren die Menge. Aber etwas anderes ist noch viel trauriger. Das ist der Auszug des unglücklichen Dorfes. Drei- bis viertausend Personen fliehen und nehmen ihre kostbarsten Sachen mit.

Ich sehe Leute mit einem kleinen Korb Wäsche und einer riesigen Wanduhr aus vergoldetem Zinkguß nach Paris wandern. Alle Möbelwagen sind requiriert. Man trägt sogar Glasschränke vorsichtig wie Verwundete auf Bahren.

Die Einwohner haben furchtbar gelitten. Ich sprach einen der Flüchtlinge, der sich vierzehn Tage lang mit dreißig anderen Personen in einem Keller versteckt hatte. Diese Unglücklichen starben fast vor Hunger. Einer von ihnen, der sich erboten hatte, Brot zu holen, wurde auf der Schwelle des Kellers erschlagen, und seine Leiche blieb sechs Tage auf den obersten Stufen. Ist das nicht wie ein schrecklicher Traum. Ist der Krieg, der die Leichen so inmitten der Lebenden verwesen läßt, nicht ein ruchloser Krieg! Früher oder später wird das Vaterland für seine Verbrechen gestraft werden.

Bis fünf Uhr trieb sich die Menge auf dem Schauplatz des Kampfes herum. Ich sah aus den Champs-Elysées herübergekommene kleine Mädchen inmitten der Trümmer Reifen spielen. Und ihre Mütter unterhielten sich, lächelten, blieben nur zuweilen in reizendem Erschrecken stehen. Seltsames Volk, diese Pariser, die sorglos zwischen geladenen Kanonen die Neugier so weit trieben, daß sie sehen wollten, ob die Kanonenkugeln gut in den Schlünden aus Bronze saßen. Beim Maillot-Tor mußten sich die Nationalgardisten über Damen ärgern, die durchaus eine Mitrailleuse anrühren wollten, um deren Mechanismus zu begreifen.

Als ich gegen sieben Uhr Neuilly verließ, war noch kein einziger Schuß gefallen. Die Menge ging langsam nach Paris zurück. Auf dem Champs-Elysées konnte man meinen, man käme von den großen Rennen in Longchamps zurück. Und lange noch, nachdem die Nacht eingebrochen war, traf man in den Straßen von Paris Spaziergänger, ganze Familien, die fast unter der Last des Flieders zusammenbrachen. Von dem unseligen Dorf, in dem Brüder einander erwürgten, von der verwüsteten Avenue, von den eingestürzten Häusern zeugte an unseren Kaminen nur der blühende duftende Flieder.

Wir haben drei sonnige Tage gehabt. Die Boulevards waren voll von Spaziergängern. Was mich immer wundert, ist der Anblick der belebten Parkanlagen und öffentlichen Gärten. In den Tuilerien sticken Frauen im Schatten der Kastanien, Kinder spielen, während da oben, auf der Seite des Arc de Triomphe, die Granaten platzen. Selbst das spielende kleine Volk wendet bei diesem entsetzlichen Lärm nicht mehr den Kopf. Mütter, an jeder Hand ein Kind, sehen sich ganz nah die furchtbaren Barrikaden auf der Place de la Concorde an.

Aber der bezeichnendste Zug sind die Vergnügungspartien, die die Pariser acht Tage lang auf den Montmartre gemacht haben. Dort im Westen gab sich ganz Paris ein Stelldichein. Von dort aus konnte man wundervoll die Schlacht zwischen Neuilly und Asnières übersehen. Man trug Stühle und Klappsessel herbei. Es wurden sogar Bänke vermietet: für zwei Sous saß man wie im Parterre eines Theaters. Besonders die Frauen kamen in großer Zahl. Und laut lachte die Menge. Bei jeder Granate, die man von ferne krepieren sah, erhob sich Jubelgeschrei. Einige hatten sogar ihr Frühstück mitgebracht, belegte Brote. Um ihren Platz nicht zu verlieren, aßen sie stehend und schickten zum nächsten Verkäufer nach Wein. Das Volk braucht Schauspiele; schließen die Theater und beginnt der Bürgerkrieg, so sieht sich das Volk das wirkliche Sterben mit genau so spöttischer Neugier an, wie das Sterben in einem Rührstück.

»Es ist so weit weg«, sagte eine entzückende, blonde und blasse junge Frau. »Da macht es mir nichts aus, die Kapriolen mit anzusehen. Wenn die Menschen entzweigerissen werden, könnte man fast glauben, Wollsträhnen würden zerrissen.«

DIE VIER TAGE DES JEAN GOURDON

I

Frühling

Mit fröhlicher Rücksichtslosigkeit blickte die Sonne an jenem Tag gegen fünf Uhr morgens in mein kleines Zimmer bei meinem Onkel Lazare, der Pfarrer im Dörfchen Dourgues war. Ein breiter goldener Strahl fiel auf meine geschlossenen Lider, und ich erwachte im Licht. Mein weißgetünchtes Zimmer mit den Möbeln aus ungestrichenem Holz hatte eine mit sich reißende Fröhlichkeit. Ich setzte mich ans Fenster und betrachtete die Durance, die breit das grüne Tal durchfloß. Ein frischer Luftzug liebkoste mein Gesicht, das Rauschen des Flusses und der Bäume schien mich zu rufen.

Leise öffnete ich meine Tür. Um ins Freie zu kommen, mußte ich durch das Zimmer meines Onkels gehen. Ich ging auf den Fußspitzen; denn ich fürchtete, das Knarren meiner derben Stiefel könne den würdigen Mann wecken, der noch mit lächelndem Gesicht schlief. Und ich zitterte davor, die Kirchenglocke könne jeden Augenblick den Angelus läuten. Mein Onkel Lazare ging mir seit einigen Tagen mit traurigem, verstimmtem Gesicht überallhin nach. Vielleicht würde er mich nicht ans Ufer hinuntergehen lassen, in mein Versteck unter den Weiden, von wo aus ich Babet, ein großes brünettes Mädchen, im Vorübergehen bewundern konnte: sie war im neuen Frühling für mich bestimmt.

Aber mein Onkel schlief noch tief und fest. Ich empfand Gewissensbisse, ihn so zu täuschen und heimlich zu entwischen. Einen Augenblick lang blieb ich stehen, um in sein ruhiges Gesicht zu sehen, das der Schlaf noch milder machte, und ich gedachte gerührt des Tages, da er mich aus dem kalten, leeren Haus abgeholt hatte, als eben der Leichenwagen meine Mutter davongeführt hatte. Wieviel Liebe, wieviel Aufopferung und wieviel gute Worte dankte ich ihm seit jenem Tag. All seine Weisheit und seine Güte hatte er mir gegeben, und seinen ganzen Geist und sein ganzes Herz.

Einen Augenblick war ich versucht, ihm zuzurufen:

›Steh auf, Onkel Lazare! Komm mit mir ein bißchen spazieren, die Allee an der Durance hinunter, die du so liebst. Die frische Luft und die junge Sonne werden dir gut tun. Paß auf, wenn du heimkehrst, hast du prächtigen Appetit!‹

Aber Babet, ja Babet könnte ich dann nicht sehen, wenn sie in ihrem hellen Morgenkleid zum Fluß hinunterginge! Mein Onkel wäre dabei, ich müßte die Augen niederschlagen. Und es müßte so schön unter den Weiden sein auf dem feinen Gras! Ich fühlte mich ermatten, und leise, mit kleinen Schritten und angehaltenem Atem erreichte ich die Tür. Ich stieg die Treppen hinunter und rannte wie verrückt in die laue Luft des fröhlichen Maimorgens.

Der Himmel war ganz weiß am Horizont mit blauen und zartrosa Tönungen von erlesener Zartheit. Die blasse Sonne sah wie eine große Silberlampe aus, deren Strahlen, ein gewaltiger Lichtregen, sich in die Durance ergossen. Und der breite, weiche Fluß dehnte sich faul auf seinem rotsamtenen Bett und durchfloß das Tal von einem Ende bis zum andern wie flüssiges Metall. Im Westen hob sich eine Linie niedriger und gezackter Hügel als violetter Fleck vom fahlen Himmel ab.

Seit zehn Jahren lebte ich in diesem verlorenen Winkel. Wie oft hatte mein Onkel Lazare mit der lateinischen Stunde auf mich warten müssen! Der würdige Mann wollte einen Gelehrten aus mir machen. Ich aber war derweil jenseits der Durance, nahm den Elstern ihre Nester aus oder entdeckte einen Hügel, auf den ich noch nicht geklettert war. Kam ich dann heim, setzte es Schelte, das Latein war vergessen, mein armer Onkel schimpfte über die zerrissenen Hosen und ängstigte sich, wenn er sah, daß die Haut darunter bisweilen auch zerrissen war. Das Tal gehörte mir, mir ganz allein; ich hatte es mir mit meinen Füßen erobert, ich war mit dem Recht der Liebe sein wirklicher Besitzer. Und wie liebte ich dieses Stück Fluß, diese zwei Meilen des Durancelaufes, und wie gut verstanden wir einander! Ich kannte alle Launen meines lieben Flusses, seinen Unmut und seine Liebenswürdigkeit und die verschiedenen Gesichter, die die Stunden des Tages ihm gaben.

An diesem Morgen war ich, als ich das Wasser erreichte, wie geblendet von seiner sanften Weiße. Noch nie hatte der Fluß ein so freundliches Gesicht gezeigt. Ich schlüpfte rasch in meine Lichtung unter den Weiden, darunter ein Tuch aus Sonne hell auf dem dunklen Gras lag. Dort legte ich mich lang hin; ich horchte gespannt und beobachtete durch die Zweige den Pfad, auf dem Babet sogleich daherkommen mußte.

›Wie fest Onkel Lazare doch schlafen muß‹, dachte ich.

Und ich streckte mich in ganzer Länge auf dem Moos aus. Die Sonne brannte warm auf meinen Rücken, meine Brust im Gras war ganz kühl.

Habt ihr jemals ganz aus der Nähe ins Gras hineingesehen? Während ich auf Babet wartete, durchforschte ich mit meinen Blicken voller Neugier ein Stück Rasen, das eine ganze Welt darstellte. Straßen gab es und Straßenkreuzungen, öffentliche Plätze und ganze Städte. In der Tiefe entdeckte ich einen Schattenrest, darin die Blätter des letzten Frühlings traurig verwelkten; dann erhoben sich leichte Stengel, die wurden länger und wuchsen und bogen sich in tausendfältiger Anmut, und es wurden schwanke Säulengänge, Kirchen und Urwälder. Ich sah, wie zwei magere Insekten durch diese Unendlichkeit wanderten; sie hatten sich gewiß verirrt, die armen Dinger: unruhig, gleichsam in tiefem Schrecken, gingen sie von einem Säulengang zum andern, von Straße zu Straße.

In diesem Augenblick erhob ich die Lider und sah oben auf dem Fußweg Babets weiße Röcke, die sich kräftig von der schwarzen Erde abhoben. Ich erkannte ihr graues, blaugeblümtes Kattunkleid. Ich wühlte mich tiefer ins Gras hinein, ich hörte mein Herz gegen die Erde schlagen. Meine Brust brannte jetzt, ich spürte die Kühle des Morgentaus nicht mehr.

Das junge Mädchen kam schnell näher. Das Schwanken ihrer Röcke, die den Boden streiften, entzückte mich. Ich sah von unten gerade in ihr stolzes, glückliches Gesicht hinauf. Sie wußte nicht, daß ich hinter den Weiden lag; sie ging mit freiem Schritt, sie eilte dahin, ohne sich darum zu kümmern, daß der Wind einen Zipfel ihres Kleides emporhob. Ich sah ihre eilig trabenden Füße und ein Stück ihrer weißen Strümpfe, ein Stück so breit wie eine Hand, und ich errötete tief, verlegen und doch selig.

Und dann sah ich nichts mehr, weder die Durance, noch die Weiden, noch die Weiße des Himmels. Was war mir jetzt mein liebes Tal! Nicht mehr ein guter Freund; die Freuden und Schmerzen der Landschaft ließen mich völlig kalt. Was gingen mich meine Kameraden an: die Steine und Bäume des Dörfchens! Der Fluß durfte plötzlich verschwinden, wenn er wollte; ich hätte ihn nicht vermißt!

Und der Frühling? Was kümmert mich der Frühling! Hätte er die Sonne fortgenommen, die meinen Rücken wärmte, und das Laub und die Strahlen und den ganzen Maimorgen, ich wäre doch voll Entzücken liegengeblieben, um Babet zuzusehen, die den Weg hinunterlief und so fröhlich ihre Röcke schwenkte. Denn Babet hatte das Tal aus meinem Herzen verdrängt, Babet war der Frühling. Ich hatte noch nie ein Wort mit ihr gewechselt. Wir erröteten alle beide, wenn wir uns in Onkel Lazares Kirche trafen. Ich hätte schwören mögen, daß sie mich nicht leiden könne. An jenem Morgen plauderte sie einige Augenblicke mit den Waschfrauen. Ihr helles Lachen übertönte die Stimme der Durance. Dann bückte sie sich, um ein wenig Wasser in die hohle Hand zu schöpfen; aber das Ufer war steil, Babet wäre fast gefallen und hielt sich nur mit Mühe an den Gräsern fest. Ich weiß nicht, was für ein Schauer es war, der mein Blut erstarren ließ. Ich erhob mich schnell, und ohne Scham und Erröten lief ich auf das junge Mädchen zu. Sie sah mich erschrocken an; dann aber lächelte sie. Ich bückte mich, auf die Gefahr hin, in den Fluß zu fallen. Es gelang mir, in der rechten Hand, deren Finger ich fest zusammendrückte, etwas Wasser heraufzuholen. Ich hielt Babet diesen improvisierten Becher hin und forderte sie auf, zu trinken.

Die Waschfrauen lachten. Babet war ganz verwirrt und wagte nicht, meiner Aufforderung zu folgen; sie zauderte und drehte den Kopf halb zur Seite. Endlich entschloß sie sich und legte die Lippen leicht an meine Fingerspitzen; aber sie hatte schon zu lange gezögert, das Wasser war verschwunden. Da lachte sie hell auf; sie wurde wieder zum Kind, und ich sah wohl, daß sie sich über mich lustig machte. Ich war sehr dumm. Ich bückte mich noch einmal. Diesmal schöpfte ich das Wasser mit beiden Händen und hielt sie schnell an Babets Lippen. Sie trank, und ich fühlte einen feuchten Kuß ihres Mundes, der mir durch die Arme in die Brust emporstieg und sie mit Feuer erfüllte.

»Wie fest muß Onkel Lazare doch schlafen!« sagte ich ganz leise zu mir.

Als ich so zu mir sprach, sah ich einen schwarzen Schatten neben mir, und als ich mich umdrehte, erblickte ich meinen Onkel Lazare, der Babet und mich aus einigen Schritten Entfernung ärgerlich musterte. Sein Priesterrock erschien in der Sonne ganz weiß, und seine Augen blickten so vorwurfsvoll, daß ich fast geweint hätte.

Babet erschrak sehr. Sie wurde rot und stammelte:

»Ich danke schön, Herr Jean!« und lief davon.

Ich trocknete meine nassen Hände ab und blieb sehr verwirrt und regungslos vor meinem Onkel stehen.

Der würdige Mann schob einen Zipfel seiner Soutane zurecht und sah Babet nach, die wieder den Weg hinauflief, ohne den Kopf noch einmal zu wenden. Dann, als sie hinter den Hecken verschwunden war, richtete er seinen Blick auf mich, und ich sah sein gutes Gesicht betrübt lächeln.

»Jean«, sagte er, »komm in die große Allee. Das Frühstück ist noch nicht fertig. Wir haben noch eine halbe Stunde Zeit.«

Er setzte sich etwas schwerfällig wieder in Bewegung und vermied dabei das taufeuchte Gras. Sein Priesterrock, der den Kies streifte, ließ kleine klatschende Töne hören. Er hielt sein Brevier unter dem Arm, hatte aber vergessen, seine Morgenandacht zu verrichten; er ging träumerisch, mit gesenktem Kopf dahin und sagte kein Wort.

Dieses Schweigen bedrückte mich. Er war für gewöhnlich gesprächig. Bei jedem Schritt wuchs meine Unruhe. Natürlich hatte er gesehen, wie ich Babet zu trinken gab. Was war das auch für ein Schauspiel gewesen! Das junge Mädchen hatte lachend und errötend meine Fingerspitzen geküßt, und ich hatte auf den Fußspitzen gestanden, die Arme ausgestreckt und mich gebückt, als wolle ich sie umarmen. Und auf einmal erschien mir mein Benehmen tollkühn. Meine ganze Schüchternheit erwachte wieder. Ich fragte mich, wie ich's nur hatte wagen können, mir so die Finger küssen zu lassen.

Und mein Onkel Lazare sagte noch immer nichts, er ging mit kleinen Schritten vor mir her und hatte keinen Blick für die alten Bäume, die er doch so liebte! Er bereitete sich sicherlich auf eine ernste Strafpredigt vor. Er führte mich nur in die große Allee, um mich tüchtig auszuschelten. Das würde gewiß eine ganze Stunde dauern: das Frühstück würde kalt werden, und ich könnte nicht zurück ans Flußufer, um dort von den feuchten Brandwunden zu träumen, die Babets Kuß auf meinen Fingern zurückgelassen.

Wir waren in der großen Allee. Diese breite und kurze Allee lief am Fluß entlang; sie bestand aus riesigen Eichen mit geborstenen Stämmen, die ihre Zweige gewaltig hinausreckten. Feines Gras bildete einen Teppich unter den Bäumen, die Sonne blitzte durchs Laub und stickte goldene Rosetten darauf. Weit in der Runde dehnten sich grüne Wiesen.

Mein Onkel ging, ohne sich umzuwenden oder seine Gangart zu verändern, bis ans Ende der Allee. Dort blieb er stehen, und ich stellte mich neben ihn; ich wußte, daß jetzt der gefürchtete Augenblick gekommen war.

Der Fluß machte hier plötzlich eine Biegung; eine kleine Brustwehr machte das Ende der Allee zu einer Art Terrasse. Dieses Schattengewölbe ging auf ein Tal voller Licht. Meilenweit vor uns lag das Land. Die Sonne stieg immer höher in den Himmel, darin sich die silbernen Morgenstrahlen in goldenes Gefunkel verwandelt hatten; blendendes Licht floß die Hügel entlang vom Horizont und breitete sich in der Ebene wie Flammen aus.

Nach einem Augenblick der Stille wandte sich mein Onkel Lazare zu mir.

›Ach du lieber Gott, die Predigt!‹ dachte ich.

Und ich senkte den Kopf. Mit einer weiten Handbewegung wies mein Onkel ins Tal hinunter und sagte leise und feierlich:

»Sieh, Jean, der Frühling. Die Erde ist voller Lust, mein guter Junge, und ich habe dich hierher geführt, um dir angesichts dieser lichten Ebene das erste Lächeln des jungen Sommers zu zeigen. Sieh diesen Glanz und diese Süße! Von der Erde steigen feuchte Düfte auf, die wie der Hauch des Lebens über unsere Gesichter gehen.«

Er verstummte und schien zu träumen. Ich hatte ganz erstaunt meinen Kopf wieder erhoben und atmete befreit auf. Mein Onkel schalt mich nicht.

»Ein schöner Morgen«, fuhr er fort, »ein Morgen der Jugend. Deine achtzehn Jahre leben selig inmitten dieses Grüns, das kaum achtzehn Tage alt ist. Alles ist Glanz und Duft, nicht wahr? Das ganze Tal scheint dir ein Gefilde der Seligen zu sein: der Fluß ist da, um dich zu kühlen, die Bäume geben dir ihren Schatten, das ganze Land überschüttet dich mit Liebe, und selbst der Himmel ist nur da, um Glanz auszuschütten über den Horizont, den deine hoffnungsvolle Sehnsucht befragt. Der Frühling gehört jungen Burschen, die so alt sind wie du. Er lehrt sie, wie man jungen Mädchen zu trinken gibt ...«

Ich senkte wieder den Kopf. Mein Onkel Lazare hatte mich also gesehen.

»Ein alter Kerl wie ich«, fuhr er fort, »weiß nur zu gut, wie es um die Anmut des Frühlings bestellt ist. Ich, mein armer Jean, ich liebe die Durance, weil sie diesen Feldern Wasser gibt und das ganze Tal belebt; ich liebe das junge Laub, weil es mir die Früchte des Sommers und des Herbstes verspricht; ich liebe den Himmel, weil er uns Gutes tut, weil seine Wärme die Fruchtbarkeit der Erde vergrößert. Ich hätte dir dies alles schon längst einmal sagen wollen; nun sage ich es dir heute zu dieser frohen Morgenstunde. Der Frühling selbst spricht zu dir. Die Erde ist eine große Werkstatt, darin die Arbeit niemals ruht. Betrachte diese Blume zu unseren Füßen: für dich ist sie ein Duft, für mich eine Arbeit, sie erfüllt ihre Aufgabe, indem sie ihr Teil am Leben hervorbringt, ein kleines schwarzes Samenkorn, das im nächsten Frühling auch wieder arbeiten wird. Und jetzt frage den weiten Horizont. Diese ganze Lust ist nur ein Gebären. Lächelt das Land, so kommt es daher, weil es seine ewige Arbeit wieder aufnimmt. Hörst du, wie es jetzt kräftig tätig und mit voller Hast atmet? Die Blätter seufzen, die Blumen eilen, das Korn schießt unablässig empor; alle Pflanzen, alle Gräser wachsen um die Wette; und der Fluß, das lebendige Wasser kommt und hilft bei der gemeinsamen Arbeit, und die junge Sonne, die am Himmel emporsteigt, hat die Aufgabe, die Mühen, die ewigen, aller dieser Arbeiter mit Freude zu durchdringen.«

Mein Onkel zwang mich, ihm in diesem Augenblick ins Gesicht zu sehen. Er schloß:

»Jean, du hörst also, was dein Freund, der Frühling, dir erzählt. Er ist die Jugend, aber er bereitet das reife Alter vor; sein helles Lächeln ist nur die Heiterkeit der Arbeit. Mächtig wird der Sommer sein, fruchtbar der Herbst, denn der Frühling singt jetzt, und tapfer erfüllt er seine Aufgabe.«

Ich war wie vor den Kopf geschlagen. Ich verstand meinen Onkel Lazare. Er hielt mir eine wunderschöne Predigt, darin er mir sagte, ich sei ein Faulpelz und müsse nun endlich anfangen zu arbeiten.

Mein Onkel schien ebenso verlegen zu sein wie ich. Nachdem er noch einige Augenblicke gezögert hatte, fuhr er fort – er stotterte sogar ein wenig dabei –:

»Jean, es war unrecht von dir, daß du mir nicht alles gesagt hast ... daß du Babet liebst und Babet dich liebt ...«

»Babet, mich lieben!« rief ich.

Mein Onkel machte eine belustigte Handbewegung.

»Laß mich nur aussprechen. Ich brauche kein Geständnis mehr ... Sie selbst hat mir alles gestanden.«

»Sie hat es dir gestanden! Sie hat es dir gestanden!«

Und ich umarmte plötzlich meinen Onkel Lazare.

»Oh, wie herrlich!« rief ich. »Ich hatte noch nie mit ihr gesprochen … Sie hat es dir gebeichtet, nicht wahr? … Niemals hätte ich gewagt, sie zu fragen, ob sie mich liebt; und so hätte ich es niemals erfahren … Oh, wie danke ich dir!«

Mein Onkel Lazare wurde sehr rot. Er fühlte, daß er ungeschickt gewesen war. Er hatte geglaubt, dies sei nicht meine erste Begegnung mit dem jungen Mädchen gewesen, und da gab er mir, der ich noch nicht zu hoffen wagte, schon die Gewißheit. Nun war das Schweigen an ihm, und jetzt sprach ich geläufig.

»Ich verstehe alles«, fuhr ich fort.

»Du hast recht, ich muß arbeiten, um mir Babet zu verdienen. Aber du wirst sehen, wie mutig ich sein werde … Ach, wie gut bist du, Onkel Lazare, und wie schön du sprechen kannst! Ich höre, was der Frühling sagt; auch ich will einen mächtigen Sommer, einen fruchtbaren Herbst haben. Wie schön ist's hier, man übersieht das ganze Tal, ich fühle die Jugend in mir, die ihre Aufgabe erfüllen will …«

Mein Onkel beruhigte mich.

»Gut also, Jean«, sagte er, »ich hatte lange gehofft, einen Priester aus dir zu machen; nur zu dem Zweck gab ich dir mein Wissen. Aber was ich heute morgen am Rand des Wassers gesehen habe, zwingt mich, meinem liebsten Traum zu entsagen. Gott bestimmt über uns. Du wirst Gott auf andre Art lieben … Du kannst jetzt nicht in unserem Dorf bleiben; du sollst es erst wieder betreten, wenn dich die Jahre und die Arbeit gereift haben. Ich habe das Druckerhandwerk für dich gewählt; deine Kenntnisse werden dir dabei nützlich sein. Einer meiner Freunde, ein Druckereibesitzer in Grenoble, erwartet dich nächsten Montag.«

Mich packte eine Unruhe.

»Und wenn ich wiederkomme, darf ich Babet heiraten?« fragte ich.

Mein Onkel lächelte kaum merklich. Ohne direkt zu antworten, sagte er:

»Alles andere steht bei Gott.«

»Bei Gott, das heißt in diesem Fall: bei dir, und ich glaube an deine Güte. O Onkel, sieh zu, daß Babet mich nicht vergißt. Ich gehe fort, um für sie zu arbeiten.«

Da zeigte mein Onkel Lazare noch einmal in das heiße, goldige, von Licht überflutete Tal hinaus.

»Sieh dort die Hoffnung«, sagte er. »Sei nicht so alt wie ich, Jean. Vergiß meine Ermahnung, sei so unwissend wie das Land. Es denkt nicht an den Herbst; es gibt sich ganz der Freude hin, ist ganz Lächeln; es arbeitet sorglos und mutig. Es hofft.«

Langsam gingen wir durch das Gras, das die Sonne schon getrocknet hatte, nach dem Pfarrhaus und sprachen dabei bewegt von der nahen Trennung. Das Frühstück war kalt geworden, wie ich's vorausgesehen hatte; aber das machte mir nichts. Ich hatte jedesmal, wenn ich zu meinem Onkel Lazare aufsah, Tränen in den Augen. Und wenn ich an Babet dachte, klopfte mein Herz zum Zerspringen.

Ich erinnere mich nicht, was ich den Tag über getan habe. Ich glaube, ich bin gegangen und habe mich unter meinen Weiden am Ufer des Flusses ausgestreckt. Mein Onkel hatte recht, die Erde arbeitete. Als ich das Ohr an den Rasen legte, glaubte ich unaufhörliche Geräusche zu hören. Und so träumte ich mir mein Leben. Bis zum Abend lag ich im Gras und malte mir ein Leben voll Arbeit aus, zwischen Babet und meinem Onkel Lazare. Die kraftvolle Jugend der Erde durchdrang meine Brust, die ich fest an die gemeinsame Mutter schmiegte, und ich hatte Augenblicke, da ich mir einbildete, eine der kräftigen Weiden zu sein, die rings um mich lebten. Am Abend konnte ich nichts essen. Mein Onkel fühlte zweifellos die Gedanken, die mich erstickten, denn er tat, als bemerkte er meinen geringen Appetit nicht. Sobald ich aufstehen durfte, eilte ich wieder hinaus.

Ein frischer Wind wehte vom Fluß herüber. Dunkelrotes Licht fiel vom Himmel. Das Tal lag wie ein Schattenmeer, uferlos, sanft und durchsichtig. Unbestimmte Geräusche füllten die Luft, eine Art leidenschaftlichen Zitterns, gleichsam ein gewaltiges Flügelschlagen, das über meinem Kopf dahinging. Scharfe Düfte stiegen von den Kräutern auf.

Ich war gegangen, um Babet zu sehen; ich wußte, daß sie jeden Abend ins Pfarrhaus kam, und legte mich also hinter einer Hecke auf die Lauer. Ich war nicht mehr so scheu wie am Morgen; ich fand es ganz natürlich, daß ich sie da erwartete, da ich sie liebte und ihr meine Abreise mitteilen mußte.

Als ich in der hellen Nacht ihre Röcke erblickte, trat ich geräuschlos vor. Dann sagte ich leise:

»Babet, ich bin es, Babet.«

Sie erkannte mich nicht gleich und machte eine erschrokkene Bewegung. Als sie mich jedoch erkannte, schien sie noch tiefer zu erschrecken, was mich sehr wunderte.

»Sie sind's, Herr Jean? Was machen Sie denn hier? Was wollen Sie?«

Ich trat zu ihr und ergriff ihre Hand.

»Sie lieben mich, nicht?«

»Ich! Wer hat Ihnen das gesagt?«

»Mein Onkel Lazare.«

Sie war wie erstarrt. Ihre Hand zitterte in meiner. Da sie Anstalten machte, fortzulaufen, ergriff ich ihre andere Hand. Nun standen wir einander gegenüber in der Art Höhle, die die Hecke dort bildete, und ich fühlte ihren keuchenden Atem, der heiß über mein Gesicht lief.

Die Kühle und die zitternde Stille der Nacht umwogten uns.

»Ich weiß nicht«, stammelte das junge Mädchen, »das habe ich nie gesagt ... Der Herr Pfarrer hat nicht recht gehört ... Lassen Sie mich los, um Gottes willen, ich habe keine Zeit.«

»Nein, nein, ich fahre morgen ab, und Sie müssen mir versprechen, daß Sie mich immer lieb behalten.«

»Sie reisen morgen fort?«

Oh, dieser süße Aufschrei! Wieviel Liebe wußte Babet in ihn zu legen! Mir ist, als hörte ich heute noch ihre erregte Stimme, die voller Verzweiflung und voller Liebe war.

»Sehen Sie«, rief ich, »Onkel Lazare hat doch die Wahrheit gesagt. Er lügt nie. Sie haben mich lieb, Sie lieben mich, Babet. Ihre Lippen haben es heute morgen ganz leise meinen Fingern anvertraut.«

Sie mußte sich an die Hecke niedersetzen. In meiner Erinnerung lebt noch das Bewußtsein dieses ersten Liebesgeplauders in seiner andächtigen Unschuld. Babet hörte mir wie eine kleine Schwester zu. Sie hatte keine Furcht mehr und vertraute mir die Geschichte ihrer Liebe an. Und da gab es feierliche Schwüre, naive Geständnisse und Pläne ohne Ende. Nur mich würde sie heiraten, schwur sie, und ich, ich schwur, daß ich mir ihre Hand durch Arbeit und Liebe verdienen wolle. Eine kleine Grille hinter der Hecke begleitete unsere Worte mit ihrem hoffnungsvollen Lied; das ganze Tal flüsterte im Dunkel und freute sich daran, daß wir so süß miteinander sprachen.

Wir trennten uns und vergaßen dabei, einander zu küssen.

Als ich mein kleines Zimmer wieder betrat, hatte ich das Gefühl, ich hätte es seit einem Jahr nicht mehr gesehen. Dieser kurze Tag erschien mir von ewiger Dauer in meinem Glück. Es war mein Frühlingstag, der mildeste, der den zartesten Duft meines Lebens trug, und dessen Erinnerung heute die ferne und bewegte Stimme meines frühen Lebens ist.

II

Sommer

Als ich an jenem Tag um drei Uhr morgens erwachte, lag ich, von Müdigkeit zerbrochen, schweißbedeckten Antlitzes auf harter Erde. Eine heiße und schwere Julinacht lastete auf meiner Brust.

Ringsum schliefen in ihre Mäntel gewickelt meine Kameraden; sie bildeten schwarze Flecke auf der grauen Erde, und die dunkle Ebene keuchte; mir schien, als hörte ich die tiefen Atemzüge einer schlafenden Menge. Fernes Geräusch, Pferdegewieher und Waffengeklirr zitterten durch die Stille.

Gegen Mitternacht hatte die Armee haltgemacht, und wir hatten den Befehl erhalten, uns niederzulegen und zu schlafen. Seit drei Tagen marschierten wir durch glühenden Sonnenbrand und blendenden Staub. Endlich stand der Feind vor uns, dort auf den Hügeln am Horizont. Bei Tagesgrauen sollte die Entscheidungsschlacht geliefert werden.

Ich war niedergeschlagen. Drei Stunden hatte ich wie zerschmettert atemlos und ohne Traum dagelegen. Ich war zu müde, das hatte mich nicht schlafen lassen. Jetzt lag ich mit weit offenen Augen auf dem Rücken und träumte; ich starrte zum nächtigen Himmel empor und dachte an die Schlacht, an das Morden, darüber die Sonne aufgehen sollte. Seit mehr als sechs Jahren sagte ich bei jedem ersten Schuß eines jeden Gefechts meinen Lieben Lebewohl: Babet und Onkel Lazare. Und nun sollte ich ihnen kaum einen Monat vor der Entlassung noch einmal Lebewohl sagen und diesesmal vielleicht für immer!

Dann beruhigten sich meine Gedanken. Mit geschlossenen Augen sah ich Babet und meinen Onkel Lazare vor mir. Wie lange war es her, daß ich sie zum letztenmal umarmt hatte! Ich gedachte unseres Abschiedstages; mein Onkel hatte über seine Armut geweint, daß er mich so ziehen lassen müsse, und Babet hatte am Abend geschworen, auf mich zu warten und nur mich zu lieben. Meinen Lehrherrn in Grenoble, meine Freunde in Dourgues, alles hatte ich verlassen müssen.

Mit großen Abständen kamen ein paar Briefe: man hatte mich immer noch lieb, und das Glück erwartete mich in meinem geliebten Tal. Und ich, ich ging ins Gefecht und ließ mich töten.

Ich stellte mir meine Heimkehr vor. Ich sah meinen armen alten Onkel auf der Schwelle des Pfarrhauses, er streckte mir seine zitternden Arme entgegen; und hinter ihm stand, über und über rot, Babet und lächelte unter Tränen. Ich stürzte in ihre Arme, und ich küßte sie stammelnd ... Ein Trommelwirbel führte mich plötzlich in die rauhe Wirklichkeit zurück. Es dämmerte, die graue Ebene erstreckte sich langsam im Morgennebel. Der Boden wurde lebendig, verschwommene Gestalten sprangen ringsum auf. Ein wachsender Lärm erfüllte die Luft; Trompetensignale, Pferdegalopp, dumpfes Rasseln der Kanonen und Kommandorufe. Mitten in meine zärtlichen Träume reckte sich drohend der Krieg.

Langsam erhob ich mich; mir war, als seien alle meine Knochen zerbrochen; als zerspringe mein Schädel. In aller

Eile sammelte ich meine Leute; ich war inzwischen Sergeant geworden. Wir erhielten bald den Befehl, uns nach links zu entwickeln und einen kleinen Hügel zu besetzen, der die Ebene beherrschte.

Grade als wir abmarschieren wollten, kam der Wagenmeister gelaufen und rief:

»Ein Brief für den Sergeanten Gourdon!«

Und er gab mir einen zerknitterten und beschmutzten Brief, der sich vielleicht schon acht Tage in den Lederbeuteln der Feldpost herumgetrieben hatte. Ich erkannte gerade noch die Schrift meines Onkels Lazare.

»Vorwärts, marsch!« rief der Führer.

Ich mußte fort. Einige Sekunden lang hielt ich meinen armen Brief in der Hand und verschlang ihn mit den Augen. Er verbrannte mir die Finger, alles in der Welt hätte ich daran gesetzt, mich hinsetzen, mich nach Herzenslust ausweinen und meinen Brief lesen zu dürfen. So mußte ich ihn unter meinen Waffenrock auf mein Herz legen.

Niemals hatte ich solche Angst empfunden.

Um mich zu trösten, wiederholte ich mir immer, was mein Onkel Lazare so oft zu mir gesagt hatte; ich stünde im Sommer meines Lebens, in der Stunde heißen Kampfes, tapfer müßte ich meine Pflicht erfüllen, wollte ich einen friedlichen Herbst mit reicher Frucht haben. Aber diese Betrachtungen steigerten meine Verzweiflung nur; dieser Brief, der eben noch Glück verheißen hatte, brannte auf meinem Herzen, das sich gegen den Wahnsinn des Krieges empörte. Und ich konnte ihn nicht einmal lesen! Vielleicht würde ich sterben, ohne jemals zu erfahren, was er enthielt, ohne zum letztenmal die guten Worte meines Onkels Lazare zu hören.

Wir waren auf dem Hügel angekommen. Wir wollten dort den Befehl zu weiterem Vorgehen abwarten. Das Schlachtfeld war ausgezeichnet gewählt, um sich gegenseitig zu erwürgen. Die ungeheuere Ebene erstreckte sich auf mehrere Meilen ganz nackt, ohne Baum oder Haus. Nur vereinzelte Hecken und Gebüsche bildeten spärliche Flecke auf dem weißen Boden. Niemals wieder habe ich solch ein Land gesehen, ein solches Meer von Staub: hie und da war der kreidige Boden zerrissen und zeigte seine braunen Eingeweide. Und niemals wieder habe ich solchen Himmel von so heißer Klarheit gesehen, niemals solch schönen glühenden Julitag; schon um acht Uhr morgens versengte die brennende Sonne unsere Gesichter. O wundervoller Morgen – und welch öde Fläche, zum Töten und Sterben!

Schon lange ertönte das Kleingewehrfeuer, mit trockenen, unregelmäßigen Stößen und dazwischen die ernste Stimme der Kanonen. Die Feinde, Österreicher in hellen Uniformen, hatten die Anhöhen verlassen, und jetzt hatte die Ebene Furchen aus Menschen, die klein wie Insekten erschienen. Ein Ameisenhaufen in Aufruhr. Rauchwolken zogen über das Schlachtfeld. Zerrissen diese Wolken ab und zu, so erblickte man Soldaten, die in wildem Schrecken flohen. Ein Strom von Grauen trieb sie so in die Flucht, und Scham und Mut führten sie wieder in den Bereich des Kugelregens zurück.

Ich konnte die Schreie der Verwundeten nicht hören, konnte ihr Blut nicht fließen sehen. Ich unterschied nur die Toten, die die Bataillone gleich schwarzen Punkten zurückließen. Neugierig verfolgte ich die Bewegungen dieser Truppen, ärgerte mich über den Rauch, der mich gut der Hälfte des Schauspiels beraubte, und empfand eine Art egoistischen Vergnügens daran, mich in Sicherheit zu wissen, während die anderen starben.

Gegen neun Uhr erhielten wir den Befehl zum Vorgehen. Wir gingen im Laufschritt den Hügel hinunter und näherten uns dem Zentrum, das sich zurückbog. Der Rhythmus unserer Schritte erschien mir ein Trauermarsch. Selbst die Tapfersten unter uns keuchten bleich und mit verzerrten Zügen.

Ich habe mir fest vorgenommen, streng bei der Wahrheit zu bleiben. Als die ersten Kugeln pfiffen, hielt das Bataillon plötzlich inne und hatte Lust, zu fliehen.

»Vorwärts! Vorwärts!« riefen die Führer.

Aber wir standen wie angenagelt und senkten die Köpfe, wenn eine Kugel an unseren Ohren vorüberpfiff. Diese Bewegung ist instinktiv; nur Scham hielt mich davon ab, mich der Länge nach in den Staub zu werfen.

Vor uns war ein großer Rauchvorhang, den wir nicht zu durchschreiten wagten. Rote Blitze durchzuckten diesen Rauch. Und wir zitterten und rückten immer noch nicht vor. Aber die Kugeln erreichten uns; einige Leute stürzten heulend zu Boden. Die Führer schrien lauter:

»Vorwärts, vorwärts!«

Die Reihen hinter uns drängten uns vorwärts und zwangen uns, vorzugehen. Da schlossen wir die Augen, nahmen neuen Anlauf und stürzten uns in den Rauch hinein.

Eine wilde Wut hatte sich unser bemächtigt. Als der Ruf: Halt ertönte, waren wir kaum zu halten. Sobald man stillsteht, kommt die Angst wieder, am liebsten möchte man davonlaufen. Das Gewehrfeuer begann. Ohne zu zielen, schossen wir geradeaus, und es gewährte uns Erleichterung, in den Rauch hineinzuschießen. Ich erinnere mich, daß ich ganz mechanisch schoß, ich preßte die Lippen fest aufeinander und schloß die Augen: ich hatte keine Angst mehr, denn ich muß gestehen, ich wußte nicht mehr, ob ich überhaupt noch lebte. Der einzige Gedanke, der in meinem Schädel kochte, war der, daß ich schießen müsse, bis alles zu Ende sei. Mein Nachbar zur Linken bekam eine Kugel mitten ins Gesicht und fiel auf mich; ich stieß ihn roh zurück und wischte meine Wange ab, über die sein Blut geflossen war. Und ich schoß weiter.

Ich erinnere mich noch an unsern Oberst, einen Herrn von Montrevert, der saß stolz und gerade auf seinem Pferd und sah ruhig zum Feind hinüber. Dieser Mann erschien mir riesenhaft. Er hatte kein Gewehr, um sich abzulenken, und seine Brust bot sich hoch über uns in ihrer ganzen Breite als Ziel dar. Von Zeit zu Zeit senkte er den Blick und rief uns mit trockener Stimme zu:

»Aufschließen! Aufschließen!«

Wie die Schafe drängten wir uns zusammen und stiegen immer schießend stumpfsinnig über Tote hinweg. Bis dahin hatte der Feind uns nur Gewehrkugeln geschickt; jetzt ertönte ein dumpfer Krach, eine Kanonenkugel riß fünf von uns fort. Eine Batterie, die uns gegenüberstehen mußte, die wir aber nicht sehen konnten, hatte das Feuer eröffnet. Die Granaten schlugen in unsere Reihen ein und bahnten sich blutige Wege, die wir unaufhörlich mit dem Eigensinn wilder Tiere wieder verstopften.

»Aufschließen! Aufschließen!« wiederholte kaltblütig der Oberst.

Wir waren Kanonenfutter. Mit jedem Mann, der da fiel, kam ich dem Tod einen Schritt näher, ich näherte mich dem Ort, wo die Granaten einschlugen und die Leute zerrissen, die zu sterben hatten. Die Leichen häuften sich an dieser Stelle, und bald schlugen die Geschosse nur noch in einen Haufen toten Fleisches; Fetzen von menschlichen Gliedern flogen bei jedem Einschlag in der Luft herum. Wir konnten nicht mehr aufschließen.

Die Soldaten brüllten, sogar die Führer wurden mitgerissen.

»Das Bajonett – pflanzt auf! Marsch, marsch!«

Und unter einem wahren Kugelregen rannte das Bataillon den Kugeln entgegen. Der Rauchvorhang zerriß; auf einem kleinen Hügel erblickten wir die feindliche Batterie, die uns rotflammend aus den Mäulern ihrer Geschütze Feuer entgegenspie. Aber der Sturm war nicht aufzuhalten, die Geschosse hielten nur Tote auf.

Ich lief neben dem Oberst Montrevert, dessen Pferd gefallen war und der nun wie ein einfacher Soldat neben mir kämpfte. Plötzlich wurde ich niedergeschlagen; mir war, als öffnete sich meine Brust und als würde meine Schulter fortgenommen. Ein furchtbarer Wind strich über mein Gesicht.

Und ich sank um. Der Oberst fiel neben mir. Ich fühlte mich sterben, ich dachte an meine Lieben und verlor das Bewußtsein; meine Hand suchte den Brief von Onkel Lazare. Als ich wieder zu mir kam, lag ich auf der Seite im Staub. Tiefes Erstaunen machte mich noch kraftloser. Mit weitgeöffneten Augen blickte ich umher und sah doch nichts; mir war, als hätte ich keine Glieder mehr und ein leeres Hirn. Ich hatte keine Schmerzen, denn das Leben schien mein Fleisch verlassen zu haben.

Schwer wie geschmolzenes Blei schien die Sonne auf mein Antlitz. Ich fühlte es nicht. Allmählich kam ich ins Leben zurück; meine Glieder wurden leichter, nur meine Schulter blieb wie zermalmt von ungeheurer Last. Dann wollte ich mich im Instinkt des verwundeten Tieres erheben. Ich stieß einen Schmerzensschrei aus und fiel zurück.

Aber ich lebte jetzt wieder, ich sah, ich begriff. Die Ebene lag nackt und öde, ganz weiß unter der hochstehenden Sonne. Die Ebene zeigte ein Bild der Verwüstung unter der glühenden Helle des Himmels; Haufen von Leichen schliefen in der Glut, selbst die umgehauenen Bäume schienen verwesende Tote zu sein. Kein Lufthauch. Ein grauenhaftes Schweigen stieg aus den Leichenhügeln; dann durchschnitten für Augenblicke dumpfe Klagen diese Stille und ließen sie lange erschauern. Am Horizont über den Hügeln zogen winzige Rauchwolken und färbten den strahlendblauen Himmel grau. Auf den Hügeln ging das Gemetzel weiter.

Ich glaubte, wir hätten gesiegt, und ich genoß das eigensüchtige Vergnügen, mir zu sagen, daß ich auf dieser einsamen Ebene in Frieden sterben könnte. Um mich herum war die Erde schwarz. Als ich den Kopf erhob, sah ich einige Meter vor mir die feindliche Batterie, die wir gestürmt hatten. Der Kampf mußte furchtbar gewesen sein; der Hügel war mit zerfetzten und entstellten Leichen übersät; das Blut war so reichlich geflossen, daß der Staub ein großer roter Teppich schien. Über die Leichen streckten Kanonen ihre dunklen Mäuler. Ich zitterte, als ich das Schweigen dieser Kanonen hörte.

Dann gelang es mir endlich mit unsäglicher Vorsicht, mich langsam auf den Bauch zu drehen. Ich stützte meinen Kopf auf einen großen, mit Blut bespritzten Stein und zog Onkel Lazares Brief aus meiner Tasche. Ich legte ihn vor mich hin; aber vor Tränen konnte ich nicht lesen.

Und die Sonne brannte mir auf den Rücken, herber Blutgeruch schnürte mir die Kehle zusammen. Das Bewußtsein dieser Ebene um mich herum zerriß mir das Herz, und ich war selbst starr durch die Starrheit der Toten. In dieser heißen, würgenden Morgenstille weinte mein armes Herz.

Onkel Lazare schrieb mir:

›Mein lieber Junge!

Eben erfahre ich, daß der Krieg erklärt ist, und ich hoffe nur, daß Du noch vor Eröffnung des Feldzuges entlassen wirst. Jeden Morgen bitte ich Gott, er möge Dich vor neuen Gefahren schützen; er wird mich erhören, denn er wünscht, daß Du mir eines Tages die Augen schließen kannst.

Ach, mein armer Junge, ich werde alt und brauche Deinen kräftigen Arm. Seit Du fort bist, entbehre ich Deine Jugend, die mich wieder zwanzigjährig machte. Denkst Du an unsere Morgenspaziergänge in der Eichenallee? Jetzt wage ich es nicht mehr, unter diesen Bäumen spazierenzugehen; ich bin allein, ich ängstige mich. Die Durance weint. Komm schnell und tröste mich und befreie mich von meiner Unruhe …‹

Ich mußte schluchzen und konnte nicht weiterlesen. Da ertönte wenige Schritte von mir entfernt ein herzzerreißender Schrei; ich sah, wie ein Soldat sich plötzlich mit verzerrtem Gesicht aufrichtete; angstvoll hob er die Arme, dann schlug er auf den Boden nieder und wälzte sich in schrecklichen Krämpfen; dann rührte er sich nicht mehr.

›Ich setze meine Hoffnung auf Gott‹, schrieb mein Onkel weiter, ›er wird Dich frisch und heil nach Dourgues zurückführen, und wir werden wieder still miteinander leben. Laß mich laut träumen und Dir meine Zukunftspläne erzählen:

Du sollst nicht mehr nach Grenoble zurückgehen. Du sollst bei mir bleiben; ich will aus meinem Kind einen Sohn der Erde machen, einen Bauern, der fröhlich inmitten seiner ländlichen Arbeit lebt.

Und ich, ich setze mich auf Deinem Hof zur Ruhe. Bald werden meine zitternden Hände die Hostie nicht mehr halten können. Nur zwei Jahre geruhigen Lebens erflehe ich mir vom Himmel. Es wird die Belohnung für die wenigen guten

Taten sein, die ich zu vollbringen vermochte. Dann wirst Du mich zuweilen über die Wege unseres lieben Tales führen, darin jeder Fels und jede Hecke mich an Deine Jugend erinnern wird, die ich so liebte ...‹

Wieder mußte ich innehalten. Meine Schulter schmerzte mich so heftig, daß ich fast zum zweiten Mal das Bewußtsein verloren hätte. Eine schreckliche Unruhe hatte mich erfaßt; mir war, als käme der Lärm der Gewehrschüsse wieder näher, und voller Entsetzen sagte ich mir, daß unsere Armee am Ende zurückweiche und auf ihrer Flucht über meinen Körper hinwegschreiten könne! Aber ich sah immer nur noch die dünnen Rauchwolken über den Hügeln.

Mein Onkel Lazare fügte noch hinzu:

›Und wir werden drei sein, die voller Liebe miteinander leben. Ach, mein geliebter Jean, wie recht hast Du gehabt, ihr eines Morgens am Ufer der Durance zu trinken zu geben. Ich fürchtete mich damals vor Babet, ich war schlechter Laune, und jetzt bin ich eifersüchtig, denn ich sehe sehr wohl, daß ich Dich nie so lieben könnte, wie sie Dich liebt. ‚Sagen Sie ihm', trug sie mir gestern immer wieder auf, ganz rot wurde sie dabei, ‚wenn er fällt, dann gehe ich in den Fluß, an der Stelle, wo er mir damals zu trinken gegeben hat.'

Um des Himmels willen, schone Dein Leben! Es gibt Dinge, die ich nicht verstehen kann, hier aber, fühle ich, wartet Deiner das Glück. Ich nenne Babet schon meine Tochter; und ich sehe sie an Deinem Arm in der Kirche, und ich segne Euere Vermählung. Das soll mein letzter Gottesdienst sein.

Babet ist jetzt ein großes und schönes Mädchen. Sie wird Dir bei der Arbeit helfen ...‹

Das Gewehrfeuer hatte sich entfernt. Ich weinte süße Tränen. Unter den Soldaten, die zwischen den Rädern der Kanonen röchelten, erscholl ein dumpfes Klagen. Ich sah, wie ein Mann furchtbare Anstrengungen machte, sich von einem Kameraden zu befreien, der, verwundet wie er, ihm mit der Wucht des Körpers die Brust eindrückte; und als der wehklagend aufschrie, stieß der andere ihn roh zurück; er rollte den Abhang hinunter und brüllte vor Schmerz. Dieser Schrei erweckte dumpfen Lärm im Leichenhaufen. Die Sonne ging unter und strahlte in fahlem Gelb. Das Blau des Himmels war blaß.

Ich las meines Onkels Brief zu Ende.

›Ich wollte Dir nur Nachricht geben und Dich bitten, so bald wie möglich zu kommen und uns glücklich zu machen. Da weine und schwatze ich nun wie ein altes Kind. Verlier die Hoffnung nicht, mein armer Jean, ich bete, und Gott ist gut.

Antworte mir bald und teile mir, wenn es möglich ist, die genaue Zeit Deiner Heimkehr mit. Babet und ich, wir zählen die Wochen bis dahin. Auf baldiges Wiedersehen, und Kopf hoch!‹

Die genaue Zeit meiner Heimkehr! ... Schluchzend küßte ich den Brief, einen Augenblick vermeinte ich Babet und den Onkel zu küssen. Ich würde sie niemals wiedersehen. Wie ein Hund würde ich hier unter der Bleisonne im Staub verrekken. Und auf dieser verlassenen Ebene, darin das Röcheln des Todes seufzte, nahm ich Abschied von meinen Lieben. Die Stille summte in meinem Ohr; ich betrachtete die weiße blutgetränkte Erde, die sich öde bis an die grauen Linien des Horizontes reckte. Ich sagte mir immer wieder: »Ich muß sterben«. Dann schloß ich die Augen und rief Babets und meines Onkels Bilder vor mein Inneres.

Ich weiß nicht, wie lange ich in einer Art schmerzlichen Halbschlafes gelegen habe. Mein Gemüt litt mit meinem Körper. Tränen flossen heiß und langsam über meine Wangen. Durch die schrecklichen Träume, die mein Fieber verursachte, hörte ich ein Röcheln, das der eintönigen Klage eines kranken Kindes glich. Ich erwachte und sah erstaunt zum Himmel.

Endlich fiel mir ein, daß es Herr von Montrevert war, der einige Schritte von mir entfernt war und röchelte. Ich hatte ihn für tot gehalten. Er lag mit ausgebreiteten Armen mit dem Gesicht auf der Erde. Dieser Mann war gut gegen mich gewesen; ich konnte ihn nicht so sterben lassen mit dem Gesicht auf der Erde, und ich kroch langsam auf ihn zu.

Zwei Leichen trennten uns. Eine Sekunde dachte ich daran, über diese Leichen hinwegzukriechen, um den Weg abzukürzen; denn bei jeder Bewegung schmerzte meine Schulter mich fürchterlich. Aber ich wagte es nicht. Ich stützte mich auf eine Hand und rutschte auf den Knien vorwärts. Als ich bei meinem Oberst angelangt war, stieß ich einen Seufzer der Erleichterung aus; nun war ich nicht ganz allein; wir würden miteinander sterben, und dieser gemeinsame Tod schreckte mich nicht mehr.

Ich wollte, daß er die Sonne sähe und drehte ihn so zart wie möglich um. Als die Strahlen sein Gesicht trafen, holte er tief Atem und öffnete die Augen. Über ihn gebeugt versuchte ich, ihn anzulächeln. Er senkte die Lider; an seinen zitternden Lippen erkannte ich, daß er seine Schmerzen empfand.

»Du bist Gourdon«, sagte er mit schwacher Stimme; »ist die Schlacht gewonnen?«

»Ich glaube wohl, Herr Oberst«, antwortete ich.

Einen Augenblick des Schweigens. Dann öffnete er die Augen wieder und sah mich an.

»Wo bist du verwundet?«

»An der Schulter ... Und Herr Oberst?«

»Der Ellbogen muß gebrochen sein ... Ich erinnere mich, dieselbe Granate muß uns so zugerichtet haben, mein Junge.« Er machte den Versuch, sich zu erheben.

»Na aber«, sagte er plötzlich voller Humor, »übernachten wollen wir hier lieber nicht, was?«

Man kann sich nicht vorstellen, wieviel Kraft mir dieser Humor gab und wieviel neue Hoffnung. Seitdem wir zu zweien gegen den Tod kämpften, fühlte ich mich ganz anders.

»Ich werde den Arm mit meinem Taschentuch verbinden«, rief ich, »und dann müssen wir versuchen, uns miteinander zum nächsten Verbandsplatz zu schleppen.«

»Sehr richtig, mein Junge ... Schnür den Arm nur nicht zu fest ab ... So, jetzt fassen wir uns bei den gesunden Händen und versuchen, hochzukommen.«

Wir erhoben uns schwankend. Wir hatten viel Blut verloren; unsere Köpfe drehten sich, unsere Beine versagten. Wie zwei Betrunkene schwankten wir, stützten uns gegenseitig und machten Umwege, um an den Toten vorbeizukommen. Die Sonne ging rosig unter, und unsere riesigen Schatten tanzten seltsam über das Schlachtfeld. Das war das Ende eines schönen Tages.

Der Oberst scherzte; aber Fieberschauer zogen seine Lippen zusammen, sein Lachen klang wie ein Schluchzen. Ich hatte das Gefühl, wir würden in irgendeinem Winkel niederfallen, um nie wieder aufzustehen. Zuweilen wurde uns schwindlig, wir mußten stehenbleiben und schlossen die Augen. Fern in der Ebene bildeten die Ambulanzen kleine graue Flecke auf der dunklen Erde.

Wir stolperten über einen großen Stein und fielen übereinander. Der Oberst fluchte wie ein Heide. Wir versuchten, auf allen vieren weiterzugehen und uns dabei an den Büschen weiterzuhelfen. So legten wir auf den Knien vielleicht hundert Meter zurück. Aber unsere Knie bluteten.

»Ich habe genug von der Geschichte«, sagte der Oberst und blieb liegen. »Sie werden uns schon finden, wenn sie wollen. Legen wir uns schlafen.«

Ich hatte noch die Kraft, mich halb aufzurichten und mit meinem letzten Atemzug zu schreien. In der Ferne gingen Leute vorüber, die nach Verwundeten suchten; sie kamen herbeigelaufen und legten uns Seite an Seite auf eine Bahre.

»Na, Kamerad«, sagte der Oberst während des Transportes zu mir, »der Tod scheint uns nicht zu mögen. Ich verdanke dir mein Leben, und ich will dir meine Schuld abtragen, wenn du mich einmal nötig hast ... Gib mir deine Hand.«

Ich legte meine Hand in seine, und so erreichten wir den Verbandsplatz. Man hatte Fackeln angezündet; die Chirurgen schnitten und sägten, und die Verwundeten heulten schrecklich; ekler Geruch stieg aus blutiger Wäsche, und die Fackeln warfen ihren dunkelroten Schein in die Schüsseln.

Der Oberst ertrug die Amputation seines Armes mit Heldenmut; ich sah nur seine Lippen weiß werden und seine

Augen sich verschleiern. Als die Reihe an mich kam, untersuchte der Chirurg meine Schulter.

»Das hat eine Granate angerichtet, zwei Zentimeter tiefer und die Schulter wäre hin. So ist es nur eine Fleischwunde.«

Und als ich den Assistenzarzt, der mich verband, fragte, ob meine Wunde schwer sei, antwortete er lächelnd:

»Schwer! Drei Wochen Bettruhe, damit das verlorene Blut wiederkommt, dann ist alles gut.«

Ich drehte mich gegen die Wand, ich wollte meine Tränen nicht zeigen. Und meine inneren Augen sahen Babet und meinen Onkel Lazare, die mir die Arme entgegenstreckten. Meines Sommertages blutige Kämpfe waren zu Ende.

III

Herbst

Fast fünfzehn Jahre waren vergangen, seitdem mir Babet in der kleinen Kirche meines Onkels Lazare angetraut worden war. Ich hatte in meinem lieben Tal mein Glück versucht. Ich war Landwirt geworden; die Durance, meine erste Geliebte, war nun eine gute Mutter, die voller Freude meine Felder reich und fruchtbar machte. Nach und nach eignete ich mir die neuen Kenntnisse der Landwirtschaft an, und ich wurde einer der reichsten Besitzer des Landes.

Nach dem Tode meiner Schwiegereltern hatten wir die Eichenallee und die Wiesen am Fluß erstanden; ich hatte mir auf diesem Land ein bescheidenes Wohnhaus gebaut, das wir bald vergrößern mußten; in jedem Jahr konnte ich unsern Besitz durch irgendein Nachbargut abrunden, und unsere Scheunen wurden für unsere Ernten zu eng.

Die ersten fünfzehn Jahre waren einfach und glücklich. Sie sind in stiller Freude dahingeflossen und haben in mir die Erinnerung an ein ruhiges und friedliches Glück zurückgelassen. Mein Onkel Lazare hatte seinen Traum verwirklicht und sich bei uns zur Ruhe gesetzt; sein hohes Alter erlaubte ihm nicht einmal mehr, jeden Morgen sein Brevier zu lesen; er vermißte zuweilen seine geliebte Kirche, tröstete sich aber damit, daß er bisweilen den jungen Pfarrer besuchte, der sein

Nachfolger geworden war. Sobald die Sonne aufging, stieg er aus seiner kleinen Kammer herunter, und oft begleitete er mich auf die Felder hinaus, denn er war gern im Freien: in den starken Düften des Feldes fand er seine Jugend wieder.

Nur ein Kummer machte uns manchmal seufzen. In aller Fruchtbarkeit, die uns umgab, blieb Babet unfruchtbar. Obgleich wir drei Menschen waren, die es gut miteinander meinten, fühlten wir uns an manchen Tagen doch einsam; wir hätten zu gern einen Blondkopf zwischen den Knien gehabt, der uns gequält und uns liebkost hätte.

Onkel Lazare hatte große Furcht zu sterben, bevor er Großonkel geworden wäre. Er war wieder wie ein Kind, er war trostlos darüber, daß Babet ihm keinen Spielkameraden schenkte. An dem Tag, da meine Frau uns schüchtern anvertraute, daß wir bald vier sein würden, sah ich den Onkel erbleichen und nur mit Mühe seine Tränen zurückhalten. Er küßte uns, dachte schon an die Taufe und sprach von dem Kind, als sei es bereits drei oder vier Jahre alt, und die Monate vergingen in noch innigerer Zärtlichkeit. Leise sprachen wir drei miteinander von dem einen, den wir erwarteten. Ich liebte Babet nicht mehr, ich betete sie mit gefalteten Händen an, ich vergötterte sie um ihrer selbst und ihres Kleinen willen. Der große Tag kam näher. Ich ließ die weise Frau von Grenoble kommen, die den Hof nicht mehr verließ. Der Onkel war furchtbar aufgeregt; er verstand nichts von solchen Dingen, ja er behauptete sogar, er hätte Unrecht daran getan, Priester zu werden, und er bedauere sehr, nicht Arzt zu sein.

Eines Morgens im September trat ich gegen sechs Uhr ins Zimmer meiner lieben Babet, die noch fest schlummerte. Ihr lächelndes Gesicht ruhte friedlich auf dem weißen Leinen. Ich hielt den Atem an und beugte mich über sie. Der Himmel überschüttete mich mit seinen Gütern. Ich dachte plötzlich an jenen Sommertag, da ich im Staub geröchelt hatte, und zugleich fühlte ich um mich herum den Segen der Arbeit und den Frieden des Glücks. Meine gute Frau schlief rosig in der Mitte ihres großen Bettes; und das ganze Zimmer erweckte in mir die fünfzehn Jahre unserer Liebe.

Sanft küßte ich Babet auf die Lippen. Sie öffnete die Augen und lächelte mich an, ohne zu sprechen. Ich hätte sie am liebsten in meine Arme nehmen mögen, um sie an mein Herz zu drücken; aber seit einiger Zeit wagte ich kaum, ihr die Hand zu drücken, so zerbrechlich und heilig erschien sie mir.

Ich setzte mich zu ihr aufs Bett und sagte leise:

»Heute?«

»Nein, ich glaube nicht«, antwortete sie ... »Mir hat heute geträumt, daß ich einen Jungen hätte: er war schon sehr groß und hatte einen kleinen schwarzen Schnurrbart ... Onkel Lazare hat mir gestern erzählt, er hätte ihn auch im Traum gesehen.«

Da beging ich eine große Ungeschicklichkeit.

»Ich kenne das Kind besser als du. Ich sehe es jede Nacht. Es ist ein Mädchen ...«

Und als sich Babet fast weinend zur Wand kehrte, begriff ich meine Dummheit und sagte schnell:

»Wenn ich sage: ein Mädchen ... Genau weiß ich das natürlich nicht. Ich sehe das Kind immer ganz klein in einem langen weißen Kleid ... Es ist doch sicher ein Junge.«

Babet umarmte mich für dieses gute Wort.

»Geh und sieh nach der Weinlese«, sagte sie. »Ich fühle mich heute morgen ganz ruhig.«

»Du läßt mir gleich Nachricht zukommen, falls etwas passiert?«

»Ja, ja, ich bin sehr müde. Ich will noch schlafen. Du nimmst mir meine Faulheit doch nicht übel? ...«

Und Babet schloß weich und matt die Augen. Ich blieb über sie gebeugt stehen und fühlte ihren warmen Atem über meinem Gesicht. Allmählich schlief sie lächelnd ein; ganz vorsichtig löste ich meine Hand aus ihrer; es dauerte fünf Minuten, bis ich diese schwierige Arbeit vollendet hatte. Dann hauchte ich einen Kuß auf ihre Stirn, den sie nicht fühlte, und voller Liebe ging ich mit Herzklopfen hinaus.

Unten im Hof traf ich Onkel Lazare, der unruhig zu Babets Fenster hinaufsah. Als er mich sah, fragte er:

»Na, wird es heute sein?«

Seit einem Monat stellte er mir jeden Morgen dieselbe Frage.

»Scheinbar nicht«, antwortete ich. »Kommst du mit zur Weinlese hinaus?«

Er holte seinen Stock, und wir gingen die Eichenallee hinunter. Als wir am Ende der Allee waren, auf der Terrasse, die über der Durance liegt, blieben wir beide stehen und blickten ins Tal.

Kleine weiße Wolken zitterten am bleichen Himmel. Die Sonne überschüttete das Land mit goldenen Strahlen, in voller Reife dehnte sich die gelbe Decke des Herbstes, das Land hatte nicht mehr das helle Licht und die dunkeln Schatten des Sommers. Das Laub legte große gelbe, goldene Platten auf den schwarzen Boden. Der Fluß floß langsamer, müde vom Befruchten der Felder, die er während eines ganzen Sommers durchflossen hatte. Und das Tal lag friedlich und stark vor uns. Schon trug es die ersten Runzeln des Winters, aber sein Schoß hatte die Hitze der letzten Geburt bewahrt und zeigte volle Formen; dahin waren die tollen Blüten des Frühlings, stolzer in Schönheit aber glänzt die zweite Jugend der Frau, die ein Leben hervorgebracht hat.

Mein Onkel Lazare schwieg lange; dann wandte er sich zu mir:

»Weißt du noch, Jean? Vor über zwanzig Jahren habe ich dich an einem jungen Maimorgen hierher geführt. An diesem Tag habe ich dir das Tal in wütender Arbeit gezeigt: es arbeitete an den Früchten des Herbstes. Sieh, wieder einmal hat das Tal seine Arbeit vollendet.«

»Ja, ich weiß noch, lieber Onkel. Damals hatte ich große Angst; aber du warst gut und deine Lehre überzeugend. Dir verdanke ich all mein Glück.«

»Ja, du stehst im Herbst, du hast gearbeitet und du hast geerntet. Der Mensch, mein Kind, ist nach dem Ebenbild der Erde gemacht. Und wie unsere gemeinsame Mutter sind auch wir ewig: jedes Jahr werden aus den welken neue, grüne Blätter; ich bin in dir wieder jung geworden, und du wirst in deinen Kindern wieder geboren werden. Ich sage dir das, damit das Alter dich nicht schrecke, damit du friedlich sterben kannst wie dieses Grün, das im nächsten Frühling aus seinen eigenen Keimen wieder neu emporschießt.«

Ich hörte meinem Onkel zu und dachte an Babet, die in ihrem großen weißen Bett schlief.

Das geliebte Geschöpf sollte gebären wie der kraftvolle Boden, der uns reich gemacht hatte. Auch sie stand im Herbst: sie hatte dasselbe kraftvolle Lächeln und dieselbe heitere Fülle wie das Tal. Ich vermeinte sie zu sehen, müde und glücklich unter der gelben Sonne voll mutiger Wonne über ihre Mutterschaft. Und ich wußte nicht mehr, ob mein Onkel Lazare von meinem lieben Tal oder von meiner lieben Babet sprach.

Langsam erstiegen wir den Hügel. Unten an der Durance erstreckten sich die Wiesen, weite Teppiche aus grellem Grün; dann kamen gelbe Äcker, die hier und da von grauschimmernden Olivenbäumen und schlanken Mandelbäumen in weit auseinanderliegende Alleen zerschnitten wurden; und ganz oben kam der Wein, mächtige Stöcke, deren Reben auf dem Boden lagen.

Im Süden Frankreichs faßt man den Wein hart an, man behandelt ihn nicht gleich einem zimperlichen Fräulein wie im Norden. Er wächst auf gut Glück, ganz nach dem Willen des Regens und der Sonne. Die Stöcke stehen in zwei langen geraden Linien und treiben dunkelgrüne Schößlinge. In die Zwischenräume sät man Weizen oder Hafer. Ein Weinland gleicht einem unermeßlich großen Stück gestreiften Stoffes, der aus den grünen Streifen der Weinstöcke und den gelben des Weizens entsteht.

Männer und Frauen hockten in den Weinbergen und arbeiteten: sie schnitten Trauben ab und warfen sie in große Körbe. Mein Onkel und ich, wir gingen langsam über Stoppeläcker. Wo wir vorübergingen, drehten die Winzer ihre Köpfe herüber und grüßten uns. Bisweilen blieb mein Onkel stehen und sprach mit den ältesten Arbeitern.

»Hallo, Vater André, sind die Trauben reif, wird der Heurige gut?«

Und die Bauern hoben ihre nackten Arme und zeigten uns in der Sonne lange, tintenschwarze Trauben, deren dicht aneinandersitzende Beeren von Fülle und Kraft strotzen.

»Sehen Sie, Hochwürden«, riefen sie, »die sind noch klein. Einige wiegen mehrere Pfund. Seit zehn Jahren haben wir keine solche Ernte gehabt.«

Dann traten sie wieder ins Laub zurück. Ihre braunen Jakken fleckten das Grün. Und die Frauen mit einem leichten blauen Tuch um den Hals neigten sich barhaupt und singend. Kinder kugelten laut lachend in der Sonne und machten mit ihrem Toben die Arbeit im Freien erst recht lustig. Am Rand des Weinberges warteten große, unbeweglich stehende Karren auf die Trauben; scharf hoben sie sich vom hellen Himmel ab, und unablässig kamen und gingen Leute und trugen volle Körbe herbei und leere wieder zurück.

Ich gestehe, stand ich inmitten meines Weinberges, so hatte ich stolze Gedanken. Ich fühlte, wie die Erde unter meinen Schritten Leben gab; das reife, allgewaltige Leben strömte in den Adern des Weinberges und erfüllte die Luft mit weitem Atem. Heißes Blut schlug in meinem Fleisch, ich war wie erhoben durch die Fruchtbarkeit, die dem Boden entströmte und in mir emporstieg. Die Arbeit dieses Volkes war mein Werk, diese Weinstöcke waren meine Kinder; das ganze Land war meine gehorsame und fruchtbare Familie. Voller Lust fühlte ich, wie meine Füße in die fette Erde einsanken.

Dann umfaßte ich mit einem Blicke die Felder, die bis zur Durance hinuntergingen, mir gehörten diese Weinberge, diese Wiesen, diese Felder und diese Olivenbäume. Weiß schimmerte das Haus neben der Eichenallee; der Fluß sah aus wie eine Silberfranse am großen grünen Mantel meiner Weideplätze. Einen Augenblick lang glaubte ich, ich sei gewachsen, ich könnte, streckte ich die Arme aus, meinen ganzen Besitz an mein Herz drücken, die Bäume und die Wiesen, das Haus und die bebauten Felder.

Als ich so hinunterschaute, bemerkte ich auf dem schmalen Weg, der den Hügel heraufging, eine von unseren Mägden, die in großer Hast gelaufen kam. Sie achtete der Steine nicht, gegen die sie stieß, sie bewegte beide Arme in der Luft und machte uns erregte Zeichen. Eine furchtbare Aufregung sprang mir in die Kehle.

»Onkel, Onkel, sieh nur, wie die Marguerite rennt ... Ich glaube, es ist soweit.«

Onkel Lazare wurde ganz blaß. Endlich war die Magd oben; sie sprang durch die Weinstöcke auf uns zu. Als sie vor uns stand, ging ihr der Atem aus; sie legte, dem Ersticken nahe, die Hände auf die Brust.

»So rede doch!« sagte ich. »Was gibt's?«

Sie stieß einen tiefen Seufzer aus, ließ die Hände herabfallen und konnte endlich dieses eine Wort sagen:

»Die Frau ...«

Ich hatte genug gehört.

»Komm rasch, Onkel Lazare! Meine liebe arme Babet!«

Und ich stürzte den Weg hinunter, die Winzer, die aufgesprungen waren, sahen mir lächelnd nach. Onkel Lazare, der mir nicht folgen konnte, schwang in Verzweiflung seinen Stock.

»He, Jean, Teufel auch! Warte doch auf mich. Ich will nicht zuletzt kommen.«

Aber ich hörte nicht auf meinen Onkel und lief, was ich konnte.

Keuchend, voll Schreck und voll Hoffnung, kam ich im Hof an. Ich sprang die Treppe hinauf, schlug mit der Faust an Babets Tür und stand lachend und weinend vor dem Zimmer. Die weise Frau machte die Tür ein wenig auf und sagte ärgerlich und leise, ich sollte nicht solchen Lärm machen. Verzweifelt und beschämt stand ich da.

»Sie können nicht herein«, sagte sie. »Sie müssen im Hof warten.«

Und als ich mich nicht rührte, sagte sie noch:

»Alles geht gut. Ich werde Sie rufen.«

Die Tür schloß sich wieder. Ich blieb davor stehen und konnte mich nicht entschließen, hinunterzugehen. Ich hörte Babet mit gebrochener Stimme wehklagen. Und dann stieß sie einen furchtbaren Schrei aus, der mir wie eine Kugel ins Herz fuhr. Ein unwiderstehliches Verlangen ergriff mich, die Tür mit den Schultern einzudrücken. Um diesem Verlangen nicht nachzugeben, hielt ich mir mit beiden Händen die Ohren zu und rannte wie toll die Treppe hinunter.

Im Hof begegnete ich meinem Onkel, der noch ganz außer Atem war. Der Gute mußte sich auf den Brunnenrand setzen.

»Nun«, fragte er, »wo ist das Kind?«

»Ich weiß nicht ... man hat mich an die Luft gesetzt ... Babet hat Schmerzen und weint.«

Wir blickten einander an und wagten kein Wort zu sprechen. Angstvoll horchten wir und ließen Babets Fenster nicht aus den Augen, wir versuchten durch die kleinen weißen Vorhänge zu sehen. Der Onkel zitterte und stützte sich schwer und unbeweglich auf seinen Stock; mich packte das Fieber, und mit großen Schritten ging ich hin und her. Bisweilen lächelten wir einander unruhig an.

Die Karren der Winzer kamen einer nach dem andern. Die Traubenkörbe wurden hinter eine der Mauern gestellt, und die Männer traten mit nackten Füßen die Trauben in hölzernen Kufen und kelterten sie so. Die Maulesel wieherten, die Kutscher fluchten, und der Most fiel mit dumpfem Glucksen in die Tiefe des Kübels. Herber Duft stieg in die feuchte warme Luft.

Und ich ging weiter auf und ab, wie betäubt durch diesen Geruch. Mein armer Kopf wollte zerspringen, ich dachte an Babet und sah das Blut der Trauben fließen. Ich empfand mit geradezu körperlicher Freude, daß mein Kind in der fruchtbaren Zeit der Ernte, im Duft des jungen Weines zur Welt kam. Die Ungeduld quälte mich, ich stieg wieder hinauf, aber ich wagte nicht anzuklopfen, ich drückte mein Ohr an die Tür und hörte die Klagen Babets, die ganz leise schluchzte. Da verlor ich den Mut und verwünschte ihre Qual. Onkel Lazare, der mir vorsichtig nachgestiegen war, mußte mich wieder in den Hof hinunterführen. Er wollte mich ablenken und sagte mir, der Wein sei vortrefflich; aber er sprach, ohne seine eigenen Worte zu hören. Und dann schwiegen wir beide und lauschten angstvoll auf einen lauteren, längeren Klageton, den Babet ausstieß.

Allmählich wurden ihre Schreie leiser, nur noch ein schmerzliches Wimmern, wie die Stimme eines Kindes, das im Einschlafen weint. Dann eine große Stille. Mir wurde dieses Schweigen bald unheimlich. Das Haus erschien mir leer, da Babet nicht mehr schluchzte. Ich wollte eben wieder hinaufgehen, da öffnete die weise Frau geräuschlos das Fenster. Sie beugte sich heraus und machte mir ein Zeichen mit der Hand:

»Kommen Sie!«

Langsam stieg ich hinauf und bei jeder Stufe, die ich erstieg, empfand ich tiefe Freude. Mein Onkel Lazare klopfte schon an die Tür, als ich noch auf der Mitte der Treppe war; ich empfand ein eigenes Vergnügen daran, den Augenblick, da ich meine Frau wieder umarmen könnte, solange wie möglich hinauszuschieben.

Auf der Schwelle blieb ich stehen, mein Herz schlug in großen Schlägen.

Mein Onkel hatte sich über die Wiege gebeugt. Babet war ganz weiß, hatte die Augen geschlossen und schien zu schlafen. Ich vergaß das Kind, ging gerade auf Babet zu und nahm ihren lieben Kopf zwischen meine Hände. Die Tränen auf ihren Wangen waren noch nicht trocken, ihre zitternden Lippen waren noch feucht davon, aber sie lächelte schon wieder. Müde hob sie die Lider. Sie sprach nicht, aber ich hörte, wie sie sagte: »Ich habe sehr gelitten, mein armer Jean, aber ich war so glücklich über den Schmerz! Ich fühlte dich in mir.«

Da beugte ich mich nieder, küßte Babets Augen und trank ihre Tränen. Sie lächelte sanft und überließ sich einer zärtlichen Müdigkeit. Die Mattigkeit machte ihr noch Schmerzen. Langsam hob sie die Hände von der Decke, faßte mich um den Hals, näherte ihren Mund meinem Ohr und flüsterte schwach, aber mit triumphierender Stimme:

»Ein Junge!«

Das waren die ersten Worte, die sie nach der furchtbaren Krisis aussprach.

»Ich wußte wohl, daß es ein Junge würde«, fuhr sie fort, »ich habe das Kind jede Nacht gesehen ... Gib es mir, leg es neben mich.«

Ich wandte mich um und sah, daß die weise Frau und mein Onkel einen Streit hatten. Die weise Frau hatte alle Mühe, meinen Onkel davon abzuhalten, den Kleinen auf den Arm zu nehmen. Er wollte das Kind durchaus wiegen.

Nun betrachtete ich das Kind, das ich über der Mutter ganz vergessen hatte. Es war ganz rosig. Babet sagte mit Überzeugung, es gleiche mir; die weise Frau meinte, es habe die Augen seiner Mutter; ich wußte nicht, ich war zu Tränen gerührt, ich küßte den Kleinen wie eine Hostie und glaubte immer noch, Babet zu küssen.

Ich legte das Kind auf ihr Bett. Es schrie unaufhörlich, aber das war für uns himmlische Musik. Ich setzte mich auf den Rand des Bettes, Onkel Lazare in einen großen Lehnstuhl, und Babet lag, müde und heiter, bis ans Kinn zugedeckt, mit weiten offenen Augen da und lächelte.

Das Fenster stand offen. Der Duft der Trauben wehte mit der lauen Luft des milden Herbstnachmittags herein. Man hörte das Stampfen der Winzer, das Rattern der Karren, das Knallen der Peitschen; bisweilen hörte man auch den Gesang einer Magd, die über den Hof ging. All diese Geräusche klangen in der Heiterkeit des Zimmers milder, das noch vom Schluchzen Babets zitterte. Und das Fenster zeigte einen Ausschnitt vom Himmel und von der Erde einen breiten Streifen Landschaft. Wir sahen die Eichenallee in ihrer ganzen Länge, dann die Durance, die sich wie ein weißes Atlasband durch das Gold und den Purpur des Laubes zog; während sich über diesem Erdenwinkel ein blaßblauer und rosa Himmel wölbte, der noch in seinen Tiefen durchsichtig war.

Unter der Ruhe dieses Horizontes, im Duft des Mooses, in der Freude der Arbeit und der Geburt, plauderten wir drei miteinander und betrachteten den kleinen Neugeborenen.

»Onkel Lazare«, sagte Babet, »wie soll das Kind heißen?«

»Jeans Mutter hieß Jacqueline«, antwortete der Onkel, »ich würde das Kind Jacques nennen.«

»Jacques, Jacques«, wiederholte Babet ... »Ja, das ist ein hübscher Name ... Und was machen wir aus diesem kleinen Mann: einen Pfarrer oder einen Soldaten, einen Herrn oder einen Bauer?«

Ich fing an zu lachen.

»Darüber können wir uns noch später den Kopf zerbrechen.«

»Aber nein«, sagte Babet fast ärgerlich, »er wird schnell groß werden. Sieh nur, wie kräftig er ist. Seine Augen sprechen schon.«

Mein Onkel Lazare dachte wie meine Frau. Er sagte ernst: »Macht keinen Priester und keinen Soldaten aus ihm, es sei denn, der Junge hätte eine ausgesprochene Neigung dazu ... Einen Herrn aus ihm zu machen, das ist eine ernste Sache ...«

Babet sah mich ängstlich an. Die liebe Frau hatte sonst kein bißchen Stolz in sich, aber wie alle Mütter, auf ihren Sohn wollte sie stolz sein. Ich hätte schwören mögen: sie sah ihn schon als Notar oder Arzt. Ich küßte sie und sagte sanft:

»Ich wünsche mir, daß das Kind in unserm lieben Tal bleibt. Eines Tages wird er am Ufer der Durance eine sechzehnjährige Babet finden und ihr zu trinken geben. Weißt du noch? ... Dies Land hat uns den Frieden gegeben: unser Sohn soll Bauer werden wie wir und glücklich werden wie wir.«

Babet war ganz bewegt und küßte mich. Sie sah durchs Fenster auf die Bäume und den Fluß, auf die Wiesen und den Himmel hinaus; dann sagte sie lächelnd:

»Du hast recht, Jean. Das Land war gut gegen uns und wird auch gut gegen unsern kleinen Jacques sein ... Onkel Lazare, du wirst der Pate eines Bauern sein.«

Onkel Lazare neigte müde und zärtlich zustimmend seinen Kopf. Schon eine Weile beobachtete ich ihn, ich sah, wie seine Augen sich verschleierten und seine Lippen blaß wurden. Er lag zurückgelehnt im Lehnstuhl, dem offenen Fenster gegenüber, er hatte seine weißen Hände auf die Knie gestützt und betrachtete starr in einer Art Verzückung den Himmel.

Ich wurde unruhig.

»Ist dir nicht wohl, Onkel Lazare? Was ist dir ... Antworte bitte, um Gottes willen.«

Er hob sanft seine Hände, als wolle er mich bitten, leiser zu sprechen; dann ließ er sich zurückfallen und sagte mit schwacher Stimme:

»Es ist aus mit mir. In meinem Alter kann einen das Glück töten ... Seid still ... Mir ist, als wäre mein Körper ganz leicht: ich fühle meine Beine und meine Arme nicht mehr.«

Babet richtete sich erschrocken auf und sah Onkel Lazare an. Ich kniete vor ihm nieder und betrachtete ihn angstvoll. Er lächelte.

»Fürchtet euch nicht. Ich habe keine Schmerzen; eine Süße steigt in mir empor, ich glaube, ich werde in einen gerechten und guten Schlaf fallen ... Ganz plötzlich überkommt es mich, ich danke Gott dafür. Ach, mein armer Jean, ich bin den Weinberg zu rasch heruntergelaufen, das Kind hat mir zu große Freude bereitet.«

Und als wir anfingen, zu begreifen, und in Tränen ausbrachen, fuhr Onkel Lazare fort – er sah immer noch in den Himmel –:

»Verderbt mir die Freude nicht, ich bitte euch inständig darum ... Wenn ihr wüßtet, wie glücklich ich bin, daß ich in diesem Lehnstuhl für immer einschlafen darf! Niemals habe ich zu hoffen gewagt, einen so trostreichen Tod sterben zu dürfen. Alle meine Lieben sind neben mir ... Und der Himmel ist blau! Gott schenkt mir einen schönen Abend.«

Die Sonne ging hinter der Eichenallee unter. Die schrägen Strahlen warfen goldene Lichter hinter die Bäume, die dunkel wurden wie Kupfer. In der Ferne verlor das Land sich in vagem Licht. Der Onkel wurde immer schwächer inmitten dieser milden Ruhe und dieses friedlichen Sonnenunterganges, der durchs offene Fenster hereinsah. Er erlosch langsam wie die letzten Lichter, die auf den hohen Zweigen verblaßten.

»Ach, mein gutes Tal«, flüsterte er, »du nimmst in Liebe von mir Abschied ... Ich fürchtete immer, ich müßte im Winter sterben, wenn du ganz schwarz bist.«

Wir hielten unsere Tränen zurück, wir wollten diesen heiligen Tod nicht stören. Babet betete leise. Das Kind schrie ein wenig.

Im Traum seiner letzten Stunde hörte Onkel Lazare diese Kinderschreie. Er versuchte, sich zu Babet zu wenden und sagte noch lächelnd: »Ich habe das Kind noch gesehen, nun sterbe ich ganz glücklich.«

Dann betrachtete er den blassen Himmel und das gelbe Land; dann fiel sein Kopf hintenüber, und er stieß einen leichten Seufzer aus. Kein Zittern erschütterte Onkel Lazares Körper, er starb, wie man einschläft.

So milde war sein Tod, daß wir stumm blieben und nicht weinten. Vor der ruhigen Einfachheit dieses Sterbens empfanden wir nur abgeklärte Trauer. Die Dämmerung sank herab. Onkel Lazares Scheiden ließ uns voller Hoffnung zurück, wie das Scheiden der Sonne, die abends stirbt, um am nächsten Morgen wieder aufzugehen.

Das war mein Herbsttag, der mir einen Sohn schenkte und mir meinen Onkel Lazare im Frieden der Dämmerung nahm.

IV

Winter

Der Januar hat dunkle Morgen, die das Herz zu Eis machen. An jenem Tag war ich schon beim Erwachen von seltsamer Unruhe. Während der Nacht hatte es getaut, und als ich, von der Türschwelle aus, ins Land sah, erschien es mir wie ein gewaltiger, schmutziggrauer und zerrissener Fetzen.

Ein Nebelvorhang verbarg den Horizont. In diesen Nebel streckten die Eichen der Allee schaurig ihre schwarzen Arme; sie glichen Gespenstern, die den Abgrund von Dampf hinter ihnen bewachten. Die Felder waren grundlos und voller Pfützen, an deren Rändern noch Klumpen schmutzigen Schnees lagen. In der Ferne wurde die gewaltige Stimme der Durance immer stärker.

Ist der Himmel klar und die Erde trocken, so ist der Winter gesund und kräftig. Die Luft beißt die Ohren, fröhlich schreitet man über gefrorene Wege, die unter unseren Schritten silbern klingen. Weiß vom Eis und gelb von der Sonne liegen die Felder sauber und hübsch da. Aber ich kenne nichts Niederschlagenderes als die böse Zeit des Auftauens; ich hasse den Nebel, dessen Feuchtigkeit auf den Schultern lastet.

Ich zitterte vor diesem kupfernen Himmel; rasch ging ich wieder ins Zimmer und beschloß, nicht auf die Felder hinauszugehen. Im Hof war auch genug zu tun.

Jacques war schon lange auf. Ich hörte ihn unter einem Schuppen pfeifen, wo er den Leuten half, Kornsäcke fortzuschaffen. Der Junge war achtzehn Jahre alt; ein großer lustiger Bursche mit kräftigen Armen. Er hatte keinen Onkel Lazare gehabt, der ihn verwöhnt und ihn Latein gelehrt hätte, er träumte nicht unter den Weiden des Ufers. Jacques war ein richtiger Bauer geworden, ein unermüdlicher Arbeiter, der ärgerlich wurde, wenn ich irgend etwas anrührte, und mir oft sagte, ich würde alt und müßte mich ausruhen.

Und wie ich ihm so von weitem zusah, sprang mir ein süßes, leichtes Wesen auf den Rücken, legte die kleinen Hände über meine Augen und fragte: »Wer ist's?«

Ich lachte.

»Die kleine Marie ist's, die die Mutter eben angezogen hat.«

Das liebe kleine Mädchen wurde zehn Jahre, und seit zehn Jahren war sie die Freude des Hofes. Sie war spät gekommen, zu einer Zeit, da wir kein Kind mehr erhofften, und war uns doppelt teuer.

Ihre schwankende Gesundheit legte sie uns noch mehr ans Herz. Sie wurde wie ein Fräulein behandelt; ihre Mutter wollte durchaus eine Dame aus ihr machen, und auch ich hatte nicht den Mut, etwas anderes zu wollen: so reizend war die kleine Marie in ihren schönen seidenen, mit Bändern geschmückten Kleidern.

Marie hockte immer noch auf meinen Schultern.

»Mama, Mama«, rief sie, »sieh mal, ich spiele Pferdchen.«

Babet kam und lächelte. Ach, meine arme Babet, wie alt waren wir geworden! Ich erinnere mich, daß wir alten Leute an jenem Tag froren und uns müde und traurig ansahen, als wir allein waren. Unsere Kinder gaben uns unsere Jugend wieder.

Beim Frühstück war es still. Wir mußten die Lampe anzünden. Das rötliche Licht im Zimmer war zum Sterben traurig.

»Ach was«, sagte Jacques, »besser dieser warme Regen als starker Frost, der unsere Olivenbäume und unsere Weinstöcke erfrieren ließ.«

Und er versuchte, zu scherzen. Aber wie wir war er unruhig, ohne zu wissen, warum. Babet hatte schlecht geträumt. Wir hörten ihr zu, wie sie davon erzählte, und lachten mit den Lippen, im Herzen aber waren wir beklommen.

»Das Wetter liegt uns so schwer auf der Seele«, sagte ich, um uns alle zu beruhigen.

»Ja, ja, das Wetter«, meinte auch Jacques, »ich will etwas Rebholz nachlegen.«

Ein fröhliches Feuer warf breite Lichttücher an die Wände. Das Holz brannte knisternd und glühte rosig. Wir hatten uns vor den Kamin gesetzt; draußen die Luft war milde, aber im Innern des Hauses sank von den Decken eisige Feuchtigkeit nieder. Babet hatte die kleine Marie auf ihren Schoß genommen; sie schwatzte leise mit ihr und lachte über das Geplauder des Kindes.

»Kommst du mit, Vater?« meinte Jacques. »Wir wollen durch die Keller und die Speicher gehen.«

Ich ging mit ihm hinaus. Seit einigen Jahren wurden die Ernten schlecht. Wir hatten große Verluste gehabt: unsere Weinstöcke und unsere Bäume hatten durch den Frost gelitten; der Hagel hatte Weizen und Hafer vernichtet. Und ich sagte zuweilen, ich würde alt, und das Glück sei ein Frauenzimmer und liebe die Alten nicht. Dann lachte Jacques und antwortete mir, dafür sei er jung und werde dem Glück schon tüchtig den Hof machen.

Ich stand in meinem Winter, in der kalten Jahreszeit. Ich fühlte, daß alles um mich herum starb. Mit jeder Freude, die entschwand, dachte ich an Onkel Lazare, der so ruhig gestorben war; ich wollte Kraft aus diesen Erinnerungen schöpfen.

Gegen drei Uhr wurde es völlig dunkel. Wir gingen in die

große Stube hinunter. Babet nähte im Winkel am Kamin und hatte ihren Kopf tief auf die Arbeit gesenkt; die kleine Marie saß neben dem Feuer auf der Erde und zog voller Ernst eine Puppe an. Jacques und ich, wir hatten uns vor den Mahagonischreibtisch gesetzt, den wir von Onkel Lazare geerbt hatten; wir sahen Rechnungen durch.

Das Fenster war wie vermauert; der Nebel klebte an den Scheiben, und baute eine richtige Mauer von Dunkelheit auf. Hinter dieser Mauer war das Leere, Unbekannte. Nur verworrener Lärm, eine gewaltige Stimme, die den Schatten erfüllte, erhob sich in dieser Stille.

Wir hatten die Arbeiter fortgeschickt und nur unsere alte Magd Marguerite bei uns behalten. Als ich den Kopf hob und lauschte, war es mir, als hinge der Hof über einem Abgrund. Kein menschliches Geräusch kam von außen herein, ich hörte nur das Tosen des Abgrundes. Da sah ich meine Frau und meine Kinder an und empfand die Feigheit alter Leute, die sich zu schwach fühlen, ihre Lieben vor unbekannten Gefahren zu schützen.

Der Lärm wuchs, und es klang, als stoße man gegen die Tür. Im gleichen Augenblick wieherten die Pferde im Stall laut und wütend, und das Vieh brüllte. Wir waren, bleich vor Unruhe, alle aufgesprungen. Jacques stürzte zur Tür und öffnete sie weit.

Eine trübe Wasserflut strömte herein und breitete sich im Zimmer aus.

Die Durance war über ihre Ufer getreten. Sie machte den Lärm, der seit dem Morgen ständig wuchs. In den Bergen schmolz der Schnee, jeder Hügel war ein Gießbach, der den Fluß höher anschwellen ließ. Der Nebelvorhang hatte uns dies plötzliche Steigen des Wassers verborgen.

Oft schon war nach strengen Wintern im Frühling das Wasser bis an die Tür unseres Hauses gestiegen. Niemals aber war die Flut so rasch gewachsen. Durch die geöffnete Tür sahen wir den Hof, der zum See geworden war. Das Wasser stand uns schon bis an die Knöchel.

Babet hatte die kleine Marie aufgehoben, die weinend ihre

Puppe an die Brust drückte. Jacques wollte gehen, um die Ställe aufzumachen; aber seine Mutter hielt ihn an den Kleidern zurück und bat ihn, er solle nicht hinausgehen. Das Wasser stieg und stieg. Ich schob Babet zur Treppe.

»Rasch, rasch, hinauf in die oberen Zimmer!« rief ich.

Und ich zwang Jacques, vor mir herzugehen, und verließ als letzter das Erdgeschoß.

Marguerite kam erschrocken vom Speicher herunter, wo sie gerade gewesen war. Sie mußte sich im Hintergrund des Zimmers neben Babet setzen, die schweigend und bleich mit bittenden Augen dasaß; wir hatten die kleine Marie zu Bett gebracht; sie hatte sich von ihrer Puppe nicht trennen wollen und schlief mit ihr im Arm friedlich. Der sanfte Schlummer des Kindes tat mir wohl. Als ich mich umdrehte und Babet erblickte, die den regelmäßigen Atemzügen des kleinen Kindes lauschte, vergaß ich die Gefahr und hörte nicht mehr, wie das Wasser an die Mauern schlug.

Jacques und ich mußten aber der Gefahr ins Auge sehen. Schon die Angst trieb uns, uns Rechenschaft von der Ausdehnung der Überschwemmung zu geben. Wir hatten das Fenster ganz weit geöffnet und beugten uns hinaus – fast wären wir hinuntergefallen – und starrten angestrengt in die Nacht hinaus: der Nebel war noch dichter geworden, zog über das Wasser und ließ einen feinen Regen niederstäuben, der uns durch die Kleider drang. Ein unbestimmter stahlblanker Schein war das einzige, was uns in der tiefen Finsternis die treibende Wasserfläche andeutete. Unten im Hof klatschte die Flut und stieg in sanften Wellenlinien die Mauer empor. Und wir hörten immer nur noch die zornige Durance und die Angst der Pferde und des Viehs.

Das Wiehern und Brüllen der armen Tiere zerschnitt mir die Seele. Jacques befragte mich mit einem Blick; er hätte sie gern befreit. Ihre Todesklagen wurden immer jämmerlicher, und plötzlich ertönte ein fürchterliches Krachen: die Ochsen hatten die Tür des Stalles gesprengt. Wir sahen sie, vom Wasser fortgerissen, an uns vorüberschwimmen. Und sie verschwanden im heulenden Fluß.

Da sprang mir die Wut in die Kehle; ich wurde fast wahnsinnig und drohte der Durance mit der Faust. Ich stand am Fenster und verfluchte sie.

»Mörderin!« schrie ich in das Toben des Wassers, »ich habe dich mit all meiner Liebe geliebt, du warst meine erste Geliebte, und heute bestiehlst du mich, zerstörst meinen Besitz und raubst mir mein Vieh. Sei verflucht! verflucht! ... Du hast mir Babet geschenkt, und sanft und freundlich spieltest du auf meinen Wiesen. Ich glaubte, du seist eine gute Mutter; ich weiß, Onkel Lazare liebte dein klares Wasser, auch ich glaubte, dir Dank schuldig zu sein ... Du bist eine Rabenmutter, ich schulde dir nur Haß.«

Aber die Durance übertönte mit ihrer Donnerstimme mein Schreien und gewaltig und gleichgültig wälzte sie ihre Fluten mit dem ruhigen Trotz der leblosen Dinge.

Ich ging in das Zimmer zurück und küßte Babet; die weinte. Die kleine Marie schlief lächelnd.

»Fürchte dich nicht«, sagte ich zu meiner Frau. »Das Wasser kann nicht ewig steigen ... Es wird sicher bald fallen ... Gefahr ist keine vorhanden.«

»Nein, es ist keine Gefahr«, wiederholte Jacques fieberhaft. »Das Haus ist fest.«

In diesem Augenblick neigte sich Marguerite, die ans Fenster getreten war, von neugieriger Furcht ergriffen, wie eine Irrsinnige weit hinaus und fiel mit dumpfem Aufschrei ins Wasser. Ich stürzte ans Fenster, konnte aber nicht verhindern, daß Jacques ihr nachsprang. Marguerite hatte ihn auf dem Arm getragen, er liebte sie wie ein Sohn. Beim Geräusch war Babet entsetzt mit gerungenen Händen aufgesprungen. Sie stand mit offenem Mund und aufgerissenen Augen und sah zum Fenster hin.

Ich hatte mich auf die Fensterbank gesetzt, das Wasser dröhnte in meinen Ohren. Ich weiß nicht, wie lange Babet und ich in dieser schmerzlichen Erstarrung blieben, als plötzlich eine Stimme uns rief. Es war Jacques, der sich unter dem Fenster an die Mauer klammerte. Ich reichte ihm die Hand, und er schwang sich hinein.

Babet umarmte ihn leidenschaftlich. Jetzt konnte sie weinen; ihr wurde leichter.

Von Marguerite wurde nicht gesprochen. Jacques wagte nicht zu sagen, daß er sie nicht hatte finden können, und wir wagten nicht danach zu fragen, wie sein Suchen verlaufen wäre. Er nahm mich beiseite und führte mich wieder ans Fenster.

»Vater«, sagte er halblaut, »das Wasser steht im Hof schon zwei Meter hoch, und der Fluß steigt noch immer. Wir können nicht länger hierbleiben.«

Jacques hatte recht. Das Haus bröckelte ab, die Bretter der Schuppen schwammen eines nach dem andern davon. Dann lastete Marguerites Tod auf uns. Babet war ganz außer sich und bat uns flehentlich, Hilfe zu schaffen. Nur die kleine Marie in dem großen Bett blieb ruhig: mit einem Engelslächeln schlief sie und hielt dabei ihre Puppe im Arm.

Die Gefahr wuchs mit jeder Minute. In jedem Augenblick konnte das Wasser durchs Fenster ins Zimmer dringen. Man hätte meinen können, eine Kriegsmaschine erschüttere das Haus mit dumpfen, starken, regelmäßigen Stößen. Der Strom mußte senkrecht aufs Haus schießen. Und wir konnten auf keine menschliche Hilfe rechnen!

»Jede Minute ist kostbar«, sagte Jacques angstvoll. »Sonst werden wir unter den Trümmern begraben … Wir wollen ein paar Bretter suchen und ein Floß bauen.«

Er sagte dies im Fieber. Sicher hätte ich mich tausendmal lieber mitten im Fluß auf ein paar zusammengebundenen Brettern befunden als unter dem Dach dieses Hauses, das bald einstürzen mußte. Aber woher die nötigen Balken nehmen? Wütend riß ich die Bretter aus den Schränken. Jacques zerbrach die Möbel, wir hängten die Fensterläden aus und suchten alle Holzstücke zusammen, die wir nur erreichen konnten. Und da wir fühlten, daß uns diese Trümmer nichts nützen konnten, warfen wir sie wutentbrannt in die Mitte des Zimmers und suchten nach etwas anderem.

Unsere letzte Hoffnung schwand, wir begriffen unsere Not und unsere Ohnmacht. Das Wasser stieg; die heisere Stimme der Durance schrie uns zornig an. Da brach ich in Schluchzen aus, nahm Babet zitternd in die Arme und flehte Jacques an, er solle zu uns kommen. Wir wollten alle drei engumschlungen gemeinsam in den Tod gehen.

Jacques stand wieder am Fenster. Und plötzlich rief er:

»Vater, wir sind gerettet ... Komm und sieh!«

Der Himmel war gnädig. Das Dach einer Scheune, das der Strom fortgerissen hatte, strandete an unserem Fenster. Dies Dach war mehrere Meter groß, aus leichten Balken und Stroh; es schwamm auf dem Wasser und mußte ein vortreffliches Floß abgeben. Ich faltete die Hände, ich hätte Holz und Stroh anbeten können.

Jacques sprang auf das Dach, nachdem er es kräftig festgebunden hatte. Er ging über das Stroh und überzeugte sich von der Festigkeit aller Teile. Das Stroh hielt; wir konnten uns unbedenklich hinauswagen.

»Oh, es wird uns schon alle tragen«, sagte Jacques fröhlich. »Sieh doch, wie wenig es ins Wasser einsinkt ... Nur die Steuerung wird nicht ganz leicht sein.«

Er blickte umher und ergriff zwei Stangen, die der Strom vorüberführte.

»Und da haben wir Ruder«, fuhr er fort ... »Vater, setze du dich hinten hin, ich vorn, dann können wir das Floß ganz bequem lenken. Nur drei Meter Tiefe ... Schnell, schnell, steigt ein, wir dürfen keine Minute verlieren.«

Meine arme Babet versuchte zu lächeln. Sorgsam hüllte sie die kleine Marie in einen Schal; das Kind war eben aufgewacht. In seinem Schrecken war es ganz still und seufzte tief. Ich stellte einen Stuhl ans Fenster und half Babet auf das Floß hinaus. Als ich sie in meinen Armen hielt, küßte ich sie in schmerzlicher Erregung; ich fühlte, daß dieser Kuß ein letzter Kuß war.

Das Wasser begann ins Zimmer zu strömen. Wir hatten nasse Füße. Ich schiffte mich als letzter ein; dann löste ich den Strick. Der Strom drückte uns an die Mauer; mit unendlicher Vorsicht und großen Anstrengungen gelang es uns schließlich, uns von dem Haus zu entfernen.

Allmählich war der Nebel gesunken. Als wir abfuhren, mochte es Mitternacht sein. Die Sterne schwammen noch in feuchtem Dampf; der Mond, der fast am Rande des Horizontes stand, erleuchtete die Nacht mit blassem, rotem Licht.

Und da erst erschien uns die Überschwemmung in ihrer ganzen gewaltigen Furchtbarkeit. Das Tal war zum Fluß geworden. Von einer Hügelreihe bis zur anderen, zwischen den dunklen Massen der Weinberge wälzte sich die Durance riesig groß; sie war das einzige Lebendige im toten Gesichtskreis, sie grollte mit ihrer Herrscherstimme und behielt auch im Zorn die Majestät ihrer Größe. Hin und wieder tauchten Gruppen von Bäumen als schwarze Flecke aus der weißen Fläche auf. Ich erkannte gerade vor uns die Wipfel der Eichenallee; der Strom stieß uns gegen die Zweige, die für uns Riffe waren. Um das Floß herum schwammen Trümmer, Holzstücke, leere Tonnen, Heubündel; der Fluß führte die Trümmer mit sich, die sein Zorn geschaffen hatte.

Links sahen wir die Lichter von Dourgues. Der Schein von Laternen durchirrte die Nacht. Das Wasser hatte nicht bis zu dem Dorf steigen können; nur die niedriger liegenden Teile waren überschwemmt. Es mußte bald Hilfe kommen. Wir sahen die Lichter auf dem Wasser und glaubten jeden Augenblick Ruderschläge zu hören.

Wir waren auf gut Glück hinausgefahren. Sobald das Floß in der Mitte des Stromes war und in den Wirbeln des Stromes kreiste, ergriff uns wieder die Angst, und wir bedauerten fast, den Hof verlassen zu haben. Ich wendete mich manchmal zurück und betrachtete das Haus, das noch immer aufrecht stand und sich grau vom weißen Wasser abhob. Babet, die in der Mitte des Floßes auf dem Stroh des Daches kauerte, hielt die kleine Marie auf dem Schoß und deren Kopf an ihre Brust gedrückt, damit das Kind die Schrecken des Flusses nicht sehe; sie saßen eng aneinandergeschmiegt und schienen beide durch die Furcht ganz klein geworden zu sein. Jacques, der vorne stand, stützte sich mit voller Wucht auf die Stange; er warf uns zuweilen schnelle Blicke zu und nahm dann wieder schweigend seine Arbeit auf. Ich half ihm, so gut ich konnte, aber meine Bemühungen, das Ufer zu erreichen, blieben erfolglos. Allmählich wurden wir sogar aus unserer Richtung getrieben, obgleich wir die Stangen tief und fest hineinstießen, eine Kraft, die aus der Tiefe des Wassers zu kommen schien, trieb uns vom Ufer fort. Langsam bemächtigte die Durance sich unser.

Wie wir so, in Schweiß gebadet, arbeiteten, packte uns der Zorn, wir kämpften mit dem Fluß wie mit einem lebendigen Wesen, wir suchten ihn zu besiegen, ihn zu verwunden, ihn zu töten. Er preßte uns in seine Riesenarme, und unsere Stangen wurden in unseren Händen zu Waffen, die wir ihm wütend in die Brust stießen. Er brüllte, warf uns seinen Geifer ins Gesicht, wand sich unter unseren Schlägen. Mit zusammengebissenen Zähnen wehrten wir uns gegen seinen Sieg. Wir wollten uns nicht ergeben. Und eine tolle Lust packte uns, das Ungeheuer zu zermalmen, es mit Faustschlägen zu töten.

Langsam kamen wir weiter. Wir waren schon am Eingang der Eichenallee. Die schwarzen Äste ragten aus dem Wasser, das mit klagendem Murren an ihnen zerrte. Ein Stoß an einen der Bäume konnte uns töten. Ich rief Jacques zu, wir wollten in die Allee einbiegen und uns an den Zweigen weiterziehen. Und so ging ich zum letzten Mal durch die Eichenallee, die ich in der Jugend und im reifen Mannesalter so oft durchwandert hatte. In dieser furchtbaren Nacht über dem heulenden Abgrund dachte ich an meinen Onkel Lazare; ich sah die schönen Stunden meines Lebens mich traurig anlächeln.

Am Ende der Allee siegte die Durance. Unsere Stangen kamen nicht mehr bis auf den Grund. Das Wasser wirbelte uns im gewaltigen Taumel seines Sieges mit fort. Jetzt konnte es mit uns machen, was es wollte. Wir gaben uns verloren. Wir schossen mit erschreckender Schnelligkeit dahin. Große Wolken, schmutzige durchlöcherte Fetzen, zogen über den Himmel; dann verbarg sich der Mond, eine traurige Dunkelheit sank nieder. Wir rollten ins Chaos. Riesige Wogen trugen uns gleich tintenschwarzen Fischrücken in wildem Tanz dahin. Ich sah weder Babet noch die Kinder. Ich fühlte mich schon tot.

Ich weiß nicht, wie lange diese Fahrt dauerte. Plötzlich erschien der Mond wieder, der Horizont wurde weiß. Und in diesem Licht sah ich eine schwarze Masse vor uns, die uns den Weg versperrte und auf die wir mit voller Wucht zutrieben. Wir waren verloren, wir mußten zerschellen.

Babet hatte sich erhoben. Sie reichte mir die kleine Marie.

»Nimm das Kind«, rief sie ... »laß mich, laß mich!«

Schon hatte Jacques Babet in seine Arme genommen. Mit starker Stimme rief er:

»Vater, rette du das Kind ... Ich will die Mutter retten.«

Die schwarze Masse war vor uns. Ich glaubte einen Baum zu erkennen. Der Zusammenstoß war entsetzlich, das Floß zerschellte, und Stroh und Balken wirbelten zerstreut im Wasser herum.

Ich fiel und drückte die kleine Marie fest an mich. Das eisige Wasser gab mir meinen Mut wieder. Als ich wieder an die Oberfläche gekommen war, richtete ich das Kind auf und legte es zur Hälfte auf meinen Nacken und begann mühsam zu schwimmen. Wäre die Kleine nicht ohnmächtig geworden, hätte sie sich gewehrt, wir wären beide vom Abgrund verschlungen worden.

Und während des Schwimmens preßte mir die Angst die Kehle zusammen. Ich rief Jacques, ich suchte ihn im Weiten, aber ich hörte nichts, nur das Rauschen, sah nichts, nur die bleiche Fläche der Durance. Jacques und Babet waren in der Tiefe geblieben. Sie mußte sich an ihn geklammert und in tödlicher Umarmung mit hinabgezogen haben. Welch furchtbarer Todeskampf! Wie gern wäre ich gestorben; ich ließ mich langsam niedersinken, ich wollte in der schwarzen Flut ganz mit ihnen vereint sein. Als aber die Flut das Gesicht der kleinen Marie erreichte, kämpfte ich wieder mit wilder Kraft, um das Ufer zu erreichen.

WIE MAN STIRBT

I

Graf de Verteuil ist fünfundfünfzig Jahre alt. Er gehört einer der berühmtesten Familien Frankreichs an und besitzt ein großes Vermögen. Da er mit der Regierung schmollt, beschäftigt er sich, so gut er kann; Artikel, die er in ernsten Zeitschriften veröffentlicht hat, haben ihn zum Mitglied der Akademie der Wissenschaften gemacht; außerdem hat er sich in Geschäfte eingelassen, sich der Reihe nach für Landwirtschaft, Viehzucht, schöne Künste begeistert. Einmal ist er sogar kurze Zeit Abgeordneter gewesen und hat sich durch die Heftigkeit seiner Opposition hervorgetan.

Die Gräfin Mathilde de Verteuil ist sechsundvierzig Jahre alt. Sie gilt noch immer als die entzückendste Blondine von Paris. Die Jahre machen ihre Haut noch weißer. Sie war früher ein wenig mager; jetzt haben ihre Schultern die Rundung einer seidenweichen Frucht. Sie ist nie schöner gewesen. Mit ihrem goldnen Haar und ihrer blendenden Haut gleicht sie der aufgehenden Sonne, wenn sie einen Salon betritt; und die zwanzigjährigen Frauen beneiden sie.

Der gräfliche Haushalt gehört zu denen, über die nicht gesprochen wird. Sie haben sich geheiratet, wie man sich eben meistens in ihren Kreisen heiratet. Aber sie sollen immerhin sechs Jahre lang sehr gut miteinander gelebt haben. Damals haben sie auch einen Sohn bekommen, der heute Leutnant ist, und eine Tochter, namens Blanche, die sich im vorigen Jahr mit Herrn von Bussac, dem Referenten über die Petitionen, vermählt hat. In ihren Kindern treffen sie zusammen. Sonst haben sie seit Jahren vollständig miteinander gebrochen, sind aber, wie man das so nennt, gute Freunde geblieben. Sie fragen einander um Rat, sie benehmen sich vor der Welt tadellos; aber sobald sie allein sind, ziehen sie sich voreinander sogleich in ihre Gemächer zurück und empfangen dort ihre Freunde.

Eines Tages kehrt Mathilde gegen zwei Uhr in der Nacht

von einem Ball heim. Ihre Kammerfrau zieht sie aus; dann – schon im Begriff, sich zurückzuziehen, sagt sie:

»Der Herr Graf waren heute Abend nicht ganz wohl.«

Die Gräfin, schon halb im Schlaf, wendet träge den Kopf:

»So!« murmelt sie.

Sie streckt sich und sagt:

»Wecken Sie mich morgen um zehn, ich erwarte die Putzmacherin.«

Am andern Morgen erscheint der Graf nicht zum Frühstück, und die Gräfin läßt fragen, wie es ihm ginge; endlich entschließt sie sich, zu ihm hinaufzugehen. Sehr bleich und sehr korrekt liegt er in seinem Bett. Drei Ärzte sind schon dagewesen, haben sich leise miteinander besprochen und Rezepte geschrieben; gegen Abend werden sie wiederkommen. Der Kranke wird von zwei Dienern gepflegt, die ernst, stumm und geräuschlos hin- und hergehen. Das große, ruhige Zimmer hat etwas Kaltes, Strenges; kein Stück Wäsche liegt herum, kein Stuhl ist verschoben. Es ist das tadellos würdige Krankenzimmer, das förmliche Krankenzimmer, das Besuche erwartet.

»Fühlst du dich sehr schlecht, lieber Freund?« fragt die Gräfin.

»Ach, nur ein wenig müde«, antwortet er. »Ich brauche nichts als Ruhe ... Ich danke dir, daß du dich heraufbemüht hast.«

Zwei Tage vergehen. Das Zimmer bleibt würdig; jedes Ding steht an seinem Platz, die Arzeneien verschwinden, ohne ein Möbel befleckt zu haben. Die rasierten Gesichter der Diener erlauben sich nicht einmal, gelangweilt auszusehen. Der Graf aber weiß, daß er in Lebensgefahr ist; er hat von den Ärzten die Wahrheit verlangt und läßt sie ohne ein Wort der Klage ihre Anordnungen treffen. Er liegt fast immer mit geschlossenen Augen, sonst blickt er starr vor sich hin, als denke er über seine Einsamkeit nach.

In der Gesellschaft sagt die Gräfin, ihr Mann sei nicht wohl. Sie hat ihre Lebensweise nicht geändert, sie ißt, schläft und geht spazieren wie immer. Jeden Morgen und jeden

Abend kommt sie selbst und fragt den Grafen, wie er sich befinde.

»Geht's jetzt besser, lieber Freund?«

»O ja, viel besser, ich danke dir, liebe Mathilde.«

»Wenn du willst, bleib ich bei dir.«

»Nein, das ist nicht nötig. Julien und François genügen mir.

Wozu solltest du dich bemühen?«

Sie verstehen sich, sie haben getrennt voneinander gelebt und wollen getrennt voneinander sterben. Der Graf kostet den bittern Genuß des Egoisten aus, der allein sterben will, ohne die langweilige Komödie des Schmerzes an seinem Lager. – Er verkürzt sich und der Gräfin, so gut es geht, die Unannehmlichkeiten des letzten Tête-à-tête. Sein einziger Wunsch ist, in angemessener Weise zu verschwinden, als Mann von Welt, der es versteht, niemand zu stören und abzustoßen.

Eines Abends, als er kaum noch atmet, weiß er, daß er diese Nacht nicht überleben wird und sagt zur Gräfin, die wie gewöhnlich erscheint, mit einem letzten Lächeln:

»Geh nicht fort ... Ich fühle mich nicht wohl.«

Er will ihr das Gerede der Leute ersparen. Sie hat diesen Rat erwartet. Und sie läßt sich im Zimmer nieder. Die Ärzte verlassen den Sterbenden nicht mehr. Die beiden Diener beenden mit dem ewig gleichen stummen Eifer ihren Dienst. Es ist nach den Kindern geschickt worden. Roger und Blanche stehen neben ihrer Mutter am Bett. Andere Verwandte sind im Nebenzimmer. So verstreicht die Nacht in banger Erwartung. Am Morgen werden die letzten Sakramente gebracht, der Graf empfängt vor allen das Abendmahl, um die Religion ein letztesmal zu ehren. Die Zeremonie ist beendet, er kann sterben.

Aber er beeilt sich nicht, scheint seine Kraft wiederzufinden, um einen krampfhaften, geräuschvollen Tod zu vermeiden. Im weiten, ernsten Raum hört man seinen Atem nur schwach, mit dem zerbrochenen Geräusch einer in Unordnung geratenen Uhr. Ein Mann von guter Erziehung stirbt.

Nachdem er seine Frau und seine Kinder umarmt hat, stößt er sie mit einer schwachen Bewegung zurück, kehrt sich zur Wand und stirbt allein.

Einer der Ärzte beugt sich nieder und schließt ihm die Augen. Dann sagt er mit halber Stimme:

»Es ist vorüber ...«

Seufzer und Schluchzen füllen den Raum. Die Gräfin, Roger und Blanche liegen auf den Knien. Sie weinen in ihre Hände hinein; man kann ihre Gesichter nicht sehen. Dann führen die beiden Kinder ihre Mutter fort, die an der Tür, als Ausdruck ihrer Verzweiflung, ihren Oberkörper in einem letzten Aufschluchzen hin- und herbewegt. Und nun gehört der Tote dem Prunk seiner Beerdigung.

Mit rundem Rücken und trübem Gesicht haben sich die Ärzte davongeschlichen. Ein Priester wird geholt, um bei der Leiche zu wachen. Die beiden Diener bleiben mit diesem Priester auf und sitzen steif und würdevoll auf Stühlen. Der eine bemerkt einen liegengebliebenen Löffel, er erhebt sich und läßt ihn rasch in seine Tasche gleiten, damit die schöne Ordnung des Zimmers nicht gestört werde.

Unten im großen Saal hört man Hämmern: Tapezierer errichten dort einen Katafalk. Einen ganzen Tag dauert die Einbalsamierung; die Türen sind geschlossen, der Einbalsamierer ist mit seinem Gehilfen allein. Als man am andern Tag den Grafen hinuntergeschafft hat und ihn ausstellt, ist er im Frack und sieht jugendlich frisch aus.

Am Morgen des Beerdigungstages füllt sich von neun Uhr an das Palais mit Stimmengemurmel. Der Sohn und der Schwiegersohn des Verstorbenen empfangen die Trauerversammlung in einem Salon; sie verneigen sich, sie haben die stumme Höflichkeit tiefbetrübter Menschen. Alle Berühmtheiten sind da, der Adel ist vertreten, die Armee, der Richterstand; sogar Mitglieder des Senats und des ›Instituts‹ sind erschienen.

Um zehn Uhr setzt sich der Zug endlich in Bewegung. Der Leichenwagen erster Klasse mit Federbüschen und silberbefransten Behängen. Die Schnüre des Leichentuches werden von einem Marschall von Frankreich, einem Herzog, einem früheren Minister und einem Akademiker gehalten. Roger de Verteuil und Herr de Bussac eröffnen den Leichenzug. Dann kommt das Gefolge, eine Flut von Männern in schwarzen Handschuhen und schwarzen Krawatten, lauter einflußreiche Persönlichkeiten, die im Staube keuchen und mit dem dumpfen Getrappel einer in Unordnung geratenen Viehherde gehen.

Alle Fenster sind mit Menschen besetzt; und Menschen bilden auf dem Bürgersteig Spalier, nehmen den Hut ab und sehen den prunkhaften Leichenwagen kopfschüttelnd vorüberziehen. Der Verkehr ist durch eine endlose Reihe von Trauerkaleschen unterbrochen, die fast alle leer sind; die Omnibusse, die Droschken sammeln sich an den Straßenkreuzungen an, man hört die Kutscher fluchen und mit der Peitsche knallen. Die Gräfin de Verteuil ist zu Hause geblieben, sie hat sich in ihrem Zimmer eingeschlossen, die Tränen hätten sie völlig erschöpft, heißt es. Sie liegt auf einer Chaiselongue, spielt mit der Quaste ihres Gürtels und blickt erleichtert und träumerisch zur Decke hinauf.

In der Kirche dauert die Feierlichkeit über zwei Stunden. Die ganze Priesterschaft ist in Bewegung; seit dem Morgen sieht man geschäftige Priester in Chorhemden Befehle geben, sich die Stirn wischen und sich laut schneuzen. In der Mitte des schwarz ausgeschlagenen Kirchenschiffes leuchtet ein Katafalk. Endlich ist das Gefolge untergebracht, die Frauen links, die Männer rechts, die Orgel wehklagt, die Sänger stöhnen dumpf, die Kinderchöre schluchzen heftig; während in den Kandelabern hohe, grüne Flammen brennen, die mit ihrer düsteren Blässe den Pomp der Leichenfeier erhöhen.

»Singt Faure nicht?« fragt ein Deputierter seinen Nachbarn.

»Ja, ich glaube«, antwortet der Nachbar, ein ehemaliger Präfekt, ein schöner Mann, der die Damen aus der Entfernung anlächelt.

Und als die Stimme des Sängers sich in der erbebenden Kirche emporschwingt:

»Oh, diese Schule, diese Fülle!« Er sagt es mit halber Stimme und wiegt entzückt den Kopf.

Die ganze Versammlung ist hingerissen. Die Damen denken leise lächelnd an die Abende in der Oper. Dieser Faure ist wirklich ein großes Talent! Ein Freund des Verstorbenen behauptet sogar:

»Er hat nie schöner gesungen ... Wie schade, daß der arme Verteuil ihn nicht mehr hören kann! Er hat ihn ja so geliebt!«

Die Sänger in ihren schwarzen Chorröcken umkreisen den Katafalk. Die Geistlichen, zwanzig an der Zahl, neigen sich, singen lateinische Sätze, schwingen Weihwedel. Endlich zieht die Versammlung selbst am Sarg vorüber, die Weihwedel gehen von Hand zu Hand. Dann drückt man der trauernden Familie die Hände und geht ins Freie. Draußen blendet der Tag die Menge.

Es ist ein schöner Junitag. In der warmen Luft fliegen leichte Fäden. Auf dem kleinen Platz vor der Kirche entsteht ein Gedränge. Es dauert lange, bis der Zug sich wieder geordnet hat. Wer nicht weiter mitgehen will, verschwindet. Zweihundert Meter entfernt, am Ende der Straße, sieht man die Federbüsche des Leichenwagens schwanken und verschwinden, und noch ist der Platz voll von Equipagen. Man hört das Zuschlagen der Türen und das schnelle Trappeln der Pferde auf dem Pflaster, die Kutschen lenken in die Reihe ein, der Zug nimmt den Weg zum Kirchhof.

In den Wagen fühlt man sich wohl, man kann sich einbilden, man führe langsam durch den Pariser Frühling in den Bois. Da man den Leichenwagen nicht mehr sieht, vergißt man die Beerdigung schnell: man plaudert, die Damen sprechen vom kommenden Sommer, die Männer von ihren Geschäften.

»Sagen Sie doch, Liebste, gehen Sie im Sommer auch nach Dieppe?«

»Ja, vielleicht, aber erst im August ... Sonnabend reisen wir auf unser Gut an der Loire.«

»Und dann, lieber Freund, hat er den Brief entdeckt, und sie haben sich geschlagen. Oh, eine ganz kleine, diskrete Sache, bloß eine harmlose Schramme – – Am Abend hab ich mit ihm im Klub gegessen. Er hat mir sogar fünfundzwanzig Louis im Spiel abgenommen.«

»Nicht wahr? Die Aktionärsversammlung ist übermorgen? … Sie wollen mich in den Aufsichtsrat wählen. Ich bin so beschäftigt, ich weiß nicht, ob ich's annehmen kann.«

Der Zug biegt in eine Allee ein. Schattige Kühle sinkt von den Bäumen, und die strahlende Heiterkeit der Sonne singt im Grün. Auf einmal beugt sich eine Dame hinaus und ruft: »Nein, wie nett es hier ist!«

Der Zug betritt den Kirchhof Montparnasse. Alles schweigt, nur das Knirschen der Räder im Sand der Allee ist zu hören. Ganz ans Ende führt der Weg, die Grabstätte der Verteuils ist ganz hinten links: ein großes Grabmal aus weißem Marmor, eine reich mit Skulpturen geschmückte Kapelle. Der Sarg wird vor der Tür dieser Kapelle niedergesetzt, und die Reden beginnen.

Vier Reden werden gehalten. Der ehemalige Minister schildert die politische Laufbahn des Verstorbenen, den er ein bescheidenes Genie nennt, der Frankreich hätte retten können, wenn er die Intrigen nicht verschmäht hätte. Dann spricht ein Freund von den rein menschlichen Tugenden des Mannes, den alle Welt beweine. Dann ergreift ein unbekannter Herr das Wort als Abgeordneter einer Aktiengesellschaft, deren Ehrenpräsident Graf de Verteuil gewesen ist. Endlich gibt ein kleiner Mann mit grauem Gesicht der Trauer der Akademie der Wissenschaften beredten Ausdruck.

Während der Reden sehen sich die Leidtragenden die nächsten Gräber an und lesen die Inschriften auf den Marmorplatten. Die wenigen, die zuhören, verstehen nur einzelne Worte. Ein alter Herr mit zugekniffenen Lippen, der die Worte verstanden hat: »… glänzende Eigenschaften des Herzens, Edelsinn und Güte eines großen Charakters …«, schüttelt das Kinn und murmelt ganz leise:

»Jawohl! Ich hab ihn gekannt, ein Hund war er!«

Das letzte Lebewohl zerflattert in der Luft. Als die Priester die Leiche gesegnet haben, geht alles fort, und die Totengräber senken den Sarg hinunter. Die Stricke reiben sich hörbar, der Eisensarg kracht. Graf de Verteuil ist in seinem Heim.

Und die Gräfin auf ihre Chaiselongue hat sich nicht gerührt. Die spielt noch immer mit der Quaste ihres Gürtels, und noch immer blicken ihre Augen träumerisch zur Decke hinauf; aber diese Träumerei färbt die Wangen der schönen Blondine seltsam rot.

II

Frau Guérard ist Witwe. Ihr Mann, der vor acht Jahren gestorben ist, war Beamter. Sie gehört zur Crème der Bourgeoisie und besitzt zwei Millionen. Sie hat drei Kinder, drei Söhne, von denen jeder fünfmalhunderttausend Francs geerbt hat. Aber die Söhne dieser kalten, strengen und gezierten Familie sind wie wilde Schößlinge emporgewachsen, mit Begierden und Tollheiten, die sie Gott weiß woher genommen haben. In wenigen Jahren haben sie ihre fünfmalhunderttausend Francs durchgebracht. Der älteste, Charles, hat sich für die Ingenieurwissenschaften begeistert und unsinniges Geld in unglaubliche Erfindungen gesteckt; den zweiten, Georges, haben die Frauen ausgezogen. Der dritte, Maurice, ist von einem Freund ausgenommen worden, mit dem er ein Theater bauen wollte. Heute liegen die drei Söhne der Mutter auf dem Geldbeutel, die ihnen gern Kost und Wohnung gibt, aber vorsichtig alle Schlüssel von den Schränken abzieht und bei sich behält.

Sie bewohnen eine Flucht von Zimmern in der Rue de Turenne, im Marais. Frau Guérard ist achtundsechzig Jahre alt. Mit dem Alter haben sich bei ihr allerhand fixe Ideen eingestellt. Sie verlangt die Stille und Reinlichkeit eines Klosters um sich. Sie ist geizig, zählt die Stücke Zucker, verschließt die angebrochenen Flaschen eigenhändig und gibt je nach Bedarf die Tischwäsche und das Tafelgeschirr aus. Ihre Söhne lieben sie sehr, und sie beherrscht sie trotz ihrer dreißig Jahre und ihrer Dummheit noch völlig. Aber wenn sie sich allein mitten unter diesen drei großen Teufeln sieht, ist sie von dumpfer Unruhe erfüllt, sie fürchtet immer, daß sie sie um

Geld bitten könnten, und weiß nicht recht, wie sie's ihnen abschlagen soll. Daher hat sie dafür gesorgt, daß ihr Vermögen in Immobilien angelegt wurde: sie hat drei Häuser in Paris und Grundstücke in Vincennes. Diese Besitzungen machen ihr viel Arbeit; aber sie ist ruhig, sie kann auf diese Weise keine großen Summen auf einmal hergeben.

Charles, Georges und Maurice plündern das Haus so gut sie können. Und keiner gönnt dem anderen etwas; sie werfen sich gegenseitig ihre Gier vor. Der Tod ihrer Mutter wird sie wieder reich machen; das wissen sie, und das veranlaßt sie, faul zu warten. Obgleich sie niemals davon sprechen, beschäftigten sie sich doch in Gedanken immer mit der Teilung; falls sie sich nicht einigen können, wird alles verkauft werden müssen, und dabei geht immer viel verloren. Und ohne böse Wünsche denken sie an diese Dinge, einfach, weil man doch alles vorausbedenken muß. Sie sind lustige, gute Jungen; wie alle Welt wünschen sie, daß ihre Mutter so lange wie möglich lebe. Sie steht ihnen nicht im Wege. Sie warten nur, das ist alles.

Eines Abends, als Frau Guérard vom Tisch aufsteht, fühlt sie sich unwohl. Ihre Söhne zwingen sie, sich niederzulegen und lassen sie mit ihrer Kammerfrau allein, da sie versichert, es gehe ihr besser, sie habe nur heftige Migräne. Aber am anderen Morgen steht es schlimm mit der alten Dame, der Hausarzt ist besorgt und rät zu einer Konsultation. Frau Guérard ist in Lebensgefahr. Und nun spielt sich acht Tage lang ein Drama am Bett der Sterbenden ab.

Als sie durch ihre Krankheit an ihr Zimmer gefesselt wurde, war ihre erste Sorge, sich alle Schlüssel geben zu lassen und sie unter ihrem Kopfkissen zu verstecken. Sie will noch von ihrem Bett aus alles leiten, will ihre Schränke vor Plünderung schützen. Sie kämpft mit sich selbst, Zweifel zerreißen sie. Erst nach langem Zögern entscheidet sie sich. Ihre drei Söhne sind bei ihr, und sie sucht sie mit ihren umherirrenden Augen zu ergründen, sie erwartet eine Inspiration.

An einem Tag vertraut sie sich Georges an. Sie macht ihm ein Zeichen, näherzutreten, und sagt halblaut:

»Hier, nimm den Büffetschlüssel und bring mir Zucker ... Du mußt wieder ordentlich zuschließen und mir den Schlüssel zurückgeben.«

An einem andern Tag wieder mißtraut sie Georges, verfolgt ihn mit den Augen, sobald er sich rührt, als fürchte sie, er könne die Nippsachen auf dem Kamin in seiner Tasche verschwinden lassen. Sie ruft Charles herbei, gibt ihm den Schlüssel und flüstert:

»Die Kammerfrau wird mit dir gehen. Du wirst zusehen, wie sie die Bettücher herausnimmt und wirst dann selbst zuschließen.«

Die größte Marter ihres Sterbens ist, daß sie nun nicht mehr die Ausgaben des Hauses überwachen kann. Sie kennt die Torheiten ihrer Kinder, sie weiß, daß sie faul, gefräßig, nicht ganz klar im Kopf und verschwenderisch sind. Schon lange hat sie keine Achtung mehr vor ihnen, sie haben keinen ihrer Träume erfüllt, sie sind ein Hohn auf ihre Sparsamkeit und Strenge. Die Liebe allein lebt noch und verzeiht. In der Tiefe ihrer flehenden Augen liest man, daß sie sie bittet, mit dem Leeren ihrer Schubladen und dem Teilen ihres Eigentums zu warten, bis man sie fortgetragen hat. Diese Teilung mit anzusehen, wäre für ihren sterbenden Geiz eine gräßliche Qual.

Aber Charles, Georges und Maurice benehmen sich musterhaft. Sie richten es so ein, daß abwechselnd immer einer bei der Mutter ist. Aber ohne es zu wollen, bringen sie die Sorglosigkeit von draußen mit, den Geruch der Zigarren, die sie geraucht haben, das Interesse für Neuigkeiten, die die Stadt durchschwirren. Und der Egoismus der Kranken leidet darunter, daß sie in ihrer letzten Stunde nicht alles für ihre Kinder ist. Dann, als sie schwächer wird, legt sich ihr Mißtrauen kältend zwischen sie und ihre Kinder. Sie denken sowieso schon an die Erbschaft, und die Mutter bringt sie dadurch, daß sie die Erbschaft bis zum letzten Atemzug verteidigt, immer mehr auf solche Gedanken. Sie blickt die Söhne scharf und so ängstlich an, daß sie den Kopf abwenden. Dann glaubt sie, daß sie auf ihren Todeskampf warten;

und wirklich erwarten sie ihn, da die stumme Frage ihrer Blicke ihnen beständig davon spricht. Sie weckt in ihnen die Geldgier. Wenn sie einen von ihnen träumerisch und bleich sieht, sagt sie zu ihm:

»Komm mal her … woran denkst du?«

»An nichts, Mama.«

Aber er ist zusammengefahren. Sie schüttelt langsam den Kopf und sagt:

»Ich mache euch viel Sorge, liebe Kinder. Aber quält euch nicht, ich werde bald nicht mehr dasein.«

Sie umringen sie, sie schwören, daß sie sie liebhaben und sie retten werden. Sie schüttelt eigensinnig den Kopf; sie versinkt immer tiefer in ihr Mißtrauen. Es ist ein furchtbares, durch das Geld vergiftetes Sterben.

Drei Wochen dauert die Krankheit. Fünf Konsultationen haben schon stattgefunden, die größten medizinischen Berühmtheiten hat man kommen lassen. Die Kammerfrau hilft den Söhnen bei der Pflege der Mutter; und trotz aller Bemühungen ist das Zimmer doch ein wenig in Unordnung geraten. Jede Hoffnung ist aufgegeben, der Arzt erklärt, daß von Stunde zu Stunde alles zu Ende sein kann.

Da, eines Morgens, sprechen die Söhne, die glauben, daß ihre Mutter eingeschlafen sei, am Fenster von einer Schwierigkeit, die sich zeigt. Der fünfzehnte Juli ist vor der Tür; sie hatte die Gewohnheit, den Mietzins in ihren Häusern selbst zu erheben, sie wissen nicht, wie sie das Geld nun eintreiben sollen. Die Hausmeister haben deswegen schon angefragt. Sie ist so schwach, daß sie mit ihr nicht von Geschäften sprechen können. Und doch, wenn's zur Katastrophe kommt, haben sie das Geld nötig, um allerlei persönliche Ausgaben zu bestreiten.

»Lieber Gott!« sagte Charles leise, »ich will zu den Mietern hingehen … Sie werden die Situation verstehen und zahlen.«

Aber Georges und Maurice schienen damit nicht sehr einverstanden. Auch sie waren mißtrauisch geworden.

»Wir können ja mitgehen«, sagte Georges. »Wir haben alle drei Ausgaben zu machen.«

»Aber ich gebe euch das Geld doch ... Ihr haltet mich doch nicht für fähig, damit durchzubrennen – was?«

»Nein, aber immerhin ist es besser, wenn wir's gemeinschaftlich tun. Es ist korrekter.«

Und sie sehen sich mit Augen an, darin der Zorn und der Groll der Erbteilung funkeln. Der Nachlaß ist da, jeder will das beste Teil erwischen.

Charles fängt plötzlich im Eifer laut zu sprechen an:

»Also hört mal zu, wir wollen alles verkaufen, das wird das Beste sein ... Wenn wir uns heute schon zanken, werden wir uns morgen prügeln.«

Ein Röcheln ließ ihre Köpfe herumfahren. Ihre Mutter hatte sich bleich, mit wilden Augen, von Fieberfrost geschüttelt, erhoben. Sie hatte alles gehört, sie streckt ihre mageren Arme aus, sie stößt mit furchtbarer Stimme hervor:

»Kinder ... Kinder ...«

Ein Krampf wirft sie aufs Kissen zurück, sie stirbt in dem entsetzlichen Gedanken, daß ihre Kinder sie bestehlen.

Alle drei sind vor dem Bett auf die Knie gefallen. Sie küssen die Hände der Toten, sie schließen schluchzend ihre Augen. In diesem Augenblick sind sie wieder Kinder, sind Waisen. Aber dieser furchtbare Tod bleibt in der Tiefe ihrer Herzen wie Reue und Haß zurück.

Die Kammerfrau zieht die Leiche an. Es wird nach einer Nonne geschickt, die bei ihr wachen soll. Unterdessen sind die drei Söhne unterwegs; sie melden den Tod, bestellen die Todesanzeigen, ordnen das Begräbnis an. Nachts wachen sie abwechselnd mit der Nonne bei der Leiche. Im Zimmer, dessen Vorhänge zugezogen sind, liegt die Tote lang ausgestreckt, mit steifem Hals und gekreuzten Händen, ein Kruzifix auf der Brust, in ihrem Bett. Neben ihr brennt eine Wachskerze. Ein Buchsbaumreis liegt am Rande einer Schale mit geweihtem Wasser. Und die Wache geht beim Morgengrauen zuende. Die Nonne bittet um heiße Milch, weil sie sich nicht wohl fühlt. Eine Stunde vor der Beerdigung füllt sich das Treppenhaus mit Menschen. Der Torweg ist mit silberbefransten Draperien überspannt. Hier ist der Sarg wie im Hintergrund einer kleinen Kapelle ausgestellt, von Wachslichtern umgeben, von Kränzen und Sträußen bedeckt. Jeder Eintretende ergreift einen Wedel aus einem Weihwasserkessel zu Füßen des Sarges und besprengt die Leiche. Um elf Uhr setzt sich der Zug in Bewegung. Die Söhne der Verstorbenen eröffnen den Leichenzug. Hinter ihnen Beamte, einige Großkaufleute, eine Masse ernster Bürger, die mit abgemessenen Schritten würdevoll schreiten, aber doch die Neugierigen auf den Trottoiren rechts und links mit verstohlenen Blicken streifen. Hinter dem Gefolge zwölf Trauerkaleschen. Sie werden viel bemerkt und gezählt.

Die Trauergäste sind sehr gerührt über Charles, Georges und Maurice, die im Frack und in schwarzen Handschuhen mit gesenkten Köpfen und rotgeweinten Gesichtern hinter dem Sarg hergehen. Es ist nur eine Stimme darüber, daß sie ihre Mutter sehr anständig beerdigen. Der Leichenwagen dritter Klasse: man rechnet nach, daß sie mehrere tausend Francs ausgegeben haben. Ein alter Notar sagt mit feinem Lächeln:

»Wenn Frau Guérard die Beerdigung selbst bezahlt hätte, wäre alles viel einfacher.«

In der Kirche ist die Tür geschmückt, die Orgel spielt, der Ablaß wird vom Pfarrer des Kirchspiels erteilt. Dann, als die Trauergäste an der Leiche vorübergegangen sind, haben sich am Eingang zum Schiff der Kirche die drei Söhne aufgestellt und empfangen die Händedrücke derer, die nicht mit auf den Friedhof können. Zehn Minuten lang stehen sie mit ausgestreckten Armen, drücken die Hände, ohne die Menschen auch nur zu kennen, und beißen sich die Lippen, um ihre Tränen zurückzuhalten. Sehr erleichtert fühlen sie sich, als die Kirche leer ist und sie ihren langsamen Marsch hinter dem Leichenwagen wieder aufnehmen.

Die Gruft der Familie Guérard ist auf dem Friedhof Père-Lachaise. Viele gehen zu Fuß weiter, andere steigen in den Wagen. Der Zug überquert die Place de la Bastille und geht die Rue de la Roquette hinunter. Vorübergehende heben die Köpfe und nehmen die Hüte ab. Es ist ein reicher Leichenzug, den die Handwerker dieses dichtbevölkerten Viertels vorüberziehen sehen, während sie ihre Würstchen auf Brot essen.

Auf dem Friedhof angekommen, biegt der Zug links ein und ist gleich am Grab: ein kleines Denkmal, eine gotische Kapelle, die am Giebeldach in schwarzer Schrift die eingemeißelten Worte trägt: *Familie Guérard*. Durch die weitgeöffnete Tür sieht man einen Altartisch, auf dem Wachskerzen brennen. Um das Grabmal herum ziehen sich andere Bauwerke im gleichen Geschmack und bilden Straßen; man könnte sie für das Schaufenster eines Möbelhändlers halten mit Schränken, Kommoden, Schreibtischen, die soeben fertiggestellt worden und in regelmäßiger Ordnung ausgestellt sind. Die Anwesenden sind zerstreut, sie zergliedern diese Architektur, sie suchen unter den Bäumen der nächsten Allee ein wenig Schatten. Eine Dame geht weiter fort, um einen prachtvollen Rosenstrauch zu bewundern, der auf einem Grab blüht und duftet.

Der Sarg ist hinuntergeschafft. Ein Priester spricht die letzten Gebete, während die Totengräber in blauen Jacken einige Schritte entfernt warten. Die drei Söhne schluchzen und sehen ins offene Grabgewölbe hinunter, dessen Steinplatte abgehoben ist; dort im kühlen Schatten werden auch sie einst schlafen. Als die Totengräber kommen, führen gute Freunde sie fort.

Und zwei Tage darauf zanken sie sich beim Notar ihrer Mutter mit zusammengebissenen Zähnen und trockenen Augen, mit dem Zorn von Feinden, die entschlossen sind, nicht einen Centime nachzugeben. Ihr Vorteil wäre es, zu warten und den Verkauf der Besitzungen nicht zu übereilen. Aber sie werfen sich ihre Wahrheiten ins Gesicht: Charles würde alles mit seinen Erfindungen durchbringen; Georges müsse ein paar Mädchen haben, die ihn ausraubten; Maurice stecke sicher noch in irgendeiner tollen Spekulation, die ihr Geld mit verschlingen würde. Vergeblich versucht der Notar, sie zu einem friedlichen Vergleich zu bestimmen. Sie trennen sich mit der Drohung, sich gerichtliche Ladungen zuzuschicken.

Die Tote mit ihrem Geiz und ihrer Angst vor dem Bestohlenwerden steht in ihnen wieder auf. Wenn das Geld den Tod vergiftet, bringt der Tod nur Zorn. Man prügelt sich über den Särgen.

III

Herr Rousseau hat mit zwanzig Jahren eine Waise von achtzehn Jahren, Adèle Lemercier, geheiratet. Am Abend ihrer Hochzeit besaßen sie zusammen siebzig Francs. Zuerst verkauften sie unter einem Torweg Briefpapier und Siegellack. Dann haben sie ein Loch gemietet, einen handgroßen Laden, in dem sie zehn Jahre geblieben sind und allmählich ihr Geschäft vergrößert haben. Jetzt besitzen sie einen Papierladen in der Rue de Clichy, der wohl fünfzigtausend Francs wert ist.

Adèle ist schwächlich. Sie hat immer ein bißchen gehustet. Die eingeschlossene Luft im Laden, das ewige Sitzen an der Kasse bekommen ihr nicht. Ein Arzt, den sie konsultiert haben, hat Ruhe und Spaziergänge bei schönem Wetter verordnet. Das sind aber Verordnungen, die man nicht befolgen kann, wenn man rasch zu Geld kommen will, um später in Ruhe sorglos leben zu können. Adèle sagte, später, wenn sie alles verkauft und sich in der Provinz niedergelassen hätten, wolle sie ausruhen und spazierengehen.

Herr Rousseau ist oft sehr besorgt, wenn er sie so bleich mit roten Flecken auf den Wangen sieht. Aber das Geschäft nimmt ihn ganz in Anspruch, er kann nicht immer hinter ihr her sein, um sie zu hindern, Unvernünftigkeiten zu begehen. Ganze Wochen findet er keinen Augenblick Zeit, mit ihr von ihrer Gesundheit zu sprechen. Hört er dann wieder einmal ihren kurzen, trockenen Husten, ist er besorgt; er zwingt sie, ihren Schal umzunehmen und geht mit ihr spazieren. Aber sie kommt noch müder heim und hustet noch mehr; die Geschäfte schlagen wieder über Herrn Rousseau zusammen; die Krankheit ist wieder vergessen, bis zu einer neuen Krisis. So geht's im Geschäft: man stirbt, ohne Zeit gehabt zu haben, sich zu pflegen.

Eines Tages nimmt Herr Rousseau den Arzt beiseite und bittet ihn, ihm aufrichtig zu sagen, ob seine Frau in Gefahr sei. Der Arzt sagt zuerst, daß man auf die Natur zählen solle, er habe schon viel kränkere Leute gesund werden sehen. Dann, in die Enge getrieben, gesteht er, daß Frau Rousseau die Schwindsucht habe, und sogar in sehr fortgeschrittenem Stadium. Der Ehemann wird weiß im Gesicht, als er das hört. Er liebt Adèle um der gemeinsam verlebten schweren Zeit willen, die sie durchgemacht haben, bevor sie täglich Weißbrot essen konnten. Sie ist nicht nur seine Frau, sondern auch sein Teilhaber, dessen Fleiß und Klugheit er kennt. Wenn er sie verliert, wird nicht nur sein Herz, sondern auch sein Geschäft getroffen. Aber Kopf hoch, er kann nicht seinen Laden schließen und nach Herzenslust weinen. Und er läßt sich nichts anmerken, er will Adèle nicht durch verweinte Augen erschrecken. Er lebt nach alter Weise weiter. Nach einem Monat schon fängt er zu zweifeln an. Gewiß hat der Arzt sich versehen. Adèle sieht nicht mehr wie eine Kranke aus. Und er sieht schließlich zu, wie sie langsam dahinstirbt, ohne selbst sehr dabei zu leiden, da seine Geschäfte ihn ablenken und er wohl eine Katastrophe erwartet, aber doch erst in unendlich ferner Zeit. Seine Frau sagt zuweilen:

»Ach, wenn wir erst auf dem Lande sind, wirst du schon sehen, wie gesund ich sein werde ... Lieber Gott, es sind ja nur noch acht Jahre. Wie rasch werden die vergehen!«

Und Herr Rousseau denkt gar nicht daran, daß sie sich sofort mit einer kleineren Rente zurückziehen könnten. Adèle würde es auch nicht wollen. Wenn man einmal eine Zahl festgesetzt hat, soll man sie auch erreichen.

Aber Frau Rousseau hat schon zweimal im Bett bleiben müssen. Sie ist dann wieder aufgestanden und hat sich an die Kasse gesetzt. Die Nachbarn sagen: »Die kleine Frau macht's nicht mehr lange.« Und sie täuschen sich nicht. Gerade während der Inventur muß sie zum drittenmal im Bett bleiben. Der Arzt kommt am Morgen, plaudert mit ihr und schreibt zerstreut ein Rezept. Herr Rousseau wird benachrichtigt und weiß, daß die Katastrophe naht. Aber die Inventur hält ihn im Laden fest; nur ab und zu hat er fünf Minuten für sie übrig. Wenn der Arzt da ist, kommt er herein; dann geht er mit ihm fort und erscheint erst vor dem Frühstück wieder für einen Augenblick; er legt sich um elf Uhr im Wohnzimmer schlafen, wo ein Feldbett für ihn aufgestellt ist. Das Dienstmädchen Françoise pflegt die Kranke. Ein greuliches Mädchen, diese Françoise, mit großen, roten Händen, von zweifelhafter Höflichkeit und Reinlichkeit! Sie stößt die Sterbende hin und her, gibt ihr verdrießlich die Medizin ein, macht fürchterlichen Lärm, wenn sie das Zimmer kehrt und läßt es in großer Unordnung; klebrige Fläschchen stehen auf der Kommode, die Schüsseln werden nie gewaschen. Wischlappen hängen über den Stuhllehnen; man weiß nicht mehr, wohin man treten soll, so voll liegt der Boden mit allem möglichen Zeug. Frau Rousseau aber beklagt sich nicht und begnügt sich damit, mit der Faust gegen die Wand zu schlagen, wenn sie das Mädchen ruft und dieses nicht antworten will. Françoise hat mehr zu tun, als sie zu pflegen; sie muß den Laden in Ordnung halten und für den Herrn und die Kommis kochen, außerdem noch alles einkaufen und viele unvorhergesehene Arbeiten verrichten. So kann die Frau gar nicht verlangen, daß sie immer bei ihr sei. Sie pflegt sie, wenn sie Zeit hat.

Übrigens beschäftigt sich Adèle sogar im Bett noch mit dem Geschäft. Sie verfolgt den Absatz, sie fragt jeden Abend, wie es geht. Die Inventur beruhigt sie. Wenn ihr Mann für einige Augenblicke zu ihr kommen kann, spricht sie mit ihm nicht von ihrer Gesundheit, sondern nur von dem voraussichtlichen Überschuß. Großen Kummer macht es ihr zu hören, daß er dies Jahr nur mittelmäßig ist, vierzehnhundert Francs Reingewinn weniger als im vorigen Jahr. Wenn das Fieber sie schüttelt, denkt sie noch auf ihrem Krankenlager an die Aufträge der letzten Woche, sie bringt Rechnungen in Ordnung und regiert das Haus. Und will ihr Mann länger bei ihr bleiben, so schickt sie ihn fort. Seine Nähe macht sie nicht gesund, und im Geschäft ist er unentbehrlich. Sie ist überzeugt, daß die Kommis müßig zum Fenster hinausgucken, sie wiederholt: »Geh doch in den Laden, lieber Freund, ich brauche nichts, ich versichere es dir. Und vergiß nicht, Hefte zu bestellen, weil die Schulen wieder angehen und wir nicht genug Hefte haben.«

Lange täuscht sie sich über ihren wahren Zustand. Sie hofft immer, morgen aufstehen und sich an die Kasse setzen zu können. Sie macht sogar Pläne: sobald sie ausgehen könnte, wollten sie einen Sonntag in Saint-Cloud verbringen. Noch nie hat sie sich so nach Bäumen gesehnt. Eines Morgens ist sie plötzlich ganz ernst. In der Nacht, als sie ganz allein dalag, mit weitgeöffneten Augen, hat sie begriffen, daß sie sterben muß. Sie sagt bis zum Abend nichts, sie starrt zur Decke hinauf und denkt nach. Und am Abend hält sie ihren Mann zurück, sie spricht ruhig, als ob sie ihm eine Faktur vorlegte.

»Höre mich an, morgen mußt du einen Notar holen. Ganz in der Nähe, in der Rue Lazare wohnt einer.«

»Wozu einen Notar?« ruft Herr Rousseau, »wir sind noch nicht so weit, sicher nicht!«

Und wieder sagt sie ruhig und vernünftig: »Kann sein! Aber es wird mir eine Beruhigung sein, wenn ich weiß, daß unsere Geschäfte in Ordnung sind. – Als wir beide nichts hatten, haben wir uns mit Gütergemeinschaft geheiratet. Heute, wo wir etwas verdient haben, will ich nicht, daß meine Familie kommt und dich plündert ... Meine Schwester Agathe ist nicht so freundlich, daß ich ihr etwas vermachen möchte. Lieber wollte ich alles ins Grab mitnehmen.«

Und sie ist hartnäckig, sie besteht darauf, daß ihr Mann morgen den Notar hole. Sie fragt diesen allerlei, da sie wünscht, daß alles klar feststehe und nichts angefochten werden könne. Als das Testament aufgesetzt und der Notar fortgegangen ist, streckt sie sich aus und murmelt:

»Jetzt kann ich ruhig sterben ... Ich hätte es wohl verdient, noch einmal aufs Land zu kommen; ich kann nicht sagen, daß es mir nicht leid täte, daß ich nicht mehr hinkomme. Aber du wirst hinausgehen, du ... versprich mir, dich an dem Ort niederzulassen, den wir uns ausgesucht haben, du weißt, das Dorf, in dem deine Mutter geboren ist ... es wird mich freuen, das zu wissen.«

Herr Rousseau vergießt heiße Tränen. Sie tröstet ihn, gibt ihm gute Ratschläge. Wenn er sich ganz allein langweilen sollte, solle er wieder heiraten; aber keine ganz Junge soll er sich aussuchen, weil die jungen Mädchen wieder nur um des Geldes willen heirateten. Und sie nennt eine Frau aus ihrer Bekanntschaft, mit der er glücklich werden könnte.

Dann kommt die Nacht und in der Nacht ein furchtbarer Todeskampf. Sie droht zu ersticken, sie stöhnt nach Luft. Françoise ist auf ihrem Stuhl eingeschlummert. Herr Rousseau, der am Kopfende des Bettes steht, kann nur die Hand der Sterbenden fassen und sie drücken, um ihr zu sagen, daß er da ist, daß er sie nicht verlassen wird. Am Morgen plötzlich empfindet sie eine große Ruhe; sie ist sehr weiß, liegt mit geschlossenen Augen und atmet langsam. Ihr Mann glaubt, er könne wohl mit Françoise hinunter, um den Laden aufzumachen. Als er zurückkehrt, findet er seine Frau ganz weiß, ganz steif in derselben Lage; nur ihre Augen haben sich geöffnet. Sie ist tot.

Seit zu langer Zeit hat sich Herr Rousseau auf ihren Verlust gefaßt gemacht. Er weint nicht, er ist nur fürchterlich müde. Er geht wieder in den Laden und sieht zu, wie Françoise die Rolläden wieder schließt; er selber schreibt auf ein Stück Papier: ›Wegen Todesfall geschlossen‹; dann klebt er dies Papier auf den mittleren Rolladen. Den ganzen Vormittag über wird das Sterbezimmer gereinigt und in Ordnung gebracht. Françoise fährt mit einem Wischlappen über die Diele, läßt die Medizinflaschen verschwinden, stellt eine brennende Wachskerze neben die Leiche und eine Tasse mit geweihtem Wasser; denn sie erwartet Adèles Schwester, Agathe, die eine sehr böse Zunge hat; das Mädchen will nicht, daß man ihr vorwerfen könnte, sie führe den Haushalt nicht ordentlich. Herr Rousseau hat einen Kommis ausgeschickt, der alles Nötige besorgen soll. Er selbst begibt sich in die Kirche und studiert lange den Tarif für Beerdigungen. Man soll ihn nicht übervorteilen, weil er in Trauer ist. Er hat seine Frau sehr geliebt und ist sicher, daß es ihr Freude machen würde, wenn sie sehen könnte, wie er mit dem Geistlichen und den Bestattungsbeamten feilscht. Dennoch will er um der Leute willen, daß die Beerdigung anständig sei. Endlich sind sie einig, er wird der Kirche sechzig und der Bestattungsgesellschaft dreihundert Francs bezahlen. Kleinere Unkosten eingerechnet, wird ihn das Ganze fünfhundert kosten.

Als Herr Rousseau wieder nach Hause kommt, findet er seine Schwägerin Agathe bei der Leiche. Agathe ist eine große, dürre Dame, mit roten Augen und dünnen, bläulichen Lippen. Vor drei Jahren haben sie sich gezankt und sich seitdem nicht mehr gesehen. Sie erhebt sich förmlich und umarmt ihren Schwager. Im Angesicht des Todes endet dieser Zank. Herr Rousseau, der am Morgen nicht hat weinen können, schluchzt jetzt, da er seine arme Frau weiß und steif daliegen sieht; mit spitzer Nase und mit einem so kleinen Gesicht, daß er sie kaum erkennt. Agathes Augen bleiben trokken. Sie hat sich den bequemsten Lehnstuhl ausgesucht und läßt ihre Blicke langsam durch das Zimmer schweifen, als nähme sie ein genaues Inventar der darin befindlichen Möbel auf. Bis jetzt hat sie noch keine eigennützige Frage gestellt, aber man sieht, daß sie sehr besorgt ist und sich fragt, ob wohl ein Testament vorhanden wäre.

Am Morgen der Beerdigung, im Augenblick der Einsargung, bemerkt man, daß die Bestattungsgesellschaft sich versehen und einen zu kurzen Sarg geschickt hat. Die Leichenträger müssen einen anderen holen. Aber der Leichenwagen steht schon vor der Tür, das ganze Stadtviertel ist in Aufregung. Eine neue Qual für Herrn Rousseau. Wenn wenigstens seine Frau dadurch wieder zum Leben erweckt würde! Endlich wird die arme Frau Rousseau hinuntergetragen, und der Sarg bleibt dort unter der schwarz ausgeschlagenen Tür zehn Minuten ausgestellt.

Hundert Personen vielleicht warten auf der Straße, Kaufleute aus dem Viertel, die Mieter des Hauses, die Hausfreunde, ein paar Handwerker in Mänteln. Der Zug setzt sich in Bewegung, Herr Rousseau führt ihn.

Und als die Leiche vorübergetragen wird, machen die Nachbarinnen schnell das Zeichen des Kreuzes und flüstern mit leiser Stimme: »Die Frau aus dem Papiergeschäft, nicht wahr? Diese kleine, gelbe Frau, die nur noch aus Haut und Knochen bestand. Ach, in der Erde wird ihr wohler sein! So geht es! Sehr wohlhabende Kaufleute, die sich abschinden, um es auf ihre alten Tage gut zu haben! Nun hat sie's gut, die Frau aus dem Papiergeschäft!« Und die Nachbarinnen finden Herrn Rousseau sehr nett, weil er ganz allein mit bloßem Kopf hinter dem Leichenwagen hergeht und seine spärlichen Haare im Wind flattern läßt.

In vierzig Minuten machen die Pfarrer in der Kirche die ganze Feierlichkeit ab. Agathe, die im Chore sitzt, scheint die Wachskerzen zu zählen, die da brennen. Sicherlich findet sie, daß ihr Schwager hätte sparsamer sein können; denn schließlich wird sie, wenn kein Testament da ist und sie die Hälfte des Vermögens erbt, die Beerdigung mit bezahlen müssen. Die Geistlichen sprechen ein letztes Gebet, der Weihwedel geht von Hand zu Hand, und man verläßt die Kirche. Fast alle gehen heim. Die drei Trauerwagen fahren vor, die Damen steigen ein. Hinter dem Leichenwagen geht nur noch Herr Rousseau mit entblößtem Kopf, und etwa dreißig Herren, Freunde, die anstandshalber mit müssen. Der Leichenwagen ist nur mit einer weißbefransten Draperie behangen. Die Vorübergehenden nehmen den Hut ab und eilen weiter.

Da Herr Rousseau kein Familiengrab besitzt, hat er einfach ein Grab für fünf Jahre auf dem Friedhof Montmartre genommen; später will er dann ein Familiengrab kaufen und seine Frau exhumieren lassen, um einst bei ihr zu liegen.

Der Leichenwagen hält am Ende einer Allee, und der Sarg wird zwischen niedrigen Gräberreihen hindurch bis zu einer Gruft in der weichen Erde getragen. Die Anwesenden stehen schweigend. Dann murmelt der Priester zwanzig unverständliche Worte und zieht sich zurück. Auf allen Seiten kleine, von Gittern umschlossene Gärtchen und Grabstätten, mit Goldlack und grünen Bäumen darauf; die weißen Steine in diesem Grün sehen alle neu und heiter aus. Herr Rousseau bewundert besonders ein Denkmal: eine dünne Säule, die eine symbolische Urne trägt. Am Morgen ist ein Marmorhändler bei ihm gewesen und hat ihn mit seinen Plänen gequält. Und er beschließt, wenn er das Familiengrab erworben hätte, auf das Grab seiner Frau solch eine Säule mit so einer hübschen Vase setzen zu lassen.

Agathe führt ihn fort, zurück in seinen Laden, und entschließt sich endlich zum Sprechen. Als sie erfährt, daß ein Testament vorhanden ist, erhebt sie sich steif, geht hinaus und knallt die Tür hinter sich zu. Nie wieder will sie ihren Fuß über diese Schwelle setzen. Herr Rousseau ist sehr traurig; aber was ihn am meisten beunruhigt, ist der Umstand, daß sein Laden heute, an einem Werktag, geschlossen ist.

IV

Der Januar war hart. Keine Arbeit, kein Feuer und kein Brot im Haus. Morisseaus wären vor Elend fast umgekommen. Die Frau ist Wäscherin, der Mann Maurer. Sie wohnen in Batignolles in einem schwarzen Haus der Rue Cardinal, das das ganze Viertel entstellt. Ihr Zimmer im fünften Stock ist so baufällig, daß der Regen durch die Spalten der Decke eindringt. Sie würden aber nicht klagen, wenn ihr kleiner Charlot, ein Junge von zehn Jahren, nicht gutes Essen brauchte, um ein Mann zu werden.

Das Kind ist zart, ein Nichts wirft es um. Wenn er in die Schule ginge, wenn er sich anstrengen müßte, würde er sicher gleich wieder krank werden. Übrigens ist er sehr intelligent, ein zu lieber kleiner Kerl, der in dem, was er zu sagen weiß, seinem Alter weit voraus ist. Wenn seine Eltern ihm kein Brot geben können, so weinen sie wie nicht gescheit. Um so mehr, da in diesem Haus die Kinder wie die Fliegen sterben, so ungesund sind die Wohnungen.

Das Eis auf den Straßen wird aufgehackt, der Vater verdingt sich dazu; er reinigt mit einer Hacke die Rinnsteine und bringt abends vierzig Sous heim. In dieser Zeit, wo alle Bauten eingestellt sind, ist das doch nur immer soviel, daß man nicht Hungers zu sterben braucht.

Eines Tages aber, als er nach Hause kommt, findet er Charlot zu Bett. Die Mutter weiß nicht, was ihm fehlt. Sie hatte ihn zu seiner Tante nach Courcelles geschickt, die Trödlerin ist, um sich bei ihr etwas Wärmeres herauszusuchen als seine Leinwandbluse, in der er vor Kälte zittert. Seine Tante hatte aber nur alte Männerpaletots gehabt, die ihm zu groß waren, und der Kleine ist zähneklappernd und nicht recht bei Bewußtsein, als hätte er sich betrunken, wiedergekommen. Jetzt ist er sehr rot, schwatzt wirres Zeug, glaubt, daß er Ball spiele, und singt Lieder.

Die Mutter hat einen zerfetzten Schal vors Fenster gehängt, um eine zerbrochene Scheibe zu verstopfen; darüber bleiben nur zwei Scheiben frei, die das fahle Grau des Himmels sehen lassen. Das Elend hat die Kommode geleert, die ganze Wäsche ist im Leihhaus. Eines Abends haben sie einen Tisch und zwei Stühle verkauft. Charlot hat auf dem Boden geschlafen; seit er krank ist, hat er das Bett bekommen, aber er liegt sehr schlecht darin, denn die Wolle der Matratze ist handvollweise zu einer Trödlerin getragen worden, ein halbes Pfund jedesmal; dafür bezahlt die vier oder fünf Sous. Jetzt schlafen Vater und Mutter in einem Winkel, auf einem Strohsack, den die Hunde verschmähen würden.

Alle beide sehen sie Charlot im Bett herumrumoren. Was ist mit dem Kleinen? Was faselt er da? Vielleicht hat ein Tier ihn gebissen, oder jemand hat ihm etwas Schlechtes zu trinken gegeben. Eine Nachbarin, Frau Bonnet, ist gekommen; und als sie sich den Kleinen angesehen hat, behauptet sie, daß er das hitzige Fieber habe. Sie versteht sich darauf, sie hat ihren Mann durch eine solche Krankheit verloren.

Die Mutter weint und preßt Charlot in ihre Arme. Der Vater rennt wie ein Wahnsinniger nach dem Arzt. Er bringt einen sehr großen, verkniffen aussehenden Herrn mit, der den Rücken des Kindes behorcht und ihm die Brust beklopft, ohne ein Wort zu sagen. Dann muß Frau Bonnet einen Bleistift und Papier holen, damit er seine Verordnung aufschreiben kann. Als er, immer noch stumm, fortgeht, fragt ihn die Mutter mit erstickter Stimme:

»Was ist es, Herr Doktor?«

»Brustfellentzündung«, antwortet er kurz, ohne weitere Erklärungen zu geben.

Dann fragt er: »Sind Sie in der Krankenkasse?«

»Nein, Herr Doktor … Im Sommer ist es uns gut gegangen. Erst der Winter hat uns ins Unglück gebracht.«

»Um so schlimmer, um so schlimmer!«

Und er verspricht, wiederzukommen. Frau Bonnet leiht zwanzig Sous, damit in die Apotheke geschickt werden kann. Von den vierzig Sous, die Morisseau verdient hat, sind zwei Pfund Ochsenfleisch, Steinkohlen und Kerzen gekauft worden. Die erste Nacht geht gut vorüber. Das Feuer wird unterhalten. Der Patient, der durch die große Hitze betäubt ist, spricht nicht mehr. Seine kleinen Hände brennen. Da die Eltern sehen, daß er ganz still daliegt, beruhigen sie sich; und am andern Morgen sind sie starr vor Entsetzen, als der Arzt an seinem Bett mit hoffnungslosem Ausdruck den Kopf schüttelt.

Fünf Tage lang bleibt alles unverändert. Charlot schläft auf den Kissen. Im Zimmer macht sich das Elend noch stärker fühlbar, es scheint mit dem Wind durch die Spalten in der Decke und die Löcher im Fenster hereinzudringen. Am zweiten Abend ist das letzte Hemd der Mutter verkauft worden; am dritten haben sie unter dem Patienten weg noch Wolle aus der Matratze holen müssen, um den Arzt zu bezahlen. Dann war nichts mehr da.

Morisseau hackt immer noch Eis; aber seine vierzig Sous sind jetzt zu wenig. Da diese furchtbare Kälte Charlot töten kann, wünscht er Tauwetter herbei und fürchtet sich doch davor. Wenn er an die Arbeit geht, ist er glücklich, die Straßen weiß zu sehen; dann denkt er wieder an seinen Kleinen da oben, der im Sterben liegt, und wünscht sich heiß einen Sonnenstrahl herbei, ein bißchen Frühlingswärme, die den Schnee wegnähme. Wenn sie wenigstens in der Krankenkasse wären! Arzt und Arzeneien hätten sie dann umsonst. Die Mutter ist aufs Bürgermeisteramt gegangen, aber man hat ihr geantwortet, die Gesuche seien so zahlreich, sie müsse warten. Ein paar Anweisungen auf Brot hat sie bekommen, und eine mildtätige Dame hat ihr fünf Francs geschenkt. Dann hat das Elend wieder angefangen.

Am fünften Tag bringt Morisseau sein letztes Vierzigsousstück. Das Tauwetter ist da, er ist entlassen. So ist alles aus: der Ofen bleibt kalt, es fehlt an Brot, die Rezepte werden nicht mehr in die Apotheke gebracht. Im naßkalten Zimmer stehen die frierenden Eltern vor dem röchelnden Kleinen. Frau Bonnet kommt nicht mehr, um nach ihm zu sehen, weil es ihr zu weh tut. Die Hausleute gehen rasch an der Tür des Zimmers vorüber. Hin und wieder bricht die Mutter in Tränen aus, wirft sich übers Bett und küßt das Kind, als könne sie ihm dadurch helfen. Der Vater sitzt stumpfsinnig ganze Stunden am Fenster, hebt den alten Schal auf, sieht das Wasser rieseln und die Straße schwarz. Vielleicht ist das gut für Charlot.

Eines Morgens erklärt der Arzt, daß er nicht mehr kommen werde: Das Kind sei nicht zu retten.

»Dieses feuchte Wetter hat ihm den Rest gegeben.«

Morisseau zeigt dem Himmel die Faust. Die Armen bringt jedes Wetter um! Es friert, und das ist nicht gut; es taut, und das ist noch schlimmer. Wenn die Frau nur wollte, würden sie einen Scheffel Kohlen anzünden und alle drei zusammen hinüberschlummern. Dann wäre die Qual endlich aus.

Die Mutter ist wieder aufs Bürgermeisteramt gegangen; man hat ihr versprochen, Hilfe zu schicken, und sie warten. Welch entsetzlicher Tag! Schwarze Kälte fällt von der Decke nieder; und in einer Ecke strömt der Regen herein; sie müssen einen Eimer hinstellen, um das Wasser aufzufangen. Seit gestern haben sie nichts gegessen, nur das Kind hat eine Tasse Tee getrunken, die die Portiersfrau gebracht hat. Der Vater sitzt, den Kopf in die Hände gestützt, stumpfsinnig am Tisch. Es saust ihm in den Ohren. Bei jedem Geräusch eilt die Mutter an die Tür, sie glaubt, daß es endlich die versprochene Hilfe wäre. Es schlägt sechs, noch ist niemand gekommen. Die Dämmerung ist schmutzig, langsam und unheimlich wie ein Todeskampf.

Plötzlich stammelt Charlot in der dunkler werdenden Nacht: »Mama … Mama …«

Die Mutter eilt auf ihn zu und fühlt einen kalten Hauch. Und dann hört sie nichts mehr; sie sieht das Kind undeutlich, mit zurückgezogenem Kopf und steifem Hals. Sie schreit entsetzt auf und stöhnt dann:

»Licht! Schnell Licht! … Mein Charlot, sag doch was!«

Sie haben kein Licht. In ihrer Hast reibt sie Zündhölzchen an und zerbricht sie zwischen ihren Fingern. Dann befühlt sie mit zitternden Händen das Gesicht des Kindes.

»Ach, lieber Gott, er ist tot! … Sag doch, Morisseau, ist er tot?«

Der Vater hebt den Kopf, blind in der Dunkelheit.

»Nun, was willst du? Er ist also tot … Das ist das Beste für ihn.«

Auf das Schluchzen der Mutter erscheint Frau Bonnet mit einer Lampe. Als dann die beiden Frauen Charlot zurechtlegen, klopft es, die Hilfe kommt, zehn Francs, Anweisungen auf Brot und Fleisch. Morisseau lacht wie wahnsinnig auf und sagt, im Armenamt versäumten sie immer den Zug.

Und wie mager die Leiche des armen Kindes ist, und leicht wie eine Feder! Ein erfrorener Sperling, den man von der Straße aufgehoben hätte, würde kaum weniger Platz auf der Matratze einnehmen.

Aber Frau Bonnet, die wieder sehr gefällig geworden ist, sagt, daß es Charlot nicht wieder lebendig mache, wenn hungrige Menschen neben ihm fasten. Sie erbietet sich, Brot und Fleisch zu holen, auch Licht wolle sie bringen. Sie lassen sie gehen. Als sie zurückkommt, deckt sie den Tisch und trägt warme Würste auf. Und die Ausgehungerten essen gierig neben dem Toten, dessen kleines weißes Gesicht man im Schatten sieht. Der Ofen brennt, es ist sehr behaglich. Zuweilen werden die Augen der Mutter feucht. Große Tränen fallen auf ihr Brot. Wie warm hätte Charlot es jetzt! Wie gern würde er so eine Wurst essen!

Frau Bonnet will durchaus wachen. Gegen ein Uhr, als Morisseau endlich, den Kopf auf dem Fußende des Bettes, eingeschlafen ist, machen die beiden Frauen Kaffee. Eine andere Nachbarin, eine Näherin von achtzehn Jahren, ist eingeladen; und sie bringt eine Flasche mit ein bißchen Branntwein mit, um auch etwas beizusteuern.

Dann trinken die beiden Frauen ihren Kaffee in kleinen Schlücken und sprechen dabei leise, sie erzählen sich Geschichten von außerordentlichen Todesfällen; allmählich werden die Stimmen lauter, ihr Gesprächsthema erweitert sich, sie sprechen vom Haus, vom Viertel, von einem Verbrechen in der Rue Mollet. Und hin und wieder erhebt sich die Mutter, geht hin und sieht Charlot an, gleichsam, um sich zu überzeugen, daß er noch immer tot ist.

Da der Todesfall am Abend nicht mehr angemeldet worden ist, müssen sie den Kleinen noch den ganzen nächsten Tag bei sich behalten. Sie haben nur ein Zimmer, so leben sie mit Charlot, sie essen und schlafen mit ihm. Auf Augenblicke vergessen sie ihn; wenn sie ihn dann wiederfinden, ist's, als verlören sie ihn noch einmal.

Endlich am übernächsten Tag wird der Sarg gebracht, der nicht größer als eine Spielzeugschachtel ist, vier schlecht zusammengefügte Bretter, wie sie die Behörde auf ein Armutszeugnis hin umsonst liefert. Und dann fort. Sie eilen in die Kirche. Hinter Charlots Sarg der Vater mit zwei Kollegen, die dem Zuge zufällig begegnet sind, dann die Mutter. Frau Bonnet und die andere Nachbarin, die Näherin. Fast bis an die Knie versinken sie alle im Schmutz. Es regnet nicht, aber der Nebel ist so feucht, daß er die Kleider durchnäßt. In der Kirche wird die Zeremonie schnell erledigt, und dann geht's weiter auf dem schmutzigen Pflaster.

Der Kirchhof liegt außerhalb der Festungswerke. Der Weg geht die Avenue Saint-Quen hinunter, unter dem Schlagbaum durch; endlich läuft er aufs Friedhofstor zu. Es ist ein großer Platz, ein weiter, von weißen Mauern umschlossener öder Raum. Da wuchert Unkraut, der Boden ist uneben, im Hintergrund eine Reihe dünner Bäume, die den Himmel mit ihren schwarzen Zweigen verunreinigen.

Langsam rückt der Zug auf dem weichen Boden vor. Jetzt

fängt's zu regnen an; und im Platzregen muß das Gefolge auf den alten Priester warten, der endlich aus einer kleinen Kapelle hervorkommt. Charlot wird in der Tiefe eines Massengrabes ruhen. Das Feld ist mit vom Wind schiefgewehten Kränzen übersät, ein Feld des Elends und der Trauer, verwüstet, zertreten und übervoll von Leichen, die der Hunger und die Kälte der Vorstädte hier angehäuft haben. Es ist vorbei. Die Erdschollen fallen, Charlot liegt in der Tiefe des Loches, und seine Eltern gehen fort, ohne daß sie im flüssigen Schmutz haben niederknien können. Da es noch immer regnet, fordert Morisseau, der noch drei Francs vom Armenamt übrig hat, die Kollegen und die Nachbarinnen auf, im Wirtshaus etwas zu sich zu nehmen. Sie setzen sich um den Tisch, trinken zwei Liter und essen ein bißchen Käse. Dann bezahlen die Kollegen auch noch zwei Liter. Als die Gesellschaft wieder den Boden von Paris betritt, ist sie sehr vergnügt.

V

Jean-Louis Lacour ist siebzig Jahre alt. Er ist in Corteille geboren, einem Weiler von hundertfünfzig Einwohnern, in einer Gegend, wo sich die Füchse gute Nacht sagen. In seinem ganzen Leben ist er nur einmal in Angers gewesen, das fünfzehn Meilen entfernt ist; aber er war damals noch so jung, daß er sich nicht mehr daran erinnert. Er hat drei Kinder gehabt, zwei Söhne, Antoine und Joseph, und eine Tochter, Catherine. Diese hat sich verheiratet; dann ist ihr Mann gestorben, und sie ist mit ihrem zwölfjährigen Knaben Jacquinet zu ihrem Vater heimgekehrt. Die Familie lebt auf einem kleinen Grundstück, dessen Ertrag gerade für ihren Unterhalt reicht. Wenn sie einmal ein Glas Wein trinken, so haben sie sich's im Schweiße ihres Angesichtes verdient.

Corteille liegt in einem kleinen Tal und ist rings von Wäldern eingeschlossen, die es verbergen. Die Gemeinde hat keine Kirche, sie ist zu arm dazu. Der Pfarrer aus Cormiers kommt alle vierzehn Tage zwei gute Meilen herüber und liest die Messe. Die Häuser, etwa zwanzig wankende Gemäuer, liegen in einer Reihe an der Landstraße. Hühner scharren im

Dünger vor den Türen. Wenn ein Fremder vorübergeht, rekken die Frauen die Hälse, und die Kinder, die sich im Kot gewälzt haben, entfliehen zusammen mit den aufgescheuchten Gänsen.

Jean-Louis ist noch nie krank gewesen. Er ist groß und knorrig wie eine Eiche. Die Sonne hat ihn ausgedorrt, seine Haut gebräunt und Risse hineingezogen; er hat die Farbe, die Rauheit und die Ruhe der Bäume angenommen. Als er alt wurde, hat er die Sprache verloren. Er spricht nicht mehr, er findet das unnütz. Mit langen, festen Schritten geht er seines Weges, mit der ruhigen Kraft der Ochsen.

Voriges Jahr war er noch stärker als seine Söhne, die ganz schweren Arbeiten übernahm er und verrichtete sie, schweigend wie sein Acker, der ihn zu kennen und zu fürchten schien. Eines Tages aber, vor zwei Monaten, haben ihm plötzlich seine Glieder den Dienst versagt; zwei Stunden ist er in einer Furche liegengeblieben wie ein gefällter Baumstamm. Am andern Tag wollte er wieder an die Arbeit gehen; aber seine Arme sanken nieder, die Erde gehorchte ihm nicht mehr. Seine Söhne schüttelten den Kopf. Seine Tochter versuchte, ihn zu Hause zurückzubehalten. Er aber ließ sich nicht abhalten, deshalb wurde der kleine Jacquinet mitgeschickt, er sollte immer rufen, wenn der Großvater wieder umfiele.

»Was tust du hier, Faulpelz?« fragte Jean-Louis den Kleinen, der ihn nicht verließ. »Als ich so alt war wie du, hab ich mir schon selber mein Brot verdient.«

»Großvater, ich passe auf dich auf«, antwortete das Kind.

Dieses Wort gibt dem Alten einen Stoß. Er sagt nichts mehr. Am Abend legt er sich hin und steht nicht mehr auf. Wenn die Söhne und die Tochter früh auf die Felder gehen, kommen sie vorher zum Vater herein. Mit weit geöffneten Augen und sinnendem Ausdruck liegt er regungslos in seinem Bett. Er hat eine sehr harte, gleichsam gegerbte Haut, daß man nicht einmal die Blässe der Krankheit sehen kann.

»Na, Vater, geht's besser?«

Er brummt und schüttelt den Kopf.

»Dann kannst du wohl nicht mit, dann müssen wir also ohne dich gehen?«

Ja, er macht ihnen ein Zeichen, sie sollten ohne ihn gehen. Die Ernte hat begonnen, alle Arme sind unumgänglich nötig. Ein plötzliches Gewitter könnte das Korn vernichten, wenn man einen Morgen feiern wollte. Sogar Jacquinet folgt seiner Mutter und seinen Onkeln. Vater Lacour bleibt daheim. Am Abend, wenn die Kinder heimkommen, liegt er noch immer mit geöffneten Augen und sinnendem Ausdruck auf dem Rücken.

»Immer noch nicht besser, Vater?«

Nein, es geht ihm nicht besser. Er stöhnt, er schüttelt den Kopf. Was könnte man nur für ihn tun? Catherine hat den Einfall, Kräuterwein zu kochen; aber der ist zu stark und tötet ihn fast. Joseph sagt, man müsse abwarten, wie es morgen ginge, und alle gehen schlafen.

Am andern Morgen bleiben die Söhne und die Tochter, bevor sie aufs Feld gehen, einen Augenblick am Bett des Alten stehen. Er ist sicher krank. Noch nie hat er so auf dem Rükken gelegen. Vielleicht wär's doch besser, nach dem Arzt zu schicken. Aber dazu muß man nach Rougemont gehen; sechs Meilen hin, sechs Meilen her, das macht im ganzen zwölf. Es hieße einen ganzen Tag verlieren. Der Alte, der ihnen zuhört, bewegt sich und scheint ärgerlich zu sein. Er braucht keinen Arzt, es hilft doch nichts und kostet bloß Geld.

»Sollen wir es lieber lassen?« fragt Antoine. »Sollen wir arbeiten gehen?«

Natürlich sollten sie arbeiten. Dadurch, daß sie bei ihm blieben, würde ihm nicht leichter. Die Erde hätte die Pflege nötiger als er. Und drei Tage vergehen so, die Kinder gehen jeden Morgen aufs Feld, Jean-Louis rührt sich nicht, er bleibt allein und trinkt aus einem Krug, wenn er Durst hat. Er ist wie eins von den alten Pferden, die vor Müdigkeit irgendwo umfallen, und die man dort sterben läßt. Sechzig Jahre lang hat er gearbeitet, es ist besser, er geht nun, da er zu nichts mehr taugt, er geht fort für immer und nimmt nicht unnütz Platz ein und belästigt die andern nicht.

Die Kinder sind nicht sehr traurig. Die Erde hat sie ruhig über diese Dinge denken gelehrt; sie sind ihr zu nah, um ihr zu grollen, weil sie den Alten aufnehmen will. Ein Blick morgens, ein Blick abends, mehr können sie nicht tun. Wenn der Vater doch wieder aufstünde, so würde er damit beweisen, daß er unüberwindlich wäre. Wenn er stürbe, so hätte er eben den Tod im Leibe gehabt, so treibt ihn nichts wieder heraus, kein Kreuzschlagen und keine Medizin. Eine Kuh, ja, die pflegt man.

Jean-Louis fragt abends mit einem Blick nach der Ernte. Wenn er sie die Garben zählen hört, und wenn sie sich über das gute Wetter freuen, das die Arbeit begünstigt, so glänzen seine Augen. Noch einmal sprechen sie davon, einen Arzt zu holen; aber der Alte wird heftig, und man fürchtet, ihn schneller zu verlieren, wenn man ihm widerspricht. Aber den Feldhüter, einen alten Freund von ihm, könnte man wohl zu Rate ziehen. Vater Nicolas ist älter als er, denn zu Mariä Lichtmeß ist er fünfundsiebzig geworden. Er ist noch gerade wie eine Pappel. Er kommt und setzt sich erst zu Jean-Louis ans Bett. Jean-Louis, der nicht sprechen kann, sieht ihn mit seinen kleinen verblichenen Augen an. Vater Nicolas sieht ihn wieder an, da er ihm nichts zu sagen hat. Und diese beiden Greise sehen sich glücklich eine Stunde lang an, ohne auch nur ein Wort zu sprechen; sie denken an Dinge, die weit zurückliegen, Dinge, die ihnen in ihrer Jugend wichtig gewesen sind. Und am Abend, als die Kinder nach Hause kommen, finden sie Jean-Louis steif und tot, mit offenen Augen auf dem Rücken liegen.

Ja, der Alte ist gestorben, ohne ein Glied zu rühren. Seinen letzten Atemzug hat er gerade vor sich hin gehaucht; wie ein Tier, das sich verbirgt, um allein zu sterben, hat er auch keinen Nachbarn aufgestört; ganz allein hat er seine letzte kleine Aufgabe erfüllt.

»Vater ist tot«, sagt Joseph und ruft die andern herbei.

Und alle, Antoine, Catherine, Jacquinet wiederholen die Worte:

»Vater ist tot.«

Es überrascht sie nicht. Jacquinet reckt neugierig den Hals, die Frau zieht ihr Taschentuch heraus, die beiden Burschen gehen wortlos, mit ernsten Gesichtern und bleich umher. Es hat doch hübsch lange gedauert, der alte Vater war stark! Dieser Gedanke tröstet die Kinder; sie sind stolz, einer so kraftvollen Familie anzugehören.

In der Nacht wachen sie bis elf Uhr beim Vater und gehen dann schlafen; und Jean-Louis ist wieder allein und hat noch immer den sinnenden Ausdruck.

Sobald es Tag wird, geht Joseph nach Cormiers zum Pfarrer. Da aber noch Garben einzubringen sind, gehen Antoine und Catherine auf die Felder und lassen Jacquinet allein bei der Leiche. Der Kleine langweilt sich mit dem Alten, der sich gar nicht rührt, und läuft ab und zu auf die Straße, schleudert Steine nach den Sperlingen und betrachtet einen Hausierer, der vor zwei Nachbarinnen seidne Tücher ausbreitet; dann fällt ihm wieder der Großvater ein, er läuft und überzeugt sich, daß er sich noch immer nicht gerührt hat, und kehrt aufs neue auf die Straße zurück und sieht zu, wie zwei Hunde sich beißen.

Da die Tür offenbleibt, kommen Hühner herein, sie gehen ruhig spazieren und hacken mit ihren Schnäbeln auf dem ausgetretenen Fußboden herum. Ein roter Hahn reckt den Hals, öffnet die glühenden Augen weit, er fürchtet sich ein bißchen vor diesem Körper, dessen Anwesenheit er sich nicht erklären kann; er ist ein kluger, scharfsinniger Hahn, der ohne Zweifel weiß, daß der Alte nicht die Gewohnheit hat, nach Sonnenaufgang im Bett zu sein; und er kräht endlich laut und verkündet auf diese Art den Tod des Alten, während die Hühner eins nach dem andern, glucksend und die Schnäbel am Boden wetzend, wieder hinausspazieren. Der Pfarrer von Cormiers kann erst um fünf Uhr kommen. Vom Morgen an hört man den Stellmacher sägen und Nägel einschlagen. Die Leute, die die Neuigkeit noch nicht vernommen haben, sagen: »Ah, Jean-Louis ist sicher gestorben«, denn die Leute aus Courteille kennen die Bedeutung dieser Geräusche.

Antoine und Catherine sind zurück, die Ernte ist eingebracht; sie können nicht sagen, daß sie unzufrieden wären, denn seit zehn Jahren hat das Korn nicht so schön gestanden.

Die ganze Familie erwartet den Pfarrer, jeder hat zu tun, um seine Ungeduld zu zügeln: Catherine setzt die Suppe aufs Feuer, Joseph zieht Wasser herauf, Jacquinet wird auf den Kirchhof geschickt, er soll nachsehen, ob das Grab schon fertig ist. Endlich, um sechs erst, erscheint der Pfarrer. Er kommt in seinem zweiräderigen Wagen mit einem Knirps von Kirchendiener angefahren. Vor der Tür der Lacours steigt er ab, wickelt die Stola und das Chorhemd aus einer Zeitung, kleidet sich an und sagt:

»Machen wir's rasch ab, um sieben muß ich wieder zu Hause sein.«

Aber niemand beeilt sich. Man muß zwei Nachbarn holen, die den Verstorbenen auf der Bahre aus schwarzem Holz tragen sollen. Als man endlich aufbricht, kommt Jacquinet gerannt und schreit, das Grab sei noch nicht fertig, man könne aber trotzdem kommen.

Voraus geht der Priester und liest etwas Lateinisches aus einem Buch. Der kleine Kirchendiener hinter ihm trägt einen alten, zerbeulten, kupfernen Weihwasserkessel, in dem ein Wedel liegt. Erst in der Mitte des Dorfes tritt ein anderes Kind aus einer Scheune, in der alle vierzehn Tage Messe gelesen wird, und stellt sich mit einem Kreuz, das oben an einen Stock gebunden ist, an die Spitze des Zuges. Die Familie geht hinter der Leiche; allmählich schließen sich alle Bewohner des Dorfes an; ein Schwanz von barhäuptigen Gassenjungen, ohne Schuhe und in Lumpen, beschließt den Zug. Der Kirchhof liegt am anderen Ende von Courteille. Die beiden Nachbarn setzen die Bahre dreimal nieder; sie keuchen, während der Zug haltmacht; und dann geht's weiter. Man hört das Getrampel der Holzschuhe auf der harten Erde. Als man an Ort und Stelle ist, ist das Grab wirklich noch nicht fertig; der Totengräber ist noch unten; man sieht, wie er bei jeder Schaufel Erde regelmäßig verschwindet und wieder zum Vorschein kommt.

Eine einfache Hecke umgibt den Kirchhof: Brombeersträucher, in denen die Straßenjungen im September die reifen Früchte naschen. Ein Garten in ebnem Land ist dieser Gottesacker. Im Hintergrund hohe Johannisbeersträucher; in einem Winkel ein Birnbaum, hoch wie eine Eiche; in der Mitte gibt eine kurze Lindenallee Schatten, in dem im Sommer die Alten des Weilers ihre Pfeifen rauchen. Die Sonne brennt, Heuschrecken springen, goldne Fliegen summen in der zitternden Glut. Die Stille bebt von Leben, der Saft dieser fetten Erde fließt rot wie die Blutfarbe der wilden Mohnblüten.

Der Sarg ist ans Grab gestellt worden. Der Kleine, der das Kreuz trägt, pflanzt es zu Füßen des Toten auf, während der Priester ihm zu Häupten noch immer lateinische Sätze aus seinem Buch vorliest. Aber die Anwesenden interessiert die Arbeit des Totengräbers mehr. Sie umringen das Grab und verfolgen die Schaufel mit den Augen; und als sie sich umwenden, ist der Pfarrer mit den beiden Kindern nicht mehr da; nur noch die Familie wartet geduldig. Endlich ist das Grab fertig. »Jetzt ist's tief genug!« ruft einer von den Bauern, die die Leiche getragen haben.

Alles hilft den Sarg hinunterlassen. Vater Lacour wird in diesem Loch gut liegen. Er kennt die Erde, und die Erde kennt ihn. Sie werden miteinander schon auskommen. Fast sechzig Jahre lang hat sie ihm täglich ein Stelldichein gegeben, seit dem Tag, da er ihr zum erstenmal mit seinem Spaten nahegekommen ist. Ihre Zärtlichkeiten mußten so enden, die Erde mußte ihn nehmen und nie mehr fortlassen. Welch gute Ruhe! Nur die leichten Füße der Vögel, die die Gräser beugen, wird er hören. Niemand wird über seinem Kopf gehen, er wird jahrelang zu Hause bleiben, ohne daß man ihn stört. Das ist der sonnige Tod, der ewige Schlummer im ländlichen Frieden. Die Kinder sind herangetreten. Catherine, Antoine und Joseph raffen jeder eine Handvoll Erde auf und werfen sie auf den Alten. Jacquinet, der Mohnblumen gepflückt hat, wirft seinen Strauß hinunter. Dann kehrt die Familie nach Hause zurück und ißt ihre Suppe, die Tiere kommen von den Feldern heim, die Sonne geht unter. Eine heiße Nacht schläfert das Dorf ein.

HAUPTMANN BURLE

I

Es war neun Uhr. Die kleine Stadt Vauchamp hatte sich eben unter einem eisigen Novemberregen finster und schweigsam zur nächtlichen Ruhe begeben. In der Rue des Récollets, einer der unansehnlichsten, ödesten des Viertels Saint-Jean, war noch ein Fenster im dritten Stock des alten Hauses, über dessen geborstene Dachrinne Ströme von Wasser sich ergossen, erleuchtet. Es war Frau Burle, die vor ihrem spärlichen Feuer von Rebenwurzeln ihren Enkel Charles überwachte, der beim matten Schein einer Lampe hinter seinen Schulaufgaben saß.

Die Wohnung, die jährlich 160 Francs Miete kostete, bestand aus vier riesigen Räumen, die man im Winter gar nicht zu heizen vermochte. In dem größten schlief Frau Burle; ihr Sohn, der Hauptmann und Zahlmeister Burle, hatte das Zimmer neben dem Eßsaal, nach der Straße hinaus, genommen, während der kleine Charles mit seiner eisernen Bettstelle wie verloren in der Ecke eines ungeheueren Saales mit halb vermoderten Tapeten hauste, der sonst keine Verwendung hatte. Die paar Möbel des Hauptmanns und seiner Mutter, eine Einrichtung aus massivem Mahagoni, Empirestil, durch die ewigen Garnisonswechsel zerschunden und zerstoßen, verschwanden unter den hohen Plafonds, von denen es wie ein feiner, dunkler Nebel herunterrieselte. Der steinerne, rotangestrichene Fußboden war eisig kalt, und vor den Sitzen gab es nur kleine, armselige Teppichendchen, die sich in ihrer Einöde trostlos kahl ausnahmen, denn alle Winde schossen ungehindert durch Türen und Fenster.

Vor dem Kamin, in ihrem gelben Sammetfauteuil, die Ellbogen auf Seitenlehnen aufgestützt, saß Frau Burle und sah mit dem leeren, starren Blick alter Leute, die in ihren Erinnerungen leben, zu, wie ein letztes Scheit seinem Ende entgegenbrannte. So konnte sie ganze Tage sitzen, mit ihrer hohen, mageren Gestalt, ihrem langen, schmalen Gesicht, dessen dünne Lippen niemals lächelten. Sie war die Witwe eines Obersten, der kurz vor seiner Beförderung zum General gestorben war, und Mutter eines Hauptmanns, den sie sogar auf seinen Feldzügen begleitet hatte; so haftete ihr etwas militärisch Steifes an, sie hatte sich ihre eigenen Ansichten über Pflicht, Ehre und Patriotismus gebildet, die sie wie erstarrt in eiserner Disziplin gefangenhielten. Als ihr Sohn nach fünfjähriger Ehe Witwer geworden war, hatte sie selbstverständlich die Erziehung Charles' übernommen und tat es mit der Strenge eines Sergeanten, der seine Rekruten drillt. Sie wachte über das Kind, ohne ihm je eine Laune, eine Abweichung von der Regel zu gestatten und wachte mit ihm bis Mitternacht, wenn seine Schulaufgaben nicht gemacht waren. Charles war von schwächlicher Konstitution, wuchs zart und blaß heran unter dieser Zucht, das Gesicht wurde von einem Paar schöner, fast zu großer, zu heller Augen überstrahlt.

In diesen langen, schweigsamen Stunden beschäftigte die alte Frau stets nur ein und derselbe Gedanke: ihr Sohn hatte ihre Erwartungen enttäuscht. Das genügte, um ihr stets von neuem ihr Leben vor Augen zu führen, von der Geburt des Kleinen an, den sie zu den höchsten Stellungen emporsteigen sah, inmitten glänzender Ruhmestaten, bis zu diesem engen, beschränkten Garnisonsleben mit seinen trübseligen, ewig gleichen Tagen, diesem Umsturz von der Höhe auf den Verwaltungsposten, aus dem es nun kein Entrinnen mehr gab, in dem er stumpf und schwerfällig wurde. Der Anfang jedoch hatte sie mit stolzer Genugtuung erfüllt, einen Augenblick hatte sie geglaubt, ihren Traum verwirklicht zu sehen.

Burle hatte gerade die Kriegsschule von Saint-Cyr verlassen, als er sich in der Schlacht von Solferino auszeichnete, indem er mit einer Handvoll Leute eine ganz feindliche Batterie gefangen hatte. Er erhielt einen Orden, die Zeitungen berichteten von seiner Heldentat, man nannte ihn unter den Tapfersten der Armee. Und allmählich wurde der Held dick und behäbig, frönte seinen Lüsten, wurde bequem und feig. Im Jahre 1870 war er erst Hauptmann und geriet beim ersten

Gefecht in Gefangenschaft; wütend kehrte er aus Deutschland zurück, verschwor sich hoch und teuer, daß ihn kein Mensch mehr zu diesem einfältigen Losschlagen bringen werde. Da er zu einem anderen Beruf nicht fähig war und die Armee nicht verlassen konnte, ließ er sich zum Zahlmeister ernennen – ein Unterschlupf – meinte er, wo sie mich wenigstens in Ruhe krepieren lassen. Wie ein Riß war es damals durch die Seele von Frau Burle gegangen. Jetzt war alles zu Ende. Und sie, in starrer Unbeugsamkeit, hatte die Zähne aufeinandergebissen. – – Der Wind fing sich heulend in der Rue des Récollets, und ein Regenguß prasselte gegen die Scheiben. Die alte Frau blickte auf von den verglimmenden Gluten, um zu sehen, ob Charles nicht über seiner lateinischen Übersetzung eingeschlafen sei. Dieses zwölfjährige Kind war für sie zu einer letzten Hoffnung geworden, an die sich ihr heißes Sehnen nach Ruhm festklammerte. Anfangs hatte sie ihn gehaßt mit dem ganzen Haß, den sie seiner Mutter, einer einfachen Spitzenklöpplerin, entgegenbrachte, einem hübschen, zarten Geschöpf, das ihr Sohn, sinnlos vor Verlangen nach ihr, in seiner Dummheit geheiratet hatte, weil er sie nicht zu seiner Geliebten machen konnte.

Die Mutter war tot, der Vater ging völlig in seinen Lastern auf, so hatte sie ihr Hoffen allmählich auf diesen kränklichen Jungen übertragen, den sie nur mit großer Mühe aufgezogen hatte. Er sollte stark und kräftig werden, der Held, der Burle nicht hatte sein wollen, und in ihrer Härte und Schroffheit wachte sie angstvoll über ihn, befühlte seine Glieder, trichterte ihm sozusagen Mut und Kühnheit in den Schädel. In ihrer Verblendung hatte sie nach und nach geglaubt, den Mann in ihrer Familie gefunden zu haben. Das Kind war von träumerischem, weichem Naturell, empfand einen physischen Widerwillen gegen das Waffenhandwerk, aber da es sehr sanft und fügsam war, wiederholte es alles, was man ihm vorsagte und gelobte, später Soldat zu werden.

Unterdessen bemerkte Frau Burle, daß die Übersetzung nicht vorwärtskam. Charles, vom Toben des Sturmes betäubt, schlief, die Feder in der Hand, mit offenen Augen. Sie pochte mit ihren mageren Fingern gegen den Tischrand, er schreckte zusammen und begann fieberhaft in seinem Lexikon herumzublättern. Stumm, wie immer, schob die alte Frau die Wurzelstöcke übereinander und versuchte vergeblich, das Feuer wieder anzufachen.

In den Jahren, da sie noch an ihren Sohn glaubte, hatte sie alles geopfert, er hatte ihre kleinen Renten aufgezehrt in Passionen, die sie nicht zu ergründen wagte. Noch heute leerte er das Haus, alles ging dahin; es war das nackte Elend, kahle Zimmer, kalte Küche. Sie sprach nie mit ihm darüber, denn in ihrer Achtung vor Disziplin blieb er für sie der Herr. Nur eine Angst durchzuckte sie bisweilen, Burle könnte eines Tages eine Dummheit begehen, die Charles' Eintritt in die Armee unmöglich machte.

Sie stand auf, um frisches Holz aus der Küche zu holen, als ein heftiger Windstoß über das Haus hintobte, an den Türen rüttelte, einen der Läden aufriß und das Wasser aus den schadhaften Rinnen über die Fenster schwemmte. Und mitten in diesem Lärm wurde sie durch ein Geklingel an der Korridortür überrascht. Wer mochte zu dieser Stunde und bei solchem Wetter kommen? Burle kehrte nie vor Mitternacht heim, wenn er überhaupt zurückkehrte. Sie öffnete. Ein Offizier stand vor ihr, triefend vor Nässe.

»Schockschwerenot!« fluchte er. »Ein verdammtes Wetter.«

Es war Major Laguitte, ein alter Haudegen, der noch unter Oberst Burle, zur schönen Zeit Frau Burles, gedient hatte. Ursprünglich einfaches Soldatenkind, war er, weit mehr durch seine Tapferkeit als durch seine Intelligenz, bis zum Rang eines Bataillonskommandeurs emporgerückt, bis die Folgen einer Verwundung ihn gezwungen hatten, den Posten als Major bei der Menagekommission anzunehmen. Er hinkte sogar ein wenig, aber ins Gesicht durfte ihm das keiner sagen, denn er wollte es nicht zugeben.

»Sie, Major?« fragte Frau Burle und kam immer mehr ins Staunen.

»Ja, Donnerwetter«, knurrte Laguitte, »und Sie müssen schon einen gewaltigen Stein bei mir im Brett haben, daß ich mich bei solchem Hundewetter auf der Straße herumtreibe.«

Er schüttelte sich, aus seinen Stiefeln troffen förmliche Lachen auf den Fußboden. Dann schaute er sich um.

»Ich muß unbedingt mit Burle sprechen. Ist der Faulpelz schon im Bett?«

»Nein, er ist noch gar nicht heimgekommen«, sagte die alte Frau mit ihrer harten Stimme.

Der Major schien wie vor den Kopf geschlagen.

»Was? Noch nicht heimgekommen?« rief er wütend. »Dann hat man mich also an der Nase herumgeführt – im Café – bei seiner Mélanie – Sie wissen ja! Ich laufe hin, und irgend so ein Frauenzimmer lacht mir ins Gesicht und sagt, der Hauptmann sei zu Bett gegangen! Da schlag doch ein heiliges Donnerwetter drein! Hab mir doch so etwas gedacht, am liebsten hätte ich sie bei den Ohren genommen.«

Er zwang sich zur Ruhe, lief einige Male unschlüssig und ratlos im Zimmer auf und ab. Frau Burle beobachtete ihn scharf.

»Sie haben mit dem Hauptmann selbst zu sprechen?« fragte sie endlich.

»Ja«, gab er zur Antwort.

»Und ich kann nicht ausrichten, was Sie ihm zu sagen haben?«

»Nein.«

Sie drängte nicht weiter. Aber sie blieb stehen und sah nur immer den Major an, der sich nicht entschließen konnte, fortzugehen. Schließlich übermannte ihn die Wut wieder.

»Na, meinetwegen! Da ich nun einmal hier bin, sollen Sie's wissen. Vielleicht ist's besser.«

Und er ließ sich am Kamin nieder und streckte seine bespritzten Stiefel vor, als ob ein helles Feuer darin brenne. Frau Burle wollte eben ihren Platz auf dem Fauteuil einnehmen, als sie bemerkte, daß Charles, von Müdigkeit überwältigt, seinen Kopf auf das aufgeschlagene Wörterbuch hatte fallen lassen. Die Ankunft des Majors hatte ihn aufgerüttelt, aber als niemand sich um ihn kümmerte, hatte er dem Schlaf nicht widerstehen können. Seine Großmutter machte Miene, auf den Tisch zuzugehen, um den schmächtigen, vom Lampenlicht beschienenen Händen einen Klaps zu verabreichen.

Der Major wehrte ihr: »Nein, nein, lassen Sie den armen kleinen Kerl schlafen, es ist nichts so Lustiges – er braucht es nicht zu hören.«

Die alte Frau setzte sich wieder. Ein Schweigen entstand. Beide sahen sich an.

»Nun wären wir also glücklich soweit –«, fing er endlich an, seine Worte mit einem wütenden Nicken unterstreichend. »Dieser Schmutzfink von Burle hat's fertiggebracht.«

Frau Burle zuckte nicht. Nur bleich war sie geworden, ihre Haltung noch steifer.

»Ich traute der Sache schon lange nicht mehr«, fuhr der andere fort. »Ich hatte mir vorgenommen, einmal mit Ihnen darüber zu sprechen. Burle gab zuviel Geld aus. Und sein Gesicht wollte mir nicht gefallen. Aber niemals hätte ich geglaubt – Herrgott nochmal – muß einer dumm sein, um solche Gemeinheiten anzustellen!« – Und wütend schlug er sich aufs Knie – schnappte nach Luft vor Entrüstung. Die alte Frau sah sich genötigt, eine direkte Frage an ihn zu stellen:

»Hat er gestohlen?«

»Sie können es nicht erraten ... Ich habe ihm seine Rechnungen nie nachgerechnet, nicht wahr? – Ich bestätige sie, setze meine Unterschrift darunter. Sie wissen ja, wie's gemacht wird bei der Kommission. Nur wenn Inspektion in Sicht ist, sage ich zu ihm, des Obersten wegen, der rein des Teufels ist: Alter, gib auf deine Kasse acht, ich bin verantwortlich dafür. Ich war vollständig ruhig. Und doch seit einem Monat, weil er einen solch merkwürdigen Kopf hinmachte und mir etliche nicht saubere Geschichten zu Ohren kamen, steckte ich die Nase etwas tiefer in die Bücher, prüfte die eingetragenen Posten, alles schien mir in Ordnung zu sein und sehr gut gehalten!« – –

Er hielt inne und wurde wiederum von einem solchen Wutanfall gepackt, daß er sich Erleichterung schaffen mußte.

»Himmel – Herrgott – nicht seine Schurkerei macht mich

rasend, sondern seine Gemeinheit mir gegenüber. Er hat mich einfach über den Löffel barbiert, verstehen Sie? – Donnerwetter – für was hält er mich eigentlich? – –«

»Er hat also gestohlen?« fragte die Mutter wieder.

»Heute abend«, begann der Major, etwas ruhiger, von neuem, »heute abend, als ich vom Essen kam, erscheint Gagneux. Sie kennen Gagneux, den Fleischer, der an der Ecke vom Gemüsemarkt wohnt. Ach, so ein gemeiner Schuft, der die Fleischlieferung zugewiesen bekommen hat und der unsere Leute alle krepierten Kühe der Umgebung aufessen läßt. – Nun, ich empfange ihn wie einen Hund, und da bekomme ich denn die Bescherung zu hören. Eine nette Geschichte. Es scheint, daß Burle ihm nur Abschlagszahlungen gemacht hat – ein schauerlicher Mischmasch – kein Teufel kennt sich drin aus, kurz, Burle ist ihm 2000 Francs schuldig, und der Metzger droht, sofort zum Obersten zu gehen, wenn er sein Geld nicht bekommt. Das schlimmste ist, daß dieses Schwein, der Burle, mich mit in die Patsche gebracht hat, jede Woche hat er mir eine falsche Quittung, die er ganz unverfroren mit Gagneux unterzeichnete, vorgelegt ... Mich, seinen alten Freund, derart anzuführen. – Kreuzmillionendonnerwetter!«

Der Major stand auf, ballte drohend die Fäuste nach oben und ließ sich wieder auf seinen Stuhl zurücksinken.

»Er hat gestohlen«, wiederholte Frau Burle, »so hat es kommen müssen.«

Dann, ohne ein Wort der Anklage, der Verdammung gegen ihren Sohn, setzte sie einfach hinzu: »2000 Francs – aber die haben wir nicht – kaum dreißig sind im Hause.«

»Das hab ich mir gleich gedacht«, sagte Laguitte. »Und wissen Sie, wo das alles hinwandert? Zu diesem verfluchten Weibsbild, der Mélanie, die Burle rein zum Idioten macht! – Oh, diese Weiber – ich hab's immer gesagt, die brechen ihm noch mal den Hals. Ich weiß nicht, wie dieses Vieh denn eigentlich gemacht ist, er ist nur fünf Jahre jünger als ich und noch wie der Teufel hinter den Weibern her. Ist das ein gottverfluchtes Temperament!«

Ein neues Schweigen entstand. Draußen strömte der Regen nieder, und in der Stille des schlummernden Städtchens hörte man die Ziegel und Schieferplatten klirren, die der Sturm zerschellt auf der Straße vor sich hertrieb.

»Na«, fing der Major von neuem an, indem er aufstand, »das Hiersitzen bringt die Sache nicht in Ordnung. Sie sind gewarnt, nun will ich machen, daß ich weiterkomme.«

»Was denn tun? – An wen sich wenden?« murmelte die alte Frau.

»Lassen Sie den Mut nicht sinken, man muß sehen, was sich machen läßt. Wenn ich sie nur hätte, diese 2000 Francs. Aber Sie wissen ja, daß ich kein Krösus bin.«

Er schwieg halb verlegen. Er, der alte Junggeselle, ohne Frau, ohne Kinder, vertrank gewissenhaft seine Gage, und was nicht für Kognak und Absinth draufging, nahm ihm das Ecarté vollends ab. Dabei ein Ehrenmann durch und durch.

»Macht nichts«, sagte er, schon unter der Tür stehend, »nun will ich zuerst mal den Lumpenkerl bei seiner Frau Liebsten aufstöbern. Ich werde Himmel und Hölle in Bewegung setzen. – Burle, der Sohn von Burle, wegen Betrugs verklagt! Ist das überhaupt denkbar? Das wäre ja das Ende der Welt! Lieber ließe ich die Stadt in die Luft sprengen. Und nun, zum Donnerwetter, machen Sie sich weiter keine Gedanken. Für mich ist die Sache noch viel scheußlicher!«

Er schüttelte ihr derb die Hand und verschwand im Dunkel der Treppe, während sie die Lampe hochhielt, um ihm zu leuchten. Als sie diese Lampe wieder auf den Tisch gesetzt hatte in dem stillen, kahlen Raum, blieb sie einen Moment unbeweglich vor Charles stehen, der noch immer, mit dem Kopf auf dem Lexikon, schlief. Ein blasses Mädchenantlitz war es, mit langem blondem Haar. – Sie träumte, und über ihr hartes, undurchdringliches Gesicht stahl sich etwas wie Rührung. Doch nur ganz flüchtig, es nahm sofort wieder seinen herben, willensstrengen Ausdruck an.

»Charles, deine Übersetzung«, sagte sie, mit einem leichten Schlag auf seine Hand.

Das Kind wachte auf, verstört, schlotternd, und ging wieder an die Arbeit. Eben erhielt der Major Laguitte, der krachend die Haustür hinter sich zugeworfen hatte, eine solche Ladung Wasser von den Dachrinnen über den Kopf, daß man sein Fluchen durch das Toben des Windes hören konnte. Dann ließ sich unter dem rauschenden Regen nur noch das leichte Knirschen von Charles' Feder vernehmen. Frau Burle hatte ihren Platz vor dem Kamin wieder eingenommen, den Blick auf das erloschene Feuer geheftet, starr wie immer in ihrer fixen Idee und ihrer steifen Haltung.

II

Das Pariser Café von Frau Mélanie Cartier, Witwe, befand sich auf der Place du Palais, einem großen, unregelmäßigen, von verstaubten, niedrigen Ulmen umstandenen Platz. – Gehst du mit zu Mélanie? – sagte man in Vauchamp. Hinter dem ersten, ziemlich geräumigen Saal lag ein zweiter, der ›Divan‹, sehr schmal, mit Lederbänken rings an der Wand und einem Marmortisch an jeder Ecke. Hier verbrachte Mélanie – sie ließ ihren Schenktisch unter der Obhut ihres Mädchens, der guten Phrosine – den Abend mit einigen Stammgästen, ihren Intimen, den ›Herren vom Divan‹, wie man sie in der Stadt nannte. Das zeichnete einen Mann sofort, sein Name wurde nur noch mit einem Lächeln ausgesprochen, in das sich eine gewisse Geringschätzung und ein gut Teil heimlichen Neides mischte.

Frau Cartier war mit fünfundzwanzig Jahren Witwe geworden. Ihr Mann, ein Stellmacher, der nach dem Tode seines Onkels zur großen Verwunderung von Vauchamp das Pariser Café übernommen hatte, war eines schönen Morgens von Montpellier, wohin er, seiner Liköre wegen, alle paar Monate reiste, mit ihr angelangt. Er richtete sein Haus ein und hatte sich mit seinen Möbeln zugleich eine Frau ausgesucht, wie er sie haben wollte, umgänglich, zutunlich und außerdem geschäftstüchtig. Wo er sie aufgelesen hatte, erfuhr man nie, und er heiratete sie erst, nachdem er sie ein halbes Jahr in seinem Geschäft erprobt hatte. Die Meinungen von Vauchamp waren übrigens geteilt, die einen nannten Mélanie eine imposante Erscheinung, andere einen Dragoner. Sie war eine große Frau mit kräftigen Zügen und grobem Haar, das ihr bis über die Augenbrauen fiel. Aber die Fähigkeit, die Männer zu fangen, konnte ihr niemand absprechen. Sie hatte schöne Augen, von denen sie häufig Gebrauch machte, um die ›Herren vom Divan‹ zu fixieren, bis sie blaß und gefügig wurden. Ferner ging die Sage, sie sei ein Prachtstück von einem Weib, und das hört man gern im Süden.

Cartier war eines seltsamen Todes gestorben. Man sprach von einem Streit zwischen dem Ehepaar, von einem Abszeß, der sich infolge eines Fußtrittes auf dem Unterleib gebildet hatte. Übrigens war Mélanie in sehr bedrängter Lage, denn das Café ging nicht gut. Der Stellmacher selbst war sein bester Kunde gewesen und hatte das Geld seines Onkels aufgezehrt, da er seinen Absinth selber trank und sein Billard am meisten benützte. Man glaubte sogar einen Augenblick, sie würde verkaufen müssen. Aber ihr behagte dieses Leben, und für eine Frau war diese Stellung wie geschaffen. Mehr als ein paar Kunden brauchte sie nicht, der große Saal konnte leer bleiben. Sie begnügte sich also damit, eine weiß und goldene Tapete im Divan anzubringen und die Lederbänke frisch überziehen zu lassen. Zuerst leistete sie dort einem Apotheker Gesellschaft, dann kamen ein Teigwarenfabrikant, ein Prokurator, ein pensionierter Stadtrat. Und so kam es, daß das Café geöffnet blieb, obwohl der Kellner keine zwanzig Bestellungen am Tag auszuführen hatte. Die Obrigkeit duldete das Lokal, da der Anstand gewahrt blieb und außerdem eine Menge angesehener Persönlichkeiten bloßgestellt worden wären.

Am Abend spielten trotz allem vier oder fünf kleine Rentner ihre Dominopartie im großen Saal. Cartier war gestorben, das Café de Paris hatte ein eigenartiges Gepräge bekommen, sie sahen nichts von allem, sie ließen sich nicht in ihren Gewohnheiten stören. Da der Kellner überflüssig wurde, entließ ihn Mélanie schließlich. Phrosine zündete in der Ecke, bei den Rentnern, ein einziges Gaslicht an. Manchmal stürmte ein Trupp junger Leute, verlockt durch die Geschichten, die man sich erzählte, und nachdem sie sich gegenseitig aufgereizt hatten, mit lautem, halb verlegenem Gelächter in den Saal. Doch man empfing sie mit einem Blick eisiger Würde, die Wirtin bekamen sie gar nicht zu Gesicht, oder, wenn sie sich zeigte, geschah es mit einem Nachdruck, der sehr ernüchternd wirkte. Mélanie war zu klug, um sich in Dummheiten einzulassen. Während der große Saal, mit Ausnahme der Ecke, wo die Rentner mechanisch ihre Dominosteine drehten, im Dunkeln blieb, bediente sie die Herren vom Divan selbst, in aller Liebenswürdigkeit, ohne sich Freiheiten herauszunehmen; in gemütlichen Stunden höchstens gestattete sie sich, sich an die Schulter des einen oder anderen zu lehnen, um irgendeinen feinen Zug im Ecarté zu verfolgen.

Eines Abends wurden die Herren, die sich nach und nach zu vertragen gelernt hatten, höchst unangenehm überrascht durch den Anblick Hauptmann Burles, der sich im Divan häuslich niedergelassen hatte. Er war, wie es schien, des Morgens zufällig hereingekommen, um einen Vermouth zu trinken, und da er Mélanie allein angetroffen hatte, so hatte er ein Gespräch mit ihr angefangen. Als er sich am Abend wieder einstellte, hatte Phrosine ihn sofort in den kleinen Saal geführt.

Zwei Tage darauf herrschte Burle, ohne dadurch den Apotheker, den Teigwarenfabrikanten, den Prokurator oder den ehemaligen Stadtrat in die Flucht zu jagen. Der Hauptmann, der klein und untersetzt war, schwärmte für große Frauen. Im Regiment hatte man ihm den Beinamen ›Schürzenjäger‹ gegeben, wegen seiner unersättlichen Gier nach Frauen. Wo und wie er seinen Heißhunger befriedigte, das galt ihm gleich, je größer der Bissen, um so besser. Wenn die Offiziere und selbst die Soldaten besonders üppigen Reizen irgendeiner Riesendame begegneten, riefen sie – mochte die nun in Samt oder Lumpen gehen –, das wäre eine für den verteufelten ›Schürzenjäger‹. Keine ließ er sich entgehen: ›Der geht noch zugrunde daran‹, hieß es am Abend auf den Stuben. So nahm ihn denn Mélanie, dieses Prachtweib, mit Haut und

Haaren gefangen, mit unwiderstehlicher Gewalt. Er ging völlig unter in ihr. Seine Äugelchen, die ganz verschwanden in dem pausbackigen Gesicht, folgten der Witwe überallhin, de- und wehmütig wie ein geschlagener Hund. Er war in steter Ekstase vor diesem martialischen Frauengesicht, das von Haaren wie von dicken Borsten umgeben war. Aus Angst, daß sie ihm, wie er sagte, nicht die Zufuhr abschneide, duldete er die Herren vom Divan und gab sein Gehalt bis zum letzten Heller her. Ein Sergeant fand treffende Worte für die Situation. »Schürzenjäger hat sein Loch gefunden«, sagte er, »der kommt nicht mehr heraus.« Ein begrabener Mann!

Es war beinahe zehn Uhr, als der Major Laguitte wutschnaubend zum zweiten Mal ins Café de Paris stürmte. Durch die Tür, die er weit aufgerissen hatte, sah man einen Moment auf die Place du Palais; der Platz war in einen See flüssigen Schlamms verwandelt, der unter dem fürchterlichen Guß brodelte. Der Major war bis auf die Haut durchnäßt, ein ganzer Strom floß hinter ihm her, aber er marschierte geradewegs auf den Schenktisch los, hinter dem Phrosine mit einem Roman saß.

»Du niederträchtiges Weibsbild!« schrie er. »So also meinst du, dürftest du umgehen mit uns Soldaten? Du verdientest – daß –«

Und er holte zu einer Ohrfeige aus, die einem Ochsen den Garaus gemacht hätte. Das Mädchen wich entsetzt zurück, während die guten Bürger die Köpfe drehten; sie sperrten ahnungslos die Mäuler auf. Doch der Major ließ sich nicht aufhalten, er stieß die Tür des Divans auf und platzte zwischen Burle und Mélanie hinein, gerade, als diese zum Scherze dem Hauptmann löffelweise, wie man einen geliebten Kanarienvogel füttert, einen Grog verabreichte. Nur der Stadtrat und der Apotheker waren heute abend gekommen und beide bald wieder in gedrückter Stimmung fortgegangen. Und Mélanie, die für den folgenden Tag dreihundert Francs brauchte, benutzte die Gelegenheit und machte sich liebenswürdig.

– – »Komm zu Mama, Liebling ... gib deinen Schnabel her – ... Das schmeckt gut – gelt? Kleiner Schmierfink!«

Der Hauptmann, mit hochgerötetem Gesicht, sog mit blöden Augen und verklärter Miene an dem Löffel.

– »Kreuzdonnerwetter!« brüllte der Major von der Tür her – »nun läßt du dich gar noch von den Weibern warten! Mir sagt man, du seiest nicht hier, setzt mich vor die Tür, und derweilen sitzt du da und läßt es dir gut sein!«

Burle stieß den Grog zurück, er war zusammengefahren. Mit einer ärgerlichen Bewegung trat Mélanie vor, wie um ihn mit ihrem mächtigen Körper zu decken. Doch Laguitte maß sie mit einem Blick, der Frauen, die eine Ohrfeige zu gewärtigen haben, wohl bekannt ist.

»Lassen Sie uns allein!« sagte er einfach.

Sie zögerte noch eine Sekunde, aber sie meinte, schon den Wind der Ohrfeige zu spüren und begab sich, bleich vor Wut, zu Phrosine hinüber.

Als sie endlich allein waren, stellte Laguitte sich mit verschränkten Armen vor Burle hin, neigte sich zu ihm herunter und schrie ihm ins Gesicht: »Schmutzfink!«

Der andere, ganz verdutzt, wollte aufbrausen. Er fand keine Zeit dazu.

»Halt's Maul! ... Du hast dich hundsgemein gegen einen Freund benommen. Du hast mir falsche Quittungen aufgehalst, die uns alle beide auf die Galeere bringen könnten. Ist das vielleicht anständig? – Hält man einen auf diese Weise zum Narren, wenn man sich seit dreißig Jahren kennt?«

Burle, der auf seinen Sitz zurückgesunken war, war leichenblaß geworden. Er schüttelte sich wie im Fieber. Der Major ging im Kreis um ihn herum und schlug mit den Fäusten auf den Tisch; dann fuhr er fort:

»Gestohlen hast du wie ein Federfuchser, und dieses große Kamel dazu! Wenn's noch für deine Mutter gewesen wäre, dann ließe ich mir's gefallen. Aber, heiliges Donnerwetter, mit der Kasse durchbrennen und sie hierher, in diese Baracke tragen! Das macht mich rasend! Was hast du denn hinter deinem Schädel, um dich in deinem Alter, wegen eines solchen Dromedars, zugrunde zu richten? Lüg nicht – ich hab euch eben erst eure unflätigen Geschichten machen sehen.«

»Du spielst auch«, stammelte der Hauptmann.

»Allerdings spiele ich, Herrgott noch mal«, begann der Major, durch die Bemerkung noch mehr aufgebracht, »und ich bin ein Schwein, ein verfluchtes, daß ich's tue, denn all mein Hab und Gut geht flöten dabei. Und der Armee gereicht's gewiß nicht zur Ehre. Aber, zum Kuckuck, wenn ich spiele, so stehle ich doch wenigstens nicht! Krepier du meinetwegen, laß deine Mutter und den Jungen Hungers sterben, nur die Kasse respektiere, und bringe deine Freunde nicht in Verlegenheit!«

Er hielt inne. Burle starrte stumpfsinnig vor sich hin. Eine Weile hörte man nur die Schritte des Majors.

»Und keinen roten Heller!« fing er wieder an. »Siehst du dich schon zwischen zwei Gendarmen? He? Du Schmutzfink!« Er beruhigte sich, packte Burle beim Handgelenk und stellte ihn auf die Beine.

– »Na, nun komm. Es muß sofort etwas versucht werden, mit der Geschichte auf dem Magen lege ich mich nicht in die Klappe ... Ich habe eine Idee.«

Im großen Saal saßen Mélanie und ihr Mädchen und sprachen leise und erregt miteinander. Als sie die beiden Männer herauskommen sah, wagte Mélanie sich zu nähern und in flötenden Tönen zu Burle zu sagen:

»Wie, Sie wollen schon gehen?«

»Ja, er geht«, erwiderte Laguitte barsch, »und ich rechne stark darauf, daß er keinen Fuß mehr in Ihre Spelunke setzt.«

Das Mädchen zupfte Mélanie ängstlich am Kleid. Doch unglücklicherweise konnte sie es sich nicht versagen, das Wort ›Trunkenbold‹ zu flüstern. Im selben Moment ließ der Major die Ohrfeige los, die ihm schon seit geraumer Zeit in den Fingern brannte. Die beiden Frauen hatten sich rasch geduckt, er traf nur Phrosinens Chignon, deren Haube er zerquetschte und deren Kamm in Stücke ging. Unter den kleinen Rentnern erhob sich ein Sturm der Entrüstung.

»Himmel – Schockschwerenot – mach, daß wir fortkommen«, sagte der Major, »sonst schlage ich alle noch zusammen.«

Draußen mußten sie bis über die Knöchel im Wasser waten, um über den Platz zu gelangen. Der Wind peitschte ihnen ganze Fluten ins Gesicht. Während der Hauptmann schweigend dahinschritt, warf ihm Laguitte seine Schlechtigkeit mit erneuter Heftigkeit vor. Nettes Wetter, nicht wahr, um sich auf den Straßen herumzutreiben? Wenn er nicht solche Eseleien gemacht hätte, dann lägen sie jetzt alle beide im warmen Bett und brauchten nicht derart herumzupatschen. Dann sprach er von Gagneux. Ein Schuft, dessen verdorbenes Fleisch schon dreimal beim ganzen Regiment Kolik hervorgerufen hatte.

»In acht Tagen geht der Kontrakt zu Ende. Der Teufel soll mich holen, wenn der die Lieferung wieder kriegt!«

»Das ist übrigens meine Sache, ich nehme den, den ich will«, knurrte er. »Lieber lasse ich mir einen Arm abnehmen, als diesen Giftmischer noch einen Sou verdienen zu lassen!«

Er glitt aus, geriet bis an die Knie in eine tiefe Gosse und setzte mit einem halberstickten Fluch hinzu:

»Ich gehe zu ihm, daß du's weißt. Du wartest unten vor dem Haus auf mich. – Ich will sehen, was der Kerl im Leibe hat und ob er es wagt, morgen zum Oberst zu gehen, wie er droht. –

Mit einem Fleischer, Herrgott noch mal – mit einem Fleischer sich in dieser Weise einzulassen! – Stolz bin ich nicht – hol's der Henker! – Das vergeß ich dir nie.«

Sie langten am Gemüsemarkt an. Gagneux' Haus war ganz finster, doch auf Laguittes wütendes Klopfen wurde ihm schließlich aufgetan. Burle blieb allein in dem dichten Dunkel zurück und dachte gar nicht daran, irgendwo unterzustehen. Er blieb wie angewurzelt an der Ecke des Marktes unter dem strömenden Regen, ein Summen und Schwirren im ganzen Kopf, das ihn zu keinem Gedanken kommen ließ. Die Zeit wurde ihm nicht lang, denn er hatte jedes Bewußtsein verloren. Das Haus mit seiner geschlossenen Tür und den Fenstern sah aus wie tot, und er betrachtete es. Als der Major nach einer Stunde heraustrat, schien es dem Hauptmann, als sei er eben erst hineingegangen. Laguitte sah finster aus und sprach kein Wort. Burle hatte nicht den Mut zu fragen. Einen Augenblick mußten sie sich suchen, sich fast erraten in der Finsternis, dann gingen sie wieder die dunklen Straßen entlang, über die das Wasser sich wie in einem Strombett dahinwälzte. Der Major schwieg immer noch, er fluchte nicht einmal mehr. Als sie jedoch wieder auf der Place du Palais anlangten, klopfte er Burle auf die Schulter und sagte:

»Wenn du mir je wieder dieses Loch betrittst – – –«

»Hab keine Angst –«, erwiderte der Hauptmann, ohne ihn seinen Satz zu Ende sprechen zu lassen.

Und er streckte ihm die Hand hin.

»Nein, nein«, versetzte Laguitte, »ich begleite dich bis an die Tür, dann bin ich wenigstens für diese Nacht sicher, daß du nicht wieder hingehst – – –«

Sie schritten weiter. Beim Eingang in die Rue des Récollets verlangsamten beide ihren Schritt. Vor der Haustür holte Burle seinen Schlüssel aus der Tasche; dann entschloß er sich wieder zu sprechen.

»Nun?« fragte er.

»Nun«, erwiderte der Major hart, »ich bin ein Schmutzfink wie du. – Ja, ich habe eine Gemeinheit begangen, der Teufel soll dich holen! Nun müssen unsere Soldaten noch drei Monate lang schlechtes Fleisch essen.«

Und er setzte ihm auseinander, daß Gagneux, dieser ekelhafte Kerl, ein Halunke sei, der ihn nach und nach zu einem Handel verleitet hätte; er werde nicht zum Obersten gehen, sogar die zweitausend Francs fahrenlassen und die falschen Quittungen durch solche mit seiner richtigen Unterschrift ersetzen, aber dafür verlange er, daß ihm der Major bei den nächsten Ausschreibungen die Fleischlieferung wieder zuweise. Nun sei die Sache erledigt.

»Was dieses Vieh für einen Profit einstecken muß, um so mir nichts, dir nichts zweitausend Francs fahrenzulassen!« sagte der Major.

Burle, dem die Rührung die Kehle zuschnürte, hatte die Hände seines alten Freundes ergriffen. Er vermochte nur einen verwirrten Dank zu stammeln. Dieser schmutzige Handel, den der Major eingegangen war, um ihn zu retten, rührte ihn zu Tränen.

»Das ist auch das erstemal«, knurrte dieser. »Es mußte sein. Herrgott – nicht mal zweitausend Francs in seinem Sekretär zu haben. Das könnte einem die Karten gründlich verleiden. Na, sei's drum, an mir ist nicht viel verloren. – Aber das sage ich dir, daß du mir nicht wieder anfängst, denn der Teufel hol mich, wenn ich's wieder tue.«

Burle umarmte ihn. Als sich die Tür hinter ihm geschlossen hatte, blieb der Major noch eine Weile stehen, um sicher zu sein, daß er zu Bett gegangen sei. Als es dann Mitternacht schlug und der Regen noch immer über die finsteren Häuser rauschte, humpelte er mühsam weiter. Der Gedanke an seine Leute zerriß ihm das Herz. Er blieb stehen und sagte laut, in ganz verändertem Ton, voll tiefen Mitleids:

»Die armen Teufel! Was werden die für Kuhfleisch schlukken müssen für diese zweitausend Francs.«

III

Im Regiment war man starr. ›Schürzenjäger‹ hatte mit Mélanie gebrochen. Nach einer Woche war es unumstößliche Tatsache. Der Hauptmann setzte keinen Fuß mehr ins Café de Paris, man erzählte sich, der Apotheker habe den noch warmen Platz eingenommen, zur großen Betrübnis des ehemaligen Stadtrates. Und noch unglaublichere Tatsache: Hauptmann Burle lebte in völliger Zurückgezogenheit in seiner Rue des Récollets. Er hatte seinem bisherigen Lebenswandel endgültig Valet gesagt, blieb Abend für Abend zu Hause, hörte sogar seinem kleinen Charles die Lektionen ab. Seine Mutter, die wegen der Geschichte mit Gagneux kein Wort verloren hatte, behielt ihre strenge, steife Haltung in ihrem Lehnstuhl, aber ihre Blicke verrieten, daß sie ihn für geheilt ansah.

Vierzehn Tage später sagte sich Major Laguitte eines Abends zum Essen an. Er empfand etwas wie Verlegenheit, mit Burle zusammenzutreffen, nicht seinetwegen freilich, sondern weil er fürchtete, peinliche Erinnerungen in Burle wachzurufen. Da jedoch der Hauptmann Umkehr gehalten hatte, wollte er ihm die Hand schütteln und einen Löffel Suppe mit ihm essen, das würde ihm Freude machen.

Burle war auf seinem Zimmer, als der Major kam. Frau Burle empfing ihn. Nachdem er ihr gesagt hatte, daß er sich vorgenommen habe, mit ihnen zu essen, setzte er in leiserem Ton hinzu:

»Nun?«

»Es geht alles gut«, sagte die alte Frau.

»Nichts Verdächtiges?«

»Gar nichts. Um neun Uhr geht's zu Bett, von Ausgehen keine Rede und dabei das zufriedenste Gesicht.«

»Was Teufel! Das lasse ich mir gefallen!« rief der Major. »Ich hab es mir wohl gedacht, daß man ihn nur einmal tüchtig aufrütteln müsse. Er hat, wie es scheint, doch ein Herz im Leib, der Schwerenöter.«

Als Burle dann erschien, drückte er ihm fast die Hände entzwei.

Und ehe man sich zu Tisch setzte, plauderte man in aller Gemütsruhe und pries die Freuden des häuslichen Herdes. Der Hauptmann erklärte, daß er sein Zuhause nicht um ein Königreich hergebe, und wenn er sich's bequem gemacht, seine Pantoffeln angezogen und sich in seinen Lehnstuhl vergraben hätte, würde er mit keinem König tauschen. Der Major gab ihm Recht, während er ihn forschend betrachtete. Gewiß, magerer machte ihn das solide Leben nicht, er hatte eher noch zugenommen, die Augen waren verschwommen, die Züge schwer. Er schlummerte halb in seinem Fauteuil.

»Das Familienleben – das ist das beste. Ja, das Familienleben –«, sagte er mehrmals vor sich hin.

»Das ist alles gut und schön«, sagte Laguitte, etwas besorgt über diese Zahmheit, »aber man muß es nicht übertreiben. Mach dir Bewegung, laß dich ab und zu im Café sehen.«

»Im Café? Wozu? Ich habe hier alles, was ich brauche. Nein, ich bleibe hübsch in meinen vier Wänden.«

Charles räumte seine Bücher zusammen, und zu Laguittes Erstaunen erschien ein Dienstmädchen, um den Tisch zu dekken.

»Sie haben sich jemanden genommen?« fragte er Frau Burle.

»Es war leider notwendig«, entgegnete sie und seufzte. »Meine Beine wollen nicht mehr mittun, der ganze Haushalt war verwahrlost. Zum Glück hat mir Père Cabrol seine Tochter anvertraut. Sie kennen ihn, den Père Cabrol, den Alten, der den Markt zu kehren hat? – Er wußte nicht, was er mit Rose anfangen sollte, nun lernt sie bei mir etwas kochen.«

Das Mädchen ging hinaus.

»Wie alt ist sie denn?« fragte der Major.

»Kaum siebzehn. Dumm und schmutzig. Aber ich gebe ihr nur zehn Francs monatlich, und sie ißt nur Suppe.«

Als Rose wieder mit einem Stoß Teller hereinkam, folgten ihr des Majors Augen, der sich sonst wenig um die Weiblichkeit kümmerte; er war ganz erstaunt, etwas so Häßliches zu sehen. Sie war klein, sehr brünett, etwas verwachsen; ein Affengesicht mit platter Nase und unförmig großem Mund, die Augen waren klein und gräulich. Sehr kräftig sah sie aus, mit ihren breiten Hüften und langen Armen.

»Donnerwetter, ist das eine Fratze!« sagte der Major lachend, als das Mädchen wieder hinausgegangen war, um Salz und Pfeffer zu holen.

– »Oh«, murmelte Burle gleichgültig, »sie ist sehr gefällig und tut alles, was man will. Zum Tellerspülen ist sie schon recht.«

Das Essen verlief sehr angenehm. Es gab gekochtes Rindfleisch und ein Hammelragout. Charles mußte von seiner Schule erzählen. Frau Burle wollte zeigen, wie artig er sei und fragte ihn etliche Mal: »Nicht wahr, du willst Soldat werden?« Und ein Lächeln umspielte dabei den schmalen Mund, wenn der Kleine mit der Ängstlichkeit eines sehr gut abgerichteten Hundes zur Antwort gab: »Gewiß, Großmama.« Burle hatte die Ellbogen auf den Tisch gelegt und aß langsam und zerstreut. Eine behagliche Wärme machte sich fühlbar, die einzige Lampe, die auf dem Tisch brannte, ließ die Ecken des Zimmers in weichem Halbdunkel. Eine etwas schwerfällige Gemütlichkeit war es, die Intimität unbemittelter Leute, die nicht bei jeder Platte die Teller wechseln und die durch eine im letzten Augenblick servierte Kompottschale voll Eierschaum in frohe Stimmung versetzt werden.

Rose, unter deren wuchtigen Tritten der ganze Tisch erzitterte, wenn sie hinter den Stühlen hin- und herging, hatte noch keine Silbe gesprochen. Nun stand sie neben Burle und fragte mit heiserer Stimme:

»Nehmen der Herr Hauptmann Käse?«

»Was? Wie?« fragte Burle zusammenfahrend. »Ach so, Käse? Ja, halt den Teller ordentlich.«

Er schnitt sich ein Stück Käse herunter, während die Kleine ihm mit ihren Schlitzaugen zusah. Laguitte lachte. Schon vom ersten Gang an amüsierte ihn Rose köstlich.

»Nein, weißt du, die ist kostbar«, flüsterte er dem Hauptmann ins Ohr, »schick' sie doch mal dem Oberst, nur um sie ihm zu zeigen. Das bringt ihn in gute Laune.«

Er fühlte eine Art väterliche Rührung dieser Häßlichkeit gegenüber. Die mußte er sich in der Nähe besehen.

»Nun, und ich, mein Kind? Ich will nämlich auch Käse.«

Sie kam mit dem Teller zu ihm herüber, und er ließ sein Messer in dem Käse stecken, so sehr vergaß er sich über ihren Anblick. Er lachte vor Vergnügen, denn er hatte entdeckt, daß einer ihrer Nasenflügel größer war als der andere. Rose ließ diese Musterung mit der ernsthaftesten Miene von der Welt über sich ergehen und wartete gelassen, bis der Herr mit Lachen fertig war.

Sie deckte ab und verschwand. Burle nickte sofort ein in seinem Lehnstuhl, während seine Mutter und der Major sich unterhielten. Charles setzte sich wieder hinter seine Schulaufgaben. Ein tiefer Friede senkte sich über das Zimmer, der Frieden des Bürgerhauses, darin gutes Einvernehmen alle in ein- und demselben Raum vereinigt. Um neun Uhr wachte Burle gähnend auf und erklärte, daß er zu Bett gehe, er bitte um Entschuldigung, aber die Augen fielen ihm wider Willen zu. Als der Major eine halbe Stunde nachher aufbrach, suchte Frau Burle umsonst nach Rose, die leuchten sollte. Sie mußte bereits in ihr Zimmer hinaufgegangen sein; ein richtiges Huhn, dieses Mädchen, das seine geschlagenen zwölf Stunden schlafe.

»Lassen Sie's gut sein«, sagte Laguitte, schon im Hausflur. »Meine Beine sind zwar nicht besser als Ihre, aber wenn ich mich am Geländer festhalte, komme ich schon mit heilen Knochen davon. Nun, ich bin glücklich, Verehrteste, jetzt sind Sie Ihre Sorgen los. Ich habe Burle beobachtet, und ich sage Ihnen, er hat absolut nichts auf dem Gewissen. Sapperment, es war Zeit, daß er wegkam von den Weibern, die Sache wurde bedenklich.«

Der Major ging hochbefriedigt von dannen. Ein anständiges Haus, Mauern von Glas; gar keine Möglichkeit, da etwas Unsauberes hineinzubringen.

Was ihn bei dieser Bekehrung am meisten entzückte, war, daß er nun die Bücher des Hauptmanns nicht mehr nachzurechnen hatte. Nichts war ihm so zuwider wie diese Schreibarbeiten. Von dem Moment an, wo Burle vernünftig wurde, konnte er seine Pfeifen rauchen und seine Unterschrift mit geschlossenen Augen geben. Ein Auge behielt er indessen immerhin offen. Die Quittungen waren in Ordnung, die einzelnen Posten stimmten vortrefflich, nicht eine einzige Unregelmäßigkeit. Am Ende des Monats sah er nur die Quittungen durch, prüfte die Hauptsummen, wie er es übrigens von jeher gemacht hatte. Eines Morgens jedoch, ohne jeden Hintergedanken, lediglich, weil er sich eine frische Pfeife angezündet hatte, blieben seine Blicke zufällig auf einer Addition haften, als er einen Fehler entdeckte; bei der Zusammenstellung waren dreizehn Francs mehr gebucht, um die Rechnung auszugleichen; und doch stimmten die eingetragenen Posten, denn er verglich sie mit den Quittungen. Das kam ihm verdächtig vor, er schwieg gegen Burle und nahm sich vor, ihm künftig besser auf die Finger zu sehen. In der folgenden Woche wieder ein Irrtum, neunzehn Francs fehlten. Nun wurde er unruhig, er schloß sich mit den Büchern ein und brachte einen langen, scheußlichen Vormittag damit zu, alles durchzurechnen, von neuem zu addieren, er schwitzte, fluchte, der Kopf brummte ihm vor lauter Zahlen. Und bei jeder Addition stellte er einen Fehlbetrag von etlichen Francs fest, es war erbärmlich geradezu, zehn Francs, acht, elf, bei den letzten nur vier und drei Francs, einmal hatte sich Burle sogar mit nur einem Franc fünfzig begnügt. Auf diese Weise schmälerte Burle die Kasse seit etwa zwei Monaten. Beim Vergleichen der Daten konnte der Major feststellen, daß die bewußte Lektion ihn gerade acht Tage lang in Schach gehalten hatte. Diese Entdeckung brachte ihn zur Verzweiflung.

»Heiliges Donnerwetter«, wütete er, und er hämmerte mit der Faust auf die Bücher, »das ist ja noch niederträchtiger! Die Geschichte mit Gagneux, die falschen Quittungen, das war frech – aber diesmal – zum Teufel – stibitzt er ja wie eine Köchin, die auf ihr Fleischgeld etwas draufschlägt. Bei den Additionen mogeln! Sich anderthalb Francs in die Tasche eskamotieren. So hab doch ein klein wenig mehr Ehre im Leib, du Mistfink! Nimm die ganze Kasse und verjuble sie mit Schauspielerinnen meinetwegen.«

Das Ärmliche dieser Veruntreuungen empörte ihn. Außerdem war er wütend, schon wieder überlistet worden zu sein durch diese falschen Additionen, das war so einfach, so dumm! Er stand auf, raste über eine Stunde in seinem Zimmer auf und ab, fassungslos, ratlos, laut mit sich selber sprechend.

»Dem Menschen ist nicht mehr zu helfen, entschieden nicht. Da muß vorgegangen werden ... Und wenn ich ihm jeden Morgen die Hölle heiß machen wollte, am Nachmittag steckt er sich doch wieder seine drei Francs in die Tasche ... Aber zum Henker, wo bringt er das nun wieder hin? Er geht nie mehr aus, um neun Uhr legt er sich in die Federn, es hat alles einen so anständigen, sauberen Anstrich bei ihnen! ... Hat das Schwein am Ende noch andere Laster, von denen man nichts weiß?«

Er setzte sich wieder an seinen Schreibtisch und zählte die fehlenden Summen zusammen, sie beliefen sich auf fünfhundertfünfundvierzig Francs. Wo sollte er dieses Geld nun wieder hernehmen? Die Revision stand dicht bevor, es brauchte diesem Hitzkopf von Oberst nur einzufallen, eine Addition nachzurechnen, dann hatte man die Bescherung. Jetzt war Burle geliefert.

Dieser Gedanke gab ihm seine Kaltblütigkeit wieder. Er fluchte nicht mehr, er saß da wie erstarrt, er sah Frau Burle in ihrer aufrechten Haltung verzweifelt vor sich. Und ihm selbst war so schwer ums Herz, daß es ihm beinahe die Brust zersprengte.

– »Nun, vor allem«, murmelte er, »muß ich Klarheit haben über die Geschichte mit diesem Halunken. Dann ist es immer noch Zeit, sich zu rühren.«

Er machte sich auf den Weg zu Burles Büro hinüber. Vom Bürgersteig gegenüber sah er eben ein Frauenkleid in der halbgeöffneten Tür verschwinden. In dem Glauben, auf der richtigen Fährte zu sein, schlich er hinterdrein und horchte. Es war Mélanie, er erkannte sie an ihrer flötenden Stimme. Sie beklagte sich über die Herren vom Divan, sprach von einem Wechsel, den sie nicht zahlen könne, der Gerichtsvollzieher stehe an der Tür, er werde ihr alles verkaufen. Als der Hauptmann kaum eine Antwort gab und sagte, er könne keinen Sou hergeben, fing sie schließlich an zu weinen. Sie duzte ihn, nannte ihn ihr Zuckerpüppchen, doch alles umsonst. Ihre Lockungen schienen nicht die mindeste Wirkung zu haben, denn Burles tiefe Stimme antwortete immer nur: nicht möglich – nicht möglich. Als sich Mélanie nach einer Stunde entfernte, war sie wütend. Der Major war sehr erstaunt über diese Wendung der Dinge, er wartete noch einen Augenblick, ehe er eintrat; Burle war allein. Er fand ihn vollständig ruhig, und obwohl er ihn am liebsten als dreifaches Schwein behandelt hätte, sagte er nichts; er war entschlossen, zuerst der Wahrheit auf die Spur zu kommen.

Das Büro sah gar nicht zweifelhaft aus. Auf Burles Rohrstuhl vor dem schwarzangestrichenen Tisch lag ein harmloses Lederkissen, und die Kasse in der Ecke war hermetisch geschlossen. Der Sommer war im Anzug, von dem einen Fenster her ließ sich ein Zeisig vernehmen. Es war alles vollkommen in Ordnung, aus den Fächern drang ein Geruch alten Papiers, der etwas Zutrauenerweckendes an sich hatte.

»War das nicht dieses Frauenzimmer, die Mélanie, die eben von dir fortging?« fragte Laguitte.

»Ja«, sagte Burle achselzuckend, »sie hat mir wieder mal wegen zweihundert Francs in den Ohren gelegen ... keine zehn Francs geb ich ihr, nicht zehn Sous!«

»So!« sagte der Major – er wollte sondieren – »und mir hatte man gesagt, daß du wieder zu ihr gehst.«

»Ich? – Fällt mir nicht im Traume ein! Ich habe genug von diesen Kamelen für alle Zeit!«

Sehr verdutzt ging Laguitte fort. Wo konnten denn die fünfhundertfünfundvierzig Francs hingekommen sein? Hatte es der Schlingel, nach den Weibern, am Ende mit Spielen und Trinken versucht? Er beschloß, Burle am gleichen Abend noch zu überraschen, vielleicht brachte er ihn zum Sprechen oder konnte durch Ausfragen seiner Mutter die Wahrheit ermitteln. Am Nachmittag jedoch machte ihm sein Bein gewaltig zu schaffen, es wollte gar nicht mehr gehen damit seit einiger Zeit, er hatte sich sogar entschließen müssen, sich eines Stockes zu bedienen, um nicht zu stark zu hinken. Dieser Stock war seine Verzweiflung. Jetzt stehe er auf der Invalidenliste, behauptete er grimmig. Er raffte sich am Abend aber dennoch auf und schleppte sich, auf seinen Stock gestützt, nach der Rue des Récollets. Es schlug neun Uhr, als er dort anlangte. Die Haustür stand nur angelehnt. Er holte Atem auf dem Treppenabsatz des dritten Stockes, als er zu seiner Überraschung oben sprechen hörte. Er meinte Burles Stimme zu erkennen. Aus Neugier stieg er hinauf.

Eine Tür hinten im Gang ließ einen Lichtstreifen hindurch, doch beim Knarren seiner Stiefel wurde sie zugemacht, und er befand sich vollständig im Dunkeln.

›Zu dumm!‹ dachte er. ›Irgendein Dienstmädchen, das zu Bett geht.‹

Trotzdem ging er, so leise er konnte, herauf und legte das Ohr an die Tür. Zwei Stimmen ließen sich unterscheiden. Er stand starr. Burle, dieses Schwein, und das Scheusal Rose.

»Du hattest mir drei Francs versprochen«, sagte das Mädchen grob. »Gib mir meine drei Francs.«

»Ich bringe sie dir morgen, Liebchen«, erwiderte der Hauptmann in flehendem Ton. »Heute war es mir nicht möglich ... Du weißt, ich halte meine Versprechen stets.«

– »Nein, gib mir meine drei Francs, oder du kannst gehen.« Sie mußte bereits ausgekleidet sein und auf dem Rand ihres Feldbettes sitzen, denn es krachte bei jeder Bewegung, die sie machte.

Der Hauptmann trippelte auf und ab vor ihr. Er kam näher.

»Komm, sei gut, mach mir Platz« – –

»Willst du mich wohl in Ruhe lassen!« rief sie erbost. »Ich rufe, ich sage alles der Alten – – Wenn du mir die drei Francs gegeben hast!«

Und von diesen drei Francs ging sie nicht ab, wie ein störrisches Tier, das nicht weitergehen will.

Burle wurde zornig; weinte sogar; dann holte er, um sie zu erweichen, einen Topf Marmelade aus der Tasche, den er dem Schrank seiner Mutter entnommen hatte. Rose nahm ihn und machte sich sofort darüber her; ohne Brot, mit einem Gabelstiel. Das schmeckte sehr gut. Aber als der Hauptmann glaubte, sie erobert zu haben, stieß sie ihn mit derselben eigensinnigen Bewegung zurück.

»Ich pfeife auf deine Marmelade! ... Die drei Francs will ich haben!«

Bei dieser letzten Forderung hob der Major seinen Stock in die Höhe, als ob er die Tür einschlagen wollte. ›Schockschwerenot! Dieses verdammte Weibsbild! Und das läßt sich ein Hauptmann der französischen Armee bieten?‹ Er dachte nicht mehr an Burle und dessen Gemeinheit, diesem ekelhaften Frauenzimmer wollte er den Hals umdrehen! Das feilschte auch noch, mit ihrer Fratze! *Sie* hätte von Rechts wegen zahlen müssen! Doch er hielt an sich, er wollte hören, wie die Sache weiterging.

»Du machst mir wirklich Kummer«, sagte der Hauptmann wieder. »Ich war so gut gegen dich – ich habe dir ein Kleid geschenkt, und Ohrringe und eine Uhr. Und du trägst das alles nicht einmal.«

»Auch noch! Damit die Sachen entzweigehen! ... Papa hebt mir meine Sachen auf.«

»Und alles Geld, das du mir aus der Tasche gelockt hast?«

»Vater legt es an für mich.«

Eine stumme Pause. Rose überlegte.

»Hör, wenn du schwörst, mir morgen abend sechs Francs zu bringen, will ich nachgeben. Knie nieder und schwöre, daß du mir sechs Francs bringen willst ... Nein, nein auf den Knien.«

Der Major schlich sich davon, er zitterte vor Wut und blieb auf dem Treppenflur stehen und lehnte sich an die Mauer. Seine Beine wollten ihn nicht mehr tragen, und er schwang seinen Stock wie einen Säbel auf der dunklen Treppe. Donner und Doria! Nun begriff er, weshalb dieses Schwein, der Burle, nicht mehr zum Haus herausging und sich um neun Uhr zu Bett legte. – Eine nette Bekehrung! Hol's der Teufel, und mit einem schmierigen Ding, das der schlimmste seiner Leute nicht vom Misthaufen aufgelesen hätte.

Aber – verflucht – weshalb hat er denn Mélanie nicht behalten? – Was jetzt? Hineingehen und beiden eine Tracht Prügel austeilen, war sein erster Gedanke gewesen, dann kam das Mitleid mit der armen Alten da unten über ihn. Das beste war, die beiden ihren Unflätereien zu überlassen. Aus dem Hauptmann ließ sich nichts Vernünftiges mehr machen. Wenn ein Mensch einmal so weit gekommen war, konnte man ihm höchstens noch eine Schaufel voll Erde auf den Kopf werfen, um ein Ende zu machen mit ihm, wie mit einem verfaulten Tier, das die Luft verpestet. Und wenn man ihm zehnmal die Nase in seinen Kot drückte, morgen finge er doch wieder von vorne an, er würde schließlich Sous stehlen, um zerlumpten Betteldirnen Gerstenzucker zu kaufen. Heiliges Donnerwetter: Das Geld der französischen Armee, und die Ehre der Fahne, und der Name Burle, dieser geachtete Name, der im Schmutz untergehen sollte: – Nein, Schockschwerenot, so durfte es nicht enden!

Der Major wurde weich einen Augenblick. Wenn er nur die fünfhundertfünfundvierzig Francs gehabt hätte! Aber keinen roten Heller: Noch am letzten Abend hatte er sich mit Kognak betrunken wie ein Unterleutnant und verteufeltes Pech beim Spielen gehabt. Geschah ihm schon recht, daß er sein Bein schleppen mußte. Krepieren müßte er daran.

Er ließ die beiden also in Ruhe und ging hinunter, um bei Frau Burle zu klingeln.

Erst nach vollen fünf Minuten erschien die alte Dame selbst, um ihm zu öffnen.

»Ich bitte um Entschuldigung!« sagte sie. »Ich glaubte, diese Schlafmütze, die Rose, sei noch auf. Nun muß ich sie aber doch herausschütteln aus ihrem Bett.«

Der Major hielt sie zurück.

»Und Burle?« fragte er.

»Oh, der schnarcht schon seit neun Uhr. Soll ich bei ihm klopfen?«

– »Nein, nein, ich wollte nur Ihnen guten Abend sagen.«

Im Eßzimmer, an seinem gewohnten Platz, hatte Charles eben seine Übersetzung beendet. Aber er sah verstört aus, und seine armen blassen Hände zitterten. Seine Großmutter las ihm, ehe sie ihn zu Bett schickte, Schlachtenschilderungen vor, um den Heroismus in ihm zu entwickeln. Am heutigen Abend hatte die Geschichte des ›Vengeur‹, jenes mit Sterbenden beladenen, im Meer versinkenden Schiffes das Kind einer Nervenkrisis nahegebracht und ihm den Kopf mit Greuelszenen verwirrt.

Frau Burle bat den Major um Erlaubnis, ihre Lektüre zu beenden. Dann schloß sie das Buch feierlich, nachdem der letzte Matrose gerufen: ›Es lebe die Republik!‹ Charles war bleich wie ein Leintuch.

»Hast du gehört?« fragte die alte Dame. »Die Pflicht eines jeden braven Soldaten ist, fürs Vaterland zu sterben.«

»Ja, Großmama.«

Er küßte sie auf die Stirn und ging schlotternd in sein großes Schlafgemach hinüber, wo das geringste Krachen des Holzgetäfels ihm den kalten Schweiß auf die Stirn jagte.

Der Major hatte mit ernster Miene zugehört. Nein, beim Himmel! Ehre war Ehre, und niemals würde er zulassen, daß dieser Halunke da oben Schande über die arme Alte und diesen kleinen Kerl hier brachte. Wenn der Junge so viel Freude am Soldatenberuf hatte, mußte er hocherhobenen Hauptes in Saint-Cyr eintreten können. Doch der Major schreckte noch zurück vor einer verteufelten Idee, die ihm seit der Geschichte mit den sechs Francs im Kopf herumging, bis Frau Burle die Lampe ergriff und ihn hinausbegleitete.

Als sie am Zimmer des Hauptmannes vorbeiging, sah sie zu ihrer Überraschung den Schlüssel stecken, was sonst nie der Fall war.

»Gehen Sie doch zu ihm hinein«, sagte sie. »Es tut ihm nicht gut, so viel zu schlafen, es macht ihn schwerfällig.«

Und ehe er sie daran hindern konnte, öffnete sie die Tür und blieb wie erstarrt vor dem leeren Zimmer stehen. Laguitte war dunkelrot geworden und so verlegen, daß ihr plötzlich ein Licht aufging, tausend kleine Zufälligkeiten blitzten mit einem Mal in ihrer Erinnerung auf.

»Sie wußten es? – – Sie wußten es?« – stammelte sie. »Weshalb warnten Sie mich nicht! – Oh, Gott, hier im Haus, neben seinem Kind, mit diesem Schulmädchen, diesem Scheusal! Und er hat wieder gestohlen, ich weiß es.«

Sie blieb vor ihm stehen, hochaufgerichtet, totenbleich.

»Ich wollte, er wäre tot!« sagte sie dann hart.

Laguitte faßte ihre beiden Hände und hielt sie einen Augenblick fest in den seinen. Dann machte er sich davon, es schnürte ihm etwas die Kehle zu, er hätte schließlich noch geheult. – Ah – jetzt – das wußte er – Herrgott nochmal – jetzt war er entschlossen!

VI

Die große Inspektion sollte Ende des Monats stattfinden. Der Major hatte noch zehn Tage vor sich. Gleich am nächsten Tag humpelte er ins Café de Paris und bestellte sich ein Glas Bier. Mélanie war ganz blaß geworden, und Phrosine brachte ihm unter Zittern und Zagen das Verlangte. Doch der Major schien ganz ruhig, er ließ sich einen zweiten Stuhl geben, um sein Bein ausstrecken zu können, und trank sein Bier wie ein Biedermann, der Durst hat. Seit einer Stunde saß er da, als er zwei Offiziere über die Place du Palais daherkommen sah. Er rief sie herüber, indem er eifrig mit dem Stock fuchtelte. Es waren der Bataillonskommandeur Morandot und der Hauptmann Doucet.

»Kommt und trinkt ein Glas Bier mit!« rief er ihnen zu, sobald sie nahe genug waren.

Die Offiziere wagten nicht, nein zu sagen. Als Phrosine ihnen ihr Bier gebracht hatte, fragte Morandot:

»Sie verkehren jetzt hier, Major?«

»Ja, das Bier ist ganz gut.«

Hauptmann Doucet zwinkerte schalkhaft mit den Augen:

»Sind Sie vom Divan, Major?«

Laguitte lachte, ohne darauf zu antworten. Dann neckte man ihn wegen Mélanie. Er zuckte gutmütig die Achseln. Sie sei ein Prachtweib trotz allem, man könne sich lustig machen seinetwegen, aber die scheinbaren Kostverächter würden am liebsten selbst mit ihr anbändeln. Dann drehte er sich nach dem Schenktisch um und rief mit einer Miene, die er liebenswürdig zu machen suchte:

»Madame, noch Bier!«

Mélanie war so verblüfft, daß sie aufstand und das Bier selbst herbrachte. Als sie an dem Tisch stand, hielt der Major sie zurück und ging so weit, ihr einige Male die Hand, die sie auf eine Stuhllehne gelegt hatte, zu tätscheln. Nun spielte auch sie, an derartige Galanterien gewöhnt, die Liebenswürdige; sie glaubte an eine verliebte Anwandlung bei dieser alten Ruine, wie sie so etwas mit Phrosine nannte. Doucet und Morandot tauschten Blicke. Was, dieser verfluchte Major war ›Schürzenjägers‹ Nachfolger? Sapperment, das würde ein schönes Gelächter geben im Regiment. Plötzlich fuhr Laguitte, der durch die offene Tür die Place du Palais immer mit einem Auge überwachte, in die Höhe und rief: »Halt, dort geht Burle!«

»Ja, es ist seine Zeit«, sagte Phrosine, ebenfalls herantretend. »Der Hauptmann kommt jeden Nachmittag von seinem Büro aus hier vorbei.«

Der Major war trotz seines kranken Beines aufgestanden. Er rückte mit den Stühlen und rief:

»He, Burle! trink ein Glas Bier mit uns!«

Der Hauptmann kam mechanisch näher, ganz verdutzt; er begriff nicht, wie Laguitte mit Morandot und Doucet bei Mélanie sitzen konnte. Das war ja die verkehrte Welt!

Er blieb auf der Schwelle stehen, noch immer zögernd.

»Ein Glas Bier!« befahl der Major.

»Was stehst du denn?« fragte er dann. »Komm doch und setz dich her. Hast du Angst, ich könnte dich fressen?«

Als der Hauptmann Platz genommen hatte, entstand eine verlegene Pause. Mélanie brachte das Bier mit etwas zitternden Händen, in beständiger Angst vor einem Auftritt, der zur Schließung ihres Lokals führen könnte. Die Galanterie des Majors kam ihr nicht mehr ganz geheuer vor. Sie versuchte, sich davonzumachen, als er sie einlud, etwas mit den Herren zusammen zu nehmen. Aber als ob er der Herr sei, hatte er bei Phrosine bereits ein Gläschen Anisette bestellt, und Mélanie war gezwungen, sich zwischen ihn und Burle zu setzen.

»Ich will, daß man die Damen respektiert«, sagte er bärbeißig, »seien wir ritterliche Franzosen, zum Teufel! Aufs Wohl der Damen!«

Burle sah noch immer mit verlegenem Lächeln auf sein Glas. Die beiden anderen Offiziere, peinlich berührt durch dieses Anstoßen, hatten schon Miene gemacht, aufzubrechen. Zum Glück war der Saal leer. Nur die kleinen Rentner machten ihre Nachmittagspartie in ihrer Ecke, bei jedem Fluch die Köpfe drehend, empört, so viele Leute um sich zu sehen; am liebsten hätten sie Mélanie gedroht, ins Bahnhofs-Café überzusiedeln, wenn das Militär nun hier heimisch werden sollte. Ein ganzer Schwarm von Fliegen summte herum, angelockt durch den Schmutz der Tische, die Phrosine nur noch sonnabends wusch. Hinter ihrem Schenktisch hatte die Kleine wieder ihren Roman zur Hand genommen.

»Nun, stößt du nicht an mit Madame?« sagte Laguitte

barsch zu Burle. »Sei doch wenigstens höflich.« Und da Morandot und Doucet schon wieder aufstehen wollten:

»Zum Teufel, so wartet doch! Wir gehen zusammen. Es ist nur dieses Vieh von Burle, das keine Lebensart hat.«

Die Offiziere blieben stehen, ganz erstaunt über diesen plötzlichen Wutausbruch des Majors. Mélanie wollte Frieden stiften mit ihrem gutmütigen Dirnenlachen und legte ihre beiden Hände auf die Arme der beiden Männer.

»Nein, lassen Sie mich«, fing Laguitte wieder an, »weshalb hat er nicht angestoßen? Ich lasse Sie nicht beleidigen, verstanden? Jetzt hab ich's endlich satt mit diesem Schwein!«

Burle, der sehr blaß geworden war bei dieser Beleidigung, erhob sich und sagte zu Morandot:

»Was hat er denn? Erst ruft er mich herein, und nun will er Streit anfangen. Ist er betrunken?«

»Kreuzmillionendonnerwetter!« brüllte der Major.

Mit zitternden Beinen stand er auf und versetzte dem Hauptmann mit aller Macht einen Schlag ins Gesicht. Mélanie hatte gerade noch Zeit, sich zu bücken, um nicht auch ihr Teil davon abzubekommen. Ein fürchterlicher Tumult entstand. Phrosine hinter ihrem Schenktisch schrie auf, als ob sie die Geschlagene wäre. Die kleinen Rentner flüchteten sich entsetzt hinter ihren Tisch; sie meinten, nun würden die Soldaten alle ihre Säbel ziehen und aufeinander losgehn. Doucet und Morandot hatten inzwischen Burle am Arm gepackt, um zu verhindern, daß er dem Major an die Kehle sprang; sie führten ihn mit sanfter Gewalt zur Tür. Draußen beruhigten sie ihn etwas, indem sie Laguitte alle Schuld beimaßen. Der Oberst werde entscheiden, sie wollten noch am gleichen Abend zu ihm gehen und ihm als Zeugen der Angelegenheit den Fall vorlegen. Als sie Burle glücklich fortgeschafft hatten, kehrten sie ins Café zurück, wo Laguitte, äußerlich vollkommen ruhig, sein Bier zu Ende trank.

»Hören Sie, Major, das ist eine schlimme Geschichte«, sagte der Bataillonschef. »Der Hauptmann steht im Rang unter Ihnen, und Sie wissen, daß man ihm nicht erlauben kann, sich mit Ihnen zu schlagen.«

»Oh, das wollen wir sehen«, erwiderte der Major.

»Aber was hat er Ihnen denn getan? Er hat ja kein Wort gesagt. Zwei alte Kameraden, das ist absurd.«

»Um so schlimmer«, sagte der Major mit einer lässigen Bewegung. »Er ärgerte mich eben.«

Und dabei blieb er. Mehr hat man nie erfahren von ihm. Das Aufsehen war deshalb nicht weniger groß. Im Regiment war man im allgemeinen der Ansicht, daß Mélanie, wütend, von dem Hauptmann im Stich gelassen worden zu sein, ihn von dem Major, der ebenfalls in ihre Klauen geraten und dem sie abscheuliche Geschichten zu erzählen gewußt, hatte ohrfeigen lassen. Wer hätte das von dieser alten, ehrlichen Haut, dem Major, nach allem, was er den Frauen nachgesagt hatte, für möglich gehalten? Nun hatte es auch ihn gepackt. Trotz aller Empörung gegen Mélanie stempelte dieses Abenteuer sie zu einer interessanten, gleichzeitig gefürchteten und begehrenswerten Frau, deren Lokal von da an ausgezeichnete Geschäfte machte.

Andern Tages ließ der Oberst den Major und den Hauptmann zu sich kommen. Er hielt ihnen eine tüchtige Standrede und warf ihnen vor, an einem zweideutigen Ort die Armee entehrt zu haben.

»Was gedenken Sie nun zu tun, da ich das Duell nicht zugeben kann?« Das war die Frage, die das gesamte Regiment in Atem hielt. Eine bloße Entschuldigung war beinahe ausgeschlossen, der Ohrfeige halber; da sich Laguitte mit seinem kranken Bein jedoch kaum aufrecht zu halten vermochte, glaubte man halb und halb an eine Aussöhnung, wenn der Oberst darauf bestand.

»Nun, wollen Sie mich zum Schiedsrichter?« fragte der Oberst.

»Verzeihung, Herr Oberst«, unterbrach ihn Laguitte, »ich bringe Ihnen mein Abschiedsgesuch. Hier ist es. Das bringt alles in Ordnung ... Bitte, wollen Sie den Tag des Rencontres festsetzen.«

Burle sah ihn überrascht an. Der Oberst seinerseits glaubte einige Vorstellungen machen zu müssen.

»Das ist ein sehr ernster Schritt, Major, zu dem Sie sich da entschließen. Es sind nur zwei Jahre bis zu Ihrer Pensionierung ...«

Aber von neuem fiel ihm Laguitte ins Wort:

»Das ist meine Sache«, sagte er schroff.

»Ach so, gewiß. Ich werde Ihr Gesuch einreichen und sobald es angenommen ist, den Tag des Rencontres bestimmen.«

Dieser Ausgang rief im Regiment allgemeines Erstaunen hervor. Was war denn in diesen Teufelskerl von Major gefahren, daß er sich mit seinem alten Kameraden durchaus schlagen wollte? Mélanie kam wieder aufs Tapet, sämtlichen Offizieren machte sie den Kopf warm, es mußte etwas Besonderes an ihr sein, dachte man, wenn sie solch hartgesottene alte Sünder in die Tasche zu stecken vermochte.

Der Bataillonschef Morandot, der Laguitte begegnete, konnte nicht umhin, ihm seine Befürchtungen mitzuteilen. Wenn er nicht fiel, wovon wollte er leben? Denn Vermögen habe er nicht, von dem, was ihm sein Offizierskreuz eintrage, könne er mit der auf die Hälfte reduzierten Pension trockenes Brot essen. Während Morandot auf ihn einredete, starrte Laguitte mit großen Augen ins Leere, ganz verrannt in die eigensinnige Idee seines engen Schädels. Als dann der andere ihn über seinen Haß gegen Burle auszuforschen suchte, gab er die alte Antwort, mit derselben Geste: »Er ärgerte mich. Sei's drum!«

Das erste Wort in der Kantine, im Kasino, war jeden Morgen: »Nun, ist das Abschiedsgesuch gekommen?« – Man wartete auf das Duell, stritt sich über den voraussichtlichen Ausgang. Die meisten waren der Ansicht, daß Laguitte in drei Sekunden aufgespießt sein würde, denn es war ein Unsinn, sich in seinem Alter, mit einem gelähmten Bein, das ihm nicht einmal ein Auslegen gestattete, schlagen zu wollen. Einige freilich schüttelten den Kopf. Laguitte war allerdings nie ein Kirchenlicht gewesen, seit zwanzig Jahren schon wurde er wegen seiner Dummheit zitiert; aber früher war er als der erste Fechter im Regiment bekannt und er, das frühere Soldatenkind, hatte sich seine Majorsepauletten durch seine Tapferkeit erworben, die gar nicht das Bewußtsein der Gefahr kennt. Burle dagegen galt als Hasenfuß. Man mußte eben abwarten. Und die Erregung wuchs, denn dieses verteufelte Gesuch brauchte lange, ehe es kam.

Der Sorgenvollste, Ungeduldigste war natürlich der Major. Acht Tage waren vorüber, übermorgen sollte die große Inspektion beginnen. Und es kam nichts. Er zitterte vor Aufregung, seinen alten Freund hatte er geohrfeigt, hatte seinen Abschied eingegeben, rein zum Zeitvertreib, ohne den Skandal um eine Minute hinauszuschieben. Wenn er fiel, blieb es ihm erspart, das mit anzusehen, fiel Burle, worauf er rechnete, wurde die Geschichte sofort unterdrückt, die Ehre der Armee war gerettet. Aber, heiliges Donnerwetter, dann müßten sich die Tintenkleckser auf dem Ministerium beeilen: Es litt den Major nicht mehr im Haus, man sah ihn an der Post herumstreichen, die Briefträger abpassen, die Ordonnanz des Obersten ausfragen. Er schlief nicht mehr und hinkte erbärmlich, er mußte sich schwer auf seinen Stock stützen. Er schlief nicht mehr, die Welt war ihm gleichgültig von nun ab.

Am Abend vor der Inspektion begab er sich noch einmal zum Oberst, als er betroffen stehenblieb, nur einige Schritte weit entfernt von ihm, sah er Frau Burle, die Charles in die Schule begleitete. Er hatte sie nicht wiedergesehen und sich ganz in seine vier Wände verschanzt. Ihm wurde schwarz vor den Augen, er trat auf die Seite, um den Weg für sie freizulassen. Weder sie, noch er grüßten, was den Kleinen verwundert aufblicken ließ. Kalt und steif, ohne eine Miene zu verziehen, ging sie an dem Major vorbei. Und als sie vorüber war, blickte er ihr mit einer Art zärtlicher Bestürzung nach.

»Donnerwetter«, brummte er, seine Tränen zurückdrängend, »bin ich denn kein Mensch?«

Als er zum Oberst kam, sagte ein Hauptmann, der anwesend war:

»Nun, jetzt wären wir ja glücklich soweit! Das Schreiben ist eben eingetroffen.«

»So?« murmelte er und wurde sehr blaß.

Und er sah die alte Frau wieder vor sich, wie sie, mit dem Kind an der Hand, in ihrer unbeugsamen Starrheit an ihm vorbeigeschritten war. Herrgott noch mal – nun wünschte er seit acht Tagen dieses Papier mit wahrer Sehnsucht herbei, und nun warf ihn dieser Fetzen über den Haufen und ging ihm derart zu Herzen!

Das Duell fand am nächsten Morgen statt, im Kasernenhof hinter einer kleinen Mauer. Die Luft war klar, die Sonne schien. Laguitte mußte beinahe getragen werden. Einer seiner Zeugen gab ihm den Arm, während er sich auf der andern Seite auf seinen Stock stützte. Burle, mit seinem von ungesundem, gelbem Fett gedunsenen Gesicht sah aus, als ob er stehend einschlafen wolle, als habe er eine durchschwärmte Nacht hinter sich. Es wurde kein Wort gewechselt. Allen lag daran, zu Ende zu kommen.

Hauptmann Doucet, einer der Zeugen, prüfte die Klingen. Nun trat er zurück und sagte: »Los, meine Herren!«

Burle griff sofort an, er wollte Laguitte auf den Zahn fühlen und wissen, was er von ihm zu gewärtigen habe. Seit zehn Tagen lebte er wie in einem tollen Traum, in dem er sich nicht zurechtfinden konnte. Ein Verdacht war ihm wohl hie und da aufgestiegen, aber er wies ihn schauernd zurück, denn der Tod stand an dessen Ende, und er wollte nicht glauben, daß ein Freund ihm einen solchen Possen spielen könnte, um die Sache in Ordnung zu bringen. Laguittes Bein beruhigte ihn ein wenig. Er würde ihm die Schulter ritzen, und dann war's abgetan.

Zwei Minuten lang etwa kreuzten sich die Klingen mit leisem, stählernem Ton. Dann machte der Hauptmann einen Ausfall und wollte auslegen. Doch der Major, der sein Handgelenk von früher wiedergefunden hatte, parierte mit einer mächtigen Finte, und hätte er ripostiert, so wäre der Stoß dem Hauptmann durch und durch gegangen. Totenbleich beeilte sich dieser, zu rompieren, er wußte nun, er war in der Gewalt dieses Mannes, der diesmal noch hatte Gnade walten lassen. Er hatte endlich begriffen, es war also ein Urteil, das dieser vollziehen wollte.

Unterdessen wartete Laguitte, wie zu Stein erstarrt, mutig auf seine kranken Beine gestützt. Die beiden Gegner blickten sich an. In den trüben Pupillen Burles tauchte eine Bitte auf, ein Flehen um Gnade, er wußte, weshalb er sterben sollte, und gleich einem Kind schien er zu geloben, es nicht wieder zu tun. Aber die Augen Laguittes blieben unerbittlich; die Ehre hatte zu sprechen. Er unterdrückte jede weichherzige Anwandlung.

»Machen wir ein Ende«, murmelte er.

Dieses Mal griff er an. Es flammte auf. Beim Passieren blitzte sein Degen auf, kehrte zurück und drang mit einem wuchtigen Stoß dem Hauptmann in die Brust, der, ohne noch einen Laut von sich zu geben, wie eine schwere Masse zusammenbrach.

Laguitte hatte seinen Degen fortgeworfen und sah auf seinen armen, alten Burle, der auf dem Boden lag und den dikken Bauch in die Luft streckte.

»Heiliges Donnerwetter, heiliges Donnerwetter«, fluchte er wütend vor sich hin, wie gebrochen vor Bewegung.

Man führte ihn hinweg. Seine Beine versagten den Dienst, seine Zeugen mußten ihn auf beiden Seiten stützen, denn er konnte sich nicht einmal seines Stockes bedienen.

Zwei Monate darauf schleppte sich der ehemalige Major mühselig in der Sonne, in einer einsamen Straße von Vauchamp, als er wieder Frau Burle und dem kleinen Charles gegenüberstand.

Beide waren in tiefer Trauer.

Er wollte ihnen ausweichen, aber das Gehen wurde ihm schwer, und sie kamen direkt auf ihn zu, ohne ihre Schritte zu beschleunigen oder zu verlangsamen. Charles hatte noch immer sein sanftes, ängstliches Mädchengesicht, Frau Burle ihre steife, verschlossene Miene, die noch härter, noch abgehärmter geworden war.

Als Laguitte sich in einen Torweg drücken wollte, um ihnen die Straße ganz frei zu lassen, blieb sie plötzlich vor ihm stehen und hielt ihm die Hand entgegen. Er zögerte, nahm sie endlich und drückte sie, aber er zitterte so heftig, daß er den Arm der alten Dame schüttelte. Sie schwiegen beide erst, nur einen stummen Blick wechselten sie.

»Charles«, sagte die Großmama nach einiger Zeit, »gib dem Herrn Major die Hand.«

Das Kind gehorchte, ohne zu begreifen. Der Major war ganz bleich geworden. Kaum wagte er die zarten Finger des Kleinen zu berühren. Er fühlte, daß er etwas sagen mußte und fand nichts als die Frage:

»Sie wollen ihn immer noch nach Saint-Cyr tun?«

»Gewiß, sobald er das Alter hat«, erwiderte Frau Burle.

Eine Woche nachher wurde Charles von einem typhösen Fieber hinweggerafft. Seine Großmutter hatte ihm, um ihn zu stählen, den Kampf auf dem ›Vengeur‹ noch einmal vorgelesen, und nachts war er in Delirien verfallen. Die Angst hatte ihn getötet.

DRITTER TEIL

NAÏS MICOULIN

I

Im Herbst kam jeden Monat ein kleines braunes Mädchen mit wirren schwarzen Haaren zu einem Anwalt von Aix, Herrn Rostand. Sie hielt einen gewaltigen Korb mit Aprikosen oder Pfirsichen, den sie kaum tragen konnte. Sie blieb in der Diele, und die ganze Familie kam herbei.

»Ach, du bist's, Naïs«, sagte der Rechtsanwalt. »Du bringst uns die Ernte. Das ist aber nett, du bist ein gutes Kind ... Und wie geht es dem Vater Micoulin?«

»Danke schön«, antwortete die Kleine und zeigte dabei ihre weißen Zähne.

Dann nahm Frau Rostand sie mit in die Küche und fragte sie nach den Oliven, den Mandeln und dem Wein. Die Hauptfrage war die, ob es in Estaque, dem Küstenfleckchen, wo Rostands ihren Besitz Blancarde hatten, geregnet hatte. In diesem Besitz, den die Micoulins hüteten, gab es nur etwa ein Dutzend Mandel- und Olivenbäume, trotzdem aber war die Regenfrage in diesem vor Trockenheit sterbenden Land um nichts weniger wichtig.

»Einige Tropfen sind gefallen«, sagte Naïs. »Der Wein hätte Wasser nötig.«

Nachdem sie dann ihre Neuigkeiten mitgeteilt und ein Stück Brot mit einem Restchen Fleisch bekommen hatte, fuhr sie auf dem Wagen eines Schlächters, der alle vierzehn Tage nach Aix kam, nach Estaque zurück. Oft brachte sie Muscheln mit, eine Languste, einen schönen Fisch, denn Vater Micoulin angelte fleißiger, als er den Garten pflegte. Kam sie während der Ferien, so sprang Frédéric, der Sohn des Rechtsanwalts, mit einem Satz in die Küche, um ihr mitzuteilen, daß die Familie bald nach Blancarde käme, sie sollte nur Netze und Angeln richten. Er duzte sie, als kleine Kinder hatten sie miteinander gespielt. Nur daß sie ihn seit seinem zwölften Jahr respektvoll ›Herr Frédéric‹ nannte. Jedesmal, wenn Vater Micoulin sie zum Sohne der Herrschaft ›du‹ sagen hörte, gab er ihr eine Ohrfeige. Das tat aber der Freundschaft beider Kinder keinen Abbruch.

»Und vergiß nicht, die Netze auszubessern«, wiederholte der Schüler.

»Keine Sorge, Herr Frédéric«, antwortete Naïs, »Sie können kommen.«

Herr Rostand war sehr reich. Er hatte in der Rue du Collège um geringen Preis ein herrliches Haus gekauft. Dieses Coiron-Haus war in den letzten Jahren des 17. Jahrhunderts erbaut, hatte eine Fassade von zwölf Fenstern und enthielt genug Räume, um eine Gemeinde unterzubringen. Inmitten dieser Gemächer schien die Familie, die mit zwei alten Dienstboten aus fünf Personen bestand, wie verloren. Herr Rostand bewohnte nur das erste Stockwerk. Zehn Jahre hindurch hatte er den Zwischenstock und den zweiten Stock zu vermieten gesucht, ohne Mieter zu finden. Da hatte er sich entschlossen, die Türen zu schließen und zwei Drittel des Hauses den Spinnen zu überlassen. So war das Haus leer und voller Klang, beim geringsten Geräusch, das sich in der Diele hören ließ, gab es ein Echo wie in einer Kathedrale; diese sehr große Diele hatte ein gewaltiges Treppenhaus, darin man bequem ein modernes Haus hätte einbauen können.

Am Tage nach seinem Kauf hatte Herr Rostand den großen Empfangssalon durch eine Wand in zwei Teile teilen lassen; der Salon war zwölf Meter zu acht und hatte sechs Fenster. Dann hatte er in der einen Abteilung sein Arbeitszimmer, in der anderen das seiner Angestellten untergebracht. Im ersten Stockwerk waren außerdem noch vier Zimmer, deren kleinstes sieben Meter zu fünf war. Frau Rostand, Frédéric und die beiden alten Dienstmädchen bewohnten Zimmer, die so hoch waren wie Kapellen. Der Advokat hatte sich damit begnügt, ein ehemaliges Boudoir als Küche einzurichten, um die Bedienung zu erleichtern; als man sich früher der Küche im Zwischenstock bedient hatte, waren die Speisen ganz kalt auf den Tisch gekommen, nachdem sie durch die eisige Feuchtigkeit der Diele und über die Treppen hatten getragen werden müssen. Und das schlimmste war, daß dieses riesige

Zimmer auf die einfachste Weise möbliert war. Im Arbeitszimmer stand eine grüne Einrichtung aus Utrechter Samt: ein Kanapee mit acht großen Sesseln im Empirestil; eine kleine Lampe aus derselben Zeit erschien in diesem gewaltigen Zimmer wie ein Spielzeug; auf dem Kamin stand nur eine schreckliche moderne Marmor-Uhr zwischen zwei Vasen, während der rotgewordene, abgeriebene Fußboden in hartem Glanz schimmerte. Die Zimmer waren noch leerer. Man empfand jene stille Verachtung für Behaglichkeit und Luxus, wie sie selbst bei den reichsten Familien im Süden herrscht, in dieser herrlichen Sonnengegend, wo das Leben sich im Freien abspielt. Rostands wurden sich sicherlich der Melancholie und der tödlichen Kälte dieser großen Säle nicht bewußt: und die Trauer schien noch vergrößert durch die ärmliche Sparsamkeit der Möbel.

Trotzdem war der Advokat ein sehr geschickter Mann. Sein Vater hatte ihm eine ausgezeichnete Praxis in Aix hinterlassen, und er verstand es durch eine in diesem faulen Lande seltene Rührigkeit, seine Klientel noch zu vermehren. Klein, beweglich, mit einem zarten Mardergesicht, gab er sich leidenschaftlich seiner Praxis hin. Die Sorge um seinen Reichtum beherrschte ihn vollkommen, er las in den seltenen freien Stunden, die er im Klub totschlug, kaum eine Zeitung. Seine Frau dagegen galt für eine der klugen und vornehmen Frauen der Stadt. Sie war eine geborene von Villebonne, was ihr trotz ihrer Mesalliance eine Aureole von Würde verlieh. Aber sie war von so übertriebener Strenge, sie erfüllte ihre religiösen Pflichten mit so engherziger Hartnäckigkeit, daß sie bei ihrem methodischen Dasein gleichsam vertrocknet war.

Frédéric wuchs zwischen diesem geschäftigen Vater und dieser strengen Mutter auf. Während seiner Schuljahre war er ein Faulenzer nach allen Regeln der Kunst. Er zitterte vor seiner Mutter, verabscheute die Arbeit aber so sehr, daß er häufig des Abends im Salon die Nase in die Bücher steckte, ohne eine Zeile zu lesen: er träumte verloren, während seine Eltern meinten, er mache seine Aufgaben. Sie waren über seine Faulheit erzürnt und gaben ihn bei der Schule in Pension; und er arbeitete nicht mehr, ja, er wurde weniger als zu Hause überwacht und war begeistert, nicht dauernd strenge Augen auf sich lasten zu fühlen. Sie mußten ihn daher, durch die allzu freien Manieren, die er annahm, gewarnt, wieder zu sich nehmen, um ihn wieder unter der eigenen Fuchtel zu haben. Unter dieser Obhut wurde er versetzt, denn er wurde so streng bewacht, daß er endlich arbeiten mußte: seine Mutter sah seine Hefte durch, überhörte seine Lektionen und war wie ein Gendarm ständig hinter ihm her. Dank dieser Überwachung fiel Frédéric nur zweimal durchs Abiturientenexamen.

Aix besitzt auch eine Rechtsschule, wo sich Rostand jr. einschreiben ließ. In dieser alten parlamentarischen Stadt gibt es fast nur Advokaten, Notare und Anwälte, die um das Gericht herum gruppiert sind. Trotzdem studiert man Rechtswissenschaft, später kann man dann in Ruhe seinen Kohl pflanzen. Frédéric setzte sein Schulleben übrigens fort, indem er sowenig wie möglich arbeitete und lediglich den Eindruck zu erwecken suchte, als ob er viel arbeitete. Frau Rostand hatte ihm zu ihrem größten Leidwesen größere Freiheit einräumen müssen. Er ging jetzt aus, wann er wollte, und brauchte nur zu den Mahlzeiten zu Hause zu sein; abends mußte er um neun Uhr zu Hause sein, außer an den Tagen, da er ins Theater gehen durfte. Damals begann für ihn dieses eintönige Leben eines Studenten in der Provinz, das voller Laster ist, wenn es nicht ganz mit Arbeit ausgefüllt ist.

Man muß Aix kennen, die Ruhe seiner Straßen, darin Gras wächst, den Schlummer, der die ganze Stadt einlullt, um zu begreifen, welch leeres Dasein dort die Studenten führen. Die arbeiten, können die Stunden wenigstens vor ihren Büchern totschlagen, die aber, die sich den Vorlesungen entziehen, haben, um sich zu zerstreuen, keine andere Zuflucht als Cafés, wo man spielt, und Häuser, wo man es noch schlimmer treibt. Frédéric war ein leidenschaftlicher Spieler; die meiste Zeit am Abend verbrachte er beim Spiel, dann anderswo. Die Sinnlichkeit eines der Schule entronnenen Bengels wirbelte ihn den einzigen Lastern in die Arme, die die Stadt ihm zu bieten vermochte, eine Stadt, wo die freien Mädchen fehlen, die in Paris das Quartier Latin bevölkern. Bald genügten ihm die Abende nicht mehr, er nahm auch noch die Nächte dazu, indem er einen Hausschlüssel stahl. So verbrachte er glücklich die ersten Jahre seines Studiums.

Übrigens hatte Frédéric begriffen, daß er sich als gelehriger Sohn zu zeigen hätte. Allmählich war die Scheinheiligkeit eines von Furcht gehaltenen Kindes ganz über ihn gekommen. Seine Mutter war jetzt sogar zufrieden mit ihm: er begleitete sie in die Messe, bewahrte korrekte Haltung, erzählte ihr mit der größten Gemütsruhe gewaltige Lügen, die sie vor seinem gutgläubigen Gesicht nicht abzulehnen vermochte. Und seine Geschicklichkeit wurde so groß, daß er sich niemals erwischen ließ: er fand immer eine Ausrede und erfand schon im voraus außergewöhnliche Geschichten, um sich Ausflüchte zu sichern. Seine Spielschulden bezahlte er mit Geld, das er von seinen Vettern lieh. Er führte eine außerordentlich komplizierte Buchführung. Ja, einmal konnte er sogar nach einem unverhofften Gewinn seinen Traum, eine Woche in Paris zu verbringen, verwirklichen: er ließ sich von einem Freund einladen, der an der Durance einen kleinen Besitz hatte.

Jetzt war Frédéric ein hübscher junger Mann, hoch gewachsen, mit regelmäßigem Gesicht und einem starken schwarzen Bart. Seine Laster machten ihn begehrenswert, bei den Frauen hauptsächlich. Man sprach von seinen guten Manieren. Leute, die seine Komödie durchschauten, lächelten leise. Da er aber so verständig war, die verdächtige Hälfte seines Lebens zu verbergen, mußte man ihm noch dankbar dafür sein, daß er seine Seitensprünge nicht zur Schau stellte, wie es gewisse rücksichtslose Studenten zur Empörung der Stadt taten. Frédéric wurde einundzwanzig. Er sollte demnächst seine ersten Examina machen. Sein Vater, der noch jung und durchaus nicht geneigt war, ihm sofort seine Praxis zu überlassen, sprach davon, ihn die Verwaltungslaufbahn einschlagen zu lassen. Er hatte in Paris Freunde, die er bemühen wollte, um die Ernennung zum Assessor zu erwirken. Der junge Mann sagte nicht nein; er bekämpfte seine Eltern niemals mit offenem Visier. Aber er hatte ein dünnes Lächeln, das seinen hartnäckigen Willen verriet, das behagliche Nichtstuerleben weiter zu leben. Er wußte, daß sein Vater reich war, er war der einzige Sohn, was sollte er sich da Mühe und Arbeit machen? Einstweilen rauchte er Zigarren auf dem Korso, machte Ausflüge in verschwiegene Landhäuser, besuchte täglich in aller Heimlichkeit die dunklen Häuser, was ihn nicht daran hinderte, seiner Mutter zur Verfügung zu stehen und sie mit Gefälligkeiten zu überhäufen. Wenn eine besonders tolle Nacht ihm die Glieder gebrochen und den Magen verdorben hatte, so kam er in das eisige Haus in der Rue du Collège und ruhte sich behaglich aus. Die leeren Zimmer, die eintönige Langeweile, die von den Dekken herabfiel, schienen ihm eine erfrischende Ruhe zu enthalten. Dort erholte er sich dann wieder; seine Mutter glaubte, er bliebe um ihretwillen bei ihr, bis er eines Tages, da Gesundheit und Appetit wieder auf der Höhe waren, einen neuen Streich vollführte. Kurz, der beste Junge von der Welt, nur durfte man nicht an seine Vergnügungen rühren.

Naïs kam jedes Jahr zu den Rostands mit ihren Früchten und ihren Fischen, und jedes Jahr wurde sie größer. Sie war in Frédérics Alter, etwa drei Monate älter. Daher sagte Frau Rostand jedesmal zu ihr:

»Was für ein großes Mädchen du wirst, Naïs!«

Und Naïs lächelte und zeigte ihre weißen Zähne. Meistens war Frédéric nicht zu Hause. Aber als er im letzten Jahr seines Studiums eines Tages ausging, traf er Naïs mit ihrem Korb in der Diele. Starr vor Staunen blieb er stehen. Er erkannte das lange, dünne, ungestalte Mädchen nicht mehr wieder, das er im vorigen Sommer in Blancarde gesehen hatte. Naïs war mit ihrem braunen Kopf unter dem dunklen Helm ihrer dichten schwarzen Haare ganz entzückend; und sie hatte kräftige Schultern, runde Hüften und prächtige Arme, deren nackte Ellenbogen man sah. Sie war in einem Jahr aufgeblüht, wie ein junger Baum.

»Du bist's!« stammelte er.

»Gewiß, Herr Frédéric«, antwortete sie; sie sah ihm mit ihren großen Augen, darin ein dunkles Feuer brannte, grade ins Gesicht. »Ich bringe Trauben ... wann kommen Sie? Muß man schon die Netze richten?«

Er betrachtete sie immer noch und murmelte, als hätte er sie nicht gehört:

»Wie schön du bist, Naïs! ... Was hast du denn?«

Sie lachte über dieses Kompliment. Als er sie dann aber bei den Händen nahm, als wolle er mit ihr spielen, wie sie einst miteinander gespielt hatten, wurde sie ernst, sie duzte ihn plötzlich und sagte mit etwas rauher Stimme ganz leise:

»Nein, nein, nicht hier ... nimm dich in acht! Deine Mutter kommt.«

II

Vierzehn Tage später reiste die Familie Rostand nach Blancarde ab. Der Anwalt mußte die Gerichtsferien abwarten, außerdem war gerade der September an der Küste von besonderem Reiz. Die Hitze hörte auf, die Nächte waren köstlich frisch.

Blancarde lag nicht in Estaque selbst; das lag in der äußersten Bannmeile von Marseille, in einer Felsensackgasse, die den Golf abschließt. Blancarde lag hoch über dem Dorf auf einer Klippe; überall von der Bai aus konnte man seine gelbe Fassade inmitten einer Gruppe großer Fichten sehen. Es war eines jener viereckigen, schweren, in unregelmäßigen Abständen von Fenstern unterbrochenen Gebäude, die man in der Provence Schloß nennt. Vor dem Haus lag eine breite Terrasse, steil über einem schmalen Kieselstrand. Dahinter lag eine große Ebene, magerer Boden, darauf nur etwas Wein, Mandel- und Olivenbäume zu ziehen waren. Ein unangenehmer Umstand, ja geradezu eine Gefahr für Blancarde war die Tatsache, daß das Meer unaufhörlich die Klippe benagte; infolge der nahen Quellen stürzte die weiche Ton- und Felsenerde ein; und es geschah in jedem Sommer, daß sich gewaltige Blöcke loslösten und mit gewaltigem Krach ins

Meer fielen. Allmählich bröckelte die Besitzung ab. Sogar Fichten waren schon verschlungen worden.

Seit vierzig Jahren waren die Micoulins Verwalter von Blancarde. Nach provenzalischem Brauch bebauten sie das Land und teilten die Ernte mit dem Besitzer. Diese Ernten waren armselig, und sie wären Hungers gestorben, wenn sie nicht im Sommer hätten fischen können. Zwischen einer Bestellung und einer Saat legten sie Netze aus. Die Familie bestand aus Vater Micoulin, einem groben Greis mit durchfurchtem, schwarzem Gesicht, vor dem das ganze Haus zitterte; aus Mutter Micoulin, einer großen Frau, die durch die beständige Erdarbeit in der glühenden Hitze abgestumpft war; aus einem Sohn, der gerade auf der ›Arrogante‹ diente, und aus Naïs, die der Vater in eine Dachziegelfabrik arbeiten schickte, obwohl es zu Hause genug zu tun gab. Selten nur tönte die Wohnung des Verwalters, ein seitwärts an den Hauptbau geklebtes Häuschen, von fröhlichem Lachen oder Gesang. Micoulin war in Nachdenken über seine Erfahrungen versunken und stumm wie ein alter Indianer. Die beiden Frauen empfanden für ihn die schreckerfüllte Achtung, die im Süden Mädchen und Frauen dem Oberhaupt der Familie entgegenbringen, und nur selten wurde der Frieden gestört durch die wütenden Schreie der Mutter, die ihre Fäuste in die Hüften stemmte, schrie, daß ihr der Hals zu platzen drohte und in alle vier Windrichtungen Naïs' Namen rief, sobald ihre Tochter einmal verschwunden war. Naïs hörte diese Stimme über einen Kilometer weit und kehrte bleich vor verhaltenem Zorn heim.

Die schöne Naïs, wie man sie in Estaque nannte, war gar nicht glücklich. Als sie schon sechzehn Jahre alt war, schlug Micoulin sie um ein Ja oder Nein so heftig ins Gesicht, daß ihr das Blut aus der Nase schoß; und jetzt, nachdem sie schon längst zwanzig Jahre alt war, hatte sie noch häufig blaue Schultern von den Züchtigungen ihres Vaters. Der war nicht etwa bösartig, er gebrauchte einfach voller Strenge seine königliche Oberhoheit: er hatte die alte lateinische Autorität im Blut; das Recht über Leben und Tod seiner Familie: er forderte unbedingten Gehorsam. Als unter einem Hagel von Schlägen Naïs einst, um sich zu verteidigen, gewagt hatte, die Hand zu heben, hätte er sie fast getötet. Nach solchen Züchtigungen zitterte das junge Mädchen. Sie setzte sich auf den Erdboden, in irgendeine finstere Ecke, und dort würgte sie mit trockenen Augen die Schmach hinunter. Eine dumpfe Wut machte sie in diesen Stunden stumm, sie dachte an Rache, die sie nie ausüben konnte. Das Blut ihres Vaters kochte in ihr, ein blindes Wüten, ein rasendes Verlangen, die Stärkere zu sein. Sah sie ihre Mutter zitternd und unterwürfig sich vor Micoulin demütigen, so sah sie sie verächtlich an. Sie sagte häufig: »Hätte ich solchen Mann, ich würde ihn töten.«

Und doch waren die Tage, an denen sie geschlagen wurde, Naïs lieber als die anderen; diese Gewalttätigkeiten rüttelten sie auf. Sonst führte sie ein so kleinliches Dasein in so großer Abgeschlossenheit, daß sie vor Langerweile fast starb. Ihr Vater verbot ihr, nach Estaque zu gehen, er fesselte sie durch fortgesetzte Arbeit ans Haus; und hatte sie selbst nichts zu tun, so wünschte er, daß sie unter seinen Augen zu Hause blieb. Daher erwartete sie den September immer mit Ungeduld. Sowie die Herrschaften in Blancarde wohnten, wurde Micoulins Wachsamkeit schwächer. Naïs mußte für Frau Rostand Besorgungen machen, und dann entschädigte sie sich für die Gefangenschaft des ganzen Jahres.

Eines Morgens war es Vater Micoulin eingefallen, dieses große Mädchen könne ihm dreißig Sous am Tage einbringen. Er machte sie selbständig und ließ sie in einer Ziegelei arbeiten. Obgleich die Arbeit dort sehr hart war, war Naïs überaus froh. In aller Frühe schon ging sie fort, ging durch ganz Estaque hindurch und arbeitete den ganzen Tag bis zum Abend im Freien. Sie drehte Ziegel zum Trocknen um. Ihre Hände wurden schlecht bei dieser Fron, aber sie fühlte ihren Vater nicht ständig hinter sich und lachte in aller Freiheit mit den jungen Burschen. Bei dieser harten Arbeit entwickelte sie sich und wurde ein schönes Mädchen. Die glühende Sonne machte ihre Haut golden und legte ihr einen großen Ambrakragen um den Hals; ihre schwarzen Haare wurden üppig, als wollten sie das Mädchen mit ihren dichten Strähnen dekken; ihr Körper neigte und hob sich im beständigen Hin und Her ihrer Verrichtung, und Naïs hatte die geschmeidige Stärke einer jungen Kriegerin; erhob sie sich inmitten dieser roten Ziegel, so glich sie einer antiken Amazone, irgendeiner gewaltigen Terrakottafigur, die durch einen plötzlichen Flammenregen vom Himmel belebt worden ist. Daher hütete Micoulin sie mit seinen Augen, als er sah, wie schön sie wurde. Sie lachte zuviel, es schien ihm unnatürlich, daß ein junges Mädchen so fröhlich sei, und er nahm sich vor, ihre Liebhaber, entdeckte er jemals welche hinter ihren Röcken, sämtlich zu erwürgen.

Liebhaber hätte Naïs zu Dutzenden haben können, aber sie machte ihnen keinen Mut. Sie machte sich über alle Burschen lustig. Ihr einziger Freund war ein Buckliger, der in derselben Fabrik arbeitete, ein kleiner Mann namens Toine, den das Findelhaus in Aix nach Estaque geschickt hatte und der dort blieb. Er hatte ein hübsches Lachen, dieser Bucklige, und das Profil eines Polichinell. Naïs mochte ihn um seiner Sanftheit willen. Sie machte mit ihm, was sie wollte, oft fuhr sie ihn hart an, wenn sie ihre Wut über die Heftigkeit ihres Vaters an jemandem auslassen mußte. Das hatte aber nichts weiter auf sich. Man lachte über Toine. Micoulin hatte gesagt: »Den Buckligen erlaube ich ihr, ich kenne sie, sie ist zu stolz!«

In diesem Jahr hatte Frau Rostand bei ihrem Einzug in Blancarde den Verwalter gebeten, ihr Naïs zu überlassen, da eines ihrer Mädchen erkrankt sei. Die Ziegelei feierte gerade. So hart Micoulin gegen seine Familie war, so höflich zeigte er sich übrigens seiner Herrschaft gegenüber, er hätte die Bitte nicht abgeschlagen, auch wenn sie ihm gegen den Strich gegangen wäre. Herr Rostand hatte in wichtigen Angelegenheiten nach Paris reisen müssen, und Frédéric war mit seiner Mutter allein auf dem Lande. In den ersten Tagen hatte der junge Mann, wie gewöhnlich, ein großes Bedürfnis, sich Bewegung zu verschaffen; die frische Luft berauschte ihn, er ging mit Micoulin Netze auslegen oder herausziehen oder machte lange Spáziergänge. Dann legte sich dieser schöne Eifer, tagelang lag er ausgestreckt unter den Fichten auf der Terrasse, halb schlief er, halb betrachtete er das Meer, dessen eintöniges Blau ihm schließlich tödlich langweilig vorkam. Im allgemeinen wuchs ihm nach vierzehn Tagen der Aufenthalt in Blancarde zum Halse heraus. Dann erfand er jeden Morgen einen Vorwand, um nach Marseille zu flitzen.

Am Morgen nach der Ankunft der Herrschaft rief Micoulin Frédéric bei Sonnenaufgang. Es handelte sich darum, Fangnetze herauszuziehen, große Körbe mit mausefallenenger Öffnung, darin die Fische sich verfangen. Der junge Mann aber stellte sich taub. Der Fischfang schien ihn nicht zu reizen; als er aufgestanden war, legte er sich auf den Rücken unter die Fichten, sein Blick verlor sich am Horizont. Seine Mutter war ganz erstaunt, daß er nicht einen jener Ausflüge unternähme, von denen er immer so hungrig nach Hause kam.

»Gehst du nicht fort?« fragte sie.

»Nein, Mutter«, antwortete er. »Da Papa nicht da ist, will ich bei dir bleiben.«

Der Verwalter, der diese Antwort hörte, murmelte in seinem Dialekt: »Na ja, dann wird Herr Frédéric ja bald nach Marseille fahren.«

Frédéric fuhr aber nicht nach Marseille. Die Woche verfloß, er lag immer ausgestreckt auf der Terrasse, höchstens, daß er der Sonne nachrückte und den Platz wechselte. Um den Schein zu wahren, hatte er sich ein Buch zur Hand genommen; aber er las nicht; meistens lag das Buch irgendwo zwischen den trockenen Fichtennadeln. Der junge Mann betrachtete nicht einmal das Meer; er sah zum Haus, schien lebhaftes Interesse für alle häuslichen Verrichtungen zu haben und beobachtete die Dienstmädchen, die bei ihrem Hin und Her immer über die Terrasse gehen mußten; und kam Naïs vorüber, so flammten jähe Blitze auf in seinen Augen, dann waren es Augen eines jungen sinnlichen Gebieters. Naïs ging langsamer und entfernte sich in rhythmischem Wiegen, ohne jemals einen Blick auf ihn zu werfen.

Dieses Spiel dauerte mehrere Tage. Vor seiner Mutter behandelte Frédéric Naïs als ungeschicktes Dienstmädchen, geradezu hart. Das gescholtene junge Mädchen senkte die Augen in einer gewissen glücklichen Schelmerei, als genieße sie dieses Schelten.

Eines Morgens beim Frühstück zerbrach Naïs eine Salatschüssel. Frédéric ereiferte sich.

»Bist du verrückt!« rief er. »Wo hast du deinen Kopf?«

Und wütend stand er auf und meinte, seine Hose sei hin, dabei hatte er einen kleinen Ölfleck am Knie. Aber er bauschte die Angelegenheit auf.

»Sieh mich nicht so dumm an! Gib mir ein Tuch und Wasser ... hilf mir.«

Naïs tauchte den Zipfel einer Serviette in eine Tasse, dann kniete sie vor Frédéric nieder, um den Fleck auszureiben.

»Laß das«, meinte Frau Rostand. »Das nützt doch nichts.«

Aber das junge Mädchen ließ das Bein ihres Herrn nicht los, mit der ganzen Kraft ihrer schönen Arme rieb sie weiter. Und er schalt weiter mit strengen Worten.

»So etwas von Ungeschicklichkeit ist noch nicht dagewesen ... fast absichtlich natürlich, sonst hätte die Salatschüssel nicht gerade bei mir entzweigehen können ... wenn sie in Aix wäre, wäre unser Porzellan bald in tausend Scherben!«

Diese Vorwürfe entsprachen dem kleinen Vergehen so wenig, daß Frau Rostand, als Naïs fort war, glaubte, ihren Sohn beruhigen zu müssen.

»Was hast du denn gegen das arme Mädchen? Kannst du sie nicht leiden? ... Ich bitte dich, sei etwas freundlicher zu ihr. Sie ist eine alte Spielgefährtin und nimmt bei uns nicht die Stellung eines gewöhnlichen Dienstboten ein.«

»Ach was! Sie langweilt mich«, antwortete Frédéric und versuchte brutal auszusehen.

Am selben Abend trafen Naïs und Frédéric sich am Ende der Terrasse. Allein hatten sie einander noch nicht gesprochen. Vom Hause aus konnte man sie nicht hören. Die Fichten schüttelten in die stille Luft den warmen Hauch ihres Harzes. Da fand sie das ›du‹ ihrer Kindheit wieder und fragte ihn leise:

»Warum hast du mich gescholten, Frédéric? ... Du bist wirklich böse.«

Ohne zu antworten, nahm er sie bei den Händen, zog sie an sich und küßte sie auf den Mund. Sie ließ ihn gewähren, dann ging sie fort; er setzte sich auf die Brüstung, um nicht ganz erregt vor seiner Mutter zu erscheinen. Zehn Minuten später bediente sie mit ihrer etwas stolzen Ruhe bei Tisch.

Frédéric und Naïs verabredeten sich nicht. Eines Nachts fanden sie sich unter einem Olivenbaum am Rande der Klippe. Während des Essens waren sich ihre Augen öfters mit brennender Starrheit begegnet. Die Nacht war sehr warm, Frédéric sah fragend ins Dunkel und rauchte an seinem Fenster Zigaretten bis ein Uhr. Dann zögerte er nicht mehr lang. Er stieg auf das Dach eines Schuppens, von dort aus sprang er auf den Boden, indem er sich auf lange Ruten stützte, die dort in einem Winkel standen; auf diese Weise brauchte er nicht zu befürchten, seine Mutter zu wecken. Als er dann unten war, ging er geradewegs auf einen alten Olivenbaum zu: er wußte, daß Naïs ihn dort erwartete.

»Bist du da?« fragte er leise.

»Ja«, antwortete sie einfach.

Und er setzte sich zu ihr aufs Feld; er faßte sie um die Hüften, während sie ihren Kopf an seine Schulter lehnte. Sie sprachen nicht. Der alte, knotige Olivenbaum deckte sie mit seinem grauen Blätterdach. Gegenüber lag das Meer, schwarz, unbeweglich unter den Sternen. Ganz hinten im Golf verbarg ein leichter Nebel Marseille; nur links blitzte der Leuchtturm von Planier alle Minuten auf: ein gelber Strahl durchlöcherte die Finsternis, sekundenkurz; und nichts war süßer und zärtlicher als dieses Licht, das am Horizont beständig auftauchte und beständig verschwand.

»Ist dein Vater denn fort?« fragte Frédéric.

»Ich bin aus dem Fenster gesprungen«, sagte sie mit ihrer ernsten Stimme.

Sie sprachen nicht von ihrer Liebe. Diese Liebe kam von weit her, aus der Tiefe ihrer Kindheit. Jetzt erinnerten sie sich der Spiele, darin die Begierde schon die Kinderei besiegt hatte. Es kam ihnen natürlich vor, zu Zärtlichkeiten zu gelangen. Sie hatten einander nichts zu sagen, sie empfanden nur den einen Zwang, einander zu gehören. Er fand sie schön, erregend, mit ihrem Atem und Erdgeruch, und sie empfand den Stolz eines geschlagenen jungen Mädchens, die Geliebte ihres jungen Herrn zu werden. Sie gab sich hin. Der Morgen kam, als alle beide auf dem Weg, den sie gekommen waren, in ihre Zimmer zurückkehrten.

III

Welch wundervoller Monat! Es regnete nicht ein einziges Mal. Der immer blaue Himmel entfaltete seine Seide, die keine Wolke fleckte. Kristallrosa ging die Sonne auf, und in einem Staub von Gold ging sie unter. Trotzdem war es nicht allzu heiß, der Meerwind kam und ging mit der Sonne; die Nächte waren köstlich frisch, sie hatten den Duft der aromatischen Pflanzen, die der Tag erhitzt hatte und die im Dunkeln dampften.

Die Landschaft ist herrlich. Auf beiden Seiten des Golfes gehen zwei Felsenarme ins Meer, während in der Ferne die Inseln den Horizont zu sperren scheinen; so ist das Meer ein weites Becken, bei schönem Wetter ein See von intensivem Blau. Am Fuß der Berge stellt im Hintergrund Marseille seine Häuser in die niedrigen Hügel; ist die Luft klar, so sieht man von Estaque aus den grauen Hafendamm von Joliette mit den feinen Strichen der Schiffsmaste im Hafen; dahinter in dichten Baumgruppen Häuser, mitten im Himmel auf einer Anhöhe die Kapelle Notre-Dame-de-la-Garde. Und von Marseille geht die Küste in Rundungen und Einschnitten bis Estaque; am Ufer liegen Fabriken, die bisweilen von Rauchwolken überhelmt sind. Geht die Sonne unter, so ist das Meer fast schwarz, es schläft gleichsam zwischen den beiden Felsvorgebirgen, in deren Weiß sich Gelb und Braun mischt. Die Fichten mischen dunkles Grün in den rötlichen Schimmer des Bodens. Ein gewaltiges Bild, eine Ahnung des Orients, die im blendenden Flimmern des Lichtes verschwindet.

Aber Estaque hat nicht nur diesen Ausblick aufs Meer. Das Dorf ist an die Berge gelehnt und von Wegen durchzogen, die sich im Chaos steiler Felsen verlieren. Die Eisenbahn von Marseille nach Lyon durchquert die großen Felsblöcke, überfährt Schluchten auf großen Brücken, taucht plötzlich in den Fels selbst, bleibt über anderthalb Meilen darin, im Nertetunnel, dem längsten Frankreichs. Nichts gleicht der wilden Majestät dieser Schluchten, die sich in die Hügel graben: Enge Wege in Schlangenwindungen tief in einer Schlucht, steile Seiten, darauf Fichten wachsen und Mauern, rost- und blutfarben, sich aufrichten. Bisweilen wird der Durchlaß breiter, ein dürftiges Olivenfeld füllt ein kleines Tal, ein einsames Haus mit geschlossenen Läden zeigt seine gemalte Fassade. Dann wieder stachlige Pfade, undurchdringliche Hecken, Erdstürze, ausgetrocknete Gießbäche: alle Überraschungen eines Marsches in der Wüste. Hoch oben über dem schwarzen Rand der Fichten zieht der Himmel beständig sein feines Band aus blauer Seide.

Und dann der schmale Strand zwischen Meer und Felsen, rote Erde, wo die Ziegeleien, die Hauptindustrie der Gegend, große Gruben gegraben haben, um Ton zu gewinnen. Zersprungener, umgewühlter Boden, auf dem kaum einige kümmerliche Bäume wachsen: als hätte der Hauch einer glühenden Leidenschaft seine Quellen versiegen lassen. Auf den Wegen meint man in Gips zu gehen, man sinkt bis über die Knöchel ein; und beim kleinsten Windstoß fliegen Sandwolken auf und pudern die Hecken. Die Mauern entlang, die gleich Öfen Hitze ausströmen, schlafen kleine graue Eidechsen, während vom heißen, rotgedörrten Gras Grashüpfer mit funkelndem Geknister auffliegen. In der unbeweglichen schweren Luft, unter dem schlafenden Mittag, hört man nur den eintönigen Gesang der Grillen.

In dieser Flammengegend liebten Frédéric und Naïs sich einen Monat lang. Es war, als hätte sich das Feuer des Himmels in ihr Blut ergossen. In den ersten acht Tagen begnügten sie sich damit, sich unter demselben Olivenbaum am Rande der Klippe zu treffen. Dort genossen sie erlesene Freuden. Die frische Nacht sänftigte ihr Fieber, manchmal streckten sie ihre Gesichter und ihre brennenden Hände in den Wind, um sich darin wie in einer kalten Quelle zu erfrischen. Zu ihren Füßen, unter den Felsen, klagte das Meer wollüstig und schmachtend. Der durchdringende Duft von Seegras berauschte sie in Lust. Dann lagen sie in glücklicher Müdigkeit einer in des anderen Armen und betrachteten jenseits des Wassers das nächtlich glänzende Marseille, die roten Feuer am Eingang des Hafens, die blutigen Widerschein ins Meer warfen, die funkelnden Gaslaternen, die rechts und links die weit ausgestreckten Kurven der Vorstädte zeichneten; in der Mitte über der Stadt blitzten helle Flecken, während der Garten auf dem Hügel Bonaparte deutlich durch zwei blendend helle Streifen bezeichnet war, die am Himmelsrand verliefen. Alle diese Lichter, jenseits des schlafenden Golfes, schienen irgendeine Traumstadt zu erleuchten, die mit der Morgenröte verschwinden würde. Und der Himmel, weit über dem schwarzen Chaos des Horizonts, hatte einen großen Reiz für sie, der sie beunruhigte und sie einander fester in die Arme drückte. Ein Sternenregen fiel hernieder. In diesen hellen Provencenächten leuchten die Sternenbilder in blitzenden Flammen. Sie zitterten unter diesem gewaltigen Raum und senkten die Köpfe; nur der einsame Stern des Leuchtturms von Planier beschäftigte sie: sein tanzender Schimmer, während ihre Lippen sich noch suchten, rührte sie.

Eines Nachts aber fanden sie einen großen Mond am Horizont, dessen gelbes Antlitz sie betrachtete. Im Meer glänzte eine Feuerschleppe, als hätte ein riesenhafter Fisch, irgendein Aal aus dem tiefsten Wasser, beständig seine Goldschuppen gewellt; und ein Zwielicht verlöschte die Lichter von Marseille und badete die Hügel und die Ausschnitte des Golfes. Je höher der Mond stieg, desto heller wurde es. Die Schatten wurden dunkler. Da begann dieser Augenzeuge, sie zu stören. Sie fürchteten, sie würden eines Tages überrascht werden, wenn sie in der Nähe von Blancarde blieben. Beim nächsten Stelldichein verließen sie das von einer eingestürzten Mauer eingezäunte Feld und führten ihre Liebe in alle

Schlupfwinkel, die die Landschaft ihnen bot. Zuerst flüchteten sie in eine verlassene Ziegelei: der schadhafte Schuppen lag über einem Keller, darin beide Ausgänge des Ofens noch offen waren. Aber dieses Loch stimmte sie traurig, sie wollten lieber den freien Himmel über ihren Köpfen fühlen. Sie wanderten in die roten Steinbrüche, entdeckten köstliche Verstecke, wahre Einöden von wenigen Quadratmetern Umfang: nur das Bellen der Wächterhunde hörten sie von da aus, und weiter gingen sie, verloren sich auf endlosen Wegen an der felsigen Küste entlang, nach Niolon zu, drangen in enge Schluchten, in Grotten und entlegene Spalten. Oh, vierzehn Tage währendes nächtliches Spiel der Zärtlichkeiten! Der Mond war verschwunden, der Himmel wieder schwarz geworden, jetzt aber schien ihnen Blancarde zu klein für sie, sie mußten einander in der großen Weite besitzen.

Als sie eines Nachts oberhalb von Estaque entlanggingen, um in die Nerteschluchten zu gelangen, glaubten sie hinter sich in einem Fichtenwäldchen am Straßenrand einen leisen Schritt zu hören. Sie blieben unruhig stehen.

»Hörst du?« fragte Frédéric.

»Ja, irgendein verirrter Hund«, murmelte Naïs.

Und sie gingen weiter. Aber bei der ersten Wegebiegung, kurz hinter dem Wäldchen, sahen sie, wie eine schwarze Masse undeutlich hinter den Felsen verschwand.

Das war ganz bestimmt ein menschliches Wesen, seltsam, als sei es bucklig. Naïs stieß einen leisen Schrei aus. »Wart auf mich«, sagte sie hastig. Und sie verschwand im Dunkeln. Dann hörte Frédéric ein überstürztes Geflüster. Und Naïs kam ruhig, nur ein wenig bleich, zurück.

»Was gibt's denn?« fragte er.

»Nichts«, sagte sie.

Dann sagte sie nach einer Pause:

»Wenn du Schritte hörst, sei unbesorgt. Es ist Toine, der Buckel, weißt du? Er will über uns wachen.«

Und in der Tat hörte Frédéric manchmal hinter sich im Dunkeln Schritte. Wie ein Schutz um sie. Zu wiederholten Malen hatte Naïs Toine davonjagen wollen, aber das arme

Wesen hatte nur ihr Hund sein wollen: man würde ihn weder sehen noch hören, warum sollte sie ihm da nicht erlauben, zu tun, was er wolle? Und hätten die Liebenden Zeit zum Lauschen gehabt, sooft sie sich hingegebenen Mundes in den verfallenen Ziegeleien oder verlassenen Steinbrüchen küßten, oder in dunkel verborgenen Grotten, so hätten sie hinter sich ersticktes Schluchzen vernommen: Toine, ihr Wächterhund, weinte in seine verkrampften Hände.

Und sie begnügten sich nicht mehr mit den Nächten allein. Jetzt wurden sie mutiger und nutzten jede Gelegenheit. Oft küßten sie sich auf einem Flur im Haus oder in einem Zimmer, darin sie sich trafen. Selbst bei Tisch, bediente sie ihn oder bat er um Brot oder einen Teller, verstand er es, ihr über die Finger zu streicheln. Die strenge Frau Rostand, die nichts sah, warf ihrem Sohn immer noch vor, er sei zu hart gegen seine ehemalige Spielgefährtin. Eines Tages hätte sie sie fast überrascht; das junge Mädchen aber hatte ihre Schritte gehört, sie bückte sich rasch und wischte mit ihrem Taschentuch über die staubbedeckten Schuhe ihres jungen Gebieters. Und tausend andere kleine Freuden hatten Naïs und Frédéric noch. Oft wollte, wenn nach dem Abendessen die Nacht köstlich frisch hereinbrach, Frau Rostand einen Spaziergang unternehmen. Sie nahm ihres Sohnes Arm und ging nach Estaque hinunter, während Naïs zur Vorsicht ihren Schal tragen mußte. So gingen alle, um die Ankunft der Sardinenfischer abzuwarten. Auf dem Meer tanzten Laternen, deutlich konnte man die schwarzen Umrisse der Barken erkennen, die mit dumpfem Rudergeräusch landeten. An großen Fangtagen wurden fröhliche Stimmen laut, Frauen liefen herbei, die große Körbe trugen; und die drei Männer, die jede Barke führten, leerten das Netz, das bis dahin unter der Bank gelegen hatte. Ein breites dunkles Band gleichsam, das Silberflimmer trug, bewegten sich die Sardinen noch und warfen Reflexe wie Metall – sie blieben mit ihren Kiemen in den Maschen des Netzes hängen; dann fielen sie in die Körbe, im bleichen Schimmer der Laternen wie ein Talerregen. Oft fand Frau Rostand Vergnügen an diesem Schauspiel und blieb bei einer Barke stehen; sie hatte den Arm ihres Sohnes losgelassen, sprach mit den Fischern, während Frédéric dicht neben Naïs außerhalb des Bereiches der Laterne ihre Knöchel faßte, als wollte er sie zerbrechen.

Vater Micoulin blieb weiter stumm wie ein hartnäckiges Tier, das seine Erfahrungen hat. Er fuhr aufs Meer hinaus oder grub im Garten, immer in der gleichen verschlossenen Art und Weise. Aber in seinen kleinen grauen Augen brannte seit geraumer Zeit eine Unruhe, er sah Naïs von der Seite an, ohne zu sprechen. Sie schien ihm verwandelt, er witterte Dinge in ihr, die er sich nicht zu erklären vermochte. Eines Tages wagte sie ihm zu widersprechen. Micoulin versetzte ihr einen solchen Schlag, daß er ihr die Lippe zerriß.

Als Frédéric abends unter einem Kuß Naïs' geschwollenen Mund fühlte, fragte er sofort.

»O nichts, mein Vater hat mir eine Ohrfeige gegeben«, sagte sie.

Ihre Stimme war dunkel geworden. Als der junge Mann in Zorn geriet und erklärte, er würde das in Ordnung bringen, da sagte sie:

»Nein, laß das bitte, das ist meine Angelegenheit ... das soll bald ein Ende haben!«

Sie erzählte ihm niemals von den Ohrfeigen, die sie bekam. Aber an den Tagen, da ihr Vater sie geschlagen hatte, hängte sie sich noch glühender an den Hals ihres Geliebten, als wolle sie sich an dem Alten rächen.

Seit drei Wochen schlich Naïs sich fast jede Nacht fort. Zuerst war sie sehr vorsichtig gewesen. Dann war ein kalter Mut über sie gekommen, und sie wagte alles. Als sie begriff, daß ihr Vater etwas ahnte, wurde sie wieder vorsichtiger. Sie verfehlte zwei Verabredungen. Ihre Mutter hatte ihr gesagt, Micoulin schlafe des Nachts nicht mehr: er stand auf und ging von einem Zimmer in das andere. Aber am dritten Tag vergaß Naïs vor Frédérics flehenden Blicken abermals jede Vorsicht. Gegen elf Uhr ging sie hinunter und nahm sich fest vor, nicht länger als eine Stunde zu bleiben; im ersten Schlaf, hoffte sie, würde ihr Vater sie nicht hören.

Frédéric erwartete sie unter den Oliven. Sie sagte nichts von ihren Befürchtungen, weigerte sich aber, weiter zu gehen. Sie sei zu müde, sagte sie; und das traf zu, denn sie konnte nicht wie er tagsüber schlafen. Sie lagerten sich an ihrem gewöhnlichen Platz oberhalb des Meeres; vor ihnen leuchtete Marseille. Der Leuchtturm von Planier blitzte auf. Naïs betrachtete ihn, und sie schlief auf Frédérics Schulter ein. Der rührte sich nicht; nach und nach gab er selbst seiner Müdigkeit nach und schloß die Augen. Einer in des anderen Armen vermischten sie ihren Atem.

Kein Laut, man hörte nur das helle Zirpen der Grashüpfer. Gleich den Liebenden schlief auch das Meer. Da näherte sich aus dem Dunkel eine schwarze Gestalt. Micoulin war durch das Klappern des Fensters geweckt worden und hatte Naïs in ihrem Zimmer nicht vorgefunden. Er war herausgegangen und hatte auf alle Fälle ein kleines Beil mitgenommen. Als er unter dem Olivenbaum einen schwarzen Fleck bemerkte, hatte er den Griff fester gepackt. Aber die Kinder rührten sich nicht, er konnte dicht an sie herangehen, sich bücken und ihnen ins Gesicht sehen. Ein leiser Aufschrei entfuhr ihm, er hatte den jungen Herrn erkannt. Nein, nein, so konnte er ihn nicht töten: das Blut, das den Boden tränken würde, käme ihm zu teuer zu stehen. Er richtete sich wieder auf, zwei Falten wilder Entschlossenheit beherrschten sein altes, ledernes, von verhaltener Wut erstarrtes Gesicht. Ein Bauer tötet seinen Herrn nicht offenmütig, denn der Herr bleibt selbst im Grabe immer der Stärkere. Und Vater Micoulin hob den Kopf, schlich auf den Fußspitzen davon und ließ die beiden Liebenden schlafen.

Als Naïs kurz vor der Dämmerung in großer Unruhe über ihre lange Abwesenheit heimkehrte, fand sie ihr Fenster so vor, wie sie es verlassen hatte. Beim Essen sah Micoulin ihr gelassen zu. Sie beruhigte sich, ihr Vater konnte nichts wissen.

IV

»Herr Frédéric, wollen Sie denn gar nicht mehr aufs Meer hinaus?« fragte Vater Micoulin eines Abends.

Frau Rostand saß im Schatten der Fichten auf der Terrasse und stickte an einem Taschentuch. Frédéric saß in ihrer Nähe und vergnügte sich damit, kleine Steinchen zu werfen.

»O Gott, nein!« antwortete der junge Mann, »ich werde faul.«

»Das ist nicht recht«, meinte der Verwalter. »Gestern waren die Fangkörbe voller Fische. Man kann fangen, was man will ... das könnte Ihnen Spaß machen. Begleiten Sie mich doch morgen früh.« Er sagte das so bieder, daß Frédéric, der an Naïs dachte, ihn nicht verletzen wollte:

»Na ja, gut ... aber ich muß geweckt werden. Um fünf Uhr morgens schlafe ich wie ein Toter.«

Frau Rostand hatte, von leichter Unruhe gepackt, zu stikken aufgehört.

»Und vor allem sehr vorsichtig sein«, murmelte sie. »Ich zittere immer, wenn ihr draußen seid.«

Am nächsten Morgen konnte Micoulin Herrn Frédéric lange rufen, das Fenster blieb geschlossen. Da sagte er mit einer Stimme, deren wilde Ironie Naïs entging:

»Geh hinauf ... Dich hört er vielleicht.«

Naïs weckte Frédéric. Noch völlig schlaftrunken zog er sie in sein warmes Bett; sie aber erwiderte nur rasch seinen Kuß und entzog sich ihm. Zehn Minuten später stand der junge Mann in einem grauen Leinenanzug unten. Vater Micoulin saß geduldig auf der Brüstung der Terrasse.

»Es ist schon frisch, Sie sollten einen Umhang mitnehmen«, meinte er.

Naïs holte einen Umhang. Dann gingen die beiden Männer die Treppe hinunter und steifen Schrittes bis zum Meer. Während Naïs, aufrecht, ihnen mit den Augen folgte. Unten hob Vater Micoulin den Kopf und betrachtete Naïs; und zwei steile Falten gruben sich in seine Mundwinkel.

Seit fünf Tagen wehte ein schrecklicher Nordwestwind, der Mistral. Am Vortage hatte er gegen Abend etwas abgeflaut. Bei Sonnenaufgang jedoch wehte er wieder, zuerst schwach nur. Zu dieser morgendlichen Stunde schäumte das Meer unter seinen heftigen Atemstößen und war seidenblau.

Und von den ersten schrägen Strahlen erleuchtet, rollten auf jedem Wogenkamm blitzende Flammen. Der Himmel war fast weiß, von kristallener Durchsichtigkeit. Im Hintergrund war Marseille so deutlich bis in die Einzelheiten zu sehen, daß man die Fenster an den Häusern zählen konnte, während die Felsen im Golf in unerhört zartem Rosa glommen. –

»Wir werden auf der Heimkehr tüchtig geschüttelt werden«, meinte Frédéric.

»Vielleicht«, antwortete Micoulin einfach.

Schweigend, ohne den Kopf zu wenden, ruderte er. Einen Augenblick lang hatte Frédéric in dem Gedanken an Naïs seinen runden Rücken betrachtet; er sah nur des Alten sonnengebräunten Nacken und zwei rote Ohrläppchen, in denen Goldringe hingen. Dann hatte er sich über den Rand des Bootes geneigt und das Wasser betrachtet. Das Wasser war trübe, nur große Gräser schwammen wie Haare eines Ertrunkenen. Das stimmte ihn traurig, erschreckte ihn sogar.

»Sagen Sie, Vater Micoulin«, nahm er nach langem Stillschweigen das Gespräch wieder auf, »der Wind wird immer stärker, seien Sie vorsichtig ... Sie wissen doch, ich schwimme wie eine bleierne Ente.« –

»Ja, ja, ich weiß«, sagte der Alte trocken.

Und mechanisch ruderte er weiter. Das Boot begann zu tanzen. Die kleinen Flammen auf den Wogenkämmen waren Schaumkronen geworden, die unter den Windstößen flogen. Frédéric wollte seine Angst nicht zeigen, er war jedoch sehr unsicher und hätte viel darum gegeben, nahe an Land zu sein. Er wurde ungeduldig und rief:

»Wo liegen denn Ihre Fangkörbe, zum Teufel? ... Fahren wir nach Algier?«

Vater Micoulin antwortete jedoch abermals in aller Ruhe: »Wir werden schon hinkommen, wir werden schon hinkommen.«

Plötzlich ließ er die Ruder los, stand im Boot auf und suchte an der Küste die beiden Richtungspunkte; er mußte noch fünf Minuten rudern, dann waren sie inmitten der Korkbojen, die den Fangplatz grenzten. Gerade als er die

Körbe herausziehen wollte, sah er einige Sekunden nach Blancarde. Frédéric folgte seinem Blick und konnte deutlich unter den Fichten einen weißen Fleck unterscheiden: Naïs, die immer noch an der Terrasse lehnte und deren helles Kleid man sah.

»Wieviel Körbe haben Sie?« fragte Frédéric.

»Fünfunddreißig ... wir müssen uns ranhalten.« Und er griff nach der nächsten Boje und zog den ersten Fangkorb heraus. Die Tiefe war sehr groß, und die Leine wollte kein Ende nehmen. Endlich erschien der Korb mit dem großen Stein, der ihn beschwerte; und sobald er aus dem Wasser ragte, sprangen drei Fische auf wie Vögel im Käfig. Man vermeinte Flügelrauschen zu hören. Im zweiten Korb war nichts. Aber im dritten befand sich eine Seltenheit: eine kleine Languste, die heftig mit dem Schwanz schlug. Da geriet Frédéric in Feuer, eifrig beugte er sich über den Rand des Bootes und wartete mit Herzklopfen auf jeden neuen Korb. Wenn er das Geräusch der Flügel hörte, so erfaßte ihn eine Erregung gleich der, die der Jäger beim Erlegen eines Wildes empfindet. Die Körbe füllten nacheinander das Boot; bald waren alle fünfunddreißig oben. Es waren mindestens fünfzehn Pfund Fische, ein herrlicher Fang für die Bucht von Marseille, die aus mehreren Gründen, vor allem aber durch den Gebrauch zu engmaschiger Netze, schon seit mehreren Jahren entvölkert ist.

»Das hätten wir«, sagte Micoulin. »Jetzt können wir heimkehren.«

Als aber Frédéric sah, wie er das Segel richtete, beunruhigte er sich aufs neue; er meinte, bei solchem Wind sei es ratsamer zurückzurudern. Der Alte zuckte die Achseln, er wußte, was er tat. Und bevor er das Segel aufzog, warf er einen letzten Blick auf Blancarde. Naïs stand in ihrem hellen Kleid immer noch da.

Da aber geschah wie ein Blitzschlag die Katastrophe. Später, als Frédéric sich die Dinge erklären wollte, erinnerte er sich, daß ein Windstoß sich plötzlich im Segel verfangen hatte, dann stürzte alles übereinander. Und an nichts anderes vermochte er sich zu erinnern, an eine große Kälte lediglich und an tiefe Angst. Sein Leben verdankte er einem Wunder: er war auf das Segel gefallen, das ihn hielt. Fischer hatten den Unfall bemerkt, eilten herbei und nahmen ihn und Vater Micoulin, der schon der Küste zuschwamm, an Bord. Frau Rostand schlief noch. Man verbarg ihr den Unfall ihres Sohnes. Am Fuße der Terrasse trafen Frédéric und Vater Micoulin, die völlig durchnäßt waren, Naïs: sie hatte alles mit angesehen.

»Verflucht«, rief der Alte, »wir hatten schon alle Körbe und wollten umkehren … solch Pech!«

Naïs, sehr bleich, sah ihren Vater starr an.

»Ja, ja«, murmelte sie, »Pech … aber wenn man gegen den Wind kreuzt, ist man seiner Sache sicher.«

Micoulin ereiferte sich.

»Nichtsnutz, stehst du hier herum? … Siehst du nicht, daß Herr Frédéric vor Kälte schlottert … Geh, hilf ihm …!«

Der junge Mann kam mit einem Tag Bettruhe davon. Seiner Mutter erzählte er von eine Migräne. Am nächsten Morgen traf er Naïs: sie war finster, wollte sich nicht mit ihm treffen; aber als sie ihn eines Abends allein in der Diele traf, warf sie sich ihm von selbst um den Hals und küßte ihn leidenschaftlich. Niemals vertraute sie ihm ihren Verdacht an, aber von nun an wachte sie über ihn. Dann kamen ihr nach einer Woche Zweifel. Ihr Vater ging und kam wie gewöhnlich; ja, er schien sogar sanfter, er schlug sie seltener.

In jedem Sommer aßen Rostands an der Küste in einem kleinen Felsenspalt eine Fischsuppe. Außerdem gab es dort einige Rebhühner, und die Herren gaben einige Schüsse ab. In diesem Jahr wollte Frau Rostand Naïs zur Bedienung mitnehmen. Und sie hörte nicht auf die Einwendungen des Verwalters, in dessen wildes Gesicht lebhafter Widerspruch steife Falten grub.

Man brach in aller Frühe auf. Der Morgen war süß und köstlich. Flach wie ein Spiegel unter der hellen Sonne entrollte das Meer seine blaue Seide; an den Stellen, wo eine Brise wehte, kräuselte es sich leicht, das Blau dunkelte um einen Ton violett, während in den Fluten das Blau blaß wurde, milchig und durchsichtig zugleich; man hätte das Meer und den klaren Horizont für ein gewaltiges entfaltetes Seidengewand mit wechselnden Farben halten können. Auf diesem schlafenden See glitt das Boot rasch voran.

Der schmale Strand, an dem man anlegte, befand sich vor einer Schlucht; man ließ sich auf einem Rasenfleck nieder, der als Tischtuch dienen sollte, mitten im Gestein.

Das war eine ganze Geschichte, diese Fischsuppe unter freiem Himmel. Zunächst ging Micoulin ins Boot zurück und holte allein seine Fangkörbe, die er tags zuvor ausgeworfen hatte. Bis er zurückkam, hatte Naïs Thymian und Lavendel, einen ganzen Busch von trockenen Gräsern ausgerupft, um ein großes Feuer anzufachen. An diesem Tag sollte der Alte das Gericht zubereiten, die klassische Fischsuppe, deren Rezept die Küstenfischer von Vater zu Sohn ererben. Eine fürchterliche, stark gepfefferte, stark nach zerstoßenem Knoblauch duftende Suppe. Die Rostands hatten viel Freude an der Zubereitung.

»Vater Micoulin«, sagte Frau Rostand, die bei dieser Gelegenheit zu scherzen beliebte, »wird sie ebensogut werden wie im vorigen Jahr?«

Micoulin schien sehr fröhlich zu sein. Er reinigte den Fisch zunächst im Meer, während Naïs aus der Barke eine große Pfanne holte. Das war rasch geschehen: Der Fisch in die Pfanne gelegt, Wasser darüber, etwas Zwiebel, Öl, Knoblauch, Pfeffer, eine Tomate und dann wieder Öl. Dann die Pfanne übers Feuer gehalten, in dem man einen Hammel hätte braten können. Die Fischer meinen, der Wert der Fischsuppe liegt in der Zubereitung; die Flammen müssen die Pfanne ganz einhüllen. Unterdessen schnitt der Verwalter mit ernster Miene Brot in eine Salatschüssel. Nach einer halben Stunde goß er die Suppe über das Brot und trug den Fisch besonders auf.

»Nun zu!« sagte er. »Sie ist nur gut, wenn man sie kochend heiß ißt.«

Und die Fischsuppe wurde unter den üblichen Scherzen gegessen.

»Sagen Sie, Micoulin, haben Sie Pulver hineingetan?«

»Die Suppe ist gut, aber man muß einen Gaumen aus Eisen dazu haben.«

Er löffelte schweigsam und aß zu jedem Löffel eine Schnitte Brot. Übrigens bezeugte er, indem er still beiseite saß, seine Genugtuung darüber, mit den Herrschaften essen zu dürfen.

Nach dem Essen blieb man auch noch dort, um abzuwarten, bis die große Hitze vorüber sei. Die Felsen, lichtübergossen, von roten Tönen umspritzt, warfen schwarze Schatten. Eichen fleckten sich dunkelmarmorn, während auf den Hängen Fichtenwäldchen in regelmäßigen Abständen wie eine Armee von Soldaten auf dem Marsch sich hinaufzogen. Eine dumpfe Stille fiel mit der Hitze nieder.

Frau Rostand hatte die ewige Stickerei mitgebracht, die man stets in ihren Händen sah. Naïs saß in ihrer Nähe und schien sich für das Hin und Her der Nadel zu interessieren. Ihr Blick jedoch überwachte ihren Vater, der hielt seinen Mittagsschlaf. Etwas weiter, unter seinem großen Strohhut, der ihm das Gesicht schützte, schlief Frédéric. Gegen vier Uhr erwachten sie. Micoulin beteuerte, er wisse hinten in der Schlucht eine Unmenge Rebhühner. Noch vor drei Tagen hätte er sie gesehen; da ließ Frédéric sich überreden und beide nahmen ihre Gewehre zur Hand.

»Ich bitte dich«, rief Frau Rostand … »sei vorsichtig, du kannst ausgleiten und dich womöglich selbst verletzen.«

»Ja, ja, das kann geschehen«, sagte Micoulin gelassen.

Sie brachen auf und verschwanden hinter den Felsen. Da stand Naïs plötzlich auf, folgte ihnen und sagte leise:

»Ich will sehen.«

Anstatt mitten in der Schlucht auf dem Wege zu bleiben, schlug sie sich eiligen Schrittes links in die Büsche und vermied es dabei, Steine ins Rollen zu bringen. Endlich, nach einer Wegbiegung sah sie Frédéric. Sicherlich hatte er die Rebhühner schon aufgescheucht, denn halb vornübergebeugt ging er rasch zu, bereit, sein Gewehr an die Schulter zu ziehen. Ihren Vater bemerkte sie immer noch nicht. Dann entdeckte sie ihn plötzlich auf der anderen Seite der Schlucht, auf dem gleichen Hang wie sie: er hatte sich niedergehockt und schien zu warten. Zweimal hob er seine Waffe. Flogen die Rebhühner zwischen ihm und Frédéric auf, so konnten die Schüsse der Jäger einander erreichen. Naïs glitt von Busch zu Busch und stellte sich angsterfüllt hinter ihren Vater.

Minuten verstrichen. Frédéric war in einer Geländefalte verschwunden. Er tauchte wieder auf und blieb einen Augenblick unbeweglich stehen. Da hob Micoulin, immer noch niedergekauert, abermals seine Waffe und zielte lange auf den jungen Mann. Aber mit einem Fußstoß hatte Naïs die Mündung in die Höhe geschnellt, und mit fürchterlichem Krach, dessen Echo in der Schlucht rollte, ging die Ladung in die Luft.

Der Alte war wieder aufgestanden. Als er Naïs bemerkte, faßte er sein rauchendes Gewehr beim Lauf, als wollte er sie mit einem Kolbenhieb zerschmettern. Ganz bleich, mit Augen, die Blitze sprühten, stand das junge Mädchen aufrecht vor ihm. Er wagte es nicht, zuzuschlagen. Wuterfüllt konnte er nur im Dialekt stammeln:

»Warte, ich bring ihn um.«

Beim Schuß des Verwalters waren die Rebhühner aufgeflogen, und Frédéric hatte zwei abgeschossen. Gegen sechs Uhr kehrten die Rostands nach Blancarde zurück. Still, hartnäkkig, wie ein Tier ruderte Vater Micoulin.

V

Der September war zu Ende. Nach einem heftigen Gewitter war die Luft sehr frisch. Die Tage wurden kürzer, und Naïs wollte nachts nicht mehr zu Frédéric kommen; sie gab vor, sie sei zu müde, sie könnten sich erkälten, da der Tau die Erde reichlich netzte. Aber da sie jeden Morgen gegen sechs herüberkam und Frau Rostand erst reichlich drei Stunden später aufstand, so stieg sie in das Zimmer des jungen Mannes hinauf, ließ die Tür offen und lauschte geschärften Ohres: so blieb sie einige Augenblicke bei ihm.

Das war die Zeit ihrer Liebe, da Naïs am zärtlichsten zu Frédéric war. Sie faßte ihn um den Hals, zog sein Gesicht zu sich heran und betrachtete ihn aus nächster Nähe so leidenschaftlich, daß ihr die Tränen in die Augen schossen. Ihr war immer, als sollte sie ihn niemals wieder sehen. Dann überschüttete sie ihn mit Küssen, als wollte sie diesen Gedanken abwehren und beschwören, daß sie ihn zu verteidigen wüßte.

»Was hat Naïs denn?« sagte Frau Rostand öfters. »Sie ist alle Tage anders.«

Und tatsächlich magerte Naïs ab, ihre Wangen wurden hohl; ihr Blick war dunkler geworden, sie schwieg lange, wie aufgeschreckt erwachte sie dann wieder gleich einem jungen Mädchen, das geschlafen und geträumt hat.

»Mein Kind, wenn du krank bist, mußt du dich pflegen«, wiederholte Frau Rostand.

Dann lächelte Naïs.

»O nein, gnädige Frau, es geht mir gut, ich bin glücklich ... Niemals war ich so glücklich.«

Als sie eines Morgens beim Einordnen der Wäsche half, wagte sie eine Frage.

»Sie bleiben also in diesem Jahr in Blancarde?« –

»Bis Ende Oktober«, antwortete Frau Rostand.

Und Naïs blieb einen Augenblick aufrecht stehen, ihr Blick verlor sich; dann sagte sie ganz laut, ohne sich dessen bewußt zu sein:

»Noch zwanzig Tage.«

Ein unaufhörlicher Kampf erregte sie. Sie hätte Frédéric bei sich behalten mögen, und doch war sie zu jeder Stunde versucht, ihm zuzurufen: ›Geh fort!‹ Für sie war er verloren; niemals würde dieser Liebessommer wieder beginnen, das hatte sie sich gleich am Anfang gesagt. Ja, eines Abends, voller Trauer, hatte sie sich sogar gefragt, ob sie Frédéric nicht durch ihren Vater töten lassen solle, damit er mit keiner andern ginge; aber der Gedanke, ihn tot zu wissen, ihn, der so weiß, zart und mädchenhafter war als sie, war ihr unerträglich; und ihr schlechter Gedanke erfüllte sie mit Entsetzen. Nein, sie wollte ihn retten, er sollte niemals etwas davon erfahren, bald würde er sie doch nicht mehr lieben; aber sie wäre im Gedanken, ihn am Leben zu wissen, wenigstens glücklich.

Oft sagte sie morgens zu ihm:

»Geh nicht aus, fahre nicht aufs Meer, die Luft ist ungesund.«

Ein anderes Mal riet sie ihm, auszugehen.

»Du mußt dich langweilen, und dann hast du mich nicht mehr lieb ... fahr einige Tage in die Stadt.«

Er wunderte sich über diese Launen. Seitdem Naïs' Gesicht mager geworden war, fand er sie weniger schön und begann der heftigen Leidenschaft überdrüssig zu werden. Er sehnte sich nach dem Eau de Cologne und dem Puder der Mädchen in Aix und Marseille.

Und immer summten in Naïs Ohren die Worte ihres Vaters: ›Ich bring ihn um ... Ich bring ihn um ...‹ Nachts erwachte sie: ihr träumte, man schösse. Sie wurde furchtsam und stieß einen Schrei aus, wenn sich unter ihrem Fuß ein Stein löste. Zu jeder Stunde, da sie ihn nicht mehr sah, ängstigte sie sich um ›Herrn Frédéric‹. Mit Entsetzen aber erfüllte sie von morgens bis abends Vater Micoulins hartnäckiges Schweigen, das ihr zu wiederholen schien: ›Ich bring ihn um.‹ Er hatte keine Andeutung mehr gemacht, kein Wort gesprochen, keine Geste getan; für sie aber sagten die Blicke des Alten, alle seine Bewegungen, seine ganze Person, daß er bei der ersten Gelegenheit den jungen Herrn töten werde, sobald er sich vor der rächenden Justiz sicher fühlte. Und dann würde er sich mit Naïs beschäftigen. Inzwischen traktierte er sie mit Fußstößen, wie ein Tier, das einen Fehler begangen hat.

»Ist dein Vater immer noch so brutal zu dir?« fragte sie Frédéric eines Morgens; er rauchte im Bett Zigaretten, während sie hin- und herging und etwas Ordnung machte.

»Ja«, antwortete sie, »er wird toll.«

Und sie zeigte ihre Beine, mit dunklen Spuren von Schlägen. Dann murmelte sie die Worte, die sie oft vor sich hinsagte:

»Das soll ein Ende haben, das soll ein Ende haben.«

In den ersten Tagen des Oktobers schien sie noch gedrückter. Sie war ganz abwesend und bewegte die Lippen, als spräche sie ganz leise zu sich selbst. Des öfteren bemerkte Frédéric, wie sie hoch oben auf der Klippe stand, die Bäume um sich herum betrachtete und mit einem Blick die Tiefe des Abgrundes maß. Einige Tage darauf überraschte er sie mit Toine, dem Buckel; in einer Ecke pflückten sie Feigen. Toine half Micoulin, wenn es zuviel Arbeit gab. Er stand unter dem Feigenbaum, Naïs saß auf einem großen Zweig und scherzte mit ihm; sie rief ihm zu, er solle den Mund öffnen, und dann warf sie Feigen herunter, die auf seinem Gesicht zerplatzten. Das arme Geschöpf öffnete den Mund und schloß verzückt die Augen, und sein breites Gesicht drückte grenzenloses Glück aus. Frédéric war durchaus nicht eifersüchtig, aber er konnte sich nicht enthalten, sie zu necken.

»Toine würde sich die Hände für uns abschneiden lassen«, sagte sie mit ihrer kurzen Stimme, »man darf ihn nicht mißhandeln, man braucht ihn vielleicht.«

Der Buckel kam alle Tage nach Blancarde, er arbeitete auf der Klippe, er grub einen schmalen Kanal, um das Wasser bis an das Ende des Gartens zu führen, wo man einen Gemüsegarten anlegen wollte. Bisweilen leistete ihm Naïs Gesellschaft, dann sprachen beide lebhaft miteinander. Er zog die Arbeit so lange hin, daß Vater Micoulin ihn schließlich Nichtsnutz schimpfte und ihm wie seiner Tochter Fußtritte versetzte.

Es regnete zwei Tage. Frédéric, der in der nächsten Woche nach Aix zurückkehren wollte, hatte beschlossen, vor seiner Abreise noch einmal mit Vater Micoulin fischen zu gehen. Als Naïs erbleichte, hatte er gelacht: diesmal würde er sich keinen Tag aussuchen, wo der Mistral wehte, meinte er. Das junge Mädchen wollte ihm noch einmal ein Stelldichein geben. Nachts, gegen ein Uhr, trafen sie sich auf der Terrasse. Der Regen hatte den Boden gewaschen, ein starker Duft stieg aus dem erfrischten Grün. Wenn diese ausgedörrte Ebene gründlich naß wird, so wird sie gewaltig in Farben und Düften: die rote Erde blutet, die Fichten schimmern smaragden, die Felsen glänzen weiß wie frisch gewaschene Wäsche. Aber nachts spürten die Liebenden nur den doppelt starken Duft von Thymian und Lavendel.

Die Gewohnheit geleitete sie unter die Olivenbäume, Frédéric ging auf den zu, der am Rande des Abgrundes ihre Liebe geschützt hatte, als Naïs ihn beim Arm nahm – es war, als besänne sie sich auf sich selbst; sie zog ihn vom Rand fort und sagte zitternd: »Nein, nein, nicht dorthin!«

»Was hast du denn?« fragte er.

Sie stammelte, schließlich meinte sie, nach einem solchen Regen sei die Klippe nicht sicher. Und sie fügte hinzu:

»Im letzten Winter gab es einen Erdrutsch, ganz hier in der Nähe.«

Und sie setzten sich weiter hinten unter einen anderen Olivenbaum. Es war ihre letzte Liebesnacht. Naïs war unruhig. Plötzlich weinte sie, ohne sagen zu wollen, warum es sie so packte. Dann wurde sie plötzlich still und kalt. Und als Frédéric sie neckte, sie langweile sich jetzt mit ihm, da umarmte sie ihn leidenschaftlich und sagte:

»Nein, sag das nicht. Ich liebe dich zu sehr … Aber, siehst du, ich bin krank. Und dann gehst du weg, und es ist aus … oh, mein Gott, es ist aus …«

Er vermochte sie nicht zu trösten, trotzdem er ihr beständig wiederholte, er würde von Zeit zu Zeit wiederkommen und im nächsten Herbst hätten sie noch zwei Liebesmonate vor sich: sie schüttelte den Kopf, sie fühlte nur zu gut, daß es aus sei. Ihr Zusammensein endete in verlegenem Schweigen; sie betrachteten das Meer, Marseille glänzte am Horizont, der Leuchtturm von Planier leuchtete einsam und traurig; und nach und nach überkam sie tiefe Melancholie. Als er sie gegen drei Uhr verließ und auf die Lippen küßte, lag sie eisig und zitternd in seinen Armen.

Frédéric konnte nicht schlafen, er las bis zum Morgen; und schlaflos und fiebrig stellte er sich ans Fenster, als die Dämmerung begann. Gerade kam Micoulin, der seine Fangkörbe holen wollte; als er über die Terrasse ging, hob er den Kopf.

»Nun, Herr Frédéric, wollen Sie heute morgen nicht mit mir kommen?«

»O nein, Vater Micoulin, ich habe zuwenig geschlafen. Aber morgen bestimmt.«

Der Verwalter entfernte sich mit seinem schleppenden Schritt. Er mußte hinuntergehen und sein Boot am Fuß der Klippe holen, unmittelbar unter dem Olivenbaum, wo er einst seine Tochter überrascht hatte. Als er verschwand, wunderte sich Frédéric, Toine schon bei der Arbeit zu sehen. Mit einer Hacke in der Hand stand der Buckel in der Nähe des Olivenbaums und besserte den schmalen Kanal aus, den die Regengüsse geweitet hatten. Es war frisch, und es tat wohl, am Fenster zu stehen. Der junge Mann trat ins Zimmer zurück, um sich eine Zigarette zu drehen. Aber als er langsam wieder ans Fenster schritt, geschah ein schrecklicher Krach, als ob es donnerte; er stürzte heraus. Ein Erdsturz. Er konnte nur Toine unterscheiden, der in einer Wolke roter Erde umhersprang und seinen Spaten schwenkte. Am Rande des Abgrundes fiel der alte Olivenbaum mit zum Himmel gewandten Zweigen ins Wasser. Schaum spritzte hoch. Ein fürchterlicher Schrei hatte die Luft zerschnitten. Und Frédéric sah Naïs, die sich auf ihren steifen Armen über die Brüstung der Terrasse lehnte, ihr ganzer Körper war schmerzlich hingerissen, sie beugte sich weit vor, um zu sehen, was am Fuß der Klippe vorging. Und sie stand unbeweglich da, als seien ihre Knöchel an den Stein geschmiedet. Sie mußte jedoch fühlen, daß man sie betrachtete, und als sie Frédéric sah, schrie sie:

»Mein Vater! Mein Vater!«

Eine Stunde später fand man unter den Steinen Micoulins fürchterlich verstümmelten Leichnam. Toine erzählte fieberhaft, beinahe wäre auch er mit hinabgezogen worden, und alle meinten, man hätte dort wegen des Einsickerns kein Wasser hinleiten sollen. Mutter Micoulin weinte viel. Naïs geleitete ihren Vater zum Friedhof, ihre trockenen Augen brannten, aber sie konnte nicht weinen.

Am Morgen nach der Katastrophe hatte Frau Rostand unbedingt nach Aix zurückkehren wollen. Frédéric war mit dieser Abreise sehr einverstanden, denn er sah, daß dieses Drama seine Liebschaft störte; außerdem war eine Bäuerin zweifellos weniger schön als ein Mädchen aus der Stadt. Und er nahm sein altes Leben wieder auf. Seine Mutter, die über seine Aufmerksamkeit in Blancarde gerührt war, gewährte ihm noch größere Freiheit, und so verbrachte er einen entzückenden Winter: er ließ Damen aus Marseille kommen, die er in einem gemieteten Vorstadtzimmer unterbrachte; dort schlief er, und nur zu Stunden, da seine Anwesenheit unerläßlich war, ging er in das große kalte Haus in der Rue du Collège; und er hoffte stark, daß sein Dasein so weiterginge.

Ostern mußte Herr Rostand nach Blancarde. Frédéric erfand einen Vorwand, um ihn nicht begleiten zu müssen.

Als der Anwalt heimkehrte, sagte er beim Essen:

»Naïs heiratet.«

»Ach!« rief Frédéric erstaunt.

»Und ihr könnt euch nicht denken, wen«, fuhr Herr Rostand fort. »Aber sie hat mir so verständige Gründe angegeben ...«

Naïs heiratete Toine, den Buckel. So würde sich in Blancarde nichts ändern. Toine bliebe Verwalter, er hatte sich nach Vater Micoulins Tod schon um den Besitz gekümmert.

Der junge Mann hörte mit einem verlegenen Lächeln zu. Dann fand er selbst, so sei es für alle Teile am besten.

»Naïs ist recht alt und häßlich geworden«, meinte Herr Rostand. »Nicht zum Wiedererkennen. Erstaunlich, wie schnell diese Mädchen von der Küste verblühen ... Sie war sehr schön, diese Naïs ...«

»O ja, ein Sonnenlächeln«, sagte Frédéric und verzehrte in aller Ruhe sein Fleisch.

Im siebzehnten Jahrhundert ist Liebe ein großer Herr im Helmbusch, der sich, prächtig gekleidet, bei ernster Musik in den Salons bewegt. Er gehorcht einem sehr verwickelten Zeremoniell und wagt keinen Schritt, der nicht im voraus geregelt wäre. Er ist im übrigen von vollendeter Würde, von wohlüberlegter Zärtlichkeit und schicklicher Fröhlichkeit.

Im achtzehnten Jahrhundert ist Liebe ein Taugenichts, der halbnackt einhergeht. Er liebt, wie er lacht, aus Freude am Lieben und am Lachen, frühstückt mit einer Blondine, diniert mit einer Brünetten und behandelt die Frauen als gütige Göttinnen, deren offene Hände all ihren Anhängern Vergnügen spenden. Ein Hauch von Wollust streicht über die gesamte Gesellschaft dahin und führt den Reigen der Schäferinnen und Nymphen an, deren entblößte Busen unter den Spitzen erschauern: es war eine anbetungswürdige Zeit, in der das Fleisch Königin, höchster Genuß war, von woher uns noch heute ein warmer Atem mit dem Duft gelösten Haars anweht.

Im neunzehnten Jahrhundert ist Liebe ein Junggeselle in geordneten Verhältnissen, der Staatspapiere besitzt und korrekt ist wie ein Notar. Er begibt sich in die Welt hinaus oder verkauft irgend etwas in einem Laden. Die Politik beschäftigt ihn, Geschäfte nehmen seinen Tag von neun Uhr morgens bis sechs Uhr abends in Anspruch. Was seine Nächte betrifft, so widmet er sie der zweckbedingten Unzucht, einer Geliebten, die er bezahlt, oder einer Ehefrau, die ihn bezahlt.

So also ist die heroische Liebe des siebzehnten Jahrhunderts und die sinnliche Liebe des achtzehnten zu der nüchternen Liebe geworden, die man schnell erledigt wie ein Börsengeschäft.

Ich hörte neulich einen Industriellen sich darüber beklagen, daß man noch keine Maschine erfunden hätte, um Kinder zu machen. Man stellt sehr viele Maschinen her: um Getreide zu dreschen, um Leinwand zu weben, um bei allen Arbeiten die menschlichen Muskeln durch ein Räderwerk zu ersetzen. An dem Tag, an dem eine Maschine für sie lieben wird, werden die großen Arbeiter des Jahrhunderts, die, welche jede Minute der modernen Betriebsamkeit widmen, Zeit sparen und im Lebenskampf härter und mannhafter sein. Seit der furchtbaren Erschütterung durch die Revolution haben in Frankreich die Männer nicht mehr die Muße gefunden, an Frauen zu denken. Unter Napoleon I. hinderten die Kanonen die Liebenden, einander zu verstehen. Während der Restauration und der Julimonarchie hat sich der Gesellschaft ein wildes Verlangen nach Gelderwerb bemächtigt. Und endlich hat die Regierung Napoleons III. nur den Geldhunger vergrößert, ohne selbst ein originales Laster, eine neue Ausschweifung hinzuzufügen. Und eine weitere Ursache liegt in der Technik, der Dampfkraft, der Elektrizität und all den Entdekkungen der letzten fünfzig Jahre. Man muß den modernen Menschen bei seinen vielfältigen Beschäftigungen sehen, der ein Leben nach außen führt, von der Notwendigkeit verzehrt, sein Vermögen zu erhalten und zu vermehren, dessen Verstand von den immer neu auftauchenden Problemen angegriffen wird, dessen Sinnlichkeit durch die Anstrengung des täglichen Kampfes eingeschläfert wird und der in der auf vollen Touren laufenden riesenhaften sozialen Maschine nur ein Stück des Getriebes geworden ist. Er hat Geliebte, wie man sich Pferde hält, um sich Bewegung zu verschaffen. Wenn er heiratet, dann nur, weil die Ehe eine Beschäftigung wie jede andere geworden ist, und wenn er Kinder bekommt, hat es seine Frau gewollt. Es besteht für die unbefriedigten Ehen von heute aber noch eine andere Ursache, auf die ich nachdrücklich hinweisen möchte, ehe ich zu Beispielen komme. Diese Ursache ist die tiefe Kluft, welche Erziehung und Unterricht bei uns von Kindheit an zwischen Knaben und Mädchen aufgerissen haben. Ich setze als Beispiel die kleine Marie und den kleinen Pierre. Bis zu sechs oder sieben Jahren läßt man sie zusammen spielen. Ihre Mütter sind Freundinnen; die Kinder duzen sich, geben sich geschwisterliche

Klapse und drücken sich ohne irgendwelches Schamempfinden in den Ecken herum. Aber mit sieben Jahren trennt sie die Gesellschaft und bemächtigt sich ihrer. Pierre wird in ein Gymnasium eingesperrt, wo man sich eifrig bemüht, ihm den Schädel mit einer Zusammenfassung allen menschlichen Wissens zu füllen; später besucht er Fachschulen, wählt eine Laufbahn und wird ein Mann. Sich selbst überlassen, während dieser langen Lebenslehrzeit durch Gutes und Böses hindurchgegangen, ist er mit allem Schmutzigen in Berührung gekommen, hat Freuden und Leiden ausgekostet und mit Dingen und Menschen Erfahrungen gemacht. Marie dagegen hat diese ganze Zeit in klösterlicher Abgeschlossenheit im Hause ihrer Mutter zugebracht; man hat sie das gelehrt, was ein wohlerzogenes junges Mädchen wissen muß: Literatur und Geschichte – von allem Anstößigen gesäubert – Geographie, Rechnen, den Katechismus; sie kann außerdem Klavier spielen, tanzen und ein bißchen Landschaften zeichnen. Daher kennt auch Marie die Welt nicht, die sie ja nur durchs Fenster gesehen hat, und außerdem hat man das Fenster noch geschlossen, wenn das Leben auf der Straße zu lärmend war. Nie hat sie sich allein vor die Tür gewagt. Man hat sie sorgfältig behütet, wie eine Treibhauspflanze, indem man sie vor Licht und Luft bewahrte und sie in einer künstlichen Umgebung großzog, fern von jeder Berührung mit der Außenwelt. Und nun stelle ich mir vor, daß zehn, zwölf Jahre später Marie und Pierre wieder zusammenkommen. Sie sind einander fremd geworden, die Begegnung ist unvermeidlich qualvoll. Sie duzen sich nicht mehr, drängen sich nicht mehr aus Spaß in die Ecken. Sie errötet und ist unruhig gegenüber dem Unbekannten, das er mitbringt. Er fühlt, daß zwischen ihnen das wilde Leben, grausame Wahrheiten stehen, von denen er nicht laut zu sprechen wagt. Was hätten sie sich zu sagen? Sie reden verschiedene Sprachen, sind nicht mehr Wesen gleicher Art. Sie sind daher zu nichtssagenden landläufigen Unterhaltungen gezwungen, sie halten sich beide in Abwehrstellung, fast wie Feinde, und belügen sich schon gegenseitig.

Wahrlich, ich behaupte nicht, man solle unsere Söhne und Töchter zusammen aufwachsen lassen wie Unkraut im Garten. Die Frage der gemeinsamen Erziehung ist überhaupt zu umfangreich für einen schlichten Beobachter! Ich begnüge mich, zu sagen, was ist: Unsere Söhne wissen alles, unsere Töchter wissen nichts. Einer meiner Freunde hat mir oft von dem seltsamen Eindruck erzählt, den es in seiner Jugend auf ihn machte, als er allmählich seine Schwestern sich fremd werden fühlte. Jedes Jahr, wenn er aus dem Gymnasium nach Hause kam, empfand er die Kluft tiefer, die Kälte größer geworden. Eines Tages schließlich wußte er ihnen nichts mehr zu sagen. Und als er sie herzlich umarmt hatte, blieb ihm nichts weiter übrig, als seinen Hut zu nehmen und zu gehen. Was ergibt sich daraus für die so bedeutsame Angelegenheit der Ehe? Da prallen die beiden Welten mit einem unvermeidlichen Stoß zusammen, und der Stoß droht stets entweder die Frau oder den Mann zu zerbrechen. Pierre heiratet Marie, ohne sie kennenlernen zu können und ohne sich von ihr kennenlernen zu lassen; denn es ist nicht mehr erlaubt, einen wechselseitigen Versuch dazu zu machen. Die Familie des Mädchens ist im allgemeinen froh, sie endlich unter die Haube zu bringen. Sie übergibt sie dem Verlobten und bittet ihn, davon Kenntnis zu nehmen, daß sie sie ihm in gutem Zustand, unberührt, überliefert, wie eine Braut sein soll. Nun ist es der Mann, der über seine Frau zu wachen hat. Und so ist Marie plötzlich und jäh in die Liebe, ins Leben und in die ihr so lange verborgen gewesenen Geheimnisse hineingeschleudert worden. Von einem Augenblick zum andern enthüllt sich ihr das Unbekannte. Die besten Gattinnen tragen bisweilen eine langdauernde Erschütterung davon. Aber das schlimmste ist, daß der Widerstreit der beiden Erziehungsweisen fortdauert. Wenn der Mann seine Frau nicht nach seinem Bild formt, wird sie ihm bei ihren Anschauungen, der Eigenart ihrer Natur und der unheilbaren Albernheit ihrer Erziehung immer fremd bleiben. Welch ein sonderbares System, die Menschheit in zwei Lager zu teilen – die Männer auf die eine Seite und die Frauen auf die andere –

und dann, nachdem man die beiden Lager gegeneinander bewaffnet hat, sie zu vereinigen, indem man ihnen sagt: »Lebet in Frieden!«

Mit einem Wort, der Mann unserer Tage hat keine Zeit, zu lieben, und heiratet die Frau, ohne sie zu kennen, ohne von ihr gekannt zu sein. Dies sind zwei kennzeichnende Züge der modernen Ehe. Ich vermeide es, den Grundgedanken zu verwirren, indem ich weiter ins einzelne gehe, und wende mich den Beispielen zu.

I

Graf Maxime de La Roche-Mablon ist zweiunddreißig Jahre alt. Er gehört einer der ältesten Familien des Anjou an. Sein Vater ist im Kaiserreich Senator gewesen, ohne, wie er sagte, eine einzige seiner legitimistischen Überzeugungen preisgegeben zu haben. Die La Roche-Mablons haben übrigens während der Emigration kein Stückchen Land verloren, und man nennt sie noch unter den größten Grundbesitzern Frankreichs. Was Maxime angeht, so hat er eine schöne Jugend verlebt, hat als ›zouave pontifical‹ Dienst getan und ist dann nach Paris zurückgekehrt, wo er sich Rennpferde hielt; er hat gespielt, er hat Geliebte gehabt und sich duelliert, ohne besonders hervorzutreten. Er ist ein großer, blonder junger Mann, sehr weltmännisch, von mäßigen Geistesgaben, ohne ausgefallene Passionen, und denkt jetzt daran, in den diplomatischen Dienst einzutreten, um sich endlich für etwas zu entscheiden.

Der kluge Kopf der La Roche-Mablons ist eine Tante, die Baronin de Bussière, eine sehr rührige alte Dame, die in der akademischen und politischen Welt Beziehungen hat. Als ihr Neffe Maxime ihr seine Pläne anvertraut, ruft sie aus, er solle sich erst verheiraten, da die Ehe die Grundlage aller ernsthaften Laufbahnen sei. Maxime hat gegen eine Ehe keinen gewichtigen Einwand. Er hat nicht daran gedacht; er würde lieber Junggeselle bleiben, aber schließlich, wenn es unbedingt sein muß, daß er heiratet, um den ihm gebührenden Rang in der Welt zu behaupten, wird er diese Formalität wie alle anderen über sich ergehen lassen. Nur gesteht er lachend, da er keinen Gegenstand der Liebe im Herzen trage, suche er in seinem Gedächtnis vergeblich danach; alle jungen Mädchen, mit denen er in den Salons getanzt habe, schienen ihm dasselbe weiße Kleid und dasselbe Lächeln zu haben. Frau von Bussière ist entzückt. Sie nimmt alles Weitere auf sich.

Am übernächsten Tag spricht die Baronin mit Maxime über Fräulein Henriette de Salneuve. Beträchtliches Vermögen, alter normannischer Adel, nach beiden Seiten alles in bester Ordnung. Und sie legt Nachdruck auf die Mustergültigkeit dieser Verbindung. Man könnte keine Partie finden, die den Anforderungen der Gesellschaft zufriedenstellender entspräche. Es wird eine der Heiraten sein, über die sich niemand wundert. Maxime nickt beifällig. In der Tat, das alles erscheint ihm sehr vernünftig. Die Namen sind einander ebenbürtig, die Vermögen beinahe gleich, und die verwandtschaftlichen Beziehungen erweisen sich als sehr wertvoll, wenn er dabei bleibt, in die Diplomatie eintreten zu wollen.

»Sie ist blond, glaube ich?« fragt er zum Schluß.

»Nein, brünett«, antwortet die Baronin, »das heißt, ich weiß es nicht ganz genau!«

Übrigens kommt es darauf nicht an. Sicher aber ist, daß Henriette neunzehn Jahre zählt. Maxime glaubt mit ihr getanzt zu haben, wenn es nicht mit ihrer jüngeren Schwester war. Über ihre Erziehung spricht man nicht, das ist überflüssig: sie ist von ihrer Mutter erzogen worden, und das genügt. Was ihren Charakter angeht, so kann davon nicht die Rede sein; denn niemand kennt ihn. Frau von Bussière versichert, sie habe sie einmal einen Walzer von Chopin sehr seelenvoll spielen hören. Und im übrigen soll noch am selben Abend in einem neutralen Salon eine Begegnung stattfinden.

Als Maxime am Abend Fräulein von Salneuve sieht, ist er sehr überrascht, sie hübsch zu finden. Er tanzt mit ihr, sagt ihr Artigkeiten über den Fächer hinweg und erhält als Dank ein Lächeln. Vierzehn Tage später ist die offizielle Werbung erfolgt, und der Ehevertrag wird zwischen den Notaren ausgehandelt. Maxime hat Henriette fünfmal gesehen. Sie hat wirklich ein sehr angenehmes Äußeres, weiße Haut, runde Hüften, und sie wird sich gut anzuziehen verstehen, wenn sie erst ihre Jungmädchenkleider hat ablegen können. Außerdem scheint sie Musik zu lieben, verabscheut den Gebrauch von Moschus und hat eine Freundin gehabt, die Claire hieß und verstorben ist. Das ist alles. Maxime findet übrigens, das sei genug: sie ist eine Salneuve, und er empfängt sie aus den Händen einer strengen Mutter. Später werden sie Zeit haben, sich kennenzulernen. Mittlerweile denkt er an sie ohne Mißbehagen. Er ist nicht richtig verliebt, aber er ist durchaus nicht böse, daß sie nett ist, weil er, wenn sie sich als häßlich herausgestellt haben würde, sie offenbar trotzdem geheiratet hätte.

Acht Tage vor der Hochzeit schließt der Graf sein Junggesellenleben ab. Er verkehrt mit der großen Antonia, einer ehemaligen Kunstreiterin, die brilliantenbedeckt aus Brasilien zurückgekommen ist. Er erneuert seine Wohnungseinrichtung und bricht mit ihr in aller Freundschaft nach einem Souper, bei dem man auf sein eheliches Glück trinkt. Er entlohnt seinen Kammerdiener, verbrennt unnütze Briefe und läßt die Fenster öffnen, damit frische Luft in sein Haus kommt. Und nun ist er bereit. Dennoch gibt es Stunden in seinem Leben, die er nicht vergißt und hinter denen die Türen seines Herzens für immer geschlossen zu haben er für genügend hält.

Die Notare der beiden Familien haben den Ehevertrag aufgesetzt. Das ganze niedrige Geldgeschäft ist ihnen übergeben worden. Und im Grunde genommen ist nichts einfacher; die einzubringenden Werte der Ehegatten sind bekannt, die Heirat soll unter Ausschluß der Gütergemeinschaft erfolgen. Während der Verlesung des Vertrags sitzen die beiden Familien stumm da; dann, ohne daß eine Bemerkung fällt, wird unterzeichnet, wobei man die Feder lächelnd weiterreicht. Gesprochen wird von anderen Dingen, von einem Wohltätigkeitsfest, dessen Gedanke von der Baronin stammt, von einer Predigt, in der Pater Dulac wirklich sehr viel Talent gezeigt hat.

Die bürgerliche Trauung findet an einem Montag statt, einem Tag, an dem man gewöhnlich nicht standesamtlich heiratet. Die Braut trägt ein Kleid aus grauer Seide, sehr schlicht; der Bräutigam ist in Gehrock und heller Hose. Es ist nicht eine einzige Einladung dazu ergangen, nur die Familie und die vier Zeugen, angesehene Persönlichkeiten, sind anwesend. Während der Bürgermeister die Artikel des Gesetzes vorliest, begegnen sich die Blicke Maximes und Henriettes, und sie lächeln sich zu. Was für eine barbarische Sprache doch die Sprache des Gesetzes ist! Ist denn die Ehe wirklich eine so schreckliche Sache? Sie sprechen nacheinander das feierliche Ja ohne die geringste Erregung, da der Bürgermeister ein kleiner, fast buckliger Mann ist, dessen schmächtiger Person jede Würde fehlt. Die Baronin, in dunklem Kleid, betrachtet den Saal durch ein Lorgnon und findet, daß das Gesetz recht ärmlich haust. Beim Weggehen hinterlassen Maxime und Henriette je tausend Francs für die Armen.

Aller Pomp und alle Tränen der Rührung werden für die kirchliche Feier aufgespart. Um nicht mit den Hochzeitsgesellschaften des unteren Volkes durcheinanderzugeraten, hat man eine nichtöffentliche Kirche gewählt, die kleine Kapelle der Missionsgesellschaft. Das gibt sofort der Heirat den Geruch höherer Frömmigkeit. Monseigneur Félibien, ein Bischof aus dem Süden, ein entfernter Verwandter der Salneuves, soll die Verbindung segnen. Der große Tag kommt heran, die Kapelle erweist sich als zu klein, drei Nachbarstraßen werden durch die Kutschen verstopft; drinnen hört man beim Dämmerlicht der bunten Fensterscheiben das Rauschen kostbarer Stoffe und verhaltenes Stimmengemurmel. Überall sind Teppiche gelegt. Vor dem Altar stehen fünf Reihen Sessel. Der gesamte französische Adel ist hier unter sich bei seinem Gott. Maxime jedoch, in einem tadellosen Frack, erscheint ein wenig bleich. Henriette kommt, ganz in Weiß, in einer Tüllwolke; auch sie ist sehr aufgeregt, ihre Augen sind gerötet, sie hat geweint. Als Monseigneur Félibien die Hände über ihre Köpfe breitet, beugen sich beide ein paar Sekunden lang in Demut, mit einer Inbrunst, die den besten Eindruck hervorruft. Dann spricht der Bischof in singendem Ton von den Pflichten der Eheleute. Und die Familienangehörigen wischen sich die Tränen ab, besonders Frau von Bussière, die in ihrer Ehe sehr unglücklich war. Die Feier geht unter Weihrauchduft, beim Glanz der brennenden Kerzen zu Ende. Das ist keineswegs bürgerlicher Luxus, sondern höchste Vornehmheit, wodurch die Religion für den Gebrauch der Hochgeborenen verfeinert wird. Bis zu den letzten Händedrücken, die nach der Unterzeichnung der Urkunden getauscht werden, bleibt die Kirche ein Salon.

Am Abend speist man im Familienkreis bei geschlossenen Türen und Fenstern. Und plötzlich, gegen Mitternacht, als Henriette in ihrem ehelichen Bett liegt, das Gesicht der Wand zugekehrt, fühlt sie, wie Maxime einen Kuß auf ihr Haar drückt. Er ist geräuschlos eingetreten. Sie stößt einen Schrei aus und bittet ihn, sie allein zu lassen. Er lächelt und behandelt sie wie ein Kind, das man zu beruhigen sucht. Er ist zu sehr Weltmann, um nicht zuerst jede mögliche Rücksicht walten zu lassen. Aber er kennt die Frauen, er weiß, wie man bei ihnen vorgehen muß. Er bleibt also da, küßt ihre Hände und sagt ihr Koseworte. Sie braucht sich nicht zu fürchten: Ist er nicht ihr Mann, muß er nicht über ihr teures Leben wachen? Dann, da sie sich immer mehr entsetzt, zu schluchzen anfängt und nach ihrer Mutter ruft, glaubt er etwas schroffer vorgehen zu müssen, um zu vermeiden, daß die Lage gar ins Lächerliche umschlägt. Übrigens bleibt er ein Mann von Welt, stellt die Lampe beiseite und erinnert sich gerade noch rechtzeitig der Art, wie er es bei der kleinen Laurence vom Théâtre des Folies angefangen hat, die nach einem Souper von ihm nichts wissen wollte. Henriette ist viel besser erzogen als Laurence, sie kratzt ihn nicht und tritt nicht mit den Füßen nach ihm. Kaum daß sie, vor Angst zitternd, sich sträubt; dann gehört sie ihm, weinend und fiebernd; sie wagt nicht mehr die Augen aufzumachen. Die ganze Nacht durch weint sie, den Mund auf ihr Kopfkissen gepreßt, damit er es nicht hören soll. Dieser Mann, der neben ihr liegt, flößt ihr einen entsetzlichen Widerwillen ein. Was für eine scheußliche Sache! Warum hat man ihr nie etwas davon gesagt? Sie würde nicht geheiratet haben. Die eheliche Notzucht, daß ihre strenge, unwissende Jugend in einer so brutalen Entweihung endet, erscheint ihr als ein nie wiedergutzumachendes Unglück, über das sie nie hinwegkommen wird.

Nach vierzehn Monaten betritt der Gemahl nicht mehr das Zimmer seiner Gemahlin. Sie haben drei Flitterwochen verlebt. Die Ursache des Bruches war sehr heikel. Maxime, der an die große Antonia gewöhnt war, wollte aus Henriette eine Geliebte machen, und diese, mit noch schlafenden Sinnen und an sich kalter Natur, verweigerte sich gewissen Wünschen. Andererseits haben sie schon am zweiten Tag entdeckt, daß sie sich nie verstehen würden.

Maxime hat ein sanguinisches, heftiges und eigensinniges Temperament. Henriette besitzt eine große Gleichgültigkeit, eine entnervende Ruhe bei aller Erregung, obgleich sie dabei mindestens den gleichen Eigensinn an den Tag legt. So beschuldigen sie sich gegenseitig schwärzester Bosheit. Da aber Leute ihres Standes stets den Schein wahren müssen, verkehren sie miteinander auf dem Fuße großer Höflichkeit. Sie erkundigen sich jeden Morgen nach ihrem Befinden und gehen am Abend mit einer feierlichen Verbeugung auseinander. Sie sind sich fremder, als wenn sie Tausende von Meilen entfernt wohnten, während nur ein Salon ihre Zimmer trennt.

Mittlerweile hat sich Maxime wieder zu Antonia zurückbegeben. Er hat völlig auf den Gedanken verzichtet, in den diplomatischen Dienst einzutreten. Dieser Einfall war dumm. Ein La Roche-Mablon hat es nicht nötig, sich in der Politik bloßzustellen, zumal in diesen Zeiten demokratischen Wirrwarrs. Bisweilen, wenn er die Baronin de Bussière trifft, muß er lächeln, wenn er daran denkt, daß er sich so gänzlich nutzlos verheiratet hat. Übrigens bedauert er nichts. Die Urkunde, das Vermögen, alles ist da. Er läßt wieder Pferde laufen, bringt seine Abende im Klub zu und führt das vornehme Leben eines Edelmanns aus großem Geschlecht.

Henriette hat sich zuerst sehr gelangweilt. Dann hat sie die Freiheit der Ehe lebhaft ausgekostet. Zehnmal am Tage läßt sie anspannen, macht Einkäufe, besucht Freundinnen, geht in Gesellschaft. Sie hat alle Vorteile einer jungen Witwe. Bisher hat ihr ruhiges Temperament sie vor schweren Fehltritten bewahrt. Höchstens, daß sie sich die Fingerspitzen hat küssen lassen. Aber sie hat Stunden, in denen sie sich sehr dumm findet. Und sie ist dabei, ernsthaft zu erwägen, ob sie sich im nächsten Winter einen Geliebten nehmen soll.

II

Herr Jules Beaugrand ist der Sohn des berühmten Beaugrand, des Rechtsanwalts und berühmten Redners unserer politischen Versammlungen. Antoine Beaugrand, der Großvater, war ein friedlicher Bürger in Angers und entstammte einer in seiner Provinz sehr angesehenen Notarsfamilie. Er hatte am Geschäft des Notars keinen Geschmack gefunden und verzehrte in Ruhe seine Renten. Sein ältester Sohn, der berühmte Beaugrand, im Gegensatz zu ihm sehr tätig und sehr ehrgeizig, hat sich ein schönes Vermögen erworben. Was Jules Beaugrand angeht, so will er hoch hinaus wie sein Vater, er besitzt die Eitelkeit, eine hohe Stellung erringen zu wollen, und das Verlangen nach fürstlichem Luxus. Leider ist er schon dreißig geworden und fängt an, sich in sehr mittelmäßiger Lage zu fühlen. Zuerst hat er davon geträumt, Abgeordneter zu werden, von Erfolgen auf der Rednertribüne und einem Ministerportefeuille bei der ersten Regierungskrise. Aber im Debattierklub der jungen Anwälte, wo er sich in der Beredsamkeit versuchte, hat er an sich ein unerträgliches Stammeln beim Sprechen entdeckt, eine Trägheit der Gedanken und der Rede, die ihm politische Triumphe unbedingt verwehren. Dann hat er eine Weile darüber nachgedacht, ob er vielleicht in die Industrie gehen sollte, aber es sind ihm Bedenken gekommen. Die Fachstudien haben ihn geängstigt. Zu guter Letzt hat er sich einfach für eine Anwaltspraxis entschieden. Sein Vater, der seinetwegen in Verlegenheit war, hat ihm für teures Geld eins der besten Anwaltsbüros gekauft, dessen letzter Inhaber ein paar Millionen damit verdient hat.

Seit einem halben Jahr ist Jules also Anwalt. Das Büro ist in einer dunklen Wohnung in der Rue Sainte-Anne. Aber er bewohnt ein Haus in der Rue d'Amsterdam, verbringt seine Abende in Gesellschaften, sammelt Gemälde und zeigt sowenig wie möglich, daß er Anwalt ist. Doch er findet, daß die Glücksgöttin sich Zeit läßt. Ihm fehlt ein ausgedehnterer Verkehr, zum Beispiel jede Woche ein Diner, das man angesehenen Persönlichkeiten gäbe, oder auch ein Salon, der dienstagabends die politischen Freunde seines Vaters vereinigte. Er redet sich sogar ein, daß ein größerer Aufwand, Empfänge, fünf Pferde im Stall, kurz, eine Vergrößerung des gesamten Haushalts, eine ausgezeichnete Sache wäre, die seine Klientel verdoppeln würde.

»Heirate«, sagt sein Vater, als er ihn um Rat fragt. »Eine Frau bringt Betrieb und Glanz ins Haus ... Nimm eine, die reich ist, weil unter solchen Umständen eine Frau sehr teuer zu stehen kommt. Da fällt mir Fräulein Desvignes ein, die Tochter des Fabrikbesitzers ... Sie bekommt eine Million als Mitgift. Das wär etwas für dich.«

Jules beeilt sich nicht, er läßt den Gedanken reifen. Ohne Zweifel würde eine Heirat seine Stellung untermauern; aber es ist ein schwerwiegendes Geschäft, das man nicht leichtfertig abschließen darf. Er prüft also die Vermögensverhältnisse ringsumher. Sein Vater, mit seinem überlegenen Scharfsinn, hatte recht: Fräulein Marguerite Desvignes ist immer noch die solideste Partie. Dann zieht er genaue Auskünfte über den Stand des Hüttenwerks Desvignes ein. Er bringt sogar auf geschickte Weise den Notar der Familie zum Plaudern. Der Vater gibt ihr tatsächlich eine Million mit; vielleicht würde er bis zu zwölfhunderttausend Francs gehen. Unter der Bedingung, daß der Vater zwölfhunderttausend Francs gibt, ist Jules zur Heirat entschlossen.

Innerhalb von drei Monaten wird der Plan geschickt betrieben. Der berühmte Beaugrand spielt eine entscheidende Rolle. Er nimmt die Beziehungen zu Desvignes wieder auf, einem seiner alten Kollegen aus der Verfassunggebenden Versammlung, er wickelt ihn allmählich ein und bringt ihn dazu, selbst seine Tochter mit zwölfhunderttausend Francs anzubieten.

»Ich habe ihn soweit!« sagt er lachend zu Jules. »Jetzt kannst du ihr den Hof machen.«

Jules hat einst Marguerite gekannt, als sie noch ein Kind war: Die beiden Familien brachten den Sommer auf dem Lande, in der Gegend von Fontainebleau, zu und verkehrten freundschaftlich miteinander. Marguerite ist schon fünfundzwanzig Jahre alt. Aber, du lieber Gott! Wie häßlich findet er sie, als er sie wiedersieht. Sie ist zweifellos niemals schön gewesen; sie sah damals dunkel aus wie ein junger Maulwurf; doch jetzt ist sie beinahe bucklig, und das eine Auge ist größer als das andere. Übrigens ist sie das liebenswürdigste Mädchen von der Welt, sehr geistvoll, sagt man, und stellt außergewöhnliche Anforderungen an die Eigenschaften eines Mannes, sie hat die schönsten Partien zurückgewiesen, was es erklärt, daß sie mit ihrer Million so lange unverheiratet geblieben ist. Als Jules sie nach dem ersten Zusammentreffen verläßt, erklärt er sie für durchaus annehmbar; sie kleidet sich entzückend, spricht über alles mit einer prachtvollen Sicherheit und scheint eine Frau zu sein, die einen Salon ausgezeichnet führen kann, als eine Pariserin, der ihre Häßlichkeit nur die Würze der Originalität verleiht. Und dann, ein Mädchen mit zwölfhunderttausend Francs kann sich wahrhaftig erlauben, häßlich zu sein.

Die Angelegenheit wird nun sehr rasch und ehrlich weitergeführt. Die Verlobten sind keine Leute, die sich mit verliebten Tändeleien abgeben. Beide wissen vollkommen, welchen Handel sie schließen. Mit einem Lächeln haben sie sich sofort verstanden. Marguerite ist in einem aristokratischen Pensionat erzogen worden; sie hatte mit sieben Jahren ihre Mutter verloren, und ihr Vater hat ihre Erziehung nicht überwachen können. Sie ist also bis zu ihrem siebzehnten Jahr in der Pension geblieben, wo sie alles gelernt hat, was ein reiches junges Mädchen können muß: Musik, Tanzen, gutes Benehmen, sogar etwas Sprachlehre, Geschichte und Rechnen. Aber ihre Erziehung ist besonders im Zusammenleben mit ihren Kameradinnen erfolgt, jungen Mädchen, die aus allen vornehmen Vierteln von Paris stammten. In dieser engen Welt, die in verkürztem Maßstab ein Abbild der großen Welt war, zwischen den vier Mauern des Gartens, in dem sie herangewachsen ist, hat sie bereits mit vierzehn Jahren die Annehmlichkeiten des Reichtums, den aufs Praktische gerichteten Geist des Jahrhunderts und die Macht der Frau kennengelernt, alles, was unsere fortgeschrittene Zivilisation ausmacht. Wenn sie in einer hauswirtschaftlichen Frage unschlüssig sein mag, so unterscheidet sie doch mit einem Blick alle nur erdenklichen Spitzenstickereien, spricht von Modedingen wie eine große Schneiderin, kennt die Schauspielerinnen mit ihren Spitznamen, wettet bei Rennen und beurteilt die Pferde mit Fachausdrücken. Und sie weiß auch noch anderes, in aller Ehrbarkeit übrigens, denn sie hat in den acht Jahren, seitdem sie das Pensionat verlassen hat, ein Junggesellenleben geführt.

Jules schickt ihr unterdessen jeden Tag einen Blumenstrauß für drei Louisdor. Wenn er sie besucht, zeigt er sich sehr galant. Aber die Unterhaltung wandelt sich rasch, sie kommen immer wieder auf ihre bevorstehende Einrichtung zurück. Abgesehen von ein paar üblichen Artigkeiten, sprechen sie kaum von etwas anderem als vom Tapezierer, dem Wagenbauer und von Lieferanten aller Art. Marguerite hat sich endlich entschlossen, Jules zu nehmen, weil er ihr genügend mittelmäßig erschienen ist und sie sich im letzten Winter bei ihrem Vater zu sehr gelangweilt hat. Ihr erster Spaziergang als Liebesleute ist, daß sie das Haus in der Rue d'Amsterdam besuchen. Sie findet es etwas klein; aber sie wird zwei Wände herausreißen und die Türen versetzen lassen. Dann erörtert sie die Farbe der Zimmereinrichtungen, fragt ängstlich, wo ihr Schlafzimmer sein wird, und geht auch in die Stallungen hinunter, über die sie sich befriedigt äußert. Sie kommt noch zweimal in das Haus, um selbst dem Architekten Anweisungen zu geben. Jules ist entzückt, er hat die Frau gefunden, die er brauchte.

Acht Tage vor der Hochzeitsfeier beißen sich die Familien

herum. Der berühmte Beaugrand und der alte Desvignes haben mit den Notaren schon drei Besprechungen gehabt. Sie überwachen als mißtrauische Leute, die sich über menschliche Ehrlichkeit keine Illusionen machen, die geringfügigsten Klauseln. Jules seinerseits gibt sich unsägliche Mühe wegen des Brautgeschenks. Marguerite hat gegen alles Herkommen ihn mit dem Lächeln eines verzogenen Kindes gebeten, den Schmuck und die Spitze selbst aussuchen zu dürfen. Und so sind sie, nur von einer armen Verwandten begleitet, ausgezogen, von Laden zu Laden gelaufen und haben vom Morgen bis zum Abend Diamanten und Valenciennespitze begutachtet. Das macht ihnen übrigens Vergnügen. Sie gehen nicht, wie die naiven Verliebten, mit verschlungenen Händen an Hecken entlang; sie lächeln sich an, wenn sie vor den Ladentischen der Juweliere sitzen und sich die Ringe und Broschen zureichen, mit Fingern, die von den Edelsteinen gekühlt sind.

Endlich ist der Vertrag unterzeichnet. Während der Verlesung ist ein letzter Streit zwischen dem berühmten Beaugrand und Desvignes entstanden. Aber Jules hat vermittelt, während Marguerite mit großen, aufmerksamen Augen zuhörte, jederzeit bereit, ihre Interessen zu verteidigen, wenn sie sie gefährdet sähe. Der Vertrag ist sehr verwickelt: Er überläßt die Hälfte der Mitgift der Verfügung des Gatten und legt die andere Hälfte als unveräußerliches Gut fest, dessen Einkünfte in die gemeinsame Kasse fließen sollen, jedoch unter der Bedingung, daß jährlich ein Betrag von zwölftausend Francs der Ehefrau für ihre Kleidung gewährt wird. Der berühmte Beaugrand, der Verfasser dieses Meisterwerks, ist entzückt, seinen alten Freund Desvignes ›hochgenommen‹ zu haben.

Auf das Standesamt lädt man höchstens zehn Personen ein. Der Bürgermeister ist ein Vetter von Jules; er setzt seine ernste Miene auf, als er das Gesetz verliest, aber sobald er das Buch hingelegt hat, wird er rasch wieder Weltmann: Er begrüßt die Damen und legt Wert darauf, den Zeugen die Feder persönlich zu reichen; denn es sind zwei Senatoren, ein Minister und ein General darunter. Marguerite hat das feierliche

Ja mit etwas lauter Stimme gesprochen, aber mit ernster Miene; denn sie kennt das Gesetz. Alle Anwesenden sitzen ernst da, als ob sie durch ihre Anwesenheit zum Abschluß eines Geschäfts beitrügen, das große Kapitalien in Umlauf bringt. Jeder Ehepartner hinterläßt fünfzehnhundert Francs für die Armen. Am Abend findet bei Desvignes ein Diner statt, zu dem die Zeugen eingeladen sind; allein, der Minister hat nicht kommen können, was beide Familien lebhaft verdrossen hat.

Die kirchliche Trauung hat in der Madeleinekirche stattgefunden. Drei Tage vorher sind Jules und sein Vater hingegangen, um sich über die Preise zu verständigen. Sie haben allen nur erdenklichen Luxus gewünscht und über gewisse Sätze verhandelt: soviel für die Messe am Hauptaltar, soviel für das Orgelspiel, soviel für die Teppiche. Man ist übereingekommen, daß ein Teppich über die zwanzig Stufen bis zum Bürgersteig hinuntergelegt wird; man ist gleichfalls übereingekommen, daß die Orgel den Hochzeitszug beim Eintritt mit einem Triumphmarsch begrüßt; das kostet fünfzig Francs mehr, ist aber von großer Wirkung. Etwa tausend Einladungen sind verschickt worden. Als die Hochzeitskutschen in mustergültiger langer Reihe ankommen, ist die Kirche bereits mit einer großen Menschenmenge angefüllt, Herren im Frack und Damen in großer Toilette. Infolge eines Wunders an Kunstfertigkeit ist Marguerite fast nicht mehr häßlich unter ihrem weißen Schleier und ihrem Kranz von Orangenblüten. Jules ist vor Wichtigkeit ganz aufgeblasen, als er sieht, daß er so viele Leute auf die Beine gebracht hat. Unterdessen braust die Orgel, die Sänger lassen ihre klangvollen Stimmen erschallen, die Feier dauert unter der majestätischen Wölbung fast anderthalbe Stunde. Es ist sehr schön. Dann beginnt in der Sakristei ein endloser Vorbeimarsch. Die Bekannten, die Geladenen und sogar Unbekannte kommen zu der einen Tür herein und gehen zu einer anderen hinaus, nachdem sie den jungen Eheleuten und den Familienangehörigen die Hand gedrückt haben. Diese Formalität beansprucht noch über eine Stunde. Es sind viele Politiker da, Anwälte, Großindustrielle, Künstler, Journalisten, und Jules drückt besonders herzlich einem kleinen, blassen jungen Mann die Hand, den er oberflächlich kennt und der für ein Boulevardblatt schreibt, in dem er vielleicht eine Notiz über die Heirat bringen wird.

Da weder die Beaugrands noch die Desvignes einen genügend großen Salon haben, um das Hochzeitsmahl auszurichten, speist und tanzt man abends im Hotel du Louvre. Das Essen ist mittelmäßig. Der Ball, im Festsaal des Hotels, zeigt große Pracht. Um Mitternacht entführt ein Wagen die Neuvermählten in die Rue d'Amsterdam; sie scherzen auf der ganzen Fahrt durch das nächtliche Paris, während schattenhafte Frauengestalten um die Straßenecken streifen. Als Jules das eheliche Schlafgemach betritt, findet er Marguerite ihn ruhig erwartend, einen Ellenbogen auf das Kopfkissen gestützt. Sie ist etwas bleich und lächelt verlegen; das ist nicht mehr als billig. Und die Ehe wird ganz selbstverständlich vollzogen, wie eine lang erwartete Angelegenheit.

Jetzt sind die Beaugrands zwei Jahre verheiratet. Sie haben nicht miteinander gebrochen, aber seit einem halben Jahr sind sie sich gleichgültig geworden. Wenn Jules der Sinn nach seiner Frau steht, muß er ihr eine ganze Woche lang den Hof machen, bevor er in ihr Zimmer eingelassen wird; meist aber, um seine kostbare Zeit zu sparen, befriedigt er sein Verlangen anderswo. Er hat so viele Geschäfte! Er ist heute ein gemachter Mann; er begnügt sich nicht mit seinem Büro, er gehört mehreren Gesellschaften an, spekuliert sogar an der Börse. Seine Freude ist, in Paris von sich reden zu machen; die Zeitungen beschäftigen sich aufmerksam mit ihm. Übrigens prügelt er seine Frau nicht, und er hat noch kein Mittel finden können, trotz der Ratschläge seines Vaters, an die sechshunderttausend Francs heranzukommen, die durch den Ehevertrag festgelegt sind. Marguerite ihrerseits ist eine reizende Frau. Sie hat gehalten, was sie als junges Mädchen versprach. Sie hat aus dem Haus in der Rue d'Amsterdam einen Mittelpunkt luxuriöser Feste gemacht. Die ganze tolle Verschwendungssucht von Paris, Kleider für tausend Écus, die bei einer einzigen Abendgesellschaft verbraucht werden, Banknoten, die man zusammendreht, um die Kerzen anzuzünden, verleihen ihm den Glanz außergewöhnlichen Reichtums. Von früh bis spät rollen Kutschen unter den Torbogen, und in manchen Nächten hört das ganze Viertel bis zum Morgengrauen eine ferne Musik, dazwischen das leise Gelächter von Tänzerinnen. Marguerite strahlt bei all ihrer Häßlichkeit; sie hat es fertiggebracht, begehrenswerter zu sein als eine hübsche Frau; sie fühlt sich wohler, als wenn sie schön wäre, sie ist schlimmer, wie sie selbst lachend sagt. Die zwölfhunderttausend Francs ihrer Mitgift verflammen wie ein Strohfeuer. Sie würde ihren Gatten binnen eines Jahres zugrunde richten, wenn sie nicht einen seltenen Verstand besäße. Man weiß, daß sie für ihre Kleidung monatlich nur über tausend Francs verfügt, aber niemand ist so geschmacklos, sich darüber zu wundern, wenn er sie in einem Monat soviel ausgeben sieht, wie sie für ein Jahr bezieht. Jules ist entzückt; keine andere Frau würde sein Haus in so großem Stil führen, und er ist ihr aufrichtig dankbar für alles, was sie zu dem Zweck tut, den Kreis ihrer Beziehungen zu erweitern. Gegenwärtig zeigt Marguerite kindliche Gefühle für einen der Senatoren, die ihre Trauzeugen waren; sie läßt sich hinter den Türen auf die Schultern küssen und sich Rententitel in Schachteln mit Zuckerplätzchen anbieten.

III

Louise Bodin hat die Dreißig überschritten. Sie ist eine große Person, weder hübsch noch häßlich, mit einem platten Gesicht, dessen Wangen das Zölibat zu verkupfern beginnt. Sie ist die Tochter eines kleinen Kaufmanns in der Rue Saint-Jacques, der dort vor mehr als zwanzig Jahren einen düsteren Laden aufgemacht hat, wo er bis jetzt erst etwa zehntausend Francs auf die Seite legen konnte, und um deswillen hat er wöchentlich höchstens zweimal Fleisch essen können, jeden Anzug drei Jahre tragen und im Winter die Schaufeln Kohle zählen müssen, die in den Ofen gesteckt wurden. Seit zwanzig Jahren steht Louise dort hinter dem Ladentisch und sieht nichts als die Droschken, welche die Fußgänger mit Schmutz bespritzen. Zweimal war sie auf dem Lande, einmal in Vincennes, das andere Mal in Saint-Denis. Wenn sie unter die Tür tritt, gewahrt sie am Ende der Straße die Brücke, unter der der Fluß durchfließt. Übrigens ist sie sehr verständig, sie ist aufgewachsen in Ehrfurcht vor einem Sou Nähnadeln und zwei Sous Garn, die sie den Arbeiterinnen des Viertels verkauft. Ihre Mutter hatte sie in eine kleine Pension in der Nähe geschickt, holte sie aber im Alter von zwölf Jahren nach Hause, um nicht eine Verkäuferin einstellen zu müssen. Louise kann lesen und schreiben, ohne gerade in der Rechtschreibung sehr beschlagen zu sein; was sie am besten kann, ist rechnen. Wie sie selbst in ihrer bedächtigen Art sagt, ist sie fürs Geschäft gelehrt genug.

Mittlerweile hat ihr Vater erklärt, er werde ihr zweitausend Francs Mitgift geben. Diese Zusage hat sich im Viertel herumgesprochen; jedermann weiß, daß Fräulein Bodin zweitausend Francs mitbekommt. Deshalb hat es auch an Bewerbern nicht gefehlt. Aber Louise ist ein kluges Mädchen. Sie sagt ganz offen, daß sie nie einen jungen Mann heiraten werde, der nichts hätte. Man tut sich nicht zusammen, um die Hände in den Schoß zu legen und sich in die Augen zu sehen. Es können Kinder kommen; und dann ist man auch sehr froh, ein Stück Brot zu haben, wenn man alt ist. Sie will also einen Mann, der mindestens zweitausend Francs hat wie sie selbst. Sie werden sich dann einen kleinen Laden nehmen können und ihren Lebensunterhalt anständig verdienen. Aber wenn auch Heiratslustige mit zweitausend Francs nicht selten sind, so steht ihr Ehrgeiz gewöhnlich nach Frauen, die das Doppelte oder Dreifache haben. Deshalb droht Louise eine alte Jungfer zu bleiben. Sie hat die Taugenichtse abgewiesen, die Männer, die um sie herumschwänzelten, in der Hoffnung, von ihrer Mitgift leben zu können. Sie hat zwar nichts dagegen, wegen ihres Geldes geheiratet zu werden, da Geld, mit einem Wort, im Leben alles ist. Nur will sie einen Mann finden, der auch Achtung vor dem Geld hat.

Schließlich sprach man bei Bodins von einem jungen

Mann, einem sehr tüchtigen Menschen, einem Uhrmachergehilfen von vortrefflichem Lebenswandel. Er wohnt mit seiner Mutter, die von einer kleinen Rente lebt, in der Nachbarschaft. Frau Meunier hat durch Wunder an Sparsamkeit die Summe von fünfzehnhundert Francs zurückgelegt, um die Heirat ihres Sohnes zu erleichtern. Alexandre Meunier, der ein Jahr jünger ist als Louise, ist sehr schüchtern, in jeder Weise höchst ehrbar. Doch Louise sagt gegenüber den fünfzehnhundert Francs offen heraus, daß es zwecklos ist, die Angelegenheit weiter zu verfolgen, sie will zweitausend Francs, sie hat alles genau berechnet. Indessen bahnen sich Beziehungen zwischen den zwei Familien an. Frau Meunier ist selbst darauf aus, eine wünschenswerte Heirat für ihren Sohn herbeizuführen, und als sie die von Louise geforderte Summe erfährt, billigt sie diesen klugen Entschluß des jungen Mädchens sehr und verspricht, in anderthalb Jahren die zweitausend Francs beizubringen. Damit ist nun alles abgemacht. Die beiden Familien verkehren auf vertrautem Fuß. Die Kinder, Alexandre und Louise, warten ruhig und drücken sich freundschaftlich die Hände. Jeden Abend kommen sie zusammen, sitzen in der Hinterstube des Ladens sich am Tisch gegenüber, ohne zu erröten oder ungeduldig zu werden, und sprechen über Vorfälle im Viertel, über den Wohlstand der einen und die schlechte Aufführung oder das Mißgeschick der anderen. In achtzehn Monaten wechseln sie kein einziges Wort der Liebe. Louise findet Alexandre sehr achtenswert; denn sie hat ihn eines Tages erzählen hören, er wage nicht, zehn Francs zurückzufordern, die er einem Freund vor sechs Wochen geliehen hatte. Alexandre erklärt, daß Louise fürs Geschäft geradezu geboren ist; was in seinem Mund ein großes Kompliment ist.

Am bestimmten Tage, wie an einem Fälligkeitstermin, hat Frau Meunier ihre zweitausend Francs beisammen. Anderthalb Jahre hat sie auf Kaffee verzichtet, die Sous einzeln an der Ernährung, Beleuchtung und Heizung abgespart. Das Datum der Hochzeit setzt man auf drei Monate später fest, um Zeit zu haben, sich vorzubereiten. Es wird entschieden, daß Alexandre sich als Uhrmacher in einem kleinen Laden niederlassen soll, den man in der Rue Saint-Jacques gefunden hat, im Laden einer Obsthändlerin, mit deren Handel es abwärtsgegangen ist. Und es handelt sich vor allem darum, den Laden vorrichten zu lassen. Schließlich begnügt man sich, die Decke zu weißen und den Anstrich der Wände abzuwaschen, denn der Maler verlangte zweihundert Francs, um alles neu zu streichen. Was das Warenlager angeht, so wird es zunächst aus ein paar billigen Schmucksachen und einigen gebrauchten Zimmeruhren bestehen. Alexandre wird damit beginnen, die Uhren des Viertels zu reparieren, und allmählich, wenn sie erst bekannter sind, werden sie bei guter Wirtschaft dahin kommen, daß sie einen der schönsten und bestausgestatteten Läden der ganzen Straße haben. Alles zusammengenommen, wenn der Laden fertig ist und die Kosten der Einrichtung bezahlt sind, werden ihnen noch dreitausend Francs bleiben, mit denen sie nach guten Kaufgelegenheiten ausschauen können. Diese Maßnahmen beschäftigen sie bis zum Tag vor ihrer Hochzeit.

Als man von einem Ehevertrag sprach, hat Louise mit den Schultern gezuckt und Alexandre zu lachen angefangen. Ein Vertrag kostet mindestens zweihundert Francs. Sie werden alles zusammenlegen, und sie werden alles zur Hälfte besitzen, das ist viel natürlicher. Doch sie haben sich entschlossen, reinlich zu scheiden. Alexandre schenkt Louise außer dem Trauring, einem goldenen Trauring für fünfzehn Francs, eine Uhrkette. Die Hochzeitsfeier soll in einem Vorstadtgasthaus stattfinden, in Saint-Mandé, im ›Blumenkorb‹; aber Bodins haben erklärt, daß die Kosten des Hochzeitsessens ihre Sache seien.

Die Hochzeit wird auf einen Sonnabend festgesetzt, weil man so den ganzen Sonntag zum Ausruhen hat. Für die Feier rechnet man fünf Kutschen, die für den ganzen Tag gemietet werden. Alexandre hat sich einen Gehrock und eine schwarze Hose machen lassen. Louise hat sich ihr weißes Kleid selbst geschneidert, und eine Tante hat ihr den Kranz und den Strauß aus Orangenblüten geschenkt. Alle Gäste übrigens haben sich mit ihrer Kleidung in Unkosten gestürzt; die Damen haben Kleider aus rosa, grüner und gelber Seide, die Herren sind im Gehrock erschienen, ein ehemaliger Möbelhändler sogar im Frack. Aber besonders nach den beiden Brautjungfern drehen sich die Vorübergehenden um, zwei großen Blondinen in weißem Musselin, mit einem breiten blauen Gürtel um die Taille. Um elf Uhr vormittags setzt sich der Zug in Bewegung und fährt zum Standesamt, wo sich die Hochzeitsgesellschaft in den Saal für Eheschließungen begibt. Der Bürgermeister läßt fast dreiviertel Stunde auf sich warten. Es ist ein dicker Mann mit gelangweilter Miene, der die Artikel des Gesetzes schnell herunterleiert und dabei fortwährend nach der Uhr gegenüber sieht; er muß eine geschäftliche Verabredung vorhaben. Frau Bodin und Frau Meunier weinen sehr. Die Brautleute sagen ihr Ja und machen vor dem Bürgermeister eine höfliche Verbeugung. Während dieser Zeit erlaubt sich der ehemalige Möbelhändler, Witze zu machen, welche die Herren zum Lachen bringen; Alexandre und Louise haben beide für die Armen ein Fünffrancsstück herausgeholt. Dann steigt die Gesellschaft in die Kutschen, fährt quer über den Platz und steigt vor der Kirche wieder aus. Am Tage vorher sind Herr Bodin und Alexandre hiergewesen, um die Feierlichkeit zu regeln; sie haben alles so einfach wie möglich bestellt, weil man nicht nötig hat, die Pfaffen fett zu machen; Herr Bodin, der Freidenker ist, wollte sogar, daß man gar nicht in die Kirche ginge, und wenn er nachgab, so geschah es nur um des Herkommens willen. Der Priester führt die Messe rasch zu Ende, eine stille Messe am Altar der Heiligen Jungfrau. Die Anwesenden stehen auf und setzen sich, wenn ihnen der Küster das Zeichen gibt. Nur die Frauen haben Meßbücher, in denen sie aber nicht lesen. Die Neuvermählten sitzen ernst da, mit gelangweilten, zerstreuten Gesichtern, als ob sie an gar nichts dächten. Als endlich die Hochzeitsgesellschaft die Kirche verläßt, atmen alle erleichtert auf. Nun ist auch das vorbei, man wird ein bißchen lustig sein können!

Gegen zwei Uhr kommen die Kutschen in Saint-Mandé an.

Das Essen ist erst um sechs Uhr. Da fährt man weiter nach dem Wald von Vincennes. Und drei Stunden lang geht man wie sonntags unter den Bäumen spazieren; die Brautjungfern springen herum wie ausgelassene Mädels, die Damen suchen den Schatten auf, die Herren zünden sich ihre Zigarren an. Als die ganze Gesellschaft zum Umfallen müde ist, setzt man sich schließlich auf eine Lichtung und vergißt alles über den Hörnern des nahen Forts, den schrillen Pfiffen der vorüberfahrenden Lokomotiven und dem fernen Lärm der Stadt am Horizont.

Jedoch, als die Stunde des Essens heranrückt, kehrt man in das Gasthaus zurück. Es ist in einem weiten Saal gedeckt, der wie ein Kaffeehaus von zehn Gaslampen erleuchtet wird, und es stehen riesige Sträuße künstlicher Blumen da, deren Farben im Laufe der Zeit verblichen sind. Und das Mahl beginnt unter dem Lärm der Löffel auf den Suppentellern. Dann wird es lebhaft, man scherzt von einem Ende des Tisches zum andern. Der lustigste Augenblick des Abends ist der, als ein junger Mann, Angestellter in einem Modewarengeschäft, unter den Tisch kriecht und das Strumpfband der Braut löst, eine Vielfalt von Bändern, in deren Stücke sich die Herren teilen, um damit ihre Knopflöcher zu schmücken. Louise hatte gewollt, daß man ihr diesen klassischen Scherz erließ, aber ihr Vater hat ihr zu verstehen gegeben, das würde die Gesellschaft verstimmen, und sie hat sich mit ihrem gesunden Menschenverstand dem Brauch gefügt. Alexandre lacht laut dazu, in der überschäumenden Freude eines guten Jungen, der nicht oft lustig ist. Das Strumpfband ruft übrigens sehr gewagte Späße hervor. Wenn ein zu derber kommt, verbergen die Damen ihr Gesicht in ihrer Serviette, um mit Behagen zu lachen.

Es ist neun Uhr. Die Kellner bitten die Hochzeitsgäste, einen Augenblick in ein anstoßendes Zimmer zu gehen. Während dieser Zeit räumen sie rasch die Tafel weg, und der große Speisesaal verwandelt sich in einen Tanzsalon. Zwei Violinen, ein Klapphorn, eine Klarinette und ein Kontrabaß haben auf einer Bühne Platz genommen. Der Ball beginnt;

die Kleider der Brautjungfern, durch das Blau ihrer Gürtel herausgehoben, schweben die ganze Nacht hindurch zwischen den schwarzen Gehröcken von einem Ende des Saals zum andern. Es ist sehr heiß; die Damen öffnen ein Fenster und atmen die frische Luft von draußen ein. Auf Tabletts werden Gläser mit Johannisbeersaft herumgereicht. Gegen zwei Uhr sucht man überall die Braut, aber sie ist verschwunden, sie ist mit ihrer Mutter und ihrem Mann nach Paris zurückgekehrt. Herr Bodin ist dageblieben, um die Familie zu vertreten und die Gäste bei guter Laune zu erhalten. Man muß doch bis Tagesanbruch tanzen.

In der Rue Saint-Jacques machen Frau Bodin und zwei andere Damen die junge Frau für die Nacht zurecht. Sie bringen sie zu Bett und fangen alle drei an zu weinen. Louise, die ungeduldig wird, schickt sie weg, nachdem sie selbst ihnen hat Mut zusprechen müssen. Sie ist sehr ruhig, nur müde, und hat große Lust zu schlafen. Und tatsächlich, als Alexandre aus Schüchternheit zu lange zögert, sich einzustellen, schläft sie schließlich auf ihrem Platz im Bett ein. Doch Alexandre nähert sich auf den Fußspitzen. Er bleibt stehen und sieht einen Augenblick erleichtert ihrem Schlummer zu. Dann zieht er sich mit größter Vorsicht aus und gleitet unter die Decke, wobei er jede Erschütterung vermeidet. Er küßt sie nicht einmal. Das wird am nächsten Morgen geschehen. Sie haben Zeit; denn sie gehören ja für das ganze Leben zusammen.

Und sie führen ein sehr glückliches Leben. Sie haben zum Glück keine Kinder; Kinder würden sie stören. Ihr Geschäft blüht, der kleine Laden wird erweitert, die Schaufenster füllen sich mit Schmucksachen und Uhren. Louise leitet die Firma mit starker Hand. Sie steht stundenlang hinter dem Ladentisch, lächelt ihre Kundinnen an und gibt altmodischen Schmuck als Neueingang aus; abends, die Feder hinterm Ohr, geht sie die Rechnungen durch. Oft ist sie auch ganze Tage unterwegs, in allen Teilen von Paris, um Bestellungen zu machen. Ihr ganzes Leben verfließt in ständiger Sorge für ihr Geschäft; die Frau tritt dahinter völlig zurück; es bleibt nur eine rührige und gerissene, geschlechtslose Angestellte übrig, die keines Fehltritts fähig ist und den festen Vorsatz hat, sich bei fünf- oder sechstausend Francs Rente zurückzuziehen, um sie in Suresnes zu verzehren, in einem Landhaus, das nach Art der Schweizer Chalets gebaut ist. Daher zeigt auch Alexandre unbedingte Zufriedenheit und setzt blindes Vertrauen in seine Frau. Er befaßt sich nur mit Uhrmacherarbeit, mit der Reparatur von Taschen- und Zimmeruhren, und es scheint, daß das ganze Haus eine große Uhr ist, deren Pendel sie beide gemeinsam für immer eingestellt haben. Nie werden sie wissen, ob sie sich geliebt haben. Aber sie wissen ganz sicher, daß sie eheliche Teilhaber sind und scharf aufs Geld sehen, die weiter zusammen schlafen, um das Waschen doppelten Bettzeugs zu vermeiden.

IV

Valentin ist ein großer Schlingel von zwanzig Jahren, Tischler von Beruf, in der Vorstadt Saint-Antoine geboren. Schon sein Vater und sein Großvater waren Tischler. Er ist unter Hobelspänen aufgewachsen und hat bis zum zehnten Jahr auf den Fußwegen der Place de la Bastille rings um die Julisäule mit Murmeln gespielt. Jetzt wohnt er in der Rue de la Roquette in einem düsteren Logierhaus, wo er für zehn Francs monatlich ein Loch unter dem Dach hat, in dem gerade für ein Bett und einen Stuhl Platz ist und er sich obendrein beim Zubettgehen bücken muß, wenn er sich nicht an der Zimmerdecke den Kopf einrennen will. Übrigens macht er sich selbst darüber lustig. In seiner Wohnung empfängt er keine Besuche; er kommt um zehn Uhr abends zum Schlafen nach Hause, und schon um fünf Uhr morgens, Sommer wie Winter, verläßt er seine ›Flohkiste‹. Er sagt nur, daß es ihn wurme, wenn er eine Bekanntschaft gemacht habe, weil er es nicht wage, die Damen mit zu sich zu nehmen. Es sei bei ihm so eng, daß, wenn man zu zweit schlafen wolle, eins bestimmt seine Beine auf der Treppe lassen müßte.

Ein guter Kerl ist dieser Valentin! Er arbeitet hart, weil er noch jung ist und an den Wert der Arbeit glaubt. So ist er auch kein Trinker, kein Spieler, vielleicht – ein bißchen Schürzenjäger. Die Frauen sind seine schwache Seite. Wenn er morgens seinen Hobel kraftlos hin und her zieht, necken ihn die Kameraden und rufen ihm zu, er sei wohl bei Fräulein Lise gewesen. Das stammt daher, daß eine frühere Freundin Valentins Lise hieß und er an Tagen, an denen er sich schlapp fühlte, zu sagen pflegte: »Verflixt! Heute geht es nicht, ich war gestern abend bei Lise!« In den Tanzlokalen der Vorstadt heißt er der schöne Tischler. Er hat einen derben, fröhlichen Gesichtsausdruck, krauses Haar, und wenn er tanzt, geschieht es wohl, daß er die Ärmel seiner Bluse aufstreift, um es sich bequem zu machen, wie er sagt, in Wahrheit aber, um seine starken Arme zu zeigen, die so weiß sind wie die einer Frau. Er hat die schönsten Mädchen gehabt, die große Nana, die kleine Augustine und die dicke Adèle, sogar das Mädel aus Bordeaux, eine Hefterin, um deretwillen sich zwei Soldaten getötet haben. Jeden Abend macht er die Runde durch die Ballokale, wirft einen Blick hier und einen dort hinein, nur um nachzusehen, ob nicht in den Ecken Mädel sitzen, die er noch nicht kennt.

Als er eines Abends den ›Jardin de Flore‹ betritt, ein Tanzlokal in der Rue de Charonne, bemerkt er Clémence, eine sechzehnjährige Blumenbinderin, deren schönes blondes Haar ihm wie eine Sonne erscheint, die den Saal erleuchtet. Auf der Stelle ist er in sie verliebt. Während des ganzen Abends spielt er den Liebenswürdigen, tanzt mit der Kleinen und bezahlt ihr eine Bowle. Als dann gegen elf Uhr Clémence nach Hause geht, begleitet er sie und will natürlich mit zu ihr hinaufgehen. Aber sie verweigert es klar und entschieden. Sie verbringt gern einen Abend auf dem Ball; doch weiter geht sie nicht. Und sie macht ihm die Tür vor der Nase zu. Am nächsten Tag zieht er Erkundungen ein. Clémence hat schon einen Liebhaber gehabt, der sie dann hat sitzenlassen und ihr für ein halbes Jahr die Miete aufgehalst hat. Da hat sie geschworen, sich an dem nächsten Mann zu rächen, der die Dummheit beginge, sich in sie zu verlieben.

Doch an den folgenden Tagen erwartet Valentin sie auf der

Straße, wagt sogar, hinaufzugehen und ihr guten Tag zu sagen, und verfolgt sie überall hin.

»Nun, wie steht es heute abend?« ruft er ihr lachend zu.

Aber sie antwortet lustig:

»Nein, nein, morgen!«

Allsonntäglich trifft er sie im ›Jardin de Flore‹. Sie sitzt dort beim Orchester. Sie nimmt zwar seinen Wein an, sie tanzt mit ihm, aber sobald er sie küssen will, gibt sie ihm einen Klaps, und wenn er davon spricht, zusammenzuziehen, sagt sie ihm mit einer Miene, die keine Widerrede duldet, er tue unrecht, sich so etwas in den Kopf zu setzen, und sie wolle es nicht, weil ihr das nicht gefiele. Sechs Wochen lang scherzen sie so, ohne daß sie aufhören, lustig zu sein.

Am Ende des zweiten Monats wird Valentin schwermütig. Er kann nachts in seinem Loch unter dem Dach nicht mehr schlafen. Er erstickt darin. Wenn er mit offenen Augen im Bett liegt, sieht er im Dunkel das helle Gesicht von Clémence, deren Haar wie die Sonne leuchtet. Da packt ihn ein Fieber, er wirft sich bis zum Tagesanbruch herum, als ob er auf Kohlen läge, und am nächsten Tag tut er in der Werkstatt nichts, seine Augen starren ins Leere, die Werkzeuge entfallen seinen Händen. Die Kameraden rufen ihm zu: »Du bist wohl bei Lise gewesen?« Ach nein, er ist nicht bei Lise gewesen! Dreimal ist er zu Clémence gegangen, hat sich vor ihr auf die Knie geworfen und sie angefleht, ihm doch zu gehören. Aber sie hat nein gesagt, immer wieder nein; auf der Straße hat er geheult wie ein Tier. Er spielt mit dem Gedanken, auf der Schwelle vor ihrer Tür zu schlafen, weil ihn dünkt, ihm wäre dort wohler, wenn er durch die Türspalte ihren leichten Atem höre. Das Verlangen nach diesem kleinen Mädchen, dem er mit zwei Fingern den Hals umdrehen könnte wie einem Hühnchen, läßt ihn nicht mehr an Essen und Trinken denken.

Endlich geht er eines Abends zu Clémence hinauf und bietet ihr unvermittelt an, sie zu heiraten. Sie ist tief erschüttert, aber sie sagt sehr schnell zu. Sie liebt ihn von ganzem Herzen; nur, sie hat zuviel geweint, als der erste sie verlassen hatte. Von dem Augenblick an, in dem es sich darum handelt, für immer zusammenzubleiben, will sie es gern.

Am nächsten Tag begeben sie sich aufs Standesamt, um sich zu erkundigen. Die Umständlichkeit der Formalitäten bestürzt sie. Clémence weiß nicht, wo sie die Todesurkunde ihres Vaters hernehmen soll. Valentin läuft von Büro zu Büro, ehe er den Schein erlangt, der seine Freistellung vom Militärdienst feststellt. Sie sehen sich jetzt alle Tage, gehen zusammen auf den Festungswerken spazieren und essen Kuchen auf den Kirchweihen der Umgebung. Wenn sie abends durch die langen Vorstadtstraßen heimwärts gehen, sagen sie nichts, sie drücken sich leise den Arm. Ihre Herzen sind voller Freude, die sie mit Worten nicht ausdrücken können. Einmal hat Clémence Valentin eine Romanze vorgesungen, in der von einer Dame auf einem Balkon und einem Prinzen, der ihr Haar küßte, die Rede war, und Valentin hat das so schön gefunden, daß ihm Tränen in den Augen standen.

Die Formalitäten sind erledigt, die Heirat ist auf einen Sonnabend festgesetzt. Man wird ganz still heiraten. Valentin hat in der Kirche vorgesprochen, als aber der Priester sechs Francs verlangte, hat er ihm geantwortet, er brauche seine Messe nicht, und Clémence hat ausgerufen, die standesamtliche Trauung sei das einzig Richtige. Zuerst hatten sie davon gesprochen, die Hochzeit überhaupt nicht zu feiern; dann aber, damit es nicht schiene, sie müßten sich verstecken, haben sie in einer Weinkneipe an der Barrière du Trône ein Essen bestellt, bei dem jeder Teilnehmer das Gedeck zu fünf Francs selbst zu bezahlen hat. Es werden achtzehn Personen bei Tisch sein. Clémence soll drei ihrer Freundinnen mitbringen, die verheiratet sind. Valentin hat eine ganze Schar von Tischlern und Schreinern mit ihren Damen auf die Beine gebracht. Die Zusammenkunft in der Weinkneipe ist auf zwei Uhr angesetzt, weil man die Absicht hat, vor dem Essen einen Spaziergang zu machen.

Auf dem Standesamt finden sich Valentin und Clémence nur mit ihren Zeugen ein. Valentin hat seinen Gehrock reinigen lassen. Clémence bringt seit drei Tagen ihre Nächte damit zu, ein abgelegtes blaues Kleid für sich passend zu machen, das ihr eine ihrer Freundinnen, die größer ist als sie, für zehn Francs verkauft hat. Sie trägt ein Häubchen mit roten Blumen. Und sie ist so hübsch mit ihrem weißen Jungmädchengesicht unter den wilden Locken ihres Blondhaars, daß der Bürgermeister ihr väterlich zulächelt. Als sie an die Reihe kommt, ja zu sagen, fühlt sie, wie Valentin sie mit dem Ellenbogen anstößt, und sie lacht laut heraus. Alle im Saal lachen, sogar die Schreiber. Es ist, als ginge ein Hauch der Jugend durch die vergilbten Blätter des Gesetzbuchs. Dann, als es ans Unterschreiben geht, werden die Zeugen bemüht. Valentin malt ein Kreuz, weil er nicht schreiben kann. Clémence macht einen Klecks. Zum Besten der Armen geben alle je zwei Sous. Nur die Braut, nachdem sie lange in ihren Taschen gekramt hat, gibt zuletzt zehn Sous.

Um zwei Uhr ist die Gesellschaft in der Weinkneipe auf der Place du Trône versammelt. Man bricht auf und geht die Festungswerke entlang; dann organisieren die Männer im Graben ein Blindekuhspiel. Als einer der Tischler eine Dame erwischt, hält er sie einen Augenblick in seinen Armen fest und kneift sie in die Hüfte, und die Dame stößt kleine Schreie aus und sagt, das sei verboten, kneifen dürfe man nicht. Die ganze Gesellschaft bricht in lautes Gelächter aus und stört die Ruhe dieses einsamen Fleckchens mit solchem Lärm, daß die Sperlinge auf den Bäumen längs des Rondewegs aufgescheucht werden und davonfliegen. Auf dem Rückweg müssen drei Kinder von ihren Vätern rittlings auf dem Nacken getragen werden, weil sie nicht mehr laufen können.

Das hindert niemand, am Abend beim Essen tüchtig einzuhauen. Jeder will seine fünf Francs abessen. Man zahlt doch, nicht wahr? Man kann also die Schüsseln leeren. Man muß es sehen, mit welcher Sorgfalt die Knochen abgenagt werden! Man läßt nichts in die Küche zurücktragen. Valentin, den seine Kameraden zum Spaß blaumachen wollen, paßt gut auf sein Glas auf; aber Clémence, die für gewöhnlich den Wein nicht rein trinkt, sieht sehr rot aus und schwatzt wie eine Elster, mit richtigen kleinen Vogelschreien. Beim Nachtisch geht das Singen los. Jeder bringt sein Lied an. Drei Stunden lang werden in endloser Folge Lieder zum besten gegeben. Der eine trägt eine Romanze vor, eine Geschichte, in der von Venedig und von Gondeln die Rede ist; ein anderer liebt humoristische Lieder und zählt die schlimmen Folgen des Weins zu vier Sous auf, wozu er sich beim Kehrreim betrunken stellt; ein dritter stimmt ein sehr gewagtes Stück an, etwas Gesalzenes, und die Damen machen unter lautem Gelächter die Begleitmusik dazu, indem sie mit den Messergriffen an die Gläser klopfen. Doch als es ans Zahlen geht, gibt es Ärger. Der Wirt verlangt einen Aufschlag. Was! Einen Aufschlag? Man hat fünf Francs vereinbart, hier sind fünf Francs, nicht mehr! Und da der Wirt droht, die Polizei zu holen, wird es ganz schlimm, es gibt eine Schlägerei; ein Teil der Hochzeitsgesellschaft wird am Ende die Nacht auf der Wache verbringen. Glücklicherweise hat das Brautpaar die Klugheit besessen, zu Beginn des Streits die Tür zu gewinnen.

Es ist vier Uhr morgens, als Valentin und Clémence in deren Zimmer anlangen, das sie beschlossen haben, bis zum nächsten Quartal zu behalten. Bei einem leichten kalten Wind, den sie beim schnellen Gehen gar nicht empfanden, sind sie durch die ganze Vorstadt Saint-Antoine zu Fuß gegangen. Und sobald sich die Tür hinter ihnen geschlossen hat, nimmt Valentin Clémence in seine Arme und bedeckt ihr Gesicht mit Küssen, mit einer so wilden Leidenschaft, daß sie lachen muß. Sie hängt an seinem Hals und küßt ihn auch aus Leibeskräften, um ihm zu beweisen, daß sie ihn liebt. Das Bett ist allerdings nicht gemacht: sie hat es am Morgen so eilig gehabt, daß sie nur die Decke darüber gelegt hat. Aber er hilft ihr, die Matratze umzudrehen. Der Tag bricht schon an, als sie zu Bett gehen. Der Kanarienvogel von Clémence, dessen Käfig in der Nähe des Fensters hängt, zwitschert ganz leise. In dem ärmlichen Zimmer breitet die Liebe hinter den verschlossenen Bettvorhängen ihre Schwingen aus.

Alles zusammengerechnet, haben Valentin und Clémence ihre Ehe mit dreiundzwanzig Sous begonnen. Am Montag gehen sie wieder ruhig an ihre Arbeit, jeder für sich. Und die

Tage verfließen, und das Leben vergeht. Mit dreißig Jahren ist Clémence häßlich, ihr blondes Haar hat ein schmutziges Gelb angenommen, die drei Kinder, die sie genährt hat, haben ihre Formen entstellt. Valentin ist dem Wein verfallen, sein Atem riecht übel, seine schönen Arme sind durch Hobeln hart und mager geworden. Wenn an den Lohntagen der Tischler mit leeren Taschen betrunken nach Hause kommt, prügelt sich das Ehepaar, während die Kleinen heulen. Allmählich macht es sich die Frau zur Gewohnheit, ihren Mann in der Kneipe abzuholen, und schließlich setzt sie sich selbst mit an den Tisch und trinkt ihren Teil von dem Wein, während die Pfeifen qualmen. Aber sie liebt ihren Mann trotz allem, sie verzeiht ihm, wenn er ihr eine Ohrfeige gibt. Übrigens ist sie noch immer eine anständige Frau; man kann ihr nicht nachsagen, daß sie mit dem ersten besten schlafen geht wie so manche andere. Und in diesem Leben voll Zank und Elend, in dieser schmutzigen Wohnung, wo oft kein Feuer und kein Brot da ist, in dem langsamen Rückgang der Wirtschaft, gibt es hinter den zerfetzten Bettvorhängen Nächte, in denen die Liebe ihre Schwingen ausbreitet.

DER TOD DES OLIVIER BÉCAILLE

I

Ich bin an einem Sonnabend, morgens um sechs Uhr, nach dreitägigem Kranksein gestorben. Meine arme Frau wühlte gerade in unserem Koffer herum, um frische Wäsche herauszunehmen. Als sie sich wieder aufrichtete und mich so steif daliegen sah, ohne Atem, mit verglasten Augen, glaubte sie, ich sei ohnmächtig geworden, und beugte sich, meine Hände fassend, über mein Gesicht. Und nun erst packte sie der Schrecken. Wie irrsinnig stammelte sie unter hervorstürzenden Tränen:

»Mein Gott, mein Gott, er ist tot!«

Ich verstand alles, wenn mir auch die Laute geschwächt und wie aus weiter Ferne zu kommen schienen. Mein linkes Auge empfand noch einen unbestimmten Schein, ein fahles Licht, darin die Gegenstände verschwammen, das rechte war vollkommen erstarrt. Ein stumpfer Krampf lag auf meinem ganzen Wesen, als hätte mich ein Blitzstrahl vernichtet. Mein Wille war tot, keine einzige Fiber meines Körpers gehorchte mir mehr. Und in diesem Nichts, über meinen leblosen Gliedern, schwebten meine Gedanken verlangsamt und träge, aber mit vollkommener Deutlichkeit.

Meine arme Marguerite schluchzte auf den Knien vor meinem Bett und jammerte immer wieder mit zerrissener Stimme:

»Er ist tot, o Gott, er ist tot!«

War dies der Tod? Dieser eigentümliche Zustand von Betäubung, der das Fleisch lähmte, in ihm aber den Geist lebendig ließ? War es das, was man Seele nennt, was noch da oben in meinem Schädel weste? Würde auch sie bald verfliegen? – Seit meiner Kindheit litt ich an nervösen Zufällen. Als ich noch ganz jung war, hätten mich zweimal die heftigen Fieberanfälle fast dahingerafft. Mit der Zeit gewöhnte sich meine Umgebung an meine Hinfälligkeit, ich selber verbot Marguerite, einen Arzt zu holen, als ich am Morgen unserer

Ankunft in Paris in unserer möblierten Wohnung, die wir uns in der Rue Dauphine gemietet hatten, bettlägrig wurde. Ich glaubte, die Ermüdung der Reise steckte mir noch in den Gliedern und ein wenig Ruhe würde alles wieder gut machen. – Und dennoch erfüllte mich eine quälende Bangigkeit.

Wir hatten nämlich kurz entschlossen die Provinz verlassen und besaßen nun, arm wie wir waren, kaum soviel, um bis zu dem ersten Monatsgehalt leben zu können, das ich von der Regierung für einen kleinen Beamtenposten erhielt, den ich mir vorher verschafft hatte. Und nun wirft mich dieser plötzliche Anfall darnieder!

War es denn wirklich der Tod? Ich hatte mir darunter eine schwärzere Nacht, eine tiefere Stille vorgestellt. Schon als Kind hatte ich Angst vor dem Sterben. Da ich sehr gebrechlich war und alle Leute mich immer nur mit Mitleid und Teilnahme betrachteten, gewann ich die Überzeugung, daß ich nicht lange leben, daß man mich sehr früh ins Grab legen würde. Und gerade diese Vorstellung des Begrabenwerdens verursachte mir eine Angst, an die ich mich nicht gewöhnen konnte, obgleich sie weder bei Tag noch bei Nacht von mir wich. Auch im zunehmenden Alter verließ mich diese fixe Idee nicht. Oft, nach tagelangen Überlegungen, glaubte ich endlich meine Furcht besiegt zu haben. Man starb eben! was weiter? alles war zu Ende! Jeder Mensch mußte einmal sterben! Es konnte nicht besser und bequemer eingerichtet sein. Ich kam beinahe dahin, fröhlich zu werden, ich sah dem Tod frei ins Angesicht. Dann plötzlich, ein eisiger Schauer, mein alter Wahnwitz packte mich wieder, eine riesige Faust griff nach mir und hielt mich über den grausigen, schwarzen Schlund. Wie unzählige Male bin ich nachts aufgefahren, ohne zu wissen, welcher Hauch über meinen Schlaf gestrichen war, aber doch voller Verzweiflung und mit gefalteten Händen; ich stammelte: »O Gott, o Gott, der Tod!« Und in der Freude, noch einmal lebendig erwacht zu sein, erschien mir die dennoch ewig unabwendbare Sicherheit des Todes noch um vieles furchtbarer. Eine peinvolle Unruhe legte sich auf meine Brust, und nur unter Qualen schlief ich wieder ein.

Auch der Schlaf ängstigte mich, er ähnelte so sehr dem Tod. Wenn ich für immer einschliefe? Wenn ich dieses Mal die Augen schlösse, um sie niemals wieder aufzumachen?

Ich weiß nicht, ob auch andere diese Martern erlitten haben – mir zerstörten sie das Leben. Zwischen mir und allem, was ich liebte, stand immer hoch aufgerichtet der Tod! Ich erinnere mich der glücklichsten Augenblicke, die ich mit Marguerite verlebte. Wenn sie in den ersten Monaten unserer Ehe an meiner Seite schlief und ich in Gedanken an sie allerlei Zukunftspläne schmiedete: immer verdarb mir die Angst vor der verhängnisvollen Trennung jede Freude, zerstörte mir jede Hoffnung. Einmal mußten wir einander verlassen! Vielleicht geschah es morgen, vielleicht schon in einer Stunde. Eine ungeheure Mutlosigkeit ergriff mich. Wozu denn überhaupt das Glück des Zusammenseins, fragte ich mich, wenn es doch in diesem grausamen Auseinanderzerren enden mußte. Meine Einbildungskraft gefiel sich allmählich im Spiel mit diesem Todeskummer. Wer würde zuerst darankommen: Sie oder ich? Und beide Möglichkeiten rührten mich bis zu Tränen, indem sie mir das Bild meines oder ihres zerstörten Lebens vormalten. So habe ich in den glücklichsten Zeiten meines Lebens immer ganz plötzliche Schwermutsanfälle gehabt, die sich niemand recht erklären konnte. Man verwunderte sich der finsteren Miene, mit der ich alles Gute empfing, was mir etwa begegnete. Der Gedanke meiner Vergänglichkeit fuhr eben zwischen mich und jede Freude. Das fürchterliche: »Was hilft's!« klang immer wie eine Totenglocke in meinen Ohren. Das Allerschlimmste an dieser Marter ist die heimliche Scham. Man wagt es nicht, jemandem sein Leiden einzugestehen. Oft mögen Mann und Frau, wenn sie beieinander liegen in der Dunkelheit, unter demselben Schauer frösteln, aber weder der eine noch der andere sagt etwas, denn man spricht ebensowenig vom Tod, wie man gewisse unanständige Worte nicht ausspricht. Man hat solche Furcht vor ihm, daß man nicht einmal seinen Namen nennen will. Man verbirgt ihn, wie man sein Geschlecht verbirgt.

Über all diese Dinge dachte ich nach, während meine liebe

Marguerite unaufhörlich schluchzte. Es tat mir weh, daß ich ihr nicht sagen konnte, wie wenig ich litt, um ihren Gram etwas zu mildern. Denn war der Tod wirklich nichts weiter als diese Ohnmacht des Körpers, dann hätte ich unrecht getan, ihn so sehr zu fürchten. Ich empfand eine selbstische Behaglichkeit, eine sanfte Ruhe, in der ich von all meinen Sorgen verschont blieb. Überdies hatte meine Gedächtniskraft eine außerordentliche Lebhaftigkeit angenommen. Mit blitzartiger Geschwindigkeit zog mein ganzes Leben an mir vorüber wie ein Schauspiel, demgegenüber ich mich nunmehr als unbeteiligter Zuschauer fühlen konnte. Eine seltsame und merkwürdige Empfindung, die mir Vergnügen bereitete: man hätte sagen können, eine leise Stimme erzähle mir von ferne meine eigene Geschichte.

Zuallererst ergriff mich die Erinnerung an ein Fleckchen Erde nahe bei Guérande, auf dem Weg nach Piriac. Der Weg biegt dort um, Tannengehölz zieht sich unregelmäßig an einem felsigen Abhang herunter. Dort trat ich, als ich sieben Jahre alt war, sehr oft mit meinem Vater in ein zerfallenes Häuschen, um bei Marguerites Eltern, die sich als Arbeiter in den nahen Salinen nur kümmerlich ernährten, Krapfen zu essen.

Dann entsann ich mich der Schule in Nantes, wo ich aufwuchs, in der Eintönigkeit der alten Mauern, mit der ewigen Sehnsucht nach dem freien Horizont von Guérande: vom Fuße der Stadt bis ins Unabsehbare die Salzteiche und dann das unendliche Meer, lang hingestreckt unter dem hohen Himmel. Nun gähnt ein schwarzes Loch: Mein Vater starb, ich trat als Beamter in die Verwaltung des Krankenhauses von Guérande. Ich fing ein eintöniges Leben an, die Sonntagsbesuche in dem kleinen, halbverfallenen Häuschen am Wege nach Piriac waren meine einzigen Freuden. Die Sachen standen dort mit jedem Tag schlimmer und schlimmer, die Salinen brachten fast gar nichts mehr ein, das ganze Land verfiel dem Elend, Marguerite war noch ein Kind. Sie hatte mich gern, weil ich sie immer mit einem Schubkarren spazierenfuhr. Später, an jenem Morgen, als ich um sie anhielt, sah ich wohl an ihrer schreckensbleichen Miene, daß sie mich eigentlich widerwärtig häßlich fand. Die Eltern willigten sofort ein, es erwuchs ihnen daraus Erleichterung, sie selber war zu gehorsam, um »nein« zu sagen. Als sie sich erst an den Gedanken, meine Frau zu werden, gewöhnt hatte, schien er ihr auch nicht mehr so widerlich zu sein. Ich erinnere mich, daß es am Tage unserer Hochzeit in Guérande in Strömen goß. Als wir nach Hause gekommen waren, mußte Marguerite im Unterrock bleiben, ihre Kleider waren durch und durch naß geworden.

Das ist meine ganze Jugend! Eine Zeitlang blieben wir dort unten, bis ich eines Tages nach Hause kam und meine Frau in Tränen aufgelöst überraschte. Sie langweilte sich, sie wollte fort. Nach sechs Monaten war ich im Besitz einiger Ersparnisse, die ich Heller für Heller mit Hilfe von Nebenarbeiten zusammengebracht hatte, und da es einem alten Freund meiner Familie gelungen war, mir in Paris einen Posten zu verschaffen, brachte ich das liebe Kind fort, damit es mir nicht mehr weine. In der Eisenbahn lachte Marguerite schon ganz vergnügt. Während der Nacht nahm ich sie auf meine Knie, da die Bänke der dritten Klasse sehr hart waren. Dort konnte sie weich schlafen.

Das also war die Vergangenheit! Und nun, zu dieser Stunde, liege ich tot auf dem schmalen Bett unserer möblierten Wohnung, während meine Frau mit den Knien auf der Diele liegt und wehklagt.

Der weiße Schimmer, den mein linkes Auge bis jetzt empfunden hatte, verblaßte allmählich. Aber ich entsann mich unseres Zimmers noch genau genug, um es mir vorstellen zu können. Links stand ein Schränkchen, rechts der Ofen, auf dessen Absatz in der Mitte eine zerbrochene Uhr ohne Pendel zehn Uhr sechs Minuten zeigte. Das Fenster führte auf die hohle, schwarze Rue Dauphine. Ganz Paris brauste daran vorbei, und mit solchem Lärm, daß ich die Scheiben zittern hörte.

Wir kannten keine Menschenseele in Paris, und da wir unsere Abreise sehr beschleunigt hatten, erwartete man mich im Büro erst am kommenden Montag. Seitdem ich mich krank ins Bett gelegt hatte, machte sie mir einen sonderbaren Eindruck, diese Gefangenschaft in einem fremden Zimmer, in dem wir noch ganz zerschlagen von einer fünfzehnstündigen Eisenbahnfahrt und betäubt vom Straßenlärm endlich gestrandet waren. Meine Frau hatte mich mit ihrer gewöhnlichen lächelnden Güte gepflegt, aber ich fühlte doch, wie bänglich ihr zumute war und wie sie sich um mich beunruhigte. Von Zeit zu Zeit ging sie ans Fenster und warf einen Blick auf die Straße hinunter. Aber ganz blaß wendete sie sich jedesmal wieder ab, geängstigt von diesem großen, dumpf brüllenden Paris da unten, in dem sie nicht einen Stein kannte. Was sollte sie nun anfangen, wenn ich nicht wieder erwachte? Was würde aus ihr in dieser ungeheuren Stadt werden, ohne Schutz, unwissend in allem?

Marguerite hatte eine meiner Hände, welche leblos am Bettrand herunterhing, ergriffen und küßte sie und wiederholte immer wieder in ihrer wahnsinnigen Angst:

»Olivier, antworte mir doch – o Gott, er ist tot, er ist tot.«

Der Tod war also nicht das Nichts, denn ich hörte ja doch, und ich dachte ja doch! Nur das Nichts hatte mich seit meiner Kindheit mit Schaudern erfüllt. Ich konnte mir das Aufhören meines Wesens, das vollkommene Verschwinden alles dessen, was ich war, nicht vorstellen, ein Aufhören für immer, Jahrtausende und Jahrtausende während, ohne daß jemals mein Dasein wieder von neuem beginnen konnte. Ich schauderte manchmal, wenn ich in einer Zeitung ein Datum des künftigen Jahrhunderts las: an diesem Tag werde ich sicher nicht mehr leben! Und dieses Jahr einer Zukunft, die ich nicht mehr sehen, darin ich nicht mehr sein würde, erfüllte mich mit Todesangst. War ich denn nicht die Welt? Würde denn nicht alles zusammenstürzen, wenn ich davonging?

Im Tode vom Leben träumen, das war immer meine Hoffnung gewesen. Aber dieses war ja zweifellos der Tod nicht! Ich würde gewiß gleich aufwachen. Ja, gleich würde ich aufwachen und mich niederbeugen und Marguerite in meine Arme schließen, um ihre Tränen zu stillen. Welche Freude dann: Uns wieder zu haben! Und wie wir uns noch mehr lieben wollten! Ich würde mich noch zwei Tage ausruhen und dann ins Büro gehen. Ein neues Leben würde für uns beginnen, ein freieres, ein glücklicheres. Ich hatte es nur nicht so eilig. Eben jetzt, in diesem Augenblick fühlte ich mich noch zu sehr niedergeworfen. Marguerite tat wirklich unrecht daran, sich so ganz der Verzweiflung hinzugeben, da ich doch nur nicht die Kraft hatte, meinen Kopf in den Kissen zu wenden und ihr zuzulächeln. Aber bald, wenn sie von neuem schluchzen wird:

»Er ist tot, o Gott, er ist tot!«

dann werde ich sie umarmen, und um sie nicht zu erschrekken, nur ganz leise flüstern:

»Aber nein, Kind, ich schlief ja nur, du siehst doch, daß ich lebe und dich liebhabe!«

II

Auf das Schreien von Marguerite wurde die Tür heftig aufgerissen, und eine Stimme rief:

»Was gibt es denn, Frau Nachbarin? Doch nicht wieder ein neuer Anfall?«

Ich erkannte die Stimme. Es war Frau Gabin, eine alte Frau, die mit uns auf demselben Flur wohnte. Sie hat sich seit unserer Ankunft, gerührt von unserer mißlichen Lage, sehr gefällig gegen uns gezeigt und uns natürlich auch sofort ihre Geschichte erzählt. Ein unerbittlicher Hauswirt hatte ihr im letzten Winter alle Möbel gepfändet, und seitdem wohnte sie mit ihrer Tochter Adèle, einem kleinen zehnjährigen Mädchen, in diesem Hôtel garni. Beide fabrizierten Lampenschirme, eine Beschäftigung, bei der sie höchstens vierzig Sous verdienen konnten.

»Mein Gott, ist es zu Ende?« fragte sie mit erschrockener Stimme.

Ich fühlte, daß sie an mein Bett trat. Sie blickte auf mein Gesicht und rührte mich an, und dann sagte sie mitleidig:

»Arme Kleine, arme Kleine!«

Marguerite war schon so erschöpft, daß sie nur noch wie

ein Kind schluchzte. Frau Gabin hob sie auf und führte sie auf einen wackligen Armstuhl, der am Ofen stand. Dort versuchte sie, Marguerite zu trösten:

»Sie werden sich ganz krank machen! Wenn einem auch der Mann stirbt, da braucht man doch nicht gleich zu verzweifeln. Als ich meinen Gabin verlor, war ich anfangs auch wie Sie, drei Tage lang konnte ich keinen Bissen über die Lippen bringen. Aber was hat es mir geholfen? Nichts, im Gegenteil, es brachte mich nur immer mehr herunter! Um Gottes willen, hören Sie doch! Ein bißchen Vernunft!«

Ganz allmählich verstummte Marguerite. Sie war am Ende ihrer Kräfte, nur von Zeit zu Zeit schluchzte sie noch auf. Indessen ergriff die alte Frau mit einer mürrischen Selbstherrlichkeit Besitz von unserem Zimmer.

»Sie brauchen sich um nichts zu kümmern«, sagte sie. »Dédé trägt gerade die Arbeit fort, und unter Nachbarn muß man sich beistehen. Ihre Koffer sind gewiß noch nicht ausgepackt, aber ich finde wohl schon etwas Wäsche in der Kommode, nicht wahr?«

Ich hörte, wie sie das Schränkchen öffnete. Sie nahm eine Serviette heraus und breitete sie über den Nachttisch. Dann holte sie das Licht vom Ofen und steckte es, so vermutete ich, an Stelle einer Wachskerze neben meinem Bette an. Ich verfolgte jede ihrer Bewegungen im Zimmer, ich gab mir Rechenschaft über alles, was sie tat.

»Der arme Herr«, murmelte sie. »Es ist noch ein Glück, daß ich Sie schreien gehört habe.«

Und da! Auf einmal verschwand der leise Schein, den ich noch immer mit meinem linken Auge wahrgenommen hatte – Frau Gabin hatte mir die Augen zugedrückt. Ich empfand den Druck ihres Fingers auf meinen Lidern nicht! Als ich alles recht begriffen hatte, kroch eine leise Kälte an mir herauf.

Aber die Tür hatte sich wieder geöffnet. Dédé, das kleine, zehnjährige Mädchen, sprang herein und rief mit ihrer dünnen Stimme:

»Mama, Mama, ich dachte mir gleich, wo du seist! Hier ist

das Geld, drei Francs zwanzig. Ich habe wieder zwanzig Dutzend Schirme mitgebracht …«

»Still, still, schrei nicht so«, rief ihre Mutter.

Da die Kleine aber nicht hörte, wies sie nach meinem Bett.

Dédé hielt sofort inne, ich fühlte, wie sie unruhig wurde und langsam nach der Tür zurückwich.

»Schläft der Herr?« fragte sie ganz leise.

»Ja, er schläft. Geh spielen«, antwortete Frau Gabin.

Aber das Kind ging nicht fort. Es mochte mich mit aufgerissenen Augen entsetzt und langsam begreifend anstarren, plötzlich packte sie eine wahnsinnige Angst, sie rannte einen Stuhl umwerfend aus dem Zimmer:

»Er ist tot, Mama, oh, er ist tot.«

Eine tiefe Stille herrschte. Marguerite kauerte stumpf in ihrem Sessel und weinte nicht mehr. Frau Gabin kramte noch immer im Zimmer herum. Sie brummte dabei halblaut durch die Zähne:

»Heutzutage wissen die Kinder auch alles! Zum Beispiel Dédé. Gott weiß, ob ich sie sorgsam erziehe! Wenn ich sie etwas besorgen oder unsere Arbeit abliefern schicke, berechne ich die Minuten, um sicher zu sein, daß sie sich nicht herumtreibt. Aber es hilft nichts. Sie weiß alles! Auf den ersten Blick hat sie erkannt, was los war. Trotzdem hat man ihr bis jetzt nur eine einzige Leiche, ihren Onkel François, gezeigt. Und damals war sie erst vier Jahre alt. Es gibt eben keine Kinder mehr, das ist es.«

Sie hielt an und kam ohne Übergang auf etwas anderes zu sprechen:

»Hören Sie, kleine Frau, man darf die Formalitäten nicht versäumen, die Anzeige bei der Behörde und all die Einzelheiten für den Leichenzug. Sie sind nicht in dem Zustand, es zu besorgen, und ich mag Sie nicht allein lassen … Wenn Sie erlauben, sehe ich einmal nach, ob Herr Simoneau zu Hause ist, nicht wahr?«

Marguerite antwortete nicht. Ich wohnte allen diesen Szenen wie aus weiter Ferne bei. Oft schien es mir, als schwebte ich auf Augenblicke wie ein zartes Flämmchen im Raum umher, während ein Fremder, eine unförmige, tote Masse, auf dem Bett lag. Jetzt wünschte ich jedoch lebhaft, Marguerite möchte die Dienste des Herrn Simoneau zurückweisen. Ich hatte ihn drei- oder viermal während meiner kurzen Krankheit gesehen. Er bewohnte ein Zimmer neben uns und machte sich sehr liebenswürdig. Frau Gabin hatte uns erzählt, daß er sich nur vorübergehend in Paris aufhalte, um alte Außenstände seines Vaters einzuziehen, der in der Provinz zurückgezogen gelebt hatte und dort kürzlich gestorben war. Er war ein großer, schöner, sehr kräftiger Mensch. Ich konnte ihn nicht ausstehen, vielleicht eben, weil er so gesund war.

Noch gestern abend hatte er bei uns vorgesprochen. Ich litt sehr darunter, ihn neben Marguerite sitzen zu sehen. Sie sah so schmuck und hübsch an seiner Seite aus! Er hatte ihr immer direkt in die Augen gesehen, während sie ihm zulächelte und dankte – es sei so gut von ihm, sich nach mir zu erkundigen.

»Hier kommt Herr Simoneau«, sagte wieder eintretend Frau Gabin.

Er schloß leise die Türe hinter sich, und sobald Marguerite seiner ansichtig wurde, brach sie aufs neue in Tränen aus. Die Gegenwart dieses Freundes, dieses einzigen Menschen, den sie in Paris kannte, erweckte den Schmerz wieder in ihr. Er versuchte es nicht, sie zu trösten. Ich konnte ihn nicht sehen, aber ich beschwor sein Gesicht in den Schatten, die mich umgaben, deutlich herauf, ich sah es vor mir: verwirrt und bestürzt, die arme Frau in einer solchen Verzweiflung anzutreffen. Und wie schön sie dennoch sein mochte, mit ihren blonden, aufgelösten Haaren, mit ihrem blassen Antlitz und den lieben, kleinen, fieberheißen Kinderhänden!

»Ich stelle mich ganz zu Ihrer Verfügung, Frau Bécaille«, murmelte er, »wenn Sie mir nur gütigst alles übertragen wollen …«

Sie konnte ihm nur noch mit abgerissenen Silben antworten. Als er sich wieder zurückzog, begleitete ihn Frau Gabin zur Tür, ich hörte, daß sie leise von Geld sprach: es würde alles immerhin sehr viel kosten, sie fürchtete, daß die arme Kleine nicht einen blanken Heller hätte, jedenfalls müsse man sie fragen ... Simoneau hieß die alte Frau schweigen: er wolle nicht, daß man Marguerite belästige. Er selber würde die Anzeige machen und auch die Vorkehrungen für das Begräbnis treffen.

Als es wieder still geworden war, fragte ich mich, ob denn dieser quälende Traum noch lange so fortdauern sollte. Denn ich lebte! Da ich ja doch die allergeringsten Vorkommnisse wahrnahm. Ich fing an, mir genaue Rechenschaft über meinen Zustand abzulegen. Es mußte sich um einen jener Fälle von Starrkrampf handeln, über die ich oft sprechen gehört hatte. Während meiner schweren Nervenkrankheit als Kind hatte ich auch schon lange Ohnmachtsanfälle durch Herzstockung bis zu einer Dauer von mehreren Stunden gehabt. Sicherlich war es eine Erkrankung dieser Art, welche mich wie eine Leiche starr und steif machte und meine Umgebung täuschte. Aber mein Herz würde seine Schläge schon wieder aufnehmen, das Blut, die Triebfedern der Muskeln wieder in Bewegung setzen, und ich würde erwachen und Marguerite trösten. Auf solche Weise sprach ich mir Mut zu und faßte mich in Geduld. Die Stunden verrannen. Frau Gabin brachte ihr Frühstück herbei. Marguerite verweigerte jede Nahrung. Auch der Nachmittag verstrich. Durch das offene Fenster schallte der Straßenlärm herauf. Aus einem leisen Erklingen des kupfernen Leuchters neben mir schloß ich, daß man das Licht wechselte. Endlich kam Simoneau zurück.

»Nun?« fragte ihn die alte Frau mit halber Stimme.

»Alles ist besorgt«, antwortete er. »Das Begräbnis findet morgen vormittag um elf Uhr statt. Sie brauchen sich um nichts mehr zu kümmern, vor allem sprechen Sie von diesen Dingen nicht vor der unglücklichen Frau.«

Trotzdem sagte Frau Gabin:

»Der Sterbedoktor ist noch nicht hiergewesen.«

Simoneau setzte sich neben Marguerite, sprach ihr Mut zu und schwieg dann. Das Begräbnis findet morgen vormittag elf Uhr statt: Dieses Wort hallte in meinem Schädel wie eine

Totenglocke wider. Und dieser Arzt, dieser Sterbedoktor, wie ihn Frau Gabin nannte, kam nicht! Er würde ja sofort sehen, daß ich nur in einer Betäubung läge. Er würde das Notwendige anordnen, er würde mich schon zu erwecken wissen. Ich erwartete ihn mit entsetzlicher Unruhe.

Aber der Tag verstrich. Madame Gabin hatte, um ihre Zeit nicht zu verlieren, ihre Lampenschirme herbeigeholt. Sie brachte sogar Dédé, nachdem sie Marguerite um Erlaubnis gebeten hatte, mit herein, weil sie Kinder nicht gern lange allein lasse, sagte sie.

»Vorwärts, komm, und stell dich nicht so dumm an. Wenn du dorthin siehst, bekommst du es mit mir zu tun.«

Sie verbot ihr, mich anzusehen, sie schien das für passender zu halten. Aber Dédé schielte doch von Zeit zu Zeit verstohlen nach mir hin, denn ich hörte, wie ihre Mutter sie plötzlich mit Püffen traktierte:

»Arbeite, oder ich werfe dich hinaus«, wiederholte sie wütend. »Wart nur, heute nacht wird der Herr dich schon in die Füße zwicken.«

Alle beide, Mutter und Tochter, hatten sich gemächlichst an unseren Tisch gesetzt. Ich hörte das unaufhörliche Geräusch ihrer Scheren, mit denen sie die Lampenschirme zuschnitten. Dieser da mußte sehr umständlich sein, er dauerte sehr lange und erforderte ein sehr sorgfältiges Zuschneiden. Ich zählte die Lampenschirme alle, einen nach dem anderen, um gegen meine wachsende Bangigkeit anzukämpfen.

In dem ganzen Zimmer war kein anderer Laut als dieses leise Geräusch der Scheren. Marguerite mochte, von Müdigkeit besiegt, eingeschlummert sein. Zweimal erhob sich Simoneau. Der abscheuliche Gedanke, daß er sich den Schlaf Marguerites zunutze mache, um mit seinen Lippen ihre Haare zu berühren, marterte mich jetzt. Ich kannte diesen Menschen nicht, und doch fühlte ich, daß er meine Frau liebe. Ein Lachen der kleinen Dédé vollendete meinen Verdacht.

»Warum lachst du, Dummkopf?« fragte ihre Mutter. »Ich setze dich gleich auf den Flur. Antworte mir, was gibt es hier zu lachen?«

Das Kind stotterte verlegen. Sie hätte gar nicht gelacht, sie hätte nur gehustet.

Aber ich, ich war überzeugt, daß sie Simoneau sich über Marguerite hatte beugen sehen und daß ihr das drollig vorgekommen war.

Die Lampe wurde angezündet. Es klopfte.

»Ah, der Arzt«, sagte die alte Frau.

In der Tat, es war der Arzt. Er entschuldigte sich nicht einmal, daß er so spät komme. Sicherlich war er heute schon manche Stiege hinauf- und heruntergeklettert. Die Lampe erleuchtete unsere Stube nur spärlich.

»Ist der Tote hier?« fragte er.

»Jawohl, Herr Doktor«, antwortete Simoneau.

Marguerite war fröstelnd aufgewacht. Frau Gabin schickte Dédé vor die Tür, ein Kind brauche bei solchen Angelegenheiten nicht dabei zu sein, und um auch meiner Frau dieses Schauspiel zu ersparen, führte sie sie trotz ihres Widerstrebens ans Fenster.

Der Arzt trat eilig zu mir heran. Ich fühlte, daß er müde, abgespannt, ungeduldig sei. Berührte er meine Hand? Legte er die seine auf mein Herz? Ich weiß es nicht zu sagen. Es schien mir, als hätte er sich einfach mit gleichgültiger Miene über mich gebeugt.

»Soll ich Ihnen leuchten, Herr Doktor?« fragte Simoneau gefällig.

»Danke, nicht nötig«, gab der Arzt zurück.

Was? Nicht nötig? Dieser Mensch da hielt mein Leben in seinen Händen und achtete es nicht für nötig, eine genaue Untersuchung vorzunehmen! Aber ich war ja nicht tot! Ich hätte schreien mögen, daß ich nicht tot sei!

»Um welche Zeit ist der Tod eingetreten?« fragte er.

»Um sechs Uhr morgens«, antwortete Simoneau.

Eine furchtbare Wut kochte in mir auf, in den entsetzlichen Fesseln, die mich banden. Oh, nicht sprechen zu können, nicht ein Glied rühren zu können!

Der Arzt sagte: »Dieses dumpfige Wetter ist gefährlich – nichts wirkt verderblicher als die ersten Frühlingstage.«

Und er trat zurück. Mein Leben ging da fort. Schreie, Tränen, Schimpfworte erstickten mich, zerrissen meine gekrampfte Gurgel, durch die kein Laut mehr drang. Ah, dieser Elende, aus dem das ewige Einerlei des Berufes eine Maschine gemacht hatte, der an die Betten der Toten trat, mit dem Gefühl einer lediglich zu erfüllenden Form! War er denn ganz und gar unwissend – dieser Mensch? War denn seine Wissenschaft eitel Lüge, da er nicht einmal Tod und Leben mit einem einzigen Blick zu unterscheiden wußte? Und er ging! Er ging!

»Guten Abend, Herr Doktor«, sagte Simoneau.

Es gab eine Stille. Der Arzt mochte sich vor Marguerite, die herzugetreten war, verbeugen. Frau Gabin schloß indessen das Fenster. Dann ging er aus dem Zimmer, ich hörte seine Schritte die Treppe entlang.

Wohlan! Es war zu Ende! Mein Urteil war gesprochen! Meine letzte Hoffnung schwand mit diesem Menschen. Wenn ich nicht vor morgen früh elf Uhr erwachte, würde man mich begraben, lebendig begraben! Dieser Gedanke war so entsetzlich grauenvoll, daß ich in ihm jedes Bewußtsein meiner Umgebung verlor. Es war wie eine Ohnmacht nach dem Tode noch! Das letzte Geräusch, das mich traf, war das Klappern der Scheren Dédés und Frau Gabins.

Die Leichenwache begann. Niemand sprach mehr. Marguerite hatte sich geweigert, in der Stube der Nachbarin zu schlafen. Sie blieb da, halb im Armstuhl liegend, mit ihrem schönen, blassen Gesicht, mit geschlossenen Augen, die Wimpern voller Tränen. Und ihr gegenüber, lautlos im Schatten: Simoneau. Er starrte sie an.

III

Ich kann nicht sagen, in welcher Todesangst ich den Morgen des folgenden Tages verbrachte. Er ist in mir geblieben, wie ein grauenvoller Traum, darin meine Eindrücke so seltsam, so verworren waren, daß es mir schwer würde, sie genau zu beschreiben. Das fürchterlichste an meinen Qualen war, daß ich noch immer auf das plötzliche Erwachen hoffte! Und je näher die Stunde des Begräbnisses heranrückte, desto enger schnürte mir eine wahnsinnige Angst die Kehle zu.

Erst gegen Morgen hatte ich wieder angefangen, Menschen und Dinge um mich wahrzunehmen. Ein Knarren des Fensterriegels riß mich aus meinem Halbschlaf. Frau Gabin öffnete das Fenster. Es mochte etwa sieben Uhr sein, denn ich hörte die Ausrufer auf der Straße, die gellende Stimme eines Jungen, der Zwiebeln, und eine andere heisere, die frische Karotten feilbot. Anfangs beschwichtigte mich dieses geräuschvolle Erwachen des großen Paris. Es schien mir unsinnig, zu denken, daß man mich inmitten all dieses Lebens einfach unter die Erde scharren wollte. Noch mehr beruhigte mich eine Erinnerung aus der Zeit, da ich noch Angestellter des Krankenhauses zu Guérande war. Ich entsann mich eines Krankheitsfalles, der dem meinen vollkommen glich. Ein Mensch schlief achtundzwanzig Stunden lang ununterbrochen, und zwar so fest, daß die Ärzte nicht recht wußten, woran sie waren. Plötzlich richtete er sich in seinem Bett kerzengerade auf und blieb munter und gesund. Ich, ich hatte nun schon fünfundzwanzig Stunden lang geschlafen! Wenn ich nur vor zehn Uhr aufwachte, so würde es noch zeitig genug sein!

Ich versuchte mir Rechenschaft zu geben, welche Personen im Zimmer seien und was dort vor sich ging. Die kleine Dédé spielte wohl draußen auf dem Flur, denn als die Tür aufging, drang ein Kinderlachen herein. Simoneau war zweifellos nicht mehr da: kein einziges Geräusch verriet seine Gegenwart. Nur die Schlappen der Frau Gabin schlürften über die Dielen. Endlich wurde gesprochen.

»Meine Liebe«, sagte die Alte, »es ist unrecht, daß Sie nichts trinken, solange er heiß ist. Das würde Sie stärken.«

Sie sprach zu Marguerite, und das leise Geträufel eines Filters verriet mir, daß sie Kaffee mache.

»Ich will mich nicht rühmen«, fuhr sie fort, »aber ich hatte es nötig ... in meinem Alter taugt das Wachen zu nichts mehr ... und es ist so traurig in der Nacht, wenn es ein Unglück im Hause gab. Aber trinken Sie doch nur ein bißchen, Liebste, nur einen kleinen Schluck ...«

Und sie überredete Marguerite, eine Tasse Kaffee zu sich zu nehmen.

»Der ist schön heiß, nicht wahr? Er wird Sie aufmuntern. Sie werden Ihre Kräfte nötig haben, um diesen Tag bis ans Ende zu überstehen. Wenn Sie jetzt recht vernünftig sein wollten, würden Sie in meine Stube hinübergehen und dort warten.«

»Nein, ich will hier bleiben«, antwortete Marguerite mit Bestimmtheit.

Ihre Stimme, die ich seit gestern nicht mehr vernommen hatte, ergriff mich sehr. Sie klang verändert, vom Schmerz gebrochen. Oh, du liebes Weib! Wie einen letzten Trost empfand ich sie neben mir. Ich wußte, daß sie mich nicht aus den Augen verlieren, daß sie um mich alle Tränen ihres Herzens vergießen würde.

Aber die Minuten verstrichen – – vor der Tür erklang nun ein Geräusch, das ich mir nicht zu erklären wußte. Man hätte sagen mögen, ein großes Möbel stoße rechts und links auf der schmalen Treppe an die Mauern. Marguerite fing aufs neue zu schluchzen an, und da begriff ich. Es war der Sarg.

»Sie kommen ja viel zu früh«, sagte Frau Gabin schlecht gelaunt. »Stellen Sie ihn nur dort unten ans Bett.«

Wieviel Uhr war es denn? Vielleicht etwa neun Uhr. So war denn dieser Sarg nun auch schon da! Ich sah ihn in der stockfinstern Nacht deutlich vor mir, ganz neu, die Bretter frisch gehobelt! O Gott, sollte denn wirklich alles zu Ende sein? Wollte man mich wirklich fortschleppen in diesem Kasten, den ich dort unten zu meinen Füßen fühlte?

Trotz allem erlebte ich noch eine unendliche Freude. Marguerite wollte mir, ungeachtet ihrer Schwäche, die letzten Dienste erweisen. Sie war es, die mich mit der Zärtlichkeit einer Gattin und einer Schwester unter dem Beistand der alten Frau ankleidete. Ich durfte mich bei jedem Kleidungsstück, das sie mir überstreifte, noch einmal in ihren Armen fühlen. Sie hielt an – die Erregung überwältigte sie – und dann, dann umarmte sie mich wirklich und badete mich mit ihren Tränen. Oh, ich hätte ihr zurufen mögen: ›Ich lebe‹ –

und ich lag machtlos da, mußte mich selber liegen lassen wie eine leblose Masse.

»Sie tun unrecht«, sagte Frau Gabin, »es geht ja alles verloren.«

Marguerite antwortete mit ihrer gebrochenen Stimme:

»Lassen Sie mich nur, ich will ihm das Schönste anziehen, das wir besitzen.«

Und ich begriff, daß sie mich ankleidete wie an unserem Hochzeitstag. Ich hatte all diese Kleider noch, ich wollte sie in Paris nur an Feiertagen tragen. Dann sank sie, erschöpft von der übermäßigen Anstrengung ihrer Kräfte, in den Sessel zurück.

Da, auf einmal sprach Simoneau; sicherlich war er eben erst eingetreten. »Sie sind unten«, flüsterte er.

»Gut, es ist nicht zu früh«, antwortete Frau Gabin mit ebenso leiser Stimme. »Lassen Sie sie heraufkommen. Es muß eben ein Ende gemacht werden.«

»Ich fürchte nur die Verzweiflung dieser armen Frau.«

Die Alte schien nachzudenken, dann sagte sie:

»Hören Sie, Herr Simoneau, Sie müssen sie mit Gewalt in mein Zimmer bringen ... Ich will nicht, daß sie hier bleibt. Man erweist ihr nur einen Dienst damit. Im Handumdrehen ist dann hier alles abgetan.«

Diese Worte durchbohrten mein Herz! Und was wurde aus mir, als ich den abscheulichen Kampf mit anhörte, der sich nun abspielte! Simoneau hatte sich Marguerite genähert und flehte sie an, sie möchte nicht im Zimmer bleiben.

»Um Gottes willen«, bat er, »kommen Sie mit mir, ersparen Sie sich diesen unnötigen Schmerz.«

»Nein, nein«, antwortete meine Frau, »ich werde bleiben, ich werde bis zum letzten Augenblick bei ihm bleiben. Bedenken Sie doch, daß ich auf der ganzen Welt nichts habe als ihn. Wenn er erst fort ist, bin ich mutterseelenallein.«

Trotzdem raunte Frau Gabin, welche nahe an meinem Bette stand, dem jungen Mann ins Ohr:

»Vorwärts doch! Packen Sie sie und tragen Sie sie fort!«

Unternahm es Simoneau wirklich, Marguerite auf diese

Weise zu entfernen? Sie schrie noch einmal! Ich wollte mich mit einem wütenden Anlauf in die Höhe reißen, aber die Spannkraft meiner Muskeln war gebrochen, ich blieb so steif, daß ich nicht einmal die Lider heben konnte, um zu sehen, was dort so dicht vor mir vor sich ging. Der Kampf dauerte lange, meine Frau klammerte sich wimmernd an allen Möbeln fest:

»Gnade, Gnade, Herr Simoneau, lassen Sie mich, ich will nicht!«

Aber er mochte sie fest gefaßt haben in seine kräftigen Arme, sie weinte bald nur noch, wie ein kleines Kind. Er trug sie fort, das Wimmern erstarb ... Ich stellte mir die beiden vor: er, groß und fest, trug sie an seiner Brust, an seinem Hals, und sie, in Tränen schwimmend, gebrochen, sich ihm überlassend, folgte ihm nunmehr willig, wohin er sie auch immer bringen möge.

»Zum Henker, das war nicht leicht!« brummte Frau Gabin. »Nun aber hoppla! da die Bahn frei ist.«

In meiner eifersüchtigen Wut, die mich fast wahnsinnig machte, sah ich dieses gewaltsame Forttragen für einen erbärmlichen Raub an. Ich hatte zwar Marguerite seit gestern nicht mehr sehen können, aber ich hörte sie doch noch! Nun war es zu Ende, man hatte sie mir genommen, ein anderer Mann hatte sie entführt, ehe ich noch unter der Erde war. Und er war mit ihr hinter jener Scheidewand, allein mit ihr, um sie zu trösten, vielleicht zu umarmen.

Die Tür war wieder aufgegangen, schwere Schritte stampften auf der Diele.

»Schnell, schnell«, sagte Frau Gabin. »Sonst könnte die kleine Frau zurückkommen.«

Sie sprach mit fremden Leuten, die ihr nur mürrisch Antwort gaben.

»Ich bin keine Verwandte, müssen Sie wissen, ich bin nur die Nachbarin. Ich habe dabei gar nichts zu verdienen. Es ist reine Menschenfreundlichkeit, wenn ich mich dieser Dinge annehme, und es ist wahrlich nichts Angenehmes. Ja, ja, die ganze Nacht habe ich hier gesessen, obwohl es nicht allzu warm war gegen vier Uhr. Schließlich, ich war mein Lebtag lang immer die Dumme – ich bin zu gutmütig.«

In diesem Augenblick rückte man den Sarg in die Mitte des Zimmers. Nun wußte ich alles. Wohlan denn, ich war also verurteilt, da ich nicht erwachte! Von nun an verloren meine Gedanken etwas von ihrer Klarheit, alles in mir schwankte in einem schwarzen Nebel, und ich empfand einen solchen Überdruß, daß es fast wohltuend war, auf gar nichts mehr zu hoffen.

»Man hat das Holz nicht gespart«, sagte die heisere Stimme eines Leichenträgers, »der Kasten ist zu groß.«

»Um so besser! er wird's gemächlich drin haben«, sagte belustigt ein anderer.

Ich war nicht schwer, sie beglückwünschten sich gegenseitig dazu, denn sie mußten mich drei Stockwerke hinuntertragen. Gerade als sie mich an den Schultern und an den Füßen in die Höhe hoben, fing Frau Gabin an zu schimpfen:

»Vermaledeites Balg«, schrie sie, »es muß seine Nase in alles stecken, wart du, ich will dich lehren durch die Ritzen zu schielen ...«

Es war Dédé, die die Tür halb aufgedrückt hatte und ihren struppigen Kopf hereinsteckte. Sie wollte sehen, wie der Herr in den Kasten gelegt wurde. Zwei tüchtige Maulschellen erschallten, darauf ein Tränenausbruch.

Als die Mutter wieder in die Stube getreten war, sprach sie mit den Männern, die mich im Sarg zurechtlegten, über ihre Tochter:

»Sie ist zehn Jahre alt, es ist ein gutes Kind, nur neugierig ist sie. Ich schlage sie nicht alle Tage, aber gehorchen soll sie.«

»Lassen Sie man«, sagte einer der Männer, »alle Kinder sind so, wenn sie wo eine Leiche wittern, schleichen sie drum herum.«

Ich lag sehr bequem ausgestreckt, fast hätte ich glauben können, ich sei noch in meinem Bett, nur mein linker Arm drückte sich etwas an einer Planke. Es war so, wie sie sagten, dank meiner schmächtigen Gestalt lag ich sehr angenehm da drinnen.

»Warten Sie noch«, rief Frau Gabin, »ich habe seiner Frau versprochen, ihm ein Kissen unter den Kopf zu legen.«

Aber die Leute hatten es eilig, sie stopften das Kissen brutal herein. Einer von ihnen suchte fluchend den Hammer. Man hatte ihn unten vergessen, er mußte erst heraufgeholt werden. Der Deckel wurde aufgelegt: eine Erschütterung durchbebte meinen ganzen Körper, zwei Hammerschläge hatten den ersten Nagel hereingetrieben. Es war aus. Ich hatte gelebt. Nun fuhren die Nägel schnell einer nach dem andern ins Holz, während der Hammer im Takt klopfte. Man hätte sagen können, Arbeiter auf einem Packhof nagelten mit ihrer unbarmherzigen Geschicklichkeit eine Kiste getrockneten Obstes zu. Von nun an drangen die Geräusche nur noch gedehnt und gedämpft zu mir, aber eigentümlich hallend, als hätte sich der Tannensarg in ein ungeheures Geigengehäuse verwandelt. Das letzte Wort, welches in diesem Zimmer der Rue Dauphine an meine Ohren drang, war folgender Ausspruch der Frau Gabin:

»Steigen Sie recht vorsichtig hinunter und nehmen Sie sich vor dem Geländer im zweiten Stock in acht, es ist nicht mehr fest.«

Man fing an, mich zu tragen, ich hatte die Empfindung, als schaukele ich auf hoher See. Von diesem Augenblick an werden meine Erinnerungen sehr flüchtig. Ich entsinne mich, daß mich nur eine einzige Sorge noch beschäftigte, eine dumme, fast unwillkürliche Sorge: Ich wollte mir genau den Weg einprägen, den wir nach dem Kirchhof schritten. Ich kannte in Paris keine Straße, ich wußte nichts von der Lage der großen Kirchhöfe, deren Namen ich bisweilen gehört hatte, aber dessenungeachtet nahm ich die letzten Kräfte meines Verstandes zusammen, um zu erraten, ob wir links oder ob wir rechts umbögen. Der Leichenwagen rüttelte mich heftig auf dem Pflaster hin und her, das Rollen der Wagen, das Trappeln der Fußgänger rings um mich herum ergab ein verworrenes Geräusch, das von der Akustik des Sarges noch verstärkt wurde. Anfangs konnte ich den Weg mit ziemlicher Deutlichkeit verfolgen. Dann wurde plötzlich haltgemacht, man trug mich wieder – ich ahnte, daß wir in der Kirche seien. Als sich aber der Leichenwagen wieder in Bewegung setzte, verlor ich die Berechnung der Orte, die wir durchzogen. Ein Glockengeläute ließ mich vermuten, daß wir in der Nähe einer Kirche vorbeikamen, dann verriet mir das gleichmäßigere und weitere Rollen, daß wir eine Allee entlangfuhren. Ich war wie einer, der zum Tode verurteilt auf dem Richtplatz steht und stumpfsinnig auf den letzten Streich wartet, der nicht kommt.

Man hielt an, man zog mich aus dem Wagen. Und im Nu war alles abgetan. – Die Geräusche rings um mich hatten aufgehört, ich fühlte, daß ich an einem verlassenen Orte sei, unter Bäumen, den freien Himmel über dem Kopf. Zweifellos waren einige Personen im Leichenzug gefolgt, vielleicht die Bewohner des Hauses, Simoneau und andere, denn ein leises Stimmengewirr drang bis zu mir. Nun wurde ein Psalm heruntergeleiert, ein Priester salbaderte Latein. Dann, ganz plötzlich, fing ich an zu sinken, während Stricke wie Streichbögen an den Kanten des Sarges hin- und herrieben, daß er wie eine gesprungene Baßgeige erklang. Das war das Ende! Ein fürchterliches Dröhnen, ähnlich dem donnernden Widerhall eines Kanonenschusses prasselte etwas links von meinem Kopf nieder; ein zweiter Anprall traf auf meine Füße, ein dritter, noch heftigerer, fiel mir auf den Bauch, so dumpf krachend, daß ich glaubte, der Sarg ginge in tausend Stücke. Und ich fiel in Ohnmacht.

IV

Wie lange lag ich so? Ich wüßte es nicht zu sagen. Eine Ewigkeit und eine Sekunde sind von gleicher Dauer im Nichts – ich war nicht mehr! Ganz allmählich nur, ganz verwirrt kam mir das Bewußtsein ›zu sein‹ wieder. Ich schlief noch immer, aber ich fing an zu träumen. Ein qualvolles Phantom löste sich von dem schwarzen Grund, der meinen Horizont verbaute. Und dieser Traum, der mir träumte, war dieselbe seltsame Vorstellung, welche mich früher mit offenen Augen oft gequält hatte. In meiner allen schauerlichen Einbildungen günstigen Wesensveranlagung fand ich ein grausames Vergnügen darin, mir große und schreckliche Unglücksfälle auszudenken.

Ich bildete mir ein, meine Frau erwarte mich irgendwo, in Guérande etwa, und ich selber befände mich in einem Eisenbahnzug, um mit ihr zu fahren. Als der Zug durch einen Tunnel kam, ertönte plötzlich ein furchtbares, donnerähnliches Getöse. Ein doppelter Einsturz hatte stattgefunden. Nicht ein Stein war auf unseren Zug gefallen, alle Wagen blieben unversehrt, nur an den beiden Enden des Tunnels, vor uns und hinter uns, war das Gewölbe niedergestürzt, und wir befanden uns, so von den Felsblöcken eingemauert, tief im Schoße eines Berges. Ein langes, entsetzliches Ringen mit dem Tode begann nun. Keine Hoffnung auf Hilfe! Es hätte eines Monats bedurft, um den Tunnel auszuräumen, und zu dieser Arbeit waren wieder unendliche Vorbereitungen nötig, ungeheure Maschinen. Wir waren eingekerkert in einer zugangslosen Gruft, tief unter der Erde. Unser aller Tod war nur eine Frage von Stunden.

Oft, ich wiederhole es, hatte meine Phantasie über diesem schrecklichen Stoff gearbeitet. Ich vermannigfaltigte die Ausführung des Dramas bis ins Unendliche. Als Schauspieler dienten mir Männer, Frauen, Kinder, mehr als hundert Personen, ein ganzer Haufen, der mir Motive ohne Ende für die Nebenhandlungen lieferte. Immerhin befanden sich in dem Eisenbahnzug auch Nahrungsmittel, aber sie waren bald verbraucht, und die unglückseligen Ausgehungerten rissen sich, ohne sich gerade gegenseitig zu fressen, wie wilde Tiere um jedes letzte Stückchen Brot. Mit Fauststößen trieb man einen Greis zurück, der schon in den letzten Zügen lag. Eine Mutter kämpfte wie eine Wölfin um die drei oder vier Mundvoll, die sie für ihr Kind aufgehoben hatte. In meinem Wagenabteil verröchelten zwei junge Eheleute, einer in den Armen des anderen, sie hofften nicht mehr, sie bewegten sich kaum noch. Übrigens war das zweite Gleis frei, die Reisenden stiegen aus und strichen den Zug entlang wie freigelassene Tiere auf der Suche nach Beute. Alle Wagenklassen vermischten sich, ein sehr reicher Mann, ein hoher Würdenträger, wie man sagte, weinte am Hals eines Arbeiters und duzte ihn. Bald nach den ersten Stunden gingen die Lampen aus, dann verlöschten die Lichter der Lokomotive. Wenn man nun von einem Wagen zum andern ging, mußte man mit der Hand nach den Rädern tasten, um sich nicht zu stoßen. Auf solche Weise gelangte man zur Lokomotive, und die konnte man an ihrer kalten Kurbelstange erkennen, mit ihren ungeheuren, eingeschlafenen Flanken eine nutzlose, stumme, unbewegliche Gewalt in der Finsternis. Nichts grausenerregender als dieser tief in die Erde eingemauerte Eisenbahnzug, lebendig begraben mit allen seinen Reisenden, die einer nach dem andern dahinstarben!

Ich gefiel mir in diesen Vorstellungen, ich stieg bis in die Schauer der kleinsten Einzelheiten hinunter. Wehklagen tönte durch die finstere Nacht. Ein Nachbar, den man nicht vermutet, den man nicht gesehen hatte, stürzt einem plötzlich zusammenbrechend gegen die Schulter. Diesmal aber litt ich vor allem unter dem gänzlichen Mangel der Luft und unter der Kälte. Niemals noch hatte ich so gefroren, ein Schneemantel breitete sich über meine Schultern, eine schwere Nässe regnete eisig auf meinen Schädel, und außerdem erstickte ich, es war mir, als sänke auf meiner Brust das Felsengewölbe zusammen, als laste der ganze Berg auf mir und zermalme mich. Unterdessen erscholl plötzlich ein Erlösungsschrei! Schon seit langem hatten wir uns eingebildet, fernes dumpfes Geräusch zu vernehmen, und wir wiegten uns in der Hoffnung, daß man in unserer Nähe arbeite. Aber das Heil kam von einer anderen Seite. Einer von uns hatte ein Loch im Tunnel entdeckt, wir liefen alle zusammen, wir sahen alle dieses Luftloch und über ihm ein blaues Fleckchen, groß wie eine Oblate. Oh, welche Freude, dieser blaue Flecken! Es war der Himmel, wir reckten uns hoch auf, ihm entgegen, um zu atmen, ja, wir erkannten deutlich kleine schwarze Punkte, die sich bewegten. Ohne Zweifel, Arbeiter, die eine Winde aufstellten oder sonst irgendwie zu unserer Rettung wirkten. Ein rasendes Geschrei: »Gerettet, gerettet!« fuhr aus allen Kehlen, während zitternde Arme sich dem kleinen, blassen blauen Flecken entgegenstreckten.

Die Gewalt dieses Geschreies erweckte mich. – Wo war ich? Zweifellos im Tunnel. Ich lag der Länge nach ausgestreckt, ich fühlte rechts und links harte Wände, die mich einzwängten. Als ich mich aufrichten wollte, stieß ich mir heftig den Schädel. Umdrängte mich denn der Fels von allen Seiten? Und der blaue Flecken war verschwunden, der Himmel war nicht mehr da, selbst in der Ferne nicht. Ich erstickte immer noch, ich klapperte, von Frostschauern durchrüttelt, mit den Zähnen.

Wie mit einem Blitzschlag entsann ich mich! Entsetzen sträubte meine Haare, die grausige Wahrheit durchströmte eisig vom Kopf bis zu den Füßen meinen Körper. War ich jetzt wenigstens endlich aus diesem Krampf erwacht, der mich während langer Stunden starr wie eine Leiche gemacht hatte? Ja, ich konnte mich bewegen, ich strich mit meinen Händen an den Brettern des Sarges entlang. Ein letzter Versuch blieb mir nur noch übrig: ich öffnete den Mund, ich sprach, ich rief unwillkürlich nach Marguerite. Aber es klang wie ein Geheul, meine Stimme hatte in diesem Tannenholzkasten einen rauhen, so fürchterlichen Ton angenommen, daß ich mich vor mir selber entsetzte. O Gott, es war also wahr! Ich konnte mich bewegen, konnte hinausschreien, daß ich lebte – und meine Stimme würde nun nicht mehr gehört werden, ich war eingekerkert, eingequetscht unter der Erde.

Ich bot meine ganze Willenskraft auf, um ruhig zu bleiben und nachzudenken. Gab es denn kein einziges Mittel zu entkommen? Mein Traum fing wieder an über mich zu sinken, mein Gehirn war noch nicht sehr fest. Ich vermengte das Traumbild des Luftlochs und des Fleckchens Himmel mit der Wirklichkeit dieser Grube, in der ich erstickte. Mit übermäßig aufgerissenen Augen starrte ich in die Nacht; vielleicht daß ich ein Loch, eine Ritze, einen Tropfen Licht entdeckte! Aber nur feurige Funken tanzten in der Finsternis, rote Lichtflecken schwollen an und verschwanden wieder im Nichts, im schwarzen, unergründlichen Schlund. Dann kam mir die

Klarheit zurück, ich verjagte dieses dumme Traumbild, denn ich bedurfte meiner ganzen Vernunft, wenn ich noch auf Rettung hoffen wollte.

Die größte Gefahr schien mir vor allem in der immer zunehmenden Atemnot zu liegen. Ich hatte zweifellos nur dank des Starrkrampfes, der meine Lebensfunktionen aufhob, solange der Luft beraubt bleiben können, aber nun, da mein Herz schlug und meine Lungen sich dehnten, mußte ich, wenn mir meine Befreiung nicht in allerkürzester Zeit gelang, rettungslos dem Erstickungstod erliegen. Ebensosehr litt ich unter der Kälte; ich fürchtete, die tödliche Schlaftrunkenheit jener Menschen, die in den Schnee hinabsinken, um niemals wieder aufzustehen, möchte auch mich überfallen.

Trotzdem ich mir fortwährend wiederholte, daß ich aller Gemütsruhe bedürfe, fühlte ich, wie Wahnsinnsanwandlungen mir zu Kopf stiegen. Ich machte mir Mut, indem ich mich alles dessen zu erinnern suchte, was ich über die Art und Weise des Begrabens wußte: Wahrscheinlich war ich in einer Abteilung auf fünfjährige Dauer. Das benahm mir eine Hoffnung, denn ich hatte früher in Nantes bemerkt, daß die Erdwälle der gemeinsamen Gräber in ihrer fortlaufenden Aufschüttung die Füße der zuletzt versenkten Särge hindurchließen. Das Ausbrechen einer Wand hätte also genügt, um mich zu befreien. Wenn ich mich dagegen in einem festverschütteten Grabe befand, hatte ich eine dicke Erdschicht über mir und zu allen Seiten, das wäre ein gewaltiges Hindernis gewesen. Hatte ich doch gehört, daß man in Paris bis zu einer Tiefe von sechs Fuß begrübe! Wie diese ungeheure Decke durchbrechen? Selbst wenn es mir gelänge, den Deckel zu sprengen, würde die Erde nicht eindringen, hereinrieseln wie ein feiner Sand und mir Augen und Mund zuschütten? Das wäre wiederum der Tod, ein grauenvoller Tod, ein Ersticken im Staub.

Trotzdem tastete ich aufmerksam um mich. Der Sarg war groß, ich bewegte die Arme mit Leichtigkeit. In dem Deckel fand ich eine Ritze. Rechts und links waren die Bretter schlecht gehobelt, aber fest und widerstandskräftig. Ich zog meinen Arm über die Brust hinauf, um hinter den Kopf zu fühlen. Dort entdeckte ich in der Querwand einen Ast im Holz, welcher leise unter dem Druck nachgab. Ich drückte mit aller Kraft, und es gelang mir, den Ast herauszustoßen. Ich steckte den Finger durch das Loch, ich fühlte auf der anderen Seite Erde, eine fette, nasse, lehmige Erde. Aber das brachte mich in nichts vorwärts, ich bereute sogar, den Ast entfernt zu haben; als wenn die Erde hätte eindringen können. Einen Augenblick lang beschäftigte mich ein anderer Versuch: ich klopfte auf allen Seiten an die Sargwände, um mich zu vergewissern, ob nicht zufällig rechts oder links ein hohler Raum läge. Überall der gleiche Ton. Als ich auch leise mit den Füßen stieß, schien es mir, als sei der Ton etwas heller. Es war aber wohl nur die Wirkung eines anderen Holzklanges.

Nun streckte ich die Arme aus und fing an, mit den Fäusten leise Stöße zu vollführen. Das Holz widerstand. Darauf gebrauchte ich die Knie, indem ich mich aufs Kreuz und auf die Füße stützte. Es knackte und knarrte nichts. Endlich verwandte ich all meine Kräfte, ich stieß und stemmte mit dem ganzen Körper so heftig, daß meine gequetschten Knochen knirschten. Und dies war der Augenblick, da ich den Verstand verlor.

Bis dahin hatte ich dem Wahnwitz, den Aufwallungen der Raserei, die auf Augenblicke wie ein Dunst von Trunkenheit in mir aufstiegen, widerstanden. Vor allem unterdrückte ich alle Schreie, denn ich fühlte, daß ich mich selber verlieren würde, wenn ich schrie. Jetzt aber fing ich an zu schreien, zu heulen. Es war stärker als ich, das Geheul brach gellend aus meiner endlich befreiten Kehle. Ich schrie um Hilfe mit einer Stimme, die ich an mir nicht kannte, und ich machte mich mit jedem Ruf, daß ich nicht sterben wolle, noch rasender. Ich kratzte und krallte mit meinen Nägeln das Holz, ich biß mich selber in der krampfartigen Raserei eines eingesperrten Wolfes. Wie lange dauerte dieser Anfall? Ich weiß es nicht, aber ich fühle noch die unerbittliche Härte des Sarges, in dem ich mich wälzte, ich höre noch den Aufruhr von

Schluchzen und Schreien, mit dem ich diese vier Bretter erfüllte. In einem letzten Aufleuchten meiner Vernunft suchte ich mich zu beherrschen, aber ich konnte es nicht.

Eine große Ermattung folgte. In einer schmerzhaften Schläfrigkeit erwartete ich den Tod. Dieser Sarg war von Stein, niemals würde ich ihn sprengen. Und diese Gewißheit meiner Ohnmacht ließ mich kraftlos, ohne allen Mut, einen neuen Versuch zu machen. Eine neue Marter, der Hunger, verband sich mit der Kälte und dem Ersticken. Ich sank in mich zusammen, bald wurden diese Todesqualen unerträglich. Ich versuchte mit meinem Finger durch das Astloch Erdkrumen heranzukratzen, und ich aß diese Erde, und das verdoppelte die Folter. Ich biß in meine Arme und wagte nicht, bis aufs Blut zu beißen. Lüstern nach meinem eigenen Fleisch, sog ich an meiner Haut mit der unbezwinglichen Gier, die Zähne tiefer hinein zu vergraben.

Ach, wie ich den Tod herbeiflehte in dieser Stunde! Mein Leben lang hatte ich vor dem Nichts gezittert, und jetzt wollte ich es, ich rief nach ihm, niemals würde es schwarz genug sein. Welch eine Kinderei, den Schlaf ohne Traum, diese Ewigkeit von Stille und Schatten zu scheuen! Der Tod war eben einzig darum gut, weil er das Dasein mit einem Schlag aufhören machte und für immer. Oh, schlafen wie die Steine, wieder zu Lehm werden, nicht mehr sein!

Meine im Dunkeln umhertappenden Hände befühlten maschinenmäßig rings das Holz. Plötzlich stach ich mich in meinen linken Daumen, und der leise Schmerz erweckte mich aus meiner Schlafdämmerung. Was war das? Ich suchte aufs neue, ich erkannte einen Nagel, einen Nagel, den die Leichenträger schräg eingeschlagen hatten und welcher den Rand des Sarges nicht gefaßt hatte. Er war sehr lang, sehr spitz. Der Kopf saß im Deckel, aber ich fühlte, daß er sich bewegen lasse. Von diesem Augenblick an hatte ich nur noch einen Gedanken. Den Nagel haben! Ich zog meine rechte Hand über meinen Bauch und fing an, ihn herauszubrechen. Er gab nur wenig nach, es war eine schwere Arbeit. Ich mußte oft die Hände wechseln, denn meine linke Hand, die ungünstig lag, ermüdete sehr leicht. Während ich mich so ereiferte, entsprang ein ganzer Plan in meinem Kopf. Dieser Nagel mußte mein Retter werden, ich mußte ihn haben um jeden Preis. Würde es aber dann noch Zeit sein? Der Hunger folterte mich derart, daß mich ein Schwindel überfiel. Er machte meine Hände so kraftlos, daß ich einhalten mußte, mein ganzes Gehirn schwankte. Ich hatte von dem Blut gesogen, das aus der Stichwunde an meinem Daumen quoll, jetzt biß ich mir in den Arm und trank mein Blut, aufgereizt durch den Schmerz, belebt von diesem lauwarmen, scharfen Saft, der meinen Mund feuchtete. Dann machte ich mich wieder an den Nagel – und ich riß ihn endlich heraus.

Von nun an glaubte ich an meine Rettung. Ich drückte die Spitze des Nagels direkt über mir in den Deckel, zog eine gerade Linie, so weit ich nur irgend konnte, und fuhr mit dem Nagel derart hin und her, daß ich langsam eine Kerbe grub. Meine Hände wurden steif, aber ich verbiß mich wütend in die Arbeit. Als ich genug Holz ausgehaspelt zu haben glaubte, kam ich auf den Gedanken, mich umzudrehen und mich, auf Knie und Ellenbogen gestützt, mit dem Rücken gegen den Deckel zu stemmen. Wenn der Deckel auch knackte, er brach doch nicht. Die Rinne war noch nicht tief genug. Ich mußte mich wieder umdrehen und von neuem beginnen, was mir übermäßige Anstrengung verursachte. Endlich machte ich noch einen Versuch, und dieses Mal spaltete sich der Deckel von einem bis zum anderen Ende. Sicherlich, ich war noch nicht gerettet, aber die Hoffnung überströmte glühend mein Herz. Ich hörte auf zu pressen, ich hielt ganz stille aus Furcht, einen plötzlichen Erdsturz zu bewirken, der mich dann begraben hätte. Mein Plan war, den Deckel als Schutzdach zu benützen, während ich eine Art Schacht durch den Lehm grub. Unglücklicherweise stellten sich dieser Arbeit große Schwierigkeiten entgegen. Die sich ablösenden Erdschollen beschwerten die Bretter so sehr, daß ich nicht arbeiten konnte, niemals würde ich bis an die Oberfläche gelangen. Schon jetzt bog mir das teilweise abstürzende Erdreich das Kreuz ein und drückte mich mit dem Gesicht in die Erde. Die

Furcht ergriff mich schon wieder, als ich plötzlich, indem ich mich ausstreckte, um einen neuen Stützpunkt zu finden, zu fühlen glaubte, daß das Fußende des Sarges unter dem Druck nachgäbe. Ich stampfte gewaltsam mit den Hacken dagegen in der Annahme, daß sich dahinter vielleicht ein aufgeworfenes, frisches Grab befände.

Plötzlich stampften meine Füße ins Leere, meine Vermutung war richtig gewesen, ein frisch geöffnetes Grab befand sich dort. Ich hatte nur noch eine dünne Erdschicht zu entfernen, um in die benachbarte Grube zu kriechen. Du großer Gott, ich war gerettet!

Einen Augenblick lang blieb ich auf dem Rücken im Grunde des Loches liegen und blickte hinauf in die Luft. Es war Nacht. Am Himmelsgewölbe leuchteten die Sterne wie auf bläulichem Sammet. Bisweilen trug mit ein Wind, der sich nur leise regte, laue Frühlingslüfte heran, den Duft von Bäumen. Großer Gott, ich war gerettet, ich atmete, mir wurde warm, ich weinte, ich stammelte, die Hände demütig hinausgereckt in den ewigen Weltenraum. Oh, wie herrlich war es, zu leben!

V

Es war meine Absicht, mich sofort zu dem Kirchhofswächter zu begeben, damit er mich nach Hause führen lasse. Aber allerlei vorläufig noch unbestimmte Gedanken hielten mich zurück. Ich würde alle Welt erschrecken. Warum mich auch beeilen, da ich ja doch der Herr der Situation war! Ich befühlte meine Glieder, aber ich fand nichts als den Biß meiner Zähne in meinem linken Arm. Ein kleines Fieber, das davon herrührte, reizte mich auf und gab mir ganz unerwartete Kräfte. Ich würde gewiß ohne Hilfe gehen können.

Ich ließ mir also Zeit. Alle möglichen wirren Vorstellungen zogen mir durch den Kopf. Ich hatte neben mir in der Grube die Werkzeuge der Totengräber bemerkt, und ich empfand das Bedürfnis, die Verwüstung, welche ich angerichtet hatte, zu verwischen und das Loch wieder zu verstopfen, damit niemand meine Auferstehung bemerken könnte. Ich hatte dabei gar keine klare Vorstellung, ich fand es nur unnütz, mein Abenteuer bekannt werden zu lassen, ich empfand etwas wie Scham, zu leben, da mich doch alle Welt gestorben wähnte. In einer halben Stunde gelang es mir, jede Spur zu vertilgen. Ich sprang aus dem Grab.

Welch schöne Nacht. Tiefe Stille herrschte auf dem Kirchhof – die schwarzen Bäume warfen große, unbewegliche Schatten auf die hellen Gräber. Als ich mich zurechtzufinden suchte, bemerkte ich, daß eine ganze Hälfte des Himmels wie von dem Widerschein einer Feuersbrunst glühte. Dort lag Paris. Ich wandte mich nach dieser Seite, indem ich leise, durch das Düster der Zweige gleitend, eine Allee entlang schlich; aber schon nach fünfzig Schritten mußte ich, außer Atem, anhalten. Ich setzte mich auf eine Steinbank nieder. Hier erst untersuchte ich mich genauer: Ich war vollständig angekleidet, ich hatte selbst Stiefel, nur der Hut fehlte mir. Wie dankte ich der lieben Marguerite für das schöne Gefühl, daß sie mich hatte ankleiden lassen. Die plötzliche Erinnerung an Marguerite riß mich in die Höhe. Ich wollte sie sehen.

Am Ende der Allee stieß ich auf eine Mauer. Ich stieg auf ein Grab, und als ich auf die andere Seite der Mauer geklettert war, hängte ich mich an die Abdachung und ließ mich fallen. Der Sturz war heftig. Nun ging ich einige Minuten durch eine große, einsame Straße, welche rund um den Kirchhof lief. Ich hatte keine Ahnung, wo ich mich befand, aber ich wiederholte mir fortwährend mit dem Eigensinn der fixen Idee, daß ich nach Paris zurückgehen und schon die Rue Dauphine zu finden wissen würde. Leute gingen vorbei; ich erkundigte mich bei ihnen nicht, ich war von Mißtrauen erfüllt und wollte mich auf niemand verlassen. Heute weiß ich, daß ich mich schon im heftigen Fieber befand und daß mein Kopf wirr wurde. Endlich, als ich auf einen großen Weg herauskam, befiel mich eine Ohnmacht, und ich stürzte schwer auf den Bürgersteig nieder.

Jetzt folgt eine leere Stelle in meinem Leben. Während dreier Wochen blieb ich bewußtlos. Als ich endlich erwachte, befand ich mich in einem mir unbekannten Zimmer. Ein

Mann war da, um mich zu pflegen. Er erzählte mir einfach, daß er mich eines Morgens auf dem Boulevard Montparnasse aufgelesen und bei sich behalten hätte. Es war ein alter Arzt, der nicht mehr praktizierte. Als ich ihm danken wollte, antwortete er mir schroff, daß mein Fall ihm merkwürdig erschienen sei und daß er ihn habe studieren wollen. Außerdem erlaubte er mir in den ersten Tagen meiner Genesung nicht, eine einzige Frage an ihn zu richten. Später tat er keine an mich. Noch acht Tage blieb ich im Bett mit schwachem Kopf und versuchte nicht einmal, mich zu erinnern, denn das Erinnern war eine Ermüdung und ein Gram. Ich fühlte mich scheu und furchtsam. Wenn ich erst ausgehen konnte, würde ich nachsehen gehen. Vielleicht hatte ich im Fieberwahn meinen Namen verraten, aber niemals machte der Arzt eine Anspielung auf das, was ich gesagt haben mochte. Seine Wohltätigkeit war verschwiegen.

Unterdessen war der Sommer herangekommen. An einem Junimorgen erhielt ich endlich die Erlaubnis, einen kurzen Spaziergang zu machen. Es war ein herrlicher Morgen, einer jener fröhlichen Sonnentage, welche die alten Straßen von Paris jung machen. Ich ging gemächlich für mich hin und fragte an jeder Straßenecke die Spaziergänger nach der Rue Dauphine. Ich gelangte hin, es machte mir Mühe, das Haus, in dem wir abgestiegen waren, wiederzuerkennen. Eine kindliche Furcht ergriff mich. Ich fürchtete Marguerite zu töten, wenn ich plötzlich vor ihr erschiene. Das beste würde sein, zuerst das alte Weib, diese Frau Gabin, die neben uns wohnte, zu verständigen. Aber es mißfiel mir, jemanden zwischen uns zu schieben. Ich kam zu keinem Entschluß. Tief in mir gab es etwas wie eine große Leere, etwas wie ein schon lange vollbrachtes Opfer.

Das Haus war ganz golden von der Sonne begossen. Ich hatte es an einem schmutzigen, kleinen Wirtshaus erkannt, das zu ebener Erde lag und woher man uns das Essen heraufschickte. Ich hob die Augen, ich sah nach dem letzten Fenster links im dritten Stock. Es war weit geöffnet. Auf einmal lehnte sich eine verzauste Frau in einer zerknüllten, verzogenen Nachtjacke heraus, und hinter ihr erschien ein junger Mann, der nach ihr haschte. Er beugte den Kopf und küßte ihren Nacken. Es war nicht Marguerite. Es überraschte mich nicht. Es war mir, als hätte ich dieses und andere Dinge, die ich noch erfahren würde, schon geträumt.

Einen Augenblick blieb ich unentschlossen auf der Straße und dachte nach, ob ich mich bei diesem Liebespärchen, das noch immer in der warmen Sonne schäkerte, erkundigen sollte. Ich ging aber unten in die Kneipe hinein. Ich mußte unerkenntlich geworden sein. Mein Bart war während meines Nervenfiebers gewachsen, mein Gesicht war eingefallen. Als ich mich an einem Tisch niedersetzte, sah ich, wie Frau Gabin gerade mit einer Tasse hereinkam, um für zwei Sous Kaffee zu kaufen. Sie stellte sich vor den Ladentisch, und es entspann sich zwischen ihr und der Wirtin ein Geklatsch über die kleinen Tagesneuigkeiten der Rue Dauphine. Ich horchte auf.

»Nun«, fragte die Wirtin, »ist die arme Kleine im dritten Stock endlich zu einem Entschluß gekommen?«

»Was wollen Sie?« antwortete Frau Gabin, »es war das Beste, was sie tun konnte. Herr Simoneau zeigte ihr soviel Freundschaft! … Er hatte seine Angelegenheit, eine große Erbschaft, glücklich zu Ende geführt, und er bot ihr an, sie nach da unten in seine Heimat mitzunehmen, damit sie bei einer Tante, die einer Vertrauensperson bedürfe, leben könnte.«

Die Wirtin kicherte. Ich hatte mein Gesicht in eine Zeitung vergraben. Ich war sehr bleich geworden, und meine Hände zitterten.

»Sicherlich endet die Geschichte mit einer Heirat«, erwiderte Frau Gabin. »Aber ich schwöre Ihnen bei meiner Ehre, daß ich bis jetzt nichts Verdächtiges bemerkt hatte. Die Kleine beweinte ihren Gatten, und der junge Mann benahm sich dabei ausgezeichnet. Schließlich sind sie gestern abgereist. Wenn sie nicht mehr in Trauer sein wird, dann können sie ja machen, was sie wollen, nicht wahr?«

In diesem Augenblick ging die Tür, die aus der Gaststube

auf den Flur des Hauses führte, ganz weit auf, und Dédé kam herein.

»Mama, kommst du nicht herauf? ... Ich warte schon lange. Komm schnell.«

»Gleich, gleich, laß mich zufrieden!« sagte die Mutter.

Das Kind blieb stehen und hörte den beiden Frauen zu, mit der frühreifen Miene eines auf dem Pariser Pflaster großgewordenen Gassenmädels.

»Und das ist doch weiß der Himmel sicher«, fuhr Frau Gabin fort, »daß der Verstorbene Herrn Simoneau nicht aufwog. Er gefiel mir nicht gerade sehr, dieser Schwachmatikus. Dieses ewige Geächze. Und keinen blanken Heller! Ah, nein wahrlich, ein solcher Mann ist unangenehm für eine Frau, die Blut in den Adern hat ... Dagegen Herr Simoneau, – reich, stark wie ein Türke ...«

»Oh«, unterbrach sie Dédé, »ich habe ihn eines Tages, als er sich wusch, gesehen. Hat der aber Haare auf den Armen!«

»Willst du machen, daß du fortkommst!« schrie die Alte, indem sie sie wegstieß. »Du hast deine Nase immer dort, wo sie nicht hingehört.«

Und dann als Schlußfolgerung:

»Lassen Sie nur, der andere hat gut daran getan, zu sterben. Es ist ein großes Glück für sie.«

Als ich mich auf der Straße wiederfand, ging ich langsam, meine Knie wankten. Und dennoch, ich litt nicht sehr, ich hatte sogar ein Lächeln, als ich meinen Schatten in der Sonne sah. Wirklich, ich war eine Jammergestalt, es war ein seltsamer Einfall von mir gewesen, Marguerite zu heiraten, und ich entsann mich ihres Verdrusses in Guérande, ihrer krampfhaften Unruhe, ihres trüben, stumpfen Lebens. Die liebe Frau war immer gütig, aber ich war niemals Liebhaber gewesen. Es war ein Bruder, den sie beweinte. Warum sollte ich aufs neue ihr Leben stören? Ein Toter ist nicht eifersüchtig. Als ich den Kopf aufhob, sah ich mir gegenüber den Jardin du Luxembourg. Ich trat hinein und setzte mich in die Sonne und hatte milde und sanfte Gedanken. Die Erinnerung an Marguerite rührte mich jetzt. Ich stellte sie mir in der Provinz vor, als Dame in einer kleinen Stadt, sehr glücklich, sehr geliebt, sehr gefeiert. Sie wurde immer schöner, sie hatte drei Knaben und zwei Mädchen … Wohlan! Ich war ein braver Mann, daß ich gestorben war, und ich würde sicherlich nicht die grausame Dummheit machen, wieder aufzuerstehen.

Seit dieser Zeit bin ich viel gereist, ich habe fast überall gelebt. Ich bin ein mittelmäßiger Mensch, der gearbeitet und sich ernährt hat wie jedermann. Der Tod schreckt mich nicht mehr; aber er scheint mich jetzt, wo ich keinen Grund zum Leben habe, nicht mehr zu wollen, und ich fürchte, daß er mich noch vergißt.

DIE MUSCHELTIERE DES HERRN CHABRE

I

Der große Kummer des Herrn Chabre war, daß er keine Kinder hatte. Er hatte ein Fräulein Catinot, aus dem Hause Catinot, geheiratet, die blonde Estelle, ein großes, schönes Mädchen von achtzehn Jahren; und seit vier Jahren wartete er, angstvoll, sehr bestürzt und zutiefst beleidigt durch sein vergebliches Bemühen.

Herr Chabre war ein ehemaliger Getreidehändler, der sich zur Ruhe gesetzt hatte. Er besaß ein schönes Vermögen. Obgleich er das keusche Leben eines Bürgers geführt hatte, dessen fixe Idee ist, Millionär zu werden, hatte er mit fünfundvierzig Jahren die schwerfälligen Beine eines Greises. Sein bleiches, durch die Sorge ums Geld früh gealtertes Gesicht war flach und banal wie ein Bürgersteig. Und er war in Verzweiflung, denn ein Mann, der sich fünfzigtausend Francs erworben, hat sicher das Recht, sich zu verwundern, daß das Reichwerden leichter ist als das Vaterwerden.

Die schöne Frau Chabre war damals zweiundzwanzig Jahre alt. Entzückend war sie, hatte den Teint eines reifen Pfirsichs und hochgestecktes, sonnengoldenes Haar. Ihre grünlichblauen Augen glichen schlafendem Wasser, und es war schwer, darin zu lesen. Wenn er über die Unfruchtbarkeit ihrer Verbindung klagte, streckte sie ihre geschmeidige Figur, ließ die Fülle ihrer Brust und ihrer Hüften sehen, und das Lächeln, das ihre Lippen umspielte, sagte deutlich: ›Kann ich dafür?‹ Übrigens galt Frau Chabre im Kreise ihrer Bekannten für eine vollkommen wohlerzogene Dame, die niemals Anlaß zu Gerede geben würde, sie war fromm genug, kurz, von einer strengen Mutter gut bürgerlich erzogen. Nur die feingeschnittenen Flügel ihrer kleinen, weißen Nase zitterten zuweilen nervös, was ihren Mann, wäre er nicht gerade ein alter Getreidehändler gewesen, vielleicht beunruhigt hätte.

Der Hausarzt, Doktor Guiraud, ein großer, feiner, lächelnder Herr, hatte schon einige Male längere Unterredungen mit Herrn Chabre gehabt. Er erklärte ihm, wie sehr die Wissenschaft noch zurück sei. Mein Gott! man pflanze ein Kind nicht wie eine Eiche. Dennoch versprach er ihm, da er ihm nicht alle Hoffnung nehmen wollte, über seinen Fall nachzudenken. Und eines Morgens im Juli sagte er:

»Sie müssen ins Seebad gehen, lieber Herr Chabre ... Ja, das wird vortrefflich sein. Und vor allem, essen Sie Muscheltiere, essen Sie nur Muscheltiere.«

Herr Chabre fragte in neuerwachter Hoffnung lebhaft:

»Muscheltiere, Doktor? ... Sie glauben, daß Muscheltiere ...?«

»Ganz gewiß! Das Verfahren war oft schon von Erfolg gekrönt. Essen Sie tagaus, tagein Austern, Miesmuscheln, Meerigel, Seespinnen, Seekrebse und Krabben.«

Dann – schon im Weggehen – fügte er nachlässig auf der Schwelle der Tür hinzu:

»Vergraben Sie sich nicht. Frau Chabre ist jung und braucht Zerstreuungen ... Gehen Sie nach Trouville. Die Luft ist dort sehr gut.«

Drei Tage später reiste das Ehepaar Chabre. Nur hielt es der ehemalige Kornhändler für unnütz, nach Trouville zu gehen, wo er ein Heidengeld ausgeben würde. Man kann überall Muscheltiere essen, und in kleinen, unberühmten Orten sind sie reichlicher und überdies billiger. Vergnügungen gäbe es nur zuviel. Sie machten ja keine Vergnügungsreise.

Ein Freund hatte Herrn Chabre den kleinen Strandort Pouliguen bei Saint-Nazaire empfohlen. Nach einer Reise von zwölf Stunden langweilte Frau Chabre sich in Saint-Nazaire furchtbar, in dieser Stadt, die mit ihren neuen, nach der Schnur gezogenen Straßen und den vielen Baugerüsten noch im Werden war. Sie besuchten den Hafen, gingen langsam durch die Straßen, wo die Geschäfte ein Mittelding zwischen Dorfläden und Großstadtgeschäften waren. In Pouliguen war nichts mehr zu haben. Die kleinen Häuser aus Planken und Gips, die die Bucht einfassen und den grellgestrichenen Schaubuden eines Jahrmarktes gleichen, waren schon von Engländern und reichen Kaufleuten aus Nantes besetzt. Außerdem rümpfte Estelle die Nase, als sie diese einer beschwingten Bürgerphantasie entsprungenen Architekturen sah.

Man riet den Reisenden, in Guérande zu übernachten. Es war gerade ein Sonntag. Als sie gegen Mittag ankamen, fühlte sich Herr Chabre, obgleich er nicht poetischer Natur war, heftig ergriffen. Der Anblick von Guérande setzte ihn in Erstaunen: ein guterhaltenes feudales Juwel mit seinem Festungsgürtel und seinen tiefen, von überhängenden Mauerkränzen überragten Toren. Estelle betrachtete die stille, von baumreichen Promenaden umgebene Stadt, und in der schlafenden Tiefe ihrer Augen lächelte ein Traum. Aber der Wagen rollte weiter, das Pferd trabte durch ein Tor, und die Räder tanzten auf dem spitzen Pflaster der engen Straßen. Chabres hatten kein Wort gewechselt.

»Ein richtiges Loch!« meinte endlich der Getreidehändler. »Die Dörfer um Paris herum sind besser gebaut.«

Als das Ehepaar vor dem Hôtel du Commerce, das im Zentrum der Stadt neben der Kirche liegt, aus dem Wagen stieg, war das Hochamt gerade zu Ende. Während ihr Mann sich des Gepäcks annahm, sah sich Estelle die aus der Kirche Kommenden an. Viele von ihnen waren ganz originell gekleidet. Arbeiter in weißer Bluse und bauschigen Hosen, die zwischen den Salzteichen wohnen, deren weite Wüste sich zwischen Guérande und Croisic erstreckt. Dann Pächter, eine ganz besondere Menschenrasse, in kurzer Tuchweste und mit großem rundem Hut. Aber Estelle gefiel besonders das reiche Kostüm eines Mädchens. Die Haube legte sich eng an die Schläfen und endete spitz. Auf ihr rotes Mieder, das mit langen aufgeschlagenen Ärmeln versehen war, fiel ein seidenes, mit hellen Blumen durchwirktes Tuch. Und ein gold- und silbergestickter Gürtel hielt ihre drei übereinanderfallenden Röcke aus blauem Tuch, die in dichte Plisseefalten gelegt waren, während eine lange Schürze aus orangefarbener Seide darüberfiel und nur die Strümpfe aus roter Wolle und ein Paar Füße in kleinen gelben Pantoffeln frei ließ.

»Mit deiner Erlaubnis!« sagte Herr Chabre und stellte sich

dicht neben seine Frau. »Man muß in der Bretagne sein, um so einen Fasching zu sehen.«

Estelle antwortete nicht. Ein großer, ungefähr zwanzigjähriger junger Mann kam aus der Kirche und bot einer alten Dame seinen Arm. Er hatte eine sehr weiße Haut, sah stolz aus und hatte rötlichblondes Haar. Ein Riese mit breiten Schultern, muskelgeschwellten Gliedern, und doch dabei so weich und zart, daß er das rosige Gesicht eines jungen Mädchens und kein einziges Haar auf den Wangen hatte. Als Estelle, überrascht von seiner großen Schönheit, ihm ins Gesicht blickte, wandte er den Kopf, betrachtete sie einen Augenblick und errötete.

»Sieh!« sagte Herr Chabre, »da ist wenigstens einer mit einem menschlichen Gesicht. Der wird einen guten Soldaten abgeben.«

»Das ist Herr Hektor«, sagte die Magd des Hotels, die zugehört hatte. »Er begleitet seine Mutter, Frau von Plougastel ... Oh, ein sehr guter Sohn!«

Während des Essens an der Table d'hôte hörten Chabres eine lebhafte Unterhaltung. Der Katasterkontrolleur, der seine Mahlzeiten im Hôtel du Commerce einnahm, lobte das patriarchalische Leben in Guérande und ganz besonders die guten Sitten der Jugend. Nach ihm erhielt die religiöse Erziehung die Unschuld der Einwohner aufrecht. Und er führte Beispiele und Tatsachen an.

Aber ein Handlungsreisender in falschen Edelsteinen, der am Morgen angekommen war, lachte ihn aus und erzählte, daß er längs des Weges Mädchen und Burschen gesehen habe, die sich hinter den Hecken küßten. Schöne Gesichter hätten die Hüter des Landes gemacht, wenn sie das gesehen hätten. Und er verspottete schließlich die Religion, die Pfarrer und die Frommen, so daß der Katasterkontrolleur seine Serviette hinwarf und wütend fortging. Chabres hatten schweigend gegessen, der Ehemann war sehr entsetzt über die Dinge, die man an der Table d'hôte zu hören bekam, die Frau lächelte ruhig, als hätte sie nichts verstanden.

Um den Nachmittag auszufüllen, besichtigte das Ehepaar

Guérande; in der Kirche Saint-Aubin war es so köstlich frisch. Zu den hohen Gewölben aufblickend, zu denen Bündel von kleinen Säulen wie Steinraketen aufstiegen, gingen sie langsam hin und her. Vor den seltsamen Skulpturen der Kapitäle blieben sie stehen. Henker sah man da, wie sie arme Sünder in zwei Teile sägten oder sie auf Rosten brieten, wobei das Feuer mit großen Blasbälgen geschürt wurde. Dann gingen sie durch fünf oder sechs Straßen der Stadt, und Herr Chabre blieb bei seiner Meinung: natürlich war's ein Nest ohne den geringsten Handel, eines jener alten Überbleibsel aus dem Mittelalter, die man allenfalls niederreißen konnte. Die Straßen waren einsam, von Giebelhäusern eingefaßt, die einander stützten wie alte müde Frauen. Spitze Dächer, mit Schiefer gedeckte Pfefferbüchsen, eckige Türmchen, Reste verfallener Skulpturen machten aus gewissen stillen Winkeln Museen, die in der Sonne schliefen. Estelle, die Romane las, seit sie verheiratet war, prüfte mit schmachtenden Blicken die kleinscheibigen, in Blei gefaßten Fenster. Sie dachte an Walter Scott.

Aber als Chabres die Stadt verließen, um sie von außen zu umkreisen, schüttelten sie den Kopf und mußten zugeben, daß sie wahrhaft reizend sei. Die Granitmauern standen lückenlos da, von der Sonne vergoldet, unversehrt wie am ersten Tag. Hängender Efeu und Geißblatt auf den Mauerkronen. Auf den Türmen Sträucher, Ginster, Goldlack, dessen Blütenbüschel sich glänzend vom hellen Himmel abhoben. Und um die ganze Stadt herum von hohen Bäumen beschattete Wege, hundertjährige Ulmen, unter denen Gras wuchs. Mit kleinen Schritten wie über einen Teppich geht man dort längs der alten Gräben, die stellenweise bis an den Rand gefüllt sind, dann wieder in stagnierende Sümpfe sich verwandeln und mooriges Wasser mit seltsamen Spiegelungen haben. Birken lehnen ihre weißen Stämme an die Mauern. Pflanzen breiten ihr grünes Haar aus. Lichtblitze schlüpfen durch die Bäume, erhellen geheimnisvolle Winkel, Vertiefungen der Ausfallstore, wo im Schweigen der Jahrhunderte nur die Frösche ihre plötzlichen, ängstlichen Sprünge machen.

»Zehn Türme, ich habe sie gezählt!« rief Herr Chabre, als sie wieder an ihrem Ausgangspunkt waren.

Die vier Tore der Stadt mit ihren engen und tiefen Vorhöfen, durch die nur ein einziger Wagen auf einmal fahren konnte, waren ihnen besonders aufgefallen. War's nicht lächerlich, sich im neunzehnten Jahrhundert so einzuschließen? Er hätte längst die Tore niedergerissen, diese von Schießscharten durchlöcherten Zitadellen, die so dicke Mauern hatten, daß man an ihrer Stelle zwei sechsstöckige Häuser aufführen könnte!

»Und das Material, das man auch aus den Mauern gewinnen könnte«, fügte er hinzu.

Sie waren gerade auf dem Mail, einer erhöhten Promenade, die vom Osttor bis zum Südtor einen Viertelkreis bildet. Estelle stand träumerisch vor dem wundervollen Horizont, der sich meilenweit hinter den Dächern der Vorstadt ausbreitete. Erst kam ein Streifen gewaltiger Natur, durch die Stürme des Meeres verbogene Fichten, knorrige Sträucher, eine ganze Vegetation von schwärzlichem Grün. Dann dehnte sich die Wüste der Salzteiche aus, die kahle, unermeßliche Ebene mit den Spiegeln der viereckigen Becken und der Weiße der kleinen Salzhaufen, die sich von der grauen Fläche des Sandes abhoben. Und schließlich, an der Grenze des Himmels, wälzte der Ozean seine blauen Tiefen. Drei Segel in dieser Bläue sahen wie drei weiße Meerschwalben aus.

»Da ist der junge Mann von heute morgen«, sagte plötzlich Herr Chabre. »Findest du nicht, daß er dem kleinen Larivière gleicht? Hätte er einen Buckel, dann wäre die Ähnlichkeit vollkommen.«

Estelle hatte sich langsam umgewandt. Aber Hektor, der am Rand des Mails auch in den Anblick des Meeres versunken dastand, schien nicht zu bemerken, daß er betrachtet wurde. Da ging die junge Frau langsam weiter. Sie stützte sich auf den langen Stock ihres Sonnenschirmes. Nach zehn Schritten vielleicht löste sich die Schleife am Sonnenschirm. Und Chabres hörten hinter sich eine Stimme:

»Gnädige Frau, gnädige Frau ...«

Hektor hatte die Schleife aufgehoben.

»Tausend Dank, mein Herr«, sagte Estelle mit ihrem ruhigen Lächeln. Sehr ehrlich und sanft sah dieser junge Mann aus. Er gefiel Herrn Chabre sogleich, und er teilte ihm seine Verlegenheit in bezug auf die Wahl eines Strandortes mit und fragte ihn um Rat.

Hektor war sehr schüchtern, er stammelte:

»Ich glaube, daß Sie weder in Croisic noch in Batz finden werden, was Sie suchen«, sagte er und deutete auf die Glokkentürme der beiden kleinen Städte am Horizont. »Ich würde Ihnen raten, nach Piriac zu gehen ...«

Und er gab Einzelheiten. Piriac war drei Meilen entfernt. Er hatte einen Onkel in der Nähe. Und auf eine Frage von Herrn Chabre erzählte er, daß es dort eine Menge Muscheltiere gäbe.

Die junge Frau schlug mit ihrem Schirm ins Gras. Der junge Mann, scheinbar sehr eingeschüchtert durch ihre Gegenwart, sah sie ganz und gar nicht an.

»Eine sehr hübsche Stadt, dies Guérande«, sagte endlich Estelle mit ihrer süßen Stimme.

»Oh, sehr hübsch«, stammelte Hektor und verschlang sie plötzlich mit seinen Blicken.

II

Eines Morgens, drei Tage nach der Ankunft des Ehepaares in Piriac stand Herr Chabre auf dem Damm der Mole, die den kleinen Hafen schützt, und überwachte ruhig Estelles Bad, die gerade auf dem Rücken schwamm. Die Sonne brannte; und ganz korrekt gekleidet, in schwarzem Überrock und Filzhut, schützte er sich mit einem grünen Touristensonnenschirm.

»Ist's schön?« fragte er, um sein Interesse am Bad seiner Frau zu zeigen.

»Sehr schön!« rief Estelle und legte sich wieder auf den Bauch.

Herr Chabre badete nie. Er war wasserscheu und verheimlichte es, indem er vorgab, daß ihm die Ärzte Seebäder ausdrücklich verboten hätten. Wenn eine Woge auf den Sand bis an seine Sohlen rollte, fuhr er vor ihr wie vor einem bösen, zähnefletschenden Tier zitternd zurück. Übrigens hätte das Wasser auch seine gewohnheitsmäßige Korrektheit gestört, er fand es unsauber und unschicklich.

»Also schön ist's?« wiederholte er, durch die Hitze betäubt, von unruhiger Schläfrigkeit auf dem Ende dieser Mole ergriffen.

Estelle antwortete nicht, sie schlug das Wasser mit den Armen, schwamm wie ein Hund. Mit knabenhafter Dreistigkeit badete sie stundenlang, was ihren Mann sehr verdroß, denn er hielt es für schicklich, sie am Ufer zu erwarten. In Piriac hatte Estelle das Bad, das sie liebte, gefunden. Sie verachtete den sanftabfallenden Strand, wo man weit hineingehen mußte, ehe man bis zum Gürtel im Wasser stand. In ihrem weichen, weißwollenen Mantel ging sie bis ans Ende der Mole, dort ließ sie ihn von den Schultern fallen und machte einen Kopfsprung ins Wasser. Sie brauche sechs Meter Tiefe, sagte sie, um nicht an Felsen zu stoßen. Ihr aus einem einzigen Stück hergestelltes Badekostüm ließ ihren schönen Wuchs hervortreten; und die langen Enden ihres blauen Gürtels folgten den rhythmischen Bewegungen ihrer schlanken Hüften. Aus dem Wachstuchhäubchen quollen lockige Haarbüschel hervor. Sie hatte im klaren Wasser die Geschmeidigkeit eines bläulichen Fisches mit dem Kopf einer Frau, beunruhigend und rosig.

Herr Chabre stand eine Viertelstunde in der glühenden Sonne. Dreimal schon hatte er nach der Uhr gesehen. Endlich sagte er zögernd:

»Du bleibst sehr lange, meine Liebe … Du solltest herauskommen, so lange Bäder greifen dich an.«

»Aber ich habe eben erst angefangen«, rief die junge Frau. »Es ist, als ob man in Milch schwimme.«

Und sie warf sich wieder auf den Rücken: »Langweilst du dich, so geh doch fort … Ich brauche dich nicht.«

Er schüttelte den Kopf, er erklärte, ein Unglück sei rasch geschehen! Und Estelle lächelte, was würde wohl ihr Mann tun, wenn sie einen Krampf bekäme. Aber plötzlich sah sie auf die andere Seite der Mole, in die Bucht hinüber, die links vom Dorf liegt.

»Halt«, sagte sie, »was gibt's dort? Ich will nachsehen.«

Und rasch mit langen, regelmäßigen Bewegungen schwamm sie hinüber.

»Estelle, Estelle!« rief Herr Chabre. »Wirst du wohl hierbleiben ... Du weißt, daß ich so etwas nicht liebe.«

Aber Estelle hörte ihn nicht, er mußte sich fügen.

Er reckte sich höher, um den weißen Fleck, den der Strohhut seiner Frau auf dem Wasser bildete, zu verfolgen, er nahm seinen Schirm in die andere Hand, und immer glühender brannte die Sonne.

Aber plötzlich erkannte er den Gegenstand.

»Aber das ist ja ein schwimmender Herr.«

Auch Estelle hatte nach einigen Stößen erkannt, daß es ein Herr war, und hörte auf, auf ihn zuzuschwimmen, da sie das für unschicklich hielt. Aber aus Koketterie, glücklich, ihren Mut zu zeigen, kam sie nicht zur Mole zurück, sondern strebte dem offenen Meer zu. Scheinbar ohne den Schwimmer zu sehen, schwamm sie ruhig vorwärts. Dieser aber, als hätte ihn eine Strömung fortgerissen, näherte sich ihr von der Seite immer mehr. Als sie dann umkehrte, um zur Mole zurückzuschwimmen, kam es zu einer Begegnung, die ganz zufällig aussah.

»Wie geht's Ihnen, gnädige Frau?« fragte der Herr höflich.

»Was, Sie sind's, mein Herr?« sagte Estelle vergnügt.

Und leicht lächelnd fügte sie hinzu:

»Wie man sich wiederfindet!«

Es war der junge Hektor von Plougastel. Er blieb im Wasser sehr schüchtern, sehr stark und sehr rosig. Einen Augenblick schwammen sie stumm, in geziemender Entfernung. Sie waren gezwungen, die Stimmen zu erheben, wollten sie einander verstehen. Dennoch hielt Estelle es für nötig, sich höflich zu zeigen.

»Wir danken Ihnen, daß Sie uns Piriac empfohlen haben. Mein Mann ist entzückt.«

»So ist der einzelne Herr dort oben auf der Mole Ihr Herr Gemahl?« fragte Hektor.

»Ja«, antwortete sie.

Und sie schwiegen wieder. Sie betrachteten diesen Ehemann über dem Meer, der klein wie ein schwarzes Insekt erschien. Sehr neugierig zu wissen, welchem Bekannten seine Frau im offenen Meer begegnet war, reckte Herr Chabre sich noch höher empor. Sicher unterhielt sich seine Frau dort mit einem Herrn. Er sah sie die Köpfe einander zuwenden. Irgendein Pariser Freund gewiß. Aber soviel er auch nachdachte, er fand niemanden in ihrer Bekanntschaft, der sich so kühn hätte hinauswagen dürfen. Und er wartete und setzte, um sich zu zerstreuen, seinen Sonnenschirm in kreisende Bewegung.

»Ja«, erklärte Hektor der schönen Frau Chabre, »ich bin für einige Tage zu meinem Onkel, dessen Schloß Sie dort sehen, auf Besuch gekommen. Jeden Tag nehme ich ein Bad, ich schwimme von der Landspitze dort, der Terrasse gegenüber, bis zur Mole. Dann wieder zurück. Im ganzen zwei Kilometer. Eine ausgezeichnete Übung ... Aber Sie, gnädige Frau, sind sehr kühn. Noch nie habe ich eine so kühne Dame gesehen.«

»Oh«, sagte Estelle, »als ich ganz klein war, habe ich schon herumgeplantscht ... Das Wasser kennt mich gut. Wir sind alte Freunde.«

Allmählich kamen sie, um nicht so schreien zu müssen, einander näher. Das Meer war an diesem Morgen ganz still und sah aus wie ein Moiréstoff. Stücke wie aus Atlas breiteten sich aus, und Streifen gleich einem plissierten Stoff reckten sich, wuchsen und warfen das leichte Zittern der Strömung weit hinaus. Als sie einander näher waren, wurde die Unterhaltung vertraulicher.

Der wunderschöne Tag! Und Hektor zeigte Estelle mehrere Stellen der Küste. Dies Dorf da, einen Kilometer von Piriac, hieß Port-aux-Loups; gegenüber lag Morbihan, dessen weiße Klippen mit der Deutlichkeit einer Aquarellzeichnung hervortraten; auf der anderen Seite endlich, dem offenen

Meer zu, bildete die Insel Dumet inmitten des blauen Wassers einen grauen Fleck. Estelle folgte bei jeder Bezeichnung dem Finger Hektors und hielt einen Augenblick an, um hinauszusehen. Und es amüsierte sie sehr, diese entfernten Küsten sich von einer klaren Unendlichkeit aus anzuschauen und die Augen dabei fast gleich hoch mit der Wasserfläche zu haben. Als sie sich der Sonne zuwandte, flimmerte es ihr vor den Augen, das Meer schien sich in eine grenzenlose Wüste mit der blendenden Widerspiegelung des Tagesgestirns in der bleichen Unermeßlichkeit des Sandes zu verwandeln.

»Wie schön!« hauchte sie, »wie schön!«

Sie legte sich auf den Rücken, um auszuruhen. Die Hände übereinandergeschlagen, den Kopf zurückgeworfen, lag sie regungslos. Und ihre weißen Beine, ihre weißen Arme trieben im Wasser.

»Sie sind also in Guérande geboren, mein Herr?« fragte sie.

Um bequemer plaudern zu können, legte Hektor sich auch auf den Rücken.

»Ja, gnädige Frau«, antwortete er. »Nur ein einziges Mal war ich in Nantes.«

Er erzählte ihr Einzelheiten über seine Erziehung. Er war bei seiner Großmutter aufgewachsen, die bigott war und die Traditionen des alten Adels streng aufrechterhielt. Sein Erzieher, ein Priester, hatte ihn fast alles gelehrt, was man in den Kollegien lernt, außerdem viel Glaubenslehre und Wappenkunde. Er ritt, focht, war in allen Körperübungen sehr gewandt. Und dabei schien er unschuldig wie ein junges Mädchen zu sein, denn er ging alle acht Tage zur Beichte, las niemals Romane und sollte, sobald er mündig war, eine häßliche Kusine heiraten.

»Wie! Sie sind kaum zwanzig Jahre alt!« rief Estelle und sah dies Riesenkind verwundert an.

Sie wurde mütterlich. Diese Blüte der kräftigen, bretonischen Rasse interessierte sie. Da sie aber beide auf dem Rükken blieben, beide die Erde ganz vergaßen und träumerisch zum klaren Himmel blickten, trieb das Wasser sie einander zu, und er streifte sie leicht.

»Oh, Verzeihung!« sagte er.

Er tauchte unter und erschien vier Meter weiter wieder.

Sie hatte wieder angefangen zu schwimmen und lachte sehr.

»Das war ein Entern«, rief sie.

Er war sehr rot. Er kam näher und sah sie an. Er fand sie entzückend. Der Strohhut stand ihr reizend. Man sah nur ihr Gesicht, das Kinn mit dem Grübchen schwamm schon im Wasser. Einige Tropfen rieselten aus den blonden, der Haube entschlüpften Haarbüscheln in den Flaum der Wangen. Und wie lieblich war ihr Lächeln, wie hübsch dieser Frauenkopf, der sich ganz still weiterbewegte und einen Silberfaden hinter sich herzog.

Hektor wurde noch röter, als er bemerkte, daß Estelle sich beobachtet fühlte.

»Ihr Herr Gemahl scheint ungeduldig zu werden«, sagte er, um die Unterhaltung wieder anzuknüpfen.

»O nein«, antwortete sie ruhig, »er erwartet mich immer, wenn ich ein Bad nehme.«

Aber Herr Chabre war wirklich unruhig. Er ging vier Schritte vorwärts, kam wieder zurück und drehte seinen Schirm rascher, in der Hoffnung, sich Kühlung zu schaffen. Die Unterhaltung seiner Frau mit dem unbekannten Schwimmer fing an, ihn zu erstaunen.

Estelle fiel es plötzlich ein, daß er Hektor vielleicht nicht erkannt haben könnte.

»Ich will ihm zurufen, daß Sie es sind«, sagte sie.

Und als sie von der Mole aus verstanden werden konnte, erhob sie die Stimme:

»Du weißt schon, mein Freund, es ist der Herr aus Guérande, der so liebenswürdig war.«

»Ah, sehr gut, sehr gut!« rief Herr Chabre da.

Er zog seinen Hut und grüßte.

»Ist's schön im Wasser?« fragte er höflich.

»Sehr schön«, antwortete Hektor.

Das Bad wurde unter den Augen des Ehemannes fortgesetzt, der sich nicht mehr zu beklagen wagte, obgleich seine

Füße auf den heißen Steinen brannten. An der Spitze der Mole war das Wasser von wunderbarer Klarheit. Man konnte in einer Tiefe von vier oder fünf Metern den feinsandigen Grund sehen mit den wenigen glatten, runden Kieseln, die einen weißen oder schwarzen Flecken bildeten, und den dünnen Stauden, die aufrechtstehend ihre langen Haare schüttelten. Und dieser klare Grund amüsierte Estelle sehr. Sie schwamm vorsichtig, um die Oberfläche nicht zu sehr zu bewegen; dann neigte sie sich und betrachtete, bis zur Nase im Wasser, den Sand und die Kiesel in der geheimnisvollen schwankenden Tiefe. Besonders die Stauden, schwamm sie darüber hinweg, ließen sie leicht erschauern. Wie lebendig bewegten sie ihre zackigen Blätter, ein Gewimmel von Krabbenscharen gleichsam, einmal kurz und dick, zwischen zwei Felsen eingeklemmt, die andern watschelig, lang und schmiegsam wie Schlangen. Sie schrie leicht auf und gab ihre Entdeckungen zum besten.

»Oh, dieser große Stein! Man könnte schwören, daß er sich bewegt ... Oh, dieser Baum, ein richtiger Baum mit Zweigen ... Oh, dort ist ein Fisch! Wie rasch er schwimmt.«

Dann plötzlich schrie sie laut auf.

»Was ist denn das? Ein Brautbukett! ... Wie! Gibt's Brautbuketts im Meer? ... Sehen Sie doch, ob das nicht weiße Blumen sind. Oh, wie hübsch, wie hübsch ...«

Sogleich versank Hektor und erschien wieder mit einer Handvoll weißlicher Stauden, die entblätterten und verwelkten, als sie aus dem Wasser kamen.

»Ich danke Ihnen sehr«, sagte Estelle. »Sie hätten sich nicht bemühen sollen ... Hier, mein Freund, bewahr es für mich auf.«

Und sie warf die Handvoll Stauden Herrn Chabre vor die Füße. Noch einen Augenblick schwammen die junge Frau und der junge Mann. Sie wühlten Schaum auf, trieben sich durch plötzliche und unregelmäßige Armbewegungen vorwärts. Dann mit einemmal schien ihr Schwimmen einzuschlafen, sie glitten langsam dahin, immer weitere Kreise um sich ziehend, die zitternd erstarben. Eine diskrete, sinnliche

Vertraulichkeit, so in derselben Flut zu schaukeln. Wenn das Wasser sich über dem sich entfernenden Körper Estelles schloß, suchte Hektor in die Furche zu kommen, die sie zurückließ, an die Stelle, wo sie etwas von der Wärme ihrer Glieder zurückgelassen hatte. Um sie herum war das Meer noch ruhiger geworden und von einer blaßrosa schimmernden Bläue.

»Meine Liebe, du wirst dich erkälten«, warnte Herr Chabre, der in großen Tropfen schwitzte.

»Ich komme schon, mein Freund«, antwortete sie.

Sie schwang sich wirklich an einer Kette, die die Böschung der Mole hinabhing, aus dem Wasser. Als Hektor, durch das Geplätscher aufmerksam gemacht, den Kopf hob, stand sie schon in ihrem Mantel auf der Plattform. Er machte ein so verdutztes betrübtes Gesicht, daß sie lachte und dabei vor Kälte ein wenig zitterte; und sie zitterte hauptsächlich, weil sie wußte, daß sie so, von leichten Schauern bewegt, reizend war, daß ihre Silhouette sich entzückend vom Himmel abhob.

Der junge Mann mußte sich verabschieden.

»Auf Wiedersehn, mein Herr«, sagte der Ehemann.

Und während Estelle über die Steinplatten der Mole eilte und über dem Wasser Hektors Kopf verfolgte, der die Bai durchquerte, ging Herr Chabre ernsthaft hinter ihr her und hielt die von dem jungen Mann gepflückte Wasserstaude in der Hand, den Arm aber hatte er weit von sich gestreckt, damit sein Rock nicht naß werde.

III

Chabres hatten in Piriac das erste Stockwerk eines großen Hauses gemietet, dessen Fenster aufs Meer hinausgingen. Da es im Dorf nur Winkelkneipen gab, hatten sie eine Frau aus der Gegend engagiert, die für sie kochte. Eine etwas seltsame Küche, zu Kohle verbrannte Braten, Soßen von beunruhigender Farbe, angesichts deren Estelle es vorzog, Brot zu essen. Aber Herr Chabre sagte, nicht wegen der Leckerbissen wären sie hierhergekommen. Und er selbst rührte weder Braten noch Soße an. Mit der Überzeugung eines Mannes, der sich einer Medizin verschreibt, stopfte er sich morgens und abends mit Muscheltieren voll. Das schlimmste war, daß er diese unbekannten, seltsam geformten Tiere verabscheute, da er, bei schaler bürgerlicher Küche erzogen, eine ausgesprochene, kindliche Liebhaberei für Süßigkeiten hatte. Die salzigen, gepfefferten Muscheltiere brannten ihm im Mund, und er konnte sie nicht ohne Grimassen hinunterschlucken; aber er hätte sogar die Schalen mit verschluckt, wenn es nötig gewesen wäre, so groß war seine Sehnsucht, Vater zu werden.

»Meine Liebe, iß doch!« sagte er oft zu Estelle.

Er verlangte, daß sie ebensoviel Muscheltiere wie er essen sollte. Das sei erforderlich, um das Gewünschte zu erreichen, behauptete er. Und der Wortwechsel begann. Estelle sagte, daß Doktor Guirand nicht von ihr gesprochen habe. Er aber antwortete, logischerweise müßten sie sich beide dem Verfahren unterziehen. Da kniff die junge Frau die Lippen zusammen und warf bezeichnende Blicke auf die blasse Fettleibigkeit ihres Gatten. Ein unbezwingliches Lächeln ließ das Grübchen in ihrem Kinn hervortreten. Aber sie sagte kein Wort, da sie nur ungern jemand kränkte. Als sie einen Austernpark entdeckt hatte, aß sie sogar ein Dutzend Austern bei jeder Mahlzeit. Sie hatte es nicht nötig, Austern zu essen, aß sie aber für ihr Leben gern.

Das Leben in Piriac war von einschläfernder Einförmigkeit. Nur drei badende Familien gab's dort, einen Gewürzkrämer aus Nantes, einen alten Notar aus Guérande, der taub und einfältig war, und eine Familie aus Angers, die, bis zum Gürtel im Wasser, den ganzen Tag fischte. Diese kleine Welt machte nicht viel Lärm. Man grüßte sich, aber weiter gingen die Beziehungen nicht. Ein großes Ereignis war es schon auf dem einsamen Quai, wenn zwei Hunde sich rauften.

An den Pariser Trubel gewöhnt, hätte Estelle sich tödlich gelangweilt, wenn Hektor sie nicht täglich besucht hätte. Nach einem großen Spaziergang an der Küste wurden Hektor und Herr Chabre dicke Freunde. In einem Moment der Erregung vertraute Herr Chabre dem jungen Mann sogar den Zweck ihrer Reise an und suchte dabei nach den zartesten Ausdrücken, um die keusche Reinheit dieses großen Knaben nicht zu verletzen. Als er ihm erklärte, warum er so viel Muscheltiere esse, vergaß Hektor vor Verwunderung zu erröten, betrachtete ihn vom Kopf bis zu den Füßen, ohne seine Überraschung darüber zu verbergen, daß ein Mann es nötig haben konnte, zu solch einem Mittel zu greifen. Am andern Morgen aber erschien er mit einem Körbchen eßbarer Muscheln, die der ehemalige Getreidehändler dankbar annahm. Und da er ein sehr gewandter Fischer war und jeden Felsen der Bai kannte, kam er nie mehr, ohne Muscheltiere mitzubringen. Er gab ihm Seeigel zu essen, die er selbst geöffnet, gereinigt und an denen er sich die Finger zerstochen hatte, und alle möglichen Arten Tiere mit seltsamen Namen löste er mit der Spitze seines Messers von den Felsen und brachte sie Herrn Chabre, ohne sie jemals selbst gegessen zu haben. Estelles Mann war sehr entzückt, daß sie ihn nichts kosteten, und erschöpfte sich in Danksagungen.

Jetzt hatte Hektor immer einen Grund zum Kommen. Jedesmal wenn er mit seinem Körbchen erschien und Estelle ihm entgegenkam, sagte er:

»Ich bringe Muscheln für Herrn Chabre.«

Und beide lächelten sie mit leuchtenden Augen. Herrn Chabres Muscheltiere amüsierten sie sehr.

Von nun an fand Estelle Piriac reizend. Jeden Tag machte sie nach dem Bad einen Spaziergang mit Hektor. Ihr Mann folgte ihnen von weitem, denn seine Beine waren schwer, und sie gingen ihm oft zu rasch. Hektor zeigte der jungen Frau die ehemalige Pracht Piriacs, Überbleibsel von Skulpturen, Türen und Fenster mit sehr schön gearbeitetem Laubwerk. Die Stadt von einst ist jetzt ein verlorenes Dorf mit schmutzigen Straßen, in denen schwarze, baufällige Häuser stehen. Aber die Einsamkeit dort ist so süß, daß Estelle, die sich lebhaft für das kleinste Stück Gemäuer interessierte, den Schmutz übersprang und sehr überrascht die Wohnungen der Menschen dort, ein ganzes Gerümpel von Elend, betrachtete. Hektor machte sie auf die wunderbaren Feigenbäume mit den großen Blättern aus rauhem Leder aufmerksam, mit denen die Gärten bepflanzt sind und die ihre Zweige über die niedrigen Bäume strecken.

Sie betraten die engsten Gäßchen, sie beugten sich über die steinernen Ränder der Brunnen, in deren Tiefen sie ihre lächelnden Gesichter im klaren, spiegelhellen Wasser sahen; während hinter ihnen Herr Chabre unter seinem grünen Sonnenschirm, den er niemals aus der Hand ließ, seine Muscheltiere verdaute.

Eine der größten Freuden Estelles waren die Gänse und Schweine, die in Scharen frei umherliefen. In der ersten Zeit fürchtete sie sich vor den Schweinen, deren plötzliche Bewegungen, bei denen sie eine Masse Schmutz mit den Füßen aufwühlten, sie beständig fürchten ließ, getreten oder umgeworfen zu werden; außerdem waren sie entsetzlich unsauber, der Bauch schwarz von Kot, der Rüssel besudelt. Aber Hektor hatte ihr geschworen, daß Schweine die besten Geschöpfe der Welt seien. Und jetzt amüsierte sie sich über ihr unruhiges Laufen zur Fütterungsstunde und bewunderte ihr rosaseidenes Kleid, das frisch war wie eine Ballrobe, wenn es geregnet hatte.

Die Gänse beschäftigten sie ebenso lebhaft. In einen Schmutztümpel, am Ende eines Gäßchens, kamen oft zwei Scharen Gänse, jede Schar von einer Seite. Sie schienen sich mit Schnabelgeklapper zu begrüßen, dann liefen sie durcheinander und schnappten gemeinsam nach Gemüseabfällen. Eine, oben auf dem Abfallhaufen, mit rundem Auge, steifem Hals und großem gelbem Schnabel, trug die ruhige Majestät eines Herrschers zur Schau, während die anderen mit gesenktem Hals und rauhem Geschnatter an der Erde suchten. Dann plötzlich schoß die große Gans mit hellem Geschrei herab; und die Gänse ihrer Schar folgten ihr, streckten alle die Hälse nach der gleichen Seite aus, im Takt hintereinander mit dem nachlässigen Gang schwächlicher Tiere. Wenn ein Hund vorüberlief, wurden die Hälse länger, und sie zischten. Da klatschte die junge Frau in die Hände und sah sich das majestätische Vorüberziehen der beiden Gesellschaften an, ganz ernsten Personen gleich, die wichtige Geschäfte nach Hause riefen. Eine der Vergnügungen war es noch, dem Baden der Schweine und Gänse zuzusehen, die jeden Nachmittag, ganz wie Menschen, die Küste hinunterstiegen, um ihr Bad zu nehmen.

Am ersten Sonntag glaubte Estelle, in die Kirche gehen zu müssen. In Paris tat sie es nie. Aber auf dem Lande war der Gottesdienst eine Zerstreuung, eine Gelegenheit, Toilette zu machen und Menschen zu sehen. Außerdem traf sie dort Hektor, der in einem riesigen Gebetbuch mit abgenutztem Einband las. Über das Buch hinweg sah er sie unablässig an, mit ernsten Lippen, aber so blitzenden Augen, daß sein lächelndes Herz herausblickte. Beim Hinausgehen bot er ihr den Arm und führte sie über den kleinen Friedhof, der die Kirche umgab. Und nachmittags, nach der Abendmette, gab's ein anderes Schauspiel, eine Prozession auf einem Kalvarienberg am Ende des Dorfes. Ein Bauer, der an roter Stange eine blaue, goldgestickte Fahne trug, ging voran. Dann zwei lange Reihen Frauen; Priester gingen in der Mitte, ein Pfarrer, ein Vikar und der Hauslehrer eines benachbarten Schlosses, der mit lauter Stimme sang; am Schluß, hinter einer weißen Fahne, die ein großes Mädchen mit sonnverbrannten Armen trug, der Rest der Gläubigen in Holzschuhen, die einen Lärm wie eine losgelassene Herde machten. Als die Prozession durch das Tor zog, hoben die weiße Fahne und die weißen Hauben der Frauen sich scharf vom warmen Blau des Meeres ab; und dieser langsame Zug in der Sonne hatte etwas sehr Feierliches.

Der Friedhof gefiel Estelle sehr. Im allgemeinen liebte sie traurige Dinge nicht. Am Tag ihrer Ankunft erbebte sie, als sie all diese Gräber unter ihrem Fenster sah. Die Kirche lag am Hafen und war von Kreuzen umgeben, deren Arme sich nach der Unermeßlichkeit des Wassers und des Himmels ausstreckten, und in Sturmnächten schluchzte der Wind in diesem Walde schwarzer Bretter. Aber rasch hatte sie sich an diese Trauer gewöhnt, so lieblich war der kleine Kirchhof, von fast heiterer Anmut. Die Toten schienen dort inmitten der Lebenden, die sie streiften, zu lächeln. Da der Friedhof von einer Mauer in Brusthöhe umgeben war und im Zentrum Piriacs den Weg versperrte, stiegen die Leute einfach über die Mauer und gingen durch die Gänge, die im hohen Gras kaum zu erkennen waren. Die Kinder spielten dort, eine wilde Rotte Kinder, die mitten durch die Granitmassen liefen. Unter Büschen kauernde Katzen sprangen plötzlich auf und jagten einander; oft hörte man dort auch das Miauen verliebter Kater, deren hochaufgerichtete Silhouetten man sah und deren lange Schwänze durch die Luft fegten. Ein köstlich, üppig grünender Winkel war es mit riesigem Fenchel, großen gelben Dolden, die so stark dufteten, daß nach heißen Tagen der Hauch der Anispflanze, der von den Gräbern kam, ganz Piriac mit Wohlgerüchen erfüllte. Und wie still und lieblich war dort die Nacht. Der schlafende Friede des Dorfes schien vom Friedhof zu kommen. Das Dunkel verwischte die Kreuze, verspätete Spaziergänger setzten sich auf die Granitbänke an der Mauer, während das Meer ihnen gegenüber seine Wogen rollte und feinen Salzstaub herüberhauchte.

Eines Abends, als Estelle an Hektors Arm zurückkehrte, hatte sie Lust, die einsame Stätte zu durchqueren. Herr Chabre fand die Idee romantisch, protestierte und ging weiter den Quai entlang. Sie mußte den Arm des jungen Mannes loslassen, so schmal war der Gang. Über die hohen Gräser hin raschelte ihr seidener Rock. Der Duft des Fenchels war so stark, daß die verliebten Kater betäubt und regungslos im Grün lagen. Als sie in den Schatten der Kirche kamen, fühlte sie Hektors Hand an ihrer Hüfte. Sie erschrak und schrie auf.

»Wie dumm!« sagte sie, als sie aus dem Schatten heraustraten, »ich glaubte, ein Gespenst griffe nach mir.« Hektor fing an zu lachen und sagte: »Oh, ein Ast, irgendein Fenchelzweig, der Ihre Röcke gestreift hat!«

Sie blieben stehen, betrachteten die Kreuze um sich herum, die tiefe Ruhe des Todes, und ihre Herzen zitterten; wortlos und sehr bewegt gingen sie weiter.

»Du hast dich erschreckt, ich habe dich gehört«, sagte Herr Chabre.

Zur Zeit der Flut ging man, um sich zu zerstreuen, hinaus und sah die Sardinenboote ankommen. Wenn ein Segel dem Hafen zusteuerte, gab Hektor dem Ehepaar ein Zeichen. Aber der Ehemann hatte nach dem sechsten Boot erklärt, es wäre immer dasselbe, und das langweilte ihn.

Estelle dagegen fand immer größeres Vergnügen daran, auf die Mole hinauszugehen. Oft mußten sie laufen. Sie sprang über große, losgebrochene Steine, ließ ihre Röcke flattern und hob sie wohl auch, um nicht zu fallen, mit einer Hand auf. Atemlos, die Hände auf der Brust, den Kopf zurückgeworfen, um wieder zu Atem zu kommen, stand sie endlich am Ziel. Hektor fand sie mit ihrem verwirrten Haar, ihrer knabenhaften Kühnheit entzückend. Das Boot warf Anker, die Fischer trugen die Körbe voll Sardinen heraus, die in der Sonne silbern, bläulich und blaßrot schimmerten. Und jedesmal gab der junge Mann dieselben Erklärungen: jeder Korb enthalte tausend Sardinen, das Tausend würde nach dem Ertrag des Fischfangs taxiert, und die Fischer teilten das eingenommene Geld untereinander, nachdem sie dem Eigentümer des Bootes den dritten Teil des ganzen Erlöses abgegeben hätten. Dann würden die Fische gleich an Ort und Stelle in durchlöcherten Kästen gesalzen. Allmählich aber vernachlässigten Estelle und ihr Kamerad die Sardinen. Sie gingen noch hin, sie zu sehen, betrachteten sie aber gar nicht. Sie rannten hinaus und kehrten mit müder Langsamkeit zurück, wobei sie schweigend aufs Meer blickten. »Gab's viele Sardinen?« fragte sie Herr Chabre jedesmal bei ihrer Rückkehr.

»Ja, sehr viele«, antworteten sie.

Endlich wurde an einem Sonntagabend in Piriac ein Ball veranstaltet. Die Burschen und Mädchen des Landes mit schwieligen Händen drehten sich stundenlang und sangen dazu im dumpfen Ton immer denselben Vers im Takt. Diese groben, aus der Tiefe der Dämmerung kommenden Stimmen berauschten langsam das Ohr. Estelle, die, Hektor zu ihren Füßen, am Strand saß, wurde bald träumerisch. Das Meer stieg mit lautem, zärtlichem Rauschen. Einer Stimme der Leidenschaft gleich, schlugen die Wellen auf den Sand; dann erstarb diese Stimme plötzlich mit dem sich zurückziehenden Wasser, und nur das klagende Flüstern gewaltsam niedergekämpfter Liebe war zu hören. Die junge Frau träumte, so würde sie von einem Riesen geliebt, aus dem sie einen kleinen Knaben gemacht hätte.

»Du mußt dich in Piriac langweilen, meine Liebe«, sagte Herr Chabre zuweilen zu seiner Frau.

Sie aber beeilte sich, zu antworten:

»O nein, mein Freund, ganz gewiß nicht.«

Und sie amüsierte sich in diesem einsamen Loch wirklich. Die Gänse, Schweine und Sardinen waren ihr sehr interessant. Den kleinen Kirchhof fand sie sehr freundlich. Dies schlafende Leben, diese nur durch den Gewürzkrämer aus Nantes und den tauben Notar aus Guérande belebte Einsamkeit erschien ihr aufregender als das lärmende Treiben der Modestrandbäder. Nach vierzehn Tagen wollte Herr Chabre, der sich tödlich langweilte, nach Paris zurückkehren. Die Muscheltiere müßten nun schon ihre Wirkung getan haben. Aber Estelle rief:

»Nein, mein Freund, du hast noch nicht genug Muscheltiere gegessen ... Du mußt noch hierbleiben.«

IV

Eines Abends sagte Hektor zu dem Ehepaar:

»Morgen haben wir große Ebbe ... Man könnte gehen und Krabben fangen.«

Der Vorschlag schien Estelle zu entzücken. Ja, ja, man müsse gehen und Krabben fangen! Lange schon plane sie so ein Vergnügen. Herr Chabre machte Einwendungen. Erstens finge man nie etwas. Dann wäre es auch viel einfacher, irgendeiner alten Fischerin ihren Fang für einen Franc abzukaufen. Wozu denn bis zum Gürtel naß werden und sich die Füße wund laufen? Aber vor der Begeisterung seiner Frau strich er die Segel. Und die Vorbereitungen waren großartig. Hektor hatte es übernommen, die Netze zu liefern. Obgleich Herr Chabre kaltes Wasser sehr scheute, wollte er sich doch beteiligen; und da er einmal fischen sollte, wollte er auch ernstlich fischen. Am Morgen ließ er sich ein Paar Stiefel schmieren. Dann kleidete er sich ganz in helle Leinwand; aber seine Frau konnte es nicht durchsetzen, daß er den Knoten seiner Krawatte vernachlässigte, den er so sorgfältig knüpfte, als ginge es zur Hochzeit. Dieser Knoten war sein Protest des feinen Mannes gegen das gar zu lässige Meer. Estelle zog einfach ihr Badekostüm und darüber eine Jacke an. Hektor war auch im Badekostüm.

Alle drei brachen gegen zwei Uhr auf. Jeder trug sein Netz auf der Schulter. Eine halbe Meile mußte man durch Sand und Seegras bis zu einem Felsen gehen, wo es, wie Hektor sagte, ganze Bänke von Krebsen gab. Er machte den Führer und ging ruhig durch alle Lachen geradeaus. Estelle folgte ihm kühn und freute sich über die Kühle des nassen Bodens, den ihre kleinen Füße traten. Herr Chabre, der zuletzt kam, hielt's für unnütz, sich die Füße zu früh naß zu machen, umging die Lachen sorgfältig, übersprang die Bäche, die die fallenden Wasser in den Sand gruben, wählte mit dem vorsichtigen, sichern Gang eines Parisers, der an einem schmutzigen Tage die Rue Vivienne passiert, trockne Stellen aus. Er keuchte schon, er fragte alle Augenblicke:

»Es ist wohl noch sehr weit, Herr Hektor? ... Aber warum fischen wir nicht hier? Ich sehe Krebse, ganz gewiß ... Außerdem gibt es ja doch Krebse überall im Meer, nicht wahr? und ich wette, es genügt, wenn man sein Netz auswirft.«

»Tun Sie es doch, Herr Chabre«, antwortete Hektor.

Und Herr Chabre versenkte sein Netz in eine handgroße Lache. Er fing nichts, nicht einmal einen Grashalm, so leer und klar war das Wasserloch. Und mit eingezogenen Lippen ging er sehr würdig weiter. Aber da er immer wieder stehenblieb, um nach Krebsen zu suchen, waren die anderen bald weit voraus.

Das Meer fiel noch immer, über einen Kilometer weit zog es sich von den Küsten zurück. Das Geröll und die Felsen auf dem Grund leerten sich und bildeten eine unabsehbare nasse, unebene Wüste voll trauriger Größe, einem riesigen Flachland gleich, das ein Sturm verwüstet hat. Man sah von weitem nur die grüne Linie des Meeres, das noch immer fiel, als söge die Erde es auf, während schwarze Felsen in langen schmalen Streifen wie Vorgebirge das tote Wasser durchzogen. Estelle überblickte diese kahle Unermeßlichkeit.

»Wie groß!« sagte sie.

Hektor wies mit dem Finger auf einige Felsen, grünliche, durch die See abgeschliffene Blöcke.

»Dieser da«, sagte er, »zeigt sich nur zweimal in jedem Monat. Man findet dann Miesmuscheln dort ... Bemerken Sie den braunroten Fleck? Das sind die ›Roten Kühe‹, der beste Platz für Hummern. Man sieht sie nur bei den beiden großen Ebben des Jahres. Aber wir müssen uns beeilen. Wir gehen zu jenen Felsen, deren Spitzen anfangen aufzutauchen.«

Es war eine Lust für Estelle, ins Meer zu gehen. Sie hob die Füße sehr hoch, setzte sie fest auf und freute sich über das Aufspritzen des Schaums. Als sie dann bis zu den Knien im Wasser stand, mußte sie gegen die Flut ankämpfen, und es machte ihr Spaß, rasch zu gehen, den Widerstand zu fühlen, dies unablässige starke Wogen, das ihre Beine peitschte.

»Fürchten Sie nichts«, sagte Hektor, »bis zum Gürtel müssen wir ins Wasser, aber dann steigt der Boden wieder an ... Wir kommen schon hin.«

Allmählich ging es wirklich wieder aufwärts. Sie hatten einen kleinen Meeresarm durchschritten und befanden sich jetzt auf einer großen Felsplatte, die die Ebbe bloßlegte. Als die junge Frau sich umwandte, stieß sie einen leichten Schrei aus, so weit hinter ihr lag das Ufer. Piriac dahinten zeigte die paar Flecken seiner weißen Häuser und den viereckigen Turm seiner Kirche. Nie noch hatte sie eine so gewaltige Fläche gesehen wie hier, wo in der Sonne das Gold des Sandes, das tiefe Grün der Algen, die feuchten, glänzenden Farbtöne der Felsen ineinander verschmolzen. Das war wie das Ende der Erde, das Feld der Trümmer, wo das Nichts beginnt.

Estelle und Hektor waren gerade dabei, ihren ersten Fang zu tun, als eine klägliche Stimme sich hören ließ. Herr Chabre, noch mitten im kleinen Meeresarm, fragte nach dem Weg.

»Wohin soll ich gehen?« rief er. »Sagen Sie doch, geradeaus?«

Das Wasser ging ihm bis an den Gürtel, er wagte keinen Schritt weiter, weil er fürchtete, in ein Loch zu fallen und zu ertrinken.

»Links!« rief ihm Hektor zu.

Er ging links; aber da er immer tiefer versank, blieb er wieder stehen, wagte auch nicht, zurückzugehen, und rief in kläglichem Ton: »Kommen Sie und reichen Sie mir Ihre Hand. Ich versichere Sie, hier sind Löcher, ich fühle sie.«

»Rechts! Herr Chabre, rechts!« rief Hektor.

Und der arme Mann mitten im Wasser mit dem Netz auf der Schulter und dem schönen Krawattenknoten war so komisch, daß Estelle und Hektor ein leichtes Lachen nicht unterdrücken konnten. Endlich zog er sich aus der Schlinge. Aber er langte sehr aufgeregt an und rief wütend:

»Ich kann nicht schwimmen, ich nicht!«

Was ihn jetzt beunruhigte, war die Rückkehr. Als der junge Mann ihm erklärte, man dürfe sich auf dem Felsen nicht durch die steigende Flut überraschen lassen, wurde er wieder ängstlich.

»Sie werden mich beizeiten darauf aufmerksam machen, nicht wahr?«

»Fürchten Sie nichts, ich bin für Sie verantwortlich.«

Und alle drei fingen an zu fischen. Mit ihren schmalen Netzen durchsuchten sie die Löcher. Estelle war ganz Leidenschaft. Und sie fing auch die ersten Seekrebse, drei große rote, die wütend im Netz herumsprangen. Mit großem Geschrei rief sie Hektor herbei, er sollte ihr helfen, denn diese lebhaften Tiere beunruhigten sie; aber als sie sah, daß sie sich nicht mehr rührten, wenn man sie am Kopf hielt, wurde sie wieder mutig und legte sie selbst in den kleinen Korb, den sie quer über der Brust trug. Manchmal fischte sie einen ganzen Packen Stauden und wühlte darin herum, bis ein trockenes Geräusch, ein leises Rascheln, ihr verriet, daß Krebse im Grunde waren. Sie zog die Gräser sorgsam heraus, warf sie wieder zurück und fürchtete sich fast vor diesem Wirrwarr der sonderbaren Blätter, die klebrig und weich wie tote Fische waren. Von Zeit zu Zeit sah sie in ihren Korb, ob er auch voll würde.

»Sehr seltsam«, sagte Herr Chabre, »ich fange keinen einzigen.«

Da er sich nicht in die Felsspalten hineinwagte und seine hohen Stiefel, die ganz voll Wasser waren, ihn belästigten, legte er sein Netz in den Sand und fing nur Krabben, fünf, acht, zehn Krabben auf einmal. Er fürchtete sich sehr vor ihnen, kämpfte mit ihnen, um sie aus dem Netz zu treiben, und so fort. Ab und zu wandte er sich um und betrachtete ängstlich das fallende Meer.

»Sind Sie auch sicher, daß es noch fällt?« fragte er Hektor. Hektor nickte nur mit dem Kopf. Er kannte die ergiebigen Stellen und fischte lustig darauflos. Auch fing er jedesmal eine Handvoll Krebse. Wenn er sein Netz neben Estelle hob, legte er seinen Fang in den Korb der jungen Frau. Und sie lachte, legte einen Finger auf die Lippen und blinzelte zu ihrem Mann hinüber. Sie war reizend und strahlte vor Neugier, wenn sie ihren blonden Kopf über das Netz beugte, um zu sehen, was sie gefangen hatte. Der Wind wehte. Wasser tropfte aus den Maschen und umfloß sie wie Tau, während ihr Anzug die eleganten, feinen Formen ihres Körpers deutlich zeigte.

Fast zwei Stunden fischten sie so, als sie einen Augenblick anhielt, um Atem zu schöpfen, denn sie war ganz atemlos und in Schweiß gebadet. Um sie herum die unermeßliche Wüste voll tiefen Friedens; nur das Meer erzitterte und sprach mit langsam anschwellender Stimme. Der Himmel, glühend heiß durch die Vieruhrsonne, erschien hellblau, fast grau; und dennoch fühlte man die brennende Hitze nicht, vom Wasser kam leichte Kühlung und verjagte das letzte Wölkchen. Es amüsierte Estelle sehr, überall auf den Felsen eine Unmenge kleiner Punkte zu sehen, die sich schwarz vom hellen Himmel abhoben. Das waren Krebsfischer wie sie, nicht größer als Ameisen anzusehen, lächerliche Nichtse in dieser Unermeßlichkeit, und doch konnte man ihre kleinsten

Bewegungen beobachten, die runde Rückenlinie beim Legen der Netze zum Beispiel oder die ausgestreckten, gestikulierenden Arme beim Herausziehen und Sortieren des Fanges, wenn sie sich mit Algen und Krebsen herumbalgten.

»Ich versichere Sie, das Meer steigt!« rief Herr Chabre angstvoll. »Sehen Sie doch, dieser Fels war eben noch trokken.«

»Natürlich steigt es«, antwortete Hektor schließlich ungeduldig. »Gerade beim Steigen fängt man die meisten Krebse.«

Aber Herr Chabre verlor den Kopf. Als letzten Fang hatte er in seinem Netz einen sonderbaren Fisch, einen ›Seeteufel‹, der ihm mit seinem ungeheuerlichen Kopf bange machte. Er hatte genug.

»Fort von hier! Fort!« rief er immer wieder. »Ein Unsinn, Torheiten zu begehen.«

»Aber du weißt doch, daß man bei steigender Flut am besten fischt!« sagte seine Frau.

»Und sie steigt stark!« fügte Hektor mit halber Stimme und ganz schadenfroh leuchtenden Augen hinzu.

Wirklich wurden die Wogen länger und schlugen stärker an die Felsen. Mit einem Schlag wurde eine ganze Erdzunge überspült. Schritt für Schritt eroberte sich das siegende Meer wieder das Erdreich, das seine Flut seit Jahrhunderten fegte. Estelle hatte eine mit hohen Stauden bestandene Lache entdeckt und fing dort riesige Krebse, indem sie mutig hineindrang, und sie wollte noch nicht fort, auf keinen Fall.

»Also, dann gehe ich allein!« rief Herr Chabre mit tränenerstickter Stimme. »Was für ein Wahnsinn. Wir werden alle ertrinken.«

Er brach auf und untersuchte in Verzweiflung mit dem Stiel seines Netzes die Tiefe der Löcher. Als er zwei- oder dreihundert Schritt gegangen war, überredete Hektor Estelle, ihm zu folgen.

»Das Wasser wird uns bis an die Schultern gehen«, sagte er lächelnd. »Ein richtiges Bad für Herrn Chabre ... Sehen Sie nur, wie tief er schon einsinkt!«

Seitdem sie aufgebrochen waren, zeigte der junge Mann

die verschlossene und zerstreute Miene eines Verliebten, der Willens ist, eine Erklärung zu machen, und doch nicht den Mut dazu hat. Beim Hineinlegen der Krebse in Estelles Korb hatte er oft versucht, ihre Finger zu berühren. Aber augenscheinlich war er wütend über seinen Mangel an Mut. Und wenn Herr Chabre ertrunken wäre, hätte er es reizend gefunden, denn zum erstenmal genierte ihn heute Herr Chabre.

»Sehen Sie es ein?« sagte er plötzlich. »Sie müssen auf meinen Rücken steigen, ich werde Sie tragen ... Oder Sie werden durch und durch naß ... Nun, bitte!!«

Er bot ihr seinen Rücken. Sehr verlegen und ganz rot wollte sie es nicht tun. Aber er ließ nicht nach, beteuerte immer wieder, er sei verantwortlich für ihre Gesundheit. Und sie stieg auf, sie legte beide Hände auf die Schultern des jungen Mannes. Er, stark wie ein Fels, richtete sich auf, und es war, als ob er nur einen Vogel an seinem Hals hätte. Er schärfte ihr ein, sich gut festzuhalten und ging mit großen Schritten durchs Wasser.

»Rechts, nicht wahr, Herr Hektor?« rief kläglich Herr Chabre, dem die Flut schon auf den Fersen war.

»Ja, rechts, immer rechts.«

Als dann der Ehemann ihm den Rücken wandte und vor Furcht mit den Zähnen klappernd das Meer schon in den Achselhöhlen fühlte, wagte es Hektor, eine der kleinen Hände, die auf seinen Schultern lagen, zu küssen. Estelle wollte sie zurückziehen, aber er sagte, sie dürfe sich nicht rühren, sonst stehe er für nichts. Und er bedeckte beide Hände mit Küssen. Sie waren kühl und salzig, er trank von ihnen die bittere Luft des Ozeans.

»Bitte, lassen Sie mich«, flehte Estelle und versuchte böse auszusehen. »Sie mißbrauchen mein Vertrauen ... Fangen Sie wieder an, dann springe ich ins Wasser.«

Er fing wieder an, und sie sprang nicht. Er preßte ihre Knöchel, er küßte ihre Hände unaufhörlich, lautlos und beobachtete immer nur, was man noch von Herrn Chabres Rükken sah, diesem tragischen Rücken, der durchaus nicht verschwinden wollte.

»Sie sagten rechts?« fragte der Ehemann.

»Links, bitte!«

Herr Chabre machte einen Schritt nach links und stieß einen Schrei aus. Er war bis an den Hals hineingesunken, und sein Krawattenknoten wurde naß. Hektor, sehr froh darüber, wagte sein Geständnis.

»Ich liebe Sie, gnädige Frau.«

»Schweigen Sie, mein Herr, ich befehle es Ihnen.«

»Ich liebe Sie, ich bete Sie an ... Bis heute schloß mir nur die Ehrfurcht den Mund ...«

Er sah sie nicht an, er ging mit großen Schritten, bis zur Brust im Wasser, weiter. Sie mußte furchtbar lachen, so komisch erschien ihr diese Situation.

»Ach, seien Sie doch still«, sagte sie mütterlich und gab ihm einen leichten Klaps auf die Schulter. »Seien Sie artig, und vor allem, fallen Sie nicht!«

Dieser Klaps entzückte Hektor: so war es besiegelt. Und als der Ehemann vor Verzweiflung stehenblieb, rief ihm der junge Mann fröhlich zu:

»Ganz geradeaus jetzt!«

Als sie an der Küste angelangt waren, wollte Herr Chabre eine Erklärung geben.

»Beinah wäre ich umgekommen, auf Ehre«, stammelte er. »Meine Stiefel, die ...«

Aber Estelle öffnete ihren Korb und zeigte ihm die Masse Krebse.

»Was, alle die hast du gefangen!« rief er verwundert. »Du verstehst zu fischen!«

»Oh«, sagte sie lächelnd, »Herr Hektor hat es mir beigebracht.«

V

Nur noch zwei Tage sollten Chabres in Piriac bleiben. Hektor war außer sich, wütend und doch demütig. Herr Chabre prüfte jeden Morgen seine Gesundheit und zeigte sich ratlos.

»Sie können den Strand nicht verlassen, ohne die Felsen von Castelli gesehen zu haben«, sagte Herr Hektor eines

Abends. »Morgen müssen wir einen Spaziergang dahin machen.«

Und er gab Erklärungen. Die Felsen wären nur einen Kilometer entfernt. Eine halbe Meile zögen sie sich am Meer entlang, sie seien voller Grotten und von den Wogen umbrandet. Nach seinen Angaben gab es nichts Wilderes.

»Also gut, wir gehen morgen hin«, sagte Estelle endlich. »Ist der Weg schwierig?«

»Nein, nur an zwei oder drei Stellen bekommt man nasse Füße, das ist alles.«

Aber Herr Chabre wollte nichts mehr von nassen Füßen wissen. Seit seinem Bad auf dem Krebsfang haßte er das Meer. Auch stand er diesem neuen Plan, wieder einen Spaziergang zu machen, feindlich gegenüber. Es sei lächerlich, sich so hinauszuwagen. Er jedenfalls ginge nicht in diese Felsen hinein; er hätte keine Lust, sich die Beine zu brechen, und wollte auch nicht wie eine Gemse springen; er würde sie auf die Höhe der Klippe begleiten, wenn's schon sein sollte; und damit machte er noch ein großes Zugeständnis.

Hektor wollte ihn beruhigen; er hatte eine plötzliche Eingebung.

»Sie können am Küstentelegraphen von Castelli vorübergehen«, sagte er, »und dort vom Telegraphisten Muscheltiere kaufen ... Man bekommt dort immer fast für nichts wundervolle.«

»Ah, das ist eine Idee«, rief der ehemalige Getreidehändler versöhnt ... »Ich nehme ein kleines Körbchen mit und esse mich noch einmal gründlich satt ...«

Und sich an seine Frau wendend:

»Diesmal werden es vielleicht die richtigen sein!«

Am anderen Tage mußte man die Ebbe abwarten, um sich auf den Weg zu machen. Dann, da Estelle noch nicht fertig war, wurde es noch später, und man brach erst um fünf Uhr nachmittags auf. Trotzdem meinte Hektor, daß man die Flut noch erreichen könne. Die junge Frau hatte Zwillichschuhe an den nackten Füßen. Sie trug fröhlich ein sehr kurzes Kleid aus grauem Leinen, das sie noch aufhob, wobei sie ihre feinen Knöchel sehen ließ. Herr Chabre war sehr korrekt, in weißen Hosen und einem Alpakapaletot. Er hatte seinen Sonnenschirm genommen, hielt ein Körbchen in der Hand und sah wie ein gutbürgerlicher Pariser aus, der seine Einkäufe selbst besorgt.

Der Weg zu den Felsen hin war mühsam. Man überschritt eine Küste mit Treibsand, darin die Füße einsanken. Der ehemalige Getreidehändler schnaufte wie ein Ochse.

»Ach, ich lasse euch allein, ich steige da hinauf«, sagte er endlich.

»Gut, schlagen Sie jenen Fußweg ein«, erwiderte Hektor. »Auf dem anderen kämen Sie nicht durch … Soll ich Ihnen helfen? Nein?«

Und sie sahen ihn den Gipfel der Klippe ersteigen. Als er oben war, öffnete er seinen Sonnenschirm, schwenkte seinen Hut und rief:

»Da bin ich, hier ist es viel besser! … Und keine Unvorsichtigkeit, nicht wahr? Übrigens überwache ich euch.«

Hektor und Estelle drangen in die Felsen hinein. Der junge Mann in seinen hohen Stiefeln ging voran und sprang mit der sicheren Grazie und starken Gewandtheit eines Gebirgsjägers von Stein zu Stein. Sehr kühn, wählte Estelle dieselben Steine, und als er sich umwandte und fragte:

»Soll ich Ihnen nicht die Hand geben?« antwortete sie:

»Aber nein, Sie halten mich wohl für eine Großmama!«

Sie befanden sich gerade auf einer großen Granitplatte, die das Meer mit großen Furchen durchzogen und vielfach durchlöchert hatte. Sie glich dem Grätengestell irgendeines Fischungeheuers, einem Gerippe mit losgelösten Wirbelknochen. In den Höhlungen flossen Wasserfäden, und schwarze Algen fielen wie Haare nieder. Alle beide fuhren sie fort, zu springen, sie balancierten und lachten hell auf, wenn ein Kiesel rollte.

»Man ist wie zu Hause«, sagte Estelle fröhlich. »Man könnte Ihre Felsen in meinen Salon stellen!«

»Warten Sie es nur ab«, sagte Hektor. »Sie werden schon sehen.«

Sie kamen an einen schmalen Durchgang, eine Art Spalte zwischen zwei riesigen Blöcken. Da war in einer Vertiefung eine Lache, ein Wasserloch, das den Weg versperrte.

»Aber, da komme ich niemals hinüber!« rief die junge Frau.

Er schlug vor, sie hinüberzutragen. Sie schüttelte den Kopf; sie wollte sich nicht wieder tragen lassen. Da suchte er überall nach großen Steinen und versuchte eine Brücke zu bauen. Die Steine rutschten und versanken im Wasser.

»Geben Sie mir die Hand, ich werde springen«, sagte sie schließlich ungeduldig.

Sie sprang zu kurz, einer ihrer Füße blieb in der Lache. Da lachten sie. Als sie aber aus dem engen Gang hinaustraten, stieß sie einen Schrei der Bewunderung aus.

Eine Bucht voll gewaltiger Felstrümmer öffnete sich. Riesige Blöcke standen wie weit vorgerückte Schildwachen inmitten der Wogen. Die Klippen entlang hatten die Stürme alle Erde verschlungen und nur die nackten Granitmassen verschont; sie sahen Einsenkungen zwischen Vorgebirgen, plötzliche Biegungen, die innere Säle enthüllten, lange Bänke aus schwärzlichem Marmor auf dem Sand, die großen gestrandeten Fischen glichen. Eine zyklopische Stadt gleichsam, die das Meer im Sturm genommen und niedergeworfen hatte, demolierte Wälle, halb eingestürzte Türme, aufeinandergehäufte Gebäude. Hektor machte die junge Frau auf jede Einzelheit dieser Sturmruine aufmerksam. Sie gingen über Sand, der fein und gelb wie Goldstaub war, über Kiesel, deren Glimmerkörnchen in der Sonne funkelten, über Felsstürze, wo sie mit beiden Händen sich anklammern mußten, um nicht in Löcher zu fallen. Durch natürliche Pforten ging es, unter Triumphbogen hinweg, die die volle Rundung römischer und die schlanken Spitzbogen gotischer Kunst zeigten. Sie stieg in kühle Höhlen, in die Tiefe von Einöden, freute sich über die bläulichen Disteln und die dicken Pflanzen von schwärzlichem Grün, die die grauen Wände der Klippen überwucherten, und interessierte sich sehr für die kleinen, zahmen, blauen Seevögel, die mit leichtem, unausgesetztem, taktmäßigem Geschrei ihr über den Kopf flogen. Und was sie besonders entzückte, war, daß sie überall in Mitte der Felsen das Meer wiederfand, dessen blaue Linie zwischen jedem Block in ruhiger Größe erschien.

»Ach, da seid ihr!« rief Herr Chabre von der Höhe der Klippe herab. »Ich war besorgt, ich könnte euch verloren haben. Sagt doch, entsetzlich, diese Schlünde, nicht wahr?«

Vorsichtig, sechs Schritte vom Rand entfernt, von seinem Sonnenschirm geschützt, seinen Korb am Arm, stand er da und fügte hinzu:

»Die Flut steigt schnell, nehmt euch in acht!«

»Wir haben noch Zeit, fürchten Sie nichts«, antwortete Hektor.

Estelle hatte sich gesetzt und überblickte wortlos den unermeßlichen Horizont. Vor ihr erhoben sich drei von der Flut gerundete Granitpfeiler wie riesige Säulen eines zerstörten Tempels. Und hinter ihr dehnte sich das in der Sechsuhrsonne goldig schimmernde blaue Meer.

Ein kleines Segel, ganz fern, zwischen zwei Pfeilern, bildete einen glänzend weißen Fleck und glich einem das Wasser streifenden Möwenflügel. Vom blassen Himmel sank schon leise Dämmerung nieder. Nie noch hatte Estelle sich von so unbestimmter süßer Lust durchdrungen gefühlt.

»Kommen Sie«, sagte Hektor sanft und berührte ihre Hand.

Sie zitterte und erhob sich matt und verträumt.

»Da ist der Küstentelegraph, nicht wahr, das kleine Haus mit der Maststange?« rief Herr Chabre. »Ich hole mir Muscheltiere. Ich werde euch nachkommen.«

Da fing Estelle, die die weiche Trägheit abschütteln wollte, von der sie ergriffen war, zu laufen an wie ein Kind. Sie übersprang die Lachen, sie rannte dem Meer entgegen, sie wollte auf die Spitze einer Anhäufung von Felsen hinauf, die bei hoher Flut eine Insel bilden mußten. Und als sie nach schwierigem Aufstieg durch Spalten hindurch den Gipfel erreichte, stellte sie sich auf den höchsten Stein und überblickte glückstrahlend die furchtbare Verwüstung der Küste. Ihr schmales

Profil hob sich von der klaren Luft ab, ihr Rock flatterte wie eine Fahne im Wind.

Und beim Heruntersteigen beugte sie sich über alle Löcher auf ihrem Weg. Auch in den winzigsten Höhlungen schliefen ruhige kleine Seen mit vollkommen klarem Wasser, deren Spiegel den Himmel auffingen. Am Boden romantische Wälder von smaragdgrünen Stauden. Vereinzelt sprangen große schwarze Krabben wie Frösche und verschwanden im Wasser, ohne es zu trüben. Die junge Frau war träumerisch, als hätte ihr Blick geheimnisvolle Länder, weite, unbekannte und glückliche Gegenden gesehen.

Als sie wieder am Fuß der Klippe waren, bemerkte sie, daß ihr Kamerad sein Taschentuch mit Muscheltieren gefüllt hatte.

»Sie sind für Herrn Chabre«, sagte er. »Ich will sie ihm zeigen.«

Und gerade kam Herr Chabre ganz verzweifelt heran.

»Nichts gibt es beim Küstentelegraphen«, rief er, »ich wollte schon nicht herkommen, ich hatte recht.«

Aber als der junge Mann ihm von weitem die Muscheltiere zeigte, beruhigte er sich. Und starr war er vor Staunen über die Gewandtheit, mit der Hektor auf einem nur ihm bekannten Weg den Felsen, der glatt wie eine Wand erschien, hinaufkletterte. Der Abstieg war noch gewagter.

»Das ist nichts«, sagte Hektor, »die reine Treppe; nur muß man die Stufen kennen.«

Herr Chabre drang darauf, daß man zurückgehe, das Meer werde unruhig. Und er flehte seine Frau an, wenigstens heraufzukommen und einen kleinen, bequemen Fußpfad zu suchen. Der junge Mann lachte und antwortete, für Frauen gebe es keinen Weg; man müsse jetzt bis zu Ende gehen. Auch hätten sie die Grotten noch nicht gesehen. So mußte Herr Chabre sich denn entschließen, auf dem Kamm der Klippen allein weiterzugehen. Da die Sonne unterging, schlug er seinen Sonnenschirm zusammen und benutzte ihn als Spazierstock. In der anderen Hand trug er den Korb mit den Muscheltieren.

»Sind Sie müde?« fragte Hektor sanft.

»Ja, ein wenig«, antwortete Estelle.

Sie nahm seinen Arm an. Sie war nicht müde, aber ein süßes Sichgehenlassen ergriff sie mehr und mehr. Von der Aufregung, die sie empfunden, als sie den jungen Mann an der Felswand hatte hängen sehen, war ihr ein leises inneres Beben zurückgeblieben. Langsam gingen sie über eine flache, sandige Küste; unter ihren Füßen knirschte der Muschelkies wie in den Alleen eines Gartens; und sie sprachen nicht. Er zeigte ihr zwei große Spalten, das ›Loch des wahnsinnigen Mönchs‹ und die ›Katzengrotte‹. Sie trat hinein, hob die Augen und erschauerte. Als sie weiterwanderten, sahen sie sich an, blieben stumm und lächelten. In kurzen rauschenden Wellen stieg das Meer, und sie hörten es nicht.

»Aber das ist ja Wahnsinn!« wiederholte der alte Kornhändler, schwang seinen Schirm und schwenkte seinen Korb. »Estelle! ... Herr Hektor! ... hört doch! die Flut kommt, sie umspült schon eure Füße!«

Sie aber fühlten nicht die Kühle der kleinen Wellen.

»Was ist da?« fragte endlich die junge Frau.

»Ah, Sie sind's, Herr Chabre!« sagte der junge Mann. »Das macht nichts, haben Sie keine Angst ... Nur noch die ›Madonnengrotte‹ müssen wir uns ansehen.«

Herr Chabre machte eine Bewegung der Verzweiflung und schrie: »Das ist ja heller Wahnsinn, ihr werdet ertrinken.«

Sie hörten ihn nicht mehr. Um der steigenden Flut zu entrinnen, gingen sie die Felsen entlang und erreichten endlich die ›Madonnengrotte‹. Eine hohe Öffnung in einem Granitblock, der ein Vorgebirge bildete. Das sehr hohe Gewölbe rundete sich zu einer großen Kuppel. Während der Stürme hatte das Wasser die Wände glänzend blank poliert. Rosa und blaue Adern hatten ins dunkle Gestein wildschöne Arabesken hineingezeichnet, als hätten Künstler diesen Badesaal der Königinnen der Meere geschmückt. Der noch feuchte Kies war so durchsichtig, als sei er aus Edelsteinen hergestellt. Im Hintergrund sah man eine blaßgelbe, fast weiße, trockene Sandbank.

Estelle setzte sich in den Sand. Sie ließ ihren Blick durch die Grotte schweifen.

»Hier könnte man wohnen«, sagte sie.

Aber Hektor, der seit einem Augenblick das Meer zu beobachten schien, heuchelte plötzlich Erschrecken.

»O mein Gott, wir sind gefangen! Die Flut hat uns den Weg abgeschnitten ... Zwei Stunden müssen wir hier warten.«

Er ging hinaus und suchte Herrn Chabre mit erhobenem Kopf. Herr Chabre war gerade über der Grotte auf der Klippe, und als der junge Mann ihm mitteilte, daß sie eingeschlossen seien, rief er triumphierend:

»Was habe ich gesagt? Aber Sie wollten ja nicht hören! ... Ist es gefährlich!«

»Ganz und gar nicht«, antwortete Hektor. »Das Meer dringt nur fünf oder sechs Meter in die Grotte hinein. Nur können wir vor zwei Stunden nicht wieder herauskommen.«

Herr Chabre war sehr ärgerlich. So könnte man nicht zu Mittag essen? Und er habe schon Hunger! Eine schöne Partie, wirklich! Dann setzte er sich brummend ins kurze Gras, legte seinen Schirm links neben sich und seinen Korb mit den Muscheltieren rechts.

»Ich werde warten, ich muß ja!« rief er. »Gehen Sie zu meiner Frau zurück und sehen Sie zu, daß sie sich nicht erkältet.«

In der Grotte setzte sich Hektor neben Estelle. Nach einigem Schweigen wagte er es, eine ihrer Hände zu ergreifen, und sie zog sie nicht zurück. Sie blickte in die Ferne. Die Dämmerung sank hernieder, ein Schattenstaub ließ die sterbende Sonne langsam erbleichen. Am Horizont nahm der Himmel eine zartlila Tönung an, und das langsam verdunkelte Meer lag da ohne ein einziges Segel. Langsam drang das Wasser in die Grotte und rollte mit sanftem Murmeln über die durchsichtigen Kiesel. Es brachte die Wollust des offenen Meeres herein, eine zärtliche Stimme, einen erregenden Duft voll heißer Wünsche.

»Estelle, ich liebe Sie«, sagte Hektor und bedeckte ihre Hände mit Küssen.

Sie antwortete nicht, sie blickte auf das steigende Meer. Halb liegend glich sie auf dem feinen Sand einer Tochter des Meeres, die überfallen und schutzlos ist.

Und plötzlich kam Herrn Chabres Stimme herab, leicht, luftig, von fern her:

»Seid ihr denn nicht hungrig? Ich sterbe vor Hunger, ich! Glücklicherweise habe ich ein Messer bei mir. Ich esse die Muscheltiere.«

»Ich liebe Sie, Estelle«, wiederholte Hektor und nahm sie in die Arme.

Die Nacht war schwarz, das weiße Meer erhellte den Himmel. Am Eingang der Grotte klagte das Wasser, während im Gewölbe der letzte Lichtstrahl erlosch. Ein Geruch von Fruchtbarkeit entstieg den lebendigen Wellen. Und langsam sank Estelles Kopf auf Hektors Schulter. Und der Abendwind trug Seufzer fort.

Oben unter den Sternen aß Herr Chabre planmäßig seine Muscheltiere. Er verdarb sich an ihnen den Magen, da er sie allesamt und ohne Brot verschlang.

VI

Neun Monate später gebar die schöne Frau Chabre in Paris einen Knaben. Der selige Herr Chabre nahm den Doktor Guirand beiseite und sagte stolz:

»Die Muscheltiere haben es gemacht, dafür lege ich meine Hand ins Feuer ... Ja, denken Sie mal, einen ganzen Korb voll habe ich eines Abends, in einer höchst sonderbaren Situation gegessen ... Einerlei, Doktor, die Muscheltiere haben es gemacht – ich danke Ihnen für Ihren ausgezeichneten Rat.«

JACQUES DAMOUR

I

Der leere Horizont erinnerte Jacques Damour, wenn er hier, jetzt in Numea, ins Meer hinausstarrte, oft an sein Schicksal, an das Elend der Belagerung, die Schrecken der Kommune, an das ganze Unglück, das ihn, einen Entwurzelten, so weit verschlug. Kein deutliches Bild, keine Erinnerung, darin man sich gefiel oder die einen quälte, nur das stumpfe Wiederkäuen einer geschwächten Fassungskraft, die sich an ein paar Tatsachen festklammerte, während alles andere zusammenbrach.

Mit sechsundzwanzig Jahren hatte Jacques Félice geheiratet, ein schönes, großes Mädchen von achtzehn Jahren, die Nichte einer Fruchthändlerin aus Villette, die ihm ein Zimmer vermietete. Er war Goldarbeiter und verdiente oft zwölf Francs am Tag. Sie war Schneiderin gewesen, als sich aber sogleich ein Junge einstellte, hatte sie genug damit zu tun, den Kleinen zu stillen und die Wirtschaft zu führen. Eugène gedieh prächtig. Neun Jahre später erschien ein Mädchen; sie hieß Louise und kränkelte während langer Zeit, so daß man für Arzt und Apotheke viel ausgeben mußte. Immerhin war die Ehe nicht unglücklich. Allerdings machte sich Damour bisweilen einen blauen Montag; aber er vertrank seinen Verstand nicht, und, hatte er des Guten zuviel getan, so ging er schlafen und nahm tags darauf die Arbeit wieder auf und schalt sich selbst einen Taugenichts. Eugène arbeitete von seinem zwölften Jahre an. Kaum lesen und schreiben konnte der Junge, und verdiente sich doch schon genug zum Leben. Die sehr ordentliche Félice führte den Hausstand geschickt und bedächtig, etwas ›filzig‹ vielleicht, wie der Vater sagte, denn um für schlechte Zeiten ein paar Sous zu sparen, setzte sie ihm häufiger Gemüse als Fleisch vor. Das waren ihre besten Zeiten. In Ménilmontant in der Rue des Envierges bewohnten sie drei Zimmer, die Stube von Vater und Mutter, die von Eugène und das Speisezimmer, wo sie ihr Arbeitsgerät untergebracht hatten; außerdem besaß die Wohnung noch eine Küche und ein Gelaß für Louise. Die Wohnung lag am Ende eines Hofes, in einem kleinen Gebäude; trotzdem war man nicht ohne frische Luft; denn die Fenster führten auf einen Stapelplatz, von dem man vom Morgen bis zum Abend Schutt und alte Bretter wegfuhr.

Als der Krieg ausbrach, lebten Damours schon zehn Jahre in der Rue des Envierges. Obgleich Félice bald vierzig wurde, sah sie jung aus, ein wenig dick, ihre Schultern und Hüften waren von einer Rundheit, die sie im ganzen Viertel für eine Schönheit gelten ließ. Jacques war dagegen wie zusammengetrocknet und erschien alt neben ihr, obwohl im Lebensalter nur ein Unterschied von acht Jahren bestand. Louise, außer Gefahr, aber immer noch von zarter Gesundheit, schlug mit ihrer mädchenhaften Magerkeit nach dem Vater; während Eugène, neunzehnjährig, den Wuchs und die breiten Schultern der Mutter hatte. Sie lebten einig mitsammen, abgesehen von einigen blauen Tagen, an denen sich Vater und Sohn in der Weinkneipe verspäteten. Félice grollte um die verlorenen Sous. Ein paarmal setzte es sogar Schläge; aber das hatte in der Folge nichts auf sich, nur der Wein trug die Schuld, und eine ordentlichere Familie besaß das ganze Haus nicht, man führte sie als gutes Beispiel an. Als die Preußen gegen Paris rückten und diese entsetzliche Feierzeit für allen Erwerb heranbrach, hatten sie über tausend Francs auf der Sparkasse. Für Arbeiter, die zwei Kinder erzogen haben, eine schöne Summe.

Die ersten Monate der Belagerung waren nicht sehr hart. Auf den Tisch im Speisezimmer, in dem ihr Werkzeug nun verstaubte, kam noch Brot und Fleisch. Voll Mitleid mit dem Elend eines Nachbarn, eines Häuseranstreichers, eines großen Kerls namens Berru, der fast Hungers starb, konnte Damour sogar Wohltätigkeit üben und ihn einige Male zum Essen einladen; und bald kam der Gast täglich. Er war ein lustiger Schwätzer, der es verstand, einen zum Lachen zu bringen und schließlich auch Félice entwaffnete, obgleich ihr dieser hungrige Mund, hinter dem die fettesten Bissen verschwanden, anfangs wenig paßte. Abends spielte man Karten und verwünschte die Preußen. Berru, der Patriot, sprach davon, Minen zu legen und so unterirdisch durchs Land vorzurücken bis zu den Batterien von Chatillon und Montretout, die dann auffliegen sollten. Dann zog er über die Verwaltung los, diese elenden Lumpen, die, um Henri V. wiederzuhaben, die Tore von Paris Bismarck öffnen wollten. Nur verachten konnte er die Republik dieser Verräter. Oh, die wirkliche Republik, die wahre! Und beide Ellbogen auf den Tisch gestemmt, die kurze Pfeife im Mund, erklärte er Damour seine Idee von einer Regierung, unter der alle Brüder, alle frei, die Reichtümer verteilt wären und Gleichheit und Gerechtigkeit überall herrschen sollten.

»Wie im Jahre 93«, setzte er ganz unbefangen hinzu.

Damour blieb in sich versunken. Auch er war Republikaner, weil er von klein auf hatte sagen hören, die Republik wäre ein Triumph des Arbeiters und würde ein allgemeines Glück bringen. Doch eine deutliche Vorstellung davon, wie die Dinge sich entwickeln sollten, besaß er nicht. So hörte er Berru aufmerksam zu, fand dessen Schlüsse sehr richtig und war überzeugt, die Republik würde kommen, wie man ihm prophezeite. Er war begeistert und glaubte fest, daß, wenn ganz Paris aufstünde, Männer, Frauen und Kinder die Marseillaise sängen und nach Versailles zögen, daß man dann die Preußen über den Haufen rennen, die Provinz in die Gewalt bekommen und ein Volksregiment begründen könnte, das für seine Bürger anders und reichlich sorgen müßte.

»Sei vorsichtig«, wiederholte Félice mißtrauisch, »das läuft nicht gut ab mit deinem Berru. Füttere ihn, wenn es dir Spaß macht; aber lasse ihn nur seine Haut selbst zu Markte tragen.«

Auch sie erwünschte die Republik. Im Jahre 48 war ihr Vater auf der Barrikade gefallen. Aber diese Erinnerung feite sie gerade gegen alle Torheit, machte sie vernünftig. Sie würde an des Volkes Stelle schon wissen, wie die Regierung zur Gerechtigkeit zu zwingen sei, sagte sie; streng auf sich halten würde sie. Berrus Reden empörten sie und flößten ihr

Furcht ein, sie erschienen ihr nicht rechtschaffen. Sie sah, daß mit Damour eine Veränderung vorging, daß er ein Wesen annahm, das ihr mißfiel, und allerlei Redensarten im Munde führte. Aber noch mehr beunruhigte sie der finstere Eifer, mit dem ihr Sohn Eugène Berru zuhörte. Am Abend, wenn Louise neben ihnen eingeschlafen war, kreuzte Eugène die Arme, trank langsam ein Glas Branntwein und richtete die Augen wortlos auf den Maler, der aus Paris stets einen außerordentlichen Fall von Verräterei zu melden hatte: über Bonapartisten, die den Deutschen von Montmartre aus Signale gaben, oder von Mehlsäcken und Pulverfässern, die man in die Seine geworfen hatte, damit die Stadt früher übergeben werden müßte.

»Dummes Geschwätz«, sagte Félice zu ihrem Sohn, wenn Berru gegangen war. »Daß dir das nur nicht zu Kopf steigt. Du weißt, daß er lügt.«

»Ich weiß, was ich weiß«, erwiderte Eugène mit schrecklicher Gebärde.

Gegen Mitte des Dezembers hatten Damours ihre Ersparnisse verbraucht. Jeden Augenblick verkündete man eine Niederlage der Preußen in der Provinz, einen glorreichen Ausfall, der Paris nun endlich entsetzen würde; und man hoffte sich noch durchzuschlagen, im beständigen Glauben, die Arbeit würde wieder aufgenommen werden. Félice tat Wunder, tagaus, tagein lebte man von dem schwarzen Brot der Belagerungszeit, das nur der kleinen Louise schlecht bekam. Aber nun waren Damour und Eugène soweit, daß ihnen die Köpfe zu rauchen anfingen, wie die Mutter sagte. Müßig vom Morgen bis zum Abend, aus ihren Gewohnheiten gebracht, die Arme müde und der Arbeit entwöhnt, lebten sie in einem Unbehagen, in einer Bestürzung, die sich in unsinnigen und blutdürstigen Einbildungen austobte. Natürlich waren sie beide in ein Bataillon eingetreten; nun rückte dieses Bataillon, wie so viele andere, nicht über die Wälle hinaus und stand an einem Platz, wo die Mannschaften sich die Zeit mit Kartenspielen vertrieben. Und hier kam Damour mit leerem Magen und in Gedanken an sein häusliches Elend schweren Herzens, hier und da hinhorchend, zur Überzeugung, die Regierung hätte sich verschworen, um Herrin der Republik zu bleiben, das Volk überhaupt auszurotten. Berru hatte recht: niemand zweifelte daran, daß sich Henri V. in Saint-Germain befand, in einem Haus, auf dem eine weiße Flagge wehte. Aber man würde ein Ende machen. Heute oder morgen würde man ihnen Kugeln in die Seiten jagen, diesen Schwelgern, die die Arbeiter hungern ließen und bombardierten, ganz einfach nur, um Platz zu schaffen für Edelleute und Priester. Wenn Damour mit Eugène nach Hause kam, beide fieberhaft erregt vom Wahnsinn draußen, sprachen sie nur davon, alle Welt zu töten, und Félice, welche die durch schlechte Ernährung wieder erkrankte Louise pflegte, stand bleich und stumm vor ihnen.

Währenddessen wurde die Belagerung aufgehoben, der Waffenstillstand abgeschlossen, und die Preußen durchzogen die Champs-Elysées. Auf dem Tisch in der Rue des Envierges gab es wieder Weißbrot, das Félice aus Saint-Denis geholt hatte. Aber es war eine düstere Mahlzeit. Eugène hatte die Preußen sehen wollen und erzählte Einzelheiten, als Damour, eine Gabel schwingend, wütend schrie: »Alle Generale müßten geköpft werden.« Félice wurde zornig und entriß ihm die Gabel. Als die Arbeit an den folgenden Tagen immer noch nicht aufgenommen wurde, entschloß er sich, sein Handwerk auf eigene Rechnung zu betreiben; er wollte an ein paar Armleuchtern, die er besaß, arbeiten und feilen, in der Hoffnung, sie zu verkaufen. Nach einer Stunde ließ Eugène die Arbeit im Stich, er hielt es nicht aus auf seinem Platz. Berru war seit dem Waffenstillstand verschwunden; ohne Zweifel hatte er irgendwo eine bessere Tafel gefunden. Aber eines Morgens erschien er, sehr aufgeräumt, und erzählte die Geschichte von den Kanonen auf dem Montmartre. Barrikaden würden überall errichtet, der Triumph des Volkes wäre endlich da; und er kam, Damour zu suchen und zu sagen, daß man alle braven Bürger nötig hätte. Damour ließ die Arbeit liegen, trotz Félices erschrockenem Gesicht. Das war die Kommune.

Die Märztage, der April und der Mai gingen hin. Als Damour es überdrüssig geworden war und seine Frau ihn anflehte, zu Hause zu bleiben, antwortete er:

»Und meine dreißig Sous? Wer gibt uns Brot?«

Félice ließ den Kopf sinken. Sie hatte nichts zum Essen und nur die dreißig Sous vom Vater und die dreißig Sous vom Sohn, diesen Sold der Nationalgarde, zu dem hin und wieder noch Austeilungen von Wein und Salzfleisch kamen. Übrigens war Damour von seinem Recht überzeugt, er schoß auf die Versailler, wie er auf die Preußen geschossen hätte, in der festen Überzeugung, daß er die Republik rette und das Glück des Volkes begründe. Nach den Entbehrungen und Strapazen der Belagerung quälte ihn nun während des Bürgerkrieges das Phantom einer heranbrechenden Tyrannei, und er kämpfte, als unbekannter Held, entschlossen, für die Verteidigung der Freiheit zu sterben. Um die schwierigen Theorien des kommunistischen Ideals kümmerte er sich nicht. In seinen Augen war die Kommune einfach das versprochene goldene Zeitalter, der Anfang einer allgemeinen Glückseligkeit; während er noch eigensinniger dem Glauben anhing, daß ein König irgendwo, in Saint-Germain oder in Versailles, nur darauf wartete, die Inquisition und die Adelsvorrechte wieder zu schaffen, sobald man ihn nach Paris dringen ließ. Zu Hause wäre er nicht fähig gewesen, ein Insekt zu töten; aber auf Vorposten schoß er ohne Gewissensbisse die Gendarmen nieder. Wenn er zurückkehrte, ermattet, schwitzend, pulvergeschwärzt, verbrachte er ganze Stunden bei der kleinen Louise und lauschte ihren Atemzügen. Félice versuchte nicht mehr, ihn zurückzuhalten, mit Frauenruhe erwartete sie das Ende all dieser Erschütterungen.

Trotzdem wagte sie eines Tages zu bemerken, daß dieser große Kerl, der Berru, der einen solchen Lärm machte, doch nicht so dumm wäre, sich den Kugeln auszusetzen. Er war so geschickt gewesen, sich bei der Intendantur einen guten Platz zu verschaffen; was ihn aber nicht daran hinderte, wenn er in Uniform, mit Federbusch und Tressen anrückte, Damours Ideen noch höher zu schrauben, indem er davon sprach, die

Minister, die Kammer, den ganzen Kram, am Tage, wo man sie in Versailles abfinge, erschießen zu lassen.

»Warum geht er nicht selbst hin, anstatt die andern vorzuschieben?« sagte Félice.

Aber Damour antwortete:

»Rede nicht. Ich tue meine Pflicht. Schlimm genug, wenn die da ihre Pflicht nicht tun.«

Eines Morgens, der April ging zu Ende, brachte man Eugène auf einer Tragbahre in die Rue des Envierges. Eine Kugel hatte ihn in Monlineaux mitten in die Brust getroffen. Er starb im Flur, während man ihn hinauftrug. Als Damour abends heimkam, fand er Félice schweigsam neben der Leiche ihres Sohnes. Es war ein furchtbarer Schlag, er brach zusammen, und sie ließ ihn schluchzen, lehnte sich an die Wand, ohne zu sprechen, sie konnte nichts sagen, und hätte sie ein Wort fallenlassen, so hätte sie gerufen: ›Deine Schuld ist es!‹ Sie hatte die Tür zur Kammer geschlossen und vermied allen Lärm, um Louise nicht zu erschrecken. Sie ging auch, um nachzusehen, ob der schluchzende Vater das Kind nicht geweckt hätte. Als er sich aufrichtete, blickte er lange auf eine Photographie Eugènes, auf der der junge Mann als Nationalgardist abgebildet war. Er griff nach einer Feder und schrieb darunter: ›Ich werde Dich rächen‹, dann Datum und Unterschrift. Das erleichterte ihn. Tags darauf führte ein Totenwagen, mit großen leuchtenden Fahnen geschmückt, begleitet von einer zahlreichen Menge, den Leichnam auf den Père-Lachaise. Der Vater ging mit entblößtem Haupt, und beim Anblick der Flaggen, unter deren blutfarbenem Purpur sich der schwarze Leichenwagen noch düsterer ausnahm, schwollen die wilden Gedanken in seinem Herzen. Félice war bei Louise geblieben. Als der Abend anbrach, kehrte Damour auf seinen Posten zurück, um die Gendarmen zu töten.

Endlich kamen die Maitage. Die Versailler Armee war in Paris. Zwei Tage lang kehrte er nicht heim, in geschlossenem Rückzug kämpfte er mit seinem Bataillon, das inmitten von Feuersbrünsten die Barrikaden verteidigte. Er überlegte nicht mehr, er schoß seine Kugeln in den Rauch hinein, weil das seine Pflicht war. Am dritten Tage erschien er wieder in der Rue des Envierges, zerlumpt, taumelnd, stumpf wie ein Betrunkener. Félice entkleidete ihn, und als sie ihm die Hände mit einem nassen Tuch wusch, erzählte eine Nachbarin, die Kommunisten hielten noch den Père-Lachaise, und die Truppen wären in Verlegenheit, wie sie sie vertreiben sollten.

»Ich gehe hin«, sagte er einfach.

Er kleidete sich wieder an und nahm die Flinte. Doch die letzten Verteidiger der Kommune waren nicht dort, auf den nackten Plätzen, wo Eugène schlief. Irgendwie hatte er gehofft, auf dem Grab seines Sohnes getötet zu werden. Er kam gar nicht bis dahin. Granaten schlugen ein und verstümmelten die Grabmäler. Zwischen den Ulmen, hinter die im Sonnenlicht glänzenden Marmorsteine versteckt, feuerte ein Trupp Nationalgardisten noch auf die Soldaten, deren rote Hosen man näher und näher sah. Und Damour kam gerade noch rechtzeitig, um gefangen zu werden. Siebenunddreißig seiner Kameraden wurden erschossen. Es war ein Wunder, daß er diesem summarischen Gericht entging. Vielleicht ließ man Gnade walten, weil ihm seine Frau eben die Hände gewaschen und er noch nicht losgeschossen hatte. In der Starrheit äußerster Ermattung, betäubt von so viel Schrecklichem, behielt er von den folgenden Tagen fast nichts in Erinnerung. Nur das Gefühl eines dumpfen Alpdrucks von unbestimmten Formen blieb in ihm: lange Stunden, an dunklen Stätten verbracht, schwüle Märsche in der Sonne, Rufe, Schläge, und das offenen Mundes starrende Volk, durch das er mußte. Als diese Stumpfsinnigkeit von ihm wich, war er in Versailles Gefangener.

Félice kam, um ihn zu sehen, wie immer bleich und ruhig. Als sie ihm mitgeteilt hatte, daß es Louise besser ging, schwiegen sie und vermochten nichts mehr zu sagen. Um ihm Mut zu machen, erzählte sie ihm, als sie ging, man beschäftige sich mit seiner Sache, man würde schon etwas für ihn tun. Er fragte:

»Und Berru?«

»Oh!« antwortete sie, »Berru ist in Sicherheit. Drei Tage vor dem Einmarsch der Truppen ist er losgezogen, nicht einmal die geringsten Unannehmlichkeiten wird man ihm machen.«

Einen Monat später reiste Damour nach Neu-Caledonien ab. Er war zu einfacher Verschickung verurteilt. Da er aber keinen Grad besessen hatte, wäre er vom Kriegsgericht vielleicht freigesprochen worden, wenn er nicht ruhig zugestanden hätte, vom ersten Tag an gekämpft zu haben. Bei ihrer letzten Zusammenkunft sagte er zu Félice:

»Ich werde wiederkommen, erwarte mich mit der Kleinen.«

Und diese Worte klangen Damour im Durcheinander seiner Erinnerungen am deutlichsten nach, wenn er niedergedrückt auf den leeren Horizont des Meeres starrte, bis sich sein schwerer Kopf in die Hände senkte. Oft überfiel ihn die Nacht da. Weither leuchtete ein heller Fleck noch lange, wie die Spur eines Schiffes, die das wachsende Dunkel durchglitzert; und ihm war, als müßte er aufstehen und auf die Wellen treten, um wegzugehen auf dieser silbernen Straße, da er doch versprochen hatte, wiederzukommen.

II

Damour führte sich gut in Numea. Er hatte Arbeit gefunden, und man machte ihm Hoffnung auf Begnadigung. Ein sanfter Mensch war er, der gern mit Kindern spielte. Mit der Politik beschäftigte er sich nicht mehr, zog sich von seinen Kameraden zurück und lebte einsiedlerisch; nichts konnte man ihm vorwerfen, als daß er von Zeit zu Zeit trank. Und noch im Rausch blieb er ein gutes Kind, weinte heiße Tränen und ging dann von selbst schlafen. Seine Begnadigung schien also sicher, da verschwand er eines Tages. Man war starr vor Überraschung, als man hörte, er sei mit vier seiner Kameraden entwichen. Seit zwei Jahren hatte ihm Félice geschrieben, zuerst regelmäßig, dann immer seltener. Er selbst schrieb sehr oft. Drei Monate vergingen ohne Nachricht. Da hatte ihn eine Verzweiflung ergriffen, die Begnadigung würde vielleicht noch zwei Jahre auf sich warten lassen; und in einer jener fieberhaften Stunden, die einen tags darauf reut, hatte er alles aufs Spiel gesetzt. Eine Woche später fand man einige Meilen von der Küste die nackten und schon verwesten Leichen dreier Flüchtlinge, von denen die eine durch Zeugenaussagen als die Damours erkannt wurde. Die gleiche Statur und der gleiche Bart. Nach einem summarischen Verhör machte man das Formelle ab. Ein Totenschein wurde ausgestellt und auf Wunsch der Witwe, die von der Verwaltung benachrichtigt war, nach Frankreich gesendet. Das Abenteuer beschäftigte die ganze Presse, in den Zeitungen der ganzen Welt machte eine dramatische Beschreibung der Flucht und ihres tragischen Ausgangs die Runde.

Aber Damour lebte. Man hatte ihn mit einem seiner Kameraden verwechselt, was um so überraschender war, als die beiden Männer sich nicht ähnlich sahen, nur trugen sie beide einen langen Bart. Damour und der vierte Flüchtling, der wie durch ein Wunder gerettet war, schieden voneinander, sobald sie sich auf englischem Boden befanden. Sie sahen sich nicht mehr, jedenfalls starb er am gelben Fieber, das auch Damour fast weggerafft hätte. Sein erster Gedanke war, Félice durch einen Brief zu benachrichtigen. Doch kam ihm eine Zeitung zu Händen, in der von seiner Flucht und seinem Tod erzählt wurde. Nun schien ihm ein Brief unvorsichtig; man konnte ihn auffangen, lesen und so hinter die Wahrheit kommen. War es nicht besser, für alle Welt tot zu bleiben? Niemand würde sich mehr um ihn kümmern, unbehindert käme er nach Frankreich zurück, wartete auf die Amnestie und gäbe sich dann zu erkennen. Damals packte ihn das gelbe Fieber mit einem schrecklichen Anfall und fesselte ihn wochenlang ans Hospital.

Als sich Damours Zustand besserte, litt er unter einer unbesiegbaren Trägheit. Mehrere Monate verharrte er willenlos und sehr geschwächt. Was er früher wünschte, hatte das Fieber gleichsam fortgefegt. Er ersehnte nichts mehr; was wollte er denn? Die Erinnerung an Félice und Louise war wie ausgelöscht. Oft sah er sie vor sich, aber sehr weit, in einem Nebel, darin er sie nicht erkannte. Wenn er wieder zu Kräften kam, dann wollte er auf alle Fälle aufbrechen, um sich wieder mit ihnen zu verbinden. Aber als er soweit war, beschäftigte ihn ein anderer Plan ganz und gar. Er träumte davon, erst ein Vermögen zu gewinnen, ehe er daranging, Frau und Kind zu suchen. Was täte er in Paris? Hungers sterben; er wäre genötigt, sich wieder an seinen Schraubstock zu setzen, und vielleicht fand er nicht einmal Arbeit, denn er fühlte sich furchtbar gealtert. Wenn er dagegen nach Amerika ginge, würde er in einigen Monaten hunderttausend Francs zusammenschaufeln, eine bescheidene Ziffer, an die er sich halten durfte, in Anbetracht der erstaunlichen Millionengeschichten, die ihm ins Ohr summten. In einer Goldmine, die man ihm bezeichnete, verdienten alle bis auf die niedrigsten Erdarbeiter herab so viel, daß sie nach einem halben Jahr in Kutschen fuhren. Und er malte sich sein Leben schon aus: mit seinen hunderttausend Francs kehrte er nach Frankreich zurück, kaufte ein kleines Haus in der Gegend von Vincennes und lebte dort mit Félice und Louise von seinen drei- oder viertausend Francs Rente, vergessen, glücklich, fertig mit der Politik. Einen Monat später war Damour in Amerika.

Nun gab er sich allen Zufällen preis und begann ein wirres Leben zu führen, voll fremdartiger und doch alltäglicher Abenteuer. Dreimal glaubte er, seine hunderttausend Francs endlich beisammen zu haben; aber es zerfloß ihm wieder unter den Händen, man bestahl ihn, und bei einer letzten Anstrengung schlug ihm alles fehl. Alles in allem erduldete er viel, arbeitete viel und – stand am Ende ohne sein letztes Hemd da. Nach Irrfahrten in allen fünf Weltteilen warf ihn das Schicksal nach England. Von hier geriet er nach Brüssel, sogar an die französische Grenze. Aber er dachte nicht mehr daran, zurückzukehren. Seit seiner Ankunft aus Amerika hatte er Félice nicht mehr geschrieben. Auf drei Briefe war keine Antwort eingetroffen, und er zog daraus den Schluß: entweder man erbrach seine Briefe, oder seine Frau war gestorben oder nicht mehr in Paris. Nach einem Jahr machte er noch einen erfolglosen Versuch. Um sich nicht zu verraten, falls man seine Briefe öffnete, schrieb er unter einem angenommenen Namen über irgendeine Angelegenheit an Félice; er meinte, sie würde seine Handschrift erkennen und begreifen. Das tiefe Schweigen hatte seine Erinnerungen eingeschläfert. Er war tot, er besaß niemand mehr auf der Welt, nichts kümmerte ihn mehr. Während eines Jahres arbeitete er in einem Kohlenbergwerk unter der Erde, ohne die Sonne zu sehen, ganz niedergedrückt, aß und schlief: Darüber hinaus hatte er keinen Wunsch.

Eines Abends hörte er in einer Kneipe erzählen, eine Amnestie sei erlassen worden. Die Kommunarden kehrten zurück. Das weckte ihn. Es rüttelte ihn auf, und er empfand ein Bedürfnis, abzureisen wie die andern und die Straße, in der er gewohnt hatte, wiederzusehen. Nur ein instinktiver Drang war es zuerst. Im Eisenbahnwagen dann fing sein Kopf an zu arbeiten, und er dachte daran, daß er seinen Platz in der Welt nun wieder ganz offen einnehmen könnte, wenn es gelang, Félice und Louise zu entdecken. Die Hoffnung kehrte in sein Herz zurück, er war frei, er würde offen nach ihnen suchen, und schließlich meinte er, er würde sie ganz ruhig in der Rue des Envierges vor dem gedeckten Tisch wiederfinden, als hätten sie ihn erwartet. Alles klärte sich auf, ein einfaches Mißverständnis trug Schuld. Er würde sich in seinem Bezirk melden, seinen Namen nennen, und das Leben müßte weitergehen wie ehemals.

Auf dem Nordbahnhof in Paris wogte die Menge. Zurufe wurden laut, sobald die Reisenden ausstiegen, eine tolle Begeisterung überall, ein Hüteschwenken, mit hundert Kehlen rief man einen Namen. Im ersten Augenblick fürchtete sich Damour; er begriff nicht, er bildete sich ein, die Leute wären alle gekommen, um ihn auszupfeifen. Dann erkannte er den Namen, den man rief, es war der eines Mitgliedes der Kommune, das sich im selben Zug befand, ein berühmter Verbannter, der wiederkehrte und dem das Volk zujubelte. Damour sah ihn vorbeigehen: ein sehr dicker Mann, der, erregt von diesem Empfang, durch Tränen lächelte. Als der Held in eine Droschke gestiegen war, wollte ihm die Menge das Pferd ausspannen. Man stieß und schob sich, die Menschenmenge glitt in die Rue Lafayette, ein Meer von Köpfen, in dem man noch lange die langsam fahrende Droschke bemerkte wie einen Triumphwagen. Und Damour, gestoßen und getreten, hatte genug Mühe, bis zu den äußeren Boulevards vorzudringen. Niemand achtete auf ihn. All sein Leid, Versailles, die Überfahrt, Numea, alles sammelte sich in ihm zu einem bitteren Schluchzen.

Auf den äußeren Boulevards aber überkam ihn eine Rührung. Er vergaß alles, ihm schien, er brächte die Arbeit nach Paris mit und würde ruhig dort in der Rue des Envierges eintreten. Zehn inhaltsreiche, wechselreiche Jahre seines Lebens waren herum, ihm schien, nun lägen sie neben ihm auf dem Bürgersteig. Wie er so in seine alten Gewohnheiten schlüpfte, empfand er doch einige Verwunderung. Die äußeren Boulevards mußten doch breiter sein; er blieb stehen und sah nach den Kaufschildern; er war erstaunt, sie noch an ihrem Platz zu finden. Es war nicht die helle Freude daran, daß der Fuß wieder das Stückchen dieses ersehnten Bodens betrat; wie er die alten gewohnten Dinge so wiedersah, empfand er in sich eine Mischung von Zärtlichkeit, die wie ein Lied in ihm sang, und eine dumpfe Unruhe, die Unruhe vor dem Unbekannten. Seine Erregung wuchs noch, als er sich der Rue des Envierges näherte. Er fühlte sich schlaff werden, er wollte nicht weiter, als erwarte ihn etwas Furchtbares. Wozu wiederkehren? Was sollte er dort?

Als er endlich in der Rue des Envierges war, ging er dreimal am Haus vorbei, ohne eintreten zu können. Der Kohlenladen drüben war verschwunden, und eine Fruchthandlung daraus geworden; und die Frau, die in der Tür stand, trug ein so gewichtiges Gesicht zur Schau, schien so kurz angebunden, daß er sich scheute, sie anzusprechen, wie er anfangs wollte. Er zog es vor, alles zu wagen, und ging schnurstracks der Kammer der Hausmeisterin zu. Wie oft war er gerade so nach links abgebogen, am Ende der Allee, und hatte hier ans kleine Fenster geklopft.

»Frau Damour, bitte schön?«

»Weiß nicht, weiß nicht … wohnt nicht hier.«

Er blieb regungslos. Anstatt der ehemaligen Hausmeisterin, einer mächtigen Person, stand eine vertrocknete, mürrische, kleine Frau vor ihm, die ihn mißtrauisch betrachtete. Er fing wieder an:

»Frau Damour wohnte im Rückgebäude, vor zehn Jahren.«

»Vor zehn Jahren!« schrie die Hausmeisterin. »Nicht schlecht! Solange ist viel Wasser ins Meer gelaufen! Wir sind erst seit dem Januar hier.«

»Vielleicht hat Frau Damour ihre Adresse hinterlassen.«

»Nein. Kenn sie nicht.«

Und als er eigensinnig weiterfragte, ärgerte sie sich und drohte, ihren Mann zu rufen.

»Ach, werden Sie wohl aufhören, hier zu schnüffeln! Haufenweise schleichen sich hier die Menschen ein!«

Er errötete und zog sich verlegen zurück. Er schämte sich seiner ausgefransten Hose, seiner schmutzigen Bluse. Draußen schlich er gesenkten Hauptes fort; dann kehrte er um, er konnte sich nicht entschließen, so abzuziehen. Das wäre ein verzweifelter Abschied für ewig gewesen! Man würde Mitleid mit ihm haben und ihm einige Anhaltspunkte geben. Und er ließ die Blicke streifen auf die Fenster, in die Läden: er wollte sich zurechtfinden. In diesen ärmlichen Häusern, wo man sein Nest so oft wechselte, so oft aus- und einflog, genügten zehn Jahre der Abwesenheit, um fast niemanden von den früheren Einwohnern wiederzufinden. Zudem lag eine Zurückhaltung in seinem Wesen, unterstützt von einem Schamgefühl, etwas wie Menschenscheu hatte sich in seinem Wesen entwickelt und ließ ihn bei dem Gedanken, er könnte erkannt werden, erzittern. Wie er die Straße hinabschritt, bemerkte er endlich bekannte Gesichter, die Tabakverkäuferin, den Spezereihändler, eine Wäscherin und die Bäckerin, bei der sie früher gekauft hatten. Während einer Viertelstunde zögerte er, ging vor den Läden auf und ab und überlegte, wo er wagen sollte, einzutreten; er war in Schweiß gebadet, so litt er in innerlichem Kampf. Mit fast erloschenem Herzschlag entschloß er sich endlich, es mit der Bäckerin zu versuchen, einer alten, schlafmützigen Frau von so weißer Gesichtsfarbe, als wäre sie einem Mehlsack entschlüpft. Sie betrachtete ihn, ohne sich hinter ihrem Pult zu rühren. Jedenfalls erkannte sie ihn nicht, mit seiner verbrannten Haut, kahlköpfig, das Haupt wie gedörrt von der Gluthitze, mit dem langen Bart, der sein halbes Gesicht verdeckte; und das ermutigte ihn ein wenig, während er seinen Sou für ein Stück Brot hinlegte, fragte er leichthin:

»Haben Sie nicht unter Ihren Kunden eine Frau mit einer kleinen Tochter? Eine Frau Damour?«

Die Bäckerin dachte nach; dann sagte sie mit ihrer weichen Stimme:

»Ach, ja, früher, schon möglich. Aber es ist lange her. Ich weiß nicht mehr. Man kennt so viele Menschen!«

Er mußte sich mit dieser Antwort zufriedengeben. Etwas kühner geworden, kam er während der folgenden Tage wieder und forschte überall nach. Aber er begegnete überall der gleichen Teilnahmslosigkeit; die Auskünfte, die er sich holte, widersprachen sich oft, und er wurde immer verwirrter. Jedenfalls konnte man sicher annehmen, daß Félice diesen Stadtteil etwa zwei Jahre nach seiner Verbannung verlassen hatte, gerade damals, als er aus Numea entfloh. Ihre Adresse kannte niemand, einige sprachen von Gros-Caillon, einige von Bercy. Der kleinen Louise schien man sich überhaupt nicht mehr zu erinnern. Alles war aus. Und einmal abends setzte er sich am Boulevard auf eine Bank, weinte und nahm sich vor, nicht mehr zu suchen. Was sollte aus ihm werden? Paris schien ihm ausgestorben. Die paar Sous, mit denen er nach Frankreich gekommen war, gingen zu Ende. Einen Augenblick dachte er daran, nach Belgien zurückzukehren, in seine Kohlenbergwerke, darin es so finster ist, darin er wie ein Tier gelebt hatte, wie ein Tier: glücklich, erinnerungslos, unempfindlich. Aber er blieb und blieb; hungerte und verkam, ohne Arbeit zu finden. Überall abschlägige Antworten, er wäre zu alt. Er war erst fünfundfünfzig; aber die zehn Leidensjahre hatten ihre Spuren hinterlassen, man hielt ihn für einen Siebziger. Er schweifte wie ein wildes Tier, suchte die von der Kommune verwüsteten Städte ab und bot sich für Dienste an, die man sonst Kindern oder Krüppeln überläßt. Ein Steinmetz, der im Rathaus beschäftigt war, versprach ihm die Aufsicht über die Gerätschaften; aber es schien nichts aus der Sache werden zu wollen, und er litt Hunger.

Als er eines Tages von der Notre-Dame-Brücke ins fließende Wasser hinabstarrte, mit dem Schwindel derer, die dem Selbstmord nahe sind, und sich nun heftig von der Brüstung zurückriß, hätte er dabei einen Vorübergehenden fast umgestoßen. Es war ein fescher Kerl in weißer Bluse, der sogleich zu schimpfen begann: »Dummes Vieh!«

Aber Damour stand da mit offenem Mund und starrte den Mann an.

»Berru!« rief er endlich.

Und es war wirklich Berru, der sich sehr zu seinem Vorteil verändert hatte und heiteren Angesichts und verjüngt vor ihm stand. Damour hatte sich, seit er zurück war, oft seiner erinnert; aber wie hätte er ihn finden sollen, diesen Kameraden, der alle vierzehn Tage umzog? Der Maler riß die Augen auf, und als Damour mit zitternder Stimme seinen Namen genannt hatte, wollte er es nicht glauben.

»Unmöglich! Was für ein Unsinn!«

Aber unter Ausrufen, die rings eine allgemeine Aufmerksamkeit weckten, erkannte er ihn schließlich.

»Aber du warst doch tot! Wenn ich mir das je hätte vorstellen können! Aber die Leute so anzuführen, auf solche Weise! Hör mal, mein Bester, lebst du auch wirklich?«

Damour sprach leise und bat ihn, er möge schweigen. Berru fand das im Grunde recht albern, nahm ihn jedoch unter den Arm und führte ihn in eine Weinstube in der Rue Saint-Martin. Er überhäufte ihn mit Fragen und wollte alles wissen.

»Gleich, gleich«, sagte Damour, als sie ihre Plätze eingenommen hatten. »Vor allen Dingen, meine Frau?«

Berru sah ihn überrascht an. »Deine Frau? Wieso denn?«

»Wo ist sie? Weißt du ihre Adresse?«

Das Erstaunen des Malers wuchs. Er sagte langsam:

»Natürlich kenne ich ihre Adresse! Aber du? Kennst du denn die Geschichte nicht?«

»Was? was für eine Geschichte?«

Berru hielt nicht länger an sich.

»Ah ja, aber das, das ist doch schon das Stärkste, weiß Gott: was, du weißt gar nichts? Aber Alterchen, deine Frau ist ja wieder verheiratet!«

Damour hielt sein Glas gerade in der Hand; als er es auf den Tisch zurückstellte, zitterte er so stark, daß der Wein ihm über die Finger lief. Er wischte sich an seiner Bluse ab und fragte mit hohler Stimme:

»Was sagst du? Verheiratet, wieder verheiratet? Weißt du das bestimmt?«

»Mein Gott! Du warst gestorben, und sie hat wieder geheiratet; das ist doch nicht so seltsam. Es ist nur komisch, weil du wieder auferstanden bist.«

Und wie der Arme bleich und mit zuckenden Lippen dasaß, erzählte ihm Berru die Einzelheiten. Félice wäre jetzt sehr glücklich. Sie hätte einen Metzger aus der Rue des Moines geheiratet, in Batignolles, einen Witwer, dem sie im Geschäft half. Sagnard sei ein starker Mann von sechzig Jahren, der aber noch recht jugendlich aussehe. Und ihr Laden, an einer Ecke der Rue Nollet, mit rotem Gitterwerk und vergoldeten Ochsenköpfen rechts und links neben dem Schild, gehöre zu den besten im ganzen Viertel.

»Ja, was wirst du also machen?« wiederholte Berru nach jeder einzelnen Mitteilung.

Die Beschreibung dieses Ladens hatte den Unglücklichen ganz verdutzt gemacht. Er antwortete nur mit einer unbestimmten Handbewegung. Man müßte eben sehen.

»Und Louise?« fragte er plötzlich.

»Die Kleine? Ja, ich weiß nicht, sie werden sie wohl irgendwo abgegeben haben, um sie loszusein, denn ich hab sie nicht mehr bei ihnen gesehen. Das ist eigentlich wahr, das Kind könnten sie dir wiedergeben, da sie sich doch nicht darum kümmern. Aber was wirst du mit einem ausgelassenen Ding von zwanzig Jahren anfangen? Du scheinst schlimm daranzusein. Was? Ohne dich beleidigen zu wollen, muß ich doch sagen, man ist versucht, dir auf der Straße zwei Sous zu geben.«

Damour senkte den Kopf; er erstickte, er konnte nicht sprechen. Berru bestellte einen zweiten Liter und wollte ihn trösten.

»Hör mal, zum Teufel! Wenn du schon wieder lebst, dann sei auch lustig. Es ist ja noch nicht alles verloren. Es wird sich schon finden. Was wirst du tun?«

Und die beiden rannten sich in einem endlosen Gespräch fest, in dem sie immer wieder dieselben Argumente vorbrachten. Was der Maler nicht erzählte, war, daß er sich gleich nach Damours Verbannung an Félice herangeschlängelt hatte, deren volle Schultern ihn anzogen. Übrigens trug er es ihr im stillen noch immer nach, daß sie ihm den Metzger vorgezogen hatte, des Geldes wegen natürlich. Als sie mit dem dritten Liter fertig waren, rief er:

»Ich an deiner Stelle würde hingehen, mir's behaglich machen, und wenn mich dieser Sagnard ärgerte, würde ich ihn einfach zur Tür hinausschmeißen. Du bist der Hausherr, jedenfalls. Das Gesetz ist auf deiner Seite.«

Allmählich stieg der Wein Damour zu Kopf und rötete seine bleifarbenen Wangen. Er wiederholte, er müßte abwarten. Aber Berru hetzte ihn auf, schlug ihn auf den Rücken, fragte, ob er ein Mann sei. Natürlich war er ein Mann; und wie er diese Frau geliebt hatte. Und er liebte sie noch und könnte ganz Paris umkehren, um sie wieder zu besitzen. Aber worauf wartete er denn noch? Da sie ihm gehörte, brauchte er sie ja nur wiederzunehmen.

Die beiden betrunkenen Menschen redeten heftig aufeinander ein, Nase an Nase.

»Ich gehe!« sagte Damour, sich mühsam aufrichtend.

»Endlich! Gott sei Dank! Es wäre auch zu feige!« schrie Berru. »Ich begleite dich!«

Und sie brachen nach Batignolles auf.

III

Der Laden mit seinem roten Gitterwerk und den vergoldeten Ochsenköpfen nahm sich am Kreuzungspunkt der Rue des Moines und der Rue Nollet recht wohlhabend aus. Die Tierleiber hingen auf weiße Tücher herab; Hammelkeulen, die aufgereiht wie Blumensträuße in ihren spitzengeränderten Tüten staken, bildeten Girlanden. Wahre Fleischmassen lagen da: zerlegte und geschnittene Stücke, rosiges Kalbfleisch, purpurne Hammelschnitten und scharlachrote Ochsenteile in weißfleckigem Fett. Kupferne Becken, der Waagebaum und neben ihm die Gewichte auf ihrem Gestell, alles glänzte. Und eine strotzende Gesundheit schien in diesem reinen, marmorgepflasterten, mittaghellen Raum zu blühen, es war, als bliese dieser kräftige Fleischduft den Leuten hier das Blut in die Wangen.

Im vollen hellen Straßenlicht saß Félice vor einem hohen Pult, dessen Glaswände sie vor Zug schützten. Hier, im munteren Tanz der Reflexe, im rosig schimmernden Raum, sah sie sehr frisch aus, die volle, reife Gesundheit der vierzigjährigen Frauen war ihr eigen. Sauber angetan, mit glatter Haut, ein schwarzes Band um den weißen Hals, gab sie sich mit der würdevollen, lächelnden Geschäftigkeit einer geschickten Handelsherrin, die, in einer Hand die Feder, die andere auf dem Geld im Pult ruhend, die Ehrenhaftigkeit und die Wohlfahrt eines Kaufhauses verkörpert. Die Gehilfen hackten, wogen und riefen sich Zahlen zu; die Kunden gingen zur Kasse: und Félice nahm Geld ein und plauderte dabei mit freundlicher Stimme über das Neueste im Viertel. Mit einem bedauernden Blick betrachtete sie gerade eine kleine, kränklich aussehende Frau, die ihre zwei Kotelettes bezahlte.

»Nicht wahr, fünfzehn Sous?« sagte Félice. »Geht es noch nicht besser, Frau Vernier?«

»Ach nein, es geht nicht besser, immer mit dem Magen. Alles, was ich esse, gebe ich wieder von mir. Aber, was ist zu tun, der Arzt sagt, ich hätte Fleischnahrung nötig, aber es ist alles so teuer! ... Wissen Sie, daß der Kohlenhändler gestorben ist?«

»Nicht möglich!«

»Bei ihm war es nicht der Magen, der Unterleib war es … Zwei Kotelettes, fünfzehn Sous! Geflügel ist billiger.«

»Ei ja, das ist nicht unsere Schuld, Frau Vernier. Wir wissen uns selbst kaum zu helfen … Was ist da, Charles?«

Ganz ins Geschäft vertieft und zugleich Geld wechselnd, hatte sie doch ihre Augen überall im Laden und bemerkte soeben, wie einer ihrer Angestellten mit zwei Männern auf dem Bürgersteig sprach. Als der Junge nicht hörte, rief sie lauter: »Charles, was will man?«

Aber sie wartete nicht auf die Antwort. Sie hatte den einen der beiden, den vorne, erkannt.

»Ah, Sie sind es, Herr Berru.«

Sie schien nicht sehr erfreut, kniff die Lippen zusammen und rümpfte etwas verächtlich die Nase. Die beiden Männer waren, auf dem Wege von der Rue Saint-Martin nach Batignolles, mehrmals in Weinkneipen eingekehrt, denn der Weg war lang, und das viele, ununterbrochene Reden hatte ihnen die Kehlen ausgetrocknet. Sie schienen auch wirklich tüchtig angeheitert zu sein. Wie einen Stich hatte es Damour im Herzen gefühlt, als ihm Berru vom Bürgersteig drüben mit einer kurzen Handbewegung hinter den Scheiben Félice, schön und jung, gezeigt und ihm gesagt hatte: »Na, da ist sie!« Es war nicht möglich, es mußte Louise sein, die ihrer Mutter so ähnlich sah; denn ganz sicher war Félice älter. Der reiche Laden mit seinen blutigen Fleischmassen, die schimmernden Kupferbecken, dann diese stattlich gekleidete, offenbar wohlgestellte Frau, deren Hände auf Haufen Geldes ruhten, das alles lähmte seinen Zorn und seinen Mut und erregte eine wahre Angst in ihm. Er hatte Lust, mit beiden Beinen auszureißen, schämte sich, erbleichte bei dem Gedanken, dort einzutreten. Diese Dame würde jetzt doch niemals einwilligen, sich mit ihm zu verbinden, mit ihm, der so jämmerlich dreinschaute, langbärtig und in schmutziger Bluse dastand. Er wandte sich und war im Begriff, durch die Rue des Moines loszuziehen, damit man ihn nur ja nicht bemerkte, als Berru ihn zurückhielt.

»Heiliges Donnerwetter! Hast du denn kein Blut in den Adern? Wahrhaftig, ich an deiner Stelle würde dieser reichen Bürgersfrau schon zum Tanz aufspielen! Ich würde nicht gehen, ohne zu teilen; jawohl, die Hälfte von jedem Hammel und allem übrigen ... Mach, daß du vorwärts kommst, du begossenes Huhn.«

Und er hatte Damour gezwungen, die Straße zu überschreiten. Nachdem er dann einen Gehilfen gefragt hatte, ob Herr Sagnard da sei, und von ihm gehört hatte, daß sich der Metzger im Schlachthaus befinde, war er als erster eingetreten, um die Sache rasch anzugreifen.

Damour folgte ihm, bedrückt, mit dummem Gesicht.

»Was steht zu Diensten, Herr Berru?« fragte Félice mit einer wenig ermunternden Stimme.

»Nicht ich«, antwortete der Maler, »sondern mein Kamerad hat Ihnen was zu sagen.«

Er war zurückgetreten; und jetzt stand Damour Félice gegenüber. Sie betrachtete ihn; er, sehr verlegen, auf der Folter, senkte die Augen. Zuerst behielt sie ihre verächtliche Miene bei, ihr ruhiges, zufriedenes Antlitz drückte Abscheu gegenüber diesem alten Trunkenbold aus, diesem Verkommenen, der nach Armut roch. Aber sie sah ihn an, immerfort; und, ohne daß sie ein Wort mit ihm gewechselt hätte, erbleichte sie jäh; sie verschluckte einen Aufschrei. Man hörte die Geldstücke, die ihr entfielen, hell in der Schublade aufklingen.

»Was ist? Sind Sie unwohl?« fragte Madame Vernier, die neugierig dageblieben war.

Félice machte eine Handbewegung, um sich die Leute fernzuhalten. Sie konnte nicht sprechen. Mühsam hatte sie sich aufgerichtet und schritt ins Speisezimmer hinter dem Laden. Ohne daß sie ihnen gesagt hätte, sie sollten ihr folgen, verschwanden die beiden Männer hinter ihr, Berru hohnlächelnd, Damour gesenkten Hauptes; er starrte die mit Sägespänen überstreute Diele unverwandt an, als fürchte er zu fallen.

»Na! Aber das ist doch komisch!« murmelte Madame Vernier, als sie mit den Gehilfen allein war.

Die aber hatten mit dem Schneiden und Wiegen aufgehört und sahen sich überrascht an. Doch wollten sie sich nicht schaden und nahmen mit gleichgültiger Miene ihre Arbeit wieder auf, ohne der Kundin zu antworten; die warf ihnen einen verdrießlichen Blick zu und entfernte sich mit ihren beiden Kotelettes in der Hand.

Félice schien sich im Speisezimmer noch nicht so ganz allein zu fühlen. Sie stieß eine zweite Tür auf und ließ die Männer in ihre Schlafstube treten. Es war ein abgeschlossenes, stilles, sehr ordentliches Zimmer mit weißen Vorhängen über dem Bett und am Fenster, einer vergoldeten Wanduhr und Mahagonimöbeln, auf deren spiegelndem Firnis kein Stäubchen lag. Félice ließ sich auf einen Stuhl mit blaugeripptem Überzug fallen und wiederholte die Worte:

»Du bist es … Du bist es …«

Damour fand keine Worte. Er betrachtete das Zimmer und wagte es nicht, sich zu setzen, weil ihm die Stühle zu schön vorkamen. So begann Berru abermals:

»Ja, seit vierzehn Tagen sucht er Sie. Da sind wir uns begegnet, und ich habe ihn hergeführt.«

Und da er die Notwendigkeit empfand, sich ihr gegenüber zu entschuldigen:

»Sie verstehen, ich konnte nicht anders. Es ist ein alter Kamerad, mir hat sich das Herz im Leibe umgedreht, als ich ihn so heruntergekommen sah.«

Félice faßte sich allmählich etwas. Sie bewahrte die Haltung am besten, blieb die Vernünftigste. Als sie wieder zu Atem kam, trachtete sie danach, aus dieser unmöglichen Situation herauszukommen und leitete die Aussprache ein.

»Nun, Jacques, was verlangst du?«

Er antwortete nicht.

»Es ist wahr«, setzte sie fort, »ich habe wieder geheiratet. Aber ich trage dabei keine Schuld, du weißt es. Ich glaubte, du seiest gestorben, und du hast nichts getan, um den Irrtum aufzuklären.«

Damour sprach endlich.

»Doch, ich habe dir geschrieben.«

»Ich schwöre dir, daß ich deine Briefe nicht erhalten habe. Du kennst mich, du weißt, daß ich nie gelogen habe. Und, sieh doch, ich hab den Schein hier, in der Schublade.«

Sie öffnete, zog fieberhaft erregt ein Papier heraus und reichte es Damour, der mit stumpfem Ausdruck zu lesen begann. Es war sein Totenschein. Sie fügte hinzu:

»Ich war damals ganz allein und habe dem Anerbieten eines Mannes, der mich aus meinen Entbehrungen und Qualen befreien wollte, nachgegeben. Das ist meine ganze Schuld. Ich habe mich von dem Gedanken verführen lassen, glücklich zu werden. Das ist kein Verbrechen, nicht wahr?«

Er hörte sie gesenkten Hauptes an, niedergedrückter und befangener noch als sie. Doch er hob die Augen.

»Und meine Tochter?« fragte er.

Félice überlief es, sie zitterte wieder.

»Deine Tochter? Ich weiß nicht, ich hab sie nicht mehr.«

»Wie?«

»Ja, ich hatte sie bei meiner Tante untergebracht ... Sie ist fortgelaufen, sie ist aus der Art geschlagen.«

Einen Augenblick blieb Damour stumm, sah geradeaus, als hätte er nicht begriffen. Dann schlug er, der eben noch so verlegen war, mit der Faust plötzlich stark auf die Kommode, so heftig, daß ein mit Muscheln ausgelegtes Kästchen in die Höhe sprang. Aber er kam nicht zum Reden, denn zwei Kinder, ein kleiner Junge von sechs und ein Mädchen von vier Jahren, öffneten die Tür und warfen sich Félice mit einem Freudenausbruch an den Hals.

»Guten Morgen, liebste Mutter, wir waren im Garten, da, bei der Straße. Françoise sagte, wir müßten da herein. Oh! Denk doch, ganz sandig war es, und Hühnchen im Wasser.«

»Schon gut, laßt mich«, sagte die Mutter rauh.

Und zum Kindermädchen:

»Françoise, bringen Sie sie wieder fort. Es war ganz unsinnig, zu dieser Stunde heimzukommen.«

Die Kinder traten traurigen Herzens zurück, und das Mädchen stieß sie, über den Ton der gnädigen Frau ärgerlich, vor sich her. Félice hegte die unsinnige Furcht, Jacques würde die Kleinen stehlen; er könnte sie auf den Rücken nehmen und davonlaufen. Berru, den man nicht genötigt hatte, Platz zu nehmen, streckte sich behaglich in einem zweiten Lehnstuhl aus, nachdem er seinem Freund ins Ohr geraunt hatte:

»Die kleinen Sagnards ... Was? schnell aufgeschossen, das Kraut!«

Als sich die Tür geschlossen hatte, tat Damour noch einen Faustschlag auf die Kommode und schrie:

»Das ist mir gleich, meine Tochter will ich, ich komme, um sie zu holen.«

Félice überlief es kalt.

»Setz dich, laß uns reden«, sagte sie. »Das führt zu nichts, dies Lärmmachen. Du bist also gekommen, um mich zu suchen?«

»Jawohl, du wirst mir folgen, und zwar gleich. Ich bin dein Gatte, der wirkliche. Oh! Ich kenne meine Rechte ... Nicht wahr, Berru, das ist mein Recht? Mach dich also fertig, sei so gut, wenn du nicht willst, daß alle Welt von unserer Sache hört.«

Sie sah ihn an, und ihr verstörtes Gesicht sagte, daß sie ihn nicht mehr liebte, daß ihr dieser elende, traurige und verkommene alte Mann Schrecken und Abscheu einflößte. Wie? Sie, so gepflegt und weiß, nun an alle Bequemlichkeiten der höheren Stände gewöhnt, sollte das harte, armselige Leben von damals wieder aufnehmen, zusammen mit diesem Mann, der ihr wie ein Gespenst erschien!

»Du weigerst dich?« fing Damour wieder an, – er las es in ihrem Gesicht.

»Oh! Ich begreife, du bist gewohnt, im Geschäft die große Dame zu spielen; und ich, ich hab keinen schönen Laden, keine Schublade voll Geld, um drin herumzuklimpern. Außerdem die Kleinen von vorhin, die du offenbar besser pflegst als Louise. Hat man die Tochter nicht mehr, wird man sich nicht um den Vater kümmern! ... Aber das alles ist gleich. Ich will, daß du kommst; und du wirst kommen, oder ich geh zum Polizeikommissar, damit er dich mit der Polizei zu mir bringt. Das ist mein Recht, nicht wahr, Berru?«

Der Maler stimmte kopfnickend zu. Der Auftritt machte ihm viel Spaß. Als er jedoch Damour wütend, betäubt von seinem eigenen Geschwätz, Félice am Ende ihrer Kräfte, dem Weinen und einer Ohnmacht nahe, vor sich sah, glaubte er, eine schöne Rolle spielen zu können. Er fuhr dazwischen und sagte in lehrhaftem Ton:

»Ja, ja, es ist dein Recht; aber man muß eben doch sehen, man muß überlegen. Ich, ich habe mich immer ganz peinlich genau benommen. Bevor man sich entscheidet, wäre es schicklich, mit Herrn Sagnard zu reden; und da er nicht da ist ...«

Er unterbrach sich und sprach dann weiter, mit veränderter Stimme, die in einer gemachten Gefühlsbewegung zitterte:

»Nur hat es mein Kamerad eilig. In seiner Lage ist es hart, zu warten. Ach, liebe Frau, wenn Sie wüßten, wie er gelitten hat. Und jetzt nicht einmal ein Stückchen Rettich, er stirbt Hungers, überall stoßen sie ihn zurück. Als ich ihn eben traf, hatte er seit gestern nichts gegessen.«

Félices Furcht ging plötzlich in einen heftigen Kummer über, die Tränen drohten sie zu ersticken, sie konnte sie nicht zurückhalten. Es war eine große Traurigkeit in ihr, der Widerwillen, der Ekel vor dem Leben. Ein Schrei entfuhr ihr:

»Verzeih mir, Jacques!«

Und als sie sprechen konnte:

»Was geschehen ist, ist geschehen. Aber ich will nicht, daß du unglücklich bist. Laß mich dir helfen.«

Damour machte eine heftige Gebärde.

»Gewiß«, sagte Berru lebhaft, »das Haus hier ist groß genug, daß deine Frau dich nicht hungern lassen wird. Willst du kein Geld, so kannst du immerhin ein Geschenk annehmen. Wenn Sie ihm nur ein Stückchen Rindfleisch geben würden, könnte er sich eine Bouillon kochen, nicht wahr?«

»Oh, alles, was er will, Herr Berru.«

Aber er fing wieder an, auf die Kommode zu schlagen und rief: »Danke, von dem Brot esse ich nicht.«

Und wie er seiner Frau in die Augen sah:

»Nur dich will ich, ich werde dich bekommen ... Behalte dein Essen!«

Félice war zurückgetreten, erfüllt von Widerwillen und Schrecken. Damour kam außer Rand und Band, sprach davon, alles zu zerschlagen, und ließ sich zu ungeheuerlichen Anklagen hinreißen. Er verlangte die Adresse seiner Tochter, schüttelte seine Frau im Stuhl, schrie ihr zu, sie hätte die Kleine verkauft; und sie, ohne sich zu verteidigen, betrübt von alledem, was auf sie eindrang, wiederholte mit langsamer Stimme, daß sie die Adresse nicht wüßte, man würde sie aber jedenfalls auf der Polizeipräfektur erfahren. Damour hatte sich in einen Stuhl gesetzt und schwor, der Teufel brächte ihn nicht fort von diesem Platz, plötzlich stand er jedoch auf. Und nach einem letzten Faustschlag, der noch heftiger als die andern niedersauste:

»Also gut! Zum Donnerwetter! Ich gehe, ja, ich geh fort, weil mir das Spaß macht. Aber du wirst nicht lange zu warten haben, ich komme wieder, wenn dein Mann da ist, und ich werde es euch eintrichtern, ihm, dir, den Bälgern, der ganzen verfluchten Baracke hier ... Warte nur, du wirst sehen!«

Mit der Faust drohend, ging er hinaus. Eigentlich erleichterte es ihn, den Auftritt so beendigt zu sehen. Berru blieb zurück und sagte in vermittelndem Ton, sehr erfreut, mit in diese Angelegenheit verwickelt zu sein:

»Fürchten Sie nichts, ich werde ihn nicht verlassen. Es gilt, ein Unglück zu vermeiden.«

Er erkühnte sich sogar, ihr die Hand zu drücken und zu küssen. Sie ließ ihn gewähren, sie war ganz gebrochen; hätte ihr Gatte sie beim Arm genommen, sie wäre mit ihm gegangen. Trotzdem lauschte sie auf die Schritte der beiden Männer, die durch den Laden gingen. Ein Metzgerbursche zerteilte ein Hammelviertel, er führte mit dem Hackmesser große Schläge. Zahlen wurden gerufen. Und der kaufmännische Instinkt brachte sie in den Laden zurück, auf ihren Platz zwischen den Glaswänden, sie trat ein, sehr bleich, aber ganz ruhig, als wäre nichts geschehen.

»Wieviel bekomme ich?« fragte sie.
»Sieben Francs fünfzig.«
Und sie nahm das Geld.

IV

Tags darauf hatte Damour Glück: der Steinmetz verschaffte ihm den Posten eines Wächters beim Bau des Rathauses. Und so bewachte er ein Monument, das er zehn Jahre früher zu verbrennen mitgeholfen hatte. Es war im ganzen eine leichte Arbeit, eine von den stumpfsinnigen Verrichtungen, die einen schlaff machen. Er streifte in der Nacht unter den Gerüsten umher, lauschte auf alle Geräusche und schlief bisweilen auf den Gipssäcken ein. Er sprach nicht mehr davon, nach Batignolles zurückzukehren. Als jedoch Berru eines Tages kam und ihm das Frühstück zahlte, schrie er beim dritten Liter, der große Schlag bereite sich für morgen vor. Doch tags darauf rührte er sich nicht vom Bauplatz. Und dabei blieb es von jetzt an. Er ereiferte sich nie mehr über sein Recht, außer wenn er betrunken war. War er noch nüchtern, so verharrte er in düsterer Versunkenheit, als schämte er sich. Der Maler hatte ihn schließlich damit geneckt und ständig wiederholt, er sei kein Mann. Er aber blieb ernsthaft. Er murmelte:

»Muß sie also töten! ... Darauf habe ich gewartet.«

Eines Abends ging er bis zur Place Moncey; nachdem er dort eine Stunde auf einer Bank zugebracht hatte, begab er sich wieder auf seinen Bau. Im Laufe des Tages glaubte er gesehen zu haben, wie vor dem Rathaus seine Tochter vorbeigefahren war; sie saß in einem prächtigen Landauer. Berru erbot sich, Nachforschungen anzustellen; er war ganz sicher, in vierundzwanzig Stunden Louises Adresse herauszubringen. Aber Damour lehnte ab. Wozu brauchte er das zu wissen? Trotzdem drehte sich sein Herz um bei dem Gedanken, daß diese schöne, feingekleidete Person, die er im Trab zweier großer, weißer Pferde hatte vorbeifahren sehen, seine Tochter wäre. Seine Traurigkeit wuchs. Er kaufte ein Messer, zeigte es dem Kameraden und sagte, er würde den Metzger zur Ader lassen. Dieser Ausdruck gefiel ihm, und mit einem scherzhaften Lächeln wiederholte er ihn fortwährend.

»Ich lasse ihn zur Ader, den Metzger ... Jeder kommt an die Reihe, nicht wahr?«

Berru hielt ihn dann für ganze Stunden in einer Weinkneipe in der Rue du Temple fest, um ihn zu überzeugen, daß man durchaus niemanden umbringen müsse. Es sei dumm, man würde höchstens ihn selbst köpfen. Und er packte ihn bei den Händen und verlangte, er solle schwören, sich nicht auf so häßliche Geschichten einzulassen. Damour wiederholte, eigensinnig grinsend:

»Nein, nein, jeder zu seiner Zeit ... Ich werde den Metzger zur Ader lassen.«

Die Tage vergingen, und er ließ ihn nicht zur Ader.

Es trat ein Ereignis ein, das die Katastrophe zu beschleunigen schien. Man kündigte ihm auf dem Bauplatz wegen Unfähigkeit; er war während einer stürmischen Nacht eingeschlafen und hatte eine Schaufel stehlen lassen. Von nun an hungerte er wieder; er streifte durch die Straßen; zu stolz, um zu betteln, sah er mit gierigen Augen in die Fleischerläden. Aber das Elend drückte ihn nieder, statt aufzuregen. Sein Rücken krümmte sich, er schien in traurige Betrachtungen versunken. Man konnte glauben, daß er jetzt nicht mehr wagte, in Batignolles vorzusprechen, jetzt, da er keine reine Bluse mehr anzuziehen hatte.

Félice in Batignolles lebte in fortwährender Aufregung. Am Abend nach Damours Besuch hatte sie die Sache Sagnard nicht erzählen wollen; tags darauf empfand sie Gewissensbisse über ihr Schweigen und fand doch nicht die Kraft, zu sprechen. Jeden Augenblick erzitterte sie und glaubte ihren ersten Gatten eintreten zu sehen, und sie malte sich entsetzliche Szenen aus. Das schlimmste war, daß man im Laden etwas gemerkt hatte, die Burschen lächelten sich zu, und wenn Madame Vernier ihren regelmäßigen Einkauf von zwei Kotelettes besorgte, raffte sie ihr Geld auf eine beunruhigende Art zusammen. Eines Abends endlich warf sich Félice schluchzend an Sagnards Hals und gestand ihm alles. Sie wiederholte, was sie zu Damour gesprochen hatte: Es wäre nicht ihre Schuld, denn wenn die Leute einmal gestorben seien, dürften sie doch nicht wiederkommen. Sagnard, der ein braver Mann und für seine sechzig Jahre noch recht rüstig war, tröstete sie. Mein Gott, es sei freilich ein übler Scherz, aber man würde sich schon einrichten. Ließe sich denn nicht alles zu Ende führen? Er als ein heiterer, wohlhabender Mann, dem es gut im Leben ging, empfand vor allen Dingen Neugierde: man würde dieses Gespenst sehen, mit ihm sprechen. Die Geschichte interessierte ihn sehr. Als der Betreffende nach einer Woche noch nicht gekommen war, sagte Sagnard zu seiner Frau:

»Na? Was ist denn? Gibt er uns auf? Wenn du seine Adresse wüßtest, würde ich ihn aufsuchen.«

Als sie ihn dann anflehte, sich nur ja ruhig zu verhalten, fügte er hinzu:

»Aber meine Liebe, nur um dich zu beruhigen. Ich sehe, daß die Geschichte deine Gesundheit untergräbt. Es muß Schluß gemacht werden.«

Félice, deren Angst sich in Erwartung des drohenden Schlages täglich steigerte, war sichtlich abgemagert. Als sich der Metzger einmal über einen Gehilfen ärgerte, der vergessen hatte, einen Kalbskopf in frisches Wasser zu tauchen, kam sie, leichenblaß, und flüsterte:

»Er ist da!«

»Ah, sehr gut!« sagte Sagnard und beruhigte sich sofort. »Laß ihn ins Speisezimmer.«

Ohne sich zu beeilen, wandte er sich an den Burschen:

»Waschen Sie ihn gründlich, er riecht schlecht.«

Er ging ins Speisezimmer, wo er Damour und Berru vorfand. Es war ein Zufall, daß sie zusammen kamen, Berru hatte Damour in der Rue de Clichy getroffen; er sah ihn jetzt nicht mehr so oft; er war dieses Elends überdrüssig. Aber als er erfuhr, daß sein Kamerad nach der Rue des Moines unterwegs war, erging er sich in Vorwürfen, denn diese Angelegenheit war auch die seine; dann hatte er angefangen, ihm Vorstellungen zu machen, geschrien, daß er ihn hindern würde, dahin zu gehen und Dummheiten zu machen; und er versperrte ihm den Weg und wollte ihn zwingen, sein Messer herauszugeben. Damour zuckte die Schultern, trotzig auf sein Vorhaben versessen, das er verschwieg. Auf alle Vorstellungen antwortete er nur:

»Komm, wenn du willst, aber ärgere mich nicht.«

Sagnard ließ die beiden Männer im Speisezimmer stehen. Félice war mit den Kindern in ihr Zimmer geflüchtet, und hinter der doppelt verschlossenen Tür setzte sie sich; sie drückte die Kleinen wie um sie zu verteidigen und zu schützen verzweifelt an ihre Brust. Obwohl sie lauschte – ihre Ohren summten vor Angst –, hörte sie anfangs nichts; die beiden Gatten im Nebenzimmer empfanden einige Verlegenheit und betrachteten sich schweigend.

»Sie sind es also?« entschloß sich Sagnard zu fragen, um doch irgend etwas zu sagen.

»Ja, ich bin es!« antwortete Damour.

Er fand Sagnard sehr stattlich und kam sich klein vor neben ihm. Der Metzger schien nicht älter als fünfzig zu sein; er war ein schöner Mann, mit frischem Gesicht, kurzgeschorenen Haaren, bartlos. So, in Hemdsärmeln mit großem weißem Schurz, der wie Schnee blendete, sah er fröhlich und jung aus.

»Ich will Sie nicht sprechen«, begann Damour zögernd. »Félice will ich sprechen.«

»Ja, mein Freund, wir müssen uns Klarheit schaffen. Zum Teufel! Wir haben uns nichts vorzuwerfen, keiner dem andern. Warum sich auffressen, wenn doch niemand etwas dafür kann.«

Damour betrachtete gesenkten Hauptes starr den einen Tischfuß. Dann murmelte er mit dumpfer Stimme:

»Ich habe nichts gegen Sie, lassen Sie mich in Ruhe, gehen Sie fort ... Félice wünsche ich zu sprechen.«

»Das nicht, nein, Sie werden sie nicht sprechen«, sagte der Metzger ruhig. »Ich habe keine Lust, daß Sie sie wieder krank machen, wie das vorige Mal. Wir können ohne sie reden ... Wenn Sie im übrigen vernünftig sind, wird alles gut gehen. Da Sie behaupten, sie noch zu lieben, begreifen Sie die Lage, überlegen Sie, um zu ihrem Besten zu handeln.«

»Schweigen Sie«, unterbrach ihn der andere, von einer plötzlichen Wut übermannt. »Kümmern Sie sich um nichts, oder die Sache läuft schief ab.«

Berru glaubte, er würde sein Messer ziehen und stürzte sich zwischen die beiden Männer. Aber Damour stieß ihn zurück.

»Laß mich in Frieden! ... Was fürchtest du denn? Du bist ein Idiot!«

»Ruhe!« wiederholte Sagnard, »wenn man in Zorn gerät, weiß man nicht mehr, was man tut ... Hören Sie mal, wenn ich Félice rufe, versprechen Sie mir, vernünftig zu sein? Denn sie ist leicht erregt, Sie wissen das ebensogut wie ich. Wir wollen sie doch nicht töten, weder Sie noch ich, nicht wahr? ... Werden Sie sich gut betragen?«

»Wenn ich gekommen wäre, um mich anders zu betragen, hätte ich damit begonnen, Sie zu erwürgen, Sie mit all Ihren Phrasen.«

Er sagte das so ernsthaft und schmerzlich, daß der Metzger ganz betroffen schien.

»Nun«, erklärte er, »dann werde ich Félice rufen. Oh, ich bin gerecht, ich begreife, daß Sie die Sache mit ihr besprechen wollen. Das ist Ihr Recht.«

Er ging an die Tür zum Nebenzimmer und klopfte.

»Félice! Félice!«

Als sich darauf nichts rührte, da Félice beim Gedanken an diese Zusammenkunft zu Eis erstarrt sitzen blieb und ihre Kinder noch fester an die Brust drückte, begann er ungeduldig zu werden.

»Félice, komm doch ... Es ist dumm, was du tust. Er verspricht, vernünftig zu sein.«

Endlich drehte sich der Schlüssel, sie erschien und verschloß die Tür sorgsam wieder, um ihre Kinder in sicherem Schutz zu lassen. Ein neues, befangenes Schweigen entstand.

›Jetzt kommt der Knalleffekt‹, sagte sich Berru.

»Höre, Félice, du weißt, daß ich nie schlecht gewesen bin.

Das kannst du wohl sagen. Nun, und ich werde auch heute nicht anfangen, das zu sein. Zuerst wollte ich euch alle hier umbringen. Dann fragte ich mich, was mir das nützen würde. Ich will lieber, daß du wählen sollst. Wir werden tun, was du willst. Jawohl, da uns die Gerichte mit ihren Urteilen nicht helfen können, so wirst du entscheiden, wie es dir am besten gefällt. Antworte ... mit wem willst du gehen, Félice?«

Aber sie konnte nicht antworten. Die Aufregung schnürte ihr die Kehle zu.

»Es ist gut«, hob Damour wieder mit derselben dumpfen Stimme an, »ich begreife, du gehst mit ihm. Als ich herging, wußte ich, wie es kommen würde. Und ich grolle dir darum nicht, ich gebe dir recht nach alledem. Mit mir ist's zu Ende, ich habe nichts, und du liebst mich auch nicht, während er dich glücklich macht und außerdem noch die zwei Kleinen da sind.«

Félice weinte fassungslos.

»Du hast keinen Grund zu weinen, das sind keine Vorwürfe. Die Dinge sind einmal so gekommen, das ist alles ... Und ich hatte den Gedanken, dich noch einmal zu sehen, um dir zu sagen, daß du ruhig schlafen kannst. Jetzt, wo du gewählt hast, werde ich dich nicht mehr quälen ... Es ist geschehen, du wirst niemals mehr von mir sprechen hören.«

Er schritt auf die Tür zu, aber Sagnard, sehr bewegt, hielt ihn auf und rief:

»Oh, Sie sind ein braver Mensch, wahrhaftig. Es ist nicht möglich, sich so zu trennen. Sie werden mit uns zu Mittag essen.«

»Nein, danke!« antwortete Damour.

Der erstaunte Berru fand, daß die Sache ganz verrückt verlief; ganz empört schien er darüber zu sein, daß sein Kamerad die Einladung ausschlug.

»Wir trinken wenigstens einen Schluck«, fing der Metzger wieder an. »Sie werden doch ein Glas Wein von uns annehmen, Teufel auch?«

Damour wollte nicht gleich. Er ließ einen langsamen Blick rundum schweifen im Zimmer, das mit seinen Möbeln aus hellem Eichenholz ordentlich und heiter aussah; dann ruhten seine Augen auf Félice, die ihn mit ihrem tränenüberströmten Antlitz anflehte.

»Nun also, ja«, sagte er dann.

Sagnard war entzückt. Er rief:

»Schnell, Félice, Gläser! Wir brauchen das Mädchen nicht ... Vier Gläser. Du mußt auch anstoßen, du auch. Oh, lieber Freund, es war hübsch von Ihnen zuzusagen, Sie wissen nicht, eine wie große Freude Sie mir machen, denn ich liebe gute Herzen. Und Sie sind ein gutes Herz, das sage ich Ihnen.«

Unterdessen suchte Félice mit tastenden Händen im Büfett nach Gläsern und einem Liter Wein. Sie war ganz benommen und fand nichts mehr. Sagnard mußte ihr helfen. Als dann die Gläser gefüllt waren, setzte man sich rund um den Tisch und stieß an.

»Zum Wohl!«

Damour, Félice gegenüber, mußte den Arm ausstrecken, um ihr Glas zu berühren. Sie sahen sich beide an, schweigend, die Vergangenheit im Blick. Sie zitterte so stark, daß sich der kristallene Ton mit dem fieberhaften Aufschlagen ihrer Zähne vermischte. Sie sagten nicht du zueinander, sie waren wie tot und würden von nun an nur noch in der Erinnerung aneinander denken.

»Zum Wohl!«

Und während sie alle vier tranken, schallten die Kinderstimmen aus der Nebenstube ins tiefe Schweigen herüber. Sie hatten zu spielen angefangen, sie verfolgten sich kreischend und lachend. Dann tappten sie an die Tür und riefen: »Mama! Mama!«

»Nun, leb alles wohl!« sagte Damour und stellte das Glas auf den Tisch.

Er ging fort. Félice, hoch aufgerichtet, sehr bleich, sah ihn ziehen, während Sagnard die Herren höflich zur Tür geleitete.

V

Auf der Straße eilte Damour so, daß Berru Mühe hatte, ihm zu folgen. Der Maler war wütend. Als er seinen Kameraden auf dem Boulevard des Batignolles ganz ermüdet auf eine Bank sinken sah, mit bleichen Wangen, starren Augen, brach er mit allem los, was er auf dem Herzen hatte. Geohrfeigt hätte er zum mindesten diese reichen Spießbürger, er. Das brächte ihn auf, einen Gatten so zu Gunsten eines anderen auf seine Frau verzichten zu sehen, ohne sich auch nur das geringste vorzubehalten. Da mußte man schon hübsch einfältig sein; jawohl, einfältig, um kein anderes Wort zu gebrauchen! Und er gab ein Beispiel an von einem anderen Kameraden, der seine Frau zusammen mit einem Privatier angetroffen hatte. Was weiter! Die beiden Männer und die Frau lebten gemeinsam und sehr einträchtig. Man richtet sich ein und läßt sich nicht prellen, am Ende wäre doch er selbst der Narr bei alledem!

»Das verstehst du nicht!« antwortete Damour. »Geh du auch fort, du bist doch nicht mein Freund.«

»Ich nicht dein Freund! Ich zerreiße mich ja für dich ... Denke doch ein wenig nach. Was wird aus dir? Du hast niemanden, wie ein Hund auf der Straße bist du und wirst verhungern, wenn ich dir nicht helfe ... Ich nicht dein Freund! Wenn ich dich jetzt hier verlasse, kannst du nichts anderes tun, als deinen Kopf zwischen die Füße stecken, wie ein lebensmüdes Huhn.«

Damour machte eine verzweifelte Gebärde. So war es, ihm blieb nichts übrig, als sich zu ertränken oder von den Gendarmen auflesen zu lassen.

»Na also«, fuhr der Maler fort, »ich bin ein so guter Freund, ich werde dich sogar zu jemandem führen, wo du wohnen und essen kannst.«

Er erhob sich, als sei er plötzlich entschlossen. Dann riß er den Freund mit sich, der fragte stotternd:

»Wohin denn? Wohin?«

»Wirst schon sehen ... Da du bei deiner Frau nicht zu Mittag essen wolltest, wirst du woanders essen. Aber setze dir deinen Dickkopf zurecht, zwei Dummheiten an einem Tag werde ich dich nicht machen lassen.«

Er ging schnell die Rue d'Amsterdam hinunter. In der Rue de Berlin blieb er vor einem kleinen Haus stehen, läutete und fragte den öffnenden Diener, ob Frau von Souvigny zu Hause wäre. Und als der Diener zögerte, fügte er hinzu:

»Sagen Sie ihr, Berru wäre da.«

Damour folgte ihm mechanisch. Dieser unerwartete Besuch, dieses elegante Haus hier verwirrten ihn vollständig. Er stieg hinauf. Und plötzlich fand er sich in den Armen einer kleinen, sehr hübschen Frau, die nur einen leichten, spitzenbesetzten Morgenrock trug.

»Papa! Papa! Oh! Wie Sie freundlich sind, daß Sie ihn dazu bestimmt haben.«

Sie war ein gutherziges Mädchen und ganz entzückend; sie ließ sich von der schwärzlichen Bluse des alten Mannes nicht abschrecken und schlug in die Hände; ein Ausbruch kindlicher Zärtlichkeit überkam sie. Ihr Vater, erstarrt, erkannte sie nicht einmal.

»Aber das ist Louise!« sagte Berru.

Da stammelte er:

»Ach ja ... Sie sind zu liebenswürdig ...«

Er wagte nicht, sie zu duzen. Louise ließ ihn auf einem Sofa Platz nehmen, dann klingelte sie, um Besuch abweisen zu lassen. Währenddessen betrachtete er ehrfürchtig das mit Kaschmir ausgeschlagene Zimmer, das mit gewähltem Reichtum eingerichtet war. Und Berru schlug ihn triumphierend auf die Schulter und wiederholte immerzu:

»Was? Wirst du noch sagen, daß ich nicht dein Freund bin? ... Ich wußte wohl, daß du deine Tochter brauchen würdest. Da habe ich mir ihre Adresse verschafft, bin hingegangen und habe ihr deine Geschichte erzählt. Gleich sagte sie: ›Bringen Sie ihn her‹.«

»Aber natürlich, der arme Vater!« flüsterte Louise mit schmeichelnder Stimme. »Oh, weißt du, ich hasse deine Republik! Alle diese schmutzigen Menschen, diese Kommunarden, die die Welt auf den Kopf stellen würden, wenn man sie das tun ließe! Aber du bist mein lieber Papa. Ich erinnere mich, wie du gut warst, als ich krank war damals als kleines Kind. Du wirst sehen, wir werden so gut miteinander auskommen, wenn wir niemals über Politik sprechen. Vor allen Dingen essen wir jetzt zu Mittag, alle drei! Oh, wie nett das ist!«

Sie saß fast auf den Knien des Arbeiters und lachte mit ihren klaren Augen, die falben, zarten Haare flatterten ihr um die Ohren. Er fühlte sich kraftlos, in einem wohligen Behagen, er hatte es abschlagen wollen, sich in diesem Haus an den Tisch zu setzen, und es erschien ihm auch nicht recht schicklich. Aber er fand seine Energie nicht wieder, die von vorhin, als er, ohne auch nur den Kopf zu wenden, die Fleischersfrau verlassen hatte, nachdem er ihr ein letztes Mal zugetrunken hatte. Seine Tochter war zu lieb, und ihre kleinen weißen Hände auf den seinen rührten ihn.

»Nun, du bist doch einverstanden?« fragte Louise.

»Ja!« sagte er endlich, während zwei Tränen über seine vom Elend gehöhlten Backen flossen.

Berru fand ihn sehr verständig. Als man ins Speisezimmer ging, erschien ein Diener und meldete der gnädigen Frau, daß der Herr da wäre.

»Ich kann ihn nicht empfangen«, antwortete sie ruhig. »Sagen Sie ihm, ich sei mit meinem Vater zusammen. Morgen um sechs, wenn er will.«

Das Mittagessen wurde reizend. Berru würzte es mit allerhand drolligen Späßen, über die Louise Tränen lachte. Sie fühlte sich wieder in die Rue des Envierges versetzt. Damour aß viel, betäubt von Müdigkeit und von der reichlichen Kost; aber jedesmal, wenn sein Blick dem seiner Tochter begegnete, lächelte er zärtlich. Zum Dessert tranken sie einen süßen, wie Champagner schäumenden Wein, der allen dreien zu Kopf stieg. Als die Dienerschaft fort war, stützten sie die Ellenbogen auf den Tisch und redeten von der Vergangenheit, wehmütig und weinselig. Berru hatte eine Zigarette gerollt, Louise rauchte sie mit entzücktem Antlitz und halbgeschlossenen Augen. Sie verlor sich in ihren Erinnerungen, kam auf ihre Liebhaber zu sprechen, auf den ersten, einen jungen Mann, der es gut verstanden hätte, sich in der Welt zurechtzufinden. Dann entschlüpften ihr einige bittere und strenge Urteile über ihre Mutter.

»Du begreifst«, sagte sie zu ihrem Vater, »ich will sie nicht mehr sehen, sie beträgt sich zu schlecht. Wenn du es wünschst, werde ich hingehen und ihr meine Meinung sagen über die häßliche Art, wie sie dich behandelt hat.«

Aber Damour erklärte ernst, sie existiere für ihn nicht mehr. Plötzlich erhob sich Louise und rief:

»Ich werde dir mal etwas zeigen, was dir Freude machen wird.«

Sie verschwand, kam gleich wieder, die Zigarette immer zwischen den Lippen, und brachte ihrem Vater eine alte Photographie, vergilbt und abgestumpft an den Ecken. Ein Zittern schüttelte den Arbeiter, der mit trüben Augen auf das Bildnis starrte und nun flüsterte:

»Eugène, mein armer Eugène.«

Er reichte das Bild Berru, und auch er sagte ergriffen:

»Es ist sehr ähnlich.«

Dann kam es zu Louise. Sie hielt das Bild einen Augenblick, aber die Tränen stiegen in ihr auf, sie gab es zurück und sagte:

»Oh, ich erinnere mich an ihn … er war so gut!«

Und alle drei gaben ihrer Rührung nach und weinten zusammen; zweimal noch reichten sie das Bildnis um den Tisch, zärtlich seiner gedenkend. Es war sehr verblichen; der arme Eugène in seiner Uniform als Nationalgardist schien der Schatten eines sagenhaften Streiters zu sein. Als der Vater jedoch das Bild umdrehte, las er, was er einst geschrieben hatte: ›Ich werde Dich rächen.‹ Und ein Dessertmesser über seinem Haupt schwingend, wiederholte er seinen Schwur.

»Jawohl, ja, ich werde dich rächen!«

»Als ich sah, daß Mama es nicht gut meinte«, erzählte Louise, »wollte ich ihr das Bild meines armen Bruders nicht lassen. Eines Abends habe ich's ihr ausgeführt … Für dich, Papa. Ich gebe es dir.«

Damour hatte die Photographie an sein Glas gelehnt und betrachtete sie immer. Doch überlegte man endlich ernsthaft. Louise wollte dem Vater mit liebender Hand heraushelfen. Sie sprach einen Augenblick davon, ihn zu sich zu nehmen. Aber das war nicht gut möglich. Endlich hatte sie einen Gedanken: sie fragte ihn, ob er damit einverstanden sei, eine Besitzung zu verwalten, die ihr ein Herr in der Nähe von Mantes gekauft hätte. Da wäre ein Pavillon, in dem er sehr gut leben könnte, mit zweihundert Francs monatlich.

»Aber was! Das ist ja das Paradies!« rief Berru für seinen Kameraden zustimmend. »Wenn er sich langweilt, besuche ich ihn.«

Eine Woche später war Damour in Bel-Air, der Besitzung seiner Tochter, und dort lebt er jetzt in einer Ruhe, die ihm das Schicksal, nachdem es soviel Unglück auf ihn gehäuft, wohl schuldig war. Er nimmt zu, blüht auf, ist behäbig gekleidet und hat das Wesen eines gutmütigen, alten Soldaten. Die Bauern grüßen ihn sehr tief. Er jagt und angelt. Man trifft ihn im Sonnenschein, wie er am Wege steht und auf das wachsende Korn blickt mit dem ruhigen Gewissen eines Mannes, der niemandem ein Leid getan hat und seine sauer verdiente Rente verzehrt. Kommt seine Tochter mit den Herren, so vergibt er sich nichts. Seine größte Freude bilden die Tage, an denen seine Tochter sich frei macht und sie zusammen im Pavillon speisen. Dann betrachtet er bewundernd ihre Toiletten; und es sind delikate Frühstücke, lauter gute Sachen, außerdem noch Kuchen und Süßigkeiten, die Louise in ihren Taschen mitbringt.

Damour hat niemals versucht, seine Frau wiederzusehen. Nichts als seine Tochter besitzt er, die mit dem alten Vater Mitleid gehabt hat und nun seine Freude und sein Stolz ist. Übrigens lehnt er es auch ab, den geringsten Schritt zu tun, um seinen früheren Stand wiederzuerlangen; wozu die Federn der Regierung bemühen? – Das vergrößert sogar die Stille um ihn. Er ist in seinem Winkel verloren, vergessen, einsam, ohne Scham vor den Geschenken seines Kindes; ließe man ihn dagegen wieder auferstehen, so würden sich vielleicht Neidische finden, die seine Lage scheel ansähen; er würde gar darunter leiden.

Zuweilen jedoch geht es bunt her im Pavillon, Berru kommt, um vier oder fünf Tage auf dem Lande zu verleben. Endlich hat er hier bei Damour den ersehnten Winkel gefunden, um es sich wohlgehen zu lassen. Er jagt und fischt mit seinem Freund; ganze Tage verbringt er am Ufer des Flusses auf dem Rücken liegend. Am Abend dann treiben die beiden Kameraden Politik. Berru bringt anarchistische Zeitungen aus Paris mit; und nachdem sie gelesen haben, verbreiten sich beide über die zu ergreifenden, sehr strengen Maßregeln, als da wären: die Regierenden erschießen zu lassen, die Wohlhabenden zu hängen, Paris zu verbrennen und eine neue Stadt aufzubauen, die wahre Stadt des Volkes. Immer steht ihnen ein Zustand vollständigen Glücks vor Augen, der durch eine allgemeine Ausrottung erreicht wird. Zuletzt, bevor sie ins Bett hinaufgehen, tritt Damour vor das Bildnis Eugènes, das er hat einrahmen lassen, betrachtet es und ruft, seine Pfeife schwingend:

»Ja – ja – ich werde dich rächen!«

Und tags darauf kehrt er, wohl ausgeruht, mit rundem Rücken zum Fischfang zurück, während Berru auf der Böschung liegt und, mit der Nase im Gras, schläft.

DAS FEST ZU COQUEVILLE

I

Coqueville ist ein kleines Dorf, das in einer Felsspalte, zwei Meilen von Grandport, eingeklemmt ist. Die Hütten der Bewohner kleben an den Uferfelsen wie Muscheln, die die Flut zurückgelassen hat, und davor dehnt sich der breite, sandige Strand. Wenn man von Grandport aus nach Westen blickt, sieht man die gelbe Sandfläche deutlich vor sich – wie einen breiten Streifen von Goldstaub, der aus der Felsspalte hervorrinnt. Wer gute Augen hat, vermag sogar die einzelnen Häuser zu erkennen, die sich rötlich von den Steinen abheben, während aus den Schornsteinen die blauen Rauchwolken zum Himmel emporsteigen.

Es ist ein weltverlorenes Nest. Coqueville hat es noch nie zu zweihundert Bewohnern gebracht. Die Felsschlucht, an deren Schwelle das Dorf erbaut ist, öffnet sich nach dem Meer zu und bildet so tiefe Einschnitte und steile Abhänge, daß es fast unmöglich ist, hier mit Wagen zu fahren. So ist jede Verbindung mit der Außenwelt abgeschnitten, es ist, als ob die nächsten Dörfer Hunderte von Meilen entfernt wären. Die Bewohner verkehren mit Grandport nur zu Schiff. Es sind fast sämtlich Fischer, die vom Ertrag des Ozeans leben und täglich den Fang in ihren Booten nach Grandport hinüberfahren. Das Haus Dufeu, eine große Fischhandlung, kauft ihnen ihre Ware auf Akkord ab. Der alte Dufeu ist vor einigen Jahren gestorben, aber seine Witwe führt das Geschäft weiter, sie hat sich nur einen Kommis zu Hilfe genommen, Herrn Mouchel, einen großen blonden Teufelskerl, dessen Aufgabe es ist, mit den Fischern zu handeln. Dieser Mouchel ist das einzige Band, das Coqueville mit der zivilisierten Welt verknüpft. Coqueville hätte einen eigenen Geschichtsschreiber verdient. Soviel scheint festzustehen, daß das Dorf vor Urzeiten von der Familie Mahé gegründet wurde, die sich hier niederließ und stark vermehrte. Anfangs scheinen die Mahés sich nur untereinander verheiratet zu haben, denn Jahrhunderte hindurch gab es in Coqueville nur diese eine Familie. Dann, unter Ludwig XIII., taucht mit einemmal ein Floche auf. Niemand ahnt, woher er kam. Er heiratete eine Mahé, und von diesem Augenblick an vollzog sich etwas Wunderbares: die Floches wuchsen und gediehen und zwar in solchem Maße, daß sie die Mahés sozusagen verschlangen. Die Anzahl der Mahés wurde immer geringer, und ihr Vermögen ging in die Hände der neuen Ankömmlinge über. Zweifellos waren die Floches ein kräftigerer, zäherer, besser organisierter Stamm, dessen Temperament sich diesem rauhen, stürmischen Seeklima besser anzupassen wußte. Wenigstens ist es Tatsache, daß sie heute ganz Coqueville beherrschen.

Man kann sich vorstellen, daß diese Umwälzung nicht ohne furchtbaren Kampf vor sich ging. Die Mahés und die Floches hassen einander, und dieser Haß zieht sich durch die Jahrhunderte hindurch. Trotz ihres Verfalls haben die Mahés sich den Stolz der einstigen Eroberer bewahrt. Sie haben ja das Dorf gegründet, und von ihnen stammen die anderen ab. Sie sprechen mit großer Verachtung von dem ersten Floche. Er war ein Bettler, ein Vagabund, den sie aus Mitleid bei sich aufgenommen haben, und sie werden es sich nie verzeihen, daß sie ihm eine von ihren Töchtern zur Frau gegeben haben. Nach dem, was sie sagen, hat dieser Floche ein Geschlecht von Räubern und Strolchen in die Welt gesetzt, das die Nächte damit zubringt, Kinder zu erzeugen, und die Tage damit, Erbschaften zu erschleichen. Es gibt überhaupt keine Niederträchtigkeit, die sie den allmächtigen Floches nicht anhängen, beseelt von dem bitteren Haß des ruinierten, heruntergekommenen Adels, der die Bourgeoisie im Besitz seiner einstigen Schlösser und Renten sieht. Die Floches dagegen triumphieren natürlich auf die unverschämteste Weise. Der Wohlstand hat sie frech gemacht. Sie mokieren sich über das alte Geschlecht, erklären sie für Hungerleider, die besser täten, ihre Lumpen zusammenzuflicken, als sich damit zu drapieren, und drohen damit, sie aus dem Dorf hinauszuwerfen, wenn sie sich nicht beugen wollen. So ist ganz Coqueville in zwei rabiate Parteien gespalten, einhundertdreißig Einwohner sind fest entschlossen, die übrigen fünfzig aufzufressen, aus dem einfachen Grund, weil sie die Stärkeren sind. Es ist ganz dieselbe Geschichte wie zwischen zwei großen Königreichen.

Unter den Kämpfen, die in letzter Zeit in Coqueville gewütet haben, bilden die berühmte Feindschaft der Brüder Fouasse und Tupain sowie die blutigen Schlachten zwischen dem Ehepaar Rouget das Hauptgespräch. Man muß nämlich wissen, daß in alten Zeiten jeder Einwohner einen Beinamen bekam, der dann allmählich zum Familiennamen wurde. Diese Beinamen hatten wahrscheinlich ursprünglich irgendeine Bedeutung gehabt, mit der Zeit aber jeden vernünftigen Sinn verloren. Warum sich zum Beispiel die Brüder Fouasse und Tupain so nannten, wußte kein Mensch. Die alte Françoise, die jetzt achtzig Jahre alt war und immer noch lebte, hatte Fouasse von einem Mahé empfangen. Als ihr Mann gestorben war, heiratete sie einen Floche und brachte dann später Tupain zur Welt. So kam es, daß die Feindschaft zwischen diesen beiden Brüdern, die sich vor allem um Erbschaftsfragen drehte, den Familienhaß aufs neue entfachte. – Und bei den Rougets prügelte man sich in einem fort. Rouget beschuldigte seine Frau nämlich, daß sie ihn mit einem Floche hinterginge, mit dem langen Brisemotte, einem brünetten Riesen, den er schon zweimal mit dem Messer angefallen und dem er gedroht hatte, er würde ihm den Bauch aufschlitzen. Rouget war ein nervöser kleiner Mann und sehr jähzornig.

Aber etwas anderes erregte die Leute von Coqueville noch mehr als die Zänkereien der Brüder Fouasse und Tupain und der Zorn des Ehemannes Rouget. Es ging nämlich das Gerücht, daß Delphin, ein blutjunger Bursche aus dem Geschlecht der Mahés, es wagte, die schöne Margot zu lieben, die Tochter des Bürgermeisters La Queue. Man nannte ihn La Queue, der Zopf, weil sein Vater unter Louis-Philippe, mit dem Eigensinn des Greises, der an der Mode seiner Jugend festhält, als letzter den Zopf trug. Dieser La Queue war eine hochangesehene Persönlichkeit und der Reichste unter den

Floches. Ihm gehörte eine der beiden großen Fischerbarken von Coqueville, der ›Zephir‹, unstreitig die schönste, neueste und seetüchtigste. Der Besitzer der anderen, der ›Baleine‹, eines halbverfaulten alten Kahns, war Rouget; Delphin und Fouasse waren seine Matrosen, während die Besatzung des ›Zephir‹ aus Tupain und Brisemotte bestand. Und die geizten nicht mit verächtlichen Spöttereien über Rougets Fahrzeug. Sie behaupteten, es sei ein alter Holzschuh, der eines schönen Tages im Meer zerrinnen würde wie eine Handvoll Sand. Und als La Queue erfuhr, daß dieser Lump von Delphin, der Schiffsjunge der ›Baleine‹, sich erlaubte, nach seiner Tochter zu schielen, verabfolgte er Margot zwei saftige Ohrfeigen, nur um ihr anzudeuten, daß sie niemals daran denken dürfe, einen Mahé zu heiraten. Margot war wütend und erklärte, sie würde die Ohrfeigen an Delphin weitergeben, wenn er sich jemals erlauben sollte, in ihre Nähe zu kommen. Es war denn doch zu dumm, sich für einen Bengel ohrfeigen lassen zu müssen, den man nicht einmal anschaute.

Margot war erst sechzehn Jahre alt, aber kräftig wie ein Mann und schön wie eine Dame. Sie galt für sehr stolz und für sehr kühl den Männern gegenüber. So kann man sich denken, daß das Geschwätz über die zwei Ohrfeigen, über Delphins Frechheit und Margots Zorn gar kein Ende nahm.

Trotzdem behaupteten einige, Margot sei im Grunde gar nicht so böse darüber, daß Delphin ihr nachliefe. Er war ein kleiner blonder Mensch mit krausem, dichtem Haar, das ihm tief über die Stirn in sein gebräuntes Gesicht herabfiel. Trotz seiner schlanken Figur war er sehr kräftig und brachte es fertig, andere Burschen zu verhauen, die dreimal so groß waren wie er selbst. Man erzählte sich, daß er manchmal ausriß und eine Nacht in Grandport zubrachte. Bei den jungen Mädchen galt er infolgedessen als eine Art Werwolf. Sie behaupteten untereinander, er sei ein Lebemann, und sie verbanden mit dieser Bezeichnung die Vorstellung aller möglichen unbekannten Genüsse. Wenn Margot von Delphin sprach, geriet sie jedesmal in großen Zorn. Er dagegen lächelte verschmitzt und betrachtete sie mit seinen kleinen glänzenden Augen, ohne sich auch nur im mindesten um ihre zornige Verachtung zu bekümmern. Er ging oft an ihrem Haus vorbei, verkroch sich ins Gebüsch und beobachtete sie stundenlang mit der Ausdauer und Schlauheit einer Katze, die auf irgendeinen Leckerbissen lauert. Und wenn sie ihn dann plötzlich in ihrer nächsten Nähe entdeckte, so nah, daß er ihre Röcke streifte und sie seinen heißen Atem fühlte, dann entfloh er nicht, sondern machte ein so sanftes und trauriges Gesicht, daß sie ganz verwirrt wurde und sich erst wieder auf ihren Groll besann, wenn er fort war. Wenn ihr Vater sie einmal so sähe, würde er sie sicher wieder ohrfeigen. Das konnte nicht so weitergehen. Aber wenn sie auch hundertmal beteuerte, daß Delphin seine zwei Ohrfeigen noch bekäme – wenn er da war, benutzte sie nie die Gelegenheit, sie ihm zu applizieren.

So kam es, daß die Leute schließlich sagten, sie sollte lieber nicht soviel darüber reden, wenn sie die Ohrfeigen zu guter Letzt doch immer für sich behielt.

Bei alledem kam aber niemand auf den Gedanken, daß sie jemals Delphins Frau werden könnte. Man hielt ihr Benehmen eben nur für Koketterie. Eine Ehe zwischen dem zerlumptesten der Mahés – einem Burschen, der als Aussteuer nicht einmal sechs Hemden besaß – und der Tochter des Bürgermeisters, der reichsten Erbin unter den Floches, wäre einfach etwas Ungeheuerliches gewesen. Die bösen Zungen meinten, es wäre ja nicht unmöglich, daß sie sich mit ihm einließe, aber heiraten würde sie ihn gewiß nicht. Ein reiches Mädchen amüsiert sich eben, wenn es Lust hat, aber es macht keine Dummheiten, wenn es nicht gerade auf den Kopf gefallen ist. Kurz, ganz Coqueville interessierte sich für die Sache und war neugierig, wie es wohl weitergehen würde. Ob wohl Delphin seine zwei Ohrfeigen bekommen oder Margot sich in irgendeiner Felsschlucht küssen lassen würde? Man mußte eben abwarten. Einige stimmten für die Ohrfeigen, andere für die Küsse. Es war große Aufregung darüber in Coqueville.

Im ganzen Dorf gab es nur zwei Personen, die weder zu den Floches noch zu den Mahés gehörten – der Pfarrer und der Feldhüter. Der Feldhüter war eine lange, hagere Gestalt. Seinen Namen wußte man nicht, aber er wurde allgemein der ›Kaiser‹ genannt, wahrscheinlich, weil er unter Karl X. gedient hatte. In Wirklichkeit übte er keinerlei Aufsicht über die Gemeinde aus, die nur aus Felsen und unfruchtbaren Ebenen bestand. Ein Unterpräfekt, der ihn protegierte, hatte ihm hier eine Art Sinekure geschaffen, wo er in Ruhe von seinem kleinen Gehalt leben konnte. Der Abbé Radiguet war einer von den unbegabten Priestern, die man in irgendein entlegenes Dorf steckt, um sie loszuwerden. Er war mit der Zeit ganz zum Bauern geworden, bebaute seinen kleinen, dem Felsen abgewonnenen Garten und rauchte seine Pfeife. Sein einziger Fehler war seine Leckerhaftigkeit, die in Coqueville schwer zu befriedigen war. Er mußte sich darauf beschränken, für Makrelen zu schwärmen und Cider zu trinken, manchmal mehr, als er vertragen konnte. Im übrigen war er sehr beliebt bei seinen Beichtkindern, die manchmal von weit her zur Messe kamen, um ihm eine Freude zu machen.

Aber der Abbé und der Feldhüter hatten schließlich auch Partei ergreifen müssen, nachdem sie lange neutral geblieben waren. Und jetzt hielt der ›Kaiser‹ zu den Mahés, während der Abbé Radiguet die Floches unterstützte. Und daraus ergab sich mancherlei: da der ›Kaiser‹ nichts zu tun hatte und müde war, die Boote zu zählen, die von Grandport abfuhren, war er auf die Idee gekommen, im Dorf die Polizei zu spielen. Und da er aus einem gewissen Instinkt für die Aufrechterhaltung der sozialen Ordnung die Partei der Mahés ergriffen hatte, gab er Fouasse seinem Bruder Tupain gegenüber recht, suchte Rougets Frau in flagranti mit Brisemotte zu überraschen und drückte ein Auge zu, wenn er Delphin in den Hof des Bürgermeisters schleichen sah. Das schlimmste war, daß seine Handlungsweise ihn mit seinem Vorgesetzten, La Queue, in beständigen Konflikt brachte. Aus Respekt vor der Disziplin nahm er die Vorwürfe des Bürgermeisters ruhig hin, tat aber gleich darauf wieder, was er wollte, was natürlich zu großer Unordnung in den öffentlichen Angelegenheiten führte. Man konnte niemals an dem als ›Bürgermeisteramt‹ bezeichneten Gebäude vorübergehen, ohne Lärm und Streitereien zu hören. Der Abbé Radiguet dagegen, der sich mit den siegreichen Floches verbündet hatte, die ihn mit herrlichen Makrelen überhäuften, unterstützte Rougets Frau im stillen gegen ihren Mann und drohte Margot mit den fürchterlichsten Höllenqualen, wenn sie sich von Delphin auch nur mit den Fingerspitzen anrühren ließe. Es herrschte also völlige Anarchie. Die Armee revoltierte gegen die gesetzliche Gewalt, die Religion steckte mit der genußsüchtigen Bourgeoisie unter einer Decke – ein ganzes Volk von hundertachtzig Köpfen, das sich gegenseitig zu verschlingen drohte, in einem weltentlegenen Dorf zwischen Meer und Himmel.

Nur Delphin ging inmitten dieses allgemeinen Umsturzes lächelnd und verliebt umher. Ihm war alles andere gleichgültig, wenn nur Margot die Seine würde. Dabei dachte er trotz seines leichtsinnigen Wesens sehr vernünftig, er wollte vom Abbé mit ihr getraut werden, damit das Vergnügen niemals aufhörte. Eines Abends, als er ihr auf einem schmalen Fußweg auflauerte, erhob Margot endlich die Hand gegen ihn. Aber dann wurde sie dunkelrot, denn er erfaßte ihre Hand, ohne die Ohrfeige abzuwarten und küßte sie wie wahnsinnig.

Und als er sah, daß sie zitterte, fragte er leise:

»Ich habe dich lieb. Willst du mein sein?«

»Niemals«, rief sie empört.

Er zuckte die Achseln, dann sagte er ruhig und zärtlich:

»Sag doch das nicht … Wir werden so glücklich miteinander sein. Und du wirst schon sehen, wie schön es ist.«

II

Es war ein Sonntag im September und schauderhaftes Wetter. An der felsigen Küste von Grandport tobte ein furchtbarer Sturm. Gegen Abend sah man von Coqueville aus ein untergehendes Schiff, das mit den Wellen kämpfte. Aber es war schon zu dunkel, um ihm zu Hilfe zu kommen. Der ›Zephir‹ und die ›Baleine‹ lagen seit gestern abend in dem kleinen Hafen verankert, den die Felsen hier auf der linken Seite des Ufers bilden. Weder La Queue noch Rouget hatten sich hinausgetraut. Das schlimmste dabei war, daß Herr Mouchel, der Vertreter der Witwe Dufeu, in höchsteigener Person am Samstag in Coqueville erschienen war und ihnen eine Extrabelohnung versprochen hatte, wenn sie einen ernstlichen Versuch machten. Der Vorrat war ausgegangen, und die Hallen beklagten sich. So ging ganz Coqueville am Sonntagabend sehr verstimmt zu Bett, während der Regen immer noch strömte. Es war immer dieselbe Geschichte: wenn das Meer nichts hergeben wollte, kamen die Bestellungen. Und das ganze Dorf sprach von dem Schiff, das man draußen im Sturm gesehen hatte und das jetzt wohl schon auf dem Grund des Meeres ruhte.

Am Montagmorgen war der Himmel immer noch düster. Die See ging hoch und wollte sich immer noch nicht beruhigen, obgleich der Wind nachgelassen hatte. Allmählich hörte er ganz auf, während die Wellen immer noch schäumten und wüteten. Trotz alledem gingen die beiden Barken am Nachmittag hinaus. Gegen vier Uhr kehrte der ›Zephir‹ zurück, sie hatten nichts gefangen. Während die Matrosen Tupain und Brisemotte die Barke im Hafen verankerten, stand La Queue am Strand und ballte die Fäuste gegen das Meer. Und Herr Mouchel, der auf Fische wartete! Halb Coqueville war am Strand, Margot natürlich auch. Sie blickte auf die stürmisch bewegte See hinaus und teilte den Groll ihres Vaters gegen den Himmel und das Meer.

»Wo ist denn die ›Baleine‹?« fragte jemand.

»Dort draußen, hinter der Landspitze«, sagte La Queue, »wenn der alte Kasten heut heil davonkommt, kann er von Glück sagen.«

Dann äußerte er voller Verachtung, die Mahés täten ganz recht, ihr Leben aufs Spiel zu setzen; wenn man keinen roten Heller hat, kann man ruhig krepieren. Er selbst zöge es vor, Herrn Mouchel im Stich zu lassen.

Margot blickte währenddessen unverwandt auf die Landspitze hin, hinter der die ›Baleine‹ sein sollte.

»Vater«, fragte sie schließlich, »haben sie etwas gefangen?«

»Die«, rief er wütend, »Gott bewahre, absolut nichts.«

Dann, als er den ›Kaiser‹ grinsen sah, fuhr er etwas ruhiger fort:

»Ich weiß nicht, ob sie etwas gefangen haben – da sie überhaupt nie etwas fangen ...«

»Wer weiß, vielleicht haben sie gerade heute etwas gefangen«, sagte der ›Kaiser‹, »so was kann schon vorkommen.«

La Queue wollte eine gereizte Antwort geben, aber der Abbé Radiguet, der in diesem Augenblick erschien, beschäftigte ihn. Von der Plattform der Kirche aus hatte er die ›Baleine‹ beobachtet, und es sah aus, als ob das Boot auf irgend etwas Jagd machte. Diese Nachricht rief allgemeine Aufregung hervor. Unter der Versammlung am Strand waren sowohl die Mahés wie die Floches vertreten; die einen hofften, das Boot möchte irgendeinen wunderbaren Fischzug tun, die anderen beteten förmlich darum, daß es leer zurückkehrte.

Margot stand hochaufgerichtet da und verwandte keinen Blick von der See.

»Da sind sie«, sagte sie dann einfach.

Tatsächlich sah man hinter der Landspitze einen schwarzen Punkt.

Alle blickten hin. Es war fast wie ein Kork, der auf den Wellen tanzte. Der ›Kaiser‹ konnte überhaupt nichts sehen. Man mußte schon aus Coqueville sein, um auf diese Entfernung die ›Baleine‹ und ihre Besatzung zu erkennen.

»Fouasse und Rouget rudern«, sagte Margot, die schärfere Augen hatte als alle andern ... »Der Kleine steht vorne.«

Wenn sie von Delphin sprach, sagte sie immer der ›Kleine‹, um seinen Namen nicht zu nennen. Und jetzt verfolgte man den Kurs der Barke; man wußte sich die seltsamen Bewegungen nicht zu erklären.

Wie der Abbé schon gesagt hatte: sie schienen auf der Jagd nach irgendeinem großen Fisch zu sein, der gerade vor ihnen herschwamm. Es war wirklich auffallend. Der ›Kaiser‹ meinte, sie hätten das Netz verloren. Aber La Queue erklärte sie für Taugenichtse, die sich nur amüsieren wollten. Er glaubte nicht, daß sie Robben fingen. Sämtliche Floches freuten sich über diesen Witz, während die Mahés ärgerlich erklärten, Rouget sei trotz alledem ein Hauptkerl, er riskierte seine Haut, während die andern bei dem bißchen Wind lieber hinter dem Ofen säßen. Wieder mußte der Abbé Radiguet sich ins Mittel legen, denn es fehlte nicht mehr viel zu einer regelrechten Rauferei.

»Was haben sie nur?« sagte Margot, »jetzt sind sie wieder umgekehrt.«

Man hörte auf zu streiten, alle Blicke hingen gespannt am Horizont. Die ›Baleine‹ war wieder hinter der Landspitze verschwunden. Diesmal wurde selbst La Queue unruhig. Er konnte sich dies seltsame Manöver nicht erklären. Der Gedanke, daß Rouget wirklich einen glücklichen Fang machen sollte, brachte ihn außer sich. Alle blieben am Ufer stehen, obgleich man jetzt nichts mehr sehen konnte. So vergingen zwei Stunden, man wartete immer noch auf die Barke, die bald zum Vorschein kam, bald wieder verschwand. Schließlich sah man sie überhaupt nicht mehr. La Queue erklärte, sie müsse gekentert sein. Im Grunde seines Herzens hegte er den abscheulichen Wunsch, daß es wirklich so wäre. Er blickte sich grinsend nach Frau Rouget und Brisemotte um, die in seiner Nähe standen, und klopfte Tupain auf die Schulter, um ihn schon über den Verlust seines Bruders Fouasse zu trösten. Aber dann, als er seine Tochter stumm und starr, die Augen in die Ferne gerichtet, dastehen sah, hörte er auf zu lachen. Am Ende trauerte sie gar um Delphin!

»Was tust du da«, fuhr er sie an, »mach, daß du nach Hause kommst. Nimm dich in acht, Margot.«

Sie rührte sich nicht. Dann sagte sie plötzlich:

»Da sind sie.«

Alle schrien überrascht auf. Margot mit ihren guten Augen schwor darauf, daß niemand mehr in der Barke sei. Weder Fouasse, noch Rouget noch sonst jemand. Die ›Baleine‹ schien herrenlos dahinzutreiben, sie drehte sich bei jedem Windstoß und ließ sich träge von den Wellen schaukeln. Glücklicherweise war der Wind nach Westen umgesprungen und trieb sie aufs Land zu; aber mit seltsamen Sprüngen nach beiden Seiten. Ganz Coqueville strömte jetzt nach dem Strand herab. Einer rief den anderen herbei, nicht einmal die Mädchen blieben zu Hause, um nach der Suppe zu sehen. Es mußte irgendeine unerklärliche Katastrophe vorliegen, und das Geheimnisvolle an der Sache verdrehte den guten Leuten völlig den Kopf. Rougets Frau hielt es nach kurzem Nachdenken für ihre Pflicht, in Tränen auszubrechen. Tupain brachte es mit Mühe und Not fertig, ein betrübtes Gesicht zu machen. Sämtliche Mahés waren außer sich, während die Floches sich Zwang antun mußten, um ihre Freude nicht merken zu lassen. Margot hatte sich niedergesetzt, als ob ihre Beine sie nicht mehr tragen wollten.

»Was fällt dir denn wieder ein?« schrie La Queue, als er das sah.

»Ich bin müde«, antwortete sie.

Dann wandte sie sich wieder nach dem Meer, sie hielt die Hände über die Augen und blickte unverwandt auf die Barke, die sich immer träger auf den Wellen schaukelte, als ob sie betrunken wäre. Immer neue Vermutungen wurden aufgestellt. Vielleicht waren alle drei ins Wasser gefallen? Aber das wäre doch seltsam gewesen – alle drei auf einmal! La Queue wollte ihnen einreden, die ›Baleine‹ sei einfach auseinandergebrochen wie ein faules Ei, aber sie zuckten die Achseln, die Barke schwamm ja noch. Dann erinnerte er sich daran, daß er Bürgermeister war – wenn sie wirklich alle drei umgekommen waren – und fing an, von den Formalitäten zu sprechen.

»Lassen Sie das doch«, rief der ›Kaiser‹. »Auf so dumme Weise kommt man doch nicht um. Wenn sie gekentert wäre, würde der kleine Delphin schon lange hier sein.«

Ganz Coqueville mußte ihm recht geben. Delphin schwamm wie ein Hering. Aber wo konnten die drei Männer denn geblieben sein? Man schrie sich gegenseitig zu:

»Ich sage dir, ja!«

»Ich sage dir, nein!« – »Zu blödsinnig!« – »Selbst blödsinnig!« –

Schließlich fing man an sich zu prügeln. Der Abbé Radiguet sah sich veranlaßt, zum Frieden zu mahnen, während der ›Kaiser‹ mit Rippenstößen die Ordnung wieder herzustellen suchte. Die Barke fuhr inzwischen fort, vor aller Augen weiter zu tanzen und schien sich über die ganze Geschichte lustig zu machen. Die Flut trieb sie immer näher zum Land, sie machte förmlich Verbeugungen gegen den Strand. Nein wirklich, sie schien einfach verrückt geworden zu sein.

Margot saß immer noch da, das Gesicht auf beide Hände gestützt, und blickte hinaus. Jetzt kam ein Boot aus dem Hafen heraus, um der ›Baleine‹ entgegenzufahren. Es war Brisemotte, den die Ungeduld dazu getrieben hatte. Er schien Rougets Frau Gewißheit verschaffen zu wollen. Von nun an interessierte sich alles für das Boot, und man sprach immer lauter. – Ob er wohl etwas sah? – Die ›Baleine‹ kam immer näher und sah immer verschmitzter und geheimnisvoller aus. Endlich sah man, wie Brisemotte im Boot aufstand und in die Barke hineinschaute, deren Ankertau er glücklich erwischt hatte. Alle hielten den Atem an. Aber dann plötzlich brach er in lautes Gelächter aus. Was war so überraschend? Worüber amüsierte er sich denn? –

»Nun, was gibt's, was ist denn?« rief es von allen Seiten.

Er gab keine Antwort, sondern lachte nur noch mehr. Dann machte er eine Handbewegung, als ob er sagen wollte: Ihr werdet schon sehen. Schließlich befestigte er die ›Baleine‹ an seinem Boot und schleppte sie an Land.

Und nun gab es eine große Überraschung für Coqueville.

In der Barke lagen drei Männer: Rouget, Delphin und Fouasse, wohlig ausgestreckt und laut schnarchend – alle drei total betrunken. Zwischen ihnen stand ein kleines Faß mit offenem Spundloch, das sie auf dem Meer gefunden haben mußten. Jedenfalls war der Inhalt gut gewesen, denn sie hatten es ganz ausgetrunken, bis auf etwa einen Liter, der ausgelaufen war und sich auf dem Boden der Barke mit dem Meerwasser vermischt hatte.

»Oh, das Schwein!« rief Frau Rouget brutal und hörte auf zu weinen.

»Na ja, die haben einen hübschen Fang getan«, sagte La Queue mit erheucheltem Abscheu.

»Zum Teufel«, meinte der ›Kaiser‹, »man fängt, was man kriegen kann, Sie haben wenigstens ein Faß erwischt, während alle anderen gar nichts erwischt haben.«

Der Bürgermeister schwieg und ärgerte sich; ganz Coqueville stand auf dem Kopf. Jetzt verstand man die ganze Geschichte. Wenn eine Barke besoffen ist, fängt sie an zu tanzen, gerade wie der Mensch, und die ›Baleine‹ hatte den Bauch voller Likör. So ein Luder! Taumelte da auf dem Ozean umher wie ein Säufer, der seine Haustür nicht finden kann. Und die Leute von Coqueville amüsierten sich oder ärgerten sich, je nachdem; die Mahés fanden es komisch, während die Floches es ekelhaft fanden. Alles umringte die ›Baleine‹ mit langgestrecktem Hals und weit aufgerissenen Augen, um die drei Gauner schlafen zu sehen, die mit selig verklärtem Gesicht dalagen, ohne zu ahnen, daß eine ganze Menschenmenge sie bewunderte. Sie ließen sich weder durch das Lachen, noch durch die Schmähungen stören. Rouget hörte nichts davon, daß seine Frau ihn einen Trunkenbold schimpfte. Fouasse ließ sich die heimlichen Fußtritte seines Bruders ruhig gefallen. Und Delphin war wirklich hübsch, wie er so betrunken dalag mit seinen blonden Haaren und seinem rosigen, selig lächelnden Gesicht. Margot war aufgestanden und betrachtete ihn schweigend und streng.

»Man muß sie zu Bett bringen«, rief eine Stimme.

In diesem Augenblick schlug Delphin die Augen auf und ließ seinen Blick entzückt über die Menge schweifen. Er wurde von allen Seiten mit Fragen bestürmt. Das verwirrte ihn etwas, denn er war immer noch schwer betrunken.

»Na ja, was denn?« stammelte er, »es ist ein kleines Faß. – Fische gibt's nicht, deshalb haben wir ein kleines Faß gefangen.«

Weiter kam er nicht. Nach jedem Satz sagte er nur:

»Es war ausgezeichnet.«

»Was war denn drin, in dem Faß?« fragte man in größter Aufregung.

»Ach, das weiß ich nicht. – – Es war ausgezeichnet.«

Coqueville brannte vor Neugier. Alle schnüffelten an der Barke herum. Das Urteil lautete einstimmig dahin, daß es Likör sei. Nur was für einer, wußte kein Mensch. Der ›Kaiser‹, der sich rühmte, alles getrunken zu haben, was man überhaupt trinken kann, erklärte, er müsse es sich einmal ansehen. Dann schöpfte er mit der hohlen Hand etwas von der Flüssigkeit, die am Boden der Barke stand. Die ganze Gesellschaft verstummte erwartungsvoll. Aber der ›Kaiser‹ schüttelte den Kopf, nachdem er einen kleinen Schluck genommen hatte, als ob er sich noch nicht darüber aussprechen könne. Er probierte es zweimal und wurde immer unruhiger. Dann erklärte er mit überraschter Stimme:

»Ich weiß nicht – es ist wirklich sonderbar, wenn das Meerwasser nicht dazwischen wäre, würde ich es gleich wissen. – Aber auf Ehrenwort, – das ist sehr merkwürdig!«

Alle blickten sich an. Sie waren ganz baff, daß selbst der ›Kaiser‹ sich nicht darüber auszusprechen wagte. Ganz Coqueville betrachtete das kleine Faß mit Respekt.

»Es war ausgezeichnet«, sagte Delphin wieder. All die Leute schienen ihm ganz gleichgültig zu sein.

Dann wies er mit einer dramatischen Handbewegung auf das Meer und sagte:

»Wenn ihr so was wollt, da ist noch mehr. – Ich habe viele gesehen – kleine Fässer – kleine Fässer – kleine Fässer!«

Er schien sich mit diesem Refrain, den er immer wiederholte, in Schlaf singen zu wollen. Dann blickte er Margot zärtlich an. Er hatte sie eben erst entdeckt. Sie war wütend und erhob die Hand, als ob sie ihn ohrfeigen wollte. Aber er machte nicht einmal die Augen zu, sondern schien voller Ergebung auf die Ohrfeige zu warten.

Auch in dem Abbé Radiguet regte sich jetzt der Feinschmecker. Er tauchte einen Finger in die Flüssigkeit und leckte ihn ab. Dann schüttelte er ebenso wie der ›Kaiser‹ den Kopf: nein, er wußte nicht, was es war, – merkwürdig, sehr merkwürdig! Nur über eines war man sich einig: das Faß mußte von dem untergegangenen Schiff stammen, das man am Sonntagabend gesehen hatte. Es kamen oft genug englische Schiffe mit Likören und feinen Weinen nach Grandport.

Allmählich wurde es Abend, und man zog sich zurück. La Queue war nachdenklich geworden, ihn schien irgendein Gedanke zu quälen, den er nicht aussprechen wollte. Er blieb stehen und lauschte auf Delphin, der, während man ihn forttrug, mit seiner singenden Stimme wiederholte:

»Kleine Fässer – kleine Fässer – kleine Fässer. – Wenn ihr welche wollt, es sind noch genug da.«

III

Während der Nacht änderte sich das Wetter vollständig. Als Coqueville am nächsten Morgen erwachte, leuchtete die Sonne, und das Meer lag ruhig und spiegelblank da wie ein grünes Tuch. Es war ein schöner, milder Herbsttag.

La Queue war der erste im Dorf, der aufstand. Er hatte so unruhige Träume gehabt, daß ihm noch ganz schwindlig war. So stand er lange und blickte nach rechts und links auf das Meer hinaus. Schließlich erklärte er mit verdrießlichem Gesicht, man müsse doch wohl sehen, Herrn Mouchel zufriedenzustellen. Dann machte er sich sofort mit Tupain und Brisemotte auf den Weg. Als der ›Zephir‹ den Hafen verließ und La Queue die ›Baleine‹ erblickte, die ruhig vor Anker lag, wurde er etwas heiterer und rief:

»Glückauf für heute! ... Mach das Licht aus, Jeanneton, die Herren sind schlafen gegangen!«

Sowie der ›Zephir‹ auf offener See war, warfen sie die Netze aus. Dann untersuchte La Queue seine Fischreusen. Diese Reusen sind senkrecht gespannte Netze, in denen man besonders Krebse und kleinere Fische fängt. Aber obgleich sich das Meer so beruhigt hatte, waren sämtliche Reusen leer. Nur in der letzten fand er eine kleine Makrele, die er voller Wut wieder ins Wasser warf. Es war wirklich wie ein Verhängnis, es gab Wochen, wo die Fische sich einfach über Coqueville lustig machten, und regelmäßig gerade dann, wenn Mouchel welche verlangte. Als La Queue eine Stunde später seine Netze wieder einzog, war nur ein Bündel Algen darin. Und nun fing er an, die Fäuste zu ballen und zu fluchen. Er ärgerte sich um so mehr, als der Ozean so heiter und ruhig dalag. Langsam glitt der ›Zephir‹ über die silberklare Fläche dahin. Endlich entschloß sich La Queue zur Heimkehr, nachdem er die Netze noch einmal ausgespannt hatte. Am Nachmittag wollte er wieder nachsehen. Und er bedrohte Gott und alle Heiligen mit fürchterlichen Lästerungen. Rouget, Fouasse und Delphin schliefen immer noch. Erst zur Frühstückszeit gelang es, sie wieder auf die Beine zu bringen. Sie erinnerten sich an gar nichts mehr, außer daß sie etwas Vorzügliches getrunken hatten, wovon sie selbst nicht wußten, was es war. Am Nachmittag, als sie alle drei am Hafen erschienen, versuchte der ›Kaiser‹ noch einmal, sie auszufragen. Es schmeckte etwa wie Branntwein mit Lakritzensaft, oder wie gebrannter und gezuckerter Rum. Sie sagten bald ja, bald nein. Aus ihren Antworten schloß der ›Kaiser‹, daß es irgendein Fruchtlikör gewesen sei, aber ganz sicher war er seiner Sache doch nicht. Rouget und seine Leute fühlten sich heute viel zu angegriffen, um auf den Fischfang zu gehen. Außerdem wußten sie, daß La Queue am Morgen draußen gewesen war und nichts gefangen hatte. So beschlossen sie denn, bis morgen zu warten. Noch halb schlafend saßen alle drei am Strand und blickten auf das Meer hinaus. Aber plötzlich wurde Delphin munter: er sprang auf einen Stein und rief: »Seht nur – dort draußen!« –

»Was denn?« fragte Rouget und reckte sich schläfrig.

»Ein Faß!«

In demselben Augenblick standen Rouget und Fouasse auf den Füßen und spähten mit leuchtenden Blicken aufs Meer hinaus.

»Wo denn, wo ist das Faß?« fragte Rouget tief bewegt.

»Dort – links – der schwarze Punkt.«

Die anderen sahen immer noch nichts. Dann rief Rouget plötzlich: »Donnerwetter, ja!«

Er hatte das Faß entdeckt, ein kleiner schwarzer Punkt, etwa von der Größe einer Linse, der in den Strahlen der untergehenden Sonne auf den Wellen schaukelte. Nun stürzte er gleich auf seine Barke zu, Fouasse und Delphin rasten hinterher, daß die Kieselsteine nach allen Seiten stoben.

Als die ›Baleine‹ den Hafen verließ, hatte die Neuigkeit, daß ein Faß in Sicht war, sich schon in ganz Coqueville verbreitet. Sämtliche Frauen und Kinder setzten sich in Trab und alles schrie:

»Ein Faß! Ein Faß!«

»Seht ihr's? – Es treibt auf Grandport zu.«

»O ja, dort links. – Ein Faß! Geschwind, geschwind!«

Das ganze Dorf strömte herbei, die Kinder kamen im Gänsemarsch angelaufen, während die Frauen mit beiden Händen ihre Röcke aufhoben, um schneller vom Fleck zu kommen.

Margot war auf einen Augenblick erschienen, dann rannte sie, so schnell sie konnte, nach Hause, um ihren Vater zu benachrichtigen, der sich gerade mit dem ›Kaiser‹ über ein Protokoll stritt.

Endlich erschien La Queue auf dem Schauplatz. Er war leichenblaß und sagte zum Feldhüter:

»Lassen Sie mich in Ruh … Natürlich hat Rouget Sie zu mir geschickt, um mich aufzuhalten. – Aber diesmal soll er es nicht haben. Sie werden sehen.«

Als er sah, daß die ›Baleine‹ schon einen Vorsprung von dreihundert Metern hatte und so rasch wie möglich auf den kleinen schwarzen Punkt lossteuerte, wurde er immer wütender. Er stieß Tupain und Brisemotte in das Boot und wiederholte, während der ›Zephir‹ den Hafen verließ:

»Nein, sie sollen es nicht haben, und wenn ich krepieren sollte.«

Und nun genoß Coqueville ein großartiges Schauspiel, ein erbittertes Wettrennen zwischen der ›Baleine‹ und dem ›Zephir‹. Als die ›Baleine‹ den ›Zephir‹ abstoßen sah, ahnte sie Gefahr und verdoppelte ihre Geschwindigkeit. Sie war ihm jetzt um etwa vierhundert Meter voraus, aber die Aussichten waren für beide gleich, denn der ›Zephir‹ war bei weitem leichter und schneller. Am Ufer hatte die Aufregung ihren Höhepunkt erreicht. Die Mahés und die Floches hatten sich instinktiv in zwei Gruppen geteilt und verfolgten jedes Stadium des Kampfes mit leidenschaftlicher Spannung. Anfangs war die ›Baleine‹ im Vorteil, aber als der ›Zephir‹ einmal im Zuge war, holte er sie bald ein. Die ›Baleine‹ strengte sich gewaltig an, und es gelang ihr, noch eine Zeitlang die Entfernung aufrechtzuerhalten. Aber dann kam der ›Zephir‹ wieder auf, und nun bestand kein Zweifel mehr, daß beide gleichzeitig das Faß erreichen würden. Der Sieg hing jetzt nur noch vom Zufall ab, die geringste Ungeschicklichkeit konnte alles verderben.

»Die ›Baleine‹, die ›Baleine‹!« schrien die Mahés. Aber gleich darauf verstummten sie.

Als die ›Baleine‹ das Faß beinahe erreicht hatte, machte der ›Zephir‹ ein geschicktes Manöver, indem er an der ›Baleine‹ vorüberschoß und das Faß so auf die andere Seite brachte. Dann zog La Queue es mit einem Bootshaken an Bord.

»Der ›Zephir‹, der ›Zephir‹!« brüllten die Floches.

Der ›Kaiser‹ sprach von Verrat, was einen erregten Wortwechsel zur Folge hatte. Margot klatschte in die Hände. Der Abbé Radiguet, der mit seinem Brevier in der Hand erschienen war, machte eine tiefsinnige Bemerkung, die die Ruhe wiederherstellte und allgemeine Bestürzung hervorrief.

»Vielleicht werden sie es auch ganz allein austrinken«, murmelte er mit melancholischem Gesicht.

Draußen auf dem Meer brach zwischen ›Zephir‹ und ›Baleine‹ ein wütender Streit aus. – Rouget hieß La Queue einen Dieb, während dieser ihn für einen ungeschickten Tölpel erklärte. Sie wollten sogar mit den Rudern aufeinander losgehen, und es fehlte nicht viel, so wäre aus dem Streit eine richtige Seeschlacht geworden. Schließlich gaben sie sich dann ein Rendezvous an Land, indem sie mit geballten Fäusten drohten, einander die Bäuche aufzuschlitzen.

»Die Kanaille«, brummte Rouget. »Wißt ihr, das Faß ist viel größer als das gestern. – Es ist gewiß was Famoses drin.«

Dann fügte er verzweifelt hinzu:

»Wir wollen jetzt nach den Reusen sehen. Vielleicht sind

Krebse drin.« Und langsam steuerte die ›Baleine‹ nach links, auf die Landspitze zu.

La Queue hatte währenddem große Mühe, das Faß vor Tupain und Brisemotte zu retten. Durch den Bootshaken hatte es ein Loch bekommen, aus dem eine rote Flüssigkeit hervorsickerte. Die beiden Männer probierten mit den Fingern und fanden es herrlich. Man hätte doch gleich ein Gläschen trinken können. Aber La Queue wollte nicht. Er verstaute das Faß im Boot und erklärte, wer daran rühre, der hätte es mit ihm zu tun. Nachher an Land würde man schon sehen.

»Sollen wir denn erst die Fischreusen nachsehen?« fragte Tupain mürrisch.

»Ja, gleich, es hat keine Eile«, antwortete La Queue, der ebenfalls das Fäßchen mit den Blicken liebkoste. Ihm war so schwach zumut, er hatte die größte Lust, gleich heimzukehren und das Ding zu probieren. Die Fische sollten nur warten.

»Bah«, sagte er nach einer Pause, »kehren wir lieber um, es ist schon spät. Wir fahren morgen wieder heraus.«

In diesem Augenblick entdeckte er plötzlich noch ein Fäßchen, diesmal ein ganz kleines, das aufrecht im Wasser stand und sich wie ein Kreisel rundum drehte. Die Netze und Reusen waren vergessen, es war gar nicht mehr die Rede davon. Der ›Zephir‹ folgte statt dessen dem zweiten Tönnchen, das denn auch mit leichter Mühe an Bord gebracht wurde.

Der ›Baleine‹ war es inzwischen ebenso ergangen. Rouget hatte soeben fünf Reusen visitiert, die aber sämtlich leer waren, als Delphin plötzlich erklärte, er sehe etwas. Aber es sah nicht wie eine Tonne aus, es war zu lang.

»Es ist ein Balken«, meinte Fouasse.

Rouget ließ die sechste Reuse wieder ins Wasser fallen, ohne nachzusehen, ob etwas drin war.

»Wir wollen es uns wenigstens einmal ansehen«, sagte er. Sie hielten es abwechselnd für ein Brett, für eine Kiste oder einen Baumstumpf. Dann stießen sie einen Freudenschrei aus. Es war doch ein Fäßchen, aber ein ganz sonderbares. Sie hatten noch nie so eins gesehen. Es sah aus wie ein Schlauch, der in der Mitte dicker wurde und an beiden Enden durch eine Gipsschicht geschlossen war.

»Ist das ein komisches Ding«, rief Rouget ganz selig. »Das muß aber der ›Kaiser‹ kosten. Rasch nach Hause, Kinder.«

Sie kamen überein, es bis dahin nicht anzurühren. Die ›Baleine‹ langte fast gleichzeitig mit dem ›Zephir‹ wieder im Hafen an. Die Neugierigen waren noch sämtlich am Strand versammelt, und der unverhofft reiche Fang wurde mit Freudengeschrei begrüßt. Die Buben warfen ihre Mützen in die Luft, während die Frauen fortstürzten, um Gläser zu holen. Man hatte gleich beschlossen, den Likör an Ort und Stelle zu probieren. Das Strandgut gehörte von Rechts wegen dem Dorf und konnte ihnen nicht streitig gemacht werden. Natürlich bildeten sich wieder zwei Gruppen: die Mahés umringten Rouget, während die Floches La Queue in ihre Mitte nahmen.

»Kaiser, Sie sollen das erste Glas haben«, rief Rouget. »Sie müssen uns sagen, was es ist.«

Der Likör hatte eine schöne goldgelbe Farbe. Der Feldhüter erhob sein Glas, betrachtete es, roch daran und entschloß sich endlich, es zu leeren.

»Das kommt aus Holland«, sagte er nach längerem Stillschweigen. Weiter sprach er sich nicht darüber aus. Die Mahés tranken mit großer Andacht. Es war ein bißchen dickflüssig und hatte einen eigentümlichen Blumenduft an sich. Die Frauen fanden es ausgezeichnet, den Männern war es etwas zu süß. Aber beim dritten oder vierten Glas spürte man doch, daß es ziemlich stark war. Je mehr man trank, desto besser schmeckte es. Die Männer wurden lustig, und die Frauen wurden ganz komisch.

Trotz seines kürzlichen Zwistes mit dem Bürgermeister umkreiste der ›Kaiser‹ die Floches. Das größere von den beiden Fäßchen enthielt einen dunkelroten Likör, während aus dem kleinen eine klare weiße Flüssigkeit zum Vorschein kam. Die weiße war entschieden stärker, es brannte einem förmlich auf der Zunge. Keiner von den Floches wußte, was es war. Und es ärgerte sie, etwas zu trinken, was sie nicht kannten.

»Kommen Sie mal her, ›Kaiser‹«, sagte La Queue endlich, um den ersten Schritt zu tun.

Der ›Kaiser‹, der nur auf diese Einladung wartete, spielte sich wieder als Sachverständiger auf. Von dem roten sagte er:

»Da ist Orange drin.«

Und bei dem weißen erklärte er:

»Das ist Chouette.«

Mit dieser Erklärung mußte man sich begnügen, denn er nickte befriedigt mit dem Kopf, wie jemand, der sich gründlich über eine Sache ausgesprochen hat.

Nur der Abbé Radiguet schien nicht ganz überzeugt. Er wollte ganz genau den Namen wissen, und um sich darüber klarzuwerden, trank er ein Gläschen nach dem andern, wobei er immer wieder sagte:

»Wartet nur, wartet nur, ich weiß, was es ist, – gleich werde ich es euch sagen!«

Beide Gruppen, die Mahés und die Floches, wurden allmählich immer heiterer. Die Floches machten den meisten Lärm, sie hatten die beiden Liköre zusammengegossen, was den Reiz noch erhöhte. Im übrigen blieben sie streng voneinander getrennt. Keiner bot dem andern von seinem Faß an. Sie warfen sich nur sympathisierende Blicke zu, von dem unausgesprochenen Wunsch erfüllt, einmal bei dem anderen zu probieren, dessen Likör gewiß noch besser war. Die feindlichen Brüder Tupain und Fouasse saßen ganz nahe beieinander, ohne sich die Fäuste zu zeigen. Rouget und seine Frau tranken sogar aus demselben Glas. Margot schenkte bei den Floches ein. Sie goß die Gläser regelmäßig zu voll, und wenn der Likör ihr dann über die Finger lief, leckte sie sie ab. So kam es, daß sie schließlich berauscht wurde, wie die Mädchen bei der Weinlese, obwohl sie dem Befehl ihres Vaters, nicht mitzutrinken, gehorchte. Aber es stand ihr gar nicht schlecht – im Gegenteil. Sie bekam ganz rote Backen, und ihre Augen leuchteten.

Die Sonne ging unter. Der Abend war milde und schön wie im Frühling. Coqueville hatte die drei Fässer ausgetrunken, aber niemand dachte daran, zum Essen nach Hause zu gehen. Man fühlte sich viel zu wohl hier am Strand. Als es dunkel wurde, fühlte Margot, die etwas abseits saß, daß ein heißer Atem ihren Nacken streifte. Es war Delphin. Er kroch auf allen vieren um sie herum wie ein Wolf und war höchst vergnügt. Sie unterdrückte einen Aufschrei, um ihren Vater nicht aufmerksam zu machen, der Delphin wahrscheinlich mit Fußstößen regaliert hätte.

»Mach, daß du fortkommst, du Dummkopf«, flüsterte sie halb ärgerlich, halb lachend, – »sonst geht es dir schlecht!«

IV

Als man in Coqueville am nächsten Tag erwachte, stand die Sonne schon hoch am Himmel. Es war noch wärmer geworden, das Meer ruhig und der Himmel klar – einer jener milden Tage, wo es so wohl tut, zu faulenzen. Es war Mittwoch. Bis zum Frühstück ruhte alles sich von den Genüssen des gestrigen Tages aus. Dann begab man sich an den Strand, um zu sehen, was los wäre.

An diesem Mittwoch vergaß man alles, die Witwe Dufeu, Herrn Mouchel und die Fische. La Queue und Rouget sprachen nicht einmal davon, ihre Fischreusen nachzusehen.

Gegen drei Uhr wurde signalisiert, daß wieder vier Fässer in Sicht seien. Der ›Zephir‹ und die ›Baleine‹ machten sich gleich auf die Jagd, aber weil für beide genug da war, stritt man sich diesmal nicht darum. Jeder bekam sein Teil.

Gegen vier Uhr, nachdem sie die ganze Bucht abgesucht hatten, kehrten Rouget und La Queue zurück. Jeder brachte drei Tonnen mit. Und nun begann das Fest. Die Frauen hatten Tische an den Strand hinabgetragen, um es gemütlicher zu machen. Dann schleppte man auch noch Bänke herbei und richtete zwei förmliche Strandcafés ein wie in Grandport. Die Mahés saßen zur Linken, die Floches zur Rechten, nur durch einen Sandhügel voneinander getrennt. Aber diesmal ging der ›Kaiser‹ von einem Tisch zum andern und trug gefüllte Gläser hin und her, damit alle von den sechs Fässern zu kosten bekamen. Gegen neun Uhr war alles noch viel lustiger als am Abend vorher. Und am nächsten Morgen konnte kein

Mensch in Coqueville sich besinnen, wie er eigentlich ins Bett gekommen war.

Am Donnerstag fischten der ›Zephir‹ und die ›Baleine‹ nur vier Fäßchen, aber dafür waren es auch besonders große. Am Freitag übertraf die Beute alle Erwartungen, es gab sieben Fäßchen, drei für Rouget und vier für La Queue. Und nun begann das goldene Zeitalter für Coqueville. Gearbeitet wurde überhaupt nicht mehr. Die Fischer tranken sich am Abend voll und schliefen bis Mittag. Dann spazierten sie am Strand und schauten auf das Meer hinaus. Ihre einzige Sorge war, was für Schnäpse das Meer ihnen heute wohl bringen würde. Stundenlang standen sie so da und starrten hinaus. Die Frauen und Kinder standen oben auf den Felsen und signalisierten mit hocherhobenen Armen alles, was sie auf dem Meer treiben sahen, bis auf die kleinsten Algenbündel. Wenn dann etwas in Sicht war, erhob sich ein großes Freudengeschrei. ›Zephir‹ und ›Baleine‹ waren jeden Augenblick zur Abfahrt bereit. Und dann fuhren sie hinaus und fingen Likörfäßchen, wie man Thunfische fängt. Um die Makrelen, die lustig im Sonnenschein sprangen, kümmerten sie sich überhaupt nicht mehr.

Ganz Coqueville stand am Strand, sah zu und wälzte sich vor Lachen. Was Coqueville vor allem begeisterte, war, daß die Fäßchen kein Ende nahmen. Wenn man alle aufgefischt hatte, waren immer noch welche da. Das untergegangene Schiff mußte wirklich eine anständige Ladung an Bord gehabt haben, und das egoistische, vergnügungssüchtige Coqueville machte alle möglichen Witze über das unglückliche Schiff, es müßte der reinste Weinkeller gewesen sein, die Schnäpse hätten ausgereicht, um alle Fische des Ozeans besoffen zu machen. Und dann war es jedesmal wieder etwas anderes, es gab Fäßchen von jeder Form, von jeder Größe und Farbe. Und in jedem war wieder ein anderer Schnaps drin.

Der ›Kaiser‹ ging ganz gedankenvoll umher. Er hatte doch alles, was es gibt, getrunken, aber hier kannte er sich nicht mehr aus. La Queue erklärte, eine solche Ladung hätte er noch nie gesehen. Der Abbé Radiguet glaubte, es sei eine Bestellung von irgendeinem wilden König, der sich einen Weinkeller einrichten wolle. Übrigens gab man es bald auf, sich darüber klarzuwerden, und schwelgte ruhig weiter in nie geahnten Genüssen.

Die Damen zogen die süßen Schnäpse vor, da gab es Crême de Mocca, Crême de Cacao, Pfefferminz und Vanille. Marie Rouget trank einmal soviel Anisette, daß sie krank wurde. Margot und die anderen jungen Mädchen fielen über den Curaçao, Benedictiner und Chartreuse her. Der Johannisbeerschnaps wurde für die kleinen Kinder reserviert. Den Männern war es natürlich lieber, wenn man Kognak, Rum oder Genever fischte. Manchmal gab es auch Überraschungen. So erregte eine Flasche Raki de Chio mit Mastix großes Staunen in Coqueville, man hielt es anfangs für Terpentin. Ausgetrunken wurde es trotzdem, denn man wollte nichts umkommen lassen, aber man sprach noch lange davon. Arrak, schwedischer Punsch und Slibowitz waren ebenfalls etwas, was die Ansichten der Coqueviller über Getränke völlig auf den Kopf stellte.

Im Grunde hatte man eine Schwäche für Kümmel und Kirschwasser. War es denn menschenmöglich, daß es wirklich so viele herrliche Getränke auf der Welt gab? In Coqueville kannte man sonst nur Branntwein, und auch den kannten nicht einmal alle. Die Gemüter wurden allmählich immer erregter, man versank förmlich in Andacht vor dieser unendlichen Mannigfaltigkeit des Rausches. Sich jeden Abend in etwas andrem betrinken, das man nicht einmal dem Namen nach kannte! Es war wie in einem Märchen – ein Zauberbrunnen, der die wunderbarsten, die nach seltsamen Früchten und Blumen duftenden Schnäpse ausspie.

Am Freitagabend lagen sieben Fässer am Strand. Coqueville lebte jetzt überhaupt ausschließlich am Strand. Das Wetter war herrlich. So schönes Wetter hatte man noch nie im September gehabt.

Das Vergnügen dauerte jetzt schon seit Montag, und es war gar kein Grund vorhanden, warum es nicht ewig dauern sollte, wenn die Vorsehung fortfuhr, ihnen immer neue Fässer zu schicken. Der Abbé Radiguet hatte nämlich erklärt, er erkenne darin das Walten der Vorsehung. Die Arbeit ruhte vollständig, wozu sollte man sich abschinden, wenn einem die gebratenen Tauben in den Mund flogen? Man lebte jetzt ganz wie die reichen Leute und trank die teuersten Liköre, ohne sie bezahlen zu müssen. So stand man mit den Händen in der Tasche am Strand und sonnte sich in Erwartung der allabendlichen Genüsse. Übrigens kamen sie aus dem Rausch gar nicht mehr heraus, auf die heitere Stimmung, die Kirschwasser und Kümmel hervorbrachten, folgte die zornige des Gin, die melancholische des Curaçao und die lachende des Kognakrausches. Harmlos und unwissend, wie neugeborene Kinder, tranken die Coqueviller alles aus, was der liebe Gott ihnen schickte.

Am Freitag kam es so weit, daß die Mahés und die Floches Brüderschaft tranken. Es war sehr fidel an dem Abend. Schon gestern hatte die Entfernung sich verringert, einige Schwerbetrunkene hatten den Sandhügel niedergestampft, der die Parteien voneinander trennte. Es bedurfte jetzt nur noch eines Schrittes der Annäherung. Die Floches hatten ihren Vorrat schon fast ausgetrunken, und auch bei den Mahés gingen die drei Fäßchen zur Neige. Es waren drei Schnäpse in den Farben der französischen Flagge, ein blauer, ein weißer und ein roter. Der blaue erfüllte die Floches mit Neid – ein blauer Schnaps, das mußte etwas ganz Besonderes sein!

La Queue, der sehr jovial geworden war, seit er nicht mehr aus dem Rausch herauskam, ging mit einem Glas in der Hand auf den anderen Tisch zu. Er fühlte, daß er als Magistratsperson den ersten Schritt machen müsse.

»Höre mal, Rouget«, stammelte er, »willst du mit mir anstoßen?«

»Ja, mit Vergnügen«, antwortete Rouget, der vor Rührung taumelte.

Dann fielen sie sich um den Hals. Alles weinte vor Rührung. Mahés und Floches, die sich seit drei Jahrhunderten fast aufgefressen hatten, umarmten sich. Der Abbé Radiguet war tief bewegt und sprach wieder von Gottes Finger. Dann trank man sich mit den blauen, weißen und roten Schnäpsen zu.

»Frankreich soll leben«, rief der ›Kaiser‹.

Der blaue taugte nichts, der weiße auch nicht viel, aber der rote war tadellos. Dann fiel man über die Fässer der Floches her. Und schließlich wurde getanzt. Da die Musik fehlte, trommelten einige von den Burschen mit den Händen und pfiffen dazu. Es war ein herrliches Fest. Die sieben Tonnen wurden der Reihe nach aufgestellt, jeder konnte trinken, was ihm am meisten zusagte. Wer genug hatte, legte sich auf den Sand und schlief. Wenn er dann wieder aufwachte, fing er von vorne an. Der Tanzplatz wurde immer weiter ausgedehnt und erstreckte sich allmählich über den ganzen Strand. Bis Mitternacht sprang man so im Freien umher, während das Meer leise rauschte und die Sterne am Himmel strahlten. Es war alles so heiter und friedlich, wie im Kindesalter der Erde, wenn irgendein wilder Volksstamm sich zum erstenmal in Branntwein berauscht. Trotzdem ging man schließlich schlafen. Als nichts mehr zum Trinken da war, schleppten die Mahés und die Floches sich gegenseitig nach Hause, und schließlich kamen denn auch alle, so gut es eben ging, in ihre Betten. Am Samstag dauerte das Fest bis zwei Uhr morgens. Man hatte sechs Tonnen, darunter zwei außerordentlich große, gefischt. Zwischen Tupain und Fouasse kam es beinah zu einer Prügelei. Tupain, der im Rausch leicht wütend wurde, drohte, seinem Bruder den Garaus zu machen. Aber diesmal war alles empört über ihre Uneinigkeit, sowohl die Mahés wie die Floches. Was hatte es denn für einen Sinn zu zanken, wenn das ganze Dorf sich umarmte? Man zwang die beiden Brüder, miteinander anzustoßen. Da sie sich aber immer noch zornig anblickten, versprach der ›Kaiser‹, sie zu überwachen. Dem Ehepaar Rouget war auch nicht recht zu trauen. Wenn Marie Anisette getrunken hatte, wurde sie so freundlich gegen Brisemotte, daß Rouget es wirklich nicht mit ansehen konnte, um so mehr, da auch er gefühlvoll gestimmt war und geliebt werden wollte. Der Abbé Radiguet hielt eine salbungsvolle Rede, daß man vergeben und vergessen müsse, aber man fürchtete trotzdem, die Sache könnte schiefgehen.

»Bah«, sagte La Queue, »es wird sich schon finden. Wenn wir morgen wieder einen guten Fang machen. – – – – Auf euer Wohl!«

Übrigens ließ auch La Queues Versöhnlichkeit zu wünschen übrig. Er lauerte Delphin auf, sowie er sich Margot nähern wollte, und verfolgte ihn mit Fußtritten. Der ›Kaiser‹ war empört: weshalb sollte man den jungen Leuten ihr Vergnügen nicht lassen! Aber La Queue schwur immer noch, er würde seine Tochter eher umbringen, als sie dem Kleinen zur Frau geben. Margot selbst wollte ihn übrigens auch nicht.

»Nicht wahr? du bist zu stolz dazu«, schrie La Queue, »du wirst niemals einen Lumpen heiraten?«

»Nein, niemals, Papa«, antwortete Margot.

Am Samstag trank Margot sehr viel von einem süßen Likör. Er war aber auch so herrlich süß. Ehe sie sich's versah, saß sie am Boden neben der Tonne und lachte selig vor sich hin. Sie war wie im Paradies, sie sah lauter Sterne vor sich und glaubte Tanzmusik zu hören. Diesen Augenblick benutzte Delphin, um sich an sie heranzuschleichen. Er faßte ihre Hand und fragte:

»Sag, Margot, willst du?«

Sie lächelte immer noch, dann sagte sie:

»Aber Papa will ja nicht.«

»Oh, das macht nichts«, meinte der Kleine, »du weißt doch, die Alten wollen überhaupt nie. Es kommt nur darauf an, ob du willst.«

Er wurde immer kühner, schließlich küßte er sie sogar auf den Hals. Sie warf sich hintenüber, es durchrieselte sie warm.

»Hör auf, du kitzelst mich.«

Aber sie sprach nicht mehr davon, ihn zu ohrfeigen. Einmal wäre sie überhaupt nicht dazu imstande gewesen, sie fühlte sich zu matt und kraftlos. Und dann tat es ihr so wohl, diese leichten Küsse auf den Hals. Es war so süß und berauschend, fast wie der Likör. Das Ende war, daß sie den Kopf hintenüber legte und ihm das Kinn hinhielt wie eine Katze, die gestreichelt werden will.

»Da –« stammelte sie, – »da, unter dem Ohr, – o das ist gut.«

Die beiden hatten La Queue vollständig vergessen. Aber glücklicherweise wachte der ›Kaiser‹ über ihnen. Er machte den Abbé Radiguet aufmerksam und sagte:

»Sehen Sie doch, Abbé – es wäre besser, wenn man sie heiraten ließe.«

»In bezug auf die Sittlichkeit entschieden«, meinte der Priester salbungsvoll.

Er wollte sich gleich morgen der Sache annehmen und mit La Queue sprechen. La Queue hatte inzwischen so viel getrunken, daß der Abbé und der Feldhüter ihn nach Hause tragen mußten. Unterwegs suchten sie das Gespräch auf seine Tochter zu bringen, aber sie brachten nichts aus ihm heraus als ein unartikuliertes Grunzen. Margot und Delphin gingen dicht hinter ihnen.

Am nächsten Tag, um vier Uhr, hatten der ›Zephir‹ und die ›Baleine‹ schon sieben Tonnen gefischt. Um sechs fing der ›Zephir‹ noch zwei. Das machte zusammen neun. Und nun begann Coqueville den Sonntag zu feiern. Es war der siebente Tag, an dem sie sich betranken. Und diesmal wurde es ein Fest, wie es noch nie dagewesen ist und nie wieder sein wird.

Fragt die Leute in der südlichen Normandie nur einmal danach, – sie werden lachen und sagen: »Ja, ja, das Fest in Coqueville!«

V

Herr Mouchel wunderte sich schon seit dem Dienstag, daß weder La Queue noch Rouget sich in Grandport blicken ließen. Was zum Teufel mochten die verfluchten Kerls nur vorhaben? Vielleicht wollten sie warten, bis sie eine ganze Ladung Fische und Krebse beisammen hatten. So geduldete er sich noch bis Mittwoch.

Am Mittwoch fing er an, sich zu ärgern. Man muß übrigens wissen, daß mit der Witwe Dufeu nicht leicht umzugehen war. Sie wurde sehr leicht unangenehm, und obgleich er ein stattlicher, schöner Mann war, zitterte er vor ihr, um so mehr, als es sein Traum war, sie zu heiraten. Wenn er erst Herr im Hause war, würde er sie dann dafür mit Ohrfeigen traktieren. Am Mittwochmorgen nun tobte die Witwe Dufeu und beklagte sich darüber, daß keine Fische geliefert würden. Der Vorrat war ausgegangen, und sie beschuldigte ihn, daß er den Bauernmädchen nachstelle, anstatt sich um Makrelen und Weißfische zu kümmern, die es jetzt doch massenhaft geben müßte. Herr Mouchel war sehr ärgerlich und entschuldigte sich damit, daß Coqueville nichts von sich sehen und hören ließ. Die Witwe war so erstaunt, daß ihr Zorn sich legte. Was fiel denn Coqueville ein? Noch nie hatte es sich so benommen. Aber dann erklärte sie wieder, Coqueville sei ihr ganz schnuppe, es sei Herrn Mouchels Sache, Ordnung zu schaffen, und sie wüßte schon, was sie zu tun habe, wenn er sich von den Fischern zum Narren halten ließ. Das beunruhigte ihn sehr, er verfluchte La Queue und Rouget. Aber es war ja möglich, daß sie morgen kamen.

Aber auch am nächsten Tag ließ sich keiner von beiden sehen. Herr Mouchel war verzweifelt. Gegen Abend stieg er auf den Felsen, von wo aus man Coqueville mit seinem gelben Strand sehen konnte. Das Dorf lag friedlich im Sonnenschein da, leichte Rauchwolken stiegen aus den Schornsteinen empor. Die Frauen schienen gerade die Abendsuppe zu kochen. Herr Mouchel konstatierte, daß Coqueville immer noch auf demselben Fleck stand, daß es nicht etwa durch einen herabstürzenden Fels begraben war; und die Sache kam ihm immer unbegreiflicher vor. Als er gerade wieder fortgehen wollte, glaubte er zwei schwarze Punkte in der Bucht zu entdecken. Es waren der ›Zephir‹ und die ›Baleine‹. Er ging heim und beruhigte die Witwe Dufeu, Coqueville finge Fische.

Die Nacht verging, und nun war es Freitag. Immer noch nichts von Coqueville. Herr Mouchel stieg etwa zehnmal auf seinen Felsen. Er war nahe daran, den Kopf zu verlieren, denn die Witwe behandelte ihn schauderhaft, und er wußte nicht, wie er sich verteidigen sollte. Coqueville lag immer noch dort drüben im Sonnenschein und sonnte sich wie eine faule Eidechse. Aber heute sah er keinen Rauch aufsteigen. Das Dorf schien ausgestorben. Sollte die ganze Bande am Ende gar in ihrer Höhle verreckt sein? Am Strand sah man eine ganze Menge von kleinen schwarzen Punkten, aber das konnten auch Algen sein, die das Meer ausgeworfen hatte.

Am Samstag ganz dieselbe Geschichte. Die Witwe tobte nicht mehr, aber ihre Lippen waren bleich und ihr Blick starr. Herr Mouchel stand zwei Stunden lang auf dem Felsen. Eine unbezwingliche Neugier regte sich in ihm, er mußte sich persönlich davon überzeugen, was diese seltsame Totenstille bedeutete. Die friedlich schlummernden Hütten machten ihn auf die Dauer nervös. Sein Entschluß stand fest, er wollte am Montag in aller Frühe nach Coqueville gehen, so daß er etwa um neun Uhr morgens dort war.

Nach Coqueville zu gehen war eine ziemlich umständliche Geschichte. Herr Mouchel zog den Landweg vor, damit sie ihn nicht kommen sähen. So fuhr er bis Robigneux mit dem Wagen und ging dann zu Fuß weiter. Er schritt tüchtig aus, denn er hatte noch sieben Kilometer zu machen auf dem schauderhaftesten Weg, den man sich denken kann. Mit dem Wagen wäre es wegen der Felsschluchten zu gefährlich gewesen. Übrigens ist der Weg hier von großer landschaftlicher Schönheit: in zahllosen Biegungen windet er sich zwischen den hohen Felsen hindurch und ist stellenweise so schmal, daß kaum drei Menschen nebeneinander gehen können. Dann wieder geht es an tiefen Abgründen vorbei, und zwischen den Felsen sieht man hier und da das unendliche blaue Meer schimmern. Aber Herr Mouchel war nicht sehr aufgelegt, die Naturschönheiten zu bewundern. Er fluchte, wenn die Steine unter seinen Füßen ins Rollen gerieten. Und nur Coqueville war schuld daran! Er schwur, diese elenden Taugenichtse einmal ordentlich auf die Beine zu bringen. Endlich näherte er sich seinem Ziel; als er um die letzte Felsecke bog, sah er die zwanzig Häuser des Dorfes vor sich liegen.

Es schlug gerade neun Uhr. Es war ein herrlicher Morgen mit Sonnenschein und blauem Himmel, fast wie im Juni. Die Luft war warm und klar, und ein frischer würziger Geruch drang vom Meer herüber. Herr Mouchel schlug die einzige Straße des Dorfes ein, die er schon oft gegangen war. Als er an Rougets Haus vorüberkam, trat er hinein. Das Haus war leer. Er ging zu Fouasse, zu Tupain und zu Brisemotte. Keine lebende Seele zu finden, alle Türen standen offen, aber niemand war darin. Was sollte das heißen? Ein leiser Schauer überlief ihn. Dann dachte er an die Autoritäten von Coqueville. Der ›Kaiser‹ würde ihm jedenfalls Bescheid sagen können. Aber das Haus des ›Kaisers‹ war ebenso verödet wie die anderen – selbst der Feldhüter verschwunden! Und jetzt erschrak er wirklich. Er stürzte zum Bürgermeister. Dort erwartete ihn eine neue Überraschung. Der ganze Haushalt war in der schauderhaftesten Unordnung, – die Betten seit drei Tagen nicht gemacht, überall stand schmutziges Geschirr herum, und einige umgeworfene Stühle schienen darauf hinzudeuten, daß hier irgendein Kampf stattgefunden hatte. Mouchel war ganz bestürzt und malte sich die schrecklichsten Katastrophen aus. Er suchte jetzt auch noch die Kirche auf. Aber der Pfarrer war ebenso unsichtbar wie der Bürgermeister. Die weltlichen Machthaber und die Geistlichkeit – alles war verschwunden. Coqueville lag verlassen und schweigend da, nicht einmal ein Hund oder eine Katze ließ sich blicken. Selbst die Hühner waren fort. Nichts regte sich – alles war still und leer, wie in bleiernen Schlaf versunken, und darüber blaute der unendliche Himmel.

Zum Teufel auch, es war wirklich kein Wunder, wenn Coqueville keine Fische lieferte. Coqueville war ausgewandert. Coqueville war ausgestorben. Man mußte die Polizei benachrichtigen. Herr Mouchel war in größter Erregung über diese geheimnisvolle Katastrophe. Dann kam er auf die Idee, an den Strand hinüberzugehen, und nun stieß er plötzlich einen Schrei aus. Vor ihm auf dem Sand lag die ganze Bevölkerung. Er glaubte schon an einen Massenmord. Aber dann vernahm er lautes Schnarchen um sich her. – – – Das Fest am Sonntagabend hatte so lange gedauert, daß die Coqueviller sich außerstande fühlten, nach Hause zurückzukehren. So hatten sie denn am Strand übernachtet, sie waren einfach umgefallen und liegengeblieben; rund um die neun Fässer herum, die bis auf den letzten Tropfen geleert waren.

Ja, ganz Coqueville lag da und schnarchte. Kinder, Frauen, Greise und Männer. Keiner konnte mehr auf den Füßen stehen. Einige lagen auf dem Bauch, andere auf dem Rücken, noch andere hatten sich zusammengerollt, wie die Hunde es zu tun pflegen. Wie man sich bettet, so liegt man. Alles lag bunt durcheinander, wie der heitere Zufall des Rausches es fügte. Einige Männer hatten sich überschlagen und lagen mit dem Kopf nach unten und den Füßen nach oben. Den Frauen waren die Röcke emporgerutscht. Überall herrschte zwanglose Gemütlichkeit, es war wie ein großer Schlafsaal unter freiem Himmel, wie eine friedliche Bürgerfamilie, die es sich bequem macht. Und wenn man sich genieren muß, kann man es sich nicht bequem machen.

Es war gerade Neumond, die guten Coqueviller hatten sich in dem Glauben niedergelegt, ihr Licht ausgeblasen zu haben. Dann war es wieder Tag geworden, und die Sonne brannte auf die Schläfer nieder, die unter ihren versengenden Strahlen nicht einmal mit den Augen zwinkerten. In tiefem Schlaf lagen sie da, mit seligem Gesicht, in der heiteren Unschuld des Rausches. Die Hühner schienen heute früh die Reste aufgepickt zu haben, denn sie lagen jetzt auch betrunken im Sand. Ebenso einige Hunde und Katzen, die die Gläser ausgeleckt hatten und jetzt berauscht alle viere von sich streckten.

Herr Mouchel ging zwischen den Schläfern umher, wobei er sich Mühe gab, niemanden zu treten. Er begriff jetzt den ganzen Sachverhalt, denn man hatte auch in Grandport einige Fässer aufgefischt, die von dem verunglückten englischen Schiff herrührten. Sein Zorn war völlig verraucht. Es war ein rührender und erhebender Anblick, das versöhnte Coqueville, Mahés und Floches, die nebeneinander lagen und schliefen. Tupain und Fouasse schnarchten Hand in

Hand, als ob sie sich nie wieder um die Erbschaft streiten könnten. Das Haus Rouget gewährte ein noch anmutigeres Bild. Marie lag zwischen Rouget und Brisemotte, sie schienen damit sagen zu wollen, daß sie von jetzt an alle drei in Glück und Frieden miteinander leben wollten. Aber dann kam eine noch viel rührendere Familienszene: Delphin und Margot, die innig umschlungen dalagen. Sie schliefen Wange an Wange, die Lippen noch zum Kuß gespitzt. Quer vor ihren Füßen lag der ›Kaiser‹, als ob er sie beschützen wollte. Zu Häupten der Gruppe schnarchte La Queue wie ein Vater, der froh ist, seine Tochter so gut versorgt zu sehen, und der Abbé Radiguet, der ebenso wie die anderen umgefallen war, breitete die Arme aus, als ob er sie segnen wollte. Margot bot dem Geliebten im Schlaf immer noch ihr rosiges Mündchen, wie eine verliebte Katze, die unter dem Kinn gekrault werden möchte.

Das Fest hatte mit der Vermählung der beiden geendet. Und Herr Mouchel selbst heiratete bald darauf die Witwe Dufeu, die er dann gehörig prügelte. Geht nur in die Normandie und fragt die Leute. Sie werden lachen und sagen:

»Ja, ja, das Fest in Coqueville!«

DIE ÜBERSCHWEMMUNG

I

Mein Name ist Louis Roubieu. Ich bin siebzig Jahre alt und im Dorf Saint Jory, ein paar Meilen flußabwärts von Toulouse, geboren. Vierzig Jahre lang habe ich mit der Erde um das tägliche Brot gerungen. Endlich ist dann auch der Wohlstand gekommen. Vor kaum einem Monat war ich noch der reichste Grundbesitzer in der ganzen Gemeinde.

Es war, als ob Gottes Segen sichtbar auf unserem Hause ruhte. Ja, das Glück wohnte darin, und die Sonne war unsere Verbündete, ich wußte mich nicht einer einzigen schlechten Ernte zu erinnern. Wir waren unser zwölf Personen auf dem Hof und lebten sehr glücklich miteinander. Da war erst mal ich selbst, ein noch rüstiger alter Mann, der die Kinder zur Arbeit anleitete, dann mein jüngerer Bruder Pierre, der unverheiratet geblieben und früher Sergeant gewesen war, meine Schwester Agathe, die seit dem Tod ihres Mannes bei uns wohnte, eine üppige, immer lustige Frau, deren helles Lachen man durchs ganze Dorf hörte. Und dann noch die ganze junge Brut: mein Sohn Jacques, seine Frau Rose und ihre drei Töchter: Aimée, Veronique und Marie. Die erste war mit Cyprien Bouisson, einem großen, kräftigen Burschen, verheiratet, sie hatte zwei Kinder von ihm, ein zweijähriges und eins von zehn Monaten; die zweite war erst seit kurzem mit Gaspard Rabuteau verlobt; die dritte schließlich war ein zartes blondes Mädchen; sie sah wirklich aus, als ob sie ein Stadtfräulein wäre. Ich war also Großvater und Urgroßvater. Wenn wir bei Tisch waren, saß ich zwischen meiner Schwester Agathe und meinem Bruder Pierre und die Kinder alle im Kreis um uns her, nach dem Alter, bis zu dem Kleinsten herab, das seine Suppe schon aß wie ein Erwachsener. Was das für ein Geklapper mit den Löffeln war! Ja, sie aßen tüchtig drauflos, die ganze Gesellschaft. Und so lustig waren wir alle dabei. Ich fühlte mich stolz und froh, wenn die Kleinen mir ihre Händchen entgegenstreckten und riefen:

»Großpapa, gib uns doch ein Stück Brot ..., aber ein recht großes, gelt, Großpapa.«

Ja, es waren schöne Tage voller Arbeit und Fröhlichkeit. Am Abend pflegte Pierre neue Spiele zu erfinden oder Geschichten von seinem Regiment zu erzählen. Sonntags buk Tante Agathe Kuchen für unsere jungen Mädchen. Und Marie wußte so viele Lieder und sang sie uns mit ihrer hellen Kinderstimme vor. Dabei sah sie aus wie eine Heilige, wenn die blonden Haare ihr über den Nacken herabfielen und sie die Hände über ihrer Schürze gefaltet hatte. Als Aimée und Cyprien heirateten, hatte ich mich entschlossen, unser Haus um ein Stockwerk zu erhöhen, und manchmal sagte ich lachend, daß wir wohl nach Veroniques und Gaspards Hochzeit noch ein drittes brauchen würden; das Haus hätte wohl schließlich bis zum Himmel hinaufgereicht, wenn es so weitergegangen wäre. Denn wir wollten uns nicht voneinander trennen. Lieber hätten wir auf dem freien Platz hinter unserm Haus eine ganze Stadt aufgebaut. Wenn man sich miteinander verträgt, tut es wohl, dort, wo man geboren ist, auch zu leben und zu sterben.

Der Mai war besonders schön in diesem Jahr. Seit langer Zeit waren die Aussichten für die Ernte nicht so günstig gewesen. Gerade an jenem Tag hatte ich mit meinem Sohn Jacques einen Rundgang gemacht. Unsere Wiesen am Ufer der Garonne waren mit zartem Grün bedeckt. Das Gras stand schon etwa drei Fuß hoch, und die Weidenbüsche, die wir im vorigen Jahr gepflanzt, hatten frisch ausgeschlagen. Dann besichtigten wir unsere Kornfelder und Weinberge, wir hatten einen Acker nach dem andern angekauft, in dem Maß, wie unser Vermögen anwuchs. Das Korn stand dicht, die Weinberge waren in voller Blüte und versprachen eine herrliche Ernte. Und Jacques klopfte mich auf die Schulter und lachte sein gutmütiges Lachen:

»He, Vater, es wird uns weder an Brot noch an Wein fehlen. Du scheinst dich wirklich gut mit dem lieben Gott zu stehen, daß er den Reichtum so auf uns herabregnen läßt!«

Wir pflegen oft miteinander über unsere einstige Not zu

scherzen. Jacques hatte recht, es schien wirklich, als ob ich bei irgendeinem Heiligen oder bei dem lieben Gott selbst ganz besonders gut angeschrieben wäre, denn das Glück war immer auf unserer Seite. Wenn bei den Nachbarn eine Rebenkrankheit ausbrach – die unseren blieben verschont. Wenn es hagelte – so hagelte es nur jenseits unserer Felder. Und ich fing allmählich an, das ganz in Ordnung zu finden. Ich tat niemandem etwas zuleide und fand, daß ich all dies Glück wirklich verdiente.

Ehe wir nach Hause zurückkehrten, gingen wir noch über die Felder, die wir auf der anderen Seite des Dorfes besaßen. Die Maulbeerpflanzungen gediehen wundervoll und ebenso die Mandelbäume. Wir plauderten fröhlich miteinander und bauten Luftschlösser. Wenn wir erst das nötige Geld beisammen hätten, würden wir das Grundstück ankaufen, das zwischen unseren Äckern lag, und unseren Grundbesitz auf die halbe Gemeinde ausdehnen. Wenn die diesjährige Ernte so ausfiel, wie es zu erwarten stand, konnten wir diesen Traum verwirklichen.

Als wir uns dem Haus näherten, sahen wir Rose, die uns lebhaft zuwinkte und rief:

»Kommt doch schnell.«

Eine von unseren Kühen hatte ein Kalb bekommen. Das ganze Haus war in Bewegung. Tante Agathe lief geschäftig hin und her, und die Mädchen bewunderten das Kleine. Es war, als ob der Himmel uns von neuem mit seinem Segen überschütten wollte. Erst kürzlich hatten wir unsere Ställe erweitern müssen. Wir hatten jetzt gegen hundert Stück Vieh darin, Kühe und vor allem Schafe, ohne die Pferde mitzuzählen.

»Das ist ja ein Glückstag«, rief ich. »Wir wollen heute eine Flasche Wein darauf trinken.«

Dann nahm Rose uns beiseite und teilte uns mit, daß Gaspard, Veroniques Bräutigam, gekommen sei, um sich über den Tag der Hochzeit mit uns zu besprechen. Sie hatte ihn zum Essen eingeladen. Gaspard war der älteste Sohn eines Försters in Moranges. Er war ein stattlicher Bursche von zwanzig Jahren und durch seine phänomenale Kraft im ganzen Land berühmt; bei einem Fest in Toulouse hatte er Martial, ›den Löwen des Südens‹, besiegt. Dabei war er ein seelenguter Bursch und hatte ein Herz von Gold, er war sogar beinahe übertrieben schüchtern und errötete jedesmal, wenn Veronique ihn ansah.

Ich bat Rose, ihn zu rufen. Er war im Hof geblieben, um unseren Mägden zu helfen, die damit beschäftigt waren, die große Vierteljahrswäsche aufzuhängen. Als er zu uns in den Speisesaal kam, wandte Jacques sich zu mir und sagte:

»Sprich du, Vater.«

»Gut«, sagte ich – »also, mein Junge, du möchtest, daß wir den großen Tag jetzt festsetzen?«

»Ja, Vater Roubieu«, antwortete er mit glühendem Gesicht.

»Du brauchst deshalb nicht rot zu werden, mein Lieber, wenn es dir recht ist, nehmen wir Sainte-Félicité, das wäre der 10. Juli. Heute ist der 23. Juni, also kaum drei Wochen mehr – meine arme verstorbene Frau hieß Félicité, das wird euch Glück bringen. – Nun, bist du einverstanden?«

»Ja gewiß, Vater Roubieu, also auf Sainte-Félicité.«

Dann drückte er mir und Jacques die Hand, als ob er uns umbringen wollte. Schließlich umarmte er auch noch Rose und nannte sie seine Mutter. Ja, der große Bursche mit den kolossalen Fäusten liebte Veronique so, daß er Essen und Trinken darüber vergaß. Er gestand uns, daß er sicher krank geworden wäre, wenn wir nicht in die Heirat gewilligt hätten.

»Und jetzt bleibst du zum Essen da«, sagte ich dann. »Also, los, die Suppe aufgetragen! ... Ich habe einen Mordshunger.«

Gaspard saß neben Veronique. Er blickte sie unverwandt an und war so bewegt, daß ihm die Tränen in die Augen traten.

Cyprien und Aimée, die erst seit drei Jahren verheiratet waren, lächelten. Jacques und Rose blieben ernster, nur wenn sie sich unbeobachtet glaubten, wechselten sie dann und wann einen zärtlichen Blick. Mir selbst war zumute, als ob ich wieder auflebte beim Anblick dieser beiden Liebenden, deren Glück unsere ganze Tafelrunde gleichsam verklärte. Wie uns allen die Suppe schmeckte! Tante Agathe, die immer heiter war, verstieg sich sogar zu einigen gewagten Scherzen, und dann wollte der gute Pierre durchaus seine Abenteuer mit einer Dame aus Lyon erzählen. Glücklicherweise waren wir schon beim Dessert, und alles sprach durcheinander. Ich hatte zwei Flaschen Wein aus dem Keller geholt, und wir stießen darauf an, daß Gaspard und Veronique glücklich werden möchten. Das ist bei uns so Sitte, und unter glücklich sein versteht man, daß sie sich nicht prügeln, daß sie viele Kinder bekommen und möglichst viel Geld zusammenbringen. Dann wurde gesungen. Gaspard wußte verschiedene Liebeslieder im Dialekt. Dann baten sie Marie um ein Lied. Sie stand auf und begann mit ihrer zarten Flötenstimme zu singen.

Ich war währenddessen ans Fenster gegangen. Gaspard kam mir nach, und ich fragte:

»Was gibt es denn Neues bei euch zu Hause?«

»Nichts Besonderes«, antwortete er. »Es ist nur viel die Rede von dem starken Regen in den letzten Tagen. Man fürchtet, daß noch viel Unheil daraus entstehen kann.«

Es hatte tatsächlich etwa sechzig Stunden unaufhörlich geregnet. Die Garonne war seit gestern abend bedeutend gestiegen. Aber solange sie nicht über das Ufer trat, konnten wir nicht glauben, daß sie wirklich eine so böse Nachbarin sein sollte. Sie leistete uns so viele gute Dienste, sie rollte so friedlich und breit dahin! Und wir Bauern entschließen uns schwer, unsere Höhle zu verlassen, selbst wenn das Dach am Einbrechen ist.

»Bah«, rief ich und zuckte die Achseln, »es wird nicht so gefährlich sein. Es ist ja alle Jahre dieselbe Geschichte. Der Fluß macht sich breit, als ob er wütend wäre, und in einer Nacht beruhigt er sich und wird wieder unschuldig wie ein Lamm. Du wirst schon sehen, mein Junge, es wird diesmal auch nichts weiter sein ... so sieh doch nur das schöne Wetter.«

Dabei wies ich mit der Hand nach dem Himmel. Es war

sieben Uhr, und die Sonne ging unter. Der Himmel war rein und tiefblau, – eine unendliche Fläche, über die die untergehende Sonne ihren Goldstaub streute. Und es war, als ob ein Strom von ruhiger Freude sich von dort droben her über das ganze Weltall ergösse. Noch nie war unser Dorf mir so friedlich vorgekommen. Die Ziegel hatten einen rosa Glanz. Ich hörte eine Nachbarin lachen und vor unserem Haus Kinderstimmen, von fern her das Getrippel heimkehrender Herden. Unablässig rollte die Garonne und brauste; aber ich war so sehr an ihr Rauschen gewöhnt, daß es mir wie die Stimme der Stille vorkam. Allmählich wurde der Himmel blauer, der Hof sank in tieferen Schlummer. Es war der Abend eines schönen Tages, und ich dachte an all das Glück, das von diesem lichten Himmel auf uns herabgeregnet war, die reichen Ernten, unser schönes Familienleben, Veroniques Verlobung – ich fühlte, wie der scheidende Tag uns seinen Segen zurückließ.

Ich war wieder in das Zimmer zurückgetreten. Die Mädchen plauderten, und wir hörten ihnen lächelnd zu – da plötzlich ertönte ein entsetzlicher Schrei durch die stille Landschaft zu uns herüber – ein Schrei der Verzweiflung und des Todes:

»Die Garonne! Die Garonne!«

II

Wir stürzten in den Hof hinab.

Saint Jory liegt in einem Winkel des Garonnetals, etwa fünfhundert Meter vom Fluß entfernt. Die hohen Pappelreihen, welche die Wiesen einsäumen, verbergen ihn vollständig.

Wir konnten nichts entdecken. Aber immer wieder ertönte der Schrei:

»Die Garonne! Die Garonne!«

Plötzlich kamen auf dem breiten Weg vor uns zwei Männer und drei Frauen zum Vorschein – die eine hielt ein Kind auf dem Arm. Sie liefen, so schnell sie konnten, auf dem harten Boden dahin und stießen immer wieder ihren Entsetzensschrei aus. Dann und wann blickten sie sich voller Angst um, als ob ein Rudel Wölfe sie verfolgte.

»Was haben sie nur?« fragte Cyprien. »Siehst du irgend etwas, Großvater?«

»Nein, nein«, sagte ich, »die Blätter rühren sich nicht einmal.«

Es war auch wirklich so. So weit man sehen konnte, regte sich nichts. Aber ehe ich noch ausgesprochen hatte, entrang sich uns ein Ausruf des Schreckens. Zwischen den Pappelstämmen durch, hinter den Flüchtlingen, sahen wir etwas erscheinen wie eine Meute von grauen, gelbgefleckten Tieren, die sich durcheinanderwälzten. Von allen Seiten brachen sie hervor. Welle auf Welle, eine wild entfesselte Wassermenge, die schäumend daherbrauste und den Boden zittern machte.

Und jetzt stießen wir auch den verzweifelten Schrei aus:

»Die Garonne! Die Garonne!«

Die zwei Männer und drei Frauen eilten immer noch weiter den Weg entlang. Sie hörten die wilde Herde immer näher kommen. Die Wellen rollten jetzt in festgeschlossener Linie heran und brachen sich mit donnerartigem Getöse. Bei ihrem ersten Anprall zerschmetterten sie drei Pappeln, die langsam umsanken und im Wasser verschwanden. Dann verschlangen sie eine Bretterhütte, eine Mauer stürzte ein, und einige leere Karren wurden fortgeschwemmt wie Strohhalme. Aber vor allem schienen sie es auf die Flüchtlinge abgesehen zu haben. An einer steilen Biegung der Straße fluteten sie ihnen wie eine breite unübersehbare Fläche entgegen und schnitten ihnen den Weg ab. Sie liefen immer noch weiter, der Schlamm spritzte unter ihren Schritten auf, sie schrien nicht mehr, sie waren wie wahnsinnig vor Schrecken.

Dann ging das Wasser ihnen bis an die Knie. Eine ungeheure Welle warf sich auf die Frau mit dem Kind auf dem Arm. Einen Augenblick später waren sie alle verschwunden.

»Rasch, rasch«, rief ich, »wir müssen alle hinein ... Das Haus ist solid gebaut. Wir brauchen keine Angst zu haben.«

Aus Vorsicht flüchteten wir uns gleich in die zweite Etage.

Wir ließen die Mädchen vorangehen. Ich bestand darauf,

der letzte zu sein. Das Haus war auf einem Erdhügel gebaut, der sich über die Landstraße erhob. Das Wasser drang mit leise plätscherndem Geräusch in den Hof ein.

Wir ängstigten uns jedoch nicht weiter.

»Bah«, sagte Jacques, um die Seinen zu beruhigen, »das wird nichts weiter sein ... Weißt du noch, Vater, im Jahre 55 ist uns das Wasser ebenso in den Hof gelaufen. Es stand einen Fuß hoch, und dann verlief es sich wieder.«

»Aber es ist ärgerlich wegen der Ernte«, murmelte Cyprien halblaut.

»O nein, es ist nicht von Bedeutung«, sagte ich, als ich den flehenden Blicken der Mädchen begegnete.

Aimée hatte ihre beiden Kinder in ihr Bett gelegt und saß mit Veronique und Marie daneben. Tante Agathe sprach davon, Glühwein zu bereiten, um uns allen Mut einzuflößen. Jacques und Rose standen zusammen am Fenster und blickten hinaus. Ich war mit meinem Bruder, Cyprien und Gaspard am anderen Fenster.

»Kommt doch herauf«, rief ich unseren beiden Mägden zu, die mitten im Hof herumwateten, »ihr werdet ja ganz naß.«

»Aber das Vieh?« sagten sie. »Die Tiere fürchten sich, sie werden im Stall ertrinken.«

»Nein, nein, kommt nur herauf ... Sofort ... Wir werden dann schon sehen.«

Wenn die Sache wirklich schlimm wurde, war es unmöglich, das Vieh zu retten. Aber ich hielt es für unnütz, die anderen zu erschrecken, und gab mir Mühe, so sorglos wie möglich zu erscheinen. Während ich am Fenster stand und plauderte, teilte ich ihnen mit, wie die Überschwemmung fortschritt. Das Wasser war jetzt bis in die schmalsten Gäßchen des Dorfes eingedrungen. Jetzt waren es nicht mehr einzelne daherbrausende Wellen, es wuchs unaufhaltsam empor, und die Senkung, in der Saint Jory liegt, verwandelte sich in einen See. Auf unserem Hof stand es schon beinahe einen Meter hoch. Ich sah es steigen. Aber ich sagte den anderen, es sei stehengeblieben, ich ging sogar so weit, zu behaupten, es fiele wieder.

»Du mußt heute hier schlafen, mein Junge«, sagte ich zu Gaspard, »wenn die Wege nicht in einigen Stunden wieder frei sind. Möglich ist es immerhin.«

Er blickte mich an, ohne zu antworten. Sein Gesicht war leichenblaß, und ich sah, wie er Veronique voll unaussprechlicher Angst anblickte.

Die Uhr war halb neun. Draußen war es noch hell. Der bleiche Himmel strahlte ein weißliches, unendlich melancholisches Licht aus.

Die Mägde waren auf den guten Gedanken gekommen, zwei Lampen mit heraufzunehmen. Ich ließ sie gleich anzünden, denn im Zimmer war es schon dunkel geworden. Tante Agathe hatte den Tisch in die Mitte gerückt und wollte eine Kartenpartie arrangieren. Die vortreffliche Frau dachte vor allem daran, die Kinder zu zerstreuen – während sie mich dann und wann angstvoll anblickte. Ihr herrlicher, tapferer Humor behielt die Oberhand, und sie lachte, um die Angst der anderen, die sich immer mehr steigerte, zu besiegen.

Die Partie kam wirklich zustande. Agathe zog Aimée, Veronique und Marie mit Gewalt an den Tisch und steckte ihnen die Karten in die Hand. Sie spielte aus, stach, und leitete das Spiel und sprach so viel dabei, daß ihre Stimme das Geräusch des Wassers fast übertönte. Aber unsere Mädchen ließen sich nicht beschwichtigen, bleich, mit zitternden Händen saßen sie da und lauschten. Jeden Augenblick hielten sie inne. Eine von ihnen wandte sich um und fragte ängstlich:

»Großvater, steigt es noch immer?«

Das Wasser stieg mit erschreckender Geschwindigkeit. Aber ich antwortete in heiterem Ton:

»Nein, nein, spielt nur ruhig weiter. Es ist keine Gefahr.«

Die Angst schnürte mir die Kehle zusammen wie noch nie in meinem Leben. Wir Männer hatten uns alle vor die Fenster gestellt, um das entsetzliche Schauspiel zu verbergen. Wir standen mit dem Gesicht ins Innere des Zimmers gewandt, das die Lampen mit ihrem friedlichen Schein erfüllten, und versuchten zu lächeln.

Ich dachte an unsere Winterabende, wo wir hier zusammen um den Tisch gesessen hatten – in demselben traulichen Raum, den unsere Liebe mit soviel Wärme erfüllte. Ja, das war Frieden und Ruhe; und hinter meinem Rücken hörte ich den entfesselten Strom brausen, der immer höher und höher stieg.

»Louis«, sagte mein Bruder Pierre, »das Wasser steht drei Fuß unter dem Fenster. Wir müssen es ihnen sagen.«

Ich faßte ihn am Arm, damit er schweigen sollte. Aber es war unmöglich, ihnen die Gefahr noch länger zu verbergen. – Die Tiere im Stall fingen an zu ertrinken. Ein einstimmiges Gebrüll erhob sich, die geängstigten Schafe blökten, und die Pferde stießen jenen heiseren, weithin hörbaren Schrei aus, den sie nur in Todesgefahr vernehmen lassen.

»Mein Gott, mein Gott«, sagte Aimée. Sie war aufgestanden und preßte die Hände gegen die Schläfen, während ein Fieberschauer ihren Körper schüttelte.

Nun standen sie alle auf, wir konnten es nicht verhindern, daß sie aufs Fenster zustürzten. Dort blieben sie dann hochaufgerichtet stehen, während ihre Haare sich vor Entsetzen sträubten. Es war dämmerig geworden. Ein trüber Lichtschein lag über der grauen Wasserfläche. Wie ein weißes Leinentuch lag der bleiche Himmel über der Erde. In der Ferne wogten Nebelmassen. Alles verschwamm ineinander, es war, als ob sich die Todesnacht über den bangen Tag herabsenken wollte. Und nirgends ein menschlicher Laut, nur das Brausen dieses unendlichen Meeres, nur das Blöken und Wiehern der Tiere.

»Mein Gott, mein Gott«, murmelten die Frauen, als ob sie sich nicht getrauten, laut zu sprechen.

Ein furchtbarer Krach ließ sie verstummen. Die verzweifelten Tiere hatten die Stalltüren gesprengt und wurden nun von den gelben Wellen des Stromes in wildem Durcheinander mit fortgerissen. Die Schafe trieben dahin wie dürre Blätter, die der Wind umherwirbelt. Die Kühe und Pferde wehrten sich, versuchten zu gehen, aber sie verloren den Boden unter den Füßen. Unser großer grauer Gaul wollte absolut nicht sterben, er bäumte sich, streckte den Hals und schnob, aber die Flut riß ihn hinab, und wir sahen, wie er den Kampf aufgab und sich forttreiben ließ.

Und nun entrang sich uns der erste Aufschrei – ohne daß wir es wollten, wir konnten nicht anders. Wir streckten die Hände aus nach all diesen geliebten Tieren, die uns entrissen wurden; wir wehklagten, ohne daß einer die Stimme des anderen hörte, das Weinen und Schluchzen, das wir bis dahin zurückgedrängt hatten, brach jetzt gewaltsam hervor. Ja, der Ruin war da, die Ernte verloren, das Vieh ertrunken, unser ganzer Wohlstand in wenigen Stunden vernichtet. Gott war nicht gerecht gegen uns, wir hatten ihm nichts getan, und doch nahm er uns alles, was er uns gegeben hatte.

Ich reckte die geballte Faust zum Himmel empor. Ich sprach von unserem Spaziergang heute nachmittag, von unseren Wiesen, unseren Kornfeldern und Weinbergen, die wir nie in so verheißungsvoller Blüte gefunden hatten. So war alles das Lüge gewesen? Das Glück hatte uns belogen? Die Sonne selbst hatte gelogen, als sie heute abend so ruhig und heiter unterging?

Das Wasser stieg immer weiter, Pierre, der es beobachtete, rief mir zu:

»Louis, wir müssen uns vorsehen, es reicht schon bis ans Fenster.«

Seine Worte rissen uns aus unserer Verzweiflung. Ich kam wieder zu mir und sagte achselzuckend:

»Auf das Geld kommt es nicht an. Solange wir nur alle am Leben sind, brauchen wir nicht zu trauern. Wir müssen eben wieder anfangen zu arbeiten.«

»Ja, ja, du hast recht, Vater«, antwortete Jacques nervös.

»Und wir brauchen nichts zu fürchten, die Mauern sind fest … Wir müssen aufs Dach steigen.«

Es blieb uns nichts anderes übrig. Das Wasser stieg Stufe um Stufe, die Treppe hinauf und drang schon durch die Tür ein. Wir erstiegen also den Speicher, ohne uns loszulassen. Das Gefühl der Gefahr rief das Bedürfnis in uns wach, einander nahe zu bleiben. Cyprien war verschwunden. Ich rief ihm nach, und er erschien mit verstörtem Gesicht in der Tür des

Nebenzimmers. Als ich jetzt bemerkte, daß unsere beiden Mägde fehlten, und auf sie warten wollte, sah er mich mit einem seltsamen Blick an und sagte: »Sie sind tot. Der Wagenschuppen unter ihrem Zimmer ist eingestürzt.«

Die armen Mädchen hatten wahrscheinlich ihre Ersparnisse aus dem Koffer retten wollen. Er erzählte mir halblaut, daß sie eine Leiter als Brücke benutzt hatten, um das Nebengebäude zu erreichen. Ich befahl ihm, den anderen nichts davon zu sagen. Ein kalter Schauer lief mir über den Rücken, der Tod hatte unser Haus gestreift.

Als wir dann ebenfalls hinaufstiegen, dachten wir nicht einmal daran, die Lampen zu löschen. Die Karten lagen noch auf dem Tisch verstreut, und das Wasser im Zimmer stand schon einen Fuß hoch.

III

Das Dach war glücklicherweise breit und nicht sehr spitz. Man gelangte durch eine Luke hinauf, über der sich eine Art Plattform erhob. Dorthin flüchteten wir alle. Die Frauen ließen sich auf der Plattform nieder, während die Männer kleine Streifzüge über das Dach unternahmen, bis an die großen Schornsteine, die sich auf beiden Seiten erhoben. Ich war an der Luke stehengeblieben und blickte prüfend nach allen vier Himmelsgegenden aus.

»Es muß Hilfe kommen«, sagte ich mutig. »Die Leute von Saintin haben Boote. Sie werden hier vorbeikommen. Seht nur, dort unten, ist da nicht ein Licht auf dem Wasser?«

Aber niemand antwortete. Pierre hatte, ohne zu wissen, was er eigentlich tat, seine Pfeife angezündet und rauchte so wütend, daß bei jedem Zug ein Stück von dem Pfeifenrohr mit davonflog. Jacques und Cyprien blickten düster in die Ferne, während Gaspard mit geballten Fäusten auf dem Dach herumirrte, als ob er einen Ausweg suchen wollte. Und zu unseren Füßen kauerten die Frauen dicht zusammengedrängt. Sie sprachen kein Wort und verhüllten das Gesicht, um nur nichts zu sehen. Aber plötzlich erhob Rose den Kopf, blickte sich um und fragte:

»Wo sind denn die Mägde? Warum kommen sie nicht auch herauf?«

Ich gab keine Antwort, und nun blickte sie mir fest in die Augen und fragte direkt:

»Wo sind sie?«

Ich konnte nicht lügen, ich wandte mich ab. Und ich fühlte, wie unsere geliebten Frauen und Töchter jetzt ebenfalls unter dem kalten Hauch des Todes erschauerten, der mich selbst vorhin gestreift hatte. Sie hatten begriffen. Marie richtete sich hoch auf und seufzte, dann brach sie weinend zusammen. Aimée hatte ihre beiden Kinder auf dem Schoß und verbarg sie in ihren Kleidern, wie um sie zu verteidigen. Veronique hatte beide Hände vor das Gesicht gedrückt und rührte sich nicht. Selbst Tante Agathe war leichenblaß geworden und bekreuzte sich, wobei sie ein Paternoster und Ave nach dem anderen murmelte.

Trotz alledem war es ein großartiges, erhabenes Schauspiel, was sich uns darbot. Es war jetzt Nacht geworden, eine klare mondlose Sommernacht. Der Himmel war mit Sternen übersät und dabei sonnenlicht und blau. Der Horizont blieb so klar, daß man hätte denken können, der Abend sei erst eben angebrochen. Und unter diesem milden Himmel dehnte sich die unendliche Wasserflut mit ihren phosphoreszierenden Wellen. Man konnte nirgends mehr Land entdecken, die ganze Ebene war überschwemmt. Es gab Augenblicke, wo ich die Gefahr völlig vergaß. Ich dachte an einen Abend an der Küste von Marseille, wo ich das Meer gesehen und in stummer Bewunderung davor gestanden hatte.

»Es steigt, es steigt«, sagte mein Bruder Pierre immer wieder, während er das Rohr seiner längst erloschenen Pfeife zwischen den Zähnen zermalmte.

Das Wasser war jetzt nur noch einen Meter vom Dach entfernt. Aber es floß nicht mehr so ruhig und gleichmäßig dahin, schon bildeten sich hier und da Strömungen. Wenn es eine gewisse Höhe erreichte, wurden wir durch die Anhöhe, die vor dem Dorf lag, nicht mehr geschützt. Es dauerte keine Stunde, da fing die Gefahr an, drohend zu werden, die gelbe

Flut wälzte sich immer ungestümer gegen das Haus und führte alle möglichen Trümmer mit sich: Holzstücke, Fässer, Heubündel. Wir hörten, wie sie mit donnerartigem Getöse gegen die Mauer schlug. Bäume wurden umgerissen, und Häuser stürzten ein, wie lose aufgeschüttete Kieshaufen an der Landstraße.

Jacques konnte das Schluchzen der Frauen nicht mehr ertragen und sagte immer wieder:

»Wir können hier nicht bleiben. Wir müssen irgend etwas versuchen ... Ich bitte dich, Vater, laß uns etwas versuchen.«

Ganz mechanisch stammelte ich:

»Ja, ja, laß uns etwas versuchen.«

Aber wir wußten nicht, was. Gaspard wollte Veronique auf den Rücken nehmen und versuchen zu schwimmen. Pierre sprach von einem Floß. Die Idee war unsinnig. Dann sagte Cyprien schließlich:

»Wenn wir nur die Kirche erreichen könnten.«

Die Kirche mit ihrem kleinen viereckigen Glockenturm ragte immer noch aus dem Wasser. Sieben Häuser lagen dazwischen. Unser Haus, das vorderste im Dorf, grenzte an ein höheres Haus, das wiederum an das Nachbargebäude grenzte. Vielleicht war es wirklich möglich, über die Dächer hinweg das Pfarrhaus zu erreichen, von dort konnte man leicht in die Kirche gelangen. Es schienen sich schon viele dorthin gerettet zu haben, denn die Nachbardächer waren leer und wir hörten Stimmen, die vom Kirchturm herkommen mußten. Aber es war ein furchtbares Wagestück!

»Es ist unmöglich«, sagte Pierre, »das Haus der Raimbeaus ist zu hoch. Wir müßten Leitern haben.«

»Ich werde es immerhin versuchen«, antwortete Cyprien. »Wenn es nicht geht, komme ich zurück. Im andern Fall können wir uns alle retten, die Frauen nehmen wir auf den Rücken.«

Ich ließ ihn gewähren. Er hatte recht. Man mußte das Unmögliche versuchen. Es gelang ihm mit Hilfe eines eisernen Hakens, der an einem der Kamine befestigt war, auf das benachbarte Haus zu steigen, als seine Frau Aimée plötzlich aufblickte und sah, daß er nicht mehr da war.

»Wo ist er, er soll nicht von uns fortgehen. Wir wollen zusammen bleiben und zusammen sterben.«

Als sie ihn oben auf dem Haus entdeckte, stürzte sie über das Ziegeldach auf ihn zu, ohne ihre Kinder loszulassen, und sagte:

»Cyprien, warte auf mich. Ich gehe mit dir, ich will mit dir sterben.«

Sie bestand darauf. Er flehte sie an zu bleiben, versicherte ihr, er würde zurückkommen, und dann wären wir alle gerettet. Aber sie schüttelte den Kopf und erwiderte mit irrem Blick:

»Ich gehe mit dir. Was tut es dir denn, wenn ich mitgehe?«

Er mußte ihr die Kinder abnehmen und ihr helfen, hinaufzusteigen. Dann sahen wir sie auf dem First des Daches entlanggehen. Ganz langsam. Sie hatte die weinenden Kinder wieder auf den Arm genommen, er wandte sich bei jedem Schritt um und unterstützte sie.

»Bring sie in Sicherheit, komm rasch zurück«, rief ich.

Ich sah, wie er die Hand bewegte, aber das Grollen des Wassers übertönte seine Stimme. Dann konnten wir sie nicht mehr sehen, sie waren auf das nächste, etwas niedrigere Haus hinaufgestiegen. Nach etwa fünf Minuten kamen sie auf dem dritten wieder zum Vorschein. Das Dach mußte sehr abschüssig sein, denn sie rutschten auf den Knien weiter. Eine furchtbare Angst kam über mich, ich hielt beide Hände vor den Mund und rief, so laut ich konnte:

»Kommt zurück, kommt zurück.«

Pierre, Jacques, Gaspard, alle riefen ihnen zu, sie sollten zurückkommen. Als sie unsere Stimmen hörten, blieben sie einen Augenblick stehen. Aber dann gingen sie weiter. Sie waren jetzt an der Biegung der Straße angelangt, bei dem Haus der Raimbeaus, einem hohen Gebäude, das die anderen um wenigstens drei Meter überragte. Nun zögerten sie einen Augenblick. Cyprien erklomm mit katzenartiger Behendigkeit einen hohen Schornstein. Aimée schien warten zu wollen, sie blieb mitten auf dem Dach stehen. Wir konnten sie deutlich sehen, sie drückte die beiden Kinder an die Brust und hob sich wie eine lange schwarze Silhouette gegen den Himmel ab. Und nun begann das grausame Unglück. Das Haus der Raimbeaus war ursprünglich zu Industriezwecken bestimmt gewesen und sehr leicht gebaut. Noch dazu war seine Fassade dem vollen Anprall des Wassers ausgesetzt. Ich glaubte zu sehen, wie es bei jedem Stoß erbebte, und mit Todesangst im Herzen folgte ich Cypriens Bewegungen, während er über das Dach hinschritt. Plötzlich hörte man ein dumpfes Brausen. – Inzwischen war der Mond aufgegangen und beleuchtete die ungeheure Fläche mit seinem klaren, gelblichen Licht, so daß uns nicht die kleinste Einzelheit der Katastrophe entging. Das Haus der Raimbeaus stürzte ein. Als wir Cyprien verschwinden sahen, stießen wir einen Schreckensruf aus. Die Wellen schlugen über den Trümmern des Daches zusammen. Dann glättete die Oberfläche sich wieder über dem schwarzen Abgrund, in den das Haus versunken war, nur die zerschmetterten Dachbalken ragten wie ein Skelett aus dem Wasser empor. Und zwischen diesen Balken glaubte ich eine Gestalt zu sehen, die sich bewegte, ein lebendes Wesen, das sich mit übermenschlicher Kraft gegen die Elemente wehrte.

»Er lebt«, schrie ich. »Gott sei gelobt, er ist noch am Leben.«

Ein nervöses Lachen schüttelte uns alle. Wir klatschten vor Freude in die Hände, als ob wir selbst gerettet wären.

»Er wird wieder in die Höhe kommen«, sagte Pierre.

»Ja, natürlich«, meinte Gaspard, »seht ihr, er versucht den Balken links zu fassen.«

Aber unser Lachen verstummte bald wieder. Wir sprachen kein Wort mehr, die Angst schnürte uns die Kehle zu. Wir sahen erst jetzt, in welch entsetzlicher Lage Cyprien sich befand. Als das Haus zusammenbrach, hatten seine Füße sich zwischen zwei Balken eingeklemmt, und nun hing er da, ohne sich losmachen zu können, mit dem Kopf nach unten, ein paar Zentimeter über dem Wasser und kämpfte einen schauerlichen Todeskampf. Aimée stand immer noch mit ihren beiden Kindern auf dem Dach des Nachbarhauses. Ein konvulsivisches Beben schüttelte ihren Körper. Sie wandte keinen Blick von dem Unglücklichen, der, nur ein paar Meter von ihr entfernt, mit dem Tode rang. Und dabei stieß sie ein unaufhörliches, entsetzliches Geheul aus, das wie das Heulen eines Hundes oder eines Irrsinnigen klang.

»Wir können ihn nicht so sterben lassen«, sagte Jacques ganz verstört, »wir müssen ihm zu Hilfe kommen.«

»Vielleicht kann man an dem Balken entlangsteigen«, bemerkte Pierre, »und ihn losmachen.«

Sie wollten gerade das nächste Haus betreten, als auch das zweite Haus zusammenbrach. Der Weg war abgeschnitten. Wir standen wie erstarrt. Mechanisch hatten wir uns bei den Händen gefaßt und drückten sie uns gegenseitig zum Zerbrechen, während wir kein Auge von dem entsetzlichen Schauspiel wandten.

Cyprien versuchte anfangs noch, sich zu wehren. Mit fast übernatürlicher Kraft bog er seinen Körper seitwärts, um sich über Wasser zu halten. Aber die Anstrengung war zu groß. Er kämpfte immer noch, um wieder an dem Balken in die Höhe zu kommen und tastete mit den Händen um sich, um irgendeinen Halt zu finden. Dann ergab er sich in sein Schicksal und hing wieder wie leblos herab. Es dauerte lange, bis der Tod ihn erlöste. Das Wasser stieg langsam und fing an, seine Haare zu netzen. Dann spülte eine Welle über seine Stirn. Eine zweite schloß ihm die Augen. Langsam sahen wir seinen Kopf verschwinden.

Die Frauen hatten die Hände vors Gesicht geschlagen. Und wir anderen fielen auf die Knie, wir streckten die Arme aus, weinten und stammelten Gebete. Aimée stand immer noch auf dem Dach. Sie hielt ihre beiden Kinder auf dem Arm und ihr furchtbares Geheul klang in die Nacht hinaus.

IV

Ich weiß nicht, wie lange wir in diesem halbbetäubten Zustand liegenblieben. Als ich wieder zu mir kam, war das Wasser noch gestiegen. Es reichte jetzt bis an die Ziegel, unser Dach war nur noch eine schmale Insel, die aus der unabsehbaren Flut hervorragte. Links und rechts von uns mußten die Häuser eingestürzt sein, man sah nichts mehr als Wasser.

»Wir werden fortgetrieben«, murmelte Rose, die sich krampfhaft an den Ziegeln festhielt.

Es war tatsächlich ein Gefühl, als ob das Dach sich in ein Floß verwandelt hätte, das die Strömung mit sich fort trieb. Aber als wir auf den Kirchturm blickten, der unbeweglich dastand, sahen wir, daß es Einbildung gewesen war. Wir waren immer noch auf demselben Fleck, mitten in den tosenden Wogen.

Aber jetzt begann der Sturm. Der Strom war anfangs der Straße gefolgt, aber jetzt versperrten die Trümmer ihm den Weg und trieben ihn zurück. Es war ein regelrechter Angriff. Der Strom faßte jeden Balken oder Baumstamm, der in seinen Bereich kam, und schleuderte ihn wie ein Wurfgeschoß gegen das Haus. Und selbst dann ließ er ihn nicht wieder los. Er riß ihn wieder an sich, um ihn von neuem fortzuschleudern. Die Mauern zitterten unter diesen unaufhörlichen, regelmäßigen Stößen. Es dauerte nicht lange, und wir wurden von zehn bis zwölf Balken auf diese Weise bombardiert. Die aufgewühlten Wassermassen tobten und brüllten, und der Schaum netzte unsere Füße. Aus dem Haus unter uns klang es wie dumpfes Stöhnen, und wir hörten es in seinen Fugen krachen, manchmal, wenn wieder ein Balken mit furchtbarer Gewalt dagegenstieß, dachten wir, es sei vorbei, die Mauern würden nachgeben und uns dem wilden Strom ausliefern.

Gaspard wagte sich bis an das Ende des Daches vor. Es gelang ihm, einen Balken zu fassen und ihn mit seinen starken Armen herauszuziehen.

»Wir müssen uns wehren«, rief er.

Jacques bemühte sich jetzt ebenfalls, eine lange Stange, die gerade vorübertrieb, anzuhalten. Pierre half ihm dabei. Ich verfluchte das Alter, das mich schwach und kraftlos machte wie ein Kind. Aber die anderen nahmen den Kampf auf, drei Männer gegen einen Fluß. Gaspard hatte sich mit seinem

Balken bewaffnet und stieß damit die Holzstücke zurück, die der Strom gegen unsere Mauern schleuderte. Manchmal war der Stoß so heftig, daß er umfiel. Jacques und Pierre standen neben ihm und suchten mit ihrer langen Stange ebenfalls die angeschwemmten Trümmer aufzuhalten. Schon war fast eine Stunde in diesem furchtbaren Kampf verflossen. Allmählich verloren sie den Kopf, sie fingen an zu fluchen und das Wasser mit Schimpfworten zu überhäufen. Gaspard schlug mit seinem Balken darauflos, als ob er einen menschlichen Körper vor sich hätte, dem er die Brust durchbohren wollte. Aber das Wasser blieb bei seinem gleichmäßigen Widerstand – unverwundbar, unüberwindlich. Und nun streckten Jacques und Pierre sich erschöpft auf dem Dach aus, während Gaspard noch einen letzten Versuch machte. Aber dabei entriß ihm der Strom seinen Balken, der nun auch wieder gegen unser Dach geschleudert wurde. Es war unmöglich, dagegen anzukämpfen.

Marie und Veronique warfen sich einander in die Arme. Und mit gebrochener Stimme wiederholten sie immer wieder dieselben Worte, die heute noch in meinen Ohren gellen:

»Ich will nicht sterben, – ich will nicht sterben!«

Rose schlang ihre Arme um die beiden und versuchte sie zu trösten und zu beruhigen. Aber dann schauerte sie selbst zusammen, erhob den Kopf, stimmte unwillkürlich in ihren Ruf ein:

»Ich will nicht sterben!«

Nur Tante Agathe sagte nichts. Sie betete nicht mehr und bekreuzte sich nicht mehr. Sie blickte nur stumpfsinnig um sich und versuchte immer noch zu lächeln, wenn sie meinem Blick begegnete.

Das Wasser bespülte jetzt schon die Ziegel. Auf irgendwelche Hilfe war keine Aussicht. Von der Kirche her hörten wir immer noch Stimmen, einmal sahen wir in der Ferne zwei Laternen, dann lag die unendliche, gelbe Wasserfläche wieder ruhig da. Die Leute von Saintin, die ja Boote besaßen, waren wahrscheinlich schon vor uns vom Wasser überrascht worden.

Gaspard begann jetzt wieder auf dem Dach herumzustreifen. Plötzlich rief er uns und sagte:

»Kommt her und helft mir! Haltet mich fest!«

Er hatte wieder eine Stange genommen und beobachtete einen ungeheuren schwarzen Trümmerhaufen, der langsam auf uns zukam. Es war das Dach eines großen Schuppens, ein festes Brettergefüge, das die Wellen losgerissen hatten und das nun wie ein großes Floß auf dem Wasser schwamm. Als es näher kam, hielt er es mit seiner Stange an und rief uns zu Hilfe, weil es ihn sonst mit fortgerissen hätte. Wir faßten ihn um die Hüfte und hielten ihn fest. Als das Floß dann in die Strömung geriet, kam es von selbst auf unser Dach zu, mit solcher Gewalt, daß wir einen Augenblick fürchteten, es würde in tausend Stücke zersplittern.

Gaspard sprang mit einem kühnen Satz auf dieses Fahrzeug, das der Zufall uns zu Hilfe schickte. Er durchmaß es nach allen Richtungen, um seine Festigkeit zu prüfen, während Pierre und Jacques es festhielten. Dann lachte er und sagte voller Freude:

»Großvater, jetzt sind wir gerettet ... Weint nicht mehr, ihr Frauen ... Ein richtiges Boot. Seht nur, meine Füße sind ganz trocken. Es wird uns alle tragen, und wir können es uns ganz bequem machen.«

Trotzdem hielt er es für nötig, ihm noch mehr Festigkeit zu verleihen. Er fing einige schwimmende Balken auf und befestigte sie mit Stricken, die Pierre für alle Fälle mit aufs Dach genommen hatte. Einmal fiel er selbst dabei ins Wasser, aber als wir einen lauten Schrei ausstießen, antwortete er mit hellem Gelächter. Das Wasser kannte ihn schon, mit Leichtigkeit legte er eine Meile in der Garonne schwimmend zurück. Als er wieder hinaufgeklettert war, schüttelte er sich nur und rief uns zu:

»So, jetzt könnt ihr einsteigen, laßt uns keine Zeit verlieren!«

Die Frauen lagen auf den Knien. Gaspard mußte Veronique und Marie auf das Floß hinausheben und hieß sie sich in der Mitte niedersetzen. Rose und Tante Agathe rutschten allein vom Dach herab und setzten sich neben die jungen Mädchen. Ich blickte nach der Kirche hinüber. Aimée stand immer noch da. Sie lehnte an einem Schornstein und hielt ihre beiden Kinder mit beiden Armen in die Höhe. Das Wasser reichte ihr jetzt schon bis an die Taille.

»Hab keine Angst, Großvater«, sagte Gaspard. »Wir nehmen sie im Vorbeifahren mit, ich verspreche es dir.«

Pierre und Jacques waren schon auf dem Floß, und ich folgte ihnen jetzt. Es neigte sich etwas nach der einen Seite, aber es war wirklich fest genug, um uns zu tragen. Gaspard, der als letzter das Dach verließ, bat uns, die Stangen zu nehmen, die er zusammengesucht hatte, und sie als Ruder zu gebrauchen. Wir taten alles, was er sagte, er selbst hielt eine lange Stange in der Hand und gebrauchte sie mit großer Geschicklichkeit. Auf sein Kommando stemmten wir alle unsere Stangen gegen das Dach, um das Floß abzustoßen. Aber es war, als ob es daran festhinge. Trotz aller Anstrengungen konnten wir es nicht losbringen. Bei jedem neuen Versuch trieb der Strom uns wieder auf das Haus zu. Es war ein gefährliches Manöver, denn der heftige Anprall drohte jedesmal, unser Fahrzeug zu zerschmettern.

Und nun überkam uns von neuem das Gefühl unserer Ohnmacht. Wir wähnten uns schon gerettet, aber der Fluß hielt uns immer noch in seinem Bann. Ich bereute schon, daß wir die Frauen nicht auf dem Dach gelassen hatten, denn ich fürchtete jeden Augenblick, sie ins Wasser stürzen zu sehen. Aber als ich davon sprach, das Floß wieder zu verlassen, riefen sie alle:

»Nein, nein, wir wollen es noch einmal versuchen. Lieber hier sterben.«

Gaspard hatte aufgehört zu lachen. Wir machten neue Versuche und stemmten die Stangen mit verdoppelter Kraft gegen das Dach. Endlich kam Pierre auf die Idee, wieder auf den First des Daches hinaufzusteigen und das Floß mit Hilfe eines Strickes auf die andere Seite hinüberzuziehen. Er wollte uns auf diese Weise aus der Strömung herausbringen, wenn er dann wieder auf das Floß sprang, würde es ein leichtes sein, mit einigen Ruderschlägen das Weite zu gewinnen. Aber Gaspard erinnerte sich daran, daß er mir versprochen hatte, unsere unglückliche Aimée zu retten, die immer noch ihr entsetzliches Klagegeschrei ausstieß. Um das zu erreichen, mußten wir quer über die Straße und durch den furchtbaren Strom, gegen den wir schon so lange vergeblich ankämpften. Er warf mir einen fragenden Blick zu. Ich war in Verzweiflung. Noch nie hatte ein solcher Kampf in meiner Seele getobt. Wir mußten acht Menschenleben aufs Spiel setzen. Und doch hatte ich nicht die Kraft, dem unheimlichen Hilferuf zu widerstehen.

»Ja, ja«, sagte ich zu Gaspard. »Es geht nicht anders, wir können sie nicht zurücklassen.«

Er senkte den Kopf und sagte kein Wort. Dann begann er wieder mit seiner Stange zu arbeiten, indem er sie gegen die Überreste der Mauer stemmte, die aus dem Wasser hervorragten. Wir fuhren an dem Nachbarhaus entlang, über unsere Ställe hinweg. Aber als wir die Straße erreicht hatten, entrang sich uns ein Schrei. Der Strom hatte uns erfaßt, riß uns mit fort und trieb uns wieder gegen unser Haus. Es war die Sache eines Augenblicks. Unser Floß wirbelte dahin wie ein loses Blatt, in demselben Moment, als wir aufschrien, fühlten wir auch schon, wie wir mit entsetzlicher Gewalt gegen das Dach anstießen. Unser Fahrzeug zersplitterte, die losgelösten Bretter wirbelten umher, und wir wurden alle herausgeschleudert. Was dann geschah, weiß ich nicht mehr. Ich erinnere mich nur, daß ich Tante Agathe flach auf dem Wasser treiben sah. Die Röcke hielten sie eine Zeitlang oben, dann versank sie, mit dem Kopf nach rückwärts, ohne sich zu wehren.

Ein heftiger Schmerz brachte mich wieder zum Bewußtsein. Pierre zog mich an den Haaren auf das Dach hinauf. Ich blieb liegen und blickte stumpfsinnig um mich. Pierre war wieder untergetaucht. Und in meinem halb bewußtlosen Zustand wunderte ich mich, statt seiner plötzlich Gaspard vor mir zu sehen, der Veronique in seinen Armen hielt. Als er sie neben mir niedergelassen hatte, sprang er von neuem hinein und kam mit Marie wieder zum Vorschein. Ihr Gesicht war wachsbleich und so starr, daß ich glaubte, sie sei tot. Dann tauchte er noch einmal unter. Aber dieses Mal suchte er umsonst. Pierre unterstützte ihn in seinen Bemühungen. Sie sprachen miteinander, aber ich konnte nicht verstehen, was sie sagten. Als sie dann ganz erschöpft wieder auf das Dach kletterten, fragte ich:

»Und Tante Agathe – und Jacques – und Rose?«

Sie schüttelten den Kopf. Große Tränen rannen aus ihren Augen. Aus dem, was sie mir sagten, verstand ich, daß Jacques durch einen Balken der Kopf zerschmettert worden war. Rose hatte sich an den Leichnam ihres Mannes angeklammert, und er hatte sie mit hinabgenommen. Tante Agathe war nicht zu entdecken. Wahrscheinlich hatte der Strom ihre Leiche durch ein offenstehendes Fenster in das Haus unter uns hineingetrieben.

Ich richtete mich auf und blickte nach dem Dach hinüber, wo Aimée gestanden hatte. Aber das Wasser stieg immer höher. Aimée gab keinen Ton mehr von sich. Ich sah nur noch ihre ausgestreckten Arme, mit denen sie die beiden Kinder über das Wasser hielt. Dann versanken sie alle, und die mondbeglänzte Wasserfläche schloß sich über ihnen.

V

Wir waren jetzt nur noch fünf. Was Wasser ließ uns nur noch einen schmalen Streifen vom First frei. Der eine Schornstein war schon weggerissen. Wir mußten Veronique und Marie, die halb ohnmächtig waren, aufheben und stützen, damit die Wellen nicht über ihre Beine spülten. Sie kamen allmählich wieder zum Bewußtsein, und unser Entsetzen steigerte sich, als sie, vor Kälte und Nässe schaudernd, immer wieder riefen, nein, sie wollten nicht sterben. Wir trösteten sie, wie man kleine Kinder beschwichtigt, und sagten ihnen, sie sollten auch nicht sterben, wir würden den Tod schon von ihnen fernhalten. Aber sie glaubten uns nicht mehr, sie wußten wohl, daß sie sterben mußten. Und jedesmal, wenn das Wort ›sterben‹ über ihre Lippen kam, schlugen ihre Zähne aufeinander, und die Angst trieb sie, sich einander in die Arme zu werfen. Das war das Ende.

Von dem zerstörten Dorf ringsumher sah man nichts mehr, nur von dem Kirchturm, der unversehrt gen Himmel ragte, tönten die Stimmen von Geretteten zu uns herüber. In der Ferne hörte man das Wasser rauschen. Wir hörten keine Häuser mehr zusammenstürzen. Es war wie ein Schiffbruch mitten im Ozean, Tausende von Meilen vom Lande entfernt.

Einmal glaubten wir Ruderschläge zu hören, langsame, regelmäßige Schläge, die immer näher kamen. Ach, diese süße Hoffnungsmusik, und wie wir uns alle emporrichteten, um auszublicken! Wir hielten den Atem an, aber wir konnten nichts entdecken. Regungslos lag die gelbliche Fläche da, hier und da sah man einen dunklen Schatten, Baumwipfel oder Überreste von zertrümmerten Mauern – aber nichts regte sich. Manchmal, wenn wir ein Heubündel oder eine leere Tonne auf uns zutreiben sahen, winkten wir freudig mit dem Taschentuch, bis wir unseres Irrtums innewurden und in unsere stumme Angst zurücksanken. Aber immer wieder vernahmen wir jenes seltsame Geräusch, ohne entdecken zu können, was es war.

»Ach, jetzt sehe ich«, rief Gaspard plötzlich. »Seht nur dorthin, ein großes Boot.«

Mit ausgestreckten Armen wies er auf einen dunklen Punkt in der Ferne hin. Ich konnte nichts sehen, Pierre ebensowenig, aber Gaspard blieb dabei. Und es war auch wirklich ein Boot. Die Ruderschläge kamen immer näher, bis auch wir es schließlich entdeckten. Es glitt langsam vorwärts, es schien uns zu umkreisen, ohne jedoch näher zu kommen. Ich weiß nur noch, daß wir in diesem Moment wie toll waren. Wir reckten die Arme und schrien aus vollem Hals. Wir stießen Schmähungen gegen das Boot aus und schalten es feige, während es stumm und schwarz weiterglitt. War es wirklich ein Boot? – ich weiß es heute noch nicht. Als wir es endlich entschwinden sahen, nahm es unsere letzte Hoffnung mit hinweg.

Von nun an erwarteten wir jeden Augenblick, daß das

Haus einstürzen und uns verschlingen würde. Es mußte schon völlig unterwühlt sein, irgendeine besonders starke Mauer schien das Ganze noch zu halten, aber wenn sie einstürzte, riß sie alles mit sich. Ich zitterte vor allem in dem Gedanken, daß das Dach unser Gewicht nicht mehr tragen würde. Das Haus konnte vielleicht noch die ganze Nacht überstehen, aber das Dach fing unter dem fortwährenden Anprall der Balken an nachzugeben. Wir hatten uns auf die linke Seite geflüchtet, wo die Dachsparren noch ziemlich unversehrt waren. Aber dann fingen sie auch hier an zu wanken, es war vorauszusehen, daß sie nicht mehr lange halten würden, wenn wir alle fünf auf demselben Fleck zusammengedrängt blieben.

Mein Bruder Pierre hatte ganz mechanisch seine Pfeife wieder in den Mund gesteckt. Er drehte an seinem Feldwebelbart, runzelte die Brauen und brummte vor sich hin. Die steigende Gefahr, die er vor Augen sah und gegen die all sein Mut nichts vermochte, fing an, ihn ungeduldig zu machen. Mit zorniger Verachtung spuckte er ein paarmal ins Wasser. Dann, als das Gebälk unter uns immer mehr nachgab, faßte er einen Entschluß und stieg vom First herunter.

»Pierre, Pierre!« rief ich. Ich ahnte voller Entsetzen, was er wollte.

Er wandte sich um, sagte ruhig: »Leb wohl, Louis ... Siehst du, es dauert mir zu lange. Ich will euch Platz machen.«

Dann warf er zuerst seine Pfeife weg und sprang dann selbst in die Flut.

»Leb wohl«, sagte er noch, »ich habe genug davon.«

Er kam nicht wieder zum Vorschein. Er war ein schlechter Schwimmer, und wahrscheinlich machte er gar nicht erst den Versuch, sich zu retten. Er wollte unseren Ruin und den Tod unserer Lieben nicht überleben.

Vom Kirchturm schlug es jetzt zwei Uhr morgens. Die Nacht ging zu Ende, diese Schreckensnacht, die schon soviel Tränen und soviel Todesqualen mit sich gebracht hatte. Der trockene Fleck unter unseren Füßen wurde immer kleiner, die Wellen spielten und plätscherten um uns her. Der Strom hatte eine andere Richtung eingeschlagen, die Trümmer trieben jetzt rechts am Dorf vorbei, immer langsamer, als ob die Flut ihren Höhepunkt erreicht hätte und sich nun ausruhen wollte.

Gaspard fing plötzlich an, seine Schuhe auszuziehen und den Rock abzuwerfen. Dann faltete er die Hände, als ob er sie zermalmen wollte. Und als ich fragte: »Siehst du, Großvater, dies Warten bringt mich um. Ich kann nicht länger bleiben. Laß mich nur machen, ich werde sie retten.«

Er meinte Veronique. Ich wollte ihm widersprechen. Seine Kraft konnte nicht ausreichen, um sie bis zur Kirche zu tragen. Aber er bestand darauf.

»Doch, doch, es wird schon gehen. Ich habe starke Arme ... Du wirst schon sehen.«

Dann fügte er hinzu, daß er den Versuch lieber gleich wagen wolle, denn er könne es nicht mehr ertragen, das Haus so unter unseren Füßen abbröckeln zu sehen.

»Ich liebe sie, und ich werde sie retten.«

Ich sagte kein Wort und zog Marie an meine Brust. Er glaubte, daß ich ihm seinen Egoismus vorwerfen wollte, und stammelte: »Ich schwöre dir, ich komme zurück, um Marie zu holen. Ich werde ein Boot oder sonst irgendwelche Hilfe finden ... Hab nur Vertrauen zu mir, Großvater.«

Er behielt nur die Hose an. Mit leiser Stimme gab er dann Veronique einige Verhaltungsmaßregeln: sie dürfe sich nicht sträuben, sie müsse sich willenlos seiner Führung überlassen und vor allem keine Angst haben. Sie antwortete auf alles, was er sagte, mit ja, obgleich sie es kaum zu hören schien. Endlich bekreuzigte er sich, obwohl er sonst nicht zu den Frommen gehörte, dann ließ er sich vom Dach herabgleiten. Er hatte Veronique einen Strick unter den Armen durchgeschlungen und hielt sie daran fest. Sie stieß einen lauten Schrei aus und schlug mit Händen und Füßen um sich. Dann wurde sie ohnmächtig.

»Das ist gut«, rief Gaspard mir zu, »jetzt kann ich sie sicher retten.«

Man kann sich denken, mit welcher Angst ich ihnen nachblickte. Auf der hellen Oberfläche konnte ich jede Bewegung, die Gaspard machte, verfolgen. Er hatte das Seil, an dem Veronique festgebunden war, um seinen Hals geschlungen, ihr Körper ruhte halb auf seiner rechten Schulter. Das schwere Gewicht drückte ihn manchmal beinahe nieder, aber mit fast übermenschlicher Kraft schwamm er weiter. Ich zweifelte jetzt nicht mehr; er hatte schon ein Drittel des Weges zurückgelegt, als er unter dem Wasser gegen irgendeine Mauer anstieß. Es war ein furchtbarer Stoß, und beide verschwanden. Dann sah ich ihn allein zum Vorschein kommen, der Strick war abgerissen. Zweimal tauchte er unter, dann kam er mit Veronique wieder empor. Er nahm sie wieder auf den Rükken, aber da der Strick jetzt fehlte, belastete ihr Gewicht ihn noch mehr als vorhin. Trotzdem schwamm er weiter. Mir bebten alle Glieder, je mehr sie sich der Kirche näherten. Dann plötzlich wollte ich aufschreien, ich sah, wie ein paar Balken von der Seite her auf sie zutrieben. Aber ich brachte keinen Laut hervor. Schon hatte ein erneuter Anprall sie voneinander getrennt, und das Wasser schlug über ihnen zusammen.

Von diesem Moment an vermochte ich nicht mehr klar zu denken, das einzige was sich noch in mir regte, war der tierische Selbsterhaltungstrieb. Wenn das Wasser näher kam, wich ich zurück. Während ich so stumpfsinnig dasaß, hörte ich, daß dicht neben mir jemand lachte, ohne mir erklären zu können, wer es war. Der Tag war angebrochen, der ganze Himmel glühte in lichtem Morgenrot. Es war schön und frisch und so ruhig wie am Ufer eines stillen Teiches, dessen Oberfläche sich bei Sonnenaufgang leise kräuselt. Aber neben mir klang immer noch das seltsame Lachen, und als ich mich umwandte, sah ich Marie, die in ihren durchnäßten Kleidern dastand und lachte.

Ach, das arme liebe Geschöpf – wie war sie hübsch und anmutig in dieser frühen Morgenstunde! Ich sah, wie sie sich bückte, mit der hohlen Hand etwas Wasser schöpfte und sich das Gesicht wusch. Dann wand sie ihre blonden Haare auf und befestigte sie in einem Knoten am Hinterkopf. Sie wollte jedenfalls Toilette machen, sie schien zu glauben, daß sie in ihrem kleinen Zimmer sei, am Sonntagmorgen, wenn die Glocken fröhlich läuteten. Und sie lachte immer weiter, ihr helles Kinderlachen, mit leuchtenden Augen und glückstrahlendem Gesicht.

Ich stimmte in ihr Lachen ein, ihr Wahnsinn steckte mich an. Der Schreck hatte ihr den Verstand geraubt. Es war eine Gnade vom Himmel, denn sie schien sich so über den klaren Frühlingsmorgen zu freuen.

Ich sah ihr zu und begriff nicht, was sie wollte. So schüttelte ich nur freundlich den Kopf. Sie machte sich immer noch schön. Dann, als sie glaubte mit ihren Vorkehrungen fertig zu sein, sang sie mit ihrer hellen Stimme eines von ihren Liedern. Aber bald hielt sie inne und rief, als ob jemand antwortete, dessen Stimme nur sie allein hörte:

»Ich komme, ich komme!«

Dann fuhr sie fort, zu singen, während sie vom Dach hinab in das Wasser stieg, das sie sanft umfing. Ich lächelte immer noch und sah mit heiterem Blick auf die Stelle hin, wo sie verschwunden war.

Was dann geschah, daran erinnere ich mich nicht mehr. Ich saß ganz allein auf dem Dach. Das Wasser stieg immer noch. Ich glaube, schließlich klammerte ich mich mit aller Kraft an den Schornstein an, der noch stehengeblieben war – wie ein Tier, das nicht sterben will. Und dann nichts, nichts, ein schwarzes Loch, das Nichts.

VI

Warum bin ich immer noch am Leben? Man hat mir erzählt, daß die Leute von Saintin gegen sechs Uhr mit ihren Booten kamen und mich ohnmächtig auf dem Schornstein fanden. Wenn die Flut barmherzig gewesen wäre, hätte sie mich während meiner Ohnmacht mit hinabgenommen, nachdem sie mir alle meine Lieben genommen hatte.

Ich, der alte Mann, bin eigensinnig am Leben geblieben, während die anderen alle gestorben sind: die kleinen Kinder, die blühenden Mädchen, die jungen Ehepaare und die alten

Ehepaare. Und ich lebe noch weiter wie ein vertrocknetes Unkraut, dessen Wurzeln sich an die Steine klammern. Wenn ich Mut hätte, würde ich es machen wie Pierre, ich würde einfach sagen: ›Adieu, ich habe genug davon‹, und mich dann in die Garonne stürzen, um denselben Weg zu gehen, den sie alle gegangen sind. Ich habe keine Kinder mehr, mein Haus ist zerstört, meine Felder verwüstet. O die Abende – wenn wir alle bei Tisch saßen, die Alten in der Mitte, und dann die Jungen, der Reihe nach, wenn ihre Fröhlichkeit mich umgab und mir das Herz erwärmte. Oh, die schönen Tage der Ernte und der Lese, wenn wir alle bei der Arbeit waren und stolz auf all unseren Reichtum nach Hause wieder zurückkehrten! Oh, unsere schönen Kinder und unsere schönen Weinberge! Unsere Mädchen und unsere schönen Kornfelder, die Freude meines Alters, der lebendige Lohn meines ganzen Lebens. Und jetzt, wo alles das dahin ist, mein Gott, warum verlangst du von mir, daß ich noch weiterleben soll?

Es gibt keinen Trost für mich. Ich will nicht, daß man mir hilft. Ich werde meine Äcker den Leuten geben, die noch Kinder haben. Sie werden vielleicht den Mut haben, die Erde von den Trümmern zu befreien und von neuem zu bebauen. Wenn man keine Kinder mehr hat, braucht man nur noch einen kleinen Winkel, um zu sterben.

Ich hatte nur noch einen Wunsch, einen letzten Wunsch: Die Leichen der Meinigen wiederzufinden, um sie auf unserem Kirchhof zu begraben, unter einem Stein, wo dann auch ich selbst einmal ruhen wollte. Ich hörte, daß man in Toulouse eine Anzahl von Leichen, die der Strom mit fortgeschwemmt, aufgefischt hatte. Und ich entschloß mich hinzureisen.

Die Überschwemmung hatte namenloses Unheil angerichtet: siebenhundert Menschen umgekommen, sämtliche Brükken eingestürzt, ein ganzes Stadtviertel war wie wegrasiert und mit Schlamm bedeckt, zwanzigtausend Menschen ihrer Habe beraubt und dem Hungertode nahe – die ganze Stadt vom Leichengeruch verpestet. Man fürchtete, daß eine Typhusepidemie ausbrechen würde, überall herrschte Trauer, die Straßen wimmelten von Leichenwagen, und alle Almosen, die zusammenströmten, waren nicht imstande, den Schaden wiedergutzumachen. Aber ich ging inmitten all dieser Zerstörung umher, ohne irgend etwas davon zu sehen. Ich dachte nur an mein eigenes Unglück, an meine Toten.

Man sagte mir, es seien wirklich viele Leichen aufgefischt worden. Aber sie waren schon beerdigt, alle in einer Reihe auf dem Kirchhof der Stadt. Nur die Unbekannten waren vorher photographiert worden. Und unter diesen entsetzlichen Photographien habe ich Gaspard und Veronique wiedergefunden, eng umschlungen in leidenschaftlicher Umarmung. Ihre Lippen hatten sich im Tod zum Vermählungskuß zusammengefunden. Ihre erstarrten Arme hielten sich so fest umschlungen, ihre Lippen hatten sich so unauflöslich aufeinandergepreßt, daß man ihnen die Glieder hätte zerbrechen müssen, um sie zu trennen. So hatte man sie denn zusammen photographiert und zusammen ins Grab gelegt.

Ich habe nur noch dieses entsetzliche Bild. Die beiden schönen Kinder! Ihre Gesichter sind entstellt und vom Wasser aufgetrieben, aber dennoch reden ihre Züge von dem Heroismus ihrer Liebe. Und ich blicke sie an und weine.

UM EINE LIEBESNACHT*

I

Die kleine Stadt P. ist auf einem Hügel erbaut. Am Fuß der einstigen Festungswälle fließt ein schmaler, aber tiefer Bach, der ›Chanteclair‹, dessen klare Wellen mit silberhellem Plätschern dahinrieseln. Die steinerne Brücke, die am Südende der Stadt über den Chanteclair führt, besteht nur aus einem einzigen Bogen, und die breite, niedrige Brustwehr dient den alten Bettlern der Vorstadt als Ruhesitz. Wenn man von der Brücke aus die Rue Beau-Soleil hinaufgeht, gelangt man auf die Place des Quatre-Femmes, einen stillen, mit großen Steinen gepflasterten Platz, zwischen denen das Gras so üppig emporschießt wie auf einer Wiese. Die Häuser schlafen. Dann und wann hört man hinter irgendeiner Stalltür die Hunde bellen, wenn zufällig einmal jemand vorübergeht. Das einzige, was etwas Leben in diesen verlorenen Winkel bringt, sind die Offiziere, die zweimal am Tag hier vorbeikommen, wenn sie zum Mittagessen in die Rue Beau-Soleil gehen.

Julien Michon wohnte bei einem Gärtner auf der linken Seite des Platzes. Er hatte ein großes Zimmer im ersten Stock mit eigener Treppe und eigenem Eingang. Seine Wirtsleute bewohnten die andre Seite des Hauses, die auf die Rue Catherine hinausging. So hatte er sein Reich ganz für sich, und trotz seiner fünfundzwanzig Jahre lebte er so zurückgezogen wie ein alter Privatier.

Schon in frühester Jugend hatte er seine Eltern verloren. Die Michons waren ehedem Sattler in Alluets gewesen, in der Nähe von Mantes. Nach ihrem Tode hatte ein Onkel das Kind in Pension gegeben. Dann starb auch der Vormund, und seit fünf Jahren war Julien Postsekretär in P.

Er bezog ein Gehalt von 1 500 Francs, ohne die Aussicht, jemals mehr zu verdienen, aber er war so sparsam, daß es

* Der erste Gedanke zu dieser Novelle ist den Erinnerungen Casanovas entnommen.

ihm auch gar nicht in den Sinn kam, sich nach einer besseren oder glücklicheren Lebenslage zu sehnen.

Julien war ein hochgewachsener, breitschulteriger Mann mit großen, knochigen Händen, die ihn manchmal ganz unglücklich machten. Er fand sich selbst sehr häßlich mit seinem kolossalen, eckig gebauten Schädel, der so aussah, als ob ein ungeschickter Bildhauer ihn modelliert hätte. Und dieses Gefühl machte ihn schüchtern, besonders den Damen gegenüber. Als eine Wäscherin ihm einmal lachend sagte, er sei wirklich gar nicht so übel, da konnte er sich gar nicht wieder beruhigen. Auf der Straße ging er so rasch wie möglich, mit gesenktem Kopf und krummem Rücken, um sich nur bald wieder in seiner Höhle verkriechen zu können. Das Bewußtsein seiner Unbeholfenheit rief ein fast krankhaftes Bedürfnis in ihm hervor, sich vor den Augen der Welt zu verbergen. Er lebte wirklich ganz wie ein Mönch ohne Freunde oder Liebschaften und schien sich ganz mit seinem Schicksal abgefunden zu haben.

Dieses Leben drückte seine schweren Schultern nicht im geringsten. Julien war im Grunde glücklich. Er hatte eine ruhige, durchsichtige Seele. Jeden Morgen ging er ins Büro und nahm ohne Widerstreben die Arbeit des vorigen Tages wieder auf, dann aß er zu Mittag, und dann ging er zu Bett und schlief. So ging es Tag für Tag, Woche für Woche, Monat für Monat, und allmählich nahm die Monotonie seines Daseins ihn immer mehr gefangen wie eine sanfte, einschläfernde Musik. Wenn er sich ein Vergnügen machen wollte, ging er manchmal nach dem Essen die Rue Beau-Soleil hinab bis zur Brücke. Dort setzte er sich auf die Brüstung, baumelte mit den Beinen, blickte in den Chanteclair hinab und lauschte dem hellen Plätschern seiner silberklaren Wellen. Die schlanken Erlenbäume, die beide Ufer säumten, spiegelten sich im Wasser, und der Himmel hüllte sich allmählich in dämmernde Schatten. Lange, lange blieb er so sitzen und verglich in Gedanken sein eigenes Leben mit diesem Bach, der so ruhig und ebenmäßig heiter dahinrieselte. Und wenn dann die ersten Sterne am Himmel aufleuchteten, ging er heim, während ein tiefes Gefühl von Ruhe und Frieden seine Seele erfüllte.

An seinen freien Tagen unternahm er hier und da Fußtouren, fast immer allein, aber es war ein großer Genuß für ihn, sich ordentlich müde zu laufen und dann auszuschlafen. Übrigens hatte er auch einen Freund, einen taubstummen Kupferstecher, mit dem er ganze Nachmittage auf dem ›Mail‹ auf und ab gehen konnte, ohne sich auch nur durch Zeichensprache zu unterhalten. Manchmal saßen sie auch zusammen im Café-des-Voyageurs und spielten still und nachdenklich eine Partie Schach nach der anderen.

Julien hatte früher einmal einen Hund gehabt, der dann auf der Straße überfahren wurde, und seine Pietät ging so weit, daß er sich nicht entschließen konnte, einen neuen anzuschaffen. Seine Kollegen auf der Post neckten ihn mit einem kleinen zehnjährigen Mädchen, das barfuß und zerlumpt herumlief, um Zündhölzer zu verkaufen, und das er jedesmal reichlich beschenkte. Aber er ärgerte sich über die Spöttereien und lauerte der Kleinen von nun an heimlich auf, um ihr seine Sous zuzustecken. Es kam niemals vor, daß man ihm abends auf den Wällen mit einem Mädchen begegnete. Die Fabrikarbeiterinnen aus der Stadt, die sonst die Männer durch schamlose Redensarten aufzureizen pflegten, ließen ihn schließlich in Ruhe. Er floh förmlich vor ihnen, denn er hielt ihr aufmunterndes Lachen für Spott. In der Stadt galt er bei einigen einfach als dumm, andere behaupteten, daß solchen stillen, einsamen Menschen erst recht nicht zu trauen sei.

Juliens Paradies, der einzige Ort, wo er sich wirklich wohl und sicher fühlte, war sein Zimmer. Sobald er zu Hause war, richtete er sich stramm in die Höhe, manchmal lachte er ganz für sich allein, und wenn er zufällig in den Spiegel blickte, war er ganz überrascht, daß er noch so jung aussah. Das Zimmer war groß und ziemlich öde; Julien besaß nur ein Sofa, einen runden Tisch, zwei Stühle und einen Lehnsessel. Das Bett war in einem geräumigen Alkoven untergebracht, und die kleine Kommode aus Nußbaumholz, die zwischen den beiden Fenstern stand, sah fast wie ein Kinderspielzeug aus. So hatte er Platz genug, um sich zu bewegen. Wenn er daheim war, legte er sich aufs Sofa oder ging im Zimmer auf und ab. Und er langweilte sich nie, obgleich er außer den Bürostunden weder schrieb noch las. Die alte Dame, in deren Pension er zu Mittag aß, verlegte sich darauf, ihn zu bilden, und lieh ihm öfters Romane. Aber wenn er sie zurückbrachte, war er nicht imstande, sich mit ihr über den Inhalt der Bücher zu unterhalten. Er fand alle diese komplizierten Geschichten viel zu gesucht und unnatürlich. Übrigens zeichnete er auch ein bißchen – immer denselben Frauenkopf mit strengem Profil und üppigen Locken, durch die eine Perlenschnur geschlungen war. Seine einzige Passion war die Musik. Ganze Abende verbrachte er damit, Flöte zu spielen. Es gab nichts auf der Welt, was ihm soviel Freude machte. Er hatte es ganz auf eigene Hand gelernt. Lange Zeit hindurch war eine alte Flöte aus gelbem Holz, die er im Schaufenster eines Trödlers entdeckt hatte, das Ziel seiner Sehnsucht gewesen. Er hätte Geld genug gehabt, um sie zu kaufen, aber er wagte es nicht, aus Furcht, sich lächerlich zu machen.

Endlich entschloß er sich aber doch dazu und trug die Flöte sorgfältig unter seinem Mantel versteckt nach Hause. Dann studierte er zwei Jahre lang bei verschlossenen Türen und Fenstern nach einer alten Flötenschule, die er bei einem Buchhändler gefunden hatte.

Jetzt war er glücklich seit sechs Monaten so weit, daß er bei offenem Fenster zu spielen wagte. Und wenn er so an warmen Sommerabenden, wenn das ganze Viertel schon in tiefer nächtlicher Ruhe dalag, sein schüchternes Flötenspiel ertönen ließ, klang es wie die Stimme eines Verliebten, der der schweigenden Nacht anvertraut, was er am hellen Tage nicht über die Lippen zu bringen vermag.

Manchmal löschte er auch aus Sparsamkeit das Licht aus und spielte im Dunkeln, denn er wußte die meisten Melodien auswendig. Und die Vorübergehenden blickten empor und begriffen nicht, wo diese seltsam zarte Musik herkommen mochte, die wie das ferne Schlagen einer Nachtigall klang.

Juliens Flöte hatte einen Sprung, und das gab ihr einen eigentümlichen, verschleierten Ton, wie die Stimme einer alten Marquise aus dem vorigen Jahrhundert, die Tanzmelodien aus ihrer Jugend vor sich hinsummt. Julien hatte manchmal Angst, daß die Nachbarn sich beklagen möchten. Aber die Bewohner kleiner Provinzstädte haben gewöhnlich einen festen Schlaf. Außerdem wohnte an der Place des Quatre-Femmes nur noch ein Notar, Herr Savournain, und ein pensionierter Gendarmeriehauptmann, der Kapitän Pidoux. Und die beiden waren sehr bequeme Nachbarn, die schon um neun Uhr zu Bett gingen. Am meisten fürchtete er sich vor den Bewohnern des Palais Marsanne, dessen vornehm düstere Fassade sich auf der anderen Seite des Platzes, gerade seinem Fenster gegenüber, erhob. Das große einstöckige Gebäude mit seiner grasüberwucherten Freitreppe sah fast wie ein Kloster aus. Regelmäßig um dieselbe Zeit wurden die Fensterläden geöffnet und wieder geschlossen, ohne daß die dicht zugezogenen Vorhänge auch nur den kleinsten Einblick in das Innere der Gemächer gewährt hätten. Auf der linken Seite lag der Garten mit seinen mächtigen alten Kastanienbäumen.

Wenn Julien so dasaß und diesen imposanten Bau mit seinen düsteren Mauern und seinem stattlichen Park betrachtete, dachte er, wenn die Familie Marsanne an seinem Flötenspiel kein Gefallen fände, so brauchten sie nur ein einziges Wort zu sagen, und er hätte gewiß nie wieder zu spielen gewagt.

Das Palais Marsanne war übrigens im ganzen Land berühmt, man erzählte sich sogar, daß manchmal von weit her Fremde gekommen seien, um es in Augenschein zu nehmen. Über den Reichtum der Marsannes liefen auch alle möglichen Gerüchte um. Julien hatte oft stundenlang am Fenster gesessen und nach dem alten Haus hinuntergeblickt, um etwas von den Geheimnissen dieser märchenhaft reichen Familie zu erlauschen. Aber er bekam nie etwas anderes zu sehen als die graue Steinfassade und die dunkle Masse der Kastanienbäume; die alte, moosbewachsene Haustür wurde nie geöffnet, und nie sah man ein menschliches Wesen die breite Freitreppe hinaufsteigen. Die Marsannes hatten diese Tür ganz außer Gebrauch gesetzt und benutzten statt dessen ein einsames Gittertor, das auf die Rue Sainte-Anne hinausging. Außerdem gab es noch eine kleine Hinterpforte, durch die man von einem schmalen Gäßchen am Ende der Wälle in den Garten gelangte, die Julien aber von seinem Fenster aus nicht sehen konnte. Für ihn war das Hôtel Marsanne leer und tot wie einer jener Märchenpaläste, dessen Bewohner immer unsichtbar bleiben. Nur morgens und abends sah er, wie die Bedienten die Jalousien aufzogen. Dann lag das ganze Haus wieder düster und melancholisch da wie ein verlassenes Grab auf einem stillen Friedhof. Die Kastanienbäume waren so dicht, daß sie die Alleen des Gartens völlig verbargen. Und dieses hochmütige, verschlossene Schweigen, das über dem Ganzen lag, erregte den jungen Mann immer mehr. Der Reichtum war also jener dumpfe Friede, darin der Schauer der kühlen Wölbungen liegt?

Manches Mal, ehe er schlafen ging, blies er seine Kerze aus und blieb noch lange am Fenster, um die Geheimnisse des Palais Marsanne zu ergründen, das sich wie ein großer schwarzer Fleck gegen den nächtlichen Himmel abzeichnete. Aber die Vorhänge im Inneren wurden gewiß immer ganz fest zugezogen, kein Lichtstrahl drang zwischen den Spalten der Jalousien durch. Das Ganze machte niemals den Eindruck eines bewohnten Hauses, hinter dessen Wänden man das Atmen der schlafenden Menschen wahrzunehmen glaubt. Es starb gleichsam in die Nacht hin. Und dann faßte Julien Mut und nahm seine Flöte. Er konnte ungestört spielen. Das verlassene Haus gab das Echo seiner perlenden Melodien wieder, und die langgedehnten Töne verloren sich in dem dunklen Garten, darin man nicht einmal das Flügelrauschen eines Vogels vernahm. Es war, als ob die alte, gelbe Holzflöte vor dem Schloß des schlafenden Dornröschen ihre uralten Melodien ertönen ließe.

Eines Tages machte ein Postbeamter Julien auf ein altes Ehepaar aufmerksam, das über den Kirchenplatz ging, und sagte ihm, das seien der Marquis und die Marquise de Marsanne. Sie gingen so selten aus, daß er sie noch nie gesehen hatte. Der Anblick des Ehepaares machte einen fast überwältigenden Eindruck auf Julien – sie sahen so mager und so feierlich aus. Langsam und gemessen schritten sie dahin und erwiderten die ehrerbietigen Grüße der Vorübergehenden nur mit leichtem Kopfnicken. Und nun erzählte ihm sein Kollege, daß sie eine Tochter, Fräulein Thérèse de Marsanne, hätten, die noch im Kloster sei, und daß der kleine Colombel, der beim Rechtsanwalt Savournain arbeitete, ihr Milchbruder sei. Und wirklich, als die beiden alten Leute in die Rue Sainte-Anne einbogen, kam plötzlich der kleine Colombel auf sie zu, und der Marquis gab ihm die Hand – eine Ehre, die sonst niemandem zuteil wurde. Julien litt förmlich unter diesem Händedruck, denn Colombel – ein etwa zwanzigjähriger Bursche mit lebhaften Augen und boshaftem Mund, war schon seit langem sein Feind. Er neckte ihn mit seiner Schüchternheit, hetzte die Wäscherinnen der Rue Beau-Soleil gegen ihn auf und trieb es so weit, daß es eines schönen Tages einen Faustkampf zwischen ihnen gab, aus dem Colombel mit zwei blaugeschlagenen Augen hervorging. An dem Abend, wo er alles das erfahren hatte, spielte Julien noch leiser als sonst.

Sein Interesse für das Palais Marsanne änderte übrigens nichts an seinen Lebensgewohnheiten. Er ging in sein Büro, frühstückte, aß zu Mittag und machte seinen Spaziergang am Ufer des Chanteclair. So vergingen zwei Jahre. Er hatte sich so an den Anblick des alten schweigenden Hauses mit seiner moosbewachsenen Freitreppe, seiner grünen Fassade und den verhängten Fenstern gewöhnt, daß es förmlich zu seinem Leben gehörte.

Julien wohnte jetzt schon seit fünf Jahren an der Place des Quatre-Femmes, als ein unerwartetes Ereignis seinem Leben eine andere Richtung gab. Es war an einem warmen, sternenhellen Juliabend. Julien spielte in seinem dunklen Zimmer die Flöte, als plötzlich gerade ihm gegenüber am Palais Marsanne ein Fenster geöffnet wurde und ein heller Lichtschein in die Nacht hinausdrang. Ein junges Mädchen lehnte sich an die Fensterbank, blieb dort stehen und erhob den Kopf, um zuzuhören. Julien erbebte und hörte auf zu spielen. Das Gesicht des jungen Mädchens konnte er nicht sehen, er sah nur die lang herabwallenden Haare, die schon aufgelöst über ihre Schultern hingen.

Und dann klang eine helle Stimme durch die stille Nacht.

»Hast du es gehört, Françoise? Ich glaube, es war Musik.«

»Wahrscheinlich eine Nachtigall, gnädiges Fräulein«, antwortete jemand drinnen im Zimmer. »Aber machen Sie das Fenster zu, sonst kommt uns alles mögliche Nachtgetier herein.«

Als es wieder dunkel geworden war, konnte Julien sich nicht entschließen, von seinem Lehnstuhl aufzustehen. Er war noch ganz geblendet von diesem jähen Lichtstrahl, der plötzlich die ausgestorbenen alten Mauern durchdrungen hatte. Immer noch bebend, fragte er sich, ob diese flüchtige Vision vielleicht das Glück bedeutete. Einige Stunden später fing er wieder an, ganz leise zu spielen. Und er lächelte in dem Gedanken, daß das junge Mädchen jetzt glaubte, es säße eine Nachtigall in den alten Kastanienbäumen.

II

Am nächsten Morgen auf der Post wurde von der großen Neuigkeit gesprochen, daß Fräulein Thérèse de Marsanne aus dem Kloster heimgekehrt sei. Julien erzählte nichts davon, daß er sie gesehen hatte mit entblößtem Hals und aufgelöstem Haar. Aber ihm war sehr unruhig zumute, er empfand ein seltsames, unklares Gefühl für dieses junge Mädchen, das ihn aus seinem friedlichen Dasein aufgestört hatte. Er fürchtete sich jetzt stets davor, daß jenes Fenster sich wieder öffnen würde. Seine Ruhe war gestört, er würde sich von jetzt an nicht mehr zu Hause fühlen. Er hätte es noch lieber gesehen, wenn es ein Mann gewesen wäre, denn die Frauen sind gewöhnlich spottlustiger. Würde er von jetzt an überhaupt noch den Mut haben, Flöte zu spielen! Er spielte ja viel zu schlecht für eine Dame, die gewiß etwas von Musik verstand. Er dachte lange darüber nach und redete sich schließlich ein, daß er Thérèse haßte. Als es Abend war, ging er rasch nach Hause. Er zündete kein Licht an, damit sie ihn nicht sehen sollte, und wollte gleich zu Bett gehen, um ihr zu zeigen, daß er sich ärgerte. Aber die Neugier trieb ihn unwiderstehlich, nachzusehen, was drüben vor sich ging. Das Fenster blieb geschlossen. Nur gegen zehn Uhr drang ein bleicher Lichtschein durch die Vorhänge, dann erlosch er wieder. Julien blieb sitzen und betrachtete das dunkle Fenster. So spionierte er jetzt Abend für Abend, wider Willen fast. Anscheinend war alles unverändert geblieben, das Haus lag nach wie vor wie ausgestorben da, und es gehörten scharfe Augen und Ohren dazu, um etwas von dem neuen Leben wahrzunehmen, das sich darin regte. Manchmal sah man einen schwachen Lichtschein hinter den Fenstern vorbeigleiten, oder die Vorhänge wurden ein wenig zurückgezogen, so daß man in eines von den ungeheuren Zimmern hineinblicken konnte. Oder es schallten leichte Schritte im Garten, und manchmal erklang gedämpftes Klavierspiel und Gesang. Julien suchte sich selbst seine Neugier damit zu erklären, daß all diese Geräusche ihn nervös machten. Wie er sich manchmal nach den früheren Zeiten zurücksehnte, wo das alte schweigende Haus das Echo seines Flötenspiels widergab!

Es war sein sehnlichster Wunsch, obgleich er es sich nicht eingestehen wollte, Thérèse wiederzusehen. Er machte sich in Gedanken ein Bild von ihr – mit rosigem Gesicht, leuchtenden Augen und mokantem Ausdruck. Aber da er sich bei Tage nicht ans Fenster wagte, sah er sie nur bei Nacht im Dunkeln.

Eines Morgens, als er seine Vorhänge zuzog, um sich vor der Sonne zu schützen, sah er Thérèse mitten in ihrem Zimmer stehen. Wie angewurzelt blieb er stehen und wagte nicht, sich zu rühren. Sie schien über etwas nachzudenken. Er fürchtete sich beinahe vor ihr, sie war so ganz anders, als er sie sich vorgestellt hatte – groß und bleich, mit schönen, regelmäßigen Zügen. Ihr Mund war etwas zu groß, mit sehr roten Lippen, und die tiefen, schwarzen, glanzlosen Augen verliehen der ganzen Erscheinung etwas von einer grausamen Königin.

Langsam kam sie ans Fenster, aber sie schien ihn nicht zu sehen, er war zu weit fort. Dann entfernte sie sich wieder. In den rhythmischen Bewegungen ihres Halses lag soviel Kraft und Anmut, daß er sich ihr gegenüber ganz klein vorkam. Und jetzt, wo er sie kannte, fürchtete er sich nur noch mehr vor ihr.

Der junge Mann führte von jetzt an ein trostloses Leben. Die Nähe dieses schönen jungen Mädchens mit dem edlen, ernsten Gesicht brachte ihn zur Verzweiflung. Sie sah ihn niemals an, sie ahnte nichts von seinem Dasein. Und doch war er ganz unglücklich in dem Gedanken, daß sie ihn einmal bemerken und sich über ihn lustig machen könnte. In seiner krankhaften Schüchternheit glaubte er, daß sie ihn unaufhörlich beobachtete, und er wagte kaum mehr sich zu rühren, wenn er in seinem Zimmer war. Allmählich fing er an, unter ihrer Gleichgültigkeit zu leiden. Warum sah sie ihn niemals an? Sie kam ans Fenster, blickte mit ihren schwarzen Augen auf die verödete Straße hinunter und zog sich wieder zurück, ohne zu ahnen, daß er dort drüben stand und sie voller Angst beobachtete. Und während er früher vor dem Gedanken zurückschrak, daß sie ihn sehen könnte, durchschauerte ihn jetzt das Verlangen, ihren Blick auf sich ruhen zu fühlen. Sie füllte sein ganzes Leben aus.

Morgens, wenn er wußte, daß sie aufstand, vergaß er sogar sein Büro – er, der pünktliche Beamte. Er fürchtete sich namenlos vor ihrem weißen Gesicht mit den roten Lippen, aber selbst diese Furcht war ein wonniges Gefühl. Er verbarg sich hinter dem Vorhang und ließ sich von der Angst, die sie ihm einflößte, durchschauern, bis er an allen Gliedern bebte wie nach einem langen Marsch. Er stellte sich dann vor, daß sie ihn plötzlich bemerken und ihm zulächeln würde. Und dann fürchtete er sich nicht mehr.

Er kam auf die Idee, sie durch sein Flötenspiel zu verführen. An warmen Abenden fing er wieder an zu spielen. Er öffnete beide Fenster und ließ seine uralten, friedlichen Melodien in die Nacht hinausschallen, aber nur, wenn der Mond nicht schien und es ganz dunkel war. Und vom ersten Abend an hatte er die Genugtuung, daß Thérèse, ehe sie sich niederlegte, ganz in Weiß ans Fenster kam und sich hinauslehnte – ganz überrascht, dieselbe Musik wieder zu hören, die sie schon am Tag ihrer Ankunft vernommen hatte.

»Hör doch, Françoise«, sagte sie mit ihrer ernsten Stimme ins Innere des Zimmers hinein, »das ist kein Vogel.«

»Oh«, antwortete eine ältere Frau, die Julien im Dunkeln nicht sehen konnte, »wahrscheinlich ist es irgendein Komödiant draußen in der Vorstadt.«

»Ja, es muß weit draußen sein«, antwortete das junge Mädchen nach einer Pause, während es seine bloßen Arme an der Nachtluft kühlen ließ.

Von jetzt an spielte Julien lauter, und das Fieber, das in ihm brannte, teilte sich der alten gelben Holzflöte mit. Thérèse hörte ihm allabendlich zu und wunderte sich über die lebendige Musik, die die Nacht abwartete, um sich ihr zu nahen. Sie fühlte sehr wohl, daß die Serenade ihr galt, und manchmal beugte sie sich vor, als ob sie über die Häuser hinwegsehen wollte. Und dann, eines Nachts, ertönte der Gesang so aus der Nähe, daß sie sofort erriet, er müsse aus einem der alten Häuser gegenüber kommen.

Julien legte seine ganze Leidenschaft hinein, und seine Flöte vibrierte in kristallhellen Tönen. Die Dunkelheit machte ihm Mut, er hoffte, sie durch die Kraft seines Gesanges zu erobern. Und Thérèse beugte sich auch wirklich immer weiter vor, als ob sie nicht länger widerstehen könnte.

»Kommen Sie herein«, sagte die Stimme der älteren Dame. »Es ist eine stürmische Nacht, und Sie könnten sich schlimme Träume holen.«

Julien konnte in dieser Nacht kein Auge zutun. Er bildete sich ein, Thérèse möchte ihn doch vielleicht gesehen haben. Er warf sich wie im Fieber hin und her und dachte darüber nach, ob er sich morgen am Ende doch sehen lassen sollte. Es war ja eigentlich lächerlich, sich immer so zu verstecken.

Endlich beschloß er aber doch, nicht zum Vorschein zu kommen. – Gegen sechs Uhr war er gerade im Begriff, seine

Flöte wieder in das Etui zu stecken, als die Rolläden vor Thérèsens Fenster plötzlich aufgezogen wurden.

Das junge Mädchen, das sonst nie vor acht Uhr aufstand, erschien im Frisiermantel und lehnte sich hinaus. Ihre Haare waren in einem Knoten am Nacken zusammengebunden.

Julien blieb wie versteinert stehen und blickte sie an. Er war nicht imstande, vom Fenster fortzugehen. Thérèse fixierte ihn ebenfalls mit festem, hochmütigem Blick. Sie schien seine ganze Erscheinung zu studieren – seine grobknochige, schlechtgebaute Gestalt, die den Eindruck eines häßlichen, schüchternen Riesen machte.

In diesem Augenblick hatte sie nichts mehr von dem erregten Kind, das er gestern abend vor sich gesehen hatte – ihr Gesicht mit den schwarzen Augen, roten Lippen sah bleich und hochmütig aus. Als sie ihn eine Zeitlang so betrachtet hatte – mit dem gleichgültigsten Gesicht von der Welt, als ob es sich um einen Hund auf der Straße handelte – kräuselte sie wegwerfend die Lippen, wandte sich langsam um und schloß das Fenster.

Julien sank wie vernichtet auf seinen Lehnstuhl nieder und stammelte mit bebender Stimme:

»Mein Gott – sie will nichts von mir wissen – und ich liebe sie – ich gehe daran zugrunde.«

Er schlug die Hände vors Gesicht und schluchzte. Warum hatte er sich auch sehen lassen? Wenn man so häßlich war, versteckte man sich eben, um die Frauen nicht zu erschrekken. Er wütete gegen sich selbst – er war ganz außer sich über seine Häßlichkeit. Warum war er nicht dabei geblieben, im Dunkeln zu spielen wie ein Nachtvogel, der mit seinem Gesang alle Herzen bezaubert, sich aber niemals im hellen Tageslicht zeigen darf, wenn er nicht mißfallen will?

Durch seine Dummheit und Brutalität hatte er den Zauber gebrochen. Und jetzt, wo sie wußte, daß er aussah wie ein schwerfälliger Lastochse – jetzt würde sie auch keinen Gefallen mehr an seiner Musik finden.

Was half es jetzt, wenn er in warmen, blütendurchdufteten Sommernächten seine schmelzendsten Melodien spielte –

Thérèse hörte nicht mehr darauf. Sie kam und ging in ihrem Zimmer, als ob sie ihn nicht sähe, die schlichten Töne nicht hörte, die ihr von seiner Liebe sprachen. Und eines Tages rief sie sogar ganz laut: »Es macht mich wirklich nervös – diese Flöte da drüben, die immer falsch spielt.«

Julien war ganz verzweifelt. Er warf seine Flöte in eine Schublade und spielte nicht mehr.

Übrigens machte sich auch Colombel über Julien lustig. Er hatte ihn einmal am Fenster gesehen, wie er gerade ein neues Stück einübte, und jedesmal, wenn er jetzt über den Platz ging, lachte er höhnisch. Julien wußte, daß er bei den Marsannes verkehrte, und dieser Gedanke gab ihm jedesmal einen Stich durchs Herz. Er war nicht eifersüchtig auf diese kleine Mißgeburt, aber er hätte sein Leben dafür hingegeben, nur eine Stunde an seiner Stelle sein zu dürfen. Françoise, die Mutter des jungen Mannes, war schon seit vielen Jahren im Haus. Sie war Thérèses Amme gewesen und bediente sie auch jetzt noch.

Das adlige Mädchen und der kleine Bauernjunge waren zusammen aufgewachsen, und so war es ja eigentlich ganz natürlich, daß immer noch eine Art von kameradschaftlichem Verhältnis zwischen ihnen herrschte. Aber trotzdem litt Julien förmlich darunter, wenn er Colombel auf der Straße begegnete und sah, wie er mit seinen dünnen Lippen vor sich hin lächelte. Seine Abneigung wurde noch größer, als er eines Tages entdeckte, daß sein Gegner eigentlich gar nicht so häßlich war. Der kleine runde Kopf mit den feinen Zügen, den grünlichen Augen und dem leichtgewellten Bart hatte etwas Diabolisches. Ach, wenn er ihn noch einmal unter den Händen gehabt hätte wie damals am Wall, er hätte ihn das Glück, Thérèse besuchen zu dürfen, teuer bezahlen lassen.

So verfloß ein ganzes Jahr. Julien fühlte sich sehr unglücklich. Er lebte nur noch in dem Gedanken an Thérèse. Jeden freien Augenblick brachte er damit zu, auf die grauen Mauern des alten Hauses hinzustarren, hinter denen sein Herz weilte. Und doch ahnte er nichts von dem, was darin vorging. Er sah und hörte nichts als hier und da ein unbestimmtes Geräusch oder einen schwachen Lichtschein. Waren es frohe Feste oder traurige Ereignisse, die sich dort abspielten? Er wußte es nicht. Er konnte es sich nur vorstellen, je nachdem er selbst froh oder traurig aufgelegt war: wie Thérèse und Colombel lärmende Spiele miteinander spielten, wie das junge Mädchen langsam unter den Kastanienbäumen spazierenging, wie sie sich an Ballabenden im Arme ihres Tänzers wiegte – oder wie sie, von plötzlicher Traurigkeit befallen, in irgendeinem von den düstren Zimmern saß und weinte. Oder er glaubte zu hören, wie der Marquis und die Marquise leise wie schüchterne Mäuse über das Parkett hintrippelten. In Wirklichkeit sah er immer nur Thérèses Fenster, das einzige, was gleichsam eine Bresche in diese geheimnisvollen Mauern legte, und das junge Mädchen, das Tag für Tag an demselben erschien, ohne daß ihr Anblick ihm auch nur einen schwachen Hoffnungsschimmer gebracht hätte. Sie war so stumm und so unnahbar, daß er den Mut immer mehr verlor.

Seine schönsten Momente waren, wenn das Fenster einmal eine Zeitlang offenblieb und Thérèse selbst nicht da war. Er konnte dann ungestört bis in die Ecken ihres Zimmers hinüberblicken. Es dauerte ein halbes Jahr, bis er entdeckt hatte, daß das Bett sich auf der linken Seite befand, es stand in einem Alkoven und hatte Vorhänge von rosa Seide. Als noch ein halbes Jahr vergangen war, wußte er, daß dem Bett gegenüber eine Kommode à la Louis XV. stand und auf der anderen Seite des Zimmers ein Kamin von weißem Marmor. Und alles das war das Paradies seiner Träume.

Seine Liebe war reich an schweren Kämpfen. Wochenlang verbarg er sich, weil er sich seiner Häßlichkeit schämte. Dann kam plötzlich eine Art Wut über ihn, wochenlang stellte er sich absichtlich ans Fenster und wollte sie zwingen, seine ungeschlachte Gestalt und sein unschönes, fieberglühendes Gesicht anzusehen. Zweimal warf er ihr sogar Kußhände zu, in einem Anfall jener seltsamen Brutalität, von der schüchterne Leute manchmal heimgesucht werden.

Thérèse wurde nicht einmal böse darüber. Wenn er sich dann wieder versteckt hatte, sah er sie mit ihrer stolzen, königlichen Haltung im Zimmer auf und ab gehen. Je zudringlicher er wurde, desto kälter und hochmütiger sah sie aus. Sie wandte sich nicht einmal ab, wenn sie seinem Blick begegnete. Als er auf der Post erzählen hörte, daß Thérèse de Marsanne sehr gut und fromm sei, protestierte er innerlich dagegen. Nein, nein, sie hatte keine Religion, sie war blutdürstig, ihre Lippen sahen aus, als ob sie nach Blut lechzten, und ihr Gesicht war so bleich, weil sie die ganze Welt verachtete. Dann wieder konnte er darüber weinen, daß er sie in Gedanken beleidigt hatte, und bat sie um Verzeihung wie eine Heilige, die man gelästert hat.

Während dieses ersten Jahres blieb alles, wie es war. Als es dann wieder Sommer wurde, kam ein seltsames Gefühl über ihn, als ob mit Thérèse eine Veränderung vor sich gegangen sei, als ob eine andere Luft ihm aus ihrem Zimmer entgegenwehte. Thérèse war noch größer und bleicher geworden. An einem Tag, da er besonders erregt war, wagte er es zum drittenmal, ihr mit seinen fieberhaft bebenden Fingern eine Kußhand zuzuwerfen. Sie sah ihn fest an mit ihrem ernsten Blick, der ihn so verwirrt machte, ohne vom Fenster fortzugehen. Und dann zog er sich vor Scham erglühend zurück.

Und dann, gegen Ende des Sommers, ging etwas vor, was Julien bis in die tiefste Seele hinein erschütterte, obgleich es äußerlich nur ein unbedeutender kleiner Umstand war. Fast jeden Abend, wenn es anfing zu dämmern, wurde Thérèses Fenster, das tagsüber immer halb offenstand, plötzlich mit einem heftigen Ruck geschlossen. Julien fuhr bei diesem Geräusch jedesmal zusammen, und eine namenlose, quälende Angst befiel ihn, ohne daß er wußte, weshalb. Dann wieder lag das Haus so still und ausgestorben da, daß er anfing, sich vor dieser Stille zu fürchten. Wer das Fenster schloß, konnte er anfangs nicht unterscheiden, aber dann, eines Abends, sah er, daß es Thérèses bleiche Hände waren, die den Riegel so gewaltsam und zornig vorschoben. Und wenn sie dann eine Stunde später mit einer gewissen, langsamen Würde das Fenster wieder öffnete, schien sie ganz ermattet zu sein. Sie blieb einen Augenblick stehen, dann ging sie wieder in ihrem Zimmer umher und beschäftigte sich mit allen möglichen mädchenhaften Spielereien, während Julien immer noch das Knarren des Fensterflügels zu hören glaubte.

An einem milden, nebligen Herbstabend wurde das Fenster noch wütender zugeschlagen als sonst. Julien zitterte, und unwillkürlich stiegen ihm Tränen in die Augen. Am Morgen hatte es geregnet, und von den halbentblätterten Kastanienbäumen stieg eine Art von Kirchhofduft empor. Er wartete, bis das Fenster wieder geöffnet wurde. Plötzlich wurde es mit einem ebenso jähen Ruck wie vorhin aufgestoßen, und Thérèse erschien. Sie war leichenblaß, ihre Augen schienen noch größer als sonst, und das Haar hing aufgelöst herab. Sie stellte sich ans Fenster, legte alle zehn Finger auf ihre roten Lippen und warf Julien eine Kußhand zu.

Er war so bestürzt, daß er die Hände vor die Brust preßte – wie eine stumme Frage, ob dieser Kuß ihm gelten solle.

Und nun glaubte Thérèse, daß er zurückweichen wollte. Sie beugte sich noch mehr vor, legte wieder alle zehn Finger auf ihre roten Lippen und warf ihm noch einen zweiten Kuß zu. Dann einen dritten. Es war, als ob sie seine drei Küsse jetzt erwidern wollte. Er blieb regungslos stehen. Sie warf jetzt einen Blick auf die menschenleere Straße und sagte mit halb erstickter Stimme:

»Kommen Sie.«

Weiter nichts. Aber er kam.

Als er hinabgestiegen war und vor dem Palais stand, sah er, daß die alte verrostete Tür sich öffnete. Aber er war wie betäubt, er wunderte sich über nichts mehr. Sowie er eingetreten war, schloß die Tür sich wieder, und er fühlte eine kleine eiskalte Hand, die ihn vorwärts zog. So stieg er eine Treppe hinauf, ging einen Korridor entlang, durch ein Zimmer, und nun stand er in dem Raum, den er schon so lange kannte, dem Paradies seiner Träume, dem Zimmer mit den rosaseidenen Vorhängen. Es war halb dunkel darin. Er war nahe daran niederzuknien. Aber Thérèse stand hochaufgerichtet vor ihm. Sie schlang die Hände fest ineinander und beherrschte ihre Erregung.

»Lieben Sie mich?« fragte sie leise.

»O ja – o ja –«, stammelte er.

Aber sie bedeutete ihm durch eine Handbewegung, daß er sich alle überflüssigen Worte sparen möge. Dann sagte sie mit so stolzem Gesicht, als ob sie etwas ganz Natürliches und Selbstverständliches ausspräche:

»Wenn ich mich Ihnen hingäbe, würden Sie alles für mich tun, nicht wahr?«

Er konnte nicht antworten, er faltete nur stumm die Hände. Für einen Kuß von ihr hätte er Leib und Seele verkauft.

»Sie müssen mir einen Dienst erweisen.«

Als er immer noch nichts sagte, wurde sie ungeduldig. Sie fühlte, daß ihre Kraft zu Ende war und der Mut sie verließ. Und nun rief sie:

»Aber Sie müssen es mir erst schwören. Ich schwöre Ihnen, daß ich mein Wort halte. So schwören Sie doch.«

»Oh, ich schwöre – alles, was Sie wollen«, sagte er völlig besiegt.

Der keusche Duft, der ihr Zimmer erfüllte, berauschte ihn, die Vorhänge am Alkoven waren zugezogen, und der bloße Gedanke an dies jungfräuliche Bett in der rosigen Dämmerung der seidenen Gardinen erfüllte ihn mit einer Art von religiöser Ekstase. Und nun zog sie plötzlich mit brutaler Hand den Vorhang zurück. – Das Bett war in Unordnung, die Betttücher hingen herab, ein Kopfkissen war auf die Erde gefallen. Und mitten in den zerknitterten Spitzen lag quer über das Lager hingeworfen der Leichnam eines Mannes.

»Sehen Sie« – erklärte sie ihm mit heiserer Stimme ... »dieser Mann ist mein Liebhaber gewesen. Ich habe ihm einen Stoß gegeben ... er ist hingefallen ... ich weiß selbst nicht, wie es gekommen ist. Aber er ist tot ... Und Sie müssen ihn fortschaffen. Verstehen Sie? ... Das ist alles – ja alles.«

III

Schon als kleines Kind hatte Colombel unter Thérèse leiden müssen. Er war kaum sechs Monate älter als sie. Seine Mutter hatte ihn mit der Flasche aufgezogen, um als Amme bei den Marsannes in Dienst treten zu können. Er wuchs im Palais Marsanne auf, halb als Bedienter, halb als Spielkamerad des jungen Mädchens.

Thérèse war ein unheimliches Kind. Nicht etwa, daß sie knabenhaft und lärmend gewesen wäre. Im Gegenteil: sie hatte etwas seltsam Sanftes an sich, so daß die Gäste des Hauses sie für eine äußerst wohlerzogene junge Dame hielten. Aber sie hatte manchmal die sonderbarsten Einfälle, sie konnte plötzlich in unartikuliertes Geschrei ausbrechen und förmliche Tobsuchtsanfälle bekommen, wenn sie allein war. Oder sie legte sich mitten in einer Allee im Garten auf den Rücken und weigerte sich hartnäckig aufzustehen, trotz aller Bitten und Ermahnungen, die man an sie richtete. Man wußte nie, was sie eigentlich dachte. Ihre großen Kinderaugen waren nicht klar und hell wie bei anderen kleinen Mädchen, sie blickten so finster und undurchdringlich, daß niemand zu erraten vermochte, was in ihrer Seele vorging.

Mit sechs Jahren fing sie an, Colombel zu quälen. Er war ein kleiner schmächtiger Junge. Sie führte ihn bis tief in den Garten hinein, unter die dunklen alten Kastanienbäume. Dann sprang sie ihm auf den Rücken, und er mußte sie tragen – stundenlang, immer um dasselbe große Rondell herum. Und sie würgte ihn am Hals, gab ihm Fußstöße in die Seiten und ließ ihn keinen Augenblick ausruhen, um Atem zu schöpfen. Er war das Pferd und sie die Reiterin. Wenn er nahe daran war, vor Müdigkeit umzufallen, so biß sie ihn ins Ohr, daß es blutete, und klammerte sich so krampfhaft an ihm fest, daß ihre kleinen Fingernägel ihm ins Fleisch drangen. Und dann mußte er wieder galoppieren. Mit fliegenden Haaren jagte die grausame kleine Königin so durch den Garten, auf dem Rücken des Knaben, der ihr als Pferd dienen mußte.

Später pflegte sie ihn in Gegenwart ihrer Eltern zu kneifen; aber schreien durfte er nicht. Denn sie drohte ihm damit, ihn aus dem Haus zu jagen, wenn er je etwas von ihren gemeinsamen Vergnügungen verrate. So hatten sie schon frühzeitig

Geheimnisse miteinander, es war etwas in ihrem Beisammensein, wovon die anderen nichts wußten. Wenn sie allein waren, behandelte sie ihn wie ein Spielzeug, das sie am liebsten zerbrochen hätte, um zu wissen, was eigentlich darin war. Sie war eine Marquise, und alles mußte ihr zu Füßen liegen. Und da man ihr einen kleinen Mann zum Spielen gegeben hatte, konnte sie doch wohl damit anfangen, wozu sie Lust hatte. Es fing schließlich an, sie zu langweilen, daß sie ihn nur beherrschen sollte, wenn sie allein mit ihm war, und nun machte sie sich ein Vergnügen daraus, ihn in Gesellschaft anderer mit den Füßen zu stoßen oder mit Nadeln in den Arm zu stechen. Dabei magnetisierte sie ihn mit ihren dunklen Augen, so daß er alles ertrug, ohne auch nur zu zittern.

Colombel ließ alle diese Quälereien über sich ergehen. Und doch lehnte er sich im Innern dagegen auf. Manchmal bebte er vor Empörung und fühlte sich beinahe versucht, seine junge Herrin zu erwürgen. Aber er war ein ebenso verschlossener Charakter wie sie. Und im Grunde hatte er nichts dagegen, sich schlagen zu lassen. Es gewährte ihm ein eigentümliches Gefühl von Wonne, wenn sie ihn mit Nadelstichen quälte, ein Gemisch von Wut und Befriedigung, und er schwelgte dann förmlich in Rachegedanken. Manchmal rächte er sich übrigens schon jetzt an ihr, er ließ sich plötzlich fallen und riß Thérèse mit sich auf den steinigen Boden nieder, selig, wenn sie sich eine tüchtige Beule dabei holte. Wenn sie ihn in Gegenwart anderer peinigte, so schrie er nur deshalb nicht, damit sich kein Fremder zwischen sie stellte. Es war eine Sache, die nur die beiden anging, ein Kampf, aus dem er später einmal als Sieger hervorzugehen hoffte.

Aber das gewaltsame Wesen der Kleinen fing an, den Marquis zu beunruhigen. Sie gleiche, sagte man, einem ihrer Onkel, der ein unerhörtes Abenteurerleben geführt hatte und der in irgendeinem üblen Winkel der Großstadt ermordet worden war. So ging durch die ganze Geschichte der Marsannes ein unheimlicher Faden; bisweilen wurde ein Marsanne geboren, der ein seltsames Kreuz trug – alle anderen waren von königlicher Würde; und dieses Kreuz war eine Art

Wahnsinn, eine Gefühlsperversion, ein Abschaum, den die Familie von Zeit zu Zeit absonderte, um rein zu bleiben. So glaubte der Marquis, sie einer energischen Erziehung unterwerfen zu müssen. So schickte er sie denn ins Kloster in der Hoffnung, daß dies streng geregelte Leben ihren seltsamen Charakter mildern und ausgleichen würde. Bis zu ihrem achtzehnten Jahr blieb sie dort.

Als sie wieder zurückkehrte, war sie sehr groß und sehr vernünftig geworden. Die alten Marsannes freuten sich vor allem über ihre Frömmigkeit, wenn sie sich in der Kirche auf die Knie warf und lange inbrünstig betete. Ein Hauch von Frieden und Unschuld war mit ihr in das Haus eingezogen. Thérèse hatte nur einen einzigen Fehler, sie war ein Leckermaul. Vom Morgen bis Abend aß sie Bonbons, die sie langsam aufsaugte mit halbgeschlossenen Augen und einem fast unmerklichen Beben ihrer roten Lippen. Niemand hätte in ihr das verschlossene, eigensinnige Kind wiedererkannt, das mit zerrissenen Kleidern aus dem Garten kam und niemals sagen wollte, bei was für Spielen es sich so zugerichtet hatte. Der Marquis und die Marquise, die seit fünfzehn Jahren in klösterlicher Zurückgezogenheit lebten, hielten es für ihre Pflicht, ihre Salons jetzt wieder der Welt zu öffnen. Sie gaben einige Diners und Bälle, denn sie hätten Thérèse gern verheiratet. Und trotz ihrer Kälte hatte sie nichts dagegen. Sie machte Toilette und tanzte, aber mit so bleichem, regungslosem Gesicht, daß die jungen Männer sich vor ihr fürchteten.

Den kleinen Colombel hatte sie seit ihrer Kindheit nicht wiedergesehen. Der Marquis hatte ihn erziehen und unterrichten lassen und ihn dann bei Herrn Savournain untergebracht. Françoise nahm ihn eines Tages mit in das Palais Marsanne und erinnerte Thérèse an ihren einstigen kleinen Kameraden. Colombel sah sehr soigniert aus und war liebenswürdig, ohne die geringste Verlegenheit zu zeigen. Thérèse sah ihn ruhig an, sagte, daß sie sich noch ganz gut an ihn erinnerte, und wandte ihm dann den Rücken. Aber acht Tage später kam Colombel wieder, und nun verkehrte er wieder ganz wie früher im Haus. Er erschien jeden Abend, wenn er aus dem Büro kam, und brachte ihr Noten, Bücher oder Zeitschriften. Man behandelte ihn, wie es gerade kam, er mußte alle möglichen Kommissionen besorgen wie ein Bedienter oder ein armer Verwandter. Dabei ließ man ihn ganz ruhig mit dem jungen Mädchen allein, ohne an etwas Schlimmes zu denken. Wie in alten Zeiten trieben sie sich stundenlang miteinander in den weiten Räumen des Hauses oder im Garten herum. Aber sie spielten jetzt nicht mehr ihre alten Spiele. Thérèse schritt langsam durch den Garten, während ihr Kleid mit leisem Rascheln den Boden streifte, und Colombel ging neben ihr her. Er war jetzt immer sehr elegant gekleidet und schwenkte seinen biegsamen Spazierstock, den er ständig bei sich trug.

Und doch war sie wieder die Königin, und er war der Sklave. Sie biß und schlug ihn jetzt nicht mehr, aber in ihrer ganzen Art und Weise lag etwas, was ihn herabsetzte, ihn zum Diener machte, der seiner Herrin die Schleppe tragen mußte. Sie quälte ihn mit ihren phantastischen Launen, manchmal war sie freundlich und liebevoll, dann wieder konnte sie hart und abweisend sein, wie es ihr gerade Spaß machte. Und er: wenn sie ihm einmal den Rücken wandte, so streifte er sie mit einem scharfen, jäh aufleuchtenden Blick, und sein lasterhaftes Gesicht nahm einen lauernden Ausdruck an, als ob er auf irgendeine Verräterei sänne.

An einem Sommerabend, als sie unter den schattigen Kastanienbäumen spazierengingen, fragte Thérèse, die einen Augenblick ganz still geschwiegen hatte, plötzlich mit ernster Miene:

»Ich bin müde. Sagen Sie mal, Colombel, wie wäre es, wenn Sie mich einmal wieder trügen wie damals, wissen Sie noch?«

Ein flüchtiges Lächeln spielte um seinen Mund. Dann sagte er ganz ernsthaft:

»Mit Vergnügen, Thérèse.«

Aber sie ging ruhig weiter und sagte nur:

»Es ist schon gut. Ich wollte es nur wissen.«

Dann gingen sie weiter. Es wurde immer dunkler unter

den Bäumen. Sie sprachen von irgendeiner Dame aus der Stadt, die einen Offizier geheiratet hatte. Als sie dann in eine schmale Seitenallee einbogen, wollte Colombel auf die Seite treten, um sie vorbeizulassen, aber sie bedeutete ihm durch einen heftigen Stoß, daß er vorausgehen solle.

Beide schwiegen.

Und dann plötzlich sprang Thérèse ihm auf den Rücken, mit derselben Elastizität wie damals, als sie noch ein kleines, wildes Mädchen war.

»Marsch, vorwärts«, sagte sie mit heiserer Stimme, in der etwas von ihrer einstigen Leidenschaftlichkeit bebte.

Sie hatte ihm den Spazierstock weggenommen und schlug ihn damit auf die Schenkel. So trieb sie ihn in wahnsinnigem Lauf durch den dunklen Garten dahin, während sie sich krampfhaft an seine Schultern anklammerte und ihn mit ihren nervigen Schenkeln fast erdrückte. Dabei schlug sie in einem fort auf ihn los, damit er schneller laufen sollte. Auf dem Gras hörte man seinen Galopp nicht. Er selbst sagte kein Wort und atmete schwer. Der schmächtige kleine Mann brach beinahe zusammen unter dem Gewicht des hochgewachsenen Mädchens, dessen warmer Körper auf seinen Schultern ruhte.

Aber als sie dann rief: »Jetzt ist es genug«, blieb er nicht stehen. Wie wahnsinnig raste er weiter, während er mit beiden Händen ihre Waden umklammerte und sie so fest hielt, daß sie nicht herunterspringen konnte. Jetzt war er das Pferd, das mit seiner Herrin durchging. So rannte er mit ihr auf einen Schuppen zu, wo der Gärtner sein Arbeitsgerät aufbewahrte. Dort warf er sie auf den Boden, ins Stroh und vergewaltigte sie. Jetzt endlich war die Reihe an ihn gekommen, jetzt war er der Herr.

Thérèse war noch bleicher geworden als gewöhnlich, ihre Lippen noch röter und die Augen dunkler. Ein paar Tage später wiederholte sich dieselbe Szene. Sie sprang ihm auf den Rücken und wollte ihn bändigen, und wieder warf er sie im Schuppen auf das Stroh. In Gesellschaft anderer war sie freundlich gegen ihn, behandelte ihn etwas herablassend wie eine ältere Schwester. Und er begegnete ihr mit ruhigem Lächeln. Aber im Grunde war es dasselbe Verhältnis wie vor Jahren, sie gingen miteinander um wie zwei wilde Tiere, die sich beißen, sowie sie losgelassen sind. Nur war es jetzt das Männchen, das die Oberhand gewann, wenn die verwirrte Stunde des Verlangens kam.

Es lag etwas Grauenvolles in ihrer Liebe. Thérèse empfing Colombel jetzt auch in ihrem Zimmer. Sie hatte ihm den Schlüssel zu der kleinen Gartenpforte gegeben. Doch nachts mußte er durch das Zimmer gehen, in dem seine Mutter schlief. Aber beide waren so kühn und so vorsichtig, daß niemand etwas merkte. Sie trafen sich sogar am hellen Tag. Colombel kam dann vor dem Diner, und wenn er da war, schloß Thérèse das Fenster, um nicht von den Nachbarn gesehen zu werden. Sie sehnten sich beständig nacheinander, nicht etwa, um sich zärtliche Worte zu sagen wie andere junge Liebespaare in ihrem Alter, sondern um immer wieder denselben Kampf miteinander auszufechten. Sie stritten sich oft und überhäuften sich dann mit Beleidigungen, und ihre Stimmen bebten um so mehr von verhaltenem Zorn, als sie nicht laut schreien oder sich schlagen durften.

So war Colombel auch eines Abends vor dem Diner heraufgekommen. Als er noch in Hemdsärmeln und mit bloßen Füßen durchs Zimmer ging, kam ihm plötzlich der Gedanke, Thérèse zu packen und sie in die Höhe zu heben wie die Athleten auf dem Jahrmarkt, wenn sie einen anderen besiegt haben. Thérèse versuchte sich loszumachen und sagte:

»Laß mich, du weißt, ich bin doch stärker als du. Ich könnte dir weh tun.«

Colombel lachte.

»So tu mir doch weh«, murmelte er.

Dabei schüttelte er sie immer noch. Dann rangen sie miteinander, wie sie es manchmal taten, von einer Art instinktiver Kampfbegier getrieben. Meistens unterlag Colombel mit zermürbten Gliedern. Er war zu klein, und dann hob sie ihn wieder auf und drückte ihn an sich wie eine siegreiche Riesin.

Aber diesmal sank Thérèse in die Knie, und Colombel warf sie mit einem jähen Ruck zu Boden. Triumphierend stand er vor ihr.

»Siehst du nun, daß du nicht stärker bist als ich«, sagte er mit beleidigendem Lächeln.

Sie war leichenblaß geworden. Dann stand sie langsam auf. Sie sagte kein Wort, aber sie bebte vor Zorn, daß auch ihn ein Schauer überlief. Oh, sie hätte ihn erwürgen, ihn für immer besiegen, alledem ein Ende machen mögen. Wieder umschlangen sie sich und kämpften, ohne ein Wort zu sprechen, mit stockendem Atem. Und jetzt war es kein Spiel mehr. Wie ein kalter Hauch von Mordlust strich es über sie hin. Er fing an zu röcheln. Sie hatte Angst, daß man sie hören könnte, und stieß ihn mit einer letzten furchtbaren Kraftanstrengung von sich. Er schlug mit der Schläfe gegen die Kommodenecke und sank langsam zu Boden.

Thérèse atmete einen Augenblick auf. Sie ordnete sich das Haar vor dem Spiegel und strich ihr Kleid glatt. Um den Besiegten kümmerte sie sich nicht weiter. Er würde wohl allein wieder aufstehen können. Dann berührte sie ihn mit dem Fuß. Als er sich immer noch nicht rührte, beugte sie sich zu ihm nieder, während ein leiser Schauder sie überrieselte. Und nun sah sie sein wachsbleiches Gesicht, die verglasten Augen, den verzerrten Mund. An der rechten Schläfe klaffte ein schmales Loch, die Kante der Kommode hatte die Schläfe eingedrückt. Colombel war tot.

Wie erstarrt stand sie da und sagte ganz laut vor sich hin: »Tot! Jetzt ist der tot.«

Und nun plötzlich kam das Bewußtsein der Wirklichkeit mit eisigem Schrecken über sie. Sie hatte ja einen Augenblick wirklich gewünscht, ihn zu töten. Aber das war nur ein Moment törichten Zornes gewesen. Man möchte ja immer töten, wenn man miteinander kämpft, aber man tötet schließlich doch nicht, weil die Toten lästig werden. Nein, nein, es war nicht ihre Schuld. Das hatte sie nicht gewollt. In ihrem eigenen Zimmer noch dazu!

Und wieder sagte sie mit lauter Stimme:

»Nun ist es vorbei ... er ist tot, und er wird nicht allein aus dem Zimmer hinauskommen.«

Nach dem kalten Entsetzen des ersten Augenblicks begann sie jetzt wie im Fieber zu glühen, das ihr, eine Feuerwolke, aus den Eingeweiden in die Brust stieg. Sie hatte einen toten Mann in ihrem Zimmer. Und wie sollte sie es erklären, daß er bei ihr war, mit bloßen Füßen, in Hemdsärmeln und mit einem Loch in der Schläfe? Sie war verloren.

Thérèse beugte sich wieder über ihn und betrachtete die Wunde. Und nun erschrak sie plötzlich so, daß sie unbeweglich in ihrer Stellung verharrte. Sie hörte Françoise, Colombels Mutter, im Korridor. Nun klangen Schritte und Stimmen an ihr Ohr, die Vorbereitungen zur Soirée, die heute stattfinden sollte. Jeden Augenblick konnte sie gerufen werden. Und der tote Mann war da in ihrem Zimmer, ihr Liebhaber, den sie getötet hatte, der erdrückende Beweis ihrer Schuld!

Wie betäubt stand sie auf und sah sich im Zimmer um, als ob sie nach einem Loch suchte, wo sie diesen Leichnam hineinwerfen konnte. Sie sah unter alle Möbel, in alle Ecken und zitterte dabei vor Wut über ihre Ohnmacht. Nein, es gab keinen Winkel, wo sie ihn verbergen konnte, der Alkoven war nicht tief genug, die Schränke waren zu schmal. Das ganze Zimmer schien sich gegen sie verschworen zu haben. Und doch hatte es genügt, um ihrer Liebe als Zufluchtsort zu dienen. Mit seinem leisen, katzenartigen Schritt hatte er sich hingestohlen, und ebenso war er wieder fortgegangen. Sie hätte nie geglaubt, daß er einmal so schwer werden könnte.

Thérèse raste noch immer durchs Zimmer hin und her wie ein wildes Tier in seinem Käfig. Dann glaubte sie plötzlich eine Inspiration zu haben. Wenn sie ihn aus dem Fenster würfe? Aber wenn man ihn fand, würde man bald erraten, woher er hinabgefallen war. Trotzdem hob sie den Vorhang empor, um auf die Straße hinabzusehen, und nun sah sie plötzlich den jungen Mann gegenüber, den Dummkopf, der am Fenster stand und unterwürfig wie ein geduckter Hund die Flöte spielte. Sie kannte dies bleiche Gesicht ja so gut, das immer zu ihr herübersah. Und sie konnte es nicht leiden, diese feige Anbetung aus der Ferne machte sie nervös. Der Anblick Juliens, der so demütig in seine Liebe versunken war, ließ sie erstarren. Dann aber flog plötzlich ein Lächeln über ihr bleiches Gesicht. Sie war gerettet.

Der Dummkopf da drüben liebte sie wie ein Kettenhund. Er würde ihr gehorchen, selbst wenn es einem Verbrechen galt. Und sie wollte ihn ja auch belohnen mit ihrem ganzen Herzen, mit ihrem ganzen Körper. Sie hatte ihn nicht geliebt, weil er ihr zu sanft war; aber jetzt würde sie ihn lieben. Sie würde ihn für immer an sich fesseln durch die ehrliche Hingabe ihres Körpers, wenn er ihr half, sie vom Blut reinzuwaschen. Ihre roten Lippen zuckten wie im Vorgeschmack dieser Liebe, an der das Unbekannte sie plötzlich reizte.

Und nun hob sie rasch den Leichnam auf, so leicht, als ob es ein Paket Wäsche gewesen wäre, und trug ihn auf das Bett. Dann öffnete sie das Fenster und warf Julien eine Kußhand zu.

IV

Julien war zumut wie in einem schweren Traum. Als er Colombel auf dem Bett liegen sah, wunderte er sich gar nicht weiter darüber. Es kam ihm ganz einfach und natürlich vor. Ja, niemand anders als Colombel konnte hier in diesem Alkoven liegen, mit gespaltener Schläfe und schlaff herabhängenden Gliedern, in einer Stellung grauenhaftester Wollust.

Thérèse sprach lange zu ihm. Er hörte anfangs nicht zu, ihre Worte klangen nur wie aus weiter Ferne an sein Ohr. Dann begriff er, daß sie ihm einen Befehl erteilte, und nun lauschte er aufmerksam. Er durfte jetzt nicht mehr aus dem Zimmer gehen, er mußte bis Mitternacht bleiben, bis alle Gäste fort waren. Die Soirée, die der Marquis heute gab, hinderte sie daran, sofort zu handeln, aber im großen und ganzen war es ein günstiger Umstand. Denn alle im Haus waren so beschäftigt, daß wohl schwerlich jemand in Thérèses Zimmer kommen würde. Wenn die Stunde gekommen war, sollte Julien den Leichnam auf den Rücken nehmen, damit hinuntergehen und ihn am Ende der Rue Beau-Soleil in den Chanteclair werfen. Thérèse setzte ihm ihren Plan mit einer Ruhe auseinander, als ob es sich um die einfachste Sache von der Welt handelte.

Dann hielt sie inne, legte ihre beiden Hände dem jungen Mann auf die Schultern und sagte:

»Haben Sie verstanden, und wollen Sie?«

Er fuhr zusammen.

»Ja, gewiß, alles, was Sie wollen. Sie können ganz über mich verfügen.«

In tiefem Ernst beugte sie sich zu ihm herab. Als er nicht gleich verstand, was sie wollte, sagte sie:

»Geben Sie mir einen Kuß.«

Bebend küßte er sie auf ihre eiskalte Stirn. Dann schwiegen sie beide.

Thérèse hatte die Vorhänge zugezogen. Dann sank sie in einen Lehnstuhl, um endlich etwas auszuruhen. Julien blieb noch eine Zeitlang stehen, dann setzte er sich ebenfalls. Françoise war nicht mehr im Nebenzimmer, und von unten herauf drang nur dann und wann ein dumpfes Geräusch. Es wurde immer dunkler.

So saßen sie fast eine Stunde, ohne sich zu rühren. In Juliens Hirn pochte und hämmerte es, so daß er nicht imstande war, einen Gedanken zu fassen. Er war bei Thérèse, und dieser Gedanke erfüllte ihn mit Seligkeit. Dann plötzlich dachte er daran, daß dort im Alkoven ein toter Mann lag, und es schauderte ihn. Er wäre beinahe ohnmächtig geworden. Sie hatte dieses Scheusal geliebt. Gott im Himmel, wie war das möglich? Er verzieh ihr, daß sie ihn getötet hatte; das einzige, was ihn empörte, waren Colombels bloße Füße – mitten in den Spitzen ihres Bettes. Ja, mit tausend Freuden wollte er ihn in den Chanteclair werfen, am Ende der Brücke, wo das Wasser so tief und schwarz war. Dann wären sie ihn beide los und konnten einander angehören. Und wenn er an dieses Glück dachte, von dem er heute morgen noch nicht zu träumen gewagt hatte, da sah er sich selbst plötzlich auf diesem Bett, an demselben Fleck, wo jetzt der Leichnam ruhte, und wieder schauderte ihn.

Thérèse lag in ihrem Lehnstuhl und rührte sich nicht. Der hohe Schatten ihres Haarknotens überschnitt den hellen Fensterausschnitt. Sie hatte das Gesicht mit beiden Händen bedeckt, aber er wußte nicht, weshalb sie so zusammengebrochen dasaß. War es nur die physische Abspannung nach der entsetzlichen Krisis, die sie heute durchgemacht hatte? Oder war es Reue, schwermütige Trauer um ihren Liebhaber, der jetzt den letzten Schlummer schlief? Dachte sie ruhig über ihren Rettungsplan nach, oder wollte sie nur die Spuren der Angst in ihren Zügen verbergen? Er vermochte es nicht zu ergründen.

Dann schlug auf einmal die Uhr. Und nun stand Thérèse langsam auf und zündete die Kerzen auf ihrem Toilettetisch an. Sie hatte ihre gewohnte schöne Ruhe und Kraft wiedergewonnen. Den Leichnam, der dort im Alkoven hinter den rosaseidenen Vorhängen lag, schien sie ganz vergessen zu haben. Mit ruhigen Schritten ging sie im Zimmer hin und her. Dann sagte sie ohne sich umzuwenden, während sie die Haare auflöste:

»Ich will mich jetzt für die Soirée ankleiden ... Wenn jemand kommt, verstecken Sie sich im Alkoven, nicht wahr?«

Er blieb sitzen und betrachtete sie. Sie behandelte ihn schon ganz wie einen Liebhaber, es war, als ob das gemeinsame Verbrechen sie schon unauflöslich aneinandergeschmiedet hätte.

Dann frisierte sie sich. Jedesmal, wenn er sie anblickte, durchschauerte es ihn, sie war so schön, so begehrenswert mit ihrem entblößten Nacken, während sie ihre zarten Arme langsam hin und her bewegte und mit den schlanken Fingern die Locken aufrollte. Wollte sie ihn damit locken, ihm die Geliebte, die er sich erringen sollte, in ihrem Reiz zeigen, um seinen Mut zu stählen?

Als sie gerade dabei war, ihre Schuhe anzuziehen, klangen Schritte im Korridor.

»Verstecken Sie sich im Alkoven«, sagte sie mit leiser Stimme.

Und mit einer raschen Bewegung warf sie die Wäsche, die

sie eben ausgezogen hatte, über den schon erstarrten Leichnam, ihre Wäsche, die noch den warmen Duft ihres Körpers ausstrahlte.

Dann trat Françoise ein und sagte:

»Gnädiges Fräulein, man erwartet Sie.«

»Gleich, meine Liebe«, antwortete Thérèse friedlich.

»Komm, hilf mir mein Kleid anziehen.«

Julien betrachtete die beiden durch einen Spalt im Vorhang, und er schauderte über die Kühnheit des jungen Mädchens. Seine Zähne klapperten so, daß er sich den Mund mit Gewalt zuhielt, um nicht gehört zu werden. Neben ihm, unter dem abgelegten Frauenhemd, sah er einen von Colombels bloßen Füßen hervorragen. Wenn Françoise, seine Mutter, jetzt den Vorhang zurückgezogen und diesen Fuß, den Fuß ihres Kindes, berührt hätte!

»Gib acht«, sagte Thérèse, »du reißt die Blumen herunter.«

Ihre Stimme verriet nicht die leiseste Erregung. Sie lächelte wie ein glückliches junges Mädchen, das sich auf den Ball freut. Ihr Kleid war von weißer Seide und ganz mit wilden Rosen garniert, mit etwas Rot im Kelch. Und wie sie so mitten im Zimmer stand, sah sie aus wie ein großer, keuscher, weißleuchtender Blumenstrauß. Ihr Hals und ihre bloßen Arme ergänzten ihr weißseidenes Kleid.

»Wie sind Sie schön, nein, wie sind Sie schön«, sagte die alte Françoise immer wieder. »Aber Ihr Kranz, warten Sie einen Augenblick.«

Sie schien danach zu suchen und legte die Hand an den Vorhang, als ob sie auf dem Bett nachsehen wollte. Julien hätte beinah laut aufgeschrien vor Angst. Aber Thérèse, die immer noch lächelnd vor ihrem Spiegel stand, sagte ruhig:

»Nein, er liegt dort auf der Kommode. Gib ihn mir ... Oh, komm nicht an mein Bett. Ich habe alles mögliche darauf gelegt. Du bringst es mir nur in Unordnung.«

Françoise half ihr den Kranz befestigen. Dann blieb Thérèse noch einen Augenblick stehen und betrachtete sich wohlgefällig im Spiegel. Sie war jetzt fertig und zog nur noch die Handschuhe an.

»Nein, wirklich, Sie sind schöner und reiner als die Mutter Gottes in der Kirche.«

Thérèse lächelte über dieses Kompliment. Dann warf sie einen letzten Blick in den Spiegel, ging auf die Tür zu und sagte:

»Komm, laß uns gehen ... Du kannst die Kerzen ausblasen.«

Es wurde plötzlich dunkel im Zimmer. Julien hörte, wie die Tür sich hinter Thérèse schloß und dann, wie ihr seidenes Kleid den Korridor entlang raschelte. Er wagte nicht, den Alkoven zu verlassen, und setzte sich neben dem Bett auf die Erde. Die Nacht legte sich wie ein Schleier über seine Augen, er konnte nichts sehen, aber er glaubte immer nur den nackten Fuß des Toten neben sich zu fühlen. Er wußte selbst nicht, wie lange er so in dumpfem Dahinbrüten dagesessen hatte, als die Tür wieder aufging. An dem Knistern des Seidenkleides erkannte er Thérèse. Sie stellte nur irgend etwas auf die Kommode, ohne näher zu kommen, und murmelte:

»Sie haben gewiß nicht zu Mittag gegessen. Sie müssen etwas zu sich nehmen, hören Sie.«

Wieder hörte er ihr Kleid den Korridor entlang rascheln. Dann stand er auf. Ihm war zumute, als ob er in dem Alkoven ersticken müßte, er konnte es nicht länger bei diesem Bett, neben Colombels Leiche, aushalten. Die Uhr schlug jetzt acht, er mußte noch vier Stunden warten. So ging er denn ganz leise ein paar Schritte vorwärts, indem er ganz leise auftrat.

Draußen war eine sternenhelle Nacht, und ein schwacher Lichtschein drang durch die Fenster herein, so daß er die Gegenstände im Zimmer erkennen konnte. Nur in den Ecken war es ganz dunkel. Er war von Natur nicht furchtsam, aber hier in diesem Zimmer brach ihm alle Augenblicke der Angstschweiß aus. Ihm war, als ob die Möbel sich bewegten, drohend auf ihn zukämen. Dreimal glaubte er einen Seufzer vom Alkoven her zu vernehmen. Entsetzt blieb er stehen. Dann, als er aufmerksam lauschte, hörte er, daß es nur das Festgetöse von unten war. Walzermelodien, und dazwischen das frohe Gemurmel der Menschenmenge. Er schloß die

Augen, und plötzlich sah er einen hellerleuchteten Salon vor sich, er sah Thérèse in ihrem keuschen, weißen Kleid, wie sie sich in den Armen ihres Tänzers wiegte. Das ganze Haus vibrierte von frohen Melodien. Und er war ganz allein in diesem entsetzlichen Zimmer, wo er vor Angst mit den Zähnen klapperte. Plötzlich fuhr er zurück, und seine Haare sträubten sich, er glaubte auf einem von den Stühlen einen feurigen Schein zu sehen. Als er dann Mut faßte und es näher untersuchte, war es ein Korsett von weißem Satin. Er nahm es vom Stuhl, vergrub sein Gesicht in diesem Stoff, der ihren stolzen Busen umhüllt hatte, und sog lange seinen Duft ein, um sich zu betäuben.

O diese Wonne! Er wollte alles andere vergessen. Nein, es war keine Totenwache, er wachte seiner Liebe entgegen. Er lehnte die Stirn gegen die Scheiben und preßte immer noch die Lippen auf das weiße Korsett. Dann ging er die Geschichte seiner Liebe noch einmal wieder durch. Gegenüber, auf der anderen Seite der Straße, sah er sein Zimmer. Die Fenster waren offengeblieben. Von dort aus hatte er Thérèse erobert mit seinem geduldigen, allabendlichen Flötenspiel. Seine Flöte hatte so beredt von seiner Liebe gesprochen, daß das junge Mädchen sich endlich hatte besiegen lassen und ihm zulächelte. Und dieses Stück Satin, das er immer wieder küßte, das war ein Stück von ihrer weißen, seidenweichen Haut, das sie ihm gelassen hatte, damit er nicht ungeduldig würde. Sein Traum wurde so greifbar deutlich, daß er das Fenster verließ und an die Tür stürzte, weil er glaubte, sie zu hören.

Aber dann war er plötzlich wieder ernüchtert, und alles fiel ihm wieder ein. Und nun faßte er einen wütenden Entschluß. O nein, er würde nicht zögern, er wollte noch heute nacht wiederkommen. Sie war zu schön, und er liebte sie wahnsinnig. Ja, gewiß, gleich würde er wiederkommen, ohne eine Minute zu verlieren, sowie er seine Last in den Fluß geworfen hätte. Und von einem förmlichen Nervenkrampf geschüttelt, biß er in das Satinkorsett hinein, um das Aufschluchzen des Verlangens zu ersticken.

Es schlug zehn. Er glaubte, schon seit Jahren hier zu sein. Und er wartete stumpfsinnig weiter. Auf der Kommode fand er Brot und Früchte, und nun aß er gierig, im Stehen. Dabei hatte er ein Gefühl von unstillbarem Hunger, das nicht nachlassen wollte. Aber es würde ihm doch vielleicht neue Kräfte verleihen. Dann, als er gegessen hatte, befiel ihn eine namenlose Müdigkeit. Es war, als ob diese Nacht niemals ein Ende nehmen würde. Von drunten her klang die Tanzmusik jetzt immer deutlicher zu ihm herauf; dann hörte er die ersten Wagen fortrollen. Und er blickte starr auf die Tür, als er plötzlich durch das Schlüsselloch einen Lichtschein schimmern sah. Er versteckte sich jetzt nicht einmal. Um so schlimmer, wenn jemand hereinkam!

»Nein, danke, Françoise«, sagte Thérèse, die mit einer Kerze in der Hand erschien. »Ich will mich lieber allein ausziehen. Geh nur zu Bett, du wirst müde sein.«

Sie machte die Tür wieder zu und schob den Riegel vor. Dann blieb sie einen Augenblick stehen und legte die Finger auf die Lippen. Ihre Wangen waren bleich, obwohl sie getanzt hatte. Sie sprach kein Wort, stellte den Leuchter hin und setzte sich Julien gegenüber. So warteten sie noch eine halbe Stunde und blickten sich stumm an.

Die Gäste waren alle fort, und das ganze Haus lag wie im Schlaf da; Thérèse war vor allem dadurch beunruhigt, daß Françoise im Nebenzimmer schlief. Man hörte sie erst hin und her gehen, dann krachte das Bett, sie hatte sich schlafen gelegt. Eine Zeitlang warf sie sich noch hin und her, als ob sie nicht einschlafen könnte. Dann hörte man sie endlich tief und regelmäßig atmen.

Die ganze Zeit über blickte Thérèse Julien ernsthaft an. Dann sagte sie nur: »Gehen wir jetzt.«

Sie zogen den Vorhang zurück, um den kleinen Colombel anzukleiden, dessen Gesicht jetzt schon die fahle Leichenfarbe zeigte. Als das geschehen war, waren beide in Schweiß gebadet.

»Gehen wir«, sagte sie noch einmal.

Julien faßte den kleinen Colombel, ohne einen Augenblick

zu zögern, und warf ihn über die Schulter, wie die Metzger es mit einem geschlachteten Kalb zu tun pflegen. Sein mächtiger Rücken beugte sich unter der Last, die Füße des Toten hingen etwa einen Meter über dem Boden.

»Ich gehe voraus«, sagte Thérèse rasch, »ich halte Sie am Rock fest, Sie brauchen sich also nur führen zu lassen. Aber langsam.«

Sie mußten zuerst durch Françoises Zimmer gehen. Das war das schlimmste. Als sie die andere Tür schon erreicht hatten, stieß der eine Fuß des Toten gegen einen Stuhl an. Bei diesem Geräusch erwachte Françoise. Sie hörten, wie sie den Kopf erhob und unartikulierte Laute vor sich hin murmelte. So blieben sie unbeweglich stehen: sie hart an der Tür und er mit dem Leichnam auf der Schulter; beide zitterten davor, von der Mutter überrascht zu werden, gerade in dem Augenblick, da sie den Leichnam ihres Sohnes in den Fluß werfen wollten. Es waren Augenblicke der entsetzlichsten Angst. Dann schien Françoise wieder einzuschlafen, und sie schlichen sich vorsichtig den Korridor entlang.

Aber dort erwartete sie ein neuer Schrecken. Die Marquise war noch nicht zu Bett, und ein schmaler Lichtstrahl glitt durch die halbgeöffnete Tür ihres Zimmers. Sie wagten jetzt weder vorwärts zu gehen noch umzukehren. Julien fühlte, daß der kleine Colombel ihm von der Schulter herabgleiten würde, wenn er noch einmal durch Françoises Zimmer gehen müßte. Beinahe eine Viertelstunde wagten sie sich nicht zu rühren. Thérèse hatte noch den grauenhaften Mut, den Leichnam zu stützen, damit Julien nicht müde würde. Endlich verlosch das Licht, und sie konnten ins Erdgeschoß hinabsteigen.

Thérèse öffnete die alte, vergessene Tür, und dann, als Julien mit seiner Last über die Place des Quatre-Femmes ging, sah er sie oben an der Freitreppe stehen, in ihrem weißen Ballkleid mit bloßen Armen. Sie wartete auf ihn.

V

Julien hatte Kräfte wie ein Stier. Als Junge hatte er in den Wäldern den Holzfällern geholfen, auf seinem Kinderrücken hatte er große Baumstämme getragen. Und so wurde der kleine Colombel ihm nicht schwer. Er fühlte ihn kaum, und er empfand eine satanische Freude darüber, daß er so leicht und schmächtig war. Ja, der kleine Colombel würde jetzt nicht mehr ironisch lächeln, wenn er an seinem Fenster vorbeiging, während Julien die Flöte spielte. Er würde ihn nicht mehr mit seinen Spötteleien ärgern, wenn er ihn in der Stadt traf. Und bei dem Gedanken, daß er seinen glücklichen Nebenbuhler kalt und steif auf seiner Schulter trug, empfand er ein Gefühl von Genugtuung, das ihm durch den ganzen Körper rieselte. Er warf ihn noch weiter hinüber, biß die Zähne zusammen und ging rasch vorwärts.

In der Stadt war es ganz dunkel. Nur beim Kapitän Pidoux sah er noch Licht. Wahrscheinlich war der Kapitän krank, man sah ihn hinter den Vorhängen auf und ab gehen. Julien wurde unruhig und ging auf der entgegengesetzten Seite dicht an den Häusern entlang, als er plötzlich ein leises Hüsteln hörte. Es überlief ihn kalt. Unter einem Haustor blieb er stehen und erkannte die Frau des Notars Savourain, die am Fenster stand, um Luft zu schöpfen. Es war wirklich ein unglücklicher Zufall, für gewöhnlich lag das ganze Viertel um diese Zeit in tiefem Schlaf. Aber glücklicherweise kehrte Frau Savourain bald wieder an die Seite ihres Gatten zurück, dessen sonores Schnarchen man durch das offene Fenster ganz deutlich hören konnte. Als das Fenster geschlossen war, ging Julien rasch über den Platz, ohne seinen Blick von der gequälten und tanzenden Silhouette Pidoux' zu lassen.

In der Rue Beau-Soleil fühlte er sich sicher. Und nun fühlte er plötzlich eine unwiderstehliche Lust, in wahnsinnigem Galopp weiterzulaufen. Er wußte, daß es töricht und gefährlich war, aber er konnte nicht anders. Er fühlte immer noch das helle leere Viereck der Place des Quatre-Femmes hinter sich mit den beiden erleuchteten Fenstern, die ihn wie zwei spähende Augen verfolgten. Seine Tritte hallten so laut auf dem

Pflaster wider, daß er glaubte, es liefe jemand hinter ihm her. Dann blieb er plötzlich stehen. Auf eine Entfernung von etwa zwanzig Metern hörte er die Stimmen der Offiziere, die bei einer blonden Witwe in der Rue Beau-Soleil ihr Kasino hatten. Wahrscheinlich hatten sie beim Punsch gesessen, um die Beförderung eines Kameraden zu feiern. Wenn sie die Straße heraufkamen, war er verloren, Seitenstraßen gab es hier nicht, und zum Umkehren war es zu spät. Er hörte ihre Schritte und das Klirren der Säbel, und eine wahnsinnige Angst packte ihn. Dann wurde das Geräusch immer schwächer. Er wartete noch etwas, dann entschloß er sich weiterzugehen. Er gab sich Mühe, so wenig Lärm wie möglich zu machen. Am liebsten wäre er barfuß gegangen, aber es hätte ihm zuviel Zeit gekostet, die Stiefel auszuziehen.

Endlich stand er am Stadttor.

Es gab hier weder Zollwächter noch Posten. So konnte er also ungehindert hinausgehen. Aber als er am Ende der Rue Beau-Soleil ankam, sah er plötzlich die weite Ebene vor sich, die in mildem blauem Licht dalag. Ein frischer Luftzug wehte ihm entgegen, und ihm war zumute, als ob dort drüben eine ganze Menschenmenge auf ihn wartete. Sie mußten ihn sehen, und ein furchtbarer vielstimmiger Schrei würde zum Himmel emporsteigen.

Jetzt war er an der Brücke. Schon konnte er den weißschimmernden Weg und die beiden niedrigen Granitpfeiler unterscheiden und vernahm das leise, silberne Plätschern des Chanteclair. Endlich faßte er Mut, er ging mit gekrümmtem Rücken vorwärts, in fortwährender Angst vor all den zahllosen, stummen Zeugen, von denen er sich umgeben wähnte. Das schlimmste war die Brücke selbst, als ob die ganze Stadt auf ihn herabsähe. Am anderen Ende der Brücke wollte er sich etwas ausruhen, an demselben Platz, wo er so oft des Abends gesessen und mit den Beinen gebaumelt hatte. Der Chanteclair erweiterte sich hier zu einer Art Teich, einem großen schwarzen Loch, dessen Oberfläche nur hier und da einen kleinen Wirbel bildete. Wie oft hatte er sich damit vergnügt, hier Steine ins Wasser zu werfen, um an den aufsteigenden Blasen auszurechnen, wie tief es wohl sein müßte. Und mit einer letzten Willensanspannung überschritt er die Brücke.

Ja, hier war es, Julien erkannte den Stein, auf dem er sich immer ausgeruht hatte. Er beugte sich vor und blickte auf die ruhige Wasserfläche hinab. Hier war es. Er legte seine Last auf die Brüstung nieder. Er fühlte ein unwiderstehliches Bedürfnis, den kleinen Colombel noch einmal anzusehen, ehe er ihn ins Wasser warf. Und wenn sämtliche Bewohner der Stadt ihn dabei gesehen hätten, er würde es doch getan haben. So blieb er einige Sekunden vor dem Leichnam stehen. Das Loch an der Schläfe war jetzt ganz schwarz geworden. Drüben auf der stillen Ebene hörte man einen Wagen rollen. Und nun beeilte er sich. Um jedes Geräusch zu vermeiden, umfaßte er den Leichnam und ließ ihn langsam hinabgleiten. Aber er wußte selbst nicht, wie es kam, es war, als ob der Tote sich mit beiden Armen um seinen Hals klammerte, so fest, daß er beinah mit hinabgezogen wurde. Es gelang ihm noch eben, sich durch einen raschen Seitensprung zu retten. Der kleine Colombel hatte ihn mit sich nehmen wollen.

Als er wieder auf seinem Stein saß, überfiel ihn eine plötzliche Schwäche. Völlig zusammengebrochen saß er da, mit gekrümmtem Rücken und herabhängenden Beinen, wie ein ermüdeter Wanderer. Und nun blickte er auf das stille Wasser hinab, dessen Oberfläche sich nur hier und da ein wenig kräuselte. Soviel war gewiß, der kleine Colombel hatte ihn mitnehmen wollen, er hatte ihn um den Hals gefaßt, obgleich er tot war. Aber jetzt war es vorbei, in vollen Zügen atmete er die frische Landluft ein und blickte den klaren Wellen des Flusses nach, der sich zwischen den dunklen Baummassen verlor. Und dieser stille Erdenwinkel kam ihm vor wie eine Verheißung von ewigem Frieden, von ruhiger, geheimnisvoller Wonne.

Dann dachte er wieder an Thérèse. Sie erwartete ihn, das wußte er. Er sah sie immer vor sich, wie sie oben auf der Freitreppe stand, an der Schwelle der alten moosbewachsenen Tür. Hochaufgerichtet stand sie da, in ihrem weißseidenen Kleid im Schmuck der wilden Rosen. Vielleicht war es ihr inzwischen zu kalt geworden, und sie war wieder hinaufgegangen, um ihn in ihrem Zimmer zu erwarten. Die Tür hatte sie offengelassen und sich ins Bett gelegt wie eine Neuvermählte am Hochzeitsabend.

Es war so unsagbar schön, daran zu denken! Noch nie hatte eine Frau ihn so erwartet. Aber die Beine wurden ihm schwer, er fürchtete einzuschlafen. War er denn so feige? Um sich aufzurütteln, stellte er sich Thérèse vor, wie sie ihre Kleider hatte fallen lassen. Er sah sie wieder vor sich, wie sie die Arme erhob – leicht spannte sich die Brust – und ihre zarten, bleichen Hände hin und her bewegte. Er peitschte sich auf mit diesen Erinnerungen, er dachte an den Duft, der von ihr ausging, an ihre weiße Haut, an das Gemisch von Grauen und Wollust, das er in diesem Zimmer empfunden hatte und das seine Sinne berauschte. Und wollte er jetzt auf all diese Wonnen verzichten, deren Vorgeschmack ihm schon auf den Lippen brannte? Nein, lieber sich auf den Knien hinschleppen, wenn die Beine ihm den Dienst versagten.

Aber die Schlacht war schon im voraus verloren, seine Liebe war besiegt und lag in den letzten Zügen. Er fühlte nur das unwiderstehliche Bedürfnis zu schlafen, immer, immer zu schlafen. Thérèses Bild verblaßte immer mehr in seiner Erinnerung, es war, als ob eine hohe dunkle Mauer sich zwischen ihnen aufrichtete, als ob er sterben müßte, wenn er sie nur anrührte. Es war etwas von Leichengeruch in seinem erlöschenden Verlangen. Nein, es war ganz unmöglich. Die Decke ihres Zimmers wäre über ihnen zusammengestürzt, wenn Thérèse in seinen Armen gelegen hätte.

Schlafen, immer nur schlafen, wie gut müßte das sein, wenn man nichts mehr besaß, was des Wachens wert war. Er brauchte morgen nicht mehr auf die Post zu gehen, wozu? Er würde nicht mehr die Flöte spielen, nicht mehr am Fenster stehen, warum also sollte er nicht schlafen? Es war aus und vorbei mit seinem Leben, er konnte gehen. Und nun blickte er wieder auf den Fluß hinab, er hätte sehen mögen, ob der kleine Colombel noch dort drunten lag. Colombel war ein sehr intelligenter Bursche, er wußte sehr wohl, was er tat, als er ihn mit hinabziehen wollte.

Die Wellen des Flusses strömten mit melodischem Plätschern dahin, und über der dunklen Landschaft lag etwas von erhabenem Frieden. Julien stammelte dreimal hintereinander Thérèses Namen, dann ließ er sich wie ein Paket in den Fluß hinabrollen. Das Wasser schlug hochaufschäumend über ihm zusammen. Dann plätscherten die Wellen ruhig wieder in ihrem gewohnten Lauf dahin ...

Als die Leichen gefunden wurden, glaubte man, daß die beiden Streit miteinander bekommen hätten, man erfand eine ganze Geschichte. Julien mußte dem kleinen Colombel aufgelauert haben, um sich für seine Spöttereien zu rächen, wahrscheinlich hatte er ihn mit einem Stein erschlagen und dann sich selbst in den Fluß gestürzt. Drei Jahre später heiratete Thérèse de Marsanne den jungen Grafen von Véteuil. Bei ihrer Hochzeit war sie ganz in Weiß gekleidet, und ihr ruhiges Antlitz trug in seiner Schönheit das Gepräge jungfräulichen Stolzes.

NACHBEMERKUNG

Die vorliegende Ausgabe der sämtlichen Novellen Emile Zolas ist eine durchgesehene und um die Novelle ›Wie man heiratet‹ erweiterte Neuausgabe des erstmalig 1921 im Gustav Kiepenheuer Verlag erschienenen Werkes. Der Übersetzung liegen die vier von Zola herausgegebenen Novellensammlungen zugrunde:

Contes à Ninon, Paris 1864
Nouveaux Contes à Ninon, Paris 1874
Le Capitaine Burle, Paris 1882
Naïs Micoulin, Paris 1884.

Da die Entstehungszeit vieler Novellen nicht angegeben werden kann, war es unmöglich, die Texte exakt chronologisch anzuordnen, zumal Zola die Nachauflagen seiner Novellensammlungen ständig erweitert hat. Daher kommt es, daß die Novellen ›Nantas‹, ›Der Sturm auf die Mühle‹ (1880) und ›Frau Neigeon‹ (1883), die in die 3. Auflage der ›Contes à Ninon‹ (Paris 1883) aufgenommen wurden, im ersten Teil dieser Ausgabe, der im wesentlichen die ganz frühen Impressionen und Erzählungen enthält, zu finden sind. Der zweite Teil bietet neben den noch nicht voll ausgereiften Novellen der ›Nouveaux Contes à Ninon‹ auch die Erzählungen aus dem Band ›Le Capitaine Burle‹. Der dritte Teil schließlich enthält die großen Novellen der achtziger Jahre, so ›Die Muscheltiere des Herrn Chabre‹, ›Das Fest von Coqueville‹, ›Um eine Liebesnacht‹ (alle 1882) und ›Jacques Damour‹ (1884), die viele, zum Teil illustrierte Einzelausgaben erlebten. Aus diesem Grund sind folgende Novellen auch unter einem anderen Titel bekannt: ›Frau Neigeon‹ unter dem Titel ›Die Frau des Deputierten‹; ›Die vier Tage des Jean Gourdon‹ unter dem Titel ›Die vier Jahreszeiten‹; ›Der Tod des Olivier Bécaille‹ unter dem Titel ›Mein Tod‹; ›Die Muscheltiere des Herrn Chabre‹ unter dem Titel ›Herrn Chabres Kur‹.

INHALT